中国的早期近代经济

——1820年代华亭—娄县地区GDP研究

李伯重 著

中华书局

图书在版编目(CIP)数据

中国的早期近代经济:1820 年代华亭—娄县地区 GDP 研究/李伯重著. -北京:中华书局,2010.8
(中华学术文库)
ISBN 978-7-101-07398-0

Ⅰ.中… Ⅱ.李… Ⅲ.①经济史-研究-中国-近代②国民经济计算体系-研究-上海市-1823~1829 Ⅳ.①F129.5②F222.33

中国版本图书馆 CIP 数据核字(2010)第 074339 号

书　　名　中国的早期近代经济
　　　　　——1820 年代华亭—娄县地区 GDP 研究
著　　者　李伯重
丛 书 名　中华学术文库
责任编辑　李　静
出版发行　中华书局
　　　　　(北京市丰台区太平桥西里 38 号　100073)
　　　　　http://www.zhbc.com.cn
　　　　　E-mail:zhbc@zhbc.com.cn
印　　刷　北京瑞古冠中印刷厂
版　　次　2010 年 8 月北京第 1 版
　　　　　2010 年 8 月北京第 1 次印刷
规　　格　开本/880×1230 毫米　1/32
　　　　　印张 20⅛　字数 500 千字
印　　数　1-3000 册
国际书号　ISBN 978-7-101-07398-0
定　　价　62.00 元

中华学术文库

出版说明

“中华学术文库”收录中国传统人文学术高水平的研究著作，范围为史学、哲学、宗教、社会、民族、语言、文学、艺术及考古、出土文献等领域。文库崇尚朴实严谨，力避浮泛陈言，既重视以文献学为基础的实证研究，亦强调现代视角和问题意识，方法不拘一格，风格兼收并蓄。以期接续学术传统，彰显学术精神，鼓励学术创新，开辟学术新境。

“中华学术文库”面向海内外学术界征稿，实行学术委员会评鉴制度。由学术委员会提名两位同行专家进行书面评审，经专家评审的书稿，在获得学术委员会评鉴通过后，列入文库出版计划。

“中华学术文库”每辑三至五种，计划每年度出版一辑，视入选书稿确定，可以空缺。本文库由中华书局设立专项出版基金，并保障学术委员会的独立运作及文库的遴选和印行。

中华书局编辑部

二〇〇九年五月

目　录

第一编　导论

第二编　产业状况

第三编　增加值

第四编　就业、收入与支出

第五编　结论

地图

表格

地　图

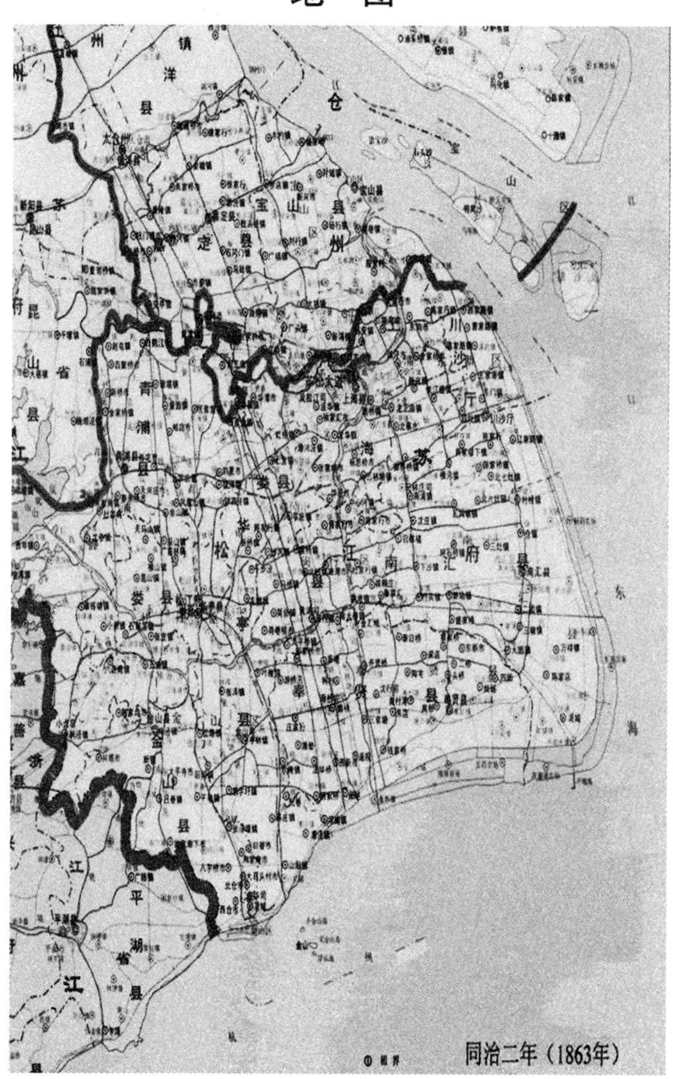

清代松江府地图

来源：王建革先生提供（周振鹤主编，上海市测绘院制作）

清代松江府分县地图(李伯重据同治二年地图绘制)

民国松江县区划

来源：南满洲铁道株式会社上海事务所：《江蘇省太倉県農村実態調査報告書》

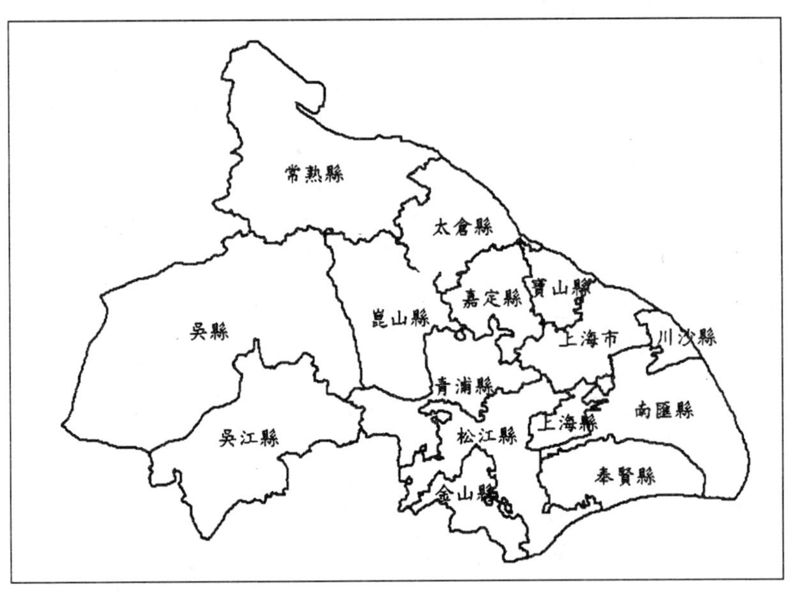

民国初年松江县及其周围地区

来源：范毅军先生提供

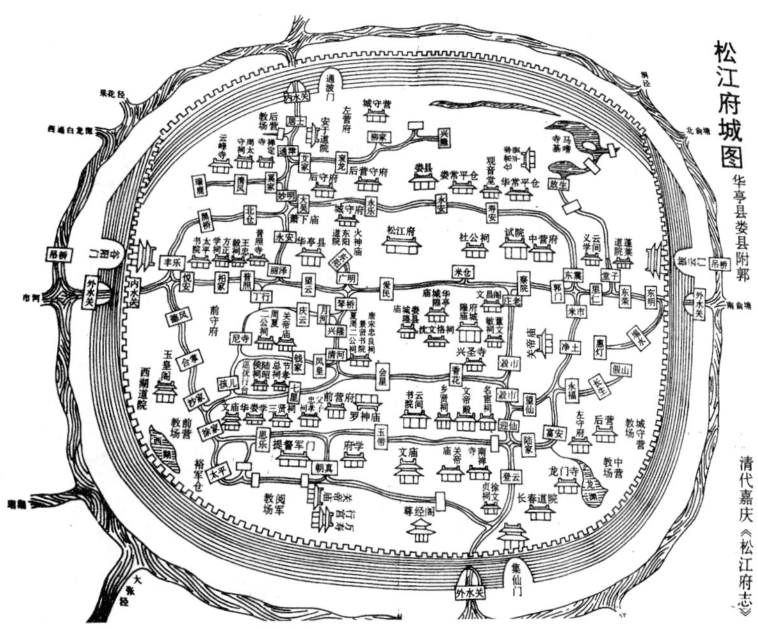

松江府城图

来源：嘉庆《松江府志》

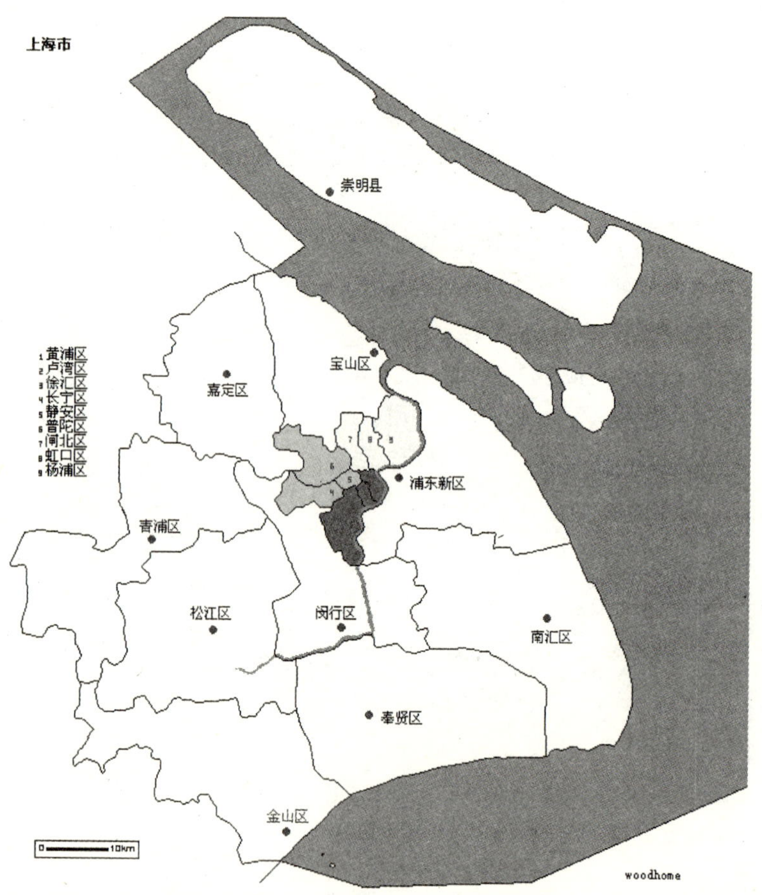
上海市
崇明县
宝山区
嘉定区
1 黄浦区
2 卢湾区
3 徐汇区
4 长宁区
5 静安区
6 普陀区
7 闸北区
8 虹口区
9 杨浦区
浦东新区
青浦区
松江区
闵行区
南汇区
奉贤区
金山区
0 10km
woodhome

今日上海市行政区图

第一编

导　论

第一章　论题、方法与资料

本书以1823—1829年华亭—娄县地区的GDP(国内生产总值)为对象[1],对19世纪初期中国的经济状况进行个案研究。书名的正标题之所以取为"中国的早期近代经济",是因为从比较经济史的角度来看,1820年代的华娄经济已经是一种"近代经济"了。由于这个近代经济在西方近代经济的影响波及中国之前很久就已出现,因此本书称之为中国的早期近代经济[2]。

在本章中,我们将要对以下内容进行说明:学界对明清中国经济变化看法及其演变、GDP研究的内容与特点、学界以往在中国近代以前GDP研究方面的成果、本研究的主要资料来源,以及本书的结构。

一、新视野中的明清中国经济变化

认识19世纪初期中国的经济状况的重要性,在今天比以往任何时候都显得更为突出,其主要原因在于最近三十年来中国经济的高速增长。这个被视为世界历史上最伟大的经济奇迹为什么会

① 在本书中,为简便起见,我们把华亭和娄县地区简称为华娄地区或华娄,1823—1829年时期则简称为1820年代。

② 关于这方面的讨论,详见本书第十三章。

出现[1]？这个问题成为今日全球学者关注的焦点。由于摆脱了以往中国史研究中盛行的西方中心论，越来越多的学者承认这个奇迹的根源在于中国内部。在中国经济近代化的过程中，虽然外因的作用非常重要，但是归根结底，起关键作用的还是内因，即几个世纪以来中国经济演变所创造的各种有利于近代经济增长的因素。这些因素在新的形势下得以充分发挥其积极作用，从而造成了今天的中国经济奇迹。因此，如何正确认识 19 世纪中期西方到来之前的中国经济状况，乃是了解这个经济奇迹的关键之一。

对于认识 19 世纪初期中国的经济状况的重要性，今天已毋庸赘言。但是应当从什么样的角度去研究 19 世纪初期中国的经济状况，学界在对此问题的看法上分歧甚大。

从黑格尔以来，西方主流学术把中国看成是一个没有变化的"木乃伊式的国家"[3]。这种看法一直持续到第二次世界大战后才出现重大变化。此时费正清提出了"冲击—回应"理论，认为在近

---

① 柏金斯(Dwight Perkins)在 1986 年时说：工业革命始于 18 世纪后期的英国，此后用了 250 年，才使得占世界人口 23%的欧洲和北美(包括前苏联阵营)成为工业化地区；而依照现在的发展速度，人口也占世界人口 23%的中国，只要在四五十年内就很可能做到这一点(Dwight Perkins：*China：Asia's Next Economic Giant*?)。考虑到中国工业化的过程的规模之大和速度之快，中国的经济奇迹当然是世界历史上最大的经济奇迹。

② 用柏金斯的话来说，今天的中国乃是"过去的延续"(the persistence of the past)。见 Dwight Perkins：*China's Modern Economy in Historical Perspective*，p. 1。

③ 这种"中国停滞论"的形象化表述"木乃伊"论，源于黑格尔。黑格尔宣称："中国的历史从本质上看是没有历史的；它只是君主覆灭的一再重复而已。任何进步都不可能从中产生。"这不仅确定了中国文明停滞的意义，而且否定了停滞的意义：如果自由精神从未在中国展开，也就谈不上停滞，因为他认为中国是一个只属于空间的帝国，处于历史之外、时间之外，没有进步，也无所谓停滞或衰退，只有"纹丝不动的单一性"，所有的"变化"，即战争、杀戮、掠夺、篡位，不过是"重复那终古相同的庄严的毁灭"(参阅周宁：《停滞或进步：中国现代性的他者困境》)。赫尔德(Johann Gettfried Herder)从种族、地理环境、文化教育、政治制度、道德思想等方面分析了中国文明的全面停滞，得出来形象化的结论："这个帝国是一具木乃伊，它周身涂有防腐香料、描画有象形文字，并

代,中国的社会经济并未停滞,相反倒是发生了很大变化。但这种变化主要是外力作用的结果。这种理论很快成为学界的主流看法,并且又衍生出"传统平衡"、"高度平衡机制"等理论。越南战争后,西方出现了"近代中国"论,认为中国社会经济在明清时期不仅出现了明显的变化,而且这种变化与西方在近代早期出现的变化颇为相似,从而得出了明清中国经济颇具内在活力的结论。这一看法虽然逐渐为更多学者所接受,但西方学界的主流看法,还是上述"冲击—回应"论。

在我国,1949年以后确立了马克思主义的史学体系。这种史学体系虽然在政治观点与学术取向方面与西方史学有巨大差异,但是在对于过去几百年中国经济状况的整体看法上,却和西方主流观点颇为一致,即认为在鸦片战争以前很长时间内,中国经济已限于停滞甚至衰落,到了鸦片战争后,在西方的冲击下,中国社会经济才出现了重大的变化①。在1950年代,一些学者对上述看法提出质疑,提出了"中国资本主义萌芽"论,强调中国经济在明清时期有颇大发展,而且这个发展并非西方"冲击"所导致的"回应"。

且以丝绸包裹起来;它体内血液循环已经停止,就如冬眠的动物一般。"(夏瑞春:《德国思想家论中国》,第97页)马克思也继承了这种"中国停滞论"观点,并进一步发展了"木乃伊"论:"与外界完全隔绝曾是保存旧中国的首要条件,而当这种隔绝状态通过英国而为暴力所打破的时候,接踵而来的必然是解体的过程,正如小心保存在密封棺材里的木乃伊一接触新鲜空气,便必然要解体一样。"(马克思:《中国革命和欧洲革命》)黑格尔、赫尔德和马克思的这种看法,对后代有巨大的影响。艾蒂安·巴拉兹说:"要批驳黑格尔关于中国处于停滞不变状态的观点很容易。……然而,黑格尔是对的。"(引自阿兰·佩雷菲特:《停滞的帝国——两个世界的撞击》,扉页)而佩雷菲特自己则说:"1960年8、9月间,我从香港出发,对中国进行了第一次探索。我马上就吃惊地看到这个社会同马戛尔尼的伙伴们描写的社会十分相似。简直可以说每个中国人的基因里都带有乾隆帝国时的全部遗传信息。"(佩雷菲特:《停滞的帝国——两个世界的撞击》,第3—5页)

① 这种看法,表现为"明清是没落的封建社会末期"、"万历到乾隆"是中国"从先进到落后的三百年"、"中国封建社会结构是超稳定系统"等说法。也正因如此,鸦片战争才被定为中国历史由"古代"转向"近代"的起点。

换言之，中国发生变化的动力在内部，按照其发展逻辑走下去，中国经济将来一定会走上与西方相似的资本主义近代化之路。这一理论经过不断发展，逐渐成为我国学界对明清经济的主流看法。很显然，这个“资本主义萌芽”论与西方的“近代中国”论，彼此颇有类似之处。虽然对于中国是否有“中国资本主义萌芽”还有待于检验[①]，但是无论如何，比起过去形形色色的“明清停滞”论，这种看法无疑更有说服力。

到了最近二十年，西方学界对明清中国经济的看法发生了巨大变化。1987 年，肯尼迪(Paul Kennedy)引用贝洛克的研究结果提出，1750 年时中国制造业产量占到全世界总产量的 32.8%，远远高于整个欧洲工业总产量所占的份额(23.2%)，为法国制造业总产量的 8.2 倍，是英国的 17.3 倍；而到 1830 年时，中国制造业产量仍为世界总产量的 29.8%，虽然低于整个欧洲制造业总产量所占的份额(34.2%)，但仍为英国总产量的 3.1 倍，法国的 5.7 倍。一直到第二次鸦片战争时，英国的工业产值才刚刚赶上中国，而法国的工业产值则仅为中国的 40%[②]。晚近弗兰克(Andrew Gunder Frank)在其他学者研究的基础上，从全球经济的角度，指出 19 世纪初期中国经济不仅规模巨大，而且在当时世界经济中处于中心地位[③]。麦迪森(Angus Maddison)更指出：在 1700—1820 年间，中国的 GDP 的年增长率为 0.85%，而西欧为 0.58%，仅为中国的 2/3 强。在此时期，中国的 GDP 在世界 GDP 中所占的比重从 23.1% 提高到了 32.4%；而整个西欧的

---

① 参阅李伯重：《资本主义萌芽情结》，《资本主义萌芽与现代中国史学》。

② 保罗・肯尼迪：《大国的兴衰：1500—2000 年的经济变迁与军事冲突》，第 144—145 页。

③ 见弗兰克在其 *ReOrient - Global Economy in the Asian Age*(pp. 111 - 117)中所引用的多位西方和日本学者的观点。

GDP在世界GDP中所占的比重仅从23.3%提高到了26.6%[①]。换言之，在鸦片战争前的一个多世纪中，中国经济不仅在绝对规模上雄居世界各大经济地区之首，而且增长速度也高于西欧。这些结论也清楚地表明：在清代，中国经济出现了可观的增长，而且增长主要依靠的是内部动力。这是20世纪末出现的最新看法，比过去的“资本主义萌芽”或者是“近代早期”的观点又前进了一步。尽管这些看法本身还有许多不足之处，需要改进和完善，但是它们对学界已经起到了一种振聋发聩的作用，促使我们以一种更广阔、更全面的视野来看西方到来以前的中国经济表现。如何从这种新视野来看鸦片战争以前的中国经济，也是经济史学家应当努力探讨的问题。而本书正是作者进行这种探索工作的一个阶段性产物。

二、近代早期GDP的研究[②]

认识一个地区在一个时期中的经济状况（或经济表现）可以通过不同的多种方法，而且每一种方法都有其不可替代的重要性。以往中国经济史研究中所使用的主要方法，多为描述的方法和定性分析方法。对于经济史研究而言，这些方法是非常必要的，但也

① Angus Maddison：*Chinese Economic Performance in the Long Run*，p. 44，Table 2.2a，Table 2.2b。

② 近代早期（early modern times）是一个主要用于西欧历史的名词，其时间范围大致为1500—1800年，与我国经济史（特别是江南经济史）学界中常用的“明清时期”（实际上主要是明代后半期和清代前半期）有相近之处，因此在本书中我们也使用这个名词，其大致时间范围为拙著《江南的早期工业化（1550—1850年）》中的1500—1850年。“近代”（modern times）一词也源于西方，在本书中，谈到西欧（特别是荷兰）时，通常指19世纪；而谈到中国时，则主要指20世纪。

存在不可忽视的缺陷[①]。其次，在以往的许多研究中，虽然所研究的往往只是中国经济的一个侧面（或者局部），但是得出的结论是全局性的。再次，以往的许多研究都以“西方”为比较对象，但是这种比较却往往没有对可比性进行认真的研究，同时也没有一套客观的和中性的标准。

以上缺陷，导致了我们对过去的经济状况的认识具有明显的问题。首先，由于所研究的实际上只是经济的一个侧面，而且由这些侧面拼凑起来的通常只是一个平面，因此使用上述方法而获得的对中国（或者中国某一地区）经济状况的了解，往往只是平面的，而非立体的[②]；其次，由于缺乏定量研究，因此我们很难判断一个经济中各个不同部分之间的关系及其关联度[③]。再次，由于对比较对象没有进行认真的讨论和缺乏合适的比较标准，以往的许多比较研究在客观性和可靠性方面往往令人心存疑问。

为了克服以上缺陷，我们需要在原有的研究方法之外，寻找新的方法，使之与原有方法相配合，以求获得对中国（或者中国的某一地区）在某一时期的经济状况有更全面、更深入的了解。本书所进行的GDP研究，就是我在探寻新方法方面走出的一步。

---

① 参阅李伯重：《“选精”、“集粹”与“宋代江南农业革命”——对传统经济史研究方法的检讨》,《历史上的经济革命与经济史的研究方法》。

② 例如，拙著《江南的早期工业化（1550—1850年）》对明代后期和清代前期江南工业各部门的发展情况作了全面的描述，但是这个描述只能使读者获得一个平面的认识。

③ 例如，在我国经济史研究最为深入的明清江南经济这一领域中，由于缺乏定量分析，我们实际上并不真正了解农业和工业、服务业之间（甚至农业、工业和服务业各自内部各部门之间）的关系到底如何。

所谓GDP[①]，指的是一个领土面积内的经济情况的度量，即一个地区在一段特定时间（一般为一年）里新生产出来的所有商品和服务的总值[②]。

作为反映经济活动总量的指标，GDP比任何描述行业或产业的指标更能反映经济全貌。同时，因为GDP衡量的是全部生产和服务创造的增加值，比衡量总值的指标（比如总产值）更少重复计算。而且，GDP不用成本、利润等会计方法，计算时较少"灵活性"。因此相对而言，GDP是一个比较客观的指标。

但是，以GDP作为衡量经济状况的指标也有一些问题，导致了近年来学界对于GDP的批评日益增多。一些学者指出：即使数字没有弄虚作假，GDP也仅只片面反映经济状况，因为它不包括闲暇、环境质量和家庭内部经济活动，特别是没有直接反映影响人们生活质量的其他因素。为了克服这些缺陷，学界试图引进更为全面的指标，其中最主要的是联合国开发计划署引入的人类发展指标（Human Development Index，简写为HDI）。HDI除了用购买力平价计算的人均GDP外[③]，还包括"健康与寿命"和"教育与知识"两大内容，因此能够更加全面地反映经济发展的水平及其结

---

① 系英语Gross Domestic Product的缩写，中文通常译为"国内生产总值"，亦有译为"国内生产毛额"者。由于华娄只是中国的一个地区，使用"国内生产总值"，可能有些读者感到不习惯。为了避免此问题，同时也为了行文简便起见，在本书中，一律采用缩写形式GDP。

② 我们要注意GDP与另外一个相近的概念GNP（Gross National Product的缩写，即国民生产总值或国民生产毛额）的区别。GNP是指一个国家（或地区）所有国民在一定时期内新生产的产品和服务价值的总和。由于GDP不将地区之间的收入转移计算在内，因此计算的是一个地区内生产的产品和服务的价值，而GNP是按国民原则核算的，所以只要是本国（或地区）居民，无论是否在本国境内（或地区内）居住，其生产和经营活动新创造的增加值都应该计算在内，即GNP = GDP + 国外净要素收入。因此在通常的情况下，GDP小于GNP。

③ 购买力平价，即Purchase Power Parity，缩写为PPP，亦有译为"实际购买力"者。

果。然而，虽然 GDP 确实具有上述缺陷，但它仍是在可比的、单一的经济总量计算指标中最好的。同时，GDP 与 HDI 两套指标之间也有高度的相关度，可以说前者是后者的基础[①]。因此之故，GDP 为当今各国所采纳，成为运用最普遍的经济指标。自 20 世纪后期以来，我国以及绝大多数前苏联集团国家也先后采纳了 GDP 的统计方法。

对于现实的 GDP 进行研究，在西方学界已有多年，方法也已颇为成熟。较之以往其他对经济状况的研究方法，GDP 研究具有的主要优势，是这个研究已建立了一整套完备的指标，用以衡量一个地区在一个时期内的经济状况。不仅如此，这些指标相互关联，形成一个整体，可显示不同部门的经济状况及相互关系。同时，这些指标也比较客观和中性，可以适用于不同的地区和时期，从而使得不同地区和时期的经济状况可以用同一标准进行比较。因此，研究一个地区在一个时期的 GDP，不仅可以使我们能够"立体地"认识该地区在该时期的经济表现，而且可以与同时期的其他地区或者同地区在其他时期的经济表现进行比较全面和客观的比较，从而相对准确地了解该地区在该时期中的经济表现所达到的水平。这种比较得出的结论，显然比以往那些主要以经济制度、个别经济部门的表现等为根据而进行的比较所得出的结论，要更加全面和客观。

在西方学界，GDP 研究也被用于近代以前的经济中。麦迪森(Angus Maddison)的《世界经济千年史》(*The World Economy*：*A Millennial Perspective*)是一部综合了众多学者在这方面研究成果

---

① 在联合国开发计划署 2004 年的报告中，按照人均 GDP(以 PPP 计算)和 HDI，分别对 177 个国家和地区作了排名。对比不同国家和地区的排名，可以发现这两项的排名的相关度非常高，人均 GDP 高的国家或地区 HDI 也高，反之亦然。虽然高 GDP 并不自然导致高 HDI，但是高 GDP 使得提高 HDI 变得更为可能，因为人均 GDP 越高的国家越有经济条件提高健康水平、延长寿命、增加教育投入、提高知识水平。而低的 GDP 使提高 HDI 变得困难。

的著作。他的研究也延伸到了对中国历史上的 GDP 的研究，其《中国的长期经济表现，公元 960—2030 年》（*Chinese Economic Performance in the Long Run*，960—2030）就是他进行这种宏观探索得到的结果。就深入的区域研究而言，范·赞登（Jan Luiten van Zanden）及其领导的研究团队使用国民帐户核算系统（SNA）的方法，对近代早期荷兰的 GDP 进行了开拓性的和深入的研究[①]。他们的研究为其他国家的学者研究近代早期的 GDP 提供了一套比较客观的指标。但是在海内外中国经济史研究中，尚未见有人在此方面进行尝试。这种情况不能不说是一大缺憾。本研究就是为了弥补这个缺憾而进行的。

本书是第一部对近代以前中国某个地区的 GDP 进行研究的专门研究著作。虽然本研究只是一个初步的探索，其中肯定有许多不完善之处，但是所提出的问题和研究方法，却是值得经济史学者重视的。

三、时空单位的选择

经济史是“过去的、我们还不认识或认识不清楚的经济实践（如果已经认识清楚就不要去研究了）”[②]。由于经济实践通常都是具体的，因此一般而言，经济史研究需要确定研究对象的时空单位（即该经济实践发生的地区和时期）。在本书研究中选取的时空单位的原则有二，一是为了便于 GDP 研究，二是为了更好地进行比较研究。

---

① 见 Jan Luiten van Zanden：*Taking the measure of the early modern economy：Historical national accounts for Holland in* 1510/14；Jan-Pieter Smits, Edwin Holings & Jan van Zanden：*Dutch GNP and its Components*，1800—1913.

② 吴承明：《经济学理论与经济史研究》。

(一)GDP 研究

如前所述,GDP 指的是一个地区在一段时期里新生产出来的所有商品和服务的总值。因此对于这个地区和时期,必须有明确的确定。

大致而言,在 GDP 研究中选择地区和时期的时候,通常有两种方法,一是选取一个较大的地区和较长的时期,另一则是选取一个较小的地区和较短的时期。这两种方法各有利弊。用前一种方法,好处是可以使我们对一个大地区在一个长时期中的 GDP 及其变化获得一个宏观的印象。但是从认识论的角度出发,我们对一个大事物或者长时期现象的认识,通常应当是从局部开始。因此之故,在对历史上的 GDP 的研究尚处于起步阶段的时候,后一种研究方法应当更为重要。

对于近代以前中国的 GDP 的研究,情况正是如此。根据时空范围的差异,这个研究也可以采取不同的方法。从空间范围而言,一种是将中国作为一个整体进行研究,而另外一种则是首先选取中国的一个地区进行研究,在多个地区研究的基础上,再进行全国的研究。中国是世界上人口最多的国家,内部各主要地区之间的经济发展水平差异之大,罕有其匹。只有对中国各地区的情况进行深入的研究后,才能真正认识中国经济的整体情况。从时间范围而言,也有两种方法,一种是进行长时段(例如一个朝代或者多个朝代)的研究,另一种则是首先选取一个短时期(一年或者数年)为时间节点进行研究①,然后以多个节点研究为基础,再进行长时段的研究。中国历史悠久,各个时期经济状况差别颇大。只有对

① 在对现代的 GDP 研究中,研究时间单位一般为一年,在对近代以前的 GDP 的研究中,由于统计资料的不足,往往可以将此时限扩大到数年。

各时期的 GDP 进行深入的研究后,才能认识中国 GDP 的长期历史变化。总而言之,如柏金斯(Dwight Perkins)所言,中国是一个巨大而内部多样的国家,几个世纪是漫长的时期,同时研究所需资料数量巨大,且质量参差,使用起来有很大困难。因此之故,在中国经济史研究中,按照地区、时期,从中国这个整体上切下一个较小的片段先进行研究,然后再做全国性的和长时段的研究,这样的方法更为可取[①]。

(二)比较研究

要真正认识中国历史变化的特点,总是离不开与其他国家进行比较。长久以来,无论在海内外,学者们对中国经济、政治和社会的历史变化的认识,一直都以西欧经验作为参照(或者说是依照西欧的历史变化规律来观察中国的有关变化),由此意义上来说都是比较研究。

但是,以往学界进行的比较研究存在颇大问题。首先,并非中西历史的所有方面都具有可比性,如果不具可比性,那么所作的比较也就没有意义[②]。其次,在大多数中西比较研究中,比较的时间

---

① Dwight Perkins: *Agricultural Development in China, 1368—1968*, p. 10。

② 例如,如王国斌指出的那样,韦伯(Max Weber)把基督教新教精神与世界其他地区宗教信仰进行对比后,认为只有新教精神能促成资本主义发展。然而欧洲天主教与新教地区的经济发展都表明:无论是有宗教变革的地区,还是没有宗教变革的地区,都能经历相同的经济变化。在亚洲,余英时已证明 16、17 世纪儒家的新思潮,与当时随商业迅猛发展而兴起的独特的商人观念,是相并出现的。而名下(Tetsuo Najita)的研究也已表明:在 18 世纪的日本,商人从儒家世界观中也为自己赢得了受尊敬的地位。因此,以往那种把新教精神作为标准,从而得出儒家精神为资本主义发展的障碍的结论是很成问题的(R. Bin Wong: *China Transformed-Historical Change and the Limits of European Experience*, p. 15)。之所以如此,一个重要原因是因为精神和文化方面,有很多东西是不具客观的可比性的。

范围往往长到"奴隶社会"、"封建社会"和"近代"时期，空间范围则大到"中国"和"欧洲"。关于以往比较研究中的空间单位的不合理，彭慕兰(Kenneth Pomeranz)已指出①。这里我们要强调的是，无论中国还是欧洲，内部各地在经济发展方面都有巨大的差异②。如果忽视这些差异，把中国或者欧洲视为均质的整体来进行比较，显然是不科学的。

近年来，学者们对如何在中国经济史研究中进行更好的中西比较有了进一步的认识③。根据这些新的认识，要再进行正确的中

---

① Kenneth Pomeranz: *The Great Divergence: China, Europe and the Making of the Modern World Economy*, pp. 4—10。这种空间单位的不合理，导致比较研究得出的结果也颇有问题。例如前面提到肯尼迪(Paul Kennedy)引用贝洛克的研究，提出直到1830年时，中国制造业产量仍为英国总产量的3.1倍，法国的5.7倍。到第二次鸦片战争时，英国的工业产值才刚刚赶上中国，而法国的工业产值则仅为中国的40%。如果考虑到中国和英、法两国在疆域(以及人口)上的巨大差别，这种比较似乎不能说明什么问题。

② 例如，施坚雅把清代中国划分为九个经济巨区(macro regional economies)，即(1)东北，(2)华北，(3)西北，(4)长江上游，(5)长江中游，(6)长江下游，(7)东南沿海，(8)岭南(两广)和(9)云贵(G William Skinner: Marketing Systems and Regional Economies: Their Structure and Development 及 Presidential Address: The Structure of Chinese History)。这些经济巨区不仅在经济发展水平方面，而且在经济成长方式方面，都有很大差异。因此王业键指出：中国在19世纪以前已形成了三个主要的经济地带。第一个地带是发达地带，包括东部、北部和东南部十个省份。第三个地带是不发达地带，包括东北、内外蒙古、青海、西藏。第二个地带则是发展中地带，包括位于上述发达与不发达两个地带之间的其他省份(王业键：《近代中国农业的成长及其危机》)。而在东部的发达地带，江南(长江三角洲)又一马当先，成为中国经济发展水平最高地方。欧洲的情况亦然。西欧与东欧、中欧、南欧在经济发展水平和经济成长方式方面，也差别颇大。范·赞登(Jan Luiten van Zaden)新近的研究指出：欧洲在1400—1800年间，出现了一个"小分流"(Little Divergence)。这个"小分流"体现在：这一时期欧洲的经济成长主要集中在西欧的一个较小的部分(低地国家和不列颠群岛)，以往经济发达的意大利、西班牙，在此时期经济现衰退(Jan Luiten van Zaden: *The Long Road to the Industrial Revolution: the European Economy in a Global Perspective*, 1000—1800, Part II)。

③ 参阅李伯重：《"相看两不厌"：王国斌〈转变的中国——历史变迁及欧洲经验的局限〉评介》。

西经济史比较，应当注意以下两个问题①：

首先，进行中西比较，必须从文献中获得关于比较对象双方的不同层次的事实证据，包括关于全国性的经济表现、地区性的或者职业性的生活水平、贸易、运输、单位投入的水平等方面的事实证据，并弄清事实依据的真实意思。为了进行比较，特别要重视衡量标准的问题，只有使用合适的标准去整理事实证据，才能把这些证据变成可用的资料，而可用的资料又是比较的基础。因此倘若没有合理的标准，比较可能就没有意义。

其次，在中西两方的国家政策、赋税、产权、劳动等方面，过去的研究已提供了大量的制度研究的细节。这些细节可以在从地方—区域—全国（欧洲国家）—更高（如中国和西欧各作为一个整体）的各级层次上集中起来，使得学者可以选择合适的层次进行研究。经济史学家应当以自己的能力和条件以及所关注的问题，进行相关的研究，而不应去做自己力所不能及的研究。正常的研究应当是从下面的层级开始，然后向上，而非相反。正确的方法应当是根据自己的能力和条件以及所关注的问题，选择适当的层级，进行比较研究。只有这样的比较研究，才真正有价值。

简言之，要进行正确的比较，必须选择合适对象。从层级而言，应当自下而上。而无论作什么比较，都必须以事实证据为基础。

（三）时空单位选择的标准

本书研究在时空单位的选择方面，采取上述原则，即选择一个

① 以下所说的两点，主要根据李丹（Daniel Little）在其“Epistemological Issues in Economic History”一文中对经济史研究中的中西比较作的简要总结。参阅李伯重：《中国经济史应当怎么研究》。

较小的地区和一个较短的时期作为研究的时空单位。但是，中国广土众民，历史悠久，如何从中选择一个地区和时期作为研究的时空单位是一个很复杂的问题。在本书中，我们进行选择的主要原则是：第一，资料的可获得性，第二，研究单位的可比性。

1. 资料

资料是史学研究的基础。余英时说："史学论著必须论证（argument）和证据（evidence）兼而有之，此古今中外之所同。不过二者相较，证据显然占有更基本的地位。证据充分而论证不足，其结果可能是比较粗糙的史学；论证满纸而证据薄弱则并不能成其史学。"[①]特别是对于GDP研究这种对数据要求很高的研究来说，资料的丰富和可靠，其重要性就更是一目了然，无须赘言。

2. 可比性

由于本书将要进行比较研究，因此在选择时空单位时，也必须考虑可比性的问题。从经济史研究而言，这种可比性，不仅要体现相关的时空单位在空间大小、时间长短等方面的可比性，而且也要体现在相关的经济在发展水平、成长方式等方面的可比性。

彭慕兰（Kenneth Pomeranz）在其《大分流：中国、欧洲以及近代世界经济的形成》一书中揭示了一个事实：在19世纪以前的世界（主要是欧亚大陆）上，有一些地区在经济表现方面具有一些至关重要的特征，而余下的地区则否。这些特征包括比较自由的市

① 余英时：《关于韦伯、马克思与中国史研究的几点反省》。他接着说："韦伯的历史社会学之所以有经久的影响，其原因之一是它十分尊重经验性的证据。甚至马克思本人也仍然力求将他的大理论建筑在历史的资料之上。韦、马两家终能进入西方史学的主流，决不是偶然的。"

场、普遍的手工业、高度商业化的农业，等等。这些特征与“资本主义”之间没有必然的联系。他并且举例说，从经济表现和发展水平来看，荷兰和长江三角洲之间的相似性，比起荷兰和乌克兰或者甘肃和长江三角洲之间的相似性更多①。换言之，从经济史的角度来看，在近代早期的世界上，诸如荷兰和长江三角洲这样的地区之间，具有更多的可比性。

在本书中，我选择了1823—1829年华娄地区作为研究的时空单位，就是基于以上两方面的考虑。如下节所言，在此时期和此地区，文献中有比较丰富的史料可支持此研究。同时，我本人对于包括华娄地区在内的江南经济史已进行了多年研究，而我的合作者范·赞登(Jan Luiten van Zanden)及其团队在19世纪初期荷兰经济的研究方面已作了大量的工作，并取得了丰硕的成果。这些，都为进行华娄地区与荷兰在19世纪初期的经济状况比较提供了一个较好的基础。因此选择这样的时空单位，应当说是比较合理的。

最后，我还要说说所选择地区和时期的“典型性”的问题。

在以往我国的经济史研究中，学者们对其选取的地区和时

---

① 彭氏指出：“分布于整个旧大陆的各种各样的核心区——长江二角洲、关东平原、英国和尼德兰、古吉拉特——共同拥有某些重要的特征，而这些特征是它们周围其他大陆或次大陆地区不具备的(例如相对自由的市场、广泛发展的手工业生产、高度商业化的农业)。在这种情况下，为什么不对这些区域直接进行比较，而宁可引入那些无论日常生活还是贸易、技术传播及其他等等的主要模式都没有多少相关的有着很大程度随意性的大陆单位呢？此外，如果这些分散的核心确实有很多共同点，同时，如果我们愿意承认偶然性和关联性起了某种作用的话，我们对它们进行的真正的交互比较就有了意义，即在按照较为一般的做法探讨那些使非欧洲地区没能走上标准化的欧洲道路的阻碍因素的同时，寻找那些使英国从一条本来可能使它更像长江三角洲或古吉拉特的发展道路分流的不存在的、偶然的和阻碍性的因素”。(Kenneth Pomeranz: *The Great Divergence: China, Europe and the Making of the Modern World Economy*, pp. 7-8)

期，往往强调其对于中国研究所具有的典型性或代表性。但是我选择1823—1829年华娄地区作为研究的时空单位，主要是基于以上两方面的考虑，而并非认为这个地区的情况对中国其他地区具有“典型”意义。事实上，正是因为长期以来这个地区的经济表现远比其他地区出色，因此反而很难将其作为“典型”去观察其他地区。

四、前人研究

学界对于近代以前中国的GDP问题的关注并非始于今日。早在半个世纪以前，张仲礼就已注意到此问题[①]。近年来，麦迪森(Angus Maddison)对过去两千年中不同时期的中国GDP进行了估算[②]，并进行了国际比较。他们的工作具有开拓性的意义，在学术史上功不可没[③]。他们的研究成果，对于本研究不仅是重要的启发，而且在一些方面也有直接的帮助[④]。但是由于各方面条件所

---

① 张仲礼：《中国绅士的收入》。

② 结果即Angus Maddison：*Chinese Economic Performance in the Long Run*, 960—2030。

③ 由于麦迪森的研究依靠的是西文发表的关于中国经济史的文献，而且其计算GDP以不变的人均消费这样一个假定为基础，因此其结果确实有不少问题。有些学者因此对麦氏研究持全面否定的态度，但是我认为麦氏此书是中国历史上GDP研究的首部专著，引起了国际学界对此问题的重视，从而开辟了一个全新的研究领域。在研究方法上，该书不仅有开创之功，并且也有可圈可点之处。同时，他也尽量采用了用西文发表的中国经济史研究成果。因此，麦氏的贡献不能轻率否定。正确的态度应当是充分吸收他的成果，而对其不足进行补充，对其错误进行修正，从而推动对中国历史上的GDP研究的发展，提升此研究的水平。

④ 例如，张仲礼关于19世纪绅士收入的研究，是我们研究1820年代华娄的官吏、教师等重要社会群体收入的主要参考。麦迪森关于19世纪中国经济整体局势的看法，也为本项研究提供了更加全面的时代背景。

限,他们的工作也存在一些问题[①]。此外,柏金斯(Dwight Perkins)在其《中国农业的发展,1368－1968》(*Agricultural Development in China*, 1368-1968)一书中,对1368年以来的六百年中中国农业产值进行了颇为精当的分析,其研究已接近GDP研究,但遗憾的是该研究仅限于农业而未及于其他,而且所研究的是总产值而非增加值。因此迄今为止,尚未有学者对近代以前的中国GDP进行专门研究。

尽管如此,一些学者在与GDP研究有关的一些方面已作了不少工作。特别要指出的是,本研究以1820年代华娄的GDP为研究对象,而华娄地区是清代松江府的中心地区。在过去的半个世纪中,松江府地区一直是海内外明清中国经济史研究的重点地区之一,研究成果不胜枚举。虽然在以往的研究中尚未有人注意华娄的GDP问题,但是有一些成果对于本研究具有重要参考价值,这里我们特别要提到的是以下几种:

1. 徐新吾关于鸦片战争前松江棉纺织业的研究

徐氏在此方面进行了数十年的深入研究,成果甚丰,对本书研究所涉及的棉纺织业问题尤为重要。特别是他主编的《江南土布史》,不仅将有关19世纪初期松江棉纺织业的各种史料搜罗殆尽,为后人研究提供了极大的方便,而且对棉纺织业中的许多细节进

---

① 例如,张氏研究只涉及国民收入(偏重于绅士阶层的收入),对GDP实际上并未展开更多的讨论。麦氏研究针对的是GDP,但由于其所依据的研究成果非常有限,因此他对20世纪以前中国的GDP的讨论显得过于简略。又,从时间范围而言,张氏的研究讨论的是1880年代的情况,而此时通常被认为已经属于"近代"。麦氏的研究所涉及的时间长达两千多年,但对于20世纪以前的情况也谈得很简略。从空间范围而言,他们的研究都是以整个中国为对象。而如前所述,对于全国整体情况的研究,应当建立在对各个地区研究的基础之上,而非相反。由于以整个中国为空间范围而又未有地区研究为基础,他们的研究显得在许多方面都比较薄弱。

行了缜密的考证，得出了重要的结论。这些结论，为我们研究 1820 年代华娄棉纺织业提供了坚实的基础。此外，在本书中，我们也经常引用该书中收集的调查资料。

2. 张忠民关于“大上海地区”经济变化的研究

大致而言，在地理范围上，今天的“大上海地区”是清代松江府的继承者①。就我所见而言，在以往学界对于清代大上海地区经济史的研究成果中，张氏的《上海：从开发走向开放，1368—1842》是最重要者之一。该书不仅对该地区经济在 1368—1842 年的五个世纪中的状况及演变进行了全面的阐述，而且在城、镇、市的分类，城、镇、市人口的估计等问题的研究方面，提出了颇有见地的看法。

3. 曹幸穗关于 1920 年代和 1930 年代江南农村经济的研究

本书的一个重要特点是用近代的情况来推求和印证 19 世纪初期的情况，而在近代经济的研究方面，曹氏的《旧中国苏南农家经济研究》运用近代调查资料，对松江以及毗邻地区农村经济进行了深入的研究。其研究结果对本书具有参考意义。

4. 王业键(Yeh – chien Wang)关于清代米价的研究

19 世纪初期的江南米价是非常专门的研究课题。王氏在此领域研究中进行了多年的努力，其成果《长江三角洲米价的长期趋势，1632—1935》(*Secular Trends of Rice Prices in the Yangtze Delta*, 1632—1935)是本研究中所使用的米价数据的主要来源。

除了上述学者的研究外，吴承明关于清代宏观经济的研究，方

---

① 今天的“大上海地区”即今天的上海直辖市所辖地域，包括清代松江府全部以及苏州府和太仓州的一部分。

行关于清代江南市场、商业和服务业的研究，瞿同祖关于清代地方政府的研究，林满红、陈昭南关于清代银—钱比价的研究，樊树志、刘石吉与范毅军等关于清代江南市镇的研究等，也对于本研究具有重要参考意义。

因此可以说，虽然本书在对近代以前中国某个地区的 GDP 进行研究的方面尚属首创，但受惠于前人的研究成果甚多。

此外，我以往关于江南经济史的研究[①]，涉及 19 世纪初期华娄地区经济者亦不少[②]。在中国经济史学界中，我是最先使用《浦泖农咨》对松江府地区农业的投入与产出进行分析者。我在关于 19 世纪初期江南棉纺织业的研究中，对该行业中的技术进步、专业化、劳动生产率等进行了颇为深入的探讨，而松江府地区是重点讨论的地区。在上述对农业和工业研究的基础上，我对江南农民家庭内的劳动分工问题进行了研究，其中松江府地区也是主要讨论对象。这些研究结果与本研究有直接的关系[③]。因此可以说，本书也是以我多年的江南经济史研究为基础的。

五、方法与资料来源

本研究主要使用方法为 SNA 方法，主要的资料来源种类则为地方志、农书和近代调查。

---

① 本书中所说的江南，大体相当于长江三角洲。其具体的界定，见李伯重：《简论“江南地区”的界定》。

② 有关成果主要见于以下拙著：*Agricultural Development in the Yangzi Delta*, 1620—1850、《江南的早期工业化(1550—1850 年)》、《发展与制约：明清江南生产力研究》、《多视角看历史：南宋后期至清代中期的江南经济》和《千里史学文存》。

③ 相关的主要成果见本书末的《征引文献目录》。

(一)研究方法

本研究主要使用 SNA(System of National Accounts,国民帐户体系)进行分析[①]。联合国于 1953 年首次发布了"联合国国民帐户体系"(The United Nations System of National Accounts,简写为 SNA 或者 UNSNA)),尔后在 1968 年和 1993 年两次发布,已为世界各国广泛采用。SNA 为世界各国提供了一个统一的和全面的国际标准体系,使得进行重要经济活动的国际比较成为可能。

SNA 是一种封闭的宏观经济记账体系,它使用生产法、收入法和支出法三种方法来衡量经济活动的量。农业、工业和服务产业的产值(或增加值),都等于总产出减去来自其他部门的中间投入,从而避免了产量的重复计算,而仅只包括每个部门为国民收入增添的产值。各部门生产出来的增加值,被用来偿付生产要素:工资偿付劳动,利息偿付资本,地租偿付土地,利润偿付企业家。收入以资本品的形式用来投资,购买消费品和服务,并支付政府开支。

---

① SNA 在中文中有不同译法,如国民帐户体系、国民帐户核算体系、国民经济核算体系、国民核算帐户系统等。兹采用联合国统计司的译法,即国民帐户体系。又,依照联合国统计司的定义,SNA 是"一种非常广泛而全面的体系,包括产品流量、收入与支出、生产与非生产资产及金融资产和负债的流量和存量及投入产出数据等方面的信息。它将几乎涉及经济过程所有方面的数据系统化并对之进行协调"(United Nations Statistics Division, Department for Economic and Social Information and Policy Analysis: *Use of the System of National Accounts in Economies in Transition*, p.5)。但是依照我国经济学界的一般理解,则"国民经济核算(national accounts)以整个国民经济运行为对象,从生产到分配、交换直至最终使用的周而复始的经济循环等多角度进行的宏观经济核算。开展国民经济核算所遵循的方法制度及其成果——统计信息系统,统称为国民经济核算体系(system of national accounts),简称 SNA"(王德发、朱建中主编:《国民经济核算概论》,序论)。

产值、收入和支出可以用不同的术语来表示，如总产值、总收入、总支出，或者净产值、净收入、净支出；国民产值、国民收入、国民支出，或者国内产值、国内收入、国内支出；以市场价格或者以要素成本（factor costs）来计算，等等。因此，SNA 描绘经济的周期性功能，即从生产到收入，再到支出，然后又回到生产。用上述生产法、收入法和支出法三种方法计算出来的国民收入应当是相同的①。

SNA 由一组连贯的、一致的和完整的宏观经济帐目、资产负债表组成。这些帐目和表格又以一组国际公认的概念、定义、分类和会计规则为基础，是发生于一个经济之内的复杂的经济活动以及发生于市场内外不同的经济机构之间的互动全面和详细的记录。SNA 旨在帮助经济学家衡量经济发展水平和经济成长率，以及在消费、储蓄、投资、债务和财富等方面的变化②。由于其优点，今天的世界各国经济研究中已普遍使用 SNA。

从理论上来说，SNA 可以用于研究过去的经济。但是由于 SNA 自身的局限性，在将其运用于历史研究时，会遇到一些明显的问题。这些问题主要在于：(1)SNA 强调市场部门，仅只计算通过货币进行的交易，而不涉及那些"传统"的非市场部门；(2)SNA 强调国民经济整合的程度，对国民收入的计算，仅只针对那些整合的国民经济；(3)国民收入并非福利的一个好标志；(4)在 19 世纪及以前，没有充分的统计资料可资建构国民帐户③。由于这些问题，在 20 世纪以前的经济研究中使用 SNA，直到近年才开始。在此方

---

① Jan－Pieter Smits, Edwin Holings & Jan van Zanden: *Dutch GNP and its Components*, 1800—1913, p. 4。

② United Nations Statistics Division, Department of Economics and Social Affairs: *Handbook of National Accounting—— National Accounts: A Practical Introduction*, p. 9。

③ Jan－Pieter Smits, Edwin Holings & Jan van Zanden: *Dutch GNP and its Components*, 1800—1913, pp. 4－10。

面，范·赞登等荷兰学者作了成功的尝试，并提出了历史国民帐户体系（The System of Historical National Accounts）的概念，为把SNA使用于20世纪以前经济的研究奠定了基础。他们的工作，对本研究具有重要的参考和借鉴意义①。

然而，由于在史料（特别是各种经济统计）方面，近代早期的江南远不及同时期的荷兰丰富和理想，因此如何在本研究中使用SNA是一个非常棘手的问题。由于与1820年代华娄地区GDP研究有关的第一手史料非常有限，因此在第一手史料极度缺乏的时候，我不得不采用假设、推理及验证的手段，从片段和零散的史料中，取得研究所需要的数据。为此，我根据实际情况，编制了若干计算公式。关于这些公式及其推导过程，我在本书附录1中作了说明，兹不赘。

(二)资料来源

大体而言，与本研究关系最为密切的主要地方文献有地方志、农书和近代调查三类。

① 例如，19世纪初期的华娄经济活动还有相当一部分并未卷入市场，这部分经济活动的产出也因此未有市场价格。按照今天SNA的标准，这部分产出就不能用SNA进行分析。但是，正如范·赞登在其关于1800—1913年荷兰GNP的研究中已指出的那样，虽然依照定义，SNA仅把那些具有市场导向的经济活动作为国民收入的一部分，但实际上，一些非市场的活动也被视为国民收入的一部分，这些活动包括农户为自身消费而生产农产品、企业为其内部使用而生产资本品、居民为自己建造住房，等等。政府以及半官方组织的服务不涉及市场价格，但必须包括在国民收入中。因此，历史国民帐户体系把市场内外的所有生产、收入和消费都计入（Jan - Pieter Smits, Edwin Holings & Jan van Zanden: *Dutch GNP and its Components*, 1800— 1913, pp. 5 - 7）。据此，19世纪初期的华娄经济活动，不论是市场活动或非市场活动，都可使用历史国民帐户体系来进行分析。

1. 地方志

作为中国文化最发达的地区之一,华娄地区及其所在的松江府地区具有长久的修志传统。与中国其他大部分地区修纂的地方志相比,松江府地区所修之志不仅数量多,而且质量高[①]。在这些地方志中,以下七部与本研究关系最为密切:

嘉庆《松江府志》(修于 1818 年)

光绪《松江府续志》(修于 1884 年)

乾隆《华亭县志》(修于 1791 年)

光绪《华亭县志》(修于 1879 年)

乾隆《娄县志》(修于 1788 年)

光绪《娄县续志》(修于 1879 年)

1991 年《松江县志》(修于 1980 年代后期,1991 年出版)

在这七部地方志中,前六部修于清代中后期。由于华娄地区在 1820 年代末曾修志,因此这六部志是最接近本研究所涉及的时

---

① 据统计,1949 年以前所修的原松江府地区的各种地方志,有市志一种、府志十四种、州志二种、县志八十五种、卫志五种、厅志两种,乡镇所志一百三十三种,合计二百四十一种。如加上各种专志、内志、文征、地方笔记等地情著作,总数更远大于此。上海师范大学图书馆编《上海方志资料考录》一书,即辑编 1949 年前的各类地情资料约八百四十多种。就府志而言,现存最早的方志为绍熙《云间志》。以后,元代修府志四次,明正统、成化、正德、崇祯四朝五修得六稿,清康熙、嘉庆、光绪三朝四修,前后十四次。华娄两县的县志,自《华亭图谍》算起,修志十五次。宋代约五次修志;洪武、正德又两修;乾隆、光绪二朝华娄两县各修三次。民国间又曾二度组局修志,虽均未成功,但留有《续纂华娄县志稿》、《华娄光宣志剩拾补》、《华娄二县金石志》及《松江志料》等稿本、备稿多种,汇辑了丰富的清末民间的资料。松江府地区的地方志一般都设局延请社会宿耆、集中饱学之士纂编,出于名家大手笔的甚多,从而在资料价值和体例两方面都有较高的质量。例如正德《松江府志》,《四库全书总目》称其"详悉有体,稍胜他舆记之冗滥"。崇祯间方岳贡、陈继儒修纂的两种《松江府志》,反映社会弊端和人民疾苦的深度,为官修志书所罕见。府志中内容最详者为嘉庆《松江府志》与光绪《松江府续志》,都统合一府古今资料,具有很高的价值。在华娄的县志中,乾隆《华亭县志》和《娄县志》,境域分明、材料翔实,所记脉络清晰。以上详见许洪新:《上海旧方志述评》。

期的地方志。从质量而言，这六部志（特别是两部府志）均属上乘，不仅包含了许多与本研究直接有关的重要资料，而且也包含了许多关于1820年代之前和之后各半个世纪中华娄经济状况的资料，为我们了解1820年代华娄经济提供了主要的背景资料。1991年《松江县志》虽然修志时间距离1820年代已很久，而且修志体例和方法与前志也截然不同，但是该志的主要优点是收罗了大量的近代调查和统计资料。经过分析和考证，这些资料也可用来逆推19世纪初期的一些经济活动的细节。

在清代中后期所修的江南各地地方志中，有一些与本研究的关系十分密切。毗邻的上海、奉贤、宝山、金山、南汇和川沙等县，与华亭、娄县在清代均为松江府属县，今天亦均为上海市属下的县（区）。这些地区在经济、社会、文化、方言、风俗等方面都颇为相似，以致光绪《金山县志》卷17志余说："金邑分自华娄，其间风俗物产多类郡城（引者案：即松江府城），即历来祥异之事亦与郡城无异，间有一二稍异者"；"邑方言土俗类郡城者十之七"。19世纪中期人陈其元，曾历任南汇、青浦、上海三县代理县令，从这些地方的行政区划演变历史的角度，指出："华亭，……属会稽郡，后改娄县，属吴郡，至唐始析昆山、海盐、嘉兴三县地，置华亭县，而吴郡改苏州，后唐同光年，分苏州，置秀州，宋政和年，又改为嘉禾郡，庆元年，升为嘉兴府，而华亭县仍属焉。元至元年，分嘉兴路，置华亭府，复更名松江府，又析华亭县为上海县。明再析华亭、上海县地，置青浦县。本朝雍正二年，复析华亭、上海地，置南汇县。余五六年中，历摄南汇、青浦、上海三县事，实则尚不出古之华亭一县地也。"[①]这些地区之间的关系非常紧密，特别是因为华亭和娄县是松江府府治所在地，其他各地与华娄的关系更是极为密切。因此，这

① 陈其元：《庸闲斋笔记》卷二。

些地方的方志所包含的讯息，也往往直接或间接地涉及华娄，可以作为研究华娄经济状况的佐证。此外，最近一二十年中修成的上海市所属各区县志和各专业志，种类多达数十种，篇幅浩大，收集了许多有用的讯息，因此也成为本研究所使用的重要资料来源。

与松江府邻府的苏州、嘉兴两府，不仅在经济上与松江府的联系非常紧密，而且经济发展水平也颇为接近。尤其是苏州府辖下的嘉定和崇明两县更是如此，以致后来成为上海直辖市辖下的郊县。武林退守在为《浦泖农咨》作的跋中对此说得很清楚："是书于土壤之宜、种植之利、工力之勤，既详且尽，不特吾松为然，即毗连如苏州、嘉禾，谅无不同然。"因此苏州、嘉兴两府及其属县在清代中后期（特别是乾隆后期至光绪初期）及民国时期所修的一些地方志，也包含着若干与本研究有关的讯息。

2. 农书

传统江南社会的一个重要特点，是本地学者在地方事务中十分活跃，并且对地方经济活动颇感兴趣。因此之故，在他们的私人著述中，留下了大量的关于地方经济的记载。早在唐代，松江学者陆龟蒙就写了《耒耜经》，成为中国农业史上第一部关于耕犁的重要记载。到了明清，地方学者对本地经济情况的记录就更为丰富了[①]。在一定的意义上，这些记载可视为第一手的观察资料，对本研究十分重要。在这些著述中，最重要的是农书。农书不仅记录当时的农作情况，而且也涉及农村经济的其他方面。在17、18和19三个世纪中，在松江府以及毗邻的苏州和嘉兴二府，出现了《沈氏农书》、《补农书》、《耕心农话》、《木棉谱》等几部在中国农学史上具有重要地位的农书。尽管这些农书未直接谈及1820年代的华

① 例如顾炎武记录了17世纪后期苏松地区土地所有与租佃的情况，而钦善则对18世纪末松江府稻麦复种的比例作了记录。

娄经济，但是其所包含的许多资料，对于我们了解 1820 年代的华娄经济的许多细节来说仍然十分重要。

对于本研究来说，最为重要的农书是《浦泖农咨》。此书是一部完全针对华娄地区农村经济状况的地方性农书。该书成于道光十四年(1834 年)春月，作者姜皋，号小枚，道光十五年恩贡生，系道光时代松江府"泖东七子"之一。地方志说他"能诗，工骈俪文，喜著书，于农田水利尤留意焉"①。他自己说他虽然"无田，亦非农，且无农田之责者也"，但是"生平好知农事，以为今之四民无负于天下国家者，惟农而已矣"。"壬癸(1822、1823 年)以来，见乡农之凋敝日甚也"②。有感于此，他写了《浦泖农咨》。

和大多数官修或者名人所修的农书不同，《浦泖农咨》一书篇幅不大。该书正文仅有十四页，分为四十段，每段长短不一，专论一个主题。然而要强调的是，该书虽然篇幅有限，所保留的当日农村经济的讯息却十分丰富，记载细致且翔实。尤为难能可贵的是，作者在撰写本书时，作了一些实地调查，访问乡农，"细询其故。彼欺凌驳削，种种情事，如所谓报荒遭笞、纳粮无照者，恐不至若是之甚，余不之信。惟信所言人工贵，地力薄，天时不均，万农则如出一口，故录以告世之有心农事者"。由于作者"生平好知农事"，重视农村经济，而且又进行了认真的调查工作，因此本书也摆脱了许多官修或者名人所修的农书注重广征博引前代文献，而疏于详记当代实际情况的弊端③。

---

① 光绪《重修华亭县志》卷一六人物五。

② 《浦泖农咨》(自序)。

③ 武林退守为此书所作的跋说："是书于土壤之宜、种植之利、工力之勤，既详且尽。"秋圃叟的跋也说："《浦泖农咨》一册，凡于天时之寒燠，地利之高低，人力之勤惰，若何而丰收，若何而歉薄，以及近年困苦情形，详晰言之，巨细无遗，可补农政诸书之所未及。"白石生作的序则说："今此《浦泖农咨》，尤为切近时事，复以简要出之，弗为过激之言，足动倾听之耳。"这些话俱非谀词，而是恰如其分的评价。

该书的主要缺陷，是对于许多当时人们所熟知的农村经济现象（例如租佃制度、农场规模等）谈得太少或者未曾谈及。之所以如此，主要原因可能是姜氏认为这些情况早已人人皆知，毋庸赘言。但是这些情况对于本研究来说十分重要。因此，当涉及这些情况时，我们不得不求助于其他史料来进行补充。

此外，还有一些当时华娄地方士人写的关于地方经济的著作[①]和官方文告，也包含有我们所需要的讯息。

3. 近代调查

在20世纪中后期，不同的机构和个人在华娄及其邻近地区进行过多次调查。中国官私两方面的调查结果，大多已部分地收入了1991年《松江县志》和邻近地区20世纪所修的地方志中。在外国机构所进行的调查中，最重要的是日本南满洲铁道株式会社（简称满铁）在松江县（即本书所说的华娄地区）所进行的调查，其结果即满铁上海事务所于1940年（昭和十五年）印行的《江苏省松江县农村实况调查报告书》（江蘇省松江県農村実態调查報告書）。该报告书对于我们了解1940年及此前华娄地区的农村经济和乡镇传统工商业的细节至为重要[②]。此外，满铁在邻近的太仓、常熟、无锡等地所进行的调查[③]，在对本研究也颇有参考价值。

由于有关数据的缺乏，我在本研究中常常不得不用近代调查资料来推求1820年代的华娄经济的许多细节。这里需要说明的是，虽然这种做法有很大风险，但却是唯一可行的做法。其主要理由如下：

---

① 如钦善：《松问》等。

② 关于满铁调查的可靠性问题，参阅黄宗智：《华北的小农经济与社会变迁》，第38—42页。

③ 结果为南满洲铁道株式会社上海事务所印行的《江蘇省太倉県農村実態調査報告書》（昭和十五年，即1940年）、《江蘇省常熟県農村実態調査報告書》（昭和十四年，即1939年）和《江蘇省無錫県農村実態調査報告書》（昭和十六年，即1941年）。

首先，一般而言，尽管华娄地区的经济自19世纪中期以后发生了很大变化，但是直到20世纪中期，华娄经济中的“传统”部分，与19世纪初期的情况相比，并未发生本质性的改变，在许多方面甚至完全没有改变。因此对于“传统”经济部分而言，使用近代调查资料所了解的情况来推求19世纪初期的情况，从逻辑上来说是可行的。具体而言，把许多19世纪初期文献和近代调查中对于同一事物的记载进行对比，往往会发现二者之间常常有明显的一致性①。这表明在19世纪初期和20世纪中期，华娄“传统”经济部分在许多方面所发生的变化并不很大。

其次，许多学者可能担心用从近代调查中所得到的知识去推求19世纪初期经济的情况，会高估过去经济活动的水平，因为依照通常的看法，“近代”在各方面都必定优于“近代以前”。华娄紧靠中国近代经济的中心上海，应当比其他地方更多受惠于近代经济的发展。但是从实际情况来看，华娄地区20世纪中期的经济状况比起19世纪初期却大不如，特别是工商业更是出现了明显的衰退。从本书第十三章可知，1930年代和1950年代初期华娄工商业的绝对规模、相对规模以及人口数量，都逊于19世纪初期。农村的情况也与此相似②。因此，就华娄的具体情况而言，用从近代调

---

① 例如从本书后面各章中的讨论可见，水稻种植中投入每种农活的亩均劳动日数量，在《浦泖农咨》、满铁调查以及1991年《松江县志》所引用的1930年代与1940年代调查中，几乎完全相同；农民家庭农场的平均规模，在19世纪初期和20世纪中期也差别不大；农业短工的相对工资、主要农具的相对价格，在这两个时期也大体相似；等等。

② 例如，一方面，在19世纪初期，棉纺织业在华娄农村经济中占有举足轻重的地位，与农业一同构成农村经济的基础。但是到了20世纪中期，棉纺织业在华娄农村已基本消失，仅只保留有一些残余（见本书第十三章）。另一方面，由于19世纪中期以后肥料来源发生了重大变化，20世纪中期华娄农业深受肥料短缺之苦。因此与肥料供给充足的19世纪初期相比，20世纪中期不仅作物亩产量由此而降低，而且春花种植也大大缩减（见李伯重：《明清江南农业中的肥料问题》）。两方面的情况结合，使得20世纪中期华娄的农村经济水平显然低于19世纪初期的水平。

查中所了解的情况去推求 19 世纪初期经济的情况，并不会导致"抬高"过去。相反，在一些情况下反而可能会"压低"了过去。虽然"抬高"或者"压低"都是应当避免的，但是如果实在无法避免，"压低"的结果可能在心理上更能被我们接受，因为我们这几代学者都是在那种"现代人对于过去的傲慢与偏见"的氛围中长大。

当然，我们在运用近代调查去推求过去的情况时，需要非常小心谨慎。当不得不使用这种方法的时候，我们首先要把相关的情况放到一定的具体环境中，看二者是否具有一致性或者相似性，并且力求用其他材料进行验证。在此基础之上，才能进行推求。这种做法也同样适用于用华娄以外地区的记载去推求华娄的情况。

由于在中国 20 世纪以前的经济研究中使用 SNA 方法以往尚无人尝试，加上 19 世纪初期华娄地区的经济情况与现代经济颇不相同，同时许多重要资料无法获得，因此本书研究所得到的结果，都只是初步的。柏金斯在其《中国农业的发展，1368—1968 年》(*Agricultural Development in China*，1368—1968)一书的导论中说："必须从一开始就说清楚：本书的所有结论和陈述都只是初步接近于实际。没有任何关于过去历史的陈述是绝对确定的，本书的结论也绝非确定不移的。……本研究只是企图引起学界对一些重要问题的讨论，而非结束这种讨论"[①]。柏氏这段话，也适用于本书。

六、本书结构

本书由正文五编和附录 17 篇组成。

---

① Dwigh Perkins: *Agricultural Development in China*, 1368—1968, p.10.

正文包括五编，共十三章。第一编“导论”（第一、二章），主要是介绍与本书主题相关的各种情况。第一章介绍本研究的论题（意义、对象等）、前人研究、主要资料以及方法；第二章则对本书所研究对象的时空、人口和经济特征以及该时期中国总体经济形势进行分析，使读者对这些与本书研究对象有密切关系的基本状况有一个比较全面的了解。由于GDP研究必须以各产业部门的专门研究为基础，因此本书第二编“产业状况”（第三、四、五章）针对1820年代华娄地区三大产业部门（农业、工业和服务产业）的有关状况，逐一进行讨论，使读者了解这些部门的构成、规模、特点等。在此基础之上，第三编“增加值”（第六、七、八章）对各产业部门的增加值进行计算。第四编（第九、十、十一章）对1820年代华娄地区的就业、收入和消费进行分析，为后面进行GDP计算及验证做准备。第五编“结论”（第十二、十三章），其中第十二章将第三、四编各章分析得到的结果汇合，用生产法、收入法和支出法计算出1820年代华娄地区的GDP，并从HDI的角度出发进行分析，以验证本书研究的最终结果是否正确，第十三章则将1820年代华娄的GDP与1810年代荷兰的GDP进行比较，同时也与1820年以前以及在20世纪中期华娄经济的一些方面进行比较，以判断1820年代华娄经济发展所达到的水平。

对1820年代华娄地区的GDP进行研究，需要涉及诸多术语，需要进行界定。同时，为了方便计算，我设计出一些计算公式，将其运用于具体的分析中。对这些术语、方法及公式的说明，见于本书附录1。附录2—17则主要针对在正文中涉及到、但又不便展开细节讨论的一些重要问题，进行专门的讨论[①]。在本书正文中，仅只引用讨论的结果。

---

① 这些附录中的大多数，已作为专题论文发表。发表之后，得到一些同行的批评指教，我自己也发现一些缺陷，因此在改写为本书附录时，我又对其进行了程度不同的修正。

最后,我还要对本书中的两个技术性问题略作说明:

一、本书大量使用了互联网上的文献资料。在我国史学学术著作中,这种用法尚不太常见,因此一些读者可能会对这些资料的可靠性提出质疑。

这些学者的担忧是有道理的。目前网络上的资料良莠不齐,鱼龙混杂,许多资料来源可疑,其可靠性确实难有保障。但是同样的问题也存在于平面印刷品(包括纸质出版的学术著作)中,尽管程度有所不同。因此资料可靠性的问题,并不在于其发布方式。

与传统的平面印刷品相比,网络资源在数量及可获得性方面享有巨大的优势。充分使用这些资源,对于学术的发展具有重要意义,因此在西方学术著作中,使用网络资源已不鲜见。在一些被广泛采用的教大学生写作学术论文的指导手册中①,也都列入了网络资源及其使用方法。如果我们拒绝使用网络资源,无疑是一种自我封闭,失去可以从网络中获得的丰富资源。因此之故,本书也利用了相当数量的网络资源。

当然,在使用网上资料时,要特别注意其可靠性。本书引用的网上资料,基本上都出于"官网"(例如上海地方志办公室发布资料的上海通网站等)。这些网站都比较可靠,同时大多数发布的资料也有纸质本,因此就这些资料的可靠性而言,网络版与纸质本并无差别。但是就获得这些资料的成本与时间来说,差别就很大了。为了节约成本和时间,利用网络资源是可取的。

---

① 例如 Laurie Rozakis: *Schaum's Quick Guide to Writing Great Research Papers McGraw - Hill* (New York), 1999, Michael Jay Katz: *From Research to Manuscript: A Guide to Scientific Writing* (Second edition), Springer Science + Business Media B. V, 2009, 等等。

二、在本书中，有时会出现引用后面章节的情况①，在前面章节引用后面的结论，并作为前面章节进行推算的根据。有些读者可能对这种做法不太适应，因此在此亦略加解释。

在一部篇幅较大的学术著作中，采用“互见”方式（即在一些地方引用本书其他章节和附录中的数据或者结论），是一种西方学术著作中常见的表述方法②。这种方法的主要好处是使得有关问题的讨论集中于某处，而在其他地方从略，从而避免重复和丧失讨论重点。当然，这样做，也会使一些习惯于按照叙事顺序阅读的读者感到不习惯。不过，在权衡利弊之后，我还是选择这种方法。

三、本书中的数字，一般取到小数点后两位，少数地方取到一位。小数点后数字依据四舍五入原则处理。由此导致本书一些表格中计算出来的各项的百分数，相加后的总数有可能略多或者略少于 100%。这是统计学中常见的情况，仅在此作一简单说明，无需详细解释。

---

① 例如在本书第四章有这样的文字："从本书第五章中，我们推算得 1920 年代华娄……;"在第八章有"从本书第九章可知……;""我在本书第五、十章中，对政府人员的人数及收入进行了讨论……"，等等。

② 例如在 Dwight Perkins 在其 *Agricultural Development in China, 1368 - 1968* (p. 33)的第二章中，就用第四章中的计算以及附录 4 中的附表 D14 的结果。

第二章　1820 年代华娄地区的基本状况

在对 1820 年代华娄地区的 GDP 展开研究之前，我们首先要对该地区和该时期各方面的主要状况特征作一简要介绍和分析，作为本研究的背景。这样做很有必要，因为任何一个经济都存在于特定的自然环境和社会环境中。经济与环境之间的关系十分复杂。一方面，经济的变化深受环境条件的制约；但在另一方面，经济的变化也不断改变环境。因此本章将对 19 世纪初期华娄地区的自然环境和社会环境的相关情况作一简介，作为本书研究的背景。

一、地理

本书中的华娄地区，包括清代的华亭县与娄县，在地域范围上大致相当于今日上海市辖下的松江区而略小。这个地区在清代以前为华亭县，顺治十二年（1655 年）析华亭，置娄县。然而，虽然析为两县，两县县治依然在同一城内，加上也在同一城内的松江府治，该城（松江府城）也成为三个行政机构治所的共同所在。清亡后，松江府被撤销，娄县也于 1912 年并入华亭县。民国三年（1914

年)新的华亭县易名为松江县,属于江苏省。到了 1959 年,松江县划归上海直辖市,成为上海市属县。1998 年撤县改区,成为松江区。由于这个地区的名称不断变化,结果导致了相当的名实混淆。例如,华亭县的管辖范围,在 1655 年以前和以后几乎相差一倍,而松江在清代是府名,辖下七县,范围比现在的松江区(县)大得多。为了避免误解,本书中将这个地区依照 19 世纪的区划,称为华亭—娄县地区,简称华娄地区;在谈到近代情况时,则依据 20 世纪大部分时间内的称呼,称为松江县。同时,我们把华娄所在的清代松江府(大致相当于现在的上海直辖市)称为松江府地区。

今天的松江区(县)南北长约 24 公里,东西宽约 25 公里,地区中心为松江镇(即原松江府城),位于东经 121°14′,北纬 31°,东北距离上海市中心约 40 公里。19 世纪初期华、娄两县的面积,与民国时代松江县的面积相差不多。而在民国二十六年,松江县的面积大约为 2,400 多平方里,或 866.75 平方公里①。1949 年以后,松江县(区)的管辖范围有颇大变化,不过在 1966 年以前,这些变化还不很大②。

华娄地区地处长江三角洲东南部,古"岗身"以西,介于黄浦江和泖湖之间,故在清代亦被称为浦泖地区,反映这一地区农业状况的著名农书《浦泖农咨》也因此而得名。由于位于太湖流域碟形洼地底部,华娄境内地势低平。整个地平面由东南向西北倾斜,东、

---

① 南满洲铁道株式会社上海事务所:《江蘇省松江県農村実態调查報告書》,第 1、6 页。

② 1949 年以后,松江县的管辖范围不断改变。最大的一次改变是在 1966 年 10 月,上海市政府对松江、金山、奉贤等县的行政区划进行调整,将松江县的山阳、漕泾、朱行、亭新、枫围等 5 个公社和枫泾、亭林 2 个镇,以及张泽公社南部的金明、津星 2 个大队划归金山县;金山的泖港公社划归本县;本县漕泾公社黄沙、花园、南迎龙 3 个大队划归奉贤县胡桥公社。调整后,松江县由原来的 17 个公社、4 个县属镇,减少为 13 个公社、2 个县属镇。见 1991 年《松江县志》,第 61—63 页。

南部稍高，西、北部低洼。东部“岗身”一带，海拔在3.5—4.5米，最高5米；沿黄浦江两岸及县境南部，除新五乡（习称泖田，古代三泖之一部）海拔在2.4米左右外，其余一般在3.2米左右；西、北部是低洼腹地，海拔在2.2—3.2米，为太湖流域碟形洼地最低处。在全县耕地面积中，海拔3.2米以下低洼地约占2/3。黄浦江三大源流在本地区西南部汇合，东流出境①。

本地区最主要的自然资源是土地。据1982年普查，在本地区的耕种土壤中，98%是人工水稻土，土壤肥力较高，耕作层平均厚度为14.7厘米②。其次是各种水面，包括池塘、湖泊、河流等。嘉庆时华亭人钦善概括说：“松有隰殖之利，府东西北，大圩小圩，钩衔□（引者案：原缺一字）逐，为顷五万，泉甘土沃，去山池涂荡十三不可耕，十三一稔，十四再熟。”③换言之，在19世纪初期，松江府地区总面积的70%为耕地，余下的30%为山池涂荡。而在后者中，池塘、湖荡和河流等水面又占主要部分。地方志也说：“（娄县）西南北接壤青浦及浙之嘉善，水区弥漫，地尽膏腴，环泖而耕者交称乐利。”④

总之，本地区的自然条件颇有利于农业，但是由于地势低下，又在黄浦江下游出海口，因此易遭涝灾。金粟山人在为《浦泖农咨》写的跋中说：“浦泖处三江五湖之汇，昔称上腴”。武林退守则说：“吾松居东南最下游，潮水挟淤泥而入，涂荡尽田，且夺水为田，故水亦反夺之。又，地滨海，常苦风，其发在六七月间，于早禾为不宜。且苦苦雾，谷吐穗时经雾即浥，雾即蒙，故是咎征。所宜惟晚

① 1991年《松江县志》，第1、109、110页。

② 1991年《松江县志》，第111页。

③ 钦善：《松问》。

④ 嘉庆《松江府志》卷首“娄县全境图说”。

稻，若饱绽之后，淫雨相循，农又伤矣。”[①]姜皋更明白指出：“吾乡地势低洼，稻熟后水无所放，冬遇淫霖，一望白矣。”[②]这些话表明：19世纪初期华娄人士对本地的地理特征已有很好的认识。

二、气候

华娄地区气候属北亚热带季风气候，受冷暖空气的影响，四季分明，气候温和，日照充足，无霜期长。据1954—1981年的统计，常年平均降水量为1,103毫米，雨日137天，降水年际变化大。夏半年（4—9月）雨量集中，约占全年总雨量的70%，所以全年雨量多少，决定于夏半年的降水量[③]。但是我们应当注意的是，1820年代华娄的气候与今日有颇大不同。原因是北半球气候发生剧变，使得华娄地区的气候与其前后有颇大差别，对经济造成巨大影响。

根据地方志的记载，道光三年（1823年）、十三年（1833年），松江府地区遭到了前所未有的大水灾，朝廷累次下令大赈饥民，本地官民也多次捐资赈济。在道光二年（1822年），松江府地区遭受了旱灾，因此有的记载也把大灾的开始时间前推一年[④]。不过，道光二年的旱灾不算严重。因此道光三年水灾成为松江历史上的标志性事件。下面，我们来看看道光三年和十三年两次水灾的情况。

---

① 《浦泖农咨》，卷首第4页。

② 《浦泖农咨》（第8段）。以下引用该书第某段时，简写为《浦泖农咨》（X）。

③ 1991年《松江县志》，第1页。

④ 姜皋说：“壬、癸（道光二、三年）以来，见乡农之凋敝日甚也。”（《浦泖农咨》（9））他说到道光二年，因为该年秋松江遭受旱灾（见光绪《川沙厅志》卷4《民赋志·蠲缓》）。但是较之次年的大水灾，这次旱灾还不算太严重。

1. 道光三年大灾

道光三年夏，松江府以及附近的苏州府大水成灾。这场水灾非常严重，江苏署布政司林则徐说："苏属被灾之重，为从来所未有。……此数十万饥饿余生，将何术以处之哉？……总之灾分太重，灾民太多，灾区太广。"[①]时任华亭县知县的王青莲说："道光三年夏，江南大水，松属被灾尤甚。余以七月下旬来权斯邑，淫潦方盛，亟请赈恤，仓粟库钱散无虚日。惟民艰较重，有例赈所未及者。用是续谋义赈，余首先捐廉为倡，而邑之士大夫皆笃于桑谊，效义恤灾，大小捐户共输钱三万一百余缗。……后续举义赈共放钱二万六千余缗，共赈民十七万六千余口。"[②]换言之，得到官府赈济的灾民，竟占了全县总人口的近60%[③]。娄县绅耆也在《请赈募捐公呈条款》中说："今娄县低区，盖藏素少，猝遭巨浸，不特称贷无门，抑且佣工无所，其稍高诸处，一伤于戽救之工料，再伤于买补之赀财乏食。……(嘉庆)九年之水，一淹即退，田亩虽有高低，而同时补种，一律薄收，是以尚可牵算。今漫淹连月，稍高者犹难戽救，低洼者涸复无期。……高乡田禾，水势渐退，即可耘锄，根已着土，可望有收；若在低乡，稻虽透出水面，一望青葱，而积水未消，难以耘锄，根浮力薄；且屡经风水冲激，禾苗节次受伤，未能起发；兼之近遇风潮，水势比前更大，复遭淹没，即或有收，亦属歉薄…"[④]据姜皋说，在这一年，大雨从阴历二月开始下，一直下到九月，其间只在六月和八月略有间歇。大雨引起严重水灾，导致当年水稻绝收。不仅如此，这次大水使得农田被水浸泡数月，从而导致土地肥力严重

① 光绪《松江府续志》卷一四《田赋志·赈恤》。

② 王青莲：《赈余备荒碑记略》(收于光绪《松江府续志》卷十四《田赋志·赈恤》)。

③ 嘉庆《松江府志》卷二十八中的华亭县人口数为303,529人。

④ 光绪《松江府续志》卷一四《田赋志·赈恤》。

受损。直到1834年姜皋写《浦泖农咨》时，肥力依然未恢复[①]。因此这次水灾对松江农业的影响十分深远。

2. 道光十三年大灾

松江尚未从道光三年的大灾中恢复过来，又于道光十三年再次遭大灾。该年夏天，“霪雨为灾，岁饥米贵”。江苏巡抚林则徐向道光帝报告说：“江南连年灾歉，民情竭蹷异常，望岁之心，人人急切。今夏雨旸时若，满望得一丰收，稍补从前积歉。乃自六月间，江潮盛涨，沿江各县业已被灾。其时苏、松等属棉稻青葱，……惟种系晚稻，成熟最迟，秋分后稻始扬花，偏值风雨阴寒，岁多秀而不实。然大概犹不失为中稔。迨九月后，仍复晴少雨多，昼雾迷蒙，夜霜寒重。乡农传说‘暗荒’。臣犹不信，立冬前后亲坐小舟，密往各乡察看，所结多属空稃，半浆之禾变成焦黑，实先前所不及料。然犹望晴霁，庶可收晒上砻。不意十月来滂沱不止，自江宁以至苏、松，见闻如一。臣率属虔祷，虽偶尔见晴，而阳光熹微，不敌连旬盛雨。未割之稻，难免被淹。即已割者，欲晒无从，亦多发芽霉烂。乡民烘焙，勉强试砻而米粒已酥，上砻即碎。是以业户至今未得收租。然赋从租出，租未收纳，赋自何来？又沙地种植禾棉，连岁荒歉，今年风雨腐脱，收成仅一二分。纺织无资，停机坐食。且节交冬至，赶紧种麦，犹恐失时，况雨雪纷乘，田皆积水，春花难种，接济无资，民情窘迫。”[②]这次水灾使松江府地区已经很严重的情况雪上加霜[③]。虽然这次水灾的危害不及道光三年水灾，而且遭受打击最甚的是上海的棉花种植，但华娄地区也受害极大，因为华娄棉纺织业所需的原棉绝大部分来自上海。

---

① 《浦泖农咨》(9)：“自癸未(道光三年)大水后，田脚遂薄。”

② 光绪《松江府续志》卷一四《田赋志·赈恤》，光绪《川沙厅志》卷四《民赋志·蠲缓》。

③ 《浦泖农咨》(38,39)。

此后到了道光二十九年(1849 年),又一次严重水灾发生在松江府地区。在与华娄毗邻的上海县,"夏五月大水,田庐淹没,蠲租发赈,平粜施粥,邑人捐银助赈,一如(道光)三年,饿殍载道,民不聊生"[①]。这次大水灾,在烈度上可与道光三年水灾相比。

1823 年以来松江不断遭遇大水灾的根本原因是全球性气候剧变。气候史研究已证实 19 世纪初期是全球性气候剧变时期,而引起此剧变的直接原因是 1815 年春天南洋群岛中的松巴瓦岛(今属印度尼西亚)坦博拉火山的一系列爆发。在这些爆发中喷射入空中的火山尘埃弥漫到整个大气层,大大减少了投射到地球表面的太阳光线,致使气温下降[②]。因此自大约 1816 年起,北半球气温剧降,最低时的年平均气温比 1880—1975 年的平均气温低出 0.6℃,是自 17 世纪以来最低的。紧接着这个剧降的,是一个长达十五年的气候波动时期。直到 1830 年以后,气候才变得稳定一些,尽管仍然还是寒冷和潮湿[③]。

依靠中国记载进行的气候史研究,也证实了这个时期是中国气候史上的一个转折时期。气候史学家指出:在华中和华东,1740—1790 年的半个世纪是一个温暖时期,年平均气温比今日高出 0.6℃,而 1791—1850 年的半个世纪则是一个寒冷时期,年平均气温比今日低出 0.8℃;最低的年平均气温出现在 1816 年,该年平均气温竟然比今日低出 2℃,并且是自小冰期(mini - glacial)以来的最低气温。另外有些气候学家则认为中国的第六个小冰期始于 1840 年左右,一直延续到 1880 年代,而这个气候变冷在华北、华东

---

① 同治《上海县志》卷七《田赋下·积储》。

② 阿尔·戈尔:《濒临失衡的地球——生态与人类精神》,第 3 章。

③ 参阅 L. G. Thompson et at.:*Glacial Stage Ice Core Records from Subtropical Dunde Ice Cap*(转引自张丕远编:《中国历史气候变化》,第 386 页)。

和华中最甚[①]。因此，尽管在此寒冷时期开始于何时的问题上存在分歧，但是大多数气候学者都认为在 1816—1840 年间华东出现了以气温剧降为主要特征的气候剧变。这个气候剧变不仅表现在温度方面，而且也表现在湿度方面，因为在中国，气温与湿度的变化有着密切联系[②]。华东地区对这些变化尤为敏感，因为低温会使得两种气流在此停留并且交锋，从而导致降水的增加。

19 世纪初期的气候剧变也表现在华娄所在的江南地区。张德二和朱淑兰指出：在今天的大上海地区，气温在 1800 年以后剧降，在 1831 年达到谷底，到 1840 年前后才稳定下来[③]。而刘昭民指出此时期江南的冬季平均气温降至 0℃以下，比 20 世纪后期低出 2～3℃；因此大雪成为冬季常见情景，太湖常常结冰，而这些情况在此前后都不多见[④]。张培远则指出在江南，1776—1820 年是一个偏干燥的时期，而 1821—1890 年是一个偏潮湿的时期；在此二时期之间，没有一个过渡时期[⑤]。换言之，在江南地区，气候在 1820—1821 年间迅速地从一个比较干燥的时期转变为一个比较潮湿的时期。

因此在江南，1823—1834 年是一个气候剧变的时期，在此时期中出现了气候巨大的波动，例如 1809 年的奇寒和 1814 年的大旱[⑥]。但是这个剧变的最主要的标志是 1823 年的大水。尽管这次

① 刘昭民：《中国历史上气候之变迁》，第 135 页。

② 中国大部分地区属于季风气候，受两大季风的重大影响。夏季季风自东南向西北而来，温暖而湿润，带来降水；而冬季季风则由西伯利亚和蒙古南下，干燥而寒冷。如果年平均气温低，那么干燥而寒冷的北方气流就会停留较久，而温暖而湿润的东南气流也难于深入内地。

③ 张德二与朱淑兰：《近五百年来我国南部冬季温度状况的初步分析》。

④ 刘昭民：《中国历史上气候之变迁》，第 135 页。

⑤ 张丕远编：《中国历史气候变化》，第 332 页。

⑥ 1991 年《松江县志》，第 142 页；郑肇经：《太湖水利技术史》，第 246 页。

大水灾波及了江南的众多地区[①]，但由于其地形，华娄是受灾最严重的地区之一。

气候变化与农业生产之间具有密切的关系。我在过去的研究中指出：一般而言，对于江南大部分稻田来说，在栽培技术不变的情况下，气温较高，则水稻生长的生态环境较佳，从而亩产量也较高；反之则较低。换言之，在较劣的气候条件下，用同样的人工、种子与肥料，只能获得较低的产量[②]。典型的例子是华娄的水稻平均亩产量，18 世纪末和 19 世纪初一般在 3 石左右，而在道光三年水灾以后，下降至 2 石以下[③]。江南其他地区主要农作物的情况也大体如是。例如，道光三年的水灾、道光九年以来阴雨（特别是道光十三年夏秋间霪雨），导致上海县木棉歉收，"每亩约一二十斤，乡民忽起捉落花，结队至田，主不能禁，有采铃子用火烘者"[④]。姜皋在道光十四年说得很清楚："棉花地荒歉者及今四年矣。棉本既贵，纺织无赢，只好坐食，故今岁之荒，竟无生路也。"[⑤]棉价上涨致使纺织无利可图，从而又沉重地打击了华娄的另一经济支柱。

三、人口

人口以及与之相关的问题，是了解一个时期一个地区的经济状况的基本出发点之一。但是在以往明清经济史研究中，对这些问题的深入研究却很少。因此在本研究中，有必要将在研究 1820

---

① 陈高佣等编：《中国历代天灾人祸表》，第 1610 页。

② 见李伯重：《"天"、"地"、"人"的变化与明清江南的水稻生产》。

③ 见本书附录 7。

④ 同治《上海县志》卷 30 祥异。

⑤ 《浦泖农咨》（38）。

年代人口及相关问题作一比较专门的讨论。

(一)人口数量与增长率

依照官方统计数字,嘉庆二十一年(1816 年)华娄人口总数为 563,052 人,比上次统计数即乾隆五十五年(1790 年)的 542,413 人略多[①]。由于在康熙五十年(1711 年)宣布"盛世滋生人丁永不加赋"之后,清代人口数字相对而言比较可靠,因此我们认为嘉庆二十一年的数字是大致可靠的。这里我们姑将 1820 年代的华娄人口数定为 56 万人。

自明代以来,华娄地区的家庭规模一直都在 4—5 人之间。依照官方数字计算,一个家庭的人口,1391 年为 4.6 人[②],1937 年 4.53 人[③],而 1953 年为 4.3 人(所有户)和 4.1 人(农户)[④]。这里我们姑定 1820 年代华娄城乡户均人口为 4.5 人。1820 年代华娄人口数为 56 万人,户均 4.5 人,因此共有 12.4 万户。

依照上述乾隆五十五年和嘉庆二十一年的数字计算,华娄人口年增长率为 1.4‰。1823—1829 年的华娄人口成长率应与此差

---

① 1790 年的华娄人口数,系用乾隆《华亭县志》卷五《田赋志·户口》中的 1791 年华亭县人口数(293,542 人)和乾隆《娄县志》卷六《民赋志·户口》中的 1788 年娄县人口数(248,871 人)相加得出,而 1816 的华娄人口数,则系用嘉庆《松江府志》卷二八《田赋志·户口》中的华亭县人口数(303,529 人)和娄县人口数(260,523 人)相加得出。

② 梁方仲:《中国历代人口、田地、田赋统计》,第 438 页;1991 年《松江县志》,第 153 页。

③ 南满洲铁道株式会社上海事务所:《江蘇省松江県農村実態调查報告書》,第 34 页。其中佃农家庭人口为 4.4 口,其他则多少不一(第 37 页)。

④ 据 1991 年《松江县志》第 153 页上数字计算而得。

不多[①]。不过，由于本书的研究仅只针对一个很短的时期，因此人口增长的问题不很重要。

(二)城镇人口

依照本书附录5所作的计算，1820年代华娄的城镇人口数量及其分布情况如下：

表2—1　1820年代华娄城镇人口[②]

城镇类型		人口(万人)	户数(万户)
府城		15	3.3
市镇	市镇1	4	0.9
	市镇2	3	0.6
	合计	7	1.6
城镇合计		22	4.9

市镇1：一般市镇居民

市镇2：制盐工人、运输业者、驻军及其家属

城镇合计，有居民约22万人，4.9万户；总体城市化水平近于40%。

(三)农村人口与农业人口

在1820年代的华娄，有60%的居民住在农村地区，其总数大约为7.6万户，34万人。但是要注意的是，由于有相当大的一部分农村居民只是居住在农村而并不依靠农业生活，因此我们在

---

① 这个增长率低于我在拙作《控制增长，以保富裕：清代前中期江南的人口行为》中计算出清代前半期江南人口成长率(大约3‰)。不过，由于本书不考虑人口增长的问题，因此这个差异也姑且不究。

② 原为表附5-1。

谈论农村人口时，还必须对农村中的农业人口和非农人口进行区分。

根据1930年代和1940年代的调查，江南农村中的非农人口，大约占农村人口的10%。但是16世纪后期的松江学者何良俊说："大抵以十分百姓言之，已六七分去农。"[①]道光十三年(1833年)，时任江苏巡抚的林则徐更说：苏、松两府的许多地方，"男妇纺织为生者十居五六"[②]。这些散见的史料显示，在16世纪后期至19世纪初期的松江府，非农人口的比例远大于10%。华娄是松江府的中心地区，这个比例应当高于全府平均数。因此，虽然1820年代华娄农村中的非农人口的比例很难确知，但是其大于1930年代和1940年代的10%应当是没有问题的。但是由于无法确知这个比例到底是多大，同时考虑到我们已经把一些可能住在小市镇、但从事农业的居民划入非农业人口，因此我们在此仍然采用1930年代和1940年代的10%。由此，我们可以得知1820年代华娄的农村人口、农业人口和非农业数量应为(表2-2)：

表2—2　1820年代华娄农村人口与农业人口

	人口数(万人)	户数(万户)
农村人口	34	7.6
农业人口	31	6.8
非农人口	3	0.8

① 何氏原话为："自四五十年来，赋税日增，徭役日重，民命不堪，遂皆迁业。昔日乡官家人亦不甚多，今去农而为乡官家人者，已十倍于前矣。昔日官府之人有限，今去农而蚕食于官府者，五倍于前矣。昔日逐末之人尚少，今去农而改业为工商者，三倍于前矣。昔日原无游手之人，今去农而游手趁食者，又十之二三矣。大抵以十分百姓言之，已六七分去农。"(何良俊：《四友斋丛说》，第112页)

② 林则徐：《林文忠公政书》"江苏奏稿"卷二《江苏阴雨连绵田稻歉收情形片》。

(四)贫富人口比例

19世纪初期华娄地区贫富人口在总人口中所占的比重不详。在明末清初,顾炎武估计在苏松一带,"有田者十一,为人佃作者十九"[①]。这里所说的"有田者",可以大致视为当时的富人的主体。在华娄,据松江县土地改革前夕的统计,在1950年以前,地主、富农、工商地主占全县总人口的8.7%,占有耕地71.1%,93%的地主住在上海、松江等地,住在农村的地主很少[②]。但是除了地主,富人还应包括比较富有的商人、退休官员以及"绅士"等[③],他们不一定占有很多土地。如果把这些人都包括了进去,富人在总人口中的比重要比土地改革前夕地主和富农在总人口中的比重高[④]。这里将1820年代华娄富户在总户数中的比例以1/10计,当不会夸大。

华娄贫困人口的比重无法得知。如果以雇农作为农村主要的贫困人口的话,从近代的情况来看,其在人口中的比重很小,不到5%[⑤]。方行指出自17世纪到19世纪中期,江南出现了一个"中农

---

① 顾炎武:《日知录》卷一〇"苏松二府田赋之重条"。

② 见1991年《松江县志》,第301页。

③ 张仲礼估计在太平天国以前,"包括家属成员在内的绅士阶层"在人口中的比例,江苏为1.3%,浙江为1.4%(张仲礼:《中国绅士——关于其在19世纪中国社会中作用的研究》,第124页)。他对"绅士"的界定为绅士是具有功名、学品、学衔和官职者。

④ 在经历了长期的战争(1937—1949年)之后,松江县农村经济已经破产,因此地主和富农的人数可能减少了不少。同时,1949年革命的胜利也使得许多地主(特别是比较富有的地主和与国民党政权有关联的地主)逃离本地。因此地主和富农在人口中所占的比重,可能比1820年代低。

⑤ 据松江县土地改革前夕的统计,雇农占全县总人口4.2%,他们占有总耕地0.3%(见1991年《松江县志》,第301页)。但在1930年代末,雇农的比重要小得多。据满铁调查,在华阳桥4个村的63户中,没有一个人当长工,当雇工(日工)和佣工(日工)的总日数为1,683个,仅相当于5.6个长工的工作量(参阅曹幸穗:《旧中国苏南农家经济研究》,第56页)。

化"的趋势，亦即"中农"成为了农民的主体，而这些农民的主体是佃农[①]。同时，在清代前中期的江南，即使是雇农，也未必就是赤贫。雇农(长工)的生活水平有明显改善[②]。在此同时，江南官民兴办的社会救济机构大量出现，特别是民间慈善活动，远比前代兴盛，大多以市镇为中心，深入到农村地区[③]。这些民间社会救济机构或慈善组织数量众多，种类齐全，财力充足，参与阶层广泛，活动经常[④]，因此受益面也颇广。这些社会救济活动，也在相当的程度上减少了贫困人口。在本书第七章中讨论住房问题时，我们假定住房条件好的富户占华娄总户数的1/10，而没有住房的贫困户(包括外来劳工等)也占1/10。这只是为了讨论的方便，事实上没有住房的贫困户的比重，应当没有那么大。

(五)外来人口

在清代的华娄的城镇地区居住着为数众多的外来人口。在这些人口中，为数最多的是商人和工匠。此外，由于府城是松江府的政治、文化中心，因此流寓的文人、学生乃至艺人等也为数不少。

---

① 方行:《清代佃农的中农化》。

② 方行:《清代江南农民的消费》。方氏还指出:雇工供给一般是以农民的生活水平为准绳的。"水涨船高"，明末到清末，雇工供给的改善，正是农民生活水平的提高的反映。

③ 王卫平指出:清代江南乡村地区的社会救济机构大多设于市镇，呈现出以市镇为中心的特点。市镇的繁荣，一方面为民间慈善活动提供了经济基础，另一方面，由于吸引了大量包括贫困潦倒、生活无着的贫民在内的外来人口，客观上要求开展社会性的救助活动。有此背景，江南地区以市镇为中心的慈善活动广泛开展，形成一个发展高潮。江南地区以市镇为中心的慈善事业，涉及了育婴、养老、济贫、收养流民、保节恤嫠、施棺掩埋代葬以及义塾、惜字、放生等诸多方面，尤侧重于育婴和施棺代葬事业。至乾隆年间，江南各府县的育婴堂普及率已达62.5%。见王卫平、黄鸿山:《清代江南地区的乡村社会救济——以市镇为中心的考察》。

④ 王卫平:《明清时期江南城市史研究:以苏州为中心》。

华娄的外来工匠人数颇为可观。据记载，在清代前期的松江府各城镇，仅踹布工匠就有一千多人，都是江宁、太平、宁国人[1]。华娄属下的枫泾镇在康熙初年，“里中多布局，局中多雇染匠、砑匠，皆江宁人，往来成群”。这些工人人数多，成为一股强大的势力，因此与本地居民的冲突也颇为激烈。史称他们“扰害闾里，民受其累，积愤不可遏，纠众敛巨资，闭里门小栅，设计愤杀，死者数百人”[2]。仅在冲突中被杀者就达数百人，可见外来劳工数量之多。此后华娄各地也有颇大数量的外地劳工[3]。

旅居华娄的外地商人人数也很多。由于松江是中国最大的棉布产地，而松江本地人很少到外地经商，因此全国各地客商都到此设庄收购棉布，其情况即如19世纪初期陈金浩《松江衢歌》所描写者：“客来东粤与西秦，裘葛推车到海滨（原注：松人远贾少）。”[4]除了远道而来的客商外，还有人数更多的邻近地区的商人住在华娄城镇经商[5]。在此特别要一提的是来自徽州的商人。在华娄，许多布商字号是徽商开设的。同时，木材贸易是徽商经营的四大行业之一，华娄造船业所用木材几乎全部由徽商供应。徽州盐商和典商在华娄也十分活跃。徽州人深入到了几乎所有市镇，如同明清江南民谚所云“无徽不成镇”。在华娄地区，情况也应当如是。

---

① 《案底汇抄》“设立专员管理踹匠各条”。转引自范金民：《明清江南商业的发展》，第334页。

② 吴遇坤：《天咫录》。

③ 例如在枫泾镇，经上述冲突，镇上商人字号大伤元气，棉布加工中心逐渐转到苏州城。但是到了嘉庆时，该镇染坊仍然有发展，并出现了进一步的专业化，“染工有蓝坊、红坊、漂坊、杂色坊之分”（嘉庆《松江府志》卷六《物产》）。因此应当也有人数可观的外地劳工。

④ 顾炳权编：《上海历代竹枝词》，第13—14页。

⑤ 像上述的枫泾镇，到了乾隆末期，“里中商贾辐辏，人有‘小苏州’之目”，陈祁《竹枝词》亦称：“繁华人说‘小苏州’，商贾云屯百货稠。”见顾炳权编：《上海历代竹枝词》，第94页。

总之,在华娄城镇人口中,外来人口占了相当的比重。在本书中,我们把外来人口作为城镇人口的一部分来看待,不作特别的区分,只是在讨论房租等问题时会涉及。

四、经济特征

依照传统的看法,19世纪初期的华娄经济仍然是自给自足的农业经济。虽然农村棉纺织业颇称发达,但仅只是一种"农家副业"而已。晚近的研究已表明这些看法很成问题。事实上,用近代以前的标准来看,19世纪初期的华娄经济已经颇为商业化和早期工业化了。此外,这个经济的各个部分也已结合,成了一个整合的经济(integrated economy)。

1. 商业化

用近代以前的标准来看,19世纪初期的华娄经济已高度商业化。姜皋说:"盖食米之外,事事需钱。即条银一项,歉岁直米四五升,若丰年米贱,必须一斗也。其他图差、地保等等,皆有例规。上岁曾出若干,嗣后遂不能减少。即如佣钱一项,亦不能减。加以百物腾贵,油盐日用之类,价倍于前。"[①]生产生活"事事需钱",正是这种高度商业化的最好总结。从《浦泖农咨》中的记述可见,市场已成为华娄农村经济活动的中心,不仅人们的日常生活严重依赖市场,同时主要的生产要素(土地、劳动、资本)、货品和服务也都可以(或者必须)从市场获得。正因如此,市场价格的变化对华娄经济

① 《浦泖农咨》(40)。

具有重大影响①。

这里我们要注意的一点是，由于华娄位于清代中国商业化程度最高的江南地区，因此华娄的市场受到外部市场的重大影响。嘉庆时有松江府人士说：本地所产粮食足以自给，“无如鲸沧未靖，赍盗奸民，夕栈朝屯，单舸大艑，窃载而奔，市无常价，三日一增”，导致人民生活困苦。但华亭人钦善对此看法的回答是：“米犹是，价倍之，此固农夫之大利也。”②可见，华娄的物价并不只是由本地市场的供求关系决定，而是由一个更大的市场体系内的供求关系决定。

关于19世纪初期华娄地区的产品市场、土地市场、劳动力市场和资本市场的许多具体情况，我们在本书其他章节以及附录中已有论述，这里仅只简单谈谈其基本情况。

(1)产品市场

由《浦泖农咨》可见，即使是普通农民，其生产和生活都严重依赖于一个发育程度颇高的产品市场。由于大部分生活和生产所需货品（粮食、肥料、农具、家畜等）都要通过市场获得，因此都有市场价格的记录③。

(2)土地市场

从《浦泖农咨》可见，19世纪初期华娄的土地买卖，无论是田底还是田面买卖，都已很普遍，因此才会有长期平均价格变化趋势的出现④。关于土地价格变化的情况，本书附录4已作了详细讨论，

---

① 例如，姜皋指出：1830—1833年华娄的大米市价在每石4,000文左右，而1834年时债米则“每石以六千结算”。然而正是高昂的米价使得农民经济赖此得以维持，否则，“一石之米，设仅值钱二千，吾恐业户、佃户相率而竭蹷不遑也”。见《浦泖农咨》(35)。

② 钦善：《松问》。

③ 参阅本书附录4。

④ 《浦泖农咨》(3,4)：“(田底)自癸未(1823年)至今，则岁岁减价矣”；“(田面)向来最上者一亩可值十余千，递降至一二千钱不等。”

兹不赘。

(3)劳动力市场

19世纪初期华娄的劳动力市场颇为发达，并分化为各种类型的市场。姜皋对此作了明确的区分："穷农无田为人佣耕者曰长工，今曰长年；农月暂佣者曰忙工；田多而人少，倩人而报之者曰伴工。此外又有包车水者，率若干亩，以田之高低为等，夏秋田中缺水则为之踼车上水。设频遇阵雨，则彼可坐获其直。其为人砻米者，谓之砻伙。"①姜皋还具体而详细地谈到忙工的工资及其构成②。

值得注意的是，姜皋谈到在1830—1834年物价飞涨时，"图差、地保等等，皆有例规。上岁曾出若干，嗣后遂不能减少。即如佣钱一项，亦不能减"③。换言之，当时的劳动力的价格已经有相当稳定的标准，表明劳动力市场已经颇为成熟。不过，如黄宗智所指出的那样，这个劳动力市场主要限于成年男子，妇女和儿童并未包括在内④。

(4)资本市场

自明代后期以来，江南就已出现了一个日渐发展的资本市场⑤。19世纪初期华娄的金融业及其活动，本书在第五章以及附录13中将进行详细讨论。这里要强调的是，在清代江南，资本流动基本上没有明显的制度性障碍，因此资本可以相对自由地在工

---

① 《浦泖农咨》(31)。

② 《浦泖农咨》(33)。

③ 《浦泖农咨》(40)。

④ 黄氏指出："即使到20世纪，长江三角洲的劳动力市场很大程度上仍局限于短工(日工)。那儿几乎没有长工市场，也没有女工和童工市场，尽管妇女和儿童早已大量地参加到乡村生产中。"此外，他还指出："雇佣交易中讲究私人关系和中间人，从而限制了劳动力市场的空间范围。"(黄宗智：《长江三角洲小农家庭与乡村发展》，第10、85页)

⑤ 刘秋根：《十五至十八世纪中国资金市场发育水平蠡测》。

业、农业、商业、金融业之间不断流动。由于资本可以在不同经济部门中自由流动，因此出现了各行业中资本净收益率趋同的趋势[①]。此外，资本市场的发展，也表现在普通农民的生活与生产对金融资本的依赖上[②]。这种资本市场有相当的局限性，过去被许多学者称为高利贷，认为其利率远远超出任何盈利企业所能承担的范围，因而难以对生产发挥积极的作用[③]。不过晚近一些学者已指出情况并非如此[④]。

19世纪初期华娄经济的商业化，使得本书的研究能够使用市场价格作为重建1820年代华娄的GDP的主要根据。

2. 早期工业化

松江府是19世纪初期中国棉纺织业的中心，其棉布产量在全

---

① 详见本书附录13。也正是因为如此，方行说在清代，地产、商业资本和高利贷资本互相转化，地主、商人和高利贷者成为"通家"（方行：《中国封建经济结构与资本主义萌芽》）。这种情况在19世纪初期的松江府地区十分普遍。

② 从《浦泖农咨》(35)来看，借贷已经变成农家生活的重要内容："当开耕急切之时，家无朝夕之储，告贷无门，质当无物，如有肯借以米者，不啻白骨之肉，价之多寡，不暇计也。是以稻一登场，先还债米，非因救急而报德也，为来岁地步也。"这种情况在松江府其他地方也很普遍，例如光绪《金山县志》卷一七《志余・风俗》说："农人每当青黄不接之时，有射利者乘其急而贷以米，谓之放黄米，俟收新谷，按月计利，清偿至有数石之谷，不足偿一石之米者。"

③ 黄宗智根据费孝通和黄氏本人的调查指出：在近代江南农村，"村内亲友间的贷款（无论个人贷款还是合会），讲究感情和礼尚往来，而未形成脱离人际关系的信贷市场逻辑。小农借贷反映了糊口经济中的为生存而借款的逻辑，月利高达百分之二至三，远高于任何盈利企业所能承担的利率"（黄宗智：《长江三角洲小农家庭与乡村发展》，第10页）。

④ 这种"月利高达百分之二至三"的贷款是否"远高于任何盈利企业所能承担"的"高利贷"，杨勇等有完全不同的看法，详见本书附录13。

国棉布总产量中占了很大的比重[①]。棉纺织业在华娄也极为普遍，成为华娄农村经济的另一支柱[②]。不仅如此，这里的棉纺织业生产中使用了比较先进的三锭纺车，同时该行业中的劳动者基本上都经过较长时期的工作培训，达到了相当高的专业化水平，因此19世纪初期华娄的棉纺织业已不是一般所说的“农家副业”了[③]。

19世纪初期华娄还有另外一些工业部门，例如碾米、榨油、制盐、造船等，规模都不小，其重要性也很可观。再加上传统的木、石、砖、漆、泥水、成衣等行业，工业在华娄经济中的地位大大超出过去大多数学者的想象。

这里我们要指出的是，除了棉纺织业大部分位于农村外，其他工业部门主要位于城镇。以往研究主要集中在农村棉纺织业而忽视其他主要位于城镇的工业，不能不说是一种偏差。

一般所说的“工业化”，指的是近代工业化，其含义是大力发展(近代)工业，使之在国民经济中占主要地位。而所谓“早期工业化”，指的是近代工业化之前的工业发展，使得工业在经济中所占的地位日益重要，赶上甚至超过农业所占的地位。由于这种工业发展发生在一般所说的工业化(即以工业革命为开端的近代工业化)之前，因此又被称为“工业化前的工业化”(Industrialization before Industrialization)，以区别于近代工业化[④]。如本书第十二章

---

① 按照吴承明的估计，清代中期江南苏、松(包括太仓州)、常三州棉布年总产量为4,500万匹，其中松江为3,000万匹。同时全国长途贸易的棉布共约4,500万匹，其中苏、松、常三州所产者约4,000万匹(见吴承明:《论清代前期我国国内市场》)。

② 姜皋说:“田家妇女最苦，馌饷外，耘获车灌，率与夫男共事，暇复纺木棉为纱以做布，皆足以自食，敏者且能佐家用。往年农之不匮乏者多赖之。”(《浦泖农咨》〈38〉)。

③ 李伯重:《从“夫妇并作”到“男耕女织”:明清江南农家妇女劳动问题探讨之一》、《“男耕女织”与“半边天”角色的形成:明清江南农家妇女劳动问题探讨之二》、《纺、织分离:明清江南棉纺织业中的劳动分工与生产专业化》、《明清江南棉纺织业的劳动生产率》。

④ 李伯重:《江南的早期工业化(1550—1850年)》，第13—18页。

所示，在 19 世纪初期的华娄，工业在经济中所占地位已超过农业，因此可以说这种经济已经早期工业化了。这一点，对于本书的研究具有非常重要的意义。

3. 经济整合

SNA 只能针对整合的国民经济（integrated national economy）计算国民收入，因此范・德・伍德（Ad van der Woude）认为在一个在政治上和经济上没有充分整合的地区，不能用 SNA 计算国民收入，因为在一个分裂的经济中，"国民收入"基本上不存在①。但是这对于本书所研究的地区和时期来说，这样的问题并不存在。明清江南城乡在政治上、经济上和文化上都高度统一②。位于江南中心地带的松江府（包括华娄），到了 19 世纪初期，情况更是如此。后来一些学者所说的近代经济与传统经济对立的"二元经济"③，在此时期的江南也尚未出现。因此，在 19 世纪初期的松江府地区，既不存在城乡经济的对立，也不存在近代经济与传统经济的对立，

---

① Jan-Pieter Smits, Edwin Holings & Jan van Zanden: *Dutch GNP and its Components, 1800—1913* ,pp.7－8。

② 参阅吴滔在《明清江南市镇与农村关系史研究概说》中对中外学界对明清江南城乡关系研究所作的综述和分析。

③ 黄宗智评论侯继明（Chi－ming Hou）、墨菲（Roads Murphey）等人提出的近代中国"二元经济"论说："形式主义经济学中很大影响的'二元经济论'模式，同样认为，世界资本主义的冲击，使中国经济分化为两种截然不同的体系：一个是受帝国主义刺激而兴起的'现代经济部门'，主要集中在商埠、城市。另一个没有受到此刺激的腹地的'传统经济'。这两个体系分道扬镳，极少互相渗透。传统经济的劳力集约和所生产的价格低廉的货物，仍吸引着传统市场的乡村消费者。在这方面，经常引用的例子是手工织的土布。它不仅幸存，而且在面临机织布的竞争下增长。现代工业产品，往往价格较为昂贵，超出收入低微的农村消费者的支付能力。所以，那些商品，正和现代经济部门的影响一样，大多局限于城市。于是，近代的中国农村，实质上没有受到帝国主义和近代城市经济多大的影响。……'二元经济论'，虽然在讨论农村手工织布业的命运时，大体上正确，但却严重地低估了农业加速商品化对中国农村的影响。"（黄宗智：《华北的小农经济与社会变迁》，第 19—20 页）

这里的经济是一个SNA所要求的整合的经济。

五、1820年代中国经济总体形势

由于处于全国市场的中心地区[①]，华娄的经济状况也取决于全国的经济总体形势。1820年代华娄经济出现衰退，不仅仅是由气候变化所导致，而且也是全国经济总体形势恶化的结果。

道光时期是中国经济由18世纪的繁荣向19世纪中期以后的萧条转变的时期。最先发现经济衰退出现的人是龚自珍。他在嘉庆末年就已指出："大抵富户变贫户，贫户变饿户，四民之首，奔走下贱，各省大局，岌岌乎皆不可以支日月，奚暇问年岁！"[②]这种情况到了道光朝变得更为明显，因此吴承明称这个经济衰退为"道光萧条"。他并指出：这次萧条是在清朝国势已衰，农业生产不景气，财政拮据的情况下发生的，因此十分严重[③]。冯尔康也指出到了道光时代，民困导致民变[④]，亦即经济衰退引起了社会动荡。

吴承明认为"道光萧条"主要是市场萧条，最突出的表现是银贵钱贱，物价下跌，交易停滞，商民皆困[⑤]。江南由于处于中国全国

① 清代中国已形成全国市场，其中心就在江南。详见李伯重：《中国全国市场的形成，1550—1850年》。

② 龚自珍：《定庵文集》卷中"西域置行省议"。

③ 吴承明：《中国的现代化：市场与社会》，第241页。

④ 冯尔康：《道光朝的民困与民变》。.

⑤ 吴承明：《中国的现代化：市场与社会》，第241页。吴氏还指出：具体而言，银价由每两合钱1,000文增至2,200文，而江南米价跌落约25%。关于19世纪初期中国银贵钱贱的原因，近来张瑞威(Sui-Wai Cheung)提出了新的解释，即由于18和19世纪之交英国与法国的战争，英国向中国输出的白银大大减少，导致中国白银进口量的锐减。见Sui-Wai Cheung：*The Price of Rice*：*Market Integration in Eighteenth-Century China*，pp. 67-73.

市场的中心，因此成为这个萧条的主要受害者。江苏巡抚陶澍在道光五年（1825年）明白地说："江（宁）、镇（江）、苏（州）、常（州）等处，小民生计，外虽见有余，内实形其不足。"[①]他的后任林则徐在道光十三年（1833年）也说："民间终岁勤劳，每亩所收除完纳钱漕外，丰年亦不过仅余数斗。自道光三年水灾以来，岁无上稔，十一年又经大水，民力愈见拮据。是以近年漕欠最多，州县买米垫完，留串待征，谓之漕尾，此即亏空之一端。"[②]

吴氏的"道光萧条"之说与麦迪森（Angus Maddison）的宏观研究的结论颇为一致。麦氏运用购买力平价的计算方法，对世界上各主要经济体的GDP作了计算。据其计算，在1700—1820年的一个多世纪中，中国经济的年均增长速度快于欧洲。但在1820年以后的一个半世纪中，中国经济一直处于衰退之中，成为世界六大经济体中唯一出现人均GDP下降的地区[③]。由此而言，1820年代确实可以说是中国经济发生大转折的起点，1820年代正是道光朝前期，因此称之为"道光萧条"是合适的。

"道光萧条"也清楚地表现在华娄地区。姜皋就此有非常明确的叙述。

首先，田价大幅下落。田底的价格[④]，"下乡之膏腴者最贵，以粮较轻而租易得也。然三十年前亩值七折钱五十两者，甲戌（嘉庆十九年，即1814年）歉收后，已减十之二三。自癸未（道光三年，即1823年）至今（1834年），则岁岁减价矣。癸巳（道光十三年，即1833年）冬间，此等田欲以易钱十千，无受之者。等而下之，有亩愿

① 陶澍：《陶文毅公奏疏》卷四，转引自冯尔康：《道光朝的民困与民变》。

② 光绪《松江府续志》卷一四《田赋志·赈恤》，光绪《川沙厅志》卷四《民赋志·蠲缓》。

③ Angus Maddison: *Chinese Economic Performance in the Long Run*, pp. 40, 41。

④ 关于"田底"的说明，见本书第三章。

易一千钱者，则尤难去之耳”；田面价“亦视其田之高下广狭肥瘠以为差等。向来最上者一亩可值十余千，递降至一二千钱不等”①。

其次，水稻亩产量降低而生产成本居高不下，导致农业生产无利可图。“上丰之岁，富农之田，近来每亩不过二石有零，则一石还租，一石去工本，所余无几，实不足以支持一切。况自癸未大水以后，即两石亦稀见哉！”“自癸未大水后，田脚遂薄。有力膏壅者所收亦仅二石，下者苟且插种，其所收往往获不偿费矣。地气薄而农民困，农民困而收成益寡，故近今十岁，无岁不称暗荒。”②

第三，农民收入锐减，难以维持正常的再生产。“壬、癸（道光二、三年）以来，见乡农之凋敝日甚也”；“民生日蹙，则农事益艰，如耕牛有不能养者矣，农器有不能全者矣，膏壅有不能足者矣。人工缺少则草莱繁芜，旱潦不均则螟螽为患，勉强糊口，年复一年，以至于卖妻鬻子，失业之农，填沟壑、为饿殍者，不知凡几。即素称勤俭而有田可耕者，亦时形菜色焉。”③

第四，农村棉纺织业濒临破产。“往年农之不匮乏者多赖之。自近今十数年来，标布不消，布价遂贱，加以棉花地荒歉者及今四年矣。棉本既贵，纺织无赢，只好坐食，故今岁之荒，竟无生路也。”④

由此可见，1820年代是华娄经济长期衰退的开始时期。

---

① 《浦泖农咨》（3，4）。

② 《浦泖农咨》（9、33）。

③ 《浦泖农咨》自序及第39段。

④ 《浦泖农咨》（38）。

第 二 编

产业状况

第三章　农业状况

在本章中，我们将集中讨论华娄地区的基本状况，包括产权与租佃制度、耕地数量、种植制度、农场经营以及养殖业等，以此作为第六章中对农业的增加值进行讨论的基础。

一、产权与租佃制度

农业的生产要素之一是土地，因此土地产权制度对农业经营具有特殊的意义。同时，在19世纪初期的华娄地区，绝大部分土地是由佃农耕种的，因此租佃制度也对农业生产具有重大影响。

1. 产权制度

如同在清代江南其他地方一样，19世纪初期华娄地区土地制度最显著的特征之一是地权的高度集中，亦即绝大部分土地为地主所拥有①。但是这种集中并不意味着土地所有权的僵化；相反，

---

① 光绪《华亭县志》卷二三《杂志上·风俗》，在总结华亭县土地分散与集中的历史时说："自（康熙）均田均赋之法（引者案：即摊丁入亩）行，而民心大定，然而谷贱伤农，流离初复，无暇问产。于是有心计之家，乘机广收。遂有一户而田连数万亩，次则三四五千，至一二万者。亦田产之一变也。"

在华娄，土地所有权是流动的。这种流动性对合理使用有限的土地资源起到了重要作用。

19 世纪初期华娄的土地所有权包括“田底”和“田面”两个部分。《浦泖农咨》对此作了明确的区分：“田之价值，下乡之膏腴者最贵，以粮较轻而租易得也。……此业户买田之价，俗云‘田底’是也”；“田又有‘田面’之说，是佃户前后授受之价也，亦视其田之高下广狭肥瘠以为差等”①。田底代表的是土地所有者(即田主)对土地的所有权，体现为向佃户收租的权利和向国家交纳土地税的义务。这种所有权实际上主要是满足城镇富人投资土地的愿望和贫困农民卖出土地的需要。田面是佃农握有的土地使用权，实际上也具有部分的所有权性质。农户获得田面权后，只要按时完租，即可长期耕种，而业主不得无故收回耕地。这类租制称“管业田”，亦称“自佃田”。农户可将土地使用权传给子孙，亦可转让或转租。若转租给其他农民耕种，则称为“小租田”或“佃田”。租种“佃田”的农户要分别向拥有土地所有权的业主和拥有土地使用权的农户交租。这是 1949 年以前松江县主要租佃形式，约占 70%②。

在清代江南，田底的买卖变得越来越自由③，形成了一个近乎自由买卖的竞争性的田底市场，而田底权也变得颇为类似股票和

① 《浦泖农咨》(3,4)。

② 上海松江网：《松江农业经济文化简史》。

③ 据上海松江网：《松江农业经济文化简史》，近代本地区的田底权出售，俗称“卖大租田”。买卖双方事先通过多次单独协商，议定买卖田亩数量、价格，……(价格)主要根据田力好坏，耕作是否方便而定。正式举行买卖仪式那天，买入方当事人须请卖出方、保正、中人、执笔等五六人到家中，同时告知乡亲邻里，请他们也到家中来凑凑热闹。人到齐后，由中人当众宣布交易情况，然后由执笔写具买卖契约，一式三份，双方当事人、保正、中人分别在契约上画押盖章或按手印。三份契约双方当事人和保正各执一份。仪式一般在下午举行，签押完毕，钱钞交割清楚后，由买入方置办六样菜肴，备酒，请保正、中人、执笔、卖出方吃晚饭。

债券[①]。这种买卖促进了资本在不同产业部门之间的流动。田面权出让是拥有土地使用权者的变换，一旦出让达成协议，出让者收取出让费后，今后的使用权就归承让人所有[②]。田面买卖在19世纪初期的华娄地区已经很自由，促进了资本在不同生产者之间的流动，其结果是使得大多数农户的经营规模得以接近于最佳经营规模，即自17世纪后期以来流行的"人(户)耕十亩"的经营模式[③]。

因此在这种产权制度下，土地的所有权实际上是为田主和佃农共同享有。陶煦说："俗有田底、田面之称。田面者，佃农之所有，田主只有田底而已。盖与佃农各有其半，故田主虽易，而佃农不易。佃农或易，而田主亦不与。有时购田建公署、架民屋，而田价必田主与佃农两议而瓜分之，至少亦十分作四六也。"[④]陈道文则说："田皆主、佃两业，佃人转买承种，田主无能过问。"[⑤]前述江南(包括华娄)土地高度集中，只是田底权的高度集中，而非整个土地所有权的高度集中。土地所有权的这种高度流动性是产权制度的一个重大发展，对于19世纪初期华娄经济具有重要意义。

---

① 黄宗智:《长江三角洲小农家庭与乡村发展》，第110页。

② 据上海松江网:《松江农业经济文化简史》，近代本地区拥有土地使用权者亦可将土地转让给别人耕种，这种转租称"放余租"。承种人须每年向拥有田面权者交纳二斗米左右的转租费。转租也要请保正、中人，立好字据，议定转租期限和余租租额。出让田面权的仪式与田底权买卖相似，排场小些，不分"闲中人钱"，开销费为总费用的一成，也由双方当事人承担。1930年代，每亩田面权出让费约在2石米钱左右(引者按:末句似有问题，但原文如此)。

③ 李伯重:《"人耕十亩"与明清江南农民的经营规模——明清江南农业经济发展特点探讨之五》。

④ 陶煦:《租核》"重租论"。

⑤ 转引自方行:《清代佃农的中农化》。

2. 租佃制度

华娄的农业基本上是由佃农经营的。早在明末清初，顾炎武就已指出："吴中（引者按：此处指苏、松二府）之民，有田者十一，为人佃作者十九。"[①]到了清代中期，经过太平天国战争，虽然一些地方（如在与华娄毗邻的金山县）土地集中的情况有所缓解[②]，但总体而言变化不大，即如陶煦所言："案实而详论之，吴农佃人之田者十八九。"[③]因此租佃制度是华娄经济的基本制度之一。

华娄地区的租佃制度，早在明代后期就已定型。这种制度的主要特点在以下几个方面：

（1）佃农只向田主交租，而不向国家纳税；纳税是田主的事，与佃农无涉。用 19 世纪初期华亭人钦善的话来说，就是"佃不知税，挈租于田；田主不耕，输税于官"[④]。这就使得佃农得以免去官吏对农民的骚扰和勒索。

（2）佃农对其生产活动享有自主权。在清代前中期，江南地租以定额租为主。在定额租制下，佃农一般"自居己屋，自备牛种，不过借业主之块地而耕之。交租之外，两不相问。即或退佃，尽可别图，故其视业主也轻，而业主亦不能甚加凌虐"[⑤]。因此"田中事，田主一切不问，皆佃农任之"[⑥]。在多数情况下，地主与佃农甚至互不

---

① 顾炎武：《日知录》卷一〇"苏松二府田赋之重"条。

② 光绪《金山县志》卷一七志余："务农之家，十居八九；无田而佃于人者，十之五六。"

③ 陶煦：《租核》"重租论"。

④ 钦善：《松问》。

⑤ 那苏图奏，见于中国人民大学清史研究所等编：《康雍乾时期城乡人民反抗斗争资料》，第 11 页。

⑥ 陶煦：《租核》"重租论"。

相识[①]。

地主不干预生产，而佃农也不承担赋役，这两个干扰农民经济最严重的因素得以排除，因此佃农基本上获得了自由支配自己劳动的权利[②]。这一点，对于华娄农村经济具有重大意义。

(3)佃农交租的种类和数量受习俗的限制[③]。清代江南佃农交纳的主要是定额租，在通常的情况下，地租数量为所租种的土地上主茬(在绝大多数情况下为水稻)产量之半，春花作物则不必交租。在清代的苏州和松江两府，实际地租通常只是名义地租的80%或者80%以下，在灾年实际交租量比一般情况下的实际地租量更少。1820年代是一个被称为“暗荒”的时期[④]，实际交纳的地租肯定比名义地租低得多[⑤]。

二、耕地

如同江南其他地区一样，清代政府将华娄的土地分为田、地、山、荡四类，按照不同的标准课税。但是在这四类土地中，田(即水

---

① 在近代松江县，“佃农与地主平时并无往来，有的佃农甚至未见过地主的面。彼此间的联系由保正承担，逢荒年，由保正向地主报荒，讲情，请求减免租米，但佃农得向保正送礼。另外，买卖土地等须保正到场，保正从中也能得到些钱财。民间有‘荒年熟保正’的说法”(上海松江网：《松江农业经济文化简史》)。这种情况是清代习俗的延续。

② 方行：《中国封建社会农民的经营独立性》。

③ 依照20世纪本地区的习俗，租种土地时的租额，系佃农向业主(或拥有使用权的农户)承租时议定。议定时，除租佃双方外，另有中人、保人、保正、写纸人(即书写契约者)参加。租额议定后，各人在契约上画押盖手印。见上海松江网：《松江农业经济文化简史》。

④ 《浦泖农咨》(10)说：“自癸未(道光三年)大水后，田脚遂薄。……故近今十岁，无岁不称暗荒。”

⑤ 详见本书附录12。

田)是最重要者，其数量也占绝对优势。

华娄地区的土地开发，唐代已取是得重大进展，但是南宋华亭县(后世的松江府地区)，许多地方依然是“连亘百里，弥望皆陂湖沮泽，当春农事方兴，则桔槔蔽野，比尽力于积水，而后能树艺”的情况[①]。以后逐渐改善，但是直到 19 世纪初，这里的耕地改良仍在继续。

1. 耕地数量

华娄的可耕地在 19 世纪以前就已几乎全部开垦毕，因此耕地的实际面积变化不大。但是耕地面积因辖区变更等原因时有出入，因此官方数字也有所不同。1816 年和 1884 年数字分别为 808,600 亩和 804,750 亩[②]。又，光绪《松江府志》卷一五《田赋·积储》“娄县丰备仓附录积谷章程”说：“查华娄两邑额田共九十余万亩，除坍荒绝户外，约计九十万亩”。这些个数字都是为赋税征收而定的额田数字，不是实际调查所得的实际耕地数字。除了额田外，还有相当数量的耕地掌握在不同政府部门手中[③]，未纳入上述总数[④]。以后的官方统计数字也颇不一致，从 1902 年的 863,793 亩到 1922 年的 979,700 亩不等[⑤]，但是也都不是实际调查所得的结果。在 1933—

---

① 杨矩：《重开顾会浦记》。

② 这两个数字是我用嘉庆《松江府志》卷二二和光绪《松江府续志》卷一一中的华亭与娄县的数字相加得出的。

③ 例如属于盐场的田地山荡和府县学所有的学田，以及芦田等。

④ 这些田地的总数合起来也不少。例如位于华亭和奉贤两县境内的袁浦盐场，就拥有各则税地 33,244 亩，各则课荡 31,388 亩(见嘉庆《松江府志》卷二九《田赋志盐法场灶》)。又，嘉庆二十一年实在丈见芦田，华娄合计 4,232 亩，额征正银共计 425 两(华亭县三百四两六钱六分七厘，娄县一百二十一两二厘。见嘉庆《松江府志》卷二八《田赋志杂税》)。

⑤ 光绪二十八年(1902 年)测定为 863,793 亩，民国十一年政府公布为 979,700 亩，民国二十二年为 928,800 亩，民国三十四年为 972,000 亩。见 1991 年《松江县志》，第 298、300 页。

1935年间，政府做过一些调查，结果为928,830亩。满铁调查中的数字则是959,057亩，以及荒地9,671亩[1]。到了1950年，政府为土地改革作准备，对现有耕地数字做过一些核查，结果为900,900亩[2]。相对而言，最后一个数字较为接近实际情况。在本书中，我们主要依据这个数字，把1820年代华娄耕地的总面积定为90万亩。

2. 耕地质量

据满铁调查，在1937年，水田占了华娄全部耕地的90%[3]。在本书中，为了方便计算起见，姑假定全部耕地都是水田。

明代后期何良俊对松江府东西两乡的田地做了比较，指出："各处之田，虽有肥瘠不同，然未有如松江之高下悬绝者。夫东西两乡，不但土有肥瘠，西乡田低水平，易于车戽，夫妻二人可种二十五亩，稍勤者可至三十亩，且土肥获多，每亩收三石者不论，只说收二石五斗，每岁可得米七八十石矣，故取租有一石六七斗者。东乡田高岸陡，……夫妻二人极力耕种，止可五亩。若年岁丰熟，每亩收一石五六斗，故取租多者八斗，少者只黄豆四五斗。"[4]华娄是松江府的"西乡"的中心，因此在松江府范围内，华娄水田属于较好者。

当然，在华娄地区之内的各地，耕地品质也有差别。在清代，主要依据地势高低，华娄地区被划分为上乡、中乡和下乡。三乡的

---

① 南满洲铁道株式会社上海事务所：《江蘇省松江県農村実態调查報告書》，第6页。满铁调查中的数字，应来源于抗战前中国地方政府的数字。

② 1991年《松江县志》，第298、300页。

③ 南满洲铁道株式会社上海事务所：《江蘇省松江県農村実態调查報告書》，第5页。

④ 何良俊：《四友斋丛说》，第114—115页。

田地纳税标准各不相同，上乡高而下乡低，中乡则居中[①]。这个不同主要是因为其耕地的品质的差异。由于华娄特定的地理环境，地势低下的田地容易受灾[②]。高田即使受灾，也程度较轻。正如道光三年水灾时，娄县绅耆请赈募捐公呈条款所言："查高乡田禾，水势渐退，即可耘锄，根已着土，可望有收；若在低乡，稻虽透出水面，一望青葱，而积水未消，难以耘锄，根浮力薄，且屡经风水冲激，禾苗节次受伤，未能起发，兼之近遇风潮，水势比前更大，复遭淹没，即或有收，亦属歉薄。"[③]因此，上乡田地亩产量高而下乡田地亩产量低。由于这种关系，大体上可以把上乡之田视为上等田地，中乡之田视为中等田地，而下乡之田视为下等田地。这三种田地在全部田地中所占的比例分别为 41.7%、43.6% 和 14.7%[④]。为了简明起见，并考虑到通常中等田地多于上等田地，故将上面三种田地的比例调整为 40%、45%和 15%。

表 3－1 就是对上述情况的一个总结。

表 3—1　1820 年代华娄各类耕地比例

	比例(%)
总数	100
上等田地	40
中等田地	45
下等田地	15

① 姜皋说："吾郡田有上中下三乡之别。……上乡者亩完米一斗六升二合有奇，银一钱二分二厘四毫有奇，摊征人丁杂办尚在外，中下乡者约递减米二升，银二分而已。"见《浦泖农咨》(1)。

② 《浦泖农咨》武林退守跋说："吾松居东南最下游，潮水挟淤泥而入，涂荡尽田，且夺水为田，故水亦反夺之。"又，《浦泖农咨》(8)说："吾乡地势低洼，稻熟后水无所放，冬遇淫霖，一望白矣。春时多犁于污泥中，下种稍或先时，谷每易烂。"

③ 光绪《松江府志》卷一五《田赋・积储》。

④ 我用嘉庆《松江府志》卷二二中华亭、娄县两县的有关数字计算得到这些比例。

此外，华娄有密布的湖泊和河流，不仅富于灌溉舟楫之利，而且盛产鱼虾，即如地方志所言："吾松泽国多水，给于鱼鲜，又加海焉，颇繁其类"①；"泖淀江浦之间，民多以渔为业。"②因此之故，华娄也有发达的水产养殖业和渔业。

三、种植制度

早在 19 世纪之前很久，复种制就已成为在华娄占统治地位的种植制度，但是到了 19 世纪初，还有相当数量的耕地未实行复种制③。在复种制下，一块田地一年种植两茬作物，即称为"主茬"的夏季作物和称为"副茬"的冬季作物。主茬作物的收成称为"大熟"，副茬（特别是春花）作物的收成则称为"小熟"④。在华娄，主茬作物基本上是水稻，而副茬作物则包括两类作物：一类为春花作物，主要是蚕豆、油菜和大小麦；另一类则为绿肥作物，主要为花草⑤。在大多数江南文献中，绿肥不被当作庄稼，因此在大多数近代统计中也未将绿肥计入复种作物。

在华娄，虽然水稻是最重要的农作物，但春花也很受重视，特别是因为"此间春熟，无论二麦、菜籽，例不还租也"⑥。而花草则是

---

① 康熙《松江府志》卷四《土产》。

② 嘉庆《松江府志》卷五《疆域志・风俗》。

③ 北田英人：《中國江南三角州における感潮地域の変遷》、《宋元明清期中國江南三角州農業の進化と農村手工業の發展に関する研究》，以及李伯重：*Agricultural Development in Jiangnan*，1620—1850，第 3 章。

④ 光绪《松江续府志》卷五《疆域志・物产附风俗》考证："案农家谓秋成曰大熟，稻及木棉是也；若蚕豆、菜、麦之类，并曰小熟，或曰春熟，例不还租，故农家咸资小熟以种大熟云。"

⑤ 花草即紫云英，包括红花草和黄花草两种，在华娄以红花草为多。

⑥ 《浦泖农咨》(29)，光绪《松江续府志》卷五《案疆域志・物产附风俗考证》。

华娄农家肥料和饲料的重要来源[①]，因而早在 18 世纪末，花草已在华娄农田遍植之[②]，在《浦泖农咨》中也被列为夏季作物之首[③]。1823 年大水之后，春花和花草的种植都大大减少了："撒草（引者按：指花草种籽）后连遇阴雨，田中放水则草子漂淌而去。冬春有积水者草亦消萎无存，白费工本"；"豆、麦皆恶湿喜燥也，若冬践雨雪积水，往往白费人功"。因此"非上等高田，不能撒草也"；"低下之田，频年不见春熟"[④]。

然而，在华娄地区，"浦南河港，南北为干，东西为支，而运港中横，则又为支中之干，绮交脉注，不畏暵干而又不患水涝，故松之言膏腴者必曰南亩"。这个优良的排灌系统，在相当程度上减轻了水患的危害。特别是华亭县的地势相对较高，故"华亭之地，不忧涝而忧旱。惟志载米市塘东北为张荡，厥田最下，遇旱乃收。外此若车墩以东之莘庄，朱家行亭林以南之山洋、蒋庄，一遇旱岁，田皆龟坼"[⑤]。由于华亭县的耕地约占华娄耕地总数的一半[⑥]，因此即使在 1823 年以后，华娄地区仍然有相当数量的耕地种植春花与花草。

1820 年代华娄地区的种植指数，文献中没有记载。下面我们从以前和以后的情况来对此进行推求。

在 19 世纪初期，钦善对华娄一带的复种情况作了如下概括："松有隰殖之利，府东西北，大圩小圩，钩衔□（原缺）逐，为顷五万，泉甘土沃，去山池涂荡十三不可耕，十三一稔，十四再熟。"[⑦]换言

---

① 花草不仅可以直接翻压作肥，而且在用作家畜饲料后也转化为厩肥。

② 乾隆《娄县志》卷一三《物产》："红花草（原注：二三月间开花遍沟塍，农人用以粪田）。"

③ 《浦泖农咨》(28)："吾乡春熟者，除红花草外，蚕豆、油菜为多。"

④ 《浦泖农咨》(8、20、28、30)。

⑤ 乾隆《华亭县志》卷四《水利》。

⑥ 华亭县的田数为 406,800 亩，而华娄总数为 808,600 亩。见嘉庆《松江府志》卷二二《田赋志》。

⑦ 钦善：《松问》。

之，松江府总面积约为5万顷，其中耕地占70%，即3.5万顷；而在耕地中，“再熟”之田占40%，“一稔”之田占30%，亦即一年二作和一年一作的田地之比为4∶3①。据此，复种指数为157%。松江府下辖各县中，华娄二县都属于农业生产条件最好者，因此其复种指数应当高于此。因此在道光三年大灾之前，华娄的复种指数应当在160%或者以上。

近代华娄的复种指数很低。据民国二十三年中央农业实验所的调查，复种指数为122%②。又据中央实业部于民国二十五年对浦南地区274户农户的实地调查，复种指数为117%③。在以上两个统计数字中，都未计入紫云英，但在1930年代，紫云英是松江县主要的冬季绿肥作物④。据满铁调查，在1937年”七七”事变前，松江县有田地880,000亩，其中水田占90%，旱地占10%。在前茬作物中，水稻种植面积占84%，而在后茬作物中，紫云英占81%。余下者为其他作物⑤。因此总体而言，在1930年代，华娄田地的复种指数大约在120%上下⑥。

那么，1823—1829年华娄的情况又如何呢？

首先，道光三年大水后，春花与花草的种植较前都已大大减少。但如前所言，即使在此时期，在松江府地区仍然有相当数量的

---

① 值得注意的是，钦善说的“再熟”，是水稻和春花的一年二作，未将花草包括在内。

② 在主茬作物中，水稻占85.17%，棉花10.44%，大豆4.39%；在后茬作物中，麦占7.14%，蚕豆占6.59%，油菜占8.24%（1991年《松江县志》，第320页）。

③ 在夏季作物中，水稻占总耕地的87.5%，棉花占10%；而在冬季作物中，紫云英占76.4%，油菜占16.6%，冬闲田占5.6%（1991年《松江县志》，第320页）。

④ 在冬季作物中，紫云英的播种面积约占耕田总数的70%，棉花和油菜栽培面积各占10%，这些作物一般在连续种植水稻的高亢田中轮作。

⑤ 南满洲铁道株式会社上海事务所：《江蘇省松江県農村実態調査報告書》，第5页。

⑥ 在这些调查中，绿肥均未计入。

耕地种植春花与花草。江苏巡抚林则徐于道光十三年说:“江南连年灾歉,民情竭蹶异常。……十月来滂沱不止,自江宁以至苏、松,……雨雪纷乘,田皆积水,春花难种,接济无资,民情窘迫。”[①]据此可知,在道光三年以前,苏、松一带虽然连年遭水灾,但是春花种植尚颇为普遍,到了道光十三年冬,因大雨不止而田皆积水,春花难种,才会引起接济无资,民情窘迫。由此可见,姜皋说的“非上等高田,不能撒草也”;“低下之田,频年不见春熟”,应是道光十三年大水以后的情况。在此之前,春花种植还比较多[②]。

其次,与20世纪中期相比,1823—1829年华娄春花的种植面积似乎更大,原因是华娄的肥料供给在这两个时期有很大差异[③]。春花(特别是麦类与油菜)对地力消耗很大[④],需要大量的肥料补充。如果肥料供给不足,春花种植就必然减少。20世纪中期江南肥料严重短缺[⑤],春花种植当然会受到重大影响。由于1823—1829年华娄的肥料供应情况明显优于20世纪中期,其复种指数也应当相应更高。

因此,虽然我们不知道1823—1829年华娄的复种指数,但是我们可以知道的是:第一,在1823年以前,华娄一带的复种指数约

① 光绪《松江府续志》卷一四《田赋志·赈恤》,光绪《川沙厅志》卷四《民赋志·蠲缓》。

② 事实上,即使是在道光十三年大水后,春花也仍然是这一地区的重要作物。例如,华娄的邻县青浦,地势比华娄低洼,但是到同治时,仍然在种植春花。光绪《青浦县志》卷三〇《杂记下·补遗》:“青浦地势低洼,东南乡尤甚。每当春水泛涨,田亩辄多淹没。是年(同治八年)正月知县陈其元谕饬各乡董督同地保,率令佃农各就田界修筑圩岸,培高加厚,其费仿照业食佃力之例。九月复谕饬各图董保务令于播种春花时,傍岸预留二尺以为筑圩帮宽之计。业户即于今冬应收租米内,每亩减让二升,以作修筑之资。”

③ 1820年代时期华娄有大量的饼肥输入,这种输入的肥料也成为华娄农业赖以进行的重要基础;而在20世纪中期,由于饼肥输入较19世纪初期减少很多,因此江南一直苦于肥源匮乏。见李伯重:《明清江南农业中的肥料问题》。

④ 《浦泖农咨》(29):“二麦极耗田力,盖一经种麦,本年之稻必然歉薄。”

⑤ 李伯重:《明清江南农业中的肥料问题》。

为 160%；第二，在复种指数很低的 1930 年代，华娄的复种指数约为 120%；第三，1820 年代的复种指数低于 1823 年以前而高于 1930 年代。因此 1820 年代的复种指数应当在 120～160%之间。这里我们依据华娄地区上乡、中乡和下乡耕地的比例，估计复种指数为 150%[①]。

此外，还有花草的种植。考虑到姜皋对于花草种植的记述[②]，并参照 1930 年代的情况，姑将 1820 年代华娄花草的种植面积定为耕地面积的 20%。春花与花草合计，播种面积占耕地总面积的 170%。

此外，我们还要进一步看看春花种类的变化。在 19 世纪初期的华娄地区，主要春花作物为大小麦、蚕豆和油菜。但是到了 1820 年代，姜皋已经很明确地指出："二麦极耗田力，盖一经种麦，本年之稻必然歉薄，得此失彼，吾乡多不为焉。"[③]同时，麦在潮湿的田地上生长不好，因此姜皋也指出："吾乡春熟者，除红花草外，蚕豆、油菜为多。"[④]由于有关油菜生产情况的记载阙如，因此这里姑以蚕豆为春花作物的代表[⑤]，正如在前面为了简化讨论，我们用水稻作为

---

① 如本书第二章中所示，华娄地区上乡地势较高而下乡较低，中乡则居中；上乡、中乡和下乡田地在田地总数中所占的比重分别为 40%、45%和 15%。如果上乡田地种植指数为 180（即 80%的田地种植春花），中乡为 140（即 40%的田地种植春花），而下乡为 100（即没有田地种植春花），则总复种指数为 150%。

② 《浦泖农咨》(20、28)："吾乡春熟者，除红花草外，蚕豆、油菜为多"，"肥田者，俗谓之膏壅。上农用三通，头通红花草也。……冬生春长，三月而花蔓衍满田，垦田时翻压于土下，不日即烂，肥不可言。然非上等高田，不能撒草也。撒草后连遇阴雨，田中放水则草子漂淌而去。冬春有积水者草亦消萎无存，白费工本"。

③ 《浦泖农咨》(28,29)。

④ 《浦泖农咨》(28,29)。

⑤ 据满铁调查，蚕豆在松江县农民饮食结构中的比重非常高。例如农户张竹林（种田 14 亩）的农忙伙食内容如下：第一顿（上午 6 时半）为煮蚕豆；第二顿（上午 10 时—10 时半）为蚕豆，煮鱼、田螺；第三顿（下午 3 时—3 时半）炒蚕豆；第四顿（下午 6 时—6 时半），大约同第二顿。见南满洲铁道株式会社上海事务所：《江蘇省松江県農村実態調查報告書》，第 213—214 页。

主茬作物的代表一样。

这样，我们就得出 1820 年代华娄地区的种植指数与种植结构（表 3－2）：

表 3—2　1820 年代华娄种植指数与种植结构

作物	种植指数(%)	种植面积(万亩)
水稻	100	90
蚕豆	50	45
花草	20	18
合计	170	153

五、农场经营规模

在清代的华娄地区，个体农户是农业的基本生产单位，因此一个农户所耕种的土地就是一个家庭农场。据此，1820 年代的华娄大约有 6.8 万个家庭农场。

以前面得出的农户数和耕地数计算，19 世纪初期华娄户均耕地为 13.2 亩，人均 2.9 亩（分别以 13 亩和 3 亩计）。据满铁 1940 年对松江县华阳桥地区 63 个农户进行的实地调查，农家平均经营土地 11.65 亩①；而在 1950 年代初土地改革前夕，全县农业户合计平均每户占有耕地 11.4 亩，人均 2.88 亩②。因此，在 19 世纪初期和 20 世纪中期两个时期，华娄农民人均耕地数字基本一致，而户均数字相差不到 1/6，变化不很大。然而，真正的农场规模的大小，并不仅只是由人地比例决定。

---

① 南满洲铁道株式会社上海事务所：《江蘇省松江県農村実態调查報告書》，第 51 页。其中水田 11.15 亩，旱地及菜地 0.5 亩。

② 1991 年《松江县志》，第 298、300 页。

首先，决定农场规模大小的主要因素之一，是农户的耕作能力。在19世纪初期的华娄地区，一个家庭农场上的劳动者通常是一个农夫[①]。而在当时的耕作制度和技术下，一个“标准”的农夫如果不借助牛力，通常能够耕种10亩左右的稻田。因此一个家庭农场的规模，大约也在10亩水田上下，亦即当时人所说的“一夫十亩”[②]。由于前引方行所说的“中农化”的发展，在19世纪初期的华娄，“中农”已成为农民的主体。一个中等农夫通常能够耕种10亩上下水田，所以“中农化”也就意味着“一夫十亩”成为最普遍的标准农场规模。但是由于牛力在华娄农村中运用颇为广泛，华娄的一般家庭农场规模会比10亩多一些[③]，因此在19世纪初期的华娄农村，农民生产能力决定其经营规模大约为13亩左右。

其次，虽然农民的耕作能力是其家庭农场规模的决定因素之一，但是如果没有发达的租佃制度，他们仍然不能获得他们所能够耕种的土地。在清代，由于产权制度演变，租佃制度也发生了很大变化。这种变化对于农民的自主经营是颇为有利的。由于“田面”自由买卖的盛行，有效地解决了各个农民的生产能力与所占有土地之间的不一致所引起的问题，从而使得农民可以有效地依照各自的生产能力，调整其耕种的土地。通过这样的调整，大多数农户的家庭农场规模都接近于最佳经营规模，从而又推动了“中农化”

① 农妇和农家其他辅助劳动力基本上不参加大田农作而专力于棉纺织业以及农家养殖业。

② 李伯重：《明清江南种稻农户生产能力初探》、《“人耕十亩”与明清江南农民的经营规模》。

③ 在近代松江县农村，每个长工耕种稻田18亩左右，一般不少于15亩，不多于20亩。见上海松江网：《松江农业经济文化简史》。

的发展[①]。

这里要指出的是，由于复种，农民每年实际播种面积大大超过其家庭农场的耕作面积[②]。依照在上述的种植制度和复种指数，一个耕作面积为13亩的家庭农场的实际播种面积为(表3-3)：

表3—3　1820年代华娄农户种植结构与播种面积

作物	种植指数(%)	播种面积(亩)
水稻	100	13
蚕豆	50	6.5
花草	20	2.6
合计	170	22.1

六、养殖业与渔业

养殖业是华娄农业的另一个主要组成部分，与种植业相互依赖，相辅相成[③]。19世纪初期华娄农家养殖业包括牛、猪、家禽和家鱼的饲养。《浦泖农咨》谈到了养牛和养猪，而完全未谈及养家禽和养家鱼[④]。这并非出于疏忽，而是因为《浦泖农咨》一书主要

① 据土地改革前夕的调查统计，租田大部分为中农、富农所经营，贫农、雇农经营的较少。例如泗泾区新农乡1,1753亩佃入田中，中农、富农经营的占75%，雇农、贫农经营的只占25%。他们经营的佃入田中，有相当部分有"永佃权"，即土地所有权(田底权)归地主，土地使用权(田面权)归农民。见1991年《松江县志》，第301页。

② 耕作面积与播种面积是两个不同的概念，二者分别相当于卜凯(John Lossing Buck)所说crop area和crop mu。按照卜凯所下的定义，前者指耕地面积，后者则指一年中各种作物的种植亩数(John Lossing Buck：*Chinese Farm Economy*，第18页)。

③ 养殖业可以使用农忙之外的劳动力和辅助劳动力，彼此在对劳动力的需要方面没有很大冲突。又，种植业生产出来的米糠、稻草、蚕豆和花草，为养殖业提供了饲料，而养殖业生产出来的动物粪便又为种植业提供了肥料。

④ 这一带有的农家还饲养羊和鹅的，但数量似乎不很多，兹姑从略。

讨论农作，而牛和猪与农作的关系最为密切[①]，因此受到特别的注意。但是这并不意味着家禽和家鱼的饲养在农业经济中无足轻重。

在本书附录8中，我们对19世纪初期华娄农家饲养牛、猪、家禽和家鱼的情况进行了讨论。这里我们将讨论的结果引用如下（表3-4）：

表3—4　1820年代华娄农家养殖业

种类		数量（/户）
家畜	牛	0.5头
	猪	2.5口
家禽	鸡	10只
	鸭	3只
家鱼		36斤

除了农家养鱼外，华娄还有一个专业性的捕鱼业，本书中简称为渔业。

在松江府范围内，华娄是江河湖泊最为密布之处，渔业资源也最为丰富，因此"泖淀江浦之间，民多以渔为业"[②]。当地民歌云："渔船晒网泊菰芦，入市鱼腥何日无"[③]；"石湖塘北数幽居，团泖人家画不如。晓起尽将朱网晒，筠篮叠叠卖银鱼（原注：府境《三泖图》，分大泖、长泖、团泖，团泖又名圆泖。……银鱼产泖西者细而美）"[④]。地方志也说："邑北邻泖浦，本号水乡，民多以渔为业。其艇曰水荒船，取鱼之具不一。近浦潮处多用网，承浙水处多植

① 牛是主要挽畜，而猪是主要厩肥生产者。

② 嘉庆《松江府志》卷五《疆域志五·风俗》。

③ 陈金浩：《松江衢歌》（收于顾炳权编《上海历代竹枝词》，第10页）。

④ 黄霆：《松江竹枝词》（收于顾炳权编《上海历代竹枝词》，第17页）。

椴”[①]。由于渔业发达,这里也有一批专业的渔民。

1947 年松江县内河专业渔民共 232 户,从业人员 381 人,渔船 205 条,年产鱼虾蟹等水产 400 吨[②]。1953 年全县有专业渔民 1,130户,4,613 人,捕捞渔船 897 只。1954 年淡水捕捞量 1,002 吨,1957 年 1,546 吨。1958 年公社化时,全县渔民 1,318 户,5,506 人,共有 1,063 条私有带网鱼船[③]。依照 1947 年的数字,渔民户均产量为 3,448 斤(34.5 担),人均产量 21 担;平均每户有渔船 0.9 艘,每艘渔船有 1.9 人操作。而依照 1957 和 1958 年的数字,渔民户均产量为 2,346 斤(23.5 担),人均产量 5.6 担;平均每户有渔船 0.8 艘,每艘渔船有 4.2 人操作[④]。此外,1954 年专业渔民为 1953 年农户总数的 1.4%,而 1958 年专业渔民占 1957 年农业户总数的 1.5%,农业人口的 1.6%[⑤]。

1947 年处于战乱中,数字不很可靠。因此 1820 年代的华娄渔业,可以 1957 年情况为参考,产量以每户 24 担计,每户有渔船数以 1 艘计。每艘渔船操作人数,1957 年数字似乎太高,兹取 1947 年与 1957 年之中数,以 3 人计[⑥]。1820 年代华娄渔民户在农户中所占的比例,依照 1954 和 1958 年的比例,以农村户的 1.5%计,为 1,140 户(以 1,100 户计)。据此,1820 年代华娄应有渔船 1,026 艘(以 1,000 艘计),渔民 3,078 人(以 3,100 人计),产量 26,400 担(以 2.6 万担计)。

---

① 光绪《金山县志》卷一七《志余·风俗》。

② 1991 年《松江县志》,第 393 页。

③ 1991 年《松江县志》,第 393 页。

④ 据满铁调查,常熟县严家上村有渔民 28 户(其中专业渔民 2 户,其余为余暇从事捕鱼),渔船 37,渔网 75,每户有渔船 1,每户共劳动力 4—5 人(南满洲铁道株式会社上海事务所:《江蘇省常熟県農村実態调查報告書》,附表 4、附表 7)。因此 1 渔户有船 1 艘或 1 艘以上,从事渔业的劳动力则应为 2 人以下(因为农业仍为主业)。

⑤ 1957 年农业户为 86,055 户,农业人口为 33,6391 人。

⑥ 亦即每户渔民需雇工 1—2 人。

第四章　工业状况

以往学界对清代松江府地区的工业的研究，基本上集中于棉纺织业，时间则主要在 19 世纪中后期。但是这里我们要强调的是：第一，棉纺织业虽然是清代华娄工业的主干，但并非全部；第二，对于华娄的棉纺织业而言，1820 年代是一个颇为特殊的时期，与其前后都有所不同。为了弥补上述不足，在本章中我们不仅要对棉纺织业之外的华娄其他工业部门进行研究，而且也要对棉纺织业进行进一步的探讨。这里采取的步骤是，首先对 19 世纪初期华娄工业的主要行业作一分类，然后对各行业的生产规模等情况进行分析。

一、工业部门分类

近代以前华娄地区的工业到底包括哪些主要部门？从民国《宝山县续志》卷六《实业志》对该县的工业所作的概述，我们可以得到一个对原松江府地区传统工业的比较全面的概念。该地方志将工业分为六大类，每大类下又分为若干小类。此外还有女工，另作一类①。

① 下面引文中的括号中文字系原有之注，某些条目中的注释文字有删节。

1. 金工之类

冶工(以镕铁制成器物)

铁工(分为二,制工器农具,须经煅钢者,俗称大铁匠;制零星对象,无须煅钢者,俗称小铁匠。此外制刀制铁,亦有专门工匠,制铁者称引线店)

饰工(俗称银匠)

铜锡工(俗称铜匠、钖匠、锡匠)

2. 木工之类

大木工(即建造房屋之工)

小木工(即制造桌椅家具之工,俗亦称小木作。此外制滑车及弹椎木杆者曰车木匠,木器上镂刻花纹者曰雕花匠,制农具者曰春作,制桶件者曰圆作。虽各有专业,大抵与小木类作相)

造船匠(专造摊船、网船)

刻字匠(城市、罗店、江湾皆有之)

3. 竹工之类

粗竹工(如搭凉棚、围竹笆之类)

細竹工(如编制筐篮器具、篾地起花之类。此外如扎扣幔筛、钉蛎壳[俗称明瓦作],亦各成一业)

4. 土石工之类

圬工(各处有之,俗称泥水匠)

陶工

窑工

石工(普通建筑所用者,俗称石匠)

坟工

5. 革工之类

硝皮作

皮鞋工(……各市乡只有皮匠,极微之手工)

6. 其他特种工艺

髹工(俗称漆匠)

缝工(有红帮、本帮之分,俗称裁缝,亦称成衣匠。红帮专制洋服,学艺已成者,大都投入上海;本帮则各乡皆有)

染工

拷布工(以棉织机布置石砧上,以木槌击之,使布色光亮,注虽简捷,亦有师从传授)

织工(有男工女工之别。另详女工、棉织工厂二目)

藤工

下此者若纸工(扎冥器者,俗称扎纸作)、草工(如城厢一带之织草鞋,真如一带之扎草鬓),虽不足称工业而实亦艺之一种

综以上所列各工,或全邑所同,或一二市乡所独,要皆手作之工,故俗称为手艺云。

女工

邑境产棉,故普通女工多习纺织,从前恃以营生者,有纱经土布二种(以纺成之纱扎为布经,行销各处,罗店最盛,土布则宽狭长短稀密,各处间有不同)。自洋纱盛行,纱经之销路遂绝,土布产额以大场为最多,刘行、高桥次之,罗店、真如又

> 次之。而布质之缜密，则首推真如，次及罗店（各市乡所织土布，均用刷线。真如、罗店所产，多供本地衣被之用，故扣密而布尤佳；大场、刘行多运销外省，故出品较逊。高桥之套布由沙船载往牛庄、营口，为土货大宗。自沙船衰落，土布之利益为日人所攘，产额亦因而缩减。至城淞、杨行一带，多系浆纱布，俗称稀布，仅供鞋业及衣里之用）。此皆乡村之女工也。
>
> 至市镇女工，大抵年轻者习刺绣，年长者习缝纫，其普通小户则各处不同……。毛巾（从前城厢妇女按户皆能机织……），罗店盛桥兼轧棉花，江湾则结绒线，彭浦、闸北则缫丝，其中以轧棉花为最劳苦。

由上述文字可见，民国初年这一带传统工业的门类繁多[①]，并非只有棉纺织业。19 世纪初期的情况与此相差不大。例如在嘉庆时期的青浦县朱家角镇，工业部门如下：

五金：银匠作、铜匠作、铁匠作、锡匠作

木工：大木作、小木作、作铺（棺材）

竹工：结篱作、箍桶作

此外尚有水作（泥水匠）、漆作、成衣作、皮匠作、裱背作等。

以上工业主要在市镇。在农村，工业以纺织业为主，"工纺织者十之九"，其中一部分农家单纺不织，"不纺而织者为兑纱，不织而纺者为卖纱"[②]。

19 世纪初期华娄的工业主要部门，基本上也是上面这些部门。但是除此之外，还有另外一些工业主要部门，例如碾米、榨油、制盐等部门，规模都不小，其重要性在上述许多部门之上。

大体而言，19 世纪初期华娄工业的部门可分为三类：

---

① 民国《宝山县续志》修成于 1921 年。

② 以上均见嘉庆《珠里小志》卷三《风俗》。

1. 第一类行业

这类行业在清代江南各地都存在，主要门类大体相同，即五金、竹、木、水（泥水匠）、漆（匠）、成衣、皮（匠）、裱背等行业。民国《嘉定县续志》对清光绪初年至宣统年间该县此类行业所作的归纳是："凡以劳力糊口者，俗谓之手艺，大别为木、石、砖、漆、泥水、成衣等类。"①这些行业有三个共同特点：第一，经营者基本上是个体劳动者，即由一个劳动者（有时有其家人做助手）进行的小本经营；第二，生产的主要目的是维持劳动者及其家庭的生存（即"以劳力糊口"），而非发财致富②；第三，主要为当地居民（特别是城镇居民）服务，因此其规模与本地人口的比例大致稳定。

2. 第二类行业

这类行业只包括棉纺织业，具有以下特点：第一，在 19 世纪初期的华娄工业各行业中，此行业是总体规模最大者；第二，同第一类行业一样，该行业也主要是个体小经营；第三，与第一类行业不同，该行业的基本生产工序（纺与织）主要位于农村，从业人员主要是妇女；第四，也同第一类行业不同，此行业主要是一项面向外地市场的工业，大部分产品是销往外地市场，而且原料也基本上来自

---

① 民国《嘉定县续志》卷五《风土志·风俗》。

② 当然实际情况也并非绝对如此。例如在临近的上海县的濮氏铁匠铺，始建于崇祯年间，开始只是一个小铁匠铺，由主人带着一二徒弟打造农具、厨刀等。以后逐渐发展，到鸦片战争前后，已发展为有店房 10 余间、雇工 12 人的大作坊了。另一沈氏铁匠铺早期也只是上海郊外的一个农村铁匠铺，利用农闲时间打造农具。到了乾隆年间，迁至城内，成为专业的铁匠铺，但仍是单人作坊，什么铁器都打。以后雇了五六个老师傅，同治时进一步扩大，雇佣师傅、徒弟十五六人，专制厨刀。见《上海民族机器工业》，转引自方行、经君健、魏金玉主编：《中国经济史》（清代经济卷）上册，第 806 页（徐建青执笔）。类似的情况也存在于第一类行业的其他行业中。

外地[①]。因此之故,华娄棉布的产量远远超出本地所需,而且其价格亦主要受外地棉布市场和棉花市场支配。

3. 第三类行业

这类行业包括碾米、榨油、酿酒、染踹(棉布加工)、造船、制盐、建筑、窑业(建材生产)八个部门。这些部门具有以下共同特点:第一,相对于第一、二类行业来说,此类产业的企业规模较大;第二,与第一、二类行业不同,此类行业的经营者进行生产的主要目的是为牟利。由于具有这些特点,此类行业也成为以往"资本主义萌芽"研究的重要对象。

虽然上述分类很粗,而且也不无可商榷之处,但它体现了在 19 世纪初期华娄工业各行业的主要特点,因此在本章中,我们将依此对华娄的工业进行分析。

二、第一类行业

由于第一手资料匮缺,我们只能根据 20 世纪中期的资料来推求 19 世纪初期华娄工业第一类行业的情况。这里要强调的是,由于这类行业广泛分布于城乡,但在城乡情况有颇大不同,因此必须分而论之。

(一)城镇

根据官方统计,1956 年松江县的主要传统手工业为缝纫业(从

---

① 钦善对此有很好的总结:"松有劳红之利,七邑皆是,捆载万里,功归女子。"(钦善:《松问》)

业人员 1,100 人)、竹木业(习惯称为竹棕藤柳业,从业人员 1,914 人)和铁业(从业人员 462 人)三个行业,从业人员合计 3,500 人①。1957 年松江县城镇人口 72,309 人,农村集镇人口 17,586 人②,合计 89,895 人(占全县总人口的 19.7%)。因此以上三个行业从业人员合计,占城镇和农村集镇总人口的 4%③。加上漆、皮、裱背、五金、纸等行业的从业人员,总数会多一些。因此 1956 年松江县工业第一类行业城镇部分的从业人员总数,可以城镇和农村集镇人口的 5%计。

由于各方面的原因,上述行业在 20 世纪中期已大大衰落④。因此这些行业在 1950 年代中期的规模,肯定均小于其在 19 世纪初期的规模。在此我们仍然将 19 世纪初期华娄工业第一类行业从业人员在人口中的比例以 5%计。之所以做这样的假定,原因即如前所述,这些行业主要为当地居民(特别是城镇居民)服务,其规模与人口的相应比例大致稳定。1820 年代华娄城镇人口为 22 万人,依此比例,这些行业的从业总人数应为 11,000 人。由于上面已经指出的原因,这个估计只会低于而不会高于实际数字。

---

① 1991 年《松江县志》,第 153 页。

② 1991 年《松江县志》,第 153 页。

③ 以每户 4.5 人、每户劳动力折合成年劳动力 2.5 个(其中成年男劳动力 1 个)计,则城镇和农村集镇共有 19,977 户,劳动力 49,943 个(其中成年男劳动力 19,977 个)。以上行业从业人口 3,500 人,占城镇和农村集镇总人口的 4%,城镇和农村集镇劳动力的 7%(成年男劳动力的 17.5%)。这里还特别要指出的是,从事以上行业的,主要是成年男劳动力。

④ 这些原因包括:首先,在上海的强大吸附作用和近代工业的严重冲击下,华娄的传统手工业到 20 世纪中期已经日薄西山;其次,20 世纪前半期华娄地区遭受了长期的社会动荡,特别是在 1937—1949 年更一直处于战乱之中,1956 年系长期战乱之后的经济恢复时期,传统工业仍未达到 1937 年以前的水平;再次,1950 年代中期,在国有化、集体化运动的影响下,这些行业的发展受到颇大限制。见本书第十三章。

（二）农村

根据满铁调查，距离松江县城仅有 1 公里的华阳桥[①]，1940 年时有居民 720 户，其中从事工业的有 37 户[②]，占全部户数的 5.1%。在这些工业户中，米厂、布厂不属于这里所说的工业第一类行业，应予扣除。扣除之后，工业户占全部户数的 4%。又，据费孝通的调查，在 1930 年代中期的吴江县开弦弓村，总户数为 360 户，其中从事工业者 10 户[③]，占全部户数的 2.8%。由于华阳桥地区离城太近，工业户的比重可能会比一般农村高一些，因此开弦弓的情况相对说来更具代表性。兹以开弦弓的情况为准，可以认为在苏、松一带的大多数农村地区，大约每 100 户居民中有 3 户从事纺织业之外的手工业，而这些手工业主要就是这里所说的工业第一类行业。

1820 年代华娄农村的情况，未有记载可资推考。兹按上述 3%的比例计算[④]，则华娄农村 7.6 万户居民中，应有工业户 2,280 户。每户从业人数以 1 人计[⑤]，则从业人员为 2,300 人。

城乡合计，第一类行业共有从业人员 13,300 人，兹以 1.3 万人计。

---

① 1985 年的华阳桥，下辖大浜、长岸、长溇、双梅、东门、永福、米市渡、华阳、汗泾、吴家桥、官绍、南门、香山、洋泾、联民、塔港、蟠龙 17 个村和种籽场、水产队。

② 南满洲铁道株式会社上海事务所：《江蘇省松江県農村実態调查報告書》，第 12、185—186 页。他们包括竹匠 3 户，木匠 11 户，煅冶屋 4 户，裁衣 14 户，米厂 2 户，布厂 3 户。

③ 费孝通：《江村农民生活及其变迁》，第 107 页。他们包括木匠 4 户，篾匠 2 户，磨工 2 户，银匠 1 户，织工 1 户。

④ 1820 年代华娄农村中当然不一定有银匠，织工也不属于本章所说的第一类行业。但是，如果加上一些常见的农村手艺人（如裁缝、铁匠、竹匠等，在华阳桥，是这类行业从业人员的主体），那么农村工业户的比例应当不低于 3%。

⑤ 这些农村手艺人，通常是本人从事工业生产活动，而其妻子和家内老幼则从事棉纺织业，故这里每户从事工业生产活动者以 1 人计。

三、第二类行业

棉纺织业在明清数百年的时间内一直是华娄最重要的工业部门，在经济中的地位仅次于农业。华娄的棉纺织业分为两个主要部分，一为狭义的纺织业，即纺纱与织布；另一为棉布加工业，即研光和染色。棉布加工业可以归入第三类行业，因此这里仅只讨论狭义的棉纺织业。

在19世纪初期的华娄，棉纺织业包括城乡两个部分，其中农村棉纺织业是主体。

（一）农村棉纺织业

关于19世纪松江府地区的农村棉纺织业，学界已有众多研究成果。兹主要依据徐新吾的研究并参考其他材料，对1820年代华娄农村棉纺织业的情况进行讨论。

华娄的棉纺织业在1820年代已遭遇危机，但是与后来相比，境况仍略胜一筹。姜皋在1834年说："自近今十数年来，标布不消，布价遂贱，加以棉花地荒歉者及今四年矣。棉本既贵，纺织无赢，只好坐食，故今岁之荒，竟无生路也。"[①]由此段文字可知，华娄在1834年以前的十数年中，因棉布销路不佳而导致布价贱[②]，棉纺

---

① 《浦泖农咨》(38)。

② 道光二十六年(1846年)包世臣说："松、太利在棉花梭布，较稻田倍蓰。……近日洋布大行，价才当梭布三之一。……吾松(引者按：中华书局2001年排印本作村，误，光绪十四年刻本作松，兹从之)专以纺织为业，近闻无纱可纺。松、太布市，消减大半。去年棉花客大都折本"；"松、太两属，以木棉入优，精胜苏属。近来洋布盛行，价止梭布三之一，梭布市必减滞，……年复一年，亦断难堪此□(原缺)削矣！""商贾不行，生计路绌。"(包世臣：《齐民四术》，第86页)。

织业生产已无利可图；但是在1829年以前，因为花价尚低，因此虽然布价低迷，棉纺织业也还可以维持从业人员的生计。而1829年以后，布价依然低迷，而花价却大涨，方使"纺织无赢，只好坐食"。

关于1820年代华娄农村棉纺织户的工作情况，这里用徐新吾对1860年代松江府农村棉纺织业的研究结果来推求。依照徐氏的估计，19世纪中期松江府90%的农户为纺织户，平均每户参加棉纺织工作的劳动力为1.5个，每人每年从事纺织劳动的天数为265天（每天劳动时间12小时），人均年产44.2匹[①]。兹以此估计为据，则1820年代华娄的7.6万户农村居民中，当有纺织户6.8万户，每户有1.5人从事纺织，共10.2万人[②]；每年产布共450万匹。

（二）城镇棉纺织业

在18和19世纪的华娄二县属下市镇中，七宝、枫泾、莘庄镇都以产布闻名[③]。其中枫泾镇在康熙初年，四乡织机已不下万架，上市土布约在百万匹之数[④]，是江南棉纺织业重镇之一。从19世纪初期华娄和松江府其他地方的记载来看，大多数市镇妇女都从事棉纺织业[⑤]。府城的棉纺织业，因无记载，难知其详。从邻近的上

---

① 徐新吾主编：《江南土布史》，第215—216页。原文为每户每年产布66.25匹。

② 按照我们在本书第9章中的计算，平均每户从事棉纺织劳动的劳动力为1.44个。兹仍然以1.5个计。

③ 樊树志：《明清江南市镇探微》，第129—130、150、154—156、368—369页。

④ 枫泾镇镇志办公室沈松坡：《上海经济手册》（枫泾镇），油印本，第2页，转引自徐新吾主编：《江南土布史》，第80页。

⑤ 从清代文献来看，松江府各地市镇居民从事棉纺织业十分普遍。例如在华亭县七宝镇，"比户织作，昼夜不辍，乡镇皆为之"，所出标布、扣布、稀布，都远销各地（道光《蒲溪小志》卷一《风俗·物产》）。相邻的金泽镇，"金泽无论贫富妇女，无不纺织。肆中收布之所曰花布纱庄，布成持以易花，或即以棉易纱，辗转相乘"（道光《金泽小志》卷一风俗）。在黎里镇，"小家妇女，多以纺纱为生，衣食皆赖之"（嘉庆《黎里志》卷四《风俗》）。在外冈镇，"躬耕之家，无论丰稔，必资纺织以供衣食，即我镇所称大户亦不废焉。每夜静，机杼之声达于户外"（乾隆《续外冈志》卷一《风俗》）。

海县的情况来推断①，府城应当也有人从事棉纺织业②，不过有关记载很少，反映出府城纺织业可能远不及市镇发达③。在此我们将府城棉纺织业忽略不计。

无论在城乡，棉纺织业的主力都是妇女。但是在城镇，许多妇女从事商业、服务业和其他生业④。因此相对而言，城镇地区棉纺织业从业人员在人口中所占的比重，应当比农村地区低。这里假定从事棉纺织业的家庭在市镇居民家庭中的比重为50%，应当不会高估⑤。1820年代华娄市镇居民总户数为15,000户，纺织户占50%，即为7,500户。每个纺织户中从事纺织的劳动力，依农村纺织户均7情况以1.5个计，共11,250人，兹以1.1万人计，人均产量以农村棉纺织业人均产量计⑥，年总产量应为48.6万匹。府城也有妇女从事棉纺织，但她们在人口中的比重可能比市镇妇女更低，姑忽略不计。兹将城镇的产量以50万匹计。

城乡合计，共有从事纺织的劳动者11.3万人，年产布500万匹。

---

① 在上海，"城中女红悉力纺纱，售之乡民"(《奉宪禁革索贴扰害碑记》，引自徐新吾:《鸦片战争前中国棉纺织手工业的商品生产与资本主义萌芽问题》，第66页)。褚华《木棉谱》也说清代中期上海"棉纱成纴，……卷之成饼，列肆卖之，名布经团"，这表明当时上海县城中不仅存在棉纺织，而且两大主要工序——纺与织——之间的分离也更为明显。

② 曾纪芬:《崇德老人自订年谱》附录中谈到的一个上海寡妇王氏，"每日纺纱十二两，……除一姑两孩四人外，尚能积蓄以还清所负之债"。府城的情况应当与上海县城相似。

③ 府城是松江府府治和华娄二县县治所在，有人数众多的政府工作人员和驻军，以及城居地主、退休官僚、大商贾等上层社会成员，他们的家属大多不事生业。又，府城中商业与服务业规模颇大，也吸收了不少妇女劳动力。

④ 例如从事饮食、零售、成衣(裁缝)、刺绣、娱乐乃至"三姑六婆"之类的服务业。前引民国《宝山县续志》也说:"至市镇女工，大抵年轻者习刺绣，年长者习缝纫，其普通小户则各处不同……。毛巾(原注:从前城厢妇女按户皆能机织)"。

⑤ 农村的相应比重为90%。

⑥ 事实上，城镇纺织业者因为不从事副业生产工作，可有更多从事纺织业，基本上是全年工作，故其人均产量应当高于农村纺织业者。由于无法得知其产量，兹仍以农村人均产量计。

四、第三类行业

19 世纪初期华娄工业第三类行业主要包括碾米、榨油、酿酒、染踹、造船、制盐、建筑、窑业八个部门[①]。

在对这些部门的生产情况进行分析时，我们所用的主要方法是：首先，求得各行业的总产量以及该行业中单个工人（直接操作工）的生产效率，然后由此来推算该行业中工人的人数。同时，我们也要注意：第一，由于这些部门的生产单位通常较大，因此除了直接操作的工人之外，还有一定数量的管理人员和辅助工作人员[②]。这些人员的人数难以估计，兹姑以该行业从业人员总数的 1/4 计。这个比例对于像榨油业这样的行业来说显然太低[③]，但是

① 制盐业通常被列入第一产业，但是依照我国政府颁布的《国民经济行业分类》，则归入第二产业。这里姑依此。

② 例如在碾米业中，有各种管理人员（如掌柜、帐房、采购等）和辅助工作人员（如勤杂人员，以及从事稻米搬运、仓库保管、木砻维修等工作的人员）。染坊和踹坊的这些工作人员，包括从老板、工头、帐房等管理人员到小工、下手、挑水工等辅助人员。典型的例子是油坊。在江南的传统油坊中，除了榨油工人（即“油博士”）之外，还有许多其他工种的职工。例如抗战前桐乡县石门镇毛乐庐经营的油坊是一个中小型油坊（“乡作车”），共有员工 46—49 人，其中直接生产人员 32 人，包括管作朝奉（总领班）2 人，油博士（杵油工）8 人（其中 1 人叫头脑，即杵油工领班），大伙（又称大烧伙、大伙计，负责排油砧，即杵油后取出油饼）8 人，小伙 6 人（又称小烧伙、小伙计，负责整理、清扫榨床，更换木桩），木匠（油车维修工）4 人，牛倌 4 人；其余为管理、供销、辅助人员，共 14—17 人，包括老大（总管）1 人，老二（副总管）2 人，出使朝奉（主管销售）1—2 人，出差（采买原料）2—3 人，帐房 1 人，管作朝奉（记帐、验收）2 人，炊工 5—6 人。直接工作人员都共同生产，共同饮食（伙食由坊主提供）。其中“油博士”仅占全部工作人员的五分之一弱（见李伯重：《江南的早期工业化（1550—1850 年）》，第 134、137 页）。

③ 例如在上述油坊中，直接操作工（即“油博士”）的人数仅占全部工作人员的 1/5 弱，其余 4/5 强都是管理人员和辅助人员。

对于像建筑业这样的行业来说则可能太高[1]。因此，我们将这个比例仅用于碾米、酿酒、染踹、制盐和窑业五个行业，而对榨油、造船和建筑三个行业做单独处理。第二，由于我们计算从业人员总数主要是着眼于其工资收入总数，而在这些行业中，直接操作工的工资通常低于管理人员而高于大多数辅助人员，因此以他们的工资作为全行业的平均工资代表，应当是合理的。

（一）碾米业

在清代中期的江南，碾米业主要是一项城镇工业，广泛存在于各地市镇。一些大市镇有数以百计的米行[2]，不仅从事稻米买卖，而且还从事稻米的储存和加工[3]。在农村，农家碾米工作通常是自己进行[4]，而且多利用农闲时间进行[5]，因而被视为一种"农家副

① 建筑业通常没有许多管理人员和辅助人员。

② 例如乾隆时枫桥镇一带的米行，据说多达 200 余家（见范金民与夏维中:《苏州地区社会经济史》明清卷，第 421 页）。平望镇的米行也不少，到光绪初年成立米业公所时，捐款的米号尚有 45 家（江苏省博物馆编:《江苏省明清以来碑刻资料选集》，第 452 页）。同里镇在嘉庆时，仅专营米业的"官牙"就有 72 家（嘉庆《同里志》卷八《物产》）。

③ 道光《平望续志》卷一二《风俗》："里中多以贩米为业，其籴粜之所曰米行，其市集于后。其各坊储米之所曰栈，栈中有砻坊、碓坊。"可见米行自设碾坊（包括砻坊、碓坊）是清代中期江南的普遍情况。

④ 例如碓米即主要由农妇承担。

⑤ 特别是在冬季，故有"冬舂米"之说。冬季舂米是江南（特别是苏、松、嘉、湖一带）的习俗。明代陆容说："吴中民家计一岁食米若干石，至冬月，舂白以蓄之，名冬舂米。尝疑开春农务将兴，不暇为此，及冬预为之。闻之老农云：'不特为此。春气动，则米芽浮起，米粒亦不坚，此时舂者多碎而为粞，折耗颇多。冬月米坚，折耗少，故及冬舂之。'"（陆容:《菽园杂记》卷二）在华娄，农民"岁计米曰冬舂，俗云至春舂则耗而多蛀"（光绪《华亭县志》卷二三《杂志上·风俗》）。

业”，但是事实上有许多农民也委托米行加工[①]。

据满铁调查，松江县华阳桥在1937年“七七”事变前有居民约800户，人口3,800人；有米行7户，其中4户有碾米厂（各有机器2台）[②]。据此，平均每114户居民有1米行，每200户有1碾米厂。而在离松江不远的太仓县沙溪镇，1939年有居民为5,000余人（合1,100户），有米行23家[③]，平均每48户有1家米行，比例比华阳桥高得多。使用华阳桥的比例，1820年代华娄居民有12.4万户，应有米行1,087家，其中至少200家有碾米厂；而依照沙溪的比例，则应有2,580家。旧式碾坊效率大大低于使用机器的新式碾米厂，因此1820年代华娄碾坊的数量应当比上述依照抗战前华阳桥有关比例推算出来的碾米厂的数量（200家）大得多。

考虑到清代华娄大多数农村居民可能是自己进行精白工作，为了简便计算，这里假定所有农村居民的碾米作业都是由农民完成的，碾米业主要为城镇居民服务[④]。

清代松江碾坊作业包括两道工序，即砻（亦称砻谷）与碓（亦称

---

① 例如在近代的松江县，农民通常自己进行砻米工作，脱粒得到糙米，然后送到米行去加工为白米（称为精白）。见南满洲铁道株式会社上海事务所：《江蘇省松江県農村実態调查報告書》，第91页。

② 南满洲铁道株式会社上海事务所：《江蘇省松江県農村実態调查報告書》，第12、181页。另一说是有5家碾米厂使用机器（第183页）。

③ 南满洲铁道株式会社上海事务所：《江蘇省太倉県農村実態调查報告書》，第116—117页。

④ 在许多情况下，农民用大米交纳地租。1820年代华娄的地租总量大约为63万石米，而全部城镇人口的大米消费总量为59万石。由此而言，似乎全部城镇人口的大米消费都可以由地主收租所得的大米解决。但是事实是：第一，从前引满铁调查来看，农家碾米由于工艺较差，通常只能得到糙米。要得到白米，还必须送去米行精白。换言之，如果农民自己要使用白米，也往往要将糙米送到专业碾坊加工。城镇居民一般食用白米较多，因此更需要有专业碾坊进行加工；其次，农家碾米不仅质量差，而且效率低。秋收之后，还要种植春花。因此要在秋收后迅速把稻谷碾成米交纳地租有困难；第三，如《义乌县粮食志》第9章“粮油工业”所言，专业碾坊不仅效率高，而且碎米少，出米率高，因此许多地主也愿意将租谷送交碾坊加工。

舂米、做米)[①],主要工具为木砻和石碓。砻的工作效率,可从近代松江县旧式碾坊中仍然在使用的木砻的工效得知。据满铁调查,在1937年的松江县,一台木砻每日可加工稻谷2—3石[②]。而据另外的记载,如果稻谷干燥,一个壮劳力每天可砻谷2—3石[③]。按照当时的出米率(依容量计),谷2—3石可出米1—1.5石[④]。舂米的效率,从周玉衡《酌时急务》可知,平均一人一日可舂1.5石余[⑤]。因此砻谷与舂米合计,1个人工可以出米0.75石[⑥]。专业化的砻坊的工作效率比农村碾米业高得多[⑦],兹以一个工人平均一天可以出

---

① 19世纪华娄的碾米的工艺流程大致如下:将稻谷晒干后,"砻去其谷,谓之糙米,其谷谓之砻糠,然后筛之风之",扬尽糠秕,然后下臼舂,"舂成复以细筛,筛去糠核,谓之出糙,多者至四糙,乃为精鑿"(光绪《松江府续志》卷五《疆域志·风俗》)。

② 南满洲铁道株式会社上海事务所:《江蘇省松江県農村実態调查報告書》,第113—114页。

③ 如稻谷较湿,则可砻1—2石。上海松江网:《松江农业经济文化简史》。

④ 见本书附录2。

⑤ 据该书,清代中期江浙一带使用的碓,石臼甚大,可容米六七斗的大,有石杵二个,二人对踏,一日可得米3石余。又,如果使用牛力牵动的石碾精白,不仅效率较高,而且米质更好。见前引《义乌县粮食志》第9章"粮油工业"。

⑥ 据满铁调查,近代松江农村也还使用小型舂臼,一人一日可加工得米2斗(由糙米到白米)。如是由稻谷到白米,则仅可得米1斗(见南满洲铁道株式会社上海事务所:《江蘇省松江県農村実態调查報告書》,第91页)。但是同时也有许多农户把稻谷送到米行去加工。清代中期肯定有许多农民使用舂臼自己进行谷物加工,但是本书所讨论的,仅是城镇碾米业,而城镇碾米业使用的是大型加工工具(如上面说到的碓。在满铁调查的时期,这些工具被新式机械动力砻磨取代)。

⑦ 专业碾坊生产不仅具有专业化的比较优势,而且设备也大大优于农村碾米业。例如在江浙一带大型的碾坊中,往往使用牛力牵动的石碾碾米。据《义乌县粮食志》第9章"粮油工业",传统碾坊中使用的碾子是一个大型的圆圈形石槽,离地约二尺,径约一丈五六尺,往往两间房子地面才能建设。槽上设约一公尺径的石饼二个作为碾子,碾中心设柱,架横木、带碾子、用牛拉碾。一槽能碾米一担多,以糙米入槽碾白,米粒完整,碎米少,出米率高。旧时粮食市场上"碾子米"是最优质的米,价格也略高。这种碾坊的工作效率,当然比农家碾米的工作效率更高。

米 1.5 石计[①]。据此，一个工人一年工作 270 日[②]，可得米 400 石。

1820 年代华娄城镇人口约 22 万，每人每年食米 2.7 石[③]，共 59.4 万石。另有酿酒业需米 12.4 万石[④]，共计 71.8 万石，兹以 72 万石计。依照上述碾米工效，要碾 72 万石米，需要碾坊工人共约 1,800 人，加上各种管理人员和辅助工作人员，则碾米业的从业人员总数为 2,400 人。

(二)榨油业

19 世纪初期华娄榨油业的情况，文献中没有记载。1951 年松江县全县有榨油坊 10 家，分布于县城与 4 个大市镇[⑤]。较之 19 世纪初期，此时华娄的榨油业已大为衰落[⑥]。由于清代江南榨油业生产的主要目的是为了获得豆饼[⑦]，因此我们如果了解 1820 年代华娄每年需要多少豆饼，然后根据近代松江县油坊的工作情况，即可

---

① 据 1937 年对安徽宣城县 20 家旧式砻坊所作的调查，使用传统的木砻和石臼，平均每个工人每年可加工稻谷 1,100 石(见朱孔甫:《安徽米业调查》)。按照同样的出米率，每个工人每年可得米 550 石，一年工作以 270 日计，则每人每日得米 2 石。

② 见本书第九章第二节。

③ 见本书附录 16。

④ 见本章关于酿酒业的讨论。

⑤ 1951 年全县有榨油坊 10 家(亭林 5 家，城区 2 家，枫泾、漕泾、泗泾各 1 家)。见 1991 年《松江县志》，第 557 页。

⑥ 我在以往关于明清江南榨油业的研究中指出:江南榨油业的发展在某种程度上可以说是外地大豆大量输入的结果(李伯重:《江南的早期工业化(1550—1850 年)》，第 134、351—359 页)。华娄紧靠外地大豆输入的口岸上海，其榨油业的原料更基本上是依靠外地输入的大豆。第二次鸦片战争后，大豆输入锐减，因此榨油业也随之衰落。

⑦ 明代江南输入大豆主要是为了得到豆油；而在清代则主要是为了得到豆饼作肥料。见李伯重:《江南的早期工业化(1550—1850 年)》，第 352 页。

计算加工这些豆饼需要多少工人[①]。

如在本书第 6 章中所述，在 1820 年代的华娄水稻种植中，每亩需要豆饼 0.45 担作为追肥，因此 90 万亩水田共需豆饼 40.5 万担。同时，华娄农户养猪 17 万头，每头猪养半年，吃豆饼 235 斤，因此 17 万头猪共需豆饼 40 万担用作饲料。肥料与饲料合计，一共需要豆饼约 80 万担。

据满铁对松江县华阳桥何复兴油车厂的调查，黄豆 1 担可出豆饼 44 个，每个 2.4 斤，44 个共重 105.6 斤，此外出豆油 8 斤[②]。兹以大豆 1 担产饼 1 担和油 8 斤计[③]。何复兴油车厂一年中工作 4 个半月（一月 30 天，每天 10 小时），加工各种油料 500 担，出饼 20,000 个[④]。该厂工人人数在一年中最多时为 7 人，最少时 3 人，中数 5 人。但显然指的只是"油博士"，其他职工未计入。按照一

---

① 直到 1950 年代初期，松江县的榨油坊仍用传统的方法，工作效率与 19 世纪初期相差不大（1991 年《松江县志》，第 557 页），因此从近代情况来了解 19 世纪初期的情况是可行的。

② 南满洲铁道株式会社上海事务所：《江蘇省松江県農村実態调查報告書》，第 24、28 页。据此，产品总重 114 斤。而大豆 1 担仅重 100 斤，因此产品总重比原料（大豆）重量多出 14 斤，似乎有问题。我对此的解释是：首先，据满铁调查，榨油的第三道工序是蒸，使得豆饼中含有相当的水分，从而增加了重量；其次，大豆 1 石 140 斤，按照上述比例，可得豆饼 1.49 担；而据乾隆《山海关榷政便览》，150 斤豆饼相当于大豆 1 仓石。由于满铁调查所言与乾隆时的规定相符，故我们认为大豆 1 担可产豆饼 1 担，外加豆油 8 斤。

③ 据中国油脂科技网（http://www.oils.net.cn/newscontent.asp?act=content&pid=12&cid=193&id=6190），"至新中国成立前夕，我国植物油料加工在大多数地区仍然采用以人力为主的土法榨油，……大多采用土榨和水压机榨等。……1954 年以前我国的榨油技术也很落后，如大豆出油率一般仅 8%"。

④ 具体加工情况为：加工大豆（200 担）、棉籽（200 担）、菜籽（100 担）合计 500 担，出豆饼（8,800 个，每个重 2.4 斤）、棉饼（8,800 个，每个重 2.2 斤）、菜籽饼（2,400 个，重量不详）合计 20,000 个。见南满洲铁道株式会社上海事务所：《江蘇省松江県農村実態调查報告書》，第 24,28 页。

般“乡作车”油坊的情况计算，该厂职工总数应在 15—35 人之间[①]，中数为 25 人。据此，人均日加工量为 0.15 担。但该厂只是一个小作坊[②]，此时又处于战争时期，业务清淡，因此一年只开工 4 个半月[③]。在抗战前与松江毗邻的嘉兴一带，一个农村中型油坊（“乡作车”），通常有员工近 50 人，每日可加工油菜籽 2,000 余斤，平均每人每日加工油菜籽约 0.4 担[④]。1820 年代华娄油坊的工作效率，由于没有其他材料可资推求，因此姑以每人每天加工大豆 0.4 担、出豆饼 0.4 担计。据此，如果油坊一年实际工作 270 日[⑤]，则每人每年产豆饼约 110 担。1820 年代华娄年产豆饼 80 万担，需要从业人员 7,270 人，兹以 7,000 人计。由于这里的员工人数已包括所有工作人员，因此榨油从业人员总数应约为 7,000 人。

---

① 按照钱注中所谈到的毛乐庐油坊中各种工作人员人数的比例，何复兴油车厂应有员工 15—35 人。

② 清代及民国时代江南的“乡作车”油坊，每个通常有职工 40 人以上。而“常作车”的职工则可多达百人。见李伯重：《江南的早期工业化（1550—1850 年）》，第 134—135 页。

③ 该油坊每月工作 30 天，4 个半月共 135 天。显而易见，这只是一个季节性生产的“乡作车”。而在江南许多地方，油坊是进行常年性生产的“常作车”。见李伯重：《江南的早期工业化（1550—1850 年）》，第 136 页。

④ 大型油坊的人均产量比此高得多（见李伯重：《江南的早期工业化（1550—1850 年）》，第 139—140 页）。但是在 19 世纪初期的华娄，没有关于大型油坊的记载，因此姑以中型“乡作车”的人均产量计。

⑤ 明清江南的油坊主要包括位于农村地区、进行季节性生产的“乡作车”油坊和位于城镇地区、进行常年性生产的“常作车”油坊两种。“乡作车”一年实际开工日数为 40—50 日，而“常作车”则全年工作（1940 年代开设的嘉兴屠店镇李锦春油坊，一年开工 330 余日。参阅李伯重：《江南的早期工业化（1550—1850 年）》，第 139—140 页）。考虑到油坊作业劳动强度大，工人不能够多日连续工作，兹仍然依照本书第九章第二节中的计算，以每年工作 270 日计。

(三)酿酒业

酿酒业是清代华娄的重要产业。康熙二十一年(1682 年)华娄两县酒税银合计占松江府全府酒税银的 70%[①],可见其地位之重要。但是较之碾米业和榨油业,酿酒业更加分散,有关酿酒业的记载也更少。

从近代的情况来看,华娄地区所产的酒主要是烧酒[②],而且基本上是供本地消费[③],因此产量也与消费量基本上一致。1820 年代华娄地区人均酒消费量为 20 斤[④],因此总消费量为 11 万担(石)[⑤]。

与碾坊和油坊相比,酒坊的规模通常小得多。据满铁调查,松江县协昌酒坊共有工人 5 名,在进行调查的 4 个月(1939 年阴历二月至五月)中,酿造烧酒 80 石,用米 120 石(大米 50 石,碎米 70 石)[⑥]。由此可得知当时的生产情况为:平均每日用米 1.2 石,出酒 0.8 石(担),亦即 1.5 石米可出 1 石(担)酒[⑦];平均每个工人每人可出酒 16 斤。1820 年代华娄酒坊的生产率亦以此计,而酒坊每年实

---

① 松江府酒税银 530 两,华亭县 110 两,娄县 250 两。见嘉庆《松江府志》卷二八《田赋志·杂税》。

② 据满铁调查,松江县城乡人民消费的酒主要为烧酒,占酒消费总量的 80%,黄酒则仅占酒消费总量 20%以下。

③ 虽然华亭所产的熟酒等地方名酒,销售可能超出了本县或本府的范围,但是输出的数量不会很大。

④ 见本书附录 16。

⑤ 酒 1 担等于 1 石。

⑥ 南满洲铁道株式会社上海事务所:《江蘇省松江県農村実態调查報告書》,第 30 页。

⑦ 但是满铁调查也说原料 1 市石(大米 80 斤,碎米 50 斤,共 130 斤),可产酒 1 市石(100 市斤),用 11 日。见南满洲铁道株式会社上海事务所:《江蘇省松江県農村実態调查報告書》,第 30 页。

际工作日数以 270 日计[①]，工人每人每年平均产酒 48 石，用米 72 石。生产 11 万石酒，需要工人 2,290 人。加上其他工作人员，酿酒业从业人员总数应为 3,000 人。

(四)染踹业

松江府地区染踹业历史悠远，在属下的上海、川沙等县，有些染坊建立于明代万历朝，一直延续到 20 世纪中期。到了 1913 年前后，一些地方还有数十家踹坊集中于一个市镇及其附近的情况。在一些乡村小集镇上，也有不少小染坊[②]。这些依靠手工操作的染坊与踹坊，随着土布的衰落和机器印染厂的兴起而趋于没落。但是在 1920 年前后，上海县还有踹坊十几家，染坊四五十家。此外在四乡村镇上，也各有一二家小染坊或者踹坊[③]。1820 年代的华娄的染踹业尚未受到近代棉布加工业的打击，因此肯定远比 1930 和 1940 年代上海县的染踹业兴旺，其染坊与踹坊的数量肯定也颇为可观。

松江府城在明代后期曾经是江南棉布染踹业的中心。入清之后，中心逐渐转移到了苏州，但是府城一带仍然还有一定规模的染

---

① 酒坊生产有季节性，通常不会全年工作。同时，白酒的工艺流程包括大米→筛选→加水浸泡→沥干→蒸饭→摊晾→加曲药粉→下缸培菌糖化→加酵母活化水→入缸发酵→蒸酒，这个过程需要大约 10 天的时间(满铁调查中的松江县协昌酒坊用 11 日，见上注)。然后还要陈酿 3 个月至 36 个月不等，使酒在自然条件下在缸中发生氧化还原反应，并使某些微量元素逐步在酒中自然结合和摈弃，从而使酒中酸、酯、醇溶解混合和老熟。名酒(如贵州茅台镇酿造的白酒)酿制过程更长达数月，酿好后还要“封存”和“盘勾”，为期数年(参阅倾城:《酒的中国地理》)。总而言之，普通白酒的整个生产周期往往在数月以上。因此满铁调查中的协昌酒坊每年开工 4 个月，大约相当于一个周期。但满铁调查的时期是在战争时期，酒坊生产不正常，年开工日数可能大大低于战前和平时期。这里我们姑且假定每年工作 9 个月(270 日)，大致相当于 3 个生产周期。

② 例如在 1913 年前后，上海东北郊的引翔港附近还有三四十家踹坊(踏坊)。见徐新吾主编:《江南土布史》，第 375 页。

③ 徐新吾主编:《江南土布史》，第 371 页。

踹业。康熙三十三年(1694年)苏州府常熟县15家染户联名具控，说他们在常熟“开张染铺，雇倩一二染手……，总计城乡铺户染手，不抵苏、松一大店”[①]。由此可见此时松江还有大型染坊，这种染坊一家往往有染匠二三十人，比常熟县15家染户所雇的染手总数还多。乾隆元年(1736年)松江府下文禁止苏州布商冒立字号招牌，说：“昔年开张青蓝布号者数十家，通商裕课，后有迁移他郡地方，今止数号。”从该碑文上的署名可知所说的“数家”是5家[②]。这些“青蓝布号”主要从事染色业务，应当都是大型染坊。乾隆时期华娄染坊不少，在笔记小说中也有反映[③]。乾隆以后，仍有新建的染坊[④]。直到光绪时，娄县的鸭绿泉仍然以“染布鲜艳无比”著称[⑤]。在华娄的一些市镇，更以染踹业发达著称。其中最为著名的是枫泾镇，明末就已有多家布号开设的染坊和踹坊，到了康熙初年，“里中多布局，局中多雇染匠、砑匠”。这些工人“皆江宁人，往来成群”，在一次与本地人的冲突中，被杀者达数百人[⑥]。由此亦可见该镇染踹业之发达。到了嘉庆时，该镇染坊又进一步专业化，“染工有蓝坊、红坊、漂坊、杂色坊之分”[⑦]。直到1950年代初期，该镇还

---

① 《常熟县染户具控之弊碑》，收于苏州历史博物馆编：《明清苏州工商业碑刻集》，第58页。

② 上海博物馆图书资料室：《上海碑刻资料选辑》，第85—88页。

③ 袁枚：《新齐谐——子不语》卷一一“染坊椎”条(第240页)中就讲了一个涉及华亭“天生号”染坊的故事。

④ 例如王祥兴染坊创设于嘉庆末年，经营染色、漂白和踹砑，一直延续到民国时期。到1920年左右王金生经营时，有染缸三十余只，踹布工具3套，雇工17人，惟称百余年来无扩展。见杜黎：《关于鸦片战争前苏松地区棉布染踹业的生产关系》。杜文还说：该年制度，布商交染坊染布，按匹付给染坊酒资，染坊主提二三成后，所余后分给雇工。踹匠则非正式雇工，有布需踹时，踹一匹给一匹工钱。

⑤ 光绪《娄县续志》卷一一《名迹志》：“鸭绿泉在东长浜底，水色澄清，取以染布鲜艳无比。”

⑥ 吴遇坤：《天咫录》。

⑦ 嘉庆《松江府志》卷六《物产》。

有踹坊在进行生产[①]。其他一些市镇上也有染坊和踹坊，其中一些也一直延续到近代[②]。

这里，我们根据棉布消费量对染踹业的规模进行推测。

清代华娄的染踹业主要是为本地消费的棉布进行加工[③]。1820 年代华娄人口 56 万，人均年棉布消费量为 2.2 匹[④]，本地总消费量为 123 万匹。这些布绝大部分在本地加工[⑤]，因此本地染踹业的年加工总量大约为 123 万匹。

1820 年代华娄染踹业的人均产量无记载。在近代上海的传统染踹坊中，踹匠每人每天可加工布匹 12 匹[⑥]；染匠每人每天最多能染或漂小布 20—30 匹，兹以标准土布 15 匹计[⑦]。踹匠年实际工作日数约为 270 天[⑧]。染匠的工作日数亦以此计。在这 270 个实际工作日中，一个踹匠平均可以踹布 3,240 匹，一个染匠平均可以染布 4,050 匹。

---

① 徐新吾主编：《江南土布史》，第 377 页。

② 例如据近代调查，七宝镇最老一家李永兴染坊，设于雍正间，兼营染踹，农民染物，需要碾踹的，另收踹光费。该染坊在抗战前盘于潘万顺时，有染缸二十余只，雇工六七人（见杜黎：《关于鸦片战争前苏松地区棉布染踹业的生产关系》）。到了 1949 年，七宝镇还有染坊 4 家（见 1993 年《上海县志》，第 725 页）。

③ 松江输出的棉布则主要在苏州加工。

④ 见本书附录 16。

⑤ 在近代，各色染色土布，多为农民自用，绝少流入市场。见徐新吾：《江南土布史》第 352、356 页。

⑥ 见徐新吾主编：《江南土布史》，第 378 页。据此，平均每月工作 20 天左右。

⑦ 徐新吾主编：《江南土布史》，第 372、377 页。小布匹长 20 尺。又，1 匹标准土布 = 20×1.2 平方海尺（1 海尺 = 1.06 市尺）（徐新吾主编：《江南土布史》，第 198、209 页）。二者相差不大，故在此以标准布计。

⑧ 从明清江南的史料来看，踹匠大多是外地劳工，他们每年岁末通常要回家过年，到元宵节以后才回来，同时在一些节日里，也同雇主及其他城市居民一样不必工作。这些不工作的日子合计以一个月计，则他们一年实际工作月数为 11 个月，每月实际工作 25 日，合计 275 日，与我们推算出来的工业第三类行业中其他行业的工作日数 270 日相近，兹亦以 270 日计。

据此，年加工123万匹棉布，需要踹匠380人，染匠300人，合计680人。加上其他工作人员，染踹业从业人员总数应约为900人。

（五）造船业

华娄位于江南水乡，船只是主要的交通运输工具。史称清代江南人民“出入江湖，动必以舟”，因此“其船只之多，大小不下数十万艘，百姓赖以资生者何啻数百万人”[①]。此外，华娄渔业也颇为发达。对船只的需求，使得华娄拥有一个相当规模的造船业。此外，船只需要经常维修，因此船只维修也成为一项常年开工的产业。在此，我们将船只维修作为造船业的一个部分而一并加以讨论。

华娄地区所造船只种类繁多，适应各种不同的用途[②]。这里我们将使用最多的船只分为农船、渔船、货船、漕船四类[③]。这些船只都在本地建造和维修[④]。下面，我们首先对这些船只的数量作出估

---

① 《粤海关志》卷八《税则》，转引自方行、经君健、魏金玉主编：《中国经济史》(清代经济卷)上册，第187页(郭松义执笔)。

② 据民国《上海县续志》卷一二《交通》，1936年前后在上海一带内河航行的船只，种类甚繁，计有(1)客船(停泊本埠揽载人货者)，有南湾子、无锡丝网船、无锡快、江北快、蒲鞋头等种类；(2)航船(停泊有定地，往来有定期者)，远自常熟、苏州、嘉兴、湖州等埠，近自华(亭)、娄(县)、金(山)、奉(贤)、青(浦)、南(汇)、川(沙)各境，其自邑境及南境沿浦者，皆逐日随潮往来；(3)无帆小船，有舢板、划船(有本帮、淮扬帮两帮)、滩帮、驳船、摆渡船等种类。在上海县境内互相往来载货者、提船装人者，有帐船、码头船等。而据上海市政厅征收船只税章程，各种船只更多达21类。其中一种名为“松江航船”的，是“民国时期上海内河船舶制造业制造的主要船种之一。该船种前置挡浪板，船体设多舱，舱栏设封舱平基，2只橹架，3道樯子，载重30吨左右”(1999年《上海内河航运志》第3章船舶)，应当是华娄的特产。

③ 华娄没有海港，因此没有海船。海上贸易通过上海进行。

④ 农船、渔船、货船在本地建造。华娄漕船应属于苏松粮道辖下的苏州卫或者太仓卫。依照咸丰《户部则例》卷二二的规定，苏州、太仓等地的漕船均在本地方设场建造。参阅李文治与江太新：《清代漕运》，第201页。

计,然后根据船只的更新年限来推求出造船数量。又,依据清朝政府关于江南漕船的维修规定,从新船使用的第二年开始,每年都要维修①。民间货船的维修可以比照漕船,农船和渔船的维修通常主要是农民和渔民自行承担②,兹姑不计。

1. 造船

1820 年代华娄每年造多少艘船,史籍中没有记载。下面我们从船只的数量、折旧年限来推算。

(1)农船与渔船

农船是江南农民生产所不可缺少的运输工具。在 1930 年代的华娄以及附近地区,大多数农户都拥有农船。兹以 80%的农户有船、有船农户每户平均有船 1 艘计③。1820 年代华娄的情况应与 1930 年代类似。其时农户总数为 6.8 万户,应有船共 5.4 万艘。此时的农村地区还有非农居民 7,600 户,他们也需要船只作为交通工具,但对船只的依赖程度可能比农民低④,因此户均船数可能也会少一些,兹姑忽略不计。又,据在本书第 3 章中所作的估计,1820 年代华娄渔船的总数约为 1,000 艘。农船与渔船合计,总数大约 5.5 万艘。其使用年限均以 10 年计⑤,则 1820 年代华娄每年需造新船 5,500 艘。

从近代的情况来看,江南农船和渔船在船只尺寸和构造方面差

---

① 咸丰《户部则例》卷二二。

② 在通常的情况下,农民和渔民购买有关材料(例如桐油、石灰、黄麻、铁钉、棕绳、麻绳等,以及少量木材),自己进行维修。但是有时也需要请工匠来进行大修。据上海松江网:《松江农业经济文化简史》,近代松江县农家的船只每年须抹油修补,如请修船工大修,合伙者每天轮流做小工,供伙食烟酒,支出各户平摊。

③ 详见本书附录 6。

④ 因为他们不需运送肥料和租米,因此需要搬运的物品可能较少。

⑤ 见本书附录 6。

别不大，因此建造所需人工应当也差不多。在这里，我们参照《龙江船厂志》中关于渔船的记载来计算[①]。据该志，建造一艘小型的“供应打渔船”需要 84 个正工[②]。考虑到这种渔船的做工比一般的农船与渔船要细致一些，因此农船与渔船用工姑以 80 个计。据此，1820 年代华娄每年制造农船与渔船共 5,500 艘，共需人工 440,000 个。

(2)货船

清初郑若曾说：在江南，“湖泖之船，大小不齐，运石者谓之山船，运货者谓之驳船，民家自出入谓之塘船”[③]。在这里，我们仅只讨论由专业运输业者经营的运货之船[④]。此外还有形形色色的客船，在此亦略不计。

从本书第五章中，我们推算得 1820 年代华娄专业货船数量大约为 670 艘。其更新年限以 10 年计[⑤]，则每年需造新船 67 艘。这些货船每艘载重大约为 10 吨，相当于载米 125 石，依照明清时期的术语即一百二十五料船。《龙江船厂志》中仅有关于一百料战船的记载[⑥]，按照不同的种类，分别用工 490、451、448、426 个[⑦]。在此将建造一百二十五料货船的人工以 500 个计。建造新船 67 艘，共需人工 33,500 个。

---

① 近代松江县农船大多为船多为 1—3 吨的木船(上海松江网:《松江农业经济文化简史》)。而今天微山湖渔业作业船，亦有载重 1 吨，船长 4 米，宽 1.75 米者(新华社山东分社:《微山湖渔具渔法编例》)。明代后期南京光禄寺所属的“供应打渔船”(即金水河渔船)，船面自头至稍长 2.23 丈，底长 1.73 丈，中阔 4 尺，深 1.5 尺，即底长 5.2 米，宽 1.3 米，载重大致也在 1 吨。

② 李昭德:《龙江船厂志》卷七。

③ 顾炎武:《天下郡国利病书》(原编)第 6 册《苏松·苏州府》引郑若曾《太湖图论》。

④ 农船虽然也可用来运输物资，但非专门从事此项工作，故不计入。

⑤ 依照水利电力部水文局 1987 年 8 月颁发的《水文测验仪器设备的配置和管理暂行规定》(初稿)规定，非机动木船使用年限为 10 年。

⑥ 由此记载，一百料战船船面自头至稍长 4.92 丈，底长 3.42 丈，中阔 8.1 尺，深 3.7 尺。

⑦ 李昭德:《龙江船厂志》卷二、卷七。

(3)漕船

华娄漕船的数量,嘉庆时为 115 艘[①]。在清代中期的江南,造一艘载量 1,500 石左右的漕船,需要人工约 3,380 个,而漕船的更新年限为 10 年[②]。因此 1820 年代华娄平均每年建造漕船 12 艘,共需人工 40,560 个。

(4)兵船

1820 年代华娄驻军拥有各类战船共 43 艘[③]。这些船大多是中型船只,兹以货船情况计。每年造新船 4 艘,共需人工 2,000 个。

建造以上各种船只,每年需要人工 516,060 个。

2. 修船

农船和渔船的日常维修人工姑从略。货船、漕船和兵船的维修所需人工,按照漕船维修费与漕船造价的比例(6%)计,为22,650 个。

造船与修船所需人工合计,共 538,710 个。

一般而言,江南民间船厂的工作有季节性,即造船多在冬、春,修船则大修在冬、春,小修不拘时日。即使是建造和修理普通的农船或渔船,也需要一定数量的有专门技艺的工匠。因此民间船厂的工人包括常年工匠和季节性工人两个部分。上述造船每年需要人工 538,710 个,以专业工匠(每人每年工作 270 天)计,约需

① 包括派兑帮船 103 艘(其中华亭县额船 60 艘,实共船 50 艘;娄县额船 60 艘,实共船 53 艘),兑运白粮帮船 12 艘(华亭县与娄县各有额船 6 艘)(见嘉庆《松江府志》卷二四《田赋志·漕运》)。总共以 115 艘计。

② 李伯重:《江南的早期工业化(1550—1850 年)》,第 246—247 页。

③ 这些船包括内唬船、巡船、中号四橹哨船、桨橹快哨船。

2,000 人。当时的船厂，除了漕船厂之外，大多规模较小[①]，船匠之外的其他工作人员不多，兹以全部从业人员的 1/10 计。据此，则造船业从业人员总数约为 2,200 人。

(六)制盐业

清代松江分司所辖的盐场中，与华娄有关的是袁浦场。该盐场"坐落华亭、奉贤县境，西至三岔墩，接横浦场，东至朱家墩，接青村场，南至海，北至华、奉有司地(内自三岔墩以东、华家角以西、运石河以南，属华亭境；自华家角以东、朱家墩以西、新塘鎮以南，属奉贤境)"[②]。嘉庆时袁浦场有盐灶 124 灶，而光绪初年仅有 60 灶[③]，锐减

---

① 一般而言，建造中小型船只的船厂，大约有常年工匠十余人。19 世纪中期上海的资料中，有一些关于这一带制造中小型船只的船厂的规模的记载。例如鸦片战争前，上海人顾明海在浦东陆家渡地方设立船厂，雇佣十来个木工，从修理旧船开始，逐渐发展到制造驳船、帆船，以造四五吨到十来吨的小木船为多；生产周期较长，造小船也要两个月。1850 年左右，浦东人张桂华、张阿富在陆家渡开设两个木船厂，雇佣七八名工人，有时雇佣临时工，专做 50—100 吨的驳船，业务颇忙(李绍强、徐建青：《中国手工业经济通史》明清卷，第 601、602 页)，据此，我们可以得知当时一个普通船厂大约有从业人员 10 人左右。又，由于生产周期较长(造一艘小船需要两个来月)，因此这些工人是常年工匠。

② 光绪《松江府续志》卷一六《田赋志盐法·场灶》。括号中的文字系原注。

③ 光绪《松江府续志》卷一六《田赋志盐法·场灶》："其额设团灶，曰西新团(二灶)、东新团(二灶)、城西团(二灶)、城东团(二灶)、陆鹤墩团(四灶)、唐家埭团(六灶。以上属华亭境者十八灶，今存十二灶，余废，参华亭志盐法志)。西湾团(七灶)、石桥头团(十灶)、牛郎庙团(七灶)、何家埭团(十五灶)、庙路口团(十三灶)、王家墩团(十灶)、吴家路团(九灶)、横林团(六灶)、焦盐团(六灶一)、盐房头团(八灶)、戚漴墩团(十一灶)、朱家墩团(四灶。以上属奉贤境者一百六灶，今存四十八灶，余废。案旧聚团额凡十，曰袁部团、西湾塘、西横林团、中横林团、何家大宪塘、东横林团、庙路口塘、戚漴墩塘、石桥头塘、朱家墩塘，参《盐法志》。"

的原因是自然条件的变化[①]。

袁浦场的年产量可从盐引来推算。光绪《华亭县志》说:“本场旧额掣配商盐一万八千八百引不等。”[②]乾隆四年以后松江分司的规定是 1 引重 400 斤[③],因此袁浦场旧额产盐应为 752 万斤。这里所说的“旧额”,当即嘉庆时的定额[④]。据此推算,嘉庆时袁浦场的产量应为 7.5 万担。但是从近代的情况来看,这个数字无疑太低[⑤],因为有大量的私盐未统计在内[⑥]。

自咸丰朝至光绪朝,松江府地区的制盐业发生了一个重大变化,即原来一直使用的煮盐法,在许多地方被改为晒盐法。煮盐耗时费力而成本高,质量也不及晒盐[⑦]。光绪初年华亭晒板数为袁浦

---

① 这一带在明代本“以盐利为饶”,但到了明末,“自清水湾以前□[原缺]较川沙以北水咸宜盐,近有沙堤壅隔其外,水味浸淡,而煮海之利亦微”(《肇域志》第 5 册引明代《上海县志》)。换言之,自明末至清,松江分司所辖盐区因长江泥沙频年淤积,海水含咸度降低等原因,产量下降。海水变淡的原因,又是因为长江淡潮流向改变所致(见北田英人:《中國江南三角州における感潮地域の變遷》)。松江分司所辖的 8 个盐场,清末尚存 7 场,到了民国二十二年只剩袁浦场。而到 1983—1984 年,这一地区结束了海盐生产的历史(唐仁粤主编:《中国盐业史》地方编,第 250 页)。

② 光绪《华亭县志》卷九《盐法》。

③ 乾隆四年户部议准前管理浙江总督嵇曾筠请改归额引,略曰:“松所未奉加斤之先,每引给盐二百八十五斤,……今每引给盐四百斤。”见光绪《华亭县志》卷九《盐法》。

④ 光绪《华亭县志》所说的袁浦场的灶团、盐灶等数字,均与嘉庆《松江府志》所说数字相同。

⑤ 在近代,虽然原松江府地区制盐业已经走向衰落,但 1933 年袁浦场的产量仍达 1.8 万吨(约 3,600 万斤),1950 年为 11,999 吨(约 2,400 万斤),1953 年则为 20,416 吨(约 4,100 万斤)。民国三年,浦东、横浦两场合并为两浦盐场。民国二十二年 2 月,青村、两浦二场并入袁浦场,崇明盐场也撤销(1987 年《奉贤县志》卷一一《盐业志》第 2 章生产、销售第 1 节盐地、工具)。原松江分司盐区已仅剩袁浦一场。虽然此时的袁浦场范围比过去的袁浦场大,但上述袁浦场在嘉庆时年产 750 万斤的数字无疑太低。

⑥ 张忠民:《上海:从开发走向开放,1368—1842》,第 209 页。嘉道时松江府私盐约每担 2,000 文,而官盐零售价则 2,600—3,000 文。即私盐价为官盐价的 67—77%。这表明私盐的猖獗。

⑦ 1995 年《上海粮食志》第 9 篇《盐业》第 1 章《产盐》第 2 节《制盐》。

场晒板总数的 49%[①]。到了近代,华亭境内的柘林场务所,产量也占袁浦场总产量的一半或略多[②]。同时,相对于袁浦场的奉贤县部分而言,华亭县部分的盐产量变化较小[③]。因此我们可以认为在 1820 年代的袁浦场盐产量中,产于华亭者约为一半。

光绪初年袁浦场的盐产量,以每板平均年产盐 150 公斤计算[④],则年产量应为 7,416,900 公斤(1,483 万斤),其中华亭的产量应为 3,662,250 公斤(732 万斤)。民国时期袁浦盐场辖下诸盐场中,柘林场务所 1950 年产盐 6,028 吨(约合 1,200 万斤)[⑤],1953 年产 10,669 吨(约合 2,100 万斤)[⑥]。因此从近代的情况来看,上述光绪初年的产量估计(732 万斤)可能低于实际产量颇多[⑦]。嘉庆

---

① 据光绪《松江府续志》卷一六《田赋志》,光绪七年四月杪查办晒板委员候补运副贝丞征至华亭、奉贤、张库沿塘一带查看后禀称:"据折开袁浦场晒户一千九百十七户,计晒板四万九千四百四十六块。"稍后华亭知县杨开第奉命清查晒板后上禀略说:"窃卑职于奉札后,前赴沿海一带,挨户确查,剀切开导,该晒户等,均不敢稍有隐匿,共计土著客民查有七百二户,点见晒板二万四千四百十五块";"统计华奉金沿海地方,共查出晒板五万有零",与贝氏所说板数颇为相近。

② 据 1987 年《奉贤县志》卷一一《盐业志》第 2 章《生产、销售》第 2 节《劳力、产量》,1950 年袁浦盐场产盐 11,999 吨,其中柘林场务所 6,028 吨,占 50%;1953 年产盐 20,416 吨,其中柘林场务所 10,669 吨,占 52%。

③ 袁浦盐场地跨华亭、奉贤两县。嘉庆时该场的盐灶总数为 124 灶,两县的盐灶数分别为 18 灶和 106 灶,因此该场生产的主要部分在奉贤(嘉庆《松江府志》卷二九《田赋志·盐法·场灶》)。到了光绪初年,该场的盐灶总数减少到了 60 灶,两县的盐灶数分别为 12 灶与 18 灶(光绪《松江府续志》卷一六《田赋志盐法·场灶》),即在嘉庆后期和光绪初期之间,奉贤盐灶减少了 6/7,而华亭只减少了 50%,可见减少主要是在奉贤。

④ 杨开第说:"以其板数计之,当兹天气晴暖,每日出盐约在十万觔内外。"(光绪《松江府续志》卷一六《田赋志》)而据现代统计,板晒制盐产量因受气候及天时影响,淡季与旺季有显著差异。夏秋季日光强烈、雨水少日晒时间长,每板日产盐 2—3.5 公斤;春冬季日光弱,雨天多,日晒时间短,每板日产盐 0.5—1 公斤(1995 年《上海粮食志》第 9 篇《盐业》第 1 章《产盐》第 3 节《产量、质量》)。

⑤ 该年柘林场务所统计有盐板共 51,026 块。

⑥ 1987 年《奉贤县志》卷 11《盐业志》第 2 章《生产、销售》第 1 节《盐地、工具》。

⑦ 光绪初年不仅使用晒盐法,而且也同时使用煮盐法。而 1950 年代初仅只使用晒盐法。

时华娄的盐产量不详，应当不低于光绪初年。兹作保守估计，以1,000万斤计。

嘉庆时袁浦场有现煎团灶共18团，124灶，锅盘124，仓廒28所，灶丁6,720人[①]。但是实际从事制盐的灶丁人数远低于此，因为上述额丁中有很大部分已转化为农民。本场有各则税地33,244亩[②]。按照江南一般"人耕十亩"的惯例，以每丁种田10亩计，则务农人数为3,320丁，余下3,400丁应即为灶丁。据此，盐灶124灶，仓廒28座，平均每灶27人[③]。1820年代华亭的盐灶数，兹以18灶计[④]，则应有专业灶丁486人，加上其他工作人员，则制盐业从业人员总数应为650人，兹以700人计[⑤]。

(七)建筑业

建筑业是传统工业的重要组成部分。在清代和民国江南的许多地方，建筑业已经成了颇为专业化的产业[⑥]。在松江府地区，房

---

① 嘉庆《松江府志》卷二九《田赋志盐法・场灶》。

② 该盐场有现额上中下各则课荡31,388亩，现额各则税地33,244亩。

③ 据李心传:《建炎以来系年要录》卷一四《淮浙盐》:"一灶之下，无虑二十家。"可见上述平均数不诬。

④ 嘉庆时袁浦场有124灶，其中华亭18灶；光绪初年该场仅有60灶，而其中华亭12灶。因此华亭的盐灶数量比较稳定。

⑤ 杨开第说光绪初年华亭县有晒盐户"共计土著客民查有七百二户"(光绪《松江府续志》卷一六《田赋志》)。杨氏说:"该民人等，身家于斯，相依为命，若骤与更张毁之，则群皆失业"，可见这些晒盐户均为专业盐户。1955年柘林场务所有盐户713户，1,466个劳动力。不过，如杨氏所言，"从前各灶户系于海边取卤，用灶煎熬，近年以来改煎为晒，事既便捷，居民因以效尤"。煮盐与晒盐工艺不同，因此所需工人数也不同。

⑥ 例如道光《光福志》卷一《风俗》:"香山一带，民习水、木工作者，十之六七，尤多精巧。凡大江以南有大兴作，必籍其人"。民国《川沙县志》卷四《风俗志・川沙风俗漫谈》:"近惟水、木两业，日见其旺。徒手出门，不数年间，拥资巨万，面团团作富家翁者，亦复不少。"按:水即泥水。因此"水木"指建筑。

屋建筑一向由分散的建筑工匠进行。但在康熙三十六年(1697年),上海出现了“锯作”、“漆作”,标志着开始向作坊式经营转变。尔后,又出现了工程承包商——“作头”[①]。这是建筑业更加成熟的表现。

在松江府的属县上海县,早在万历、崇祯年间,仅只县城内纳税的建筑工匠就已达 500 多名[②]。明代后期上海县城的城市规模远不及 19 世纪初期的松江府城,因此 19 世纪初期的松江府城的建筑工匠人数肯定大大超过 500 人。

1949 年松江县城厢有登记的营造作坊 55 家,建筑工匠(不含衬间工)约 300 人,平均每个作坊有工人近 6 人。这些工匠的工作主要集中在夏秋两季,冬春两季工作机会较少。在乡村集镇干活的泥木工为数不多,农闲时干些农舍修补砌灶等活[③]。不过,1949 年处于长期战乱的尾声,华娄的建筑业也正处于严重的萧条之中,因此建筑工匠人数以及工匠每年工作的时间肯定都少于 19 世纪初期承平之时。由于没有其他史料可资使用,我们在此仍以 1949 年的工匠人数为基础,并依照 1949 年松江县城与 1820 年代松江府城人口的差别(1:3)进行推算,则 1820 年代松江府城应有建筑工匠 900 人,加上衬间工等,应在 1,000 人以上,大约为明代后期上海县城建筑工匠人数的 2 倍。考虑到松江府城的规模[④],这个数字应当是近乎实际的。因此 1820 年代府城建筑工匠人数以 1,000 人计。

在近代江南农村,房屋是由城镇的专门工匠来修建的[⑤],因此

---

① 1997 年《上海建筑施工志》综述。

② 1997 年《上海建筑施工志》综述。

③ 1991 年《松江县志》,第 563 页。

④ 清代松江府城包括了松江府府治和华娄二县县治,比明代上海县城大得多。

⑤ 费孝通:《江村农民生活及其变迁》,第 95 页;南满洲铁道株式会社上海事务所:《江蘇省松江県農村実態调查報告書》,第 213 页。

可以归入市镇建筑业。1820 年代华娄市镇建筑业从业人数不详，依所服务的人口比例计算[①]，市镇建筑业的工匠人数应为 2,760 人。府城和市镇合计，应有建筑工匠约 4,000 人。

(八)窑业

在 20 世纪中期以前的华娄地区，建筑业所使用的建材主要是木材、石材和砖瓦、石灰。本地所产木材甚少，所需木材大部分要依靠输入；石材生产也不多。因此建材生产主要是砖瓦和石灰的生产，过去称为窑业。

在清代松江府地区，窑业是一项重要工业。与华娄相邻的浦东、奉贤、南汇、青浦各地都有发达的窑业[②]。华娄的情况当与这些地方相近。民国《青浦县续志》中提到的朱家梆(浜)就在娄县。此外，华娄有方家窑、砖窑泾、窑湾桥等地名，也都暗示这些地方曾是窑业发达之地。

由于窑业基本上是一项地方自给的产业，因此其规模主要也决定于本地的消费。华娄地区每年建造和维修的房屋数量不小，因此需要的砖瓦石灰数量颇大。据 1991 年《松江县志》，抗战前夕，松江县从事砖瓦业的农户逾 3,000 户，年产砖 1.2 亿块，每户平均产砖 4 万块。日本侵华战争爆发后，砖瓦业日趋萧条，产量锐

---

① 府城 3.3 万户，余 9.1 万户，即为市镇与农村居民，二者比例为 1∶2.76。

② 民国《青浦县续志》卷二《疆域下・土产》："砖瓦：嘉道间，高洋区朱家坞村人有佣工于嘉兴大窑者，归而传其业，教人范土成墼，以制砖瓦。近今逐渐推广，增窑至三十余所，邻县祝家田、朱家梆等处多仿之。每年销数甚旺，为西乡特产之一。所出砖瓦，运销苏浙两省。"民国《奉贤县志稿》卷一〇《工业史料》："浦东砖瓦事业，首推鹤沙沈彬儒所设之大中砖瓦窑，工人二千余，每月出产旺盛，自二月至八月为盛产期，冬日受泥土封冻影响，产量较少，地址即在市镇之东南，窑址延绵里许，为南汇县内规模最大之建筑工业。吾奉砖瓦业历史之悠久，当首推青村。"

减，至解放前夕，年产量仅 345 万块。1951、1952 两年，产量继续下跌，为解放前夕之半。在公私合营前，全县石灰年总产量约 4,000 吨。1954 年全县有土窑 13 座，年产砖 350 余万块，职工 100 余人，平均每座窑有工人 8—9 人，产砖 27 万块，每个工人平均年产砖约 3 万多块，与抗战前情况相近，都应当是比较专业的生产①。1956 年全县年产砖 762 万块，石灰 3,625 吨②。在这几个数字中，抗战前夕和 1954 年的数字，相对而言比较能够代表正常时期的生产情况。如果依照每个工人年产砖 4 万块和每座砖窑有工人 8 人的比例，则每座土窑可产砖 32 万块。依照这个比例计算，抗战前生产 1.2 亿块应有土窑近 400 座，从业人员 3,000 余人③。依照 1820 年代与抗战前人口的比例④，1820 年代华娄应有各类土窑 500 余座⑤，从业人数约 4,300 人。姑以此作为砖窑、瓦窑、石灰窑从业人

① 与娄县相邻的嘉善县，是近代江南最重要的砖瓦产地之一。1928 年全县有窑户 500 余户，窑墩 720 余座，从业人员 10 万人左右，年产砖瓦 10 亿块以上，价值 500 余万元，运销各省。据此，嘉善每个窑户平均有窑墩 1.44 座，从业人员 200 人，年产砖 200 万块，价值 1 万元（见民国《嘉善县地方性教材》，转引自浙江省社会科学院历史研究所、经济研究所与嘉兴市图书馆合编：《嘉兴府城镇经济史料类纂》，第 202 页）。近代松江县的窑业企业平均规模似乎没有嘉善的那么大。但是抗战前夕松江窑户每户产砖 4 倍于嘉善窑户人均产量，因此应当是比较专业的生产。

② 1991 年《松江县志》，第 442 页。

③ 兹按照嘉善的比例，生产 1.2 亿块砖，应有窑户 50 户以上，窑墩 70 座以上，从业人员 1 万人以上。按照甘泉的比例，应有砖窑 1,000 余座，从业人员 2.7 万余人。因此此处所作的估计，不会高估。

④ 民国二十一年松江县人口为 389,719 人（1991 年《松江县志》，第 153 页），而 1820 年代为 56 万人。

⑤ 乾隆中期金匮县“有窑一百二十五座”（江苏省博物馆编：《江苏省明清以来碑刻资料选辑》，第 530 页）。民国二十五年前后，江苏吴江县“窑户集于芦墟。多至二三百家，不啻本县之一工业区也”（民国《江苏六十一县志》上卷“吴江县工业”）。因此华娄有 654 座并不为太多。

员的总数。窑业通常一年仅能开工半年[①]。在此我们按照 180 : 270 的比例，将上述窑业从业人员数折合一年工作 270 日的专业工人数，为 2,900 人。

下面将 1820 年代华娄工业行业从业人数及部门分布列为下表：

表 4—1　1820 年代华娄工业从业人数及部门分布

类别	从业人数
	第一类行业
城镇	11,000
农村	2,300
合计	13,300
	第二类行业
城镇	11,000
农村	102,000
合计	113,000
	第三类行业
碾米业	2,400
榨油业	7,000
酿酒业	2,500
染踹业	900
造船业	1,800
制盐业	700
建筑业	4,000
窑业	2,900
合计	22,200

① 前引民国《奉贤县志稿》卷一〇《工业·史料》："浦东砖瓦事业，首推鹤沙沈彬儒所设之大中砖瓦窑，工人二千余，每月出产旺盛，自二月至八月为盛产期，冬日受泥土封冻影响，产量较少。"较小的砖窑，每年开工时间可能更少一些，秋冬两季（农历九月至来年元月）基本上不开工。

第五章　服务产业状况

今日通用的产业分类中的服务产业，又称第三产业，不仅包括商业和日常所说的服务业（餐饮、旅馆、娱乐等），而且也包括金融业、外贸业、运输业、教育和政府等部门。为了避免语义上的混淆，在本书中，我们将通常意义上的服务业称为服务业或普通服务业，而将今日所说的第三产业称为服务产业，并按照今天的产业分类，将金融业、外贸业、运输业、教育和政府归入服务产业。

在19世纪初期的华娄地区，服务产业是经济的主要组成部门之一，其地位可与农业、工业相提并论，但是在过去的经济史研究中，此产业却未受到应有的重视，因此本章将对此作一较为全面的探讨。

一、商业、服务业

商业在清代江南经济中的地位早已为学界公认，而服务业的地位亦不容忽视，特别是在城镇，居民的颇大一部分就是依靠服务业为生的①。

---

① 嘉庆时人钱咏说苏州的金门、阊门一带，“晏会无时，戏馆、酒馆凡数十处，每日演剧，养活小民不下数万人”，“如寺院、戏馆、游船、青楼、蟋蟀、鹌鹑等局”，也成为“穷人之大养济院”（见钱泳：《履园丛话》）。僧道为善男信女祈福禳灾，从事道场法会等活动，也算是一种服务。

在近代以前的江南，商业与服务业之间的关系密不可分，因此在许多情况下，二者之间的界线颇为模糊，乃至商业与服务业的经营单位的名称也是一个问题。在进入正题讨论之前，我们有必要对名称问题作一简单讨论。

在清代的松江府一带，商业与服务业经营单位的名称颇为繁杂，没有一个统一的称呼。民国《宝山县续志》说："凡日用所需设肆以贸易者，俗称为店；……土布、鲜肉、锡箔之类则称庄。"[①]嘉庆《珠里小志》则说："居货曰榻，置货鬻物曰店，以有易无曰赎卖，随地贸易曰摊头，肩挑行贩曰脚担。"此外还有药材店（曰堂）、估衣店（大曰庄，小曰店）、典铺（曰质库、典当）、屠肆（曰庄）、酒肆（曰馆）、茶馆（曰馆）[②]。由于店铺是最普通、也是涵盖面最广的名称，因此在本书中，我们将所有商业与服务业的企业一律称为店铺，尽管在严格的意义上来说，行庄不一定属于店铺，同时还有大量的小经营（即上面所说的摊头与脚担）也不能以店铺称之。

(一)近代华娄的商业与服务业

由于文献中罕有直接的记载，我们不得不主要依据近代的调查与统计并参考 19 世纪的零散记载，来推求 1820 年代华娄商业与服务业的情况。由于近代情况与 19 世纪初期情况之间的差别并不很大，因此这样做是合理的[③]。

---

① 民国《宝山县续志》卷六《实业志·商业》。

② 嘉庆《珠里小志》卷三《风俗》。

③ 在下文中将谈到，在原松江府地区一个大市镇上的店铺数量，无论在 19 世纪，还是在 1930 年代和 1940 年代，都大多为 300 余家。不仅如此，甚至在一些细节上也颇为接近。典型的例子是市镇上茶馆的数量。在太仓州的璜泾镇，"自嘉庆以来，酒肆有四五十家，茶肆倍之"（道光《璜泾志》），二者比例为 2∶1。据满铁调查，1939 年沙溪镇有茶馆 25 家，酒店 14 家（南满洲铁道株式会社上海事务所：《江蘇省太倉県農村実態

1. 商业与服务业的规模

据 1950 年的统计，1949 年以前松江县 23 个大小集镇共有“私商”（即商业户与服务业户，包括摊贩在内）6,890 户，从业人员 16,131 人①，平均每户 2.3 人。坐商、摊贩户数之比为 9：5，店铺（坐商、行商）与摊贩之比为 2：1，纯商业户与服务业户（包括饮食业）之比为 11：1②。这个统计是现今我们能够得到的最早的和最全面的统计，也是我们赖以推求 1820 年代情况的基础。但是，如果仔细看该统计，也会发现存在颇大问题：

首先，服务业的数字显然不全，以致商业与服务业的户数之比为 11：1。用满铁调查中的 1940 年松江县华阳桥各类店铺的数字计算③，服务业户数为纯商业户数的 17%，即 6：1④。在费孝通对

调查報告書》，第 117—118 页）。二者比例亦近于 2：1。又，道光时璜泾镇有 2,000 户，酒肆茶馆总数 135 家，平均每 15 户有 1 家。而 1939 年沙溪镇有 1,000 户，酒肆茶馆饭店总数 59 家（饮食店 20，茶馆 25，酒店 14）。平均每 18 户有 1 家。两个比例也颇为相近。

① 原为 15,131 人，据同页数字计算应为 16,131 人。

② 坐商 4,126 户，从业人员 12,268 人，平均每户 3 人；摊贩 2,293 户，从业人员 3,360 人，平均每户 1.5 人；行商 471 户，从业人员 503 人，平均每户 1.1 人。按行业性质划分，则“纯商业”户为 6,330 户，服务业户 403 户，饮食业户 157 户。

③ 华阳桥又名华阳镇，这里所说的镇是行政单位，包括镇（准确的称呼为华阳坊）以及附近农村，农村人口占大多数。见南满洲铁道株式会社上海事务所：《江蘇省松江県農村実態調査報告書》，第 11—13 页。

④ 南满洲铁道株式会社上海事务所：《江蘇省松江県農村実態调查報告書》，第 185 页。1940 年时有居民 720 户，其中“商户”（包括工、商、服务业户在内）142 户。在这些“商户”中，服务业 16 户（菜馆 11，饭店 3，酒馆 2），工业 37 户（竹匠 3，木匠 11，煅冶屋 4，裁衣 14，米厂 2，布厂 3），余下者 90 户为商业。华阳桥地区（主要是农村）因为靠近市镇，“被调查村子的农民衣食住所需一切物资均仰给于华阳镇”。大概因此之故，服务业不发达。

1930 年代中期吴江县开弦弓村的调查中，这个比例为 64%，即纯商业户与服务业户之比大约为 3 : 2[①]。而依照满铁对 1939 年太仓县沙溪镇的调查，这个比例更高达 71%，即纯商业户与服务业户之比接近 4 : 3[②]。因此 1950 年统计中服务业的比例，肯定远远低于实际情况。在上述华阳桥、开弦弓村和沙溪镇三个例子中，华阳桥距离松江县城仅有 1 公里，本地服务业在颇大程度上已被县城服务业取代；沙溪是一个较大的市镇，服务业比较集中；而开弦弓是农村，服务业不如市镇发达。因此，即使我们从低以开弦弓的情况计，1949 年前松江县 23 个大小集镇的服务业户也应有 4,050 户，商业户与服务业户的总数为 10,380 户。

其次，该统计没有说明这 23 个大小集镇到底包括哪些地方。从该县的行政区划变革沿革来看，可以知道这 23 个集镇都是行政单位，包括了全县所有地区[③]。1953 年全县居民总共 101,836 户，425,943 人，如果全县商业户与服务业户（即“私商”）的总户数为 10,380 户，则平均每 10 户（或每 41 人）有 1 户“私商”[④]。但是我们

① 据费孝通的调查，在吴江县开弦弓村，1930 年代中期的总户数为 360 户，其中传统的工、商、服务业店铺共 33 户，平均每 10.9 户有 1 店铺，店铺户占总户数的 9%。工、商、服务业的数量为商业 14 户（零售商 10，实际兼为流动商店的航船 4 户），服务业 9 户（泥水匠 1、裁缝 3、理发匠 2、接生婆 1，鞋匠 1、和尚 1）。见费孝通《江村农民生活及其变迁》，第 107 页。

② 详下文。

③ 据 1991 年《松江县志》（第 60 页），民国元年该县下辖 24 市、乡。1949 年解放前夕为 20 乡镇。1949 年 11 月全县划分为 10 区，1957 年撤区并乡，设 4 镇、17 乡（旋改为公社）。因此 1949 年 1 月划分的 20 个乡镇（中山镇、永鹤镇、华阳镇、泗泾镇、天马镇、枫泾镇、叶榭镇、张泽镇、亭林镇、漕泾镇、三泾乡、新桥乡、昆冈乡、古松乡、吾茹乡、一新乡、后冈乡、朱行乡、山阳乡、松卫乡），包括了县城（中山镇）、市镇、农村集镇和农村在内。因此上面说到的 23 个大小集镇，与 1949 年 1 月新划分的 20 个乡镇一样，显然都是行政单位，而非 1950 年代的农村集镇。

④ 1940 年华阳桥地区（包括农村集镇和农村）居民平均每 6.3 户（或者每 26 人）有 1 户“商服户”。华阳桥是一个离县城较近地区，其“商服户”的比例可能比那些离县城较远的地区要高一些。

要注意的是，在1950年以前，松江县处于长期战乱和社会动荡之中，经济受到严重破坏，因此商户数量肯定比和平时期要少。又，在1949年前的松江县，除了私商，可能还有一些政府控制的商业和服务业[①]，因此才会有“私商”之说。有鉴于此，上述每10户有1户“私商”的比例，应当明显低于和平安定时期的相应比例。但在此仍依此比例计，则1820年代华娄居民12.4万户，应有“私商”12,400户。

根据1950年的统计推算出1820年代华娄应有“私商”12,400户，而依照开弦弓村的比例推算，1820年代华娄应有商业户与服务业户10,380户。这两个数字都明显低于真实情况。由于没有其他证据可资校正，这里我们姑且采用12,400户这个数字[②]。同时，按照1949年以前每个“私商”户平均有从业人数(2.3人)的标准，1820年代华娄地区的商业与服务业应有从业人员28,500人。

2. 商业与服务业的差异

1951年10月，松江县政府对该县私商(坐商)的情况进行了统计[③]。该统计是我们了解20世纪前半期松江县商业与服务业情况的主要向导。现将该统计的主要内容制成表5-1[④]：

---

① 1949年5月，新组建的中共松江地委所属财经大队，随军南下进入松江城，旋即在松江镇组建了第一个国营商业公司——建中贸易公司。该公司5月下旬开业，下设粮业、百货、土产三大部，批零兼营。以后陆续在专区所属各县设立办事处，开展购销业务活动(见1991年《松江县志》，第486页)。该公司是凭空建立还是以原国民党政府控制的商业公司为基础建立的，该方志未作说明。不过从当时的一般情况来看，后者的可能性较大。

② 这是因为开弦弓的数字是农村的数字，因此肯定低于包括城镇在内的松江县数字。

③ 不包括书场、影剧院等娱乐部门及汽运、船运等交通部门，以及机械修理等部门。

④ 1991年《松江县志》，第482页。

表 5—1　1951 年松江县(坐商)商业与服务业(一)

	店铺数	比重(%)	从业人员(人)	比重(%)	资金(元)	比重(%)
商业	1,358① 236② 1,122③	70⑨ 66.5⑩	4,003 524 3,479	84.4 73.3	2,132,656 247,938 1,884,718	91.2 91.0
服务业	557④ 12⑤ 545⑥	28.8⑪ 32.3⑫	1,302 36 1,266	27.4 26.7	192,074 6,735 185,339	0.8 0.9
总数	1,935⑦ 1,687⑧		5,305 4,745		2,324,730 2,070,057	

①总数
②出售现代工业产品(五金电料、五洋杂货、钟表眼镜、煤油、西药)的店铺
③=①-②
④总数
⑤照相、卖报
⑥=④-⑤
⑦所有商业、服务业
⑧=⑦-②-⑤
⑨=①/⑦
⑩=③/⑧
⑪=④/⑦
⑫=⑥/⑧

将上表中数字作整理,可得到表 5-2:

表 5—2　1951 年松江县(坐商)商业与服务业情况(二)

	从业人数(人/店铺)	资本(元/店铺)
商业		
全部	2.9	1,570
传统部门	3.1	1,680
服务业		
全部	2.3	345
传统部门	2.3	340

续表

	从业人数(人/店铺)	资本(元/店铺)
商业服务业		
全部	2.7	1,201
传统部门	2.8	1,227
商业:服务业		
全部	1.26∶1	4.55∶1
传统部门	1.35∶1	4.94∶1

由上两表中的“传统”部分,我们可以看到:

第一,在店铺数量方面,商业与服务业之比约为2∶1;在从业人数方面,商业与服务业之比约为3∶1;而在资金数量方面,商业与服务业之比为10∶1。

第二,每个商业店铺的从业人数为3.1人,而服务业为2.3人,二者的比例为4∶3。每个商业店铺的资金,更为服务业店铺资金的近5倍。

由此可见,商业的总体规模和商业店铺的平均规模,都明显比服务业的相应规模大。

(二)19世纪初期华娄的商业与服务业

19世纪初期华娄的商业与服务业可分为三个部分,即府城商业与服务业、市镇商业与服务业以及农村商业与服务业。下面即依次讨论之。

1. 府城商业与服务业

在1949年以前，县城是松江全县的商业中心[①]。据1950年的统计，县城有“私商”2,481户，从业人员7,245人[②]，分别占全县“私商”户数的36%，人数的48%。县城“私商”每户平均有从业人员2.9人，比全县平均数(2.3人)高出1/4，相当于“坐商”的商业店铺的水平。

1820年代松江府城人口为1951年松江县城人口的3倍[③]，按照此比例，1820年代府城应有商业与服务业户7,400户，从业人员21,700人，分别占当时华娄地区商业与服务业总户数的60%，从业人数的75%。从近代的情况来看，这些数字并非不可能[④]。不过我们要注意：第一，华娄的市镇经济在19世纪初期比在20世纪中

① 据上海名镇志编辑委员会编《旧府新城：松江镇》“古代全国工商名城”条，在1930年代(抗日战争以前)，松江镇(即清代松江府城)商业十分繁荣，纯商业分为60多个行业，饮食服务业中饮食业、理发业、沐浴业、旅馆业、照相业、洗染业、茶馆业等一应俱全。全镇形成大米市场、日用品市场、娱乐消费市场3个各具特色的商业区。横贯松江城的十里长街，店铺有1,000余家，是松江最繁华的商业街，其中松江西门至岳庙段是整条商业街的中心。医药、百货、绸缎棉布、南北杂货、茶食商店均集中于此，还有诸多各具经营特色的西烟、酱酒、茶叶、西药、服装、文具、书店、五金等店铺，纸箔、冥洋、爆竹、神模、香烛等专营迷信物品的店铺也集中于此。长桥街、松汇路一带是以娱乐消费为特色的街区，这里剧场、影院、旅馆、酒家、茶楼、商场等相连，是有钱人吃喝玩乐的好去处。当时，松江的商店都注重门楣装潢，重视广告宣传，有实力的商店有留声机、无线电收音机，安装霓虹灯，悬挂“大减价”、“大拍卖”之类旗幡、招牌，招徕顾客。

② 1991年《松江县志》，第480、481页。

③ 1953年全县城镇人口70,449人，但无城厢镇(即松江县城)人口数字。1957年全县城镇人口72,309人，内城厢镇52,355人，县城人口在城镇人口中的比例为72.4%(见1991年《松江县志》，第153页)。依此比例，则1953年县城人口应为51,000人，为1820年代松江府城人口的1/3。

④ 1820年代松江府城人口占华娄两县人口的26%，而1953年松江县城人口仅占全县人口的12%。1949年以前松江县城商业与服务业户在全部商业与服务业户中的比例为36%，若按同样的比例，1820年代松江府城商业与服务业户数在全部商业与服务业户中的比例应为78%。因此上述60%的比例并不会过高。

期要繁荣得多[①]，同时在商业与服务业发达的程度方面，19世纪初期的华娄，市镇与府城之间的差别也不大[②]。第二，20世纪中期华娄市镇经济的衰落，导致其商业与服务业功能有颇大一部分转移到了县城（原府城），因此20世纪中期县城商业与服务业的比重，比19世纪初期更高。由此而言，19世纪初期商业与服务业户在华娄商业与服务业户总数中所占的比例应当低于60%。在此，我们把府城与市镇商业与服务业户在全部居民中所占的比重，均按照每5户居民有1户商业及服务业户计，则府城商业及服务业户共计6,600户；每户从业人员数以1949年前松江县全县的平均数字（2.3人/户）计[③]，应为15,200余人。又，依照1950年松江县“坐商”中商业及服务业的有关比例计算[④]，1820年代松江府城应有商

---

① 例如，1957年松江县城镇人口为72,309人，内城厢镇（即县城）人口为52,355人（见1991年《松江县志》，第153页），亦即市镇人口仅占城镇人口27.6%。而据本书附录5中所得的数字，1820年代市镇人口占城镇人口的47.3%。

② 市镇本是因为工商业（特别是商业）而发展起来的，因此商业在市镇经济中的比重应当更大。又，1953年县城人口被推定为51,000人，按照当时人户比例（每户4.2人），合12,142户，有“私商”商业与服务业户2,481户，平均每4.9户有1户商业与服务业户。据满铁调查的数字计算，1940年的华阳桥，平均每6.8户居民中有1户商业与服务业户，而华阳桥是一个近郊以农村为主、包括集镇的地区，其商业与服务业户的比重比是同时期的太仓县沙溪镇的相应比重（大约是每4户居民有1户商业与服务业户）要小得多。因此县城与市镇的差别不大是可以肯定的。

③ 若依照1949年以前松江县城的平均数（2.9人/户）计，为19,100余人。1949年前松江县城的平均数较全县平均数大，主要是大型店铺集中在此的结果。19世纪初期华娄的大型店铺（主要是牙行、典当、钱庄等）在下面要专门作讨论，在此应予排除。

④ 商业与服务业户数之比为1,122：545，即大约为2：1。商业户与服务业每户从业人数之比为1.35：1，即大约为3：2。

业户 4,400 户,从业人员 11,400 人[①];服务业户 2,200 户,从业人员 3,800 人。

2. 市镇商业与服务业

清代江南的市镇绝大多数是因商业和服务业发展而形成的,出现后也成为周围地区的商业和服务业中心,因此商业与服务业是市镇经济的主要产业[②]。

从一些记载来看,在清代中期松江府属下的许多市镇,商业与服务业的行业种类和店铺数量都很多。在种类方面,一个例子是与华娄毗邻的朱家角镇。在 19 世纪初期,镇上有众多庄行进行棉花、棉布乃至棉纱贸易,此外还有大批从事鱼、米交易的庄行。镇上服务业也相当发达,种类颇多[③]。从店铺数量来看,清代松江府

---

① 上海名镇志编辑委员会编:《旧府新城:松江镇》"古代全国工商名城"条说:"作为盛产大米的江南水乡,松江城不但是漕运集散地,也是民间米粮贸易集散地。松江城西端沿古浦塘的秀野桥滩、仓桥滩、跨塘桥滩曾是松江米粮贸易最集中的'三滩',米行、米厂沿'三滩'林立,买卖转运粮船来往不绝,其中以跨塘桥滩最为集中,镇上三分之二的米行开设于此,从清代至民国时期,一直是上海地区最大的粮食交易市场之一。较大的米行在新谷登场时,每天糙米收购量约在四五百石左右(每石合 75 公斤)。松江镇上粮商云集,解放前夕,有大小粮商 236 家,从业人员 817 人,其中米厂 29 家 193 人、米行 91 家 437 人、零售米店 116 家 187 人。"在经受了长期战争破坏的解放前夕,松江县城尚有粮商 236 家,从业人员 817 人,在经济境况较好的 19 世纪初期,府城共有各类商业户 4,400 户,从业人员 11,400 人,应当是可能的。

② 张忠民认为近代前夕上海地区的 300 余镇市中,稍有手工业生产基础的仅有朱泾、吕巷、下沙、七宝、金泽、枫泾、南翔、黄渡、章练塘、青村等少数市镇(见张忠民:《上海:从开发走向开放,1368—1842》,第 365 页)。其他都是以商业和服务业为主的市镇。

③ 见前引嘉庆《珠里小志》卷三《风俗》。

的大市镇，通常有店铺三百余家[①]；中等镇市店铺一般在二三十家[②]；至于一些较小的镇市，常设店铺数量较少，一般都在 10 家以下[③]。张忠民指出：中等镇一般有居民百余户至数百户，有店铺几十家，而且其最基本的特征是店铺、行庄门类比较齐全[④]。此处所说中等镇，应属张忠民所说的四五级镇[⑤]，其居民可平均以 150 户计，依 3—4 户居民有 1 家店铺的比例[⑥]，应有店铺 40 余家。因此，19 世纪初期华娄一带的大镇（二三级镇）通常有店铺 300 余家，中等镇（四级镇）有 40 余家，而小镇则有 10—20 家[⑦]。

上述估计，亦可从近代对华娄附近地区调查所得结果中得到

---

① 依照张忠民的分类，江湾是一级镇，大场是二级镇（张忠民：《上海：从开发走向开放，1368—1842》，第 507、508 页），都属大镇。江湾镇在嘉靖倭乱后，市肆萧然，清初复苏，有大小商铺三百余家，道光时应更多。大场镇（张氏将大场之位置误置于嘉定，应在宝山），据民国《宝山县续志》，"以曾置盐场得名，地傍走马塘，古称钱家浜，故别称钱溪，或曰潜溪。东西一大街，长约三里，中市有北衖一街，长不及一里，大小商铺三百余家，商业首推布匹，棉花次之，从前山陕布客徽商等来此坐贾，市面极为繁盛，收买花布，非至深夜不散。粤难以后，客商至者渐少，市况减色。然近来花布产额以全邑论，仍当推为巨擘"（民国《宝山县续志》卷一《舆地志・市镇》）。引文中"大小商铺三百余家"之语系指何时不详，但从文中亦可知该镇在咸丰以前，商业很盛，因此店铺数量肯定也有数百家之多。兹仍以张氏所言的二级镇视之。因此二级镇有商铺 300 余家应是常情。

② 如嘉定县顾村镇，嘉道时有"商铺三十余家"，青浦县大蒸镇，"乾嘉时尚有店铺二十余家"，南汇县倪鲍宅市，"乾嘉间有店肆、布庄三十余"，等等。

③ 张忠民：《上海：从开发走向开放，1368—1842》，第 360 页。例如宝山县盛桥市，市中仅有店铺六七家而已。

④ 张忠民：《上海：从开发走向开放，1368—1842》，第 363—364 页。

⑤ 见本书附录 5。

⑥ 详下文。

⑦ 如嘉定县顾村镇和奉贤县蔡家桥，均未列入樊树志在其《明清江南市镇探微》对清代江南市镇的统计，因此都应为小市镇。然而顾村镇"嘉道间较为繁庶，有布庄十三家，花行三四家，檐前均悬挂号灯为记"。而蔡家桥，"居民五十余家，大而质库，小而米铺、花行，入市者咸可厌所求焉"（张忠民：《上海：从开发走向开放，1368—1842》，第 364 页）。

印证。据 1930 年嘉兴县的统计[①]，一个有居民 1,000 户的市镇[②]，有店铺 150 家以上；500 户的市镇[③]，有店铺约 100 家；300 户的市镇[④]，有店铺约 50 家；100 户的市镇[⑤]，有店铺 10 余家。虽然大镇的店铺数比上面我们的估数少很多，但是中等镇的店铺数却大致相同。该统计还显示：1930 年嘉兴县各市镇平均每 26 人有 1 家店铺，而 1933 年芜乍铁路沿线的长安、吴兴、嘉兴、平湖等地市镇也是平均每 26 人有 1 家店铺，在一些镇甚至每 11 人有 1 店[⑥]。以每 26 人有 1 家店铺、每户有 4.5 人计，大约每 5.8 户有家 1 店铺。虽然上述统计存在一些问题[⑦]，但是从中可看到：在 1930 年代初期的嘉兴一带市镇，大约是每 6 家居民有 1 家商业及服务业店铺。

---

① 使用包伟民：《江南市镇及其近代命运》表 7－2 中有关数字，可以得出下表（表 5－3）：

表 5—3　近代江南市镇店铺数量

500 以下	7—19	13.2
500—1,000	20—36	26.7
1,000—2,000	41—68	54
2,000—3,000	82—108	95
3,000—4,000	125—166	117.6
4,000—5,000	154—168	161
5,000—10,000	203—327	256.3
10,000 以上	691	691

② 相当于本书附录 5 所说的二级镇，居民约 4,500 人。

③ 相当于本书附录 5 所说的三级镇，居民约 2,250 人。

④ 相当于本书附录 5 所说的四级镇，居民约 1,350 人。

⑤ 相当于本书附录 5 所说的五级镇，居民约 450 人。

⑥ 包伟民：《江南市镇及其近代命运》，第 266—267 页。

⑦ 例如，在统计中，店铺中工业、商业和服务业店铺的比例不详；同时，上述统计出自 1933 年建设委员会调查浙江经济所作的《芜乍铁道沿线经济调查》，而该调查并非真正深入的实地调查，因此其可靠性不如满铁调查。

更加准确的调查是满铁在太仓县沙溪镇所进行的调查。据该调查，该镇居民人数 1939 年为 5,000 人，店铺 300 余家①。据此，大约每 17 人有 1 家店铺。上述情况也与同治时元和县周庄镇的情况相近。周庄镇与松江府青浦县毗邻，有居民 5,000 余人，其中作坊店铺雇工店伙占 1,000 余人②。按照每个店铺有从业人员 3 人计③，应有店铺约 330 余家，平均每 15 人有 1 家店铺。可见这一带市镇的人均店铺的数量，在一个世纪中变化不很大。清代松江府市镇上的店铺数量应当与后世相差不远。兹以近代沙溪镇的情况为基础④，并参考清代后期周庄镇和近代嘉兴县的情况，我们认为 19 世纪初期华娄的市镇店铺的数量，大约为平均每 4 户居民有 1 家店铺。但是这些店铺中还包括一些工业店铺(即作坊)，因此还需进一步进行区分。对 1939 年沙溪镇各种店铺进行分析⑤，可以认为商业店铺大致占各种店铺总数的 45%，服务业店铺占 35%，余下的 20%为工业店铺。如上所言，市镇居民每 4 户大约有 1 店铺

① 南满洲铁道株式会社上海事务所:《江蘇省太倉県農村実態调查報告書》，第 178 页。

② 陶煦:《贞丰里庚申见闻录》卷下。

③ 据前引据 1950 年的统计，1949 年以前松江县“坐商”平均每户有从业人员 3 人。

④ 太仓在各方面一向与松江府颇为接近，因此在 20 世纪中期以来行政上同属上海市辖。

⑤ **表 5—4 1939 年沙溪镇各类店铺数量**

店铺数	数量	比重(%)
商业	147	47
服务业	104	34
工业	57	19
总计 *	361	100

* 如纸店以 5 户计，店铺总数为 313 户，再除去出售现代产品的店铺 5 户，则为 308 户。

（工业、商业、服务业合计），依照此比例，每5户居民有1家商业及服务业店铺。

1820年代华娄市镇有居民15,500户，依照上述比例，应有商业及服务业户共3,100户，从业人员总数应为7,100人①；二者均约占华娄地区商业与服务业户总数与从业人员总数的1/4。在市镇商业与服务业户中，商业户为2,100户，从业者5,400人；服务业户1,000户，从业者1,700人。

3. 农村商业与服务业

1820年代华娄城乡有商业及服务业户共12,400户，除去府城的6,600户和市镇的3,100户，余下的2,700户即为农村的商业及服务业户。商业、服务户之间的比例，以近代开弦弓村的3∶2计算，则商业、服务户的数量分别为1,600户和1,100户。每户从业人数以1人计，则分别为1,600人和1,100人。

这里我们把以上结果汇为表5－5：

表5—5　1820年代华娄商业与服务业户数与从业人数

类别		府城	市镇	农村	总计
商业	商业户数	4,400	2,100	1,600	8,100
	从业人员数	11,400	5,400	1,600	18,400
服务业	服务业户数	2,200	1,000	1,100	4,300
	从业人员数	3,800	1,700	1,100	6,600

二、外贸业

上面所说到的商业与服务业，都是为本地消费者服务的。但

① 每户从业人数依照府城的标准，以2.3人计。

是在 19 世纪初期，华娄与外地之间的贸易已经发展到很大的规模，从事跨地区贸易的行业（在本书中简称为外贸业）也成为一个重要的经济部门。

在 19 世纪初期的华娄地区，有各种各样的商业机构和个人从事跨地区贸易，同时也有外地客商来此采购[①]。但是最为普遍的贸易机构是被笼统称为“牙行”的组织。

牙行本是商品流通领域中的居间经纪行业[②]，但是在清代江南，牙行除了这种传统业务之外，也接受外来商人投行，安排食宿、存货、代客买卖等项事宜，有时也雇佣伙伕专为客户运送货物。在 19 世纪初期的松江府一带，这些新业务已发展成为牙行业务的重要内容[③]。在棉花、布匹、稻米、豆饼等大宗贸易中，牙行从居间商人演化为收购和批发商人，因此民国《宝山县续志》对牙商的解释是：“牙商：各有专贩之物，如花、米、竹、木、砖灰、地货、水果、鱼猪之属，俗皆称行。”在与华娄邻近的宝山县，民国十年还存在的各类牙行中，“以花行之贸易为最大，米行、木行次之，砖灰行、竹行又次之，其他除吴淞之咸鱼行外，大都资本微而贸易小（原注：多不领税帖，自由营业，俗谓之戤帖，查见则被罚）”[④]。据此，牙行包括规模大小不同的商户。但是牙行的规模通常较大。光绪《金山县志》在谈商人时说：“其行贾于外者，惟米、花、布等物；居货者多土著。平章市价而低昂之，谓之牙行；负贩各物，营微利以自给，谓之小经

---

① 徐新吾主编：《江南土布史》，第 56—80 页。虽然徐氏这里说的只是棉布贸易，但这个分类可以适用于其他商品的贸易。又，上面的本地外出销售的商人，徐氏称为“产地运销商”。

② 牙行主要职能是为买卖双方说合交易，评定货物价格及质量，司衡商品斤两，判断银水成色，防止买卖过程中的欺诈行为，并对买卖双方负责。

③ 例如在上海一带，牙行有固定客房、货栈为商人提供食宿、存放货物，并代客纳税，过税关登记，代雇船只，介绍买主、负责押运等综合服务。见方行、经君健、魏金玉主编：《中国经济通史》（清代经济卷），第 1320、1328 页。

④ 民国《宝山县续志》卷六《实业志·农业》。

纪；其黠者，伺有货至则拉而散之店口或居民，名为代卖，实资中饱，谓之白拉主人。”[①]由此可见，牙行力量强大，能够操纵物价，与那些“小经纪”、“白拉主人”有很大差别。当然也有一些较小的牙行[②]，但是通常不被视为真正的牙行，因为真正牙行的一个重要特征是在官府正式登记，因而持有官府颁发的税帖，而小牙行“多不领税帖，自由营业”[③]。

虽然对“牙行”一词的解释仍有争议，但是一般而言，19 世纪初期松江府地区的牙行已演变为规模较大、主要从事大宗商品跨地区贸易的贸易机构[④]，而且与外地客商、产地运销商以及字号等之间的区别也日益淡化[⑤]。因此之故，据上引民国《宝山县续志》才会对“牙商”作出这样的解释。同时，从徐新吾对清代江南棉布业中各种资本类型的分析来看[⑥]，牙行不仅规模较大，而且主要从事跨地区贸易。

---

① 光绪《金山县志》卷 17 志余。又，嘉庆《松江府志》卷六《疆域志 · 土产》则说：“或有多自搜罗至他处觅售者谓之水客，或有零星赚得而转售于他人者谓之袱头小经纪”。

② 如民国《宝山县续志》中提到的地货、水果、鱼猪等行。

③ 民国《宝山县续志》卷六《实业志 · 商业》。

④ 这个演变过程在邻近的江阴县表现得非常明显。据记载，江阴县的布庄的出现较布行为迟，“初期营业范围也较小。一般小布庄收到土布后，不能直接卖给客商，必须通过布行。……经营布庄的资本家，一般出身于封建性的土布牙行。在近代的江阴县，土布行绝大多数为土布庄”。但是后来情况发生了变化，“据说比较大的布庄也可以向当地政府请领牙帖，或于每年交纳一定数额的牙税，在商业活动上就能取得和布行的同等待遇。小的布庄不领帖，不纳税，只向县商会注册，担负一定的会费。……到了后期，布庄‘放纱收布’盛行一时，布庄势力已凌驾布行之上。有些布行也改变经营方针，不仅收购纱布，兼亦‘放纱收布’，直接对织户进行控制，实际上已行庄不分”。见徐新吾主编：《江南土布史》，第 435—436 页。

⑤ 关于清代江南棉布业中牙行与其他这些机构的定义及差别，见徐新吾主编：《江南土布史》，第 54 页

⑥ 徐氏指出这些类型包括：(1)牙行，(2)外地客商，(3)产地运销商，(4)字号、布号(或称布局)，(5)布贩，(6)零售店。

据民国《宝山县续志》，民国初期宝山县最大的牙行为（棉）花行，其次为米行、木行，再次为砖灰行、竹行。19世纪初期华娄的情况，在一些方面与此相似，在另一些方面则又有所不同。相同者是在19世纪初期的华娄地区，花行、米行、木行、砖灰行、竹行也是重要牙行；不同者则是在19世纪初期的华娄的各种牙行中，布行和豆行是最重要者，而民国《宝山县续志》完全没有提到布行和豆行。这并非修志者的疏忽，而是实情的反映。详言之，在19世纪初期，棉布是华娄最主要的输出商品，因此布行在牙行中的地位也最重要①。同时，19世纪初期华娄大量输入外地大豆，因此从事这项贸易的豆行也具有非常重要的地位②。而到了民国初期，由于农村棉纺织业的衰落，收购布匹已不再是主要行业；而在第二次鸦片战争以后，江南与东北之间的豆贸易急剧衰落③，从事豆贸易的豆行当然也不再具有重要地位。因此之故，布行和豆行在民国县志中也消失了。

依据张忠民的统计，乾隆时松江府辖下各县共有牙行3,637家，其中华亭353家，娄县362家；华娄合计有715家，约占全府总数的1/5。华娄两县交纳的牙行税合计178两，亦占全府总数的1/5④。1820年代华娄的牙行数目不详，但不应少于乾隆时⑤。在这些牙行中，有多少属于规模较大、主要从事大宗商品跨地区贸易的贸易机构，颇难知晓。下面我们首先来看看布行的情况。

---

① 也是因此之故，在文献中，19世纪初期华娄主要的牙行仅可见到布行。

② 民国《上海县续志》卷七《风俗》说："中外未通商以前，〔上海〕商市以豆业为领袖。至今市用银两通行豆规，而米麦行肆所用斗斛之较准，获豆业操其权。"

③ 参阅足立启二：《大豆粕流通と清代の商業的農業》。

④ 张忠民：《上海：从开发走向开放，1368—1842》，第232页。

⑤ 在本书第三章中，我们依据满铁调查的情况推算，估计19世纪初期华娄应有约米行1,000家，其中有碾坊的米行350家，属于工业企业，余下的650家，就是单纯从事稻米以及豆饼贸易的商业机构。其中大多数为小米行，分布于市镇乃至农村。如果把这些米行也计入，则牙行总数要远远超过上述数字。

自明代后期以来，华娄就一直存在为数不少的布行（或布庄、布号、土布店）。康熙十一年华亭县有布牙 25 家，布庄 63 处，另外府城有出售棉布的布铺 8 家[①]。华娄地区的大市镇枫泾镇，早在明代后期，镇上布号已多达数百家[②]，在 19 世纪初期，数量当亦更多[③]。邻近地区的较大市镇，通常每个市镇有土布行（庄）数十家[④]。1820 年代华娄的 32 个市镇，依照张忠民的分类，为二级镇 3 个，三级镇 5 个，四级镇 6 个，五级镇 18 个。如果从低估计，姑假定府城以及张氏所说的二级镇俱各有布号 50 家，三级镇各有 30 家，四级镇各有 15 家，而小市镇（五级镇）各有 5 家，则共有 530 家[⑤]。从近代江南一些地方的情况来看，19 世纪初期华娄有布行（庄）约 500 家，是很可能的[⑥]。

从事棉花、大豆、木材等商品跨地区贸易的机构（花行、豆行和木行等）的情况不详。据顾村镇上布行（布庄）和花行之比（4∶1），可以推测华娄的花行约为一百余家。因此，1820 年代华娄所有从

---

① 上海博物馆图书资料室编：《上海碑刻资料选辑》，第 92—95 页。张忠民说："布庄又称布肆，是城乡收购棉布的基本处所。除了牙行所设外，也有其他人独立开设者。但不论如何，它们收购的棉布一般总是要转售于牙行，或经牙行介绍买主，极少有同贩商直接联系者"（见张忠民：《上海：从开发走向开放，1368—1842》，第 229 页）。

② 光绪《枫泾小志》卷一《区域志·食货》。

③ 樊树志认为枫泾的棉纺织业盛况从明代后期一直持续到清代中叶。见樊树志：《明清江南市镇探微》，第 155 页。事实上，19 世纪初期枫泾一带的棉布产量及外销量均高于以前，因此布行的数量应当更多。

④ 例如嘉定县南翔镇在太平天国战争以前，有土布店四十余家，向农民收购土布，每天用船装往上海等地。江阴县华市镇，乾隆八年（1743 年）已有二十多家土布牙行，1918 年有土布行、庄 43 家（见徐新吾主编：《江南土布史》，第 252、483—484 页）。从前面脚注里所引嘉定县顾村镇、奉贤县蔡家桥、南汇县倪鲍宅市等情况来看，在松江府及其邻近地区，即使是小市镇，通常也有布号多家。

⑤ 即使每个市镇所有的布行数量，仅按照 19 世纪初期嘉定县的一个小市镇顾村镇有布行十余家（兹以 13 家计）的情况计，总计也达 412 家，再加上府城，其数近于 500 家。

⑥ 例如在近代江阴县，"当土布业旺盛时，全县'布庄多达二百八十余家'。就江阴城区而言，土布行、庄大多集中在南门外，抗战以前还有二十余家"（徐新吾主编：《江南土布史》，第 484 页）。

事跨地区贸易的机构合计，其数当达到或者超过前述乾隆时的牙行之数(715 家)。但是在这些机构中也有一些规模较小、主要从事零售的商户[①]。因此，我们将规模较大、主要从事布、花、豆、木等大宗商品输出入的商号[②]，总数以 500 家计[③]，应当不会高估。

这些贸易机构中的从业人员数量颇难推求。这里，我们姑且从近代大上海地区和南通的情况出发进行探讨。在近代上海，土布业商户从业人员人数，除了极少数特大户外，大户有二三十人或更多些，中型户有一二十人，一般小户则不足十人[④]。但此时上海一带的土布业已经衰落，因此土布店的规模可能也不如繁盛时期之大。与上海不同，南通的土布业在 1927 年土布贸易机构增加不少[⑤]。据 1930 年的调查[⑥]，南通有布庄 150 余家[⑦]，其中关庄的雇员通常每家有 24—28 人[⑧]，杭庄有各类职工近 20 人[⑨]。兹将 1820 年代华娄大中型布行的平均规模以 10 人计，当不会高估。在此将布

---

① 例如有些小花行可能从大花行那里购买棉花(华娄本地基本上不产棉花，所需棉花都从外地输入)，然后在农村市场上零售给农户。

② 在这些被称为“牙商”的商号中，除布行外，最大的是豆行、花行、木行等。它们都主要从事跨地区贸易(华娄所需大豆、棉花、木材俱依靠输入)，性质与布行相似(华娄出产的棉布大部分输出)。

③ 此数仅及乾隆时的牙行数(715 家)的 2/3。而这 700 多家牙行都在官府登记并缴纳牙税，因此应当都是规模较大者。

④ 徐新吾主编:《江南土布史》，第 346 页。徐氏书中还特别提到松江县的三大土布店，均有从业人员十余人。上海县三林塘镇的大土布店，各有员工二三十人。嘉定县南翔镇的土布店，大一点的有职工十多人，小户四五人。

⑤ 余仪孔:《解放前南通商业发展简史》，第 31—32 页，转引自徐新吾主编:《江南土布史》，第 610 页。

⑥ 《南通土布业之调查》等，见徐新吾主编:《江南土布史》，第 613—614、641、642 页。

⑦ 这些布庄分为三帮，即关庄(16 家)、京庄(40 家)、县庄(94 家)。此外还有杭庄、芜湖帮等。其中关庄和杭庄是“业内大户”。

⑧ 其中领固定工资者 17—18 人，外加不领固定工资者 7—10 人。

⑨ 以鼎新福为例，包括学徒、工友。

行作为所有从事跨地区贸易的机构的代表[1]。据此，则华娄 500 家从事跨地区贸易的机构应有从业人员 5,000 人[2]。

三、金融业

前引民国《宝山县续志》把“商业”分为牙商、典商、盐商、商铺、商厂。其中的商厂指的是近代工业，在分析 1820 年代时松江府地区的工业时应予排除。牙商即牙行，商铺即一般商业店铺，前面已经讨论过。盐商是政府特许商品的经营者，其情况与一般商人颇为不同[3]，亦应予排出。这样，余下的就只有典商了。

在 19 世纪初期的松江府地区，除了典商(典当)，进行金融活动的主要机构还有钱庄。到了清代前期，钱庄与典当一样，在接受公私存款方面走向普遍化和经常化[4]，而到了 19 世纪初期，更有记载说钱庄也从事对商业的贷款活动[5]。因此，虽然典当和钱庄在许多方面有

---

① 这是因为布行在 19 世纪初期华娄牙行中占有最重要的地位的缘故。

② 方行估计乾隆时苏、松两府牙行众多，雇工之数当以万计。见方行:《清代前期江南的劳动力市场》。

③ 例如，为了使军队能够“创收”以补贴军人，乾嘉以来，政府允许“松江提标五营(引者按:即左、前、后三营，中营和城守营)，在于松江郡城内外设店，销卖帑盐”。具体而言，设店的地点为“五营守备分设官店销卖帑盐:左、前、后三营开设东西北三门、近城处所各一店，中营开设城中广明桥一店，城守营开设南门外大张泾一店，雍正十二年因大张泾店离城二里，近城之家未能远涉，酌议在于近城地方增设一店，以便民食”(见嘉庆《松江府志》卷二九《田赋志・盐法・场灶》)。这七家盐店，都是政府特许的盐店。

④ 刘秋根:《关于中国早期银行业的几个问题——兼与黄鉴晖先生商榷》。

⑤ 至迟到乾隆五十三年(1788 年)，上海钱庄已从事放款业务。主要对象是商业。到了 19 世纪初期，上海钱庄的信贷活动就已不限于商业而兼及交通运输业了，并在长途贸易中起着重要的作用。在道光二十一年以前很久，上海“钱庄生意或买卖豆、麦、花、布，皆凭银票往来，或到期转换，或收划银钱”。此外，钱庄吸收存款，在 19 世纪初期已属寻常之事。这在道光二十六年成书的《钞币论》中有明确的反映(许楣:《钞币论》卷一行钞条第一:许梿曰:“若寻常存母取子之银，则富户存于钱庄，钱庄亦分存于各铺户。”)以上参见张国辉:《中国金融通史》第 2 卷，第 4、30、38 页。

不同，但共同之处也日益增多，一起构成金融业的中坚。

(一)典当

清代江南的典当业，按经营规模可分为典、当、质、押四类。“典”和“当”的规模都比较大，要由官府批准立案，领贴后方可经营[①]。“典”资本雄厚，从事长期大额贷款，直到清末，由于现代银行的产生，“典”才不复存在。“当”的规模也不小，民国初年江苏省政府规定“架本”在8万元以上者方得称“当”[②]。“质”和“押”规模较小，不必向官府领贴，同业认可，加入同业公所即可营业[③]。在这里，我们主要关注经营规模大的典和当，将其经营机构统称典当铺。经营规模小的质、押等，虽然遍布城乡，数量远比典和当多[④]，但由于资料欠缺，因此在此姑且从略。

典当业的主要业务是为顾客提供有抵押的贷款，因此贷款对象是有一定财产的人[⑤]。在原松江府地区，典当业的一个重要业务是为商家提供短期周转资金，即“商家转运不灵，亦以物质于典”[⑥]。

清代松江府地区典当铺数量众多。由于以往研究多集中于上

---

① 雍正六年(1728年)政府规定民间开设典当，均须领取“当帖”(即营业执照)，并缴纳“帖捐”，同时照例按年缴纳当税。

② 典当的架本，指典当存架质物价值的总额。

③ 杨勇：《近代江南典当业的社会转型》。“质”架本在4—8万元之间。在近代江南，民间通常将质押店通称为押店。

④ 前引《浦泖农咨》中所谈到的那种主要面向农民的金融机构，放贷时不要抵押，放贷数量一般也不会大，因此应当属于质、押。1993年《上海县志》(第1221页)说：“典质：实物质押借贷规模大的称典铺，小的为质库。康熙中期，有典质89家。清前期，较大典铺兼营存款业务，所吸收存款以书院、慈善团体、会馆公所等公捐基金为多。”

⑤ 天花主人：《云仙笑》第2册《裴节女完节全夫》说：“债是富翁借的，……穷人哪里去借什么债！……那债主料他还不起，谁肯把现钱博那赊利！”

⑥ 民国《南汇县志》卷一八《风俗志》。

海县，因此上海县的情况比较清楚。早在康熙中期，上海县就已有典质 89 家[①]，但是其中可能包括了规模较小的质、押。到了 1880 年代，上海县典当铺为 69 户，都是大户[②]。

1820 年代华娄的典当铺数量无记载。据张忠民统计，乾隆、嘉庆间，松江府的华亭、青浦、上海、金山、奉贤、南汇、娄县、宝山等县共有典当铺 195 户。其中华娄二县共 45 家，占全府总数的 23%[③]。同治年间华娄开设的典当铺有 7 家[④]。但我们要注意的是，松江府地区的经济在太平天国战争期间遭到严重破坏，府城亦于咸丰十年被太平军三次进攻并两次占领，太平军与清军及华尔的“洋枪队”在府城及其周围曾进行了多次激烈战斗，造成很大破坏[⑤]。这一带典当业在战争期间也受到重大打击[⑥]，同治时正值长期战争的末期和紧接战争之后，因此此时府城典当铺的数量肯定远远少于

① 1993 年《上海县志》，第 1221 页。

② 史称“上海典铺星罗棋布，已遍城乡。倘再有创新之典，必须同业集议，基址离老典左右前后一百间外，方可互相具保。以营造尺一丈四尺为一间，一百四十丈为一百间。如在一百四十丈以内，非但同业不能具保，须要联名禀官禁止”。见《上海典业公所章程》。该章程失年月，共 10 条。见上海博物馆图书资料室编：《上海碑刻资料选辑》，第 410 页。

③ 张忠民：《上海：从开发走向开放，1368—1842》，第 240 页。

④ 1991 年《松江县志》，第 672 页。

⑤ 咸丰十年（1860 年）五月十三日太平军夺取青浦后，首次进攻松江府城，击溃清军抵抗后攻占之。清政府派华尔率洋枪队反扑，第一次被太平军打得大败，华尔逃回上海，扩招兵员，增添武器，再次反扑。太平军主动撤离松江府城，进攻上海。六月二十六日，太平军在青浦击退华尔洋枪队的进攻，打伤华尔，第二次攻克府城。七月初一，李秀成又集中兵力打上海，撤离松江。同治元年（1862 年）五月二十八日李秀成亲率 3 万太平军第三次进攻松江城，同华尔洋枪队和清军展开激烈的争夺战。华尔派人将城外竹竿汇到莱花泾一带民房全部放火烧光，以阻遏太平军攻城。两军相持 20 余日，李秀成奉召回援天京，于六月二十三日撤围而去（上海名镇志编辑委员会编：《旧府新城：松江镇》“华亭古城沧桑变迁”条）。

⑥ 例如毗邻的朱泾镇最早一家典当铺——鼎泰典当，即毁于同治元年太平天国战争的战火中。

19 世纪初期的承平时期。换言之，1820 年代松江府城典当铺的数量，应大大多于同治时期的 7 家[①]。又，鸦片战争后，上海兴起，在经济上的重要性大大超过府城，因此 1880 年代上海县的典当铺数量应大大超过 1820 年代府城的典当铺数量。这里姑假定 1820 年代松江府城典当铺数量为同治时期的 3 倍，即 21 家，仅为 1880 年代上海县典当铺数量的 30%，应当不会高估。

除了府城，华娄的主要市镇也有规模颇大的典当业[②]。例如在七宝镇，道光之前就有名为"周记全柜"的大型典当铺，当铺前的西街也因此被称作典当街[③]。道光三年大水，官府致力于赈灾，娄县报告辖下的枫泾、泗泾两镇各典当铺囤积之米，多达 2 万石，"系各铺户寄存之米"[④]，亦即待价而沽的投机之米。以当年米价（2.5 两/石）计，这些米值银 5 万两，可见这些典当铺的规模都不小。兹以华娄地区的七宝、枫泾、张泽、叶谢、泗泾、张堰、亭林、莘庄八个大镇各有典当铺 2 家计，则八镇共有 16 家；连上府城的 21 家，共 37 家。连上其他市镇的典当铺，共以 40 家计。

典当铺财力雄厚，企业经营规模也较大。太平天国战争后，华娄地区的书院面临严重财政困难。"寇乱后当铺闭歇，无从究核。同治八年（1869 年）松江知府杨永杰详拨华亭县鼎丰当、娄县恒升典月捐钱每月各二十千文，青浦县二典月捐钱每月各四千文，光绪三年（1877 年）增设三书院小课，以旧准拨归，各典月捐一半充小课

---

① 在同治以后至 1949 年期间，华娄二县先后开设典当 22 家，其中光绪、宣统年间开设的 7 家。就整体而言，近代江南典当业已走向衰落（杨勇：《近代江南典当业的社会转型》），而华娄因为靠近上海，金融资本受上海的强烈吸引，典当业衰落尤甚。因此近代华娄典当铺的数量肯定大大少于 19 世纪初期。

② 松江府地区市镇很早就有典当铺，例如在与华娄毗邻的南汇县，全县第一家当铺——陆家典，于明嘉靖三十一年（1552 年）开设于瓦屑乡北庄。

③ 张乃清编纂：《典当街》。

④ 光绪《松江府续志》卷一四《赈恤》，卷一五《积储》。

经费”。又，“（光绪）五年学政夏同善捐发库平银五百两，由县发交典商领运生息，充云间等三书院经费”[①]。由此可知，即使是在太平天国战争后典当业大批倒闭、营业萧条的时期，华娄的鼎丰当和恒升典两个典铺依然奉命为地方书院每年提供多达 48 万文的经费。同时官府依然将支持教育的款项交典铺运营生息，可见其营业规模仍然可观。

在近代华娄，大当多合伙经营，资本有五六千石大米，职工二三十人，营业用房数十间；小当则多独资经营，资本数百石大米，职工不满十人，栈房甚少[②]。一般而言，一典应有工作人员十余人或数十人，兹以中数 20 人计。每典资本以米计，在数百石至五六千石之间，兹以中数 3,000 石计。1820 年代华娄有 40 家典当铺，按照上述情况，应有从业人员 800 人；资本合米 12 万石，依照 1820 年代华娄米价，合银 27.7 万两[③]。

这里要强调的是，第一，典当业的运用资本通常大大超过自有资本；第二，由于有同业的拆借，所以典当营业额往往超过其自有资本数倍以上；第三，当时盛行的“囤当”活动，使得典当业在经济中所起的作用超过其资本的数量[④]。

（二）钱庄

钱庄在松江府地区也有悠久的历史，至迟到乾隆时，就已成一个具有相当规模的独立行业。由于战乱，华娄钱庄业在太平天国

---

① 光绪《松江府续志》卷一七《学校志》。

② 1991 年《松江县志》，第 670 页。

③ 此估计显然偏低，因为如前所述，道光三年枫泾、泗泾两镇各典当铺囤积之米，即已多达 2 万石。

④ 详见本书附录 13。

战争以前的情况已难以确知[①]，兹从相邻的上海县情况推求之。

上海钱庄在乾隆三十五年（1770 年）就已有同业公会组织[②]。据嘉庆二年（1797 年）上海县内园钱业公所碑记，乾隆四十一年至四十六年（1776—1781 年）间上海县有 18 家钱庄，乾隆五十一年至嘉庆元年（1786—1796 年）间有 64 家，碑文残损无法识别者计 24 家[③]，雇佣的店伙数以千计[④]。自嘉庆二十一年（1816 年）起，当地官府开始对钱庄业征收月捐[⑤]。这些都表明在 19 世纪初期，上海一带的钱庄业已很有规模。开埠后，上海县的钱庄数量激增，到了咸丰八年（1858 年），共有大小钱庄 120 家[⑥]。在 19 世纪初期，华娄系松江府治所在，而上海尚未开埠，因此当时华娄的钱庄数应不少于乾隆四十一年至四十六年上海的钱庄数。兹参照乾隆四十一年至四十六年上海县的钱庄数，从低估以 20 家计[⑦]。

在 19 世纪初期，上海的一些大钱庄拥有的资本可达数万两[⑧]。咸丰八年时，大钱庄的资本一般为 3—5 万两，中等钱庄5,000—

---

① 陆桂亮编纂：《松江典当业沿革考》："本县银钱业历史，六十年前，无可考已。"

② 民国十年《重修内园记》说："盖自乾隆至今垂二百年，斯园阅世沧桑，而隶属钱业如故。"

③ 盛慕杰：《旧上海金融业综述》。又，张忠民指出：乾隆五十一年至嘉庆二年的十年中，上海县城的钱庄先后存在的至少有 124 家之多。见张忠民：《上海：从开发走向开放，1368—1842》，第 244 页。

④ 方行：《服务业小议——"传统经济再评价"笔谈之二》。

⑤ 民国《上海县续志》卷七《田赋下杂税附厘捐》。

⑥ 张国辉：《中国金融通史》第 2 卷，第 117—118 页。

⑦ 同治、光绪、宣统年间，华娄共开设钱庄 13 家，其中 12 家在宣统三年倒闭（1991 年《松江县志》，第 671 页）。但是要注意的是上海开埠后太平天国战争后，随着新式银行的出现和金融业向上海的转移，华娄的钱庄业已衰落，因此鸦片战争后钱庄数肯定比过去少。

⑧ 例如糖业商人方润斋于道光十年前后在上海县南市设立履和钱庄，兼营土布及杂货，称为南履和（后改组为安康），存款达六七万两（2003 年《上海金融志》第 2 篇《解放前金融机构》第 1 章《典当钱庄票号》第 2 节《钱庄》）。

10,000两，小钱庄则500—1,000两[①]；到了1880年代，“至多无过五万，少则二万余”[②]；每个钱庄的从业人员自20余人至四五十人不等[③]。在晚清与民国时的华娄，一家钱庄的资本通常在4—5万银元，从业人员则通常为20余人[④]。1820年代华娄钱庄每家平均拥有资本及职工的数量均不详。兹将资本以1858年上海钱庄的平均资本拥有量7,500两计[⑤]，从业人数以晚清时代通常人数20人计，则共有资本15万两，从业人员400人。

典当铺和钱庄合计，共有资本约43万两，从业人员约1,200人。

四、水运业

清代华娄地区的主要货运方式是水运，因此运输业也可以说就是水运业。这里我们讨论的是专业的水运业。大部分农村居民都有船，但主要是为自己服务，因此不属于这里所说的水运业。

在清代华娄，专业化的水运业有颇大发展[⑥]。这种水运业可分为官、私两个部分。官营部分即漕船运输，漕船除了运输漕粮外，

---

① 咸丰八年(1858年)上海共有大小钱庄120家。其中小钱庄50家，平均每家有资本750两(取中数，下同)，共3.75万两；大钱庄8—10家(以10家计)，平均每家有资本4万两，共40万两；中钱庄60家，平均每家有资本7,500两，共45万两(见张国辉：《中国金融通史》第2卷，第117—118页)。

② 《申报》1884年1月23日。

③ 郑亦芳：《上海钱庄(1843—1937)：中国传统金融业的蜕变》。

④ 1991年《松江县志》，第671页。

⑤ 1858年上海共有大小钱庄120家，共有资本88.75万两，平均每家有资本7,400两。兹以整数7,500两计。

⑥ 自明代起，在府城西大桥的漕粮起运要地，设有滩船行3家，各有大小滩船十余艘，经营出租业务。

按照规定运丁水手还可携带一定数量的私货，而且这种私货的限额通常被大大突破。在此意义上来说，漕船运输可以视为一种公私兼顾的水运。1820年代华娄漕船总数为110艘。清代苏松粮道所属各帮，每艘运船平均有运丁10名[①]。因此漕船上的运船水手总数，大约为1,100人[②]。每艘漕船载重吨位平均为1,500石（以米计为120吨），总吨位为13,200吨。

水运业的私营部分的规模，只能从近代情况来推求。1949年底松江县有货船416艘，总吨位4,322吨，船工1,910人，当年完成货运量22.4万吨[③]。据此，平均每艘货船吨位为10吨（以米计为125石），船工为4.6人，每船年运输量为538吨（以米计为6,700石）。

19世纪初期华娄的运输业规模大于20世纪中期的规模，这可以从所运输的物品量见之。首先，这两个时期华娄最主要的运输物品之一是稻米，其数量在20世纪中期约为7.5万吨[④]，而在19世纪初期肯定多于此数[⑤]；第二，除了稻米之外，1820年代的华娄还有几项大宗商品需要运输。这些商品包括：(1)每年输出棉布377万匹，每匹重量以1斤计，总重3.7万担；(2)每年输入皮棉5万担（或者籽棉15万担）；(3)每年输入大豆80万担，加工得80万

---

① 李文治、江太新：《清代漕运》，第216页。

② 嘉庆时规定华娄两县交纳的运船水手食米，华亭县为220石，娄县为224石（嘉庆《松江府志》卷二四《田赋志·漕运》）。按照士兵口粮标准（每人每月米3斗），当有运船水手123人。这些运船水手应仅只是由华娄两县支付工资的水手，而非全部水手。

③ 1991年《松江县志》，第604页。

④ 据估计，自光绪十六年（1890年）至1950年，松江县在正常年景每年约有7,500万公斤粮食进入市场流通，基本上为米，麦类与杂粮为数零星。县城西郊和泗泾、枫泾、亭林3镇，水运方便，成为本县4个主要粮食聚散地，交易量占全县的80%（见1991年《松江县志》，第544页）。大米7,500万公斤大约相当于94万石（大米160市斤合1市石）。但是这些粮食中有很大一部分是在农村地区流通。

⑤ 由于1820年代华娄城镇人口的数量大大高于20世纪前半期当地城镇人口数量，因此输往城镇的粮食数量也大大高于上述水平。

担豆饼，然后要运送到各个村子。仅只是以上棉布、棉花、大豆和豆饼几种商品的总重量，共计已达170—180万担，即8.4—9万吨。相比之下，20世纪中期华娄的豆及豆饼贸易规模比起19世纪初期小得多，而棉、布贸易则微乎其微。此外还要注意的是，棉、布体积大而重量轻，因此运送同样重量的棉、布，比运送米要更多的船只；第三，除了上述几项大宗商品，华娄还有大量的其他物资（如砖瓦、石灰、木材等）需要运输。而在这些方面，19世纪初期的运输量也大于1949年的运输量①。此外，近代华娄有了公路，陆运取代了相当大的一部分水运。因此1820年代华娄的水运业的规模，肯定比1949年的规模更大。

依照华娄1820年代人口与1953年人口的比例，1820年代的水运货运量应为29万吨②。再加上上述棉布、皮棉、大豆和豆饼几种商品8.4—9万吨，兹从低以8万吨计，共计37万吨。按照1949年的货船平均年货运量（每艘540吨），应有690艘专业货船。每艘的船工，参照1949年的情况以4.6人计，则690艘共有船工3,200人③。

① 因为1949年正值长期战乱之尾声，经济严重破坏。

② 1953年松江全县有425,943人（男211,907，女214,036）（1991年《松江县志》，第153页）。

③ 除了专业货船之外，还有大量的乡村运输船活跃在水运业中。在近代的松江县，“历来有数以千计的民船和农船从事乡镇运输”（1991年《松江县志》，第604页）。从相邻的苏州农村的情况来看，这类运输船（费孝通称为“航船”）不同于农船，是由专业的航船主经营的，往来城镇与村庄之间。在近代吴江县开弦弓村，大约每90户居民平均有1艘航船，购销范围的直径为8—10英里，每船每年平均运载600石大米和22,500两丝，即大约50吨，为上述专业货船平均年运载量的1/10。如依此户/船比例，19世纪初期华娄的7.6万户农村居民和1.5万户市镇居民，应有1,000艘这样的航船。但是这种航船的一个重要特点，是航船主主要不是通过航运来赚钱，而是通过充当生产者的销售代理人来得到报酬。费氏还说：“一个地区有多少航船，要看有多少居民及航船主个人有多大能力。能力非凡的船主可以垄断150户的地区。”（以上见费孝通：《江村农民生活及其变迁》，第188—189、190、192—193页）换言之，他们主要是从事购销业务，其航船在某种意义上是一种流动商店。因此我们可以把这种航船的业务归入普通商业而不归入水运业。

因此，1820年代华娄的水运业情况如下：

表5—6 1820年代华娄水运业

种类	船只数量(艘)	从业人员数(人)
漕船	110	1,100
货船	690	3,200
总计	800	4,300

除了船工外，水运业的从业人员还有脚夫、纤夫以及其他工作人员[①]。在清代江南，这些人的数量很大，因此一些运输船只集中的埠岸城镇出现了专业化的脚夫行或脚行[②]。在一些较大的市镇，大多同时存在数个互相竞争的脚行[③]。1820年代华娄地区的脚夫数目无从计算，从现有的史料，我们仅知在康熙时的七宝镇有大量脚夫，形成了一股社会势力，对本地居民骚扰勒索，"逼勒新开店铺贺喜抽半，抢夺乡民米稻采包"，官府不得不对脚夫申严禁令，规定脚价工钱，不准"分地霸占"[④]。由此可知脚夫的人数颇不小。因此，如果加上脚夫、负重夫、量斛束包夫等人员，水运业的从业人员总数还要比上述的4,300人更多。

五、教育

清代江南教育发达，松江府又是江南教育最普及的地区之

① 清代漕粮运输中过坝、过闸、上岸、下船，皆雇夫肩负（李文治、江太新：《清代漕运》，第169页）。

② 脚行承揽的搬运业务一般可以分为两者，一种是泊岸船只货物的上下装卸，另一种是货物上岸以后的陆路搬运。

③ 如嘉庆时上海县法华镇共有三个脚行。

④ 樊树志：《明清江南市镇探微》，第369页。

一[①]。在作为松江府政治和文化中心的华娄地区，教育已成为一个重要的产业部门。

19 世纪初期的华娄的学校有四类，即官学（府学与县学），书院，义学与社学，以及私塾。前两类主要从事精英教育，以科举考试为目的；后两类则从事大众教育，以实用性识字为目的。

在清代松江府，精英教育在上中层社会中已经得到普及，而大众教育也已深入到下层社会[②]。下面是本书附录 11 对 19 世纪初期华娄各类学校数量与师生人数所作的计算结果（表 5－7）。

表 5—7　19 世纪初期华娄师生人数

学校种类	学校数量	教师人数	学生人数
官学	3	3	128 *
书院	3	7	170
经馆	3,200	3,200	12,800
蒙馆	860	860	8,600
合计	4,066	4,070	21,800

* 仅计廪膳、增广生员。附学生员未计入。

六、政府

19 世纪初期华娄地区的政府机构颇为复杂。这里我们从文职和武职两个系统进行讨论。

① 李伯重：《八股之外：明清江南的教育》。
② 李伯重：《八股之外：明清江南的教育》。

(一)文职

清代政府文职工作人员,通常分为官、吏和役三个部分。

1. 官

据嘉庆《松江府志》卷三六和卷三七《职官表》,在华娄地区的官员包括:

(1)流内官:府属官员共7人,包括知府1员(从四品),同知1员(正五品),通判2员(正六品),府教授1员(正七品),经历1员(正八品),知事1员(正九品)。苏松督粮道1员,系特别派驻的官员(此外尚有照磨1员,从九品,但在嘉庆十年改为川沙抚民听司狱,故不计入)。县属官员14人,包括知县2员(正七品),县丞2员(正八品),教谕2员(正八品),主簿2员(正九品),巡检2员(从九品),司狱2员(从九品),合计12人。此外还有批验所大使与袁浦场大使各1员。

(2)流外官:松江府衙门有阴阳、医学、僧会、道会司各1员;华、娄二县衙门有典史2员,阴阳、医学、僧会道会司各2员。府县合计,共有流外官14人。

以上合计共有流内与流外共35员,包括府属官员7人,县属官员14人,流外官14人。

2. 吏

据嘉庆《松江府志》卷二八《田赋志》,19世纪初期华娄的吏员有书吏(役食书吏、经制书吏等)、稿房、贴写、算手、写单手等,人数不很多。

3. 役

府、县两级政府都有大量衙役。嘉庆《松江府志》卷三七《职官表》中记载的各衙门的衙役有：

(1)松江府：门子2人，马快10人，步快16人，皂隶16人，轿伞扇夫7人，库子4人，本府急递铺兵3人，斗级6人，府巡检民壮10人，看守儒学祠庙门子2人。

(2)府级机构及府派出机构在华娄两县的差役：(A)苏松督粮道下：快手6人；(B)水利通判下：门子2人，步快8人，皂隶12人，轿伞扇夫7人，斋夫5人；(C)管粮通判下：门子2人，步快8人，皂隶12人，轿伞夫7人；(D)袁浦场大使下：皂隶2人。

(3)华、娄二县：(A)知县下：每县各有门子2人，皂隶16人，马夫8人，民壮35人，轿伞扇夫7人，库子4人，斗级4人，禁卒8人。此外华亭有铺兵27人，娄县有21人；(B)县丞下：每县各有门子1人，皂隶4人，马夫1人。主簿下：每县各门子1人，皂隶4人，马夫1人；(C)典史下：每县各门子1人，皂隶4人，马夫1人；(D)巡检下：每县各皂隶2人，弓兵40人；(E)县儒学：每县各教谕1人，廪子6人，斋夫2人，膳夫1人，门子1人。在这些差役中，服务于华、娄二县以及由二县提供给各上级衙门的共450人。

以上服务于各种衙门的差役共有480人，但是远非差役的全部①。道光时期先后在湖北、江西任州县地方官的张维屏说当时全国各地县衙的衙差人数众多，“大县千人小县百”②。此言并非夸张

---

① 例如，据嘉庆《松江府志》卷二六《田赋》，华娄有邮铺司兵48人(华亭27人，娄县21人。乾隆时华娄二县各有邮铺司兵44名。见乾隆《华亭县志》卷一《疆域》)；有巡检司兵，金山司(驻亭林镇)额设弓兵40名，小征司(驻风泾)额设弓兵40名。这些邮铺司兵、巡检司兵共计128名，就不在上述数字中。

② 张维屏：《衙虎谣》，转引自完颜绍元：《天下衙门——公门里的日常世界与隐秘生活》，第156页。

之辞。瞿同祖指出：在清代地方政府中，除了正式的衙役外，还有大量的额外衙役（亦称白役或帮役）和挂名衙役，“在一州县衙门中的实际衙役人数，包括常年的、额外的、挂名的，远远超过政府规定的数额。……按照一位御史所记，在浙江仁和县和钱塘县，衙役总数达 1,500—1,600 人。另一位御史在 1827 年上呈的一份奏章也表明山东的情况也如此。这份奏章表明，大县有衙役千人以上，小县甚至也有数百人”[①]。19 世纪中期旅居中国四十年的传教士兼外交官卫三畏（S. Wells Williams）也说：“一些大县，如构成广州市和郊区的南海、番禺两县，据说无薪金的衙役达一千人；中等县约有三四百人，最小的也有一二百人。”[②]华娄两县都是大县，衙役数量应近于仁和、钱塘的情况。松江府的衙门也在此地，也有大量的衙役。此外，在本地区还有一些省政府的派驻机构，也有相当数量的衙役。将华娄二县以及县以上各衙门在华娄地区的衙役总数以 1,500 人计，应当不会高估。

（二）武职系统

在 19 世纪初期，华娄地区驻扎有相当数量的军队，江南全省提督总兵官也驻守松江府城。据嘉庆《松江府志》卷三四《武备志》与光绪《松江府续志》卷一八《武备志》，在本地区的驻军单位为提标城守营（辖华、娄、金，驻府城）、提标中营（辖华、娄、金、青）、提标后营（辖娄、青及昆山新阳，同治时移驻嘉定）以及柘林营（辖华、奉、南，驻华亭县柘林镇，同治时移驻南汇）。这些驻军的辖地虽然也包括金山、青浦、奉贤、南汇和昆山等县，但驻地主要在府城和

① 瞿同祖：《清代地方政府》，第 99—100 页。

② 卫三畏：《中国总论》，第 330 页。

华、娄二县[①]。

各营官兵人数为:城守营 658 人,提标中营 636 人,后营 642 人和柘林营 306 人,合计 2,242 人。其中军官总数为 59 人[②],余下的 2,183 人为士兵。驻军的军事装备除了常规武器之外,还配备有战马 396 匹,各类战船 43 艘[③]。

下面是 19 世纪初期华娄地区府县两级政府工作人员的数量。

表 5—8　19 世纪初期华娄地区府县两级政府工作人员数

	人数
文职系统	
官员	35
衙役	1,500
合计	1,535
武职系统	
军官	59
士兵	2,183
合计	2,242
总计	3,800

因此,1820 年代在华娄各级政府机构中工作的人员总数约为 3,800 人。

---

① 如果中营、后营和柘林营的驻军人数按所辖县的数目均分,则属于华娄的军人数量为中营 318 人,后营 214 人,柘林营 102 人,连上驻扎在府城的城守营 658 人,共计 1,292 人。但是事实上驻军的驻地主要在府城和华娄境内。

② 其中经制官 26 人(参将 1 人,游击 2 人,守备 3 人,都司 1 人,千总 6 人,把总 13 人),非经制官 26 人(外委千总 6 人,外委把总 13 人,额外外委 7 人)。

③ 嘉庆时期华娄地区驻军拥有马匹和船只的情况如下:(1)城守营:坐马 22 匹,战马 100 匹,船 6 只(内唬船 1 只,巡船 1 只,中号四橹哨船 2 只,桨橹快哨船 2 只);(2)提标中营:坐马 22 匹(参 8,守 4,千把各 2),战马 96 匹,船 20 只(内唬船 1 只,巡船 15 只,中号四橹哨船 2 只,桨橹快哨船 2 只);(3)后营:坐马 20 匹,战马 100 匹。船 13 只(内唬船 1 只,巡船 8 只,中号四橹哨船 2 只,桨橹快哨船 2 只);(4)柘林营:坐马 10 匹,战马 26 匹,船 4 只(皆巡船)。

第三编

增加值

第六章　农业增加值

19 世纪初期的华娄农业由种植业、养殖业两大部门组成，同时还有一个专业化的渔业。此外，蔬菜与水果种植等也是当时华娄农业的重要组成部分，因为产值难以计算，兹姑从略。

一、种植业

华娄的种植业包括两个主要部分，即作为主茬的水稻的种植和作为副茬的春花（麦、豆）及花草的种植。下面即对二者的情况分而述之。

（一）水稻种植

这里关于水稻生产中的产出与投入问题的讨论，以我过去的研究结果为基础，作了一些修正和增加，并用近代调查材料加以印证。

1. 产出

水稻的产品主要是大米，但除了大米之外还有一些副产品。

这些副产品包括米糠、谷壳和稻草，在农家经济中也占有重要地位，不能忽视[①]。

(1)大米

本书附录7对1820年代华娄的水稻亩产量进行了专门的讨论，其结果总结如下表(表6-1)[②]：

表6-1 1823—1833年华娄水稻亩产量

	在全部耕地中的比例(%)	亩产量(石/亩)
上等田地	40	2.0
中等田地	45	1.6
下等田地	15	1.2
合计	100	1.7

全部田地平均，亩产量为1.7石大米；依照当时的出米率[③]，合3.4石稻谷。

如在本书第四章中所述，华娄农户生产出来的稻谷，一部分供应城镇居民食用和供给酿酒业作酿酒原料，另一部分是供自家食用。因此农民水稻生产的最终产品也包括两个部分：(A)就供应城

---

① 在近代松江农村，米糠是重要的饲料，谷壳常常用作燃料和饲料，而稻草除作燃料和饲料外，也为农民的生产和生活提供了制作各种生产工具和生活用具的原料。例如在农民备耕中，花时较多的是“柴生活”，即用稻草制做各种绳索，搓绳，做草鞋。绳索有供套犁用的犁索，拉耙的耙索，挑粪桶的粪桶索，畚箕上的畚箕索，挑稻用的挑稻索，行船用的篷索、纤索等等。制索用的是一种特殊的稻草，品种有“软皮糯”、“麻经糯”等，它们性坚韧，不易腐烂，耐磨，但粮食产量低，农民种植较少，以满足用草量为限。……农民脚上穿的是草鞋，床上铺的是草垫子，挡风遮光用的是草帘子，凳上垫着草垫，米、谷藏在草囤里，衣裤放在柴箱里，饭菜焐在草窠里，婴儿睡在草摇篮里。饭后剔牙用稻草芯，洗涮锅碗用稻草帚，等等(见上海松江网:《松江农业经济文化简史》)。

② 详见本书附录12。

③ 按照容量计算，1石稻谷出0.5石大米。见本书附录2。

镇居民和供给酿酒业的部分而言，农民生产的最终产品是稻谷[①]，农民通常把这部分稻谷出售给米行，在城镇碾坊中加工，因此与农民的水稻生产无关；(B)就供农家自己消费的部分而言，农民收获的稻谷通常是自家碾米食用，因此最终产品是大米，而碾米工作也可视为水稻生产的延续。光绪《松江府续志》卷五《疆域志·风俗》描述水稻生产的全过程，说"自垦耕至舂其成米之艰难盖如此"，表明清代松江府地区把农家碾米作为水稻生产的终结。因此，水稻的产出包括两个部分：农民自己加工所得的大米和出售给米行的稻谷。前者的数量大约相当于每亩 1 石大米，后者的数量则大约相当于每亩 1.4 石稻谷[②]。

(2)水稻副产品

水稻副产品主要为稻草(稻柴)、米糠以及谷壳。

据满铁松江调查，水稻亩产藁秆 2—3 担，4 担者少见[③]。据陈恒力 1956 年在嘉兴的实地调查，水稻亩产稻草 500 斤左右[④]。由于陈氏调查更为可靠，故依之。又，从本书第四章可知，加工 1 石

---

① 由于大多数地主住在城镇，因此农民交纳的地租也基本上是送到城镇。这些地租主要以水稻产品交纳。地主收到地租后，一部分自己消费，另一部分则出售给米行，加工后供其他城镇居民食用，或者作为酿酒原料。地主自家消费的部分，有些以大米交纳；而出售的部分，则大多应当是以稻谷交纳，因为一则稻谷保存时间比大米长，保存质量也较好，二则专业化碾坊加工出来的大米品质较高(完整米率高)，比较适应城镇居民的消费水平。由于地主及其家庭在城镇居民中的比重不大，因此大部分输送到城镇的地租，应当是稻谷。又，华娄民间认为"至春舂则耗而多蛀"，因此舂米都在冬季，故有"冬舂米"之说(岁计米曰冬舂)(光绪《华亭县志》卷二三《杂志上·风俗》)。但是农民在冬天能够舂的米数量有限，基本上主要供自家消费。

② 19 世纪初期华娄人均年食用大米 2.7 石(见本书附录 16)，一个农户平均有 4.5 人，共食用 12.2 石。一个农户种田 13 亩，平均大约每亩 1 石。华娄地主大多数住在城镇，因此地租也基本上送到城镇。当时地租平均每亩 0.7 石大米，依照容量计，合稻谷 1.4 石(折算见本书附录 2)。

③ 南满洲铁道株式会社上海事务所：《江蘇省松江県農村実態调査報告書》，第 90 页。

④ 陈恒力：《补农书研究》，第 251 页。

大米可得米糠与谷壳各50斤。

因此每亩水稻的产出应为(表6－2):

表6—2　1820年代华娄水稻种植产出

产出种类	数量(/亩)	单价*	产出(文/亩)
大米	1石	2,800文/石	2,800
稻谷	1.4石	1,100文/石	1,540
稻草	5担	90文/担	450
米糠	0.5担	560/担	280
谷壳	0.5担	190/担	100
合计			5,170

*见本书附录4。

2. 中间投入

在华娄,水稻生产的中间投入,主要是肥料和种籽,此外还有牛力①。

(1)肥料

姜皋说:在1820年代的华娄,"肥田者,俗谓之膏壅。上农用三通,头通红花草也。……二通膏壅多用猪践,……每亩须用十担。三通用豆饼,……亩须四五十斤"②。由此可知,对于一般农户而言,主要使用的肥料是猪粪和豆饼。依照《浦泖农咨》中的肥料价格和1820年代的银—钱比价③,每亩水稻施用猪践10担,价约

① 由于并非每个农户都养牛,因此无牛农户需要向有牛农户以租用或者换工的方式来"购买"牛力。详下文。

② 《浦泖农咨》(20,21)。

③ 见本书附录4。

900 文；施用豆饼 40—50 斤（兹取中数 45 斤）[①]，价亦约为 900 文。部分农民（上农）还施用绿肥（花草），兹将其所使用的花草平摊到全部稻田，以亩均施用花草 1 担计[②]，依照当时价格，合钱 90 文。全部合计，每亩水稻的肥料支出约为 1,900 文，与姜皋所说的“（一亩水稻）膏壅必得二千文”[③]十分接近。此外，农民也施用人粪和河塘泥[④]。但是农家使用的人粪均自产，河塘泥亦利用自家劳力在农闲时罱取[⑤]，均无须购买。《浦泖农咨》谈肥料时着眼于生产成本，而计算生产成本又只注意需要购买或者种植的肥料，因此未谈到人粪和河塘泥。在此我们亦姑且从略。

（2）种籽

据《浦泖农咨》，每亩水稻需稻种 1.2 斗，依照 1820 年代的谷价计，为 130 文[⑥]。

（3）畜力

从下文可知，每亩水稻种植中使用的牛力，代价大约为 720 文。这种服务也是中间投入的一部分。

下面是 1820 年代华娄水稻种植的中间投入的总结（表 6－3）：

---

① 在 1950 年代前，松江县水稻施肥情况依然如此。“基肥主要是红花草、河泥、大粪；追肥主要是猪榭、豆饼、大粪。……（豆饼）根据经济实力和水稻生长状况，每亩多则施五六十斤，少则二三十斤。”见上海松江网：《松江农业经济文化简史》。

② 依据本书第三章中的估计，1820 年代华娄花草种植面积为 18 万亩。依下文，花草亩产量为 20 担，总产量为 360 万担。华娄总耕地为 90 万亩，平均每亩 4 担。但是花草有颇大一部分用作牛和猪的饲料。这里姑以起码数字 1 担计。

③ 《浦泖农咨》(33)。

④ 19 世纪初期华娄农业中使用的肥料，主要种类有人粪、厩肥（主要是猪粪，俗称猪践，其次是牛粪）、绿肥（主要是花草）、饼肥（主要是豆饼）以及河塘泥五种。见李伯重：《明清江南农业中的肥料问题》。

⑤ 《浦泖农咨》(23)：“秋末春初无工之时，罱（河塘泥）成满载，堆于田旁，将杂草搅和，令其臭腐，然后锄松敲碎，散于田内，亦可抵红花草之半。”

⑥ 《浦泖农咨》(10)：“（稻种）每亩需谷一斗二升。……今年稻种每斗须三百文。”1820 年代谷价为 1,100 文/石，见本书附录 4。

表 6—3　1820 年代华娄水稻种植中间投入

投入种类	数量	单价(文)＊	投入总数(文 / 亩)
肥料	0.45 担(豆饼)	2,000/担	900
	10 担(猪践)	90/担	900
	1 担(绿肥)	90/担	90
种籽	1.2 斗	110/斗	130
牛力	2.4 个(牛工)	300 文/个	720
总计			2,740

＊各种投入的单价,见本书附录 4。

(三)春花与花草

在 19 世纪初期的华娄,春花包括麦(大小麦)、油菜和豆(蚕豆、黄豆)。由于道光三年大水之后土地过湿,麦类种植不多,故姜皋说:"吾乡春熟者,除红花草外,蚕豆、油菜为多。"①由于有关油菜生产情况的记载阙如,同时从后来的记载来看,蚕豆在华娄地区农民的日常食物消费中占有重要地位②,因此这里姑以蚕豆代表所有的春花作物。

1820 年代华娄蚕豆与花草的产出与中间投入均无记载,只能从近代情况推求。

1. 产出

(1)蚕豆:在与松江县毗邻的金山县,1952—1957 年平均亩产

---

① 《浦泖农咨》(28,29)。

② 见本书第三章。

量为 108.3 斤[①]。蚕豆 1 市石重 125 市斤[②]，因此亩产量 108.3 斤相当于 0.9 石。1820 年代华娄的亩产量姑依此计，按照当时的价格计算，为 1,890 文。此即蚕豆的亩产出（表 6－5）。

（2）花草：在 1940 年代与 1950 年代的华娄，鲜草亩产量大约在 1,000—2,000 公斤之间[③]。考虑到姜皋所说的情况[④]，兹姑以低数计，将 1820 年代华娄花草亩产量定为 1,000 公斤，即约为 20 担，依照当时的价格，合钱 3,000 文。此即花草亩产出（表 6－5）。

---

① 表 6—4　金山县蚕豆亩产量(1950—1957 年)

年份	面积(亩)	亩产(市斤)
1950	49,319	60
1951	78,910	45
1952	58,958	90
1953	55,793	110
1954	46,332	85
1955	42,368	110
1956	47,214	128
1957	47,642	126.8

出处：1990 年《金山县志》，第 245 页。

1950 和 1951 年是长期战乱刚刚结束后的时期，统计数字不很可靠（例如 1951 年种植面积 78,910 亩，超出其他年份甚多，显然有失真之嫌）。到了 1952—1957 年，社会已稳定下来，生产恢复了正常，后来盛行的“浮夸风”亦尚未出现，因此统计数字也相对较为可靠。

② 见本书附录 2。

③ 1991 年《松江县志》，第 336 页。

④ 《浦泖农咨》(20)：“撒草（引者按：指花草种籽）后连遇阴雨，田中放水则草子漂淌而去。冬春有积水者草亦消萎无存，白费工本。”

表 6—5　1820 年代华娄蚕豆与花草种植亩产出

产出种类	数量	单价 *	产出(文 / 亩)
蚕豆	0.9 石	2,000 文 / 石	1,800
花草	20 担	90 文 / 担	1,800

* 见本书附录 4。

2. 中间投入

蚕豆和花草生产中的中间投入主要是种籽的费用。一般而言,一亩蚕豆需要 1 斗种籽,依照 1820 年代华娄的价格,大约合钱 200 文①。一亩花草需要 0.4—0.5 斗种籽,合钱 200—250 文②,兹取中数 230 文。蚕豆与花草种植通常不施用或者仅施用少量肥料,因此肥料开支姑不计。

表 6—6　1820 年代华娄蚕豆与花草种植中间投入

作物种类	中间投入种类	数量	单价 *	投入总数(文 / 亩)
蚕豆	种籽	1 斗	200 文/斗	200
花草	种籽	4.5 升	50 文/升	230

* 见本书附录 4。

(四)种植业的增加值

亩产值减去亩中间投入,结果就是种植业的亩增加值(表 6－7):

① 见本书附录 4。
② 《浦泖农咨》(20)

表 6—7　1820 年代华娄主要作物平均亩产值与增加值

作物种类	产出(文)	产出(两)	中间投入(文)	中间投入(两)	增加值(文)	增加值(两)
水稻	5,170	4.31	2,740	2.28	2,430	2.03
蚕豆	1,800	1.50	200	0.17	1,600	1.33
花草	1,800	1.50	230	0.19	1,570	1.31

将表 6－7 与表 3－3 结合，即可得到 1820 年代华娄种植业的亩产值和总增加值(表 6－8)以及华娄地区种植业的总产值增加值和总增加值(表 6－9)：

表 6—8　1820 年代华娄农民家庭农场产值与增加值(一)

作物种类	种植面积(亩)	亩产值(文)	总产值(文)	亩增加值(文)	总增加值(文)
水稻	13	5,170	67,210	2,430	35,620
蚕豆	6.5	1,800	11,700	1,600	10,400
花草	2.6	1,800	4,680	1,570	4,080
合计	22.1		83,590		50,100

表 6—9　1820 年代华娄农民家庭农场产值与增加值(二)

作物种类	种植面积(亩)	亩产值(两)	总产值(两)	亩增加值(两)	总增加值(两)
水稻	13	4.31	56.0	2.03	29.7
蚕豆	6.5	1.50	9.8	1.33	8.7
花草	2.6	1.50	3.9	1.31	3.4
合计	22.1				41.8

表6—10　1820年代华娄种植业总产值与增加值

作物种类	种植面积（万亩）	亩产值（两银）	总产值（万两）	亩增加值（两银）	总增加值（万两）
水稻	90	4.31	387.9	2.03	182.7
蚕豆	45	1.50	67.5	1.33	59.9
花草	18	1.50	27.0	1.31	23.6
合计			482.4		266.1

此外，农具的维修费也属于中间投入。19世纪初期华娄使用的农具，包括犁、耙、锄、铁搭、桶、扁担、箬笠、水车以及风车、砻、臼，等等。由于农具使用于各种作物的种植，因此在此一并计算。依照1820年代的价格，一个农户每年在农具维修方面的支出大约为1,400文[①]。当时一个农户平均种田13亩，每亩农具维修费用平均110文。华娄耕地总数为90万亩，农具维修总费用为9,900万文，合银8.3万两。从总增加值中扣除此数，则实际总增加值应为257.9万两。

二、养殖业、渔业

华娄地区的养殖业由养牛、养猪、养家禽和养鱼四个主要部分组成。这些生产活动在饲养的目的、时间和方式上都有很大的不同。从饲养目的来看，养牛主要目的是获得畜力，其次才是获得肉、皮以及粪肥；养猪是为获得粪肥和肉，二者并重；家禽与家鱼养殖主要目的是获得肉、蛋。从饲养时间来看，牛通常饲养多年，而猪、家禽与家鱼的饲养时间则通常在一年内。从饲养的方式来看，

① 详见本书附录6。

牛和猪需要大量饲料，而家禽与家鱼则仅需少量饲料。这些差异，在讨论养殖业的增加值时都应注意。

(一)牛

在华娄，农民通常购入幼牛，役使十年后牛丧失劳动能力，即出售给屠户。依照满铁调查，1937年"七七"事变前，这里老牛与幼牛的价格俱为成年牛价格之三分之二；而按照1820年代的价格，合13,300文[①]。换言之，售价与幼牛购入价相同，因此购买幼牛的支出和出售老牛的收入可以相互抵消。

1. 产出

耕牛的产出，首先是牛力，其次是牛粪。

(1)牛力：在华娄，牛是耕田和车水的重要动力。由于并非每户农民都养牛，因此牛力交易十分普遍。在许多情况下，这种交易采取传统的"人牛力相贸"的方式，即借用他人耕牛1日，偿还人工2日[②]。但是购买牛力的情况也很普遍。在近代，据满铁调查，租用他人的耕牛车水，标准费用为1.5元/亩(不给饮食)[③]；耕地无定额，通常为1个牛工1元(给饮食)[④]。与此相对照，当时短工日收

---

① 见本书附录4。

② 在近代松江县农村，"自耕农为不误农时，彼此协作，称'伴工'。借用他人耕牛1日，需偿还人工2日"(1991年《松江县志》，第949页)。"没有耕牛的农户，也常常采用人工换牛工。在耕地、灌溉时，借用他人耕牛一天，以两个人工相抵。归还耕牛时，要喂饱，另外附带一筐青草，以示感谢"(上海松江网：《松江农业经济文化简史》)。

③ 据南满洲铁道株式会社上海事务所：《江蘇省松江県農村実態调查報告書》第87页，灌溉大部分用水车子(别名牛车子)，极少数用脚踏水车。

④ 南满洲铁道株式会社上海事务所：《江蘇省松江県農村実態调查報告書》，第134页。

入约为 0.75 元(给饮食)[①]。这种风俗历史已久,19 世纪初期应当与此相似。兹以雇用 1 个牛工的费用相当于雇用 1.5 个短工的费用计。

据满铁调查,在松江县种植水稻,每亩需牛工 2.38 个[②],可折合人工 3.6 个,按照 1820 年代华娄的短工价计,合 720 文。1 牛可负担 2 个农户的家庭农场(26 亩)的工作[③],因此一年的服务价值共计 18,720 文。

(2)牛粪:每头耕牛每年产粪肥以 50 担计[④],价格以猪粪计(每担 100 文),共 5,000 文。

牛力、牛粪的价值合计,每头牛的年产出为 23,720 文。

2. 中间投入

农户在耕牛上的中间投入主要是饲养的费用[⑤],其中又主要是饲料。华娄耕牛的饲料分精饲料(俗称料)、干草和青草三部分。姜皋说:耕牛“自四月至九月不须上料,但得一人斫青草饲之;九月以后,每日饲以棉花核饼两张,稻草三十斤。统计之,亦日须七八

---

① 详见本书第六章。

② 南满洲铁道株式会社上海事务所:《江蘇省松江県農村実態调查報告書》,第 92—93 页。其中包括车水牛工 1.5 个。

③ 上海松江网:《松江农业经济文化简史》:“每头黄牛能承担 25 亩农田役作,水牛为 40 亩。”但据满铁调查,一头水牛或黄牛能够负担的耕作面积均为 17 亩,同时满铁调查也表明平均 2 户有 1 头耕牛(南满洲铁道株式会社上海事务所:《江蘇省松江県農村実態调查報告書》,第 126、128 页)。若取中数,则水牛的耕作面积为 28.5 亩。1820 年代华娄农户家庭农场平均规模为 13 亩,两户合用一牛,合计 26 亩,与上面的 28.5 亩相近。

④ 李伯重:《明清江南农业中的肥料问题》。

⑤ 一般家畜的饲养中,购买仔畜与农业中购买种籽意义相同,因此也可视为中间投入。但是耕牛的购买费用则有所不同。饲养耕牛的主要目的是为生产提供动力,而且耕牛可以役使多年。从此意义上来说,耕牛与机器颇为类似,因此购买耕牛的费用不应作为中间投入。

十钱也”[1]。而据满铁调查，一头水牛每日喂稻草32斤，棉籽饼及麦麸各2斤[2]。二者大体相似。兹据姜皋所言，则九月至来年四月的半年（180日），饲料开支共12,600—14,400文，兹以中数13,500文计。耕牛四至九月饲青草，日喂几斤，姜氏未说。满铁松江调查说是40斤，据此则180天即需青草7,200斤。在此半年中，四、五、六三个月是耕牛活计最繁重的时期。据满铁松江调查，耕牛在夏季因为要从事重体力劳作，且又不喂精饲料，因此除了每日喂青草40斤外，还要喂干草80斤[3]。姜皋未提到青草的费用，只说“斫青草饲之”。但是江南早已没有多少野草资源，因此他说的青草应当包括野草和自家种植的花草[4]。耕牛在夏季3个月中共吃草72担，合钱7,200文。其余3个月（主要在春季）则主要喂野草和花草，每天40斤，共36担。假定其中花草占一半，共18担，合钱1,800文。因此耕牛的年饲料开支总数为22,500文[5]，此即养牛活动的中间投入。

产出减去中间投入，增加值为1,220文。

---

① 《浦泖农咨》（24）。

② 南满洲铁道株式会社上海事务所：《江蘇省松江県農村実態调查報告書》，第143页。

③ 南满洲铁道株式会社上海事务所：《江蘇省松江県農村実態调查報告書》，第143页。这样就意味着一头耕牛每日吃青草和干草共120斤，可能过高。但由于没有其他记载可资校正，此处仍从之。

④ 早在明代中叶，诸葛升就已指出：“江南寸土无闲，一羊一牧，一豕一圈。喂牛马之家，鬻刍豆而饲焉。”（诸葛升：《开荒十议》，收于《农政全书》卷八《农事·开垦上》）到了清代情况更甚。张履祥说：“吾地无山，不能畜牛。亦不能多畜羊。”（陈恒力：《补农书校释》，第134页）震泽、南浔等地油坊主，甚至远道至太湖洞庭东山采购菱草作牛饲料（《太湖备考》卷六《风俗》）。因此耕牛的青饲料中很大一部分应当是花草（新鲜及晒干）。

⑤ 养牛还有其他一些开支。在近代松江县农村，“合养牛由双方各出一半资金买进耕牛，两家都盖有牛棚，……牛有病，医疗费两家平摊。春耕前，两家均拿出糯米若干煮粥喂牛，为牛‘进补’”（上海松江网：《松江农业经济文化简史》）。此外还要喂耕牛食盐。这些开支，兹姑不计。

19 世纪初期华娄农户平均每两户养一头牛，因此每户平均产出为 11,860 文，中间投入为 11,250 文，增加值为 610 文，分别合银 9.9 两、9..5 两和 0.5 两。因此大体而言，养牛的收入与支出基本平衡。

(二)猪

如本书第四章所言，1820 年代华娄农户一般每户养猪数量以 2.5 头计。农家通常购入小猪，饲养半年左右屠宰或出售。虽然农民养的猪大多是自宰自食，但是为了方便计算，假定所有的肉猪都以活体(即生猪)出售，猪的产品(猪肉、猪皮、猪下水等)都包括进“生猪”中。

1. 产出

猪的主要产出，一为猪粪，一为“生猪”。1820 年代华娄成年猪价为 8,000 文，此即一头生猪的产值。一头猪养 6 个月，可产猪粪灰 48 担，每担价 100 文，48 担共 4,800 文①。因此生猪与猪粪的产值合计，每头猪共 12,800 文。华娄农户每年养 2.5 头猪(各养半年)，总产出为 32,000 文。

2. 中间投入

养猪的中间投入，主要是仔猪和饲料的费用。我们已知 1820 年代华娄的猪仔价为每头 1,000 文②，因此这里只需讨论饲料费用的问题。

据《浦泖农咨》、满铁松江调查以及陈恒力与王达的调查计算，

---

① 见本书附录 4。

② 见本书附录 4。

每猪每日饲料可以以米糠 5 斤计[①]。1820 年代华娄水田每亩产米糠 50 斤,农户平均种田 13 亩,共产米糠 650 斤,够一头猪吃 130 日;余下 235 日主要喂豆饼,每猪每日食豆饼约 2 斤[②],235 日需 470 斤。因此一头猪一年所需的饲料,为米糠 6.5 担,每担 560 文[③],6.5 担值钱 3,640 文;豆饼 4.7 担,每担 2,000 文,4.7 担值钱 9,400 文;二者合计共 13,040 文,平均每日 36 文。加上一些青饲料和泔水等,共以 40 文计,大大少于姜皋所言的每日五六十文[④]。一头猪通常饲养半年,因此饲料费用为 7,200 文。因此 1820 年代华娄农户每年养 2.5 头猪(各养半年),猪仔费为 2,500 文,饲料费为共 18,000 文,合计 20,500 文。

据此,农户养猪 2.5 头,产值为 32,000 文,中间投入为 20,500 文,增加值为 11,500 文,分别合银 26.7 两、17.1 两和 9.6 两。由此可见养猪是有利可图的。因此姜皋虽然说"养猪亦有亏无赢耳"[⑤],但又说"养猪乃种田之要务,岂不以猪践壅田肥美,获利无穷?"[⑥]

---

① 参阅陈恒力:《补农书研究》(第 250 页)与陈恒力:《补农书校释》(第 90 页)。前书说每猪日食糠 10 斤。又,据《浦泖农咨》计算每猪每日食糠 8—9 升,因此看来不会食糠 10 斤。后书说 4 斤。不过后一数字有明确调查时间地点,又是所有猪平均数,故从之。

② 今日南京高淳县穆家庄村农家养猪,每天一头猪要喂精饲料小麦和玉米各一斤,另外还要再加上包菜或山芋等青饲料(见郑春平:《猪市大"牛",养猪户心里还是没底》)。因此每猪每日需要精饲料 2 斤,兹均以豆饼计。

③ 见本书附录 4。

④ 《浦泖农咨》(22)说:"米糠近年每斗六七十文,豆饼每斤二十余文,豆渣每斤四五文。一猪之所食日需五六十钱。"其所指应为大猪,而上面说的情况包括小猪在内。

⑤ 他说"养猪亦有亏无赢耳",是因为饲料太贵,"一猪之所食日需五六十钱"。

⑥ 《浦泖农咨》(22)。

(三)家禽

家禽的产出包括肉与蛋,而投入则包括饲料和种蛋。

1. 产出

这里为了计算的方便,假定农民将鸡鸭养大后,不是宰杀后出售肉,而是出售活禽。这样,家禽饲养的产出就是出售活鸡鸭和蛋的收入。

1820 年代华娄一个农户平均饲养鸡鸭共 13 只,其中鸡 10 只(母鸡 6 只,公鸡 4 只),鸭 3 只(母鸭 2 只,公鸭 1 只)。依照时价(170 文/只)[①],共值 2,210 文。

张履祥说:"大概雌鸡之利,稍厚于雄鸡。雄鸡每月长不及半斤。雌鸡生蛋十余枚,可当一斤之值,食亦相当。"[②]母鸡每月生蛋十余枚,但还有起抱期不产蛋。松江一带饲养的主要鸡种为九斤黄,年产蛋在 104—110 枚之间[③]。但满铁调查说松江成年母鸡一年产卵平均 38 个,最多者 50 个,而以产 40 个者为最多[④]。这里我们取两种说法之中数,每只母鸡年产蛋以 75 枚计。据此,6 只母鸡共产蛋 450 枚。松江一带饲养的主要鸭种为绍鸭,每鸭年产蛋约 250 枚[⑤]。在 17 世纪末的嘉兴,张履祥说:"今计鸭一只,……生蛋约一百八十个,人家若养六只,一年得蛋千枚,日逐取给殊便。"[⑥]每

---

① 见本书附录 4。

② 陈恒力:《补农书校释》,第 134 页。

③ 谢成侠:《中国养禽史》,第 137—138 页。

④ 南满洲铁道株式会社上海事务所:《江蘇省松江県農村実態调查報告書》,第 150—151 页。

⑤ 谢成侠:《中国养禽史》,第 164—165 页。

⑥ 陈恒力:《补农书校释》,第 91 页。

只母鸭每年产蛋之数，依照张履祥所言，则两只母鸭年产蛋 360 枚。因此一个农户每年养鸡鸭可得蛋共约 800 枚。依照明清江南的惯例，大约 11 个蛋的价值相当于 1 斤猪肉①。因此 800 枚蛋相当于猪肉 73 斤，1820 年代华娄猪肉价为 120 文/斤，价值8,760 文。

因此，1820 年代华娄农户每户饲养的鸡鸭及其所产之蛋共值 10,970 文，合银 9.1 两。

2. 中间投入

孵化鸡鸭 13 只，至少需要 13 个蛋，兹以 13 个计；按照 11 个蛋相当于 1 斤猪肉的比例计，折合 1.2 斤猪肉，值钱 144 文。农家养鸡也必须喂以一定数量的饲料②。在与过去农家养鸡方式较为类似的“绿色生态养鸡”和“果园养鸡”中，成年鸡每只每日需喂精饲料 50—100 克③。如以每只成年鸡每日 1 市两(50 克)、喂养期以三个月计，则 10 只鸡需精饲料 90 市斤，合大麦 0.7 市石。养鸭则不同，必须喂以较多饲料。据张履祥说，养鸭 3 只需大麦 2.1 石④，但是此数可能偏高。兹将农户所养全部鸡鸭的饲料以大麦 2.5 石计，每石 1,000 文，共 2,500 文。因此，家禽饲养的中间投入为 2,640 文，合银 2.2 两。

从产出中减去中间投入，家禽饲养的增加值为 8,330 文，合银 6.9 两。

---

① 见本书附录 4。

② 本书附录 8 中引用李行南撰《申江竹枝词》说：“哺谷家家鸡一笼。”可见养鸡是要喂稻谷的。

③ 董爱云：《果园养鸡配套技术及效益分析》；怀化职业技术学院/湖南省养殖业协会：《绿色生态养鸡效益分析》。

④ 张履祥说：“今计鸭一只，一年吃大麦七斗，……果能每日饲料二合，决然半年生蛋无疑。”(陈恒力：《补农书校释》，第 91 页)

(四)人工养鱼

1820 年代华娄农户平均每户产家鱼 36 斤[①],鱼价以 90 文/斤计[②],则农户养鱼年产出为 3,240 文。农民养鱼,通常不特别喂饲料;需要一些渔网、虾笼等工具,但所需有限;因此养鱼的中间投入可以忽略不计。据此,养鱼的增加值为 3,240 文,合银 2.7 两。

现将 1820 年代华娄农家养殖业的增加值总结如下(表 6-11):

表 6—11 1820 年代华娄农家养殖业产值、中间投入与增加值(两/户)

饲养种类		产值(文)	产值(两)	中间投入(文)	中间投入(两)	增加值(文)	增加值(两)
家畜	牛	11,860	9.9	11,250	9.4	610	0.5
	猪	32,000	26.7	20,500	17.1	11,500	9.6
家禽		10,970	9.1	2,640	2.2	8,330	6.9
鱼		3,240	2.7	0	0.0	3,240	2.7
合计		58,070	48.4	34,390	28.7	23,680	19.7

6.8 万个农户,总产值共 329.1 万两,增加值共 134 万两。

(五)专业渔业

在本书第三章中,我们估计 1820 年代华娄渔业的年产量为 2.6 万担。依照前述价格(9,000 文/担),值钱 23,400 万文,合银 19.5 万两。

① 见本书附录 8。
② 见本书附录 4。

专业渔民需购置和维修渔船、鱼具。依照满铁对常熟县严家上村捕鱼户的调查，渔民渔船价格为30元/艘，年维修费8元。又，每户渔民每年需虾笼300个，价13.5元；渔网10张，共8元；撒网8个，共8元；合计29.5元，与渔船价大体相当。渔船维修与渔具添置费用合计为37.5元①，相当于船价的125%。1820年代华娄每艘渔船价格为25,000文/艘②，依照上述价格的比例，渔船维修与渔具添置费用合计共为31,250文，合银26两。1,100户渔民，共计2.9万两。此即渔业的中间投入。

因此，渔业总产值为19.5万两，中间投入为2.9万两，增加值为16.6万两。

最后，我们可以得出农业及渔业总产值和增加值（表6－12）：

表6—12　1820年代华娄农业、渔业总产值和增加值（万两）

部门		总产值	增加值
农业	种植业	482.4	266.2
	养殖业	329.1	134.0
	合计	811.5	400.2
渔业		19.5	16.6
总计		831.0	416.8

① 曹幸穗：《旧中国苏南农家经济研究》，第140页。

② 见本书附录4。

第七章　工业增加值

在本章中，我们将依次对1820年代华娄工业各类行业的增加值进行分析。

一、第一、二类行业

由于前面所谈到的19世纪初期的华娄工业第一、二类行业的特点，我们采用收入法来计算其增加值。

1. 第一类行业

此类行业的增加值大体上等于从业人员的工资收入[①]。从本书第九、十两章可知，1820年代华娄此类行业中的从业人员年平均收入为42两银，从业人员为1.3万人，因此该类行业的增加值为54.6万两。

2. 第二类行业（棉纺织业）

从本书第四章可知，1820年代华娄棉纺织业的总产量为500

---

① 见本书附录1。

万匹棉布，依照时价合银 190 万两。棉纺织业的增加值大体上相当于劳动者的报酬，而此时劳动者的报酬又大致为产值的 2/3[①]。据此，棉纺织业的总增加值约为 127 万两。

二、第三类行业

关于第三类行业主要部门的记载，比关于第一、二类行业的记载要多一些，不过在不同部门中的详略程度也相差很大。在本章中，对于那些生产情况记载相对较多的部门，我们尽量直接根据有关记载进行分析。对于那些生产情况记载太少的部门，则只得主要依靠附录 1 中的计算公式进行推算。

(一)碾米业

碾米业的产出包括主产品大米和副产品米糠和稻壳。

照本书附录 2 中所得的出米率，1 石稻谷重 130 斤，出米 0.5 石(80 斤)，余下 50 斤为谷壳与米糠，兹各以 25 斤计。如前所述，1820 年代华娄碾米业每年的主要产品为大米 72 万石，依照当时的米价，值钱 196,000 万文，合银 163.3 万两。此外，要得到 72 万石米，须加工稻谷 144 万石，而加工 144 万石稻谷可得米糠与谷壳各 36 万担，按照当时的价格，共值钱 27,000 万文，合银 22.5 万两。因此碾米业的总产出为 223,000 万文，合银 185.8 万两。

碾米业生产中的中间投入，主要是购买原料(稻谷)和维修工具的开支。1820 年代华娄碾米业需要稻谷 144 万石，每石价 1,100

① 见本书附录 4。

文，共 158,400 万文，合银 132 万两。同时，从第四章中我们已得知碾米业从业人员总数为 2,400 人，人均年工资收入为 45 两，总共 10.8 万两。这样，我们即可用本书附录 1 中的工业增加值计算公式（$VA = GO - 1.03\ IC_m - 0.03\ W$），求得碾米业的增加值为 49.5 万两。

（二）榨油业

据满铁对 1937 年松江县何复兴油车厂的调查①，1 担大豆价 10 元，加工得豆油 8 市斤，每斤 0.5 元，共 4 元，又豆饼 44 个，每 3 个 1 元，共 14.7 元；豆油与豆饼合计共 18.7 元，此即加工一担大豆的产出，相当于原料（大豆）价格之 187%。1820 年代 1 担大豆价格为 1,400 文，据上述此比例，产值应为 2,618 文。据此，加工大豆 80 万担的总产出应为 209,440 万文，合银 174.5 万两。

榨油业的中间投入包括原料、燃料和工具维修费。1820 年代华娄的油坊每年加工大豆 80 万担，购买这些原料（大豆）的开支为 112,000 万文，合银 93.3 万两②。榨油所用的燃料数量不小③，但

---

① 南满洲铁道株式会社上海事务所：《江蘇省松江県農村実態调查報告書》，第 26—28 页。

② 据满铁上述调查，1 担大豆 10 元，所加工出来的豆饼价 14.7 元，豆饼与大豆的比价为 147%。而依照我所计算出来的 1820 年代华娄大豆价格（1,400 文担）与豆饼价格（2,100 文/担），豆饼价为豆价的 143%。前一比价似乎偏高，兹以我的推算结果为准。

③ 明清江南的榨油生产程序是："夏月菜甲生子，炙而磨之，又治巨石为规，设机运动，大牯负碾，纳甑沸铛熟煮，团如饼饵状后纳轧车逼榨"（崇祯《横溪录》卷三《风俗》，转引自范金民：《明清江南商业的发展》，第 37 页）；"其碾也，先爆之石轮、石磨，胥驾以牛；已糜，复蒸之；乃环束层卧于车以搏之"（诸福坤：《陈绮堂暨子玉泉、秋泉家传》，转引自范金民：《明清江南商业的发展》，第 37 页）。由于需要蒸煮，因此燃料需要量不少。

具体多少不详[①]。姑且依照酿酒业中的相应情况，以产值的 5% 计[②]，则为 8.7 万两。原料与燃料合计 102 万两，此即中间投入。榨油业从业人员 7,000 人，人均年收入为 45 两，总共 31.5 万两。运用上述工业增加值计算公式（$VA = GO - 1.03\ IC_m - 0.03\ W$），即得到榨油业的增加值为 68 万两。

（三）酿酒业

酿酒业的产出包括主产品烧酒以及副产品酒糟的产值。1820 年代华娄酒总产量为 11 万石，价 5,600 文/石（担），共 61,600 万文，合银 51.3 万两。在现代白酒酿造过程中，1 单位原料粮食可产 0.85 单位酒糟[③]。用传统方法酿造白酒，由于出酒率较低，出糟率会高一些，兹以 0.9 单位计。因此用 1.5 石米（240 斤）可得酒 1 石（100 斤）以及酒糟 216 斤，兹以 2.2 担计。1820 年代华娄酿酒业产烧酒 11 万石，可得酒糟 24.2 万担。酒糟价格不详。从《沈氏农书》来看，单位酒糟与烧酒的价格之比为 1∶6[④]。据此，1820 年代华娄烧酒每担价 5,600 文，则每担酒糟价格为 930 文；24.2 万担酒糟共值钱 22,500 万文。烧酒与酒糟合计，总计 84,100 万文，合银 70.1 万两，此即酿酒业的总产出。

---

① 据满铁调查，何复兴油车厂加工黄豆 1 市担（价 10 元），收取榨油费 0.6 元，合计 10.6 元（见南满洲铁道株式会社上海事务所：《江蘇省松江県農村実態调查報告書》，第 28—29 页）。但是这个加工费包括哪些在内不详。

② 酿酒需要蒸煮大米，与榨油需要蒸煮大豆相似。又，油坊所使用燃料中谷壳通常占不小份量，与酒坊的情况相似。

③ 据统计，我国每年用于酿酒的粮食达 2,000 多万吨，产生 1,700 多万吨的酒糟（汪善锋、陈安国：《白酒糟资源的开发利用途径》）。亦即每吨粮食可产 0.85 吨酒糟。

④ 在《沈氏农书》中，酒糟 4,000 斤价 12 两，而烧酒零卖每斤价银 2 分，趸卖 1.6 分，中数 1.8 分（见《沈氏农书·蚕务·六畜附》，参阅陈恒力：《补农书校释》，第 93 页）。因此，每担（100 斤）酒糟价 0.3 两银，而每石（100 斤）烧酒价 1.8 两，二者的比价为1∶6。

酿酒业生产的中间投入主要是原料(米)、燃料与酒曲。在松江,大约1.5石米可出1石酒,因此酿造11万担酒,需要16.5万石米,按照当时米价,合银27万两[①]。在明末嘉湖一带,酿造1石烧酒的燃料开支约为1石烧酒的价格的7%[②],不过沈氏使用的是柴,价格较贵。在近代松江县,酿酒燃料通常用谷壳[③],费用较少,兹姑以酒价之3%计,则酿造11万担酒的燃料开支为1.5万两。用传统方法酿酒,酒曲用量很大,购买酒曲的费用在酿酒的总开支中占有相当大的比重[④],兹以原料米费用的10%计[⑤]。据此,酿造11万石烧酒所需酒曲价值2.7万两。原料、燃料和酒曲合计,共31.2万两,此即中间投入。酿酒业工人2,500人,人均年收入45两,共11.3万两。运用上述工业增加值计算公式($VA = GO - 1.03\ IC_m$

---

① 从满铁对松江县华阳桥镇酒坊的调查来看,酿酒用米中完整米占40%,碎米占60%。松江农民通常用2.5斤碎米向酒坊换1斤烧酒,而烧酒价格在"七七"事变前为每斤0.2元。又,大米每石重150斤,价格为9元(见南满洲铁道株式会社上海事务所:《江蘇省松江県農村実態调查報告書》,第28—29,187,194页)。用这些数字计算,碎米价格为0.08元/斤,而大米价格则为0.06元/斤。但是一般情况下,碎米应当比大米便宜许多。如果碎米价格为大米(完整米)价格的1/2,依照上述完整米与碎米的投放比例(2:3),1820年代华娄酿酒业所用的16.5万石米,价格为32,300万文,合银27万两。

② 在《沈氏农书》中,酒糟4,000斤价12两,烧柴费用1两,可得烧酒800斤,据此,酿造1石烧酒(100斤)的燃料开支约为0.125两银。而每石(100斤)烧酒价为1.8两。

③ 南满洲铁道株式会社上海事务所:《江蘇省松江県農村実態调查報告書》,第30页。

④ 在清代江南,商业化的酒生产中使用的酒曲主要是购买。见徐建青:《清代前期的榨油业》。

⑤ 用传统方法酿造白酒,酒曲的用量视其糖化力的高低而定,一般为酿酒主料的8～10%。酿造泸州老窖、五粮液、茅台等高档白酒,使用的麯粉为20%左右,酿造半固态半液态发酵小曲酒(边糖化边发酵)的酒曲用量为18～22%,而酿造黄酒的麯用量也在8～10%左右。见食品伙伴网(http://www.foodmate.net/tech/jiagong/jiagong 13/6544.html),(http://www.foodmate.net/tech/jiagong/jiagong13/2278.html),中国酒大观(http://www.sytu.edu.cn/zhgjiu/jmain.htm),以及杜子端等:《中国酿酒业大全》。这里我们姑且假定所投放的酒曲的价值为酿酒主料的10%。

－0.03 W)，即得到酿酒业的增加值为 37.6 万两。

(四)染踹业

染踹业生产的总产出即加工过的棉布(色布)的总价格，而增加值则可用色布与坯布之间的价格差来求得。

嘉庆《钦定工部军器则例》卷四四《江苏省物料匠工价值》，收录了官府军器制造所需各种布匹的核定采购价。其中“各色梭布幅宽一尺二寸，每丈今核定银一钱六分；白梭布幅宽一尺二寸，每丈今核定银一钱四分”。据此，“白梭布”和“各色梭布”的价格比为 1∶1.14。但是这项规定是面向江苏全省，而且“各色梭布”也过于笼统，不知究竟包括哪些色布，因此难以以此为据推求染布业的情况。比较可靠的是近代的调查。在 1922 年，有二百余年历史的上海林大成布号经营的土布“东稀”每匹价约 1 元，而染色后的“毛宝蓝”(或“大成蓝”)每匹价 2.56 元。因为 1 匹“毛宝蓝”由 1.5 匹“东稀”加工而成[①]，因此两者的实际价格差别为 1 匹“毛宝蓝”＝1.7 匹“东稀”，亦即经染踹加工后的色布价格为坯布价格的 1.7 倍。1820 年代华娄染踹业的年加工坯布 123 万匹[②]，每匹价 450 文，共计 55,350 万文，合银 46.1 万两。染踹后所得的色布价为坯布价之 170%，每匹价为 765 文，123 万匹共计 94,095 万文，合银 78.4 万两，此即染踹业之总产出。

---

① 徐新吾主编:《江南土布史》，第 271 页。

② 见本书第四章。

棉布加工的中间投入主要是购买坯布、染料及辅料的费用[①]，以及用于设备和工具维修方面的开支。购买坯布的费用为 46.1 万两，已见上述。染料通常使用蓝靛，使用时要配以石灰以及米酒[②]，开支不小[③]，但由于记载阙如，此项开支亦无法得知。这里我们使用本书附录 1 中得到的原料计算公式（$IC_m = 0.79\ GO - W$）来推求。从本书第四章中已知染踹业工人总计 900 人，人年均收入 45 两，因此人工开支总计 4.1 万两。据此，可求得原料（包括染料等）总支出为 57.8 万两[④]。此即中间投入。

运用上述工业增加值计算公式（$VA = GO - 1.03W - 0.03\ IC_m$），即得到染踹业的增加值为 18.7 万两。

（五）造船业

1820 年代华娄的农船与渔船价格大约为 21 两/艘[⑤]。1820 年代华娄每年需新造农船与渔船合计 5,500 艘[⑥]，按照上述标准，新船总造价应为 11.6 万两。农船和渔船的使用年限为 10 年，而第 1

---

① 靛蓝染色时，需先把不溶性的干靛还原成可溶性的靛白，才能渗入织物被纤维吸附，然后将织物透风氧化再复变为靛蓝。为使最终反应加速，必须在发酵缸中加入碱剂，以中和产物中的酸，并使难溶性的靛白隐色酸转变为可溶性的靛白隐色盐。宋应星对此过程的描述是："凡淀入缸，必用稻灰水先和，每日持竹棍搅动，不可计数。"（宋应星：《天工开物》卷上《彰施第三》）

② 在南通，通常的配方是 5 斤蓝靛，配 8 斤石灰、10 斤米酒，加适量水搅拌，使蓝靛水变黄，水面上起靛沫，民间俗称"靛花"，即可倒入大缸待染。见《蓝印花布的历史与未来》，发表于 http://www.linkgd.com/Article/other/200606/32428.html。

③ 染料是染色的主要用料，每天都要使用，因此总用量自然不小。松江使用的蓝靛都从外地输入，价格应当不菲。又，如上注所示，配制染料时需要相当数量的辅料（石灰、米酒等）。因此二者合计，开支应当颇为可观。

④ 据此，除去坯布后，染料及辅料的开支为 10 万两。

⑤ 见本书附录 6。

⑥ 见本书第四章。

年不需维修,因此每年需维修的船数为 49,500 艘。年维修费以造价之 15%计[①],49,500 艘农船和渔船的维修费为 15.6 万两。农船和渔船的建造与维修的总值合计为 27.1 万两。

货船的价格以每艘 200 两计[②],更新年限与维修比例均以漕船的情况计(即分别为 10 年及总造价的 6%),则每年造船 67 艘,造价 1.3 万两;维修旧船 603 艘,维修费为新船造价的 6%,总维修费为 0.7 万两;造船与维修费用合计为 2 万两。

道光时江南漕船的造价以每艘 1,700 两计,每年维修费用以造价的 6%计[③]。1820 年代华娄每年新造漕船 11 艘,造价 1.9 万两;维修旧漕船 99 艘,费用 1 万两;二者合计 2.9 万两。

兵船造价及维修费不详。但一般而言,兵船造价应比货船高一些。兹以货船之 1.5 倍计,即每艘造价为 300 两。每年维修费用以漕船情况计,即为新船造价的 6%。据此,每年造新船 4 艘,合计

---

① 见本书附录 6。

② 货船的价格不详。据李昭德:《龙江船厂志》卷七,明代后期官营龙江造船厂建造一艘一百料战船,工价为 13.4—13.8 两,人工为 426—490 个;而金水河渔船的工价为 2.5—2.6 两,人工为 84—87 个,因此一百料战船的人工大约为金水河渔船的 5.3 倍。又,依照同书中引用的嘉靖十一年实际使用的数量标准,仅就船壳和桅杆用材而言,建造一艘金水河渔船需要楠木单板 11 丈,杉木单板 7 丈,铁钉 50 斤,煤炭 15 斤;而建造一艘一百料战船需要楠木单板 194 丈,杉木单板 21 丈,松木单板 7 丈,桅用杉木 1 根,橹用杉木 2 根,以及桐油 120 斤,黄麻 120 斤,石灰 240 斤,铁钉 217 斤,铁浮动 10 斤,镟打旧料用煤炭 100 斤。仅就所需单板的数量而言,一百料战船即为金水河渔船的 13 倍有余。此外,制造战船的其他部分(如舵杆、舵牙、招杆、关门杆、船舱隔板以及篷、帆、铁锚等)的用料数量也颇大(仅船舱隔板就需杉木单板 16 丈)。而制造金水河渔船则无需这些。此外,建造战船还需大量船缆、油漆,而渔船所需很少。因此二者在用料方面的差别对在人工方面的差别更大得多。此外,战船与渔船比较,前者建造所需单板的价钱为后者的 13 倍,铁器为 4.5 倍,煤炭为 6.7 倍。前者建造所需的桐油、黄麻、石灰以及篷作、缆作和油漆作方面的用料,更是后者建造所无。考虑到两种船在各方面的差异,一百料战船的造价应当是金水河渔船造价的 10 多倍。兹将 1820 年代华娄货船造价以普通渔船造价之 10 倍计,则每艘货船造价为银 200 两。

③ 李伯重:《江南的早期工业化(1550—1850 年)》,第 246—247、252、261 页。

1,200 两;维修 39 艘,维修费用合计 700 两;二者共计 1,900 两。

表 7—1　1820 年代华娄造船业产出(万两)

船只种类	造船	维修	合计
农船与渔船	11.6	15.6	27.2
货船	1.3	0.7	2.0
漕船	1.9	1.0	2.9
兵船	0.1	0.1	0.2
合计	14.9	17.4	32.3

因此,四类船只合计,总产出为 32.3 万两。

由于造船所使用的原材料的数量及价格无法得知,1820 年代华娄造船业生产的中间投入情况无从推求。但是我们已经知道产出,同时人工费用亦可求得,因此可以使用本书附录 1 中的原料计算公式($IC_m = 0.79\ GO - W$)来求得原料的费用。在本书第四、十两章中,我们知道造船业工匠为 1,800 人,人均年收入为 45 两,因此人工开支为 8.1 万两。使用上述公式,可求得原料开支为 17.4 万两,此即中间投入。

据此,使用本书附录 1 中的工业增加值计算公式($VA = GO - 1.03\ IC_m - 0.03\ W$),可求得造船业的增加值为 14.1 万两。

(六)制盐业

1820 年代的华娄的盐年产量 1,000 万斤,盐价每斤 20 文[①],共 20,000 万文,合银 16.7 万两。此即制盐业的总产出。

制盐业生产中的中间投入主要是燃料,但其数量没有记载。制盐业的生产成本主要由燃料与人工组成,因此这里我们从成本

① 见本书附录 4。

来进行推求。据乾隆三十五(1770年)年浙闽总督崔应阶、前署浙江巡抚熊学鹏会奏,以前松江分司所辖盐场所产之盐价为每斤9.5文,因“煎本不敷”,请提高到13文①。由此可见以前每斤盐的生产成本超过9.5文,所以才会“煎本不敷”。但是道光时期这一带所产的盐,盐场贩出价仍然仅为十来文②,可见此时的“煎本”仍然在10文左右,不会更多,否则贩卖私盐就无利可图了。兹将生产成本以10文计,则1,000万斤盐的生产成本为10,000万文,合银8.3万两。从事制盐业生产的工人(灶丁)人数为700人,人均年收入以45两计,共3.2万两。使用原料计算公式($IC_m = 0.79\ GO - W$),可算出燃料及其他开支为10万两,此即制盐业的中间投入。

总产出减去中间投入,增加值为6.7万两。

(七)建筑业

建筑业的产出和增加值都比较难计算,需要进行比较详细的讨论。

1. 产出

建筑业总产出主要包括建造新房屋和维修旧房屋两种活动的产出。因此我们首先要了解1820年代华娄地区每年建造新房的数量以及维修旧房的数量,然后了解每年花费在这些方面的费用,由此计算出建筑业的产值。

(1)民居

在本书附录9中,我们可得知1820年代华娄一户农民的住房的造价大约为180两。城镇一般居民的住房也以农民住房情况

---

① 嘉庆《松江府志》卷二九《田赋志·盐法》。

② 张忠民:《上海:从开发走向开放,1368—1842》,第209页。参见本书附录4。

计。富人的住房优于平均水平，同时华娄也有一些人（如农业中的长工、工商业中的学徒、富人家庭中的仆人、佣人乃至家奴等），没有自己的住房，只能住在雇主或者主人家提供的住房里[①]，可称为无房户。此外，华娄人数众多的外来人口中，也有很大部分是租住房屋的无房户。1820 年代华娄富户在总户数中的比例可以 1/10 计[②]，而无房户在总户数中的比例，在此亦姑以 1/10 计[③]。

由于江南房屋的更新期限大约为 60 年[④]，为了保持原有的房屋数量，华娄每年需要建造 1,650 所普通住房和 210 所富户住房[⑤]。这些房子的价值，依照当时价格[⑥]，分别为 29.7 万两和 18.9 万两，合计 48.6 万两。

房屋建造好交付使用后还需维修[⑦]。1820 年代华娄普通民众现有住房总数为 99,200 所，其中 1/60 系当年新造房屋不需维修，其余的 97,500 所都要程度不等地维修。在 1930 年代前中期的吴

---

① 自明代以来，松江府一带富人拥有大量的家仆、佣人或者家奴，是普遍现象。明代后期何良俊说："昔日乡官家人亦不甚多，今去农而为乡官家人者，已十倍于前矣。"（何良俊：《四友斋丛说》，第 111 页）明末清初人章有谟在《景船斋杂记》上卷中引用明末人董邃初的话说："敝邑海上，几于无田、无民、无粮、无法矣。……何以无民也？民不化为家奴、衙蛊，则尽于家奴、衙蛊。"章、董二人均系华亭县人，董曾任左副都御史、吏部侍郎。

② 详见本书第二章。

③ 事实上，真正无房户（租住者不计）的比重可能会比 10%低。

④ 见本书附录 9。

⑤ 住房寿命为 60 年，意味着为了保持原有的房屋数量，每年必需建造为现有住房总数 1/60 的新房。

⑥ 普通住房造价为 180 两，富户住房造价 900 两，见本书附录 9。

⑦ 满铁调查引用松江县农民的话说，新房造好后，可能 30 年不需修理（南满洲铁道株式会社上海事务所：《江蘇省松江県農村実態调查報告書》，第 213 页）。但事实上，小修理还是经常要的，如果农户自己"不会泥水工，要请泥水匠修屋，大凡来相助一天半天的，均按一天回报；……欠一天泥工，还二天农工"（见上海松江网：《松江农业经济文化简史》）。不过由于花费一般不多，而且所用材料往往在建房时已经备好，以后遇到损坏时随时更换（陈志华言，见本书附录 9），因此往往被忽略。

江县开弦弓村的农民住房，每年维修费为新房造价之2%[①]但是光绪十五年上海县重修万寿宫，年维修费为造价的1%[②]。这里我们姑定所有房屋每年维修费均为房价之1%。1820年代华娄普通住房，一所新房造价为180两，则年维修费为1.8两，97,500所住房的维修费共17.6万两；富户住房，新房一所造价为900两，则年维修费为9两，12,200所住房的维修费共11万两[③]。两者合计共28.6万两。

因此，华娄地区每年用于住房建造和维修的开支合计77.2万两。

(2)工商业用房

华娄城乡拥有大量的工商业以及服务业用房（如厂房、店铺、仓库等）。因资料匮乏，这些用房的建造与维修费用均无法计算。在本书附录1中，我们估计工商业用房的折旧费用大约各自相当于其总投入的3%（$D_1=0.03$ GI）。工业中使用厂房和仓库的主要在碾米、榨油、酿酒、染踹和造船五个行业中。这五个行业的生产总投入大约为451万两[④]，因此其折旧费为13.5万两。商业的总

---

① 费孝通说："房屋是由城镇的专门工匠来修建的。……修建一所普通的房屋，总开支至少500元。房屋的使用寿命根据维修情况而异，难以做出肯定的估计。每隔两三年必须把房屋的木结构部分重新油漆一遍，部分瓦片要重新铺盖，诸如此类的维修费用每年平均为10元。"（费孝通：《江村农民生活及其变迁》，第93—95页）。每年维修费为新房造价之2%。

② 据《巡道龚照瑗碑记》（收于民国《上海县续志》卷二），"价银二万五千八百九十五元三角六分，由苏松太兵备道分年捐廉；岁修费由北天后宫地租划拨，计钱每年四十千文正"。光绪十五年银—钱比价为1两：1460文，16年为1两：1530文，兹以1两：1500文计。银元以0.73两计。因此除去地价3,544银元，造价为22,351银元，值钱33,527千文。年维修费为40千文，为造价的1%。

③ 富户住房总数为12,400所，除去1/60的新建房屋后，为12,200所。

④ 五个行业的总产值为541.1万两。根据本书附录1中所得出的产出计算公式（GI＝0.83 GO），可算出这五个行业的总投入为450.9万两。

投入为670万两[①],因此商业用房折旧费用应为20.1万两[②]。据此,工商业用房的折旧费合计为33.4万两。商业用房的维修费以投入的1%计[③],应为6.7万两[④]。折旧与维修费二者合计40.1万两。

(3)公共建筑

华娄的各类公私所有的公共建筑物,不仅数量众多,而且单个规模大,造价高,因此建造费用也很可观。咸丰十年重建松江府署,"计共屋一百六十八楹,用银五千一百余两";同治十一年重建提督署(原注:在府治西南)"共屋二百二十余楹,计用银三万六千两";光绪二年至八年重建水利通判署(原注:在柘林城),"先后縻钱一千七百缗有奇(原注:始于光绪二年七月,讫于八年三月,先后费银千两有奇)"[⑤]。仅这几次兴建就耗银达42,200两之多。市镇上公共建筑不少,建造开支也不小。例如,华娄水乡,需要建造数量众多的桥梁,而据邻近的朱家角镇上幸存的《重建放生桥记》[⑥],嘉庆十六年夏竣工于该镇的放生桥,建造费用高达11,200两。1820年代华娄有三所书院,而邻近的嘉定县震川书院,道光八年动工,至道光十一年竣工,"自兴工以至蒇事,计捐钱一万六千八百余

---

① 从本书附录10中我们已推算出1820年代华娄的城乡贸易额为455万两,跨地区贸易额为353两,合计808万两。根据本书附录1中所推导出来的公式商品销售成本=0.83商品销售收入,商业投入(即商品销售成本)应为670万两。

② 根据本书附录1中的计算,商业用房折旧费用在商业投入中所占的比例为3%。

③ 见本书附录1。

④ 依照上述比例,维修费应为19.1万两。但是新造房屋头一年不须维修,因此实际维修费用还应减去1/60,为18.9万两。

⑤ 光绪《松江府续志》卷八《建置志》。

⑥ 朱家角镇为青浦县和昆山县合辖。此碑立于嘉庆十七年十一月,现仍在该镇,保持基本完好。本书作者于2008年9月5日拍摄。

串"[1]。亦即建筑开支为 16,800 余千文,按照当时的银钱比价(1:1,200),合银 1.4 万两。

公共建筑的维修费也很可观。华、娄二县的县学在道光十一、二十四年和光绪三年维修过。其中道光二十四年维修,"工度材合士民之资,凡用万余千缗";而光绪三年维修,则用钱 2,966 千文[2];依照当时的银—钱比价[3],分别合银 5,880 两和 1,854 两。如果以维修年限为 15 年计[4],则道光时每年县学的维修费应为 390 两。府学的维修费如亦以此计,则官学的年维修费合计 780 两。

各种公共建筑的建造费用平摊到每年,即相当于折旧费。由于公共建筑数量等情况无法得知,因此我们只能对其折旧与维修费用作一非常粗略的估计。从本书第八章可知,1820 年代华娄地区所有政府建筑物的折旧与维修费用合计 1.9 万两。姑且将各种公共建筑的折旧费和维修费的总数以上述数字的 2 倍计,即每年约 4 万两。此数仅为民居折旧费和维修费的总数的 5%,应当不会高估。

以上合计 125 万两,即建筑业的总产出。

2. 增加值

江南建筑多为砖木结构,木材和砖瓦是主要建材。这一点,民国《奉贤县志稿》说得很清楚:"建筑材料之中,除木材外,中国普通建筑物中,用途之广,即推砖瓦,尤以大江以南瓦屋砖壁,比比皆

---

① 陶澍:《嘉定县捐建书院折子》,收于《陶澍集》,第 350—351 页。

② 光绪《松江续府志》卷一七《学校志》,光绪《华亭县志》卷五《学校》附《知府练廷璜记略》。

③ 道光二十四年银—钱比价为 1∶1,727,光绪三年为 1∶1,510。见本书附录 3。

④ 华娄二县县学在道光十一年和二十四年都维修过,因此维修年限应在 15 年以内。

然。”[1]从道光时期上海县的两次建筑活动的开支记载中，我们可以大致了解木材与砖瓦在建筑开支中的比重。

道光十六年九月初三日上海县重建城隍庙演戏台，次年三月初七日建成，共开支足钱 4,377,906 文[2]。其中木料开支大体占 40%，砖石占 25%，人工占 25%，其他占 10%。道光二十五年上海县乌泥泾镇重修乌泥泾庙，总开支为 675,055 文[3]。其中木料占 38.6%；砖瓦石灰占 19.8%；人工（力钱、水木作、小工、伙食）占 30.5%；其他项目合计占 11.1%。

在以上两例中，城隍庙演戏台系较大型建筑，对木材、石料的要求较高，但由于戏台的特点，用砖相对较少。乌泥泾庙系较小型建筑，对木材、石料的要求较低，而用砖情况则与一般房屋类似。因此可以乌泥泾庙的情况为 19 世纪初期松江府一带的城市普通建筑的代表。在农村，据满铁在松江县农村的调查，No. 7 农户于民国二十五年建房 3 间，请华阳桥专门工匠建造，花费 700 元，其中支付瓦费 200 元[4]。据此，瓦费占建房费用的 28.6%。因此我们姑且假定城乡建筑的总造价中，木材费用占 30%，砖瓦占 30%，人工占 30%，其他各种费用（包括钉、漆、胶及各种杂物等）占 10%。如

---

① 民国《奉贤县志稿》卷一〇《工业史料》。

② 细目如下：木料 1,776,120 文（占 40.6%），砖料 518,009 文（占 11.8%），石料 617,650 文（占 14.1%），杂料（黄泥、粗纸、油、煤、铁等）166,177 文（占 3.8%），漆料 211,180 文（占 4.8%），匠工（6,750 工，每工 140 文）889,000 文（占 20.3%），杂用（破土、收土、通沟、伙食等用）176,160 文（占 4.0%），塑（原注：伞夫、马夫）像 23,000 文（占 0.5%）。见《重建上海县城隍庙戏台碑》（收于上海博物馆图书资料室编：《上海碑刻资料选辑》，第 28 页）。

③ 开支细目如下：钉 14,309 文，砖瓦 94,330 文，木料 260,490 文，石灰 39,360 文，牌跳 22,630 文，杂物 37,803 文，力钱 18,212 文，水木作 84,000 文，小工 19,414 文，伙食 84,507 文。见《乌泥泾庙重塑黄婆像碑》，收于上海博物馆图书资料室编：《上海碑刻资料选辑》，46—47 页。

④ 南满洲铁道株式会社上海事务所：《江蘇省松江県農村実態调查報告書》，第 213 页。

前所言,1820年代华娄建筑业总产出为125万两。使用本书附录1中的产出计算公式(GO = 1.20 GI),可知总投入为104.2万两。据上述比例,购买木材与砖瓦的支出各为31.3万两,人工支出也为31.3万两,其他支出10.3万两。因此中间投入为72.9万两。用总产出减去中间投入,余下的31.3万两就是增加值①。

表7－2是对上述讨论作的一个总结。

表7—2 1820年代华娄建筑业的产出和增加值(万两)

种类	新建	维修	合计	
	产值	产值	产值	增加值
民居	53.9	27.0	80.9	-
工商业用房	32.4	6.4	40.1	-
公共建筑	-	-	4.0	-
总计	-	-	125.0	31.3

(八)窑业

依前述,1820年代的华娄建筑业每年耗用的砖瓦总价为31.3万两,这就是窑业的主要产出②。窑业生产的中间投入主要是燃料。依照今天浙江半机械化小砖窑生产红砖的情况来看,燃料开

① 使用本书附录1的工业增加值计算公式($VA = 1.28\ W + 0.28\ IC_m$),求得的增加值为40.6万两。这两个数字之间的差别颇大。其原因盖在于工资总数的差别。建筑业中除了专业工匠外,还常使用大量的临时工。上面所说的工人只是专业工匠,他们的人数通常比临时工要少得多。因此,如果加上临时工的报酬,工资总额要大大超过专业工匠的工资。同时,附录1的工业增加值计算公式主要是针对碾米、榨油、踹染、酿酒等需要较多固定资本的行业设计出来的,但是建筑业中的固定资本折旧及维修费用很少。因此我们在计算建筑业的增加值时,也不用该公式而用上述方法。

② 加上石灰,窑业产总值应当还更多一些,兹不计。

支大约占生产成本的 58%，而生产成本为产值的 56%[①]。换言之，燃料开支相当于总产出的 30%。1820 年代的华娄窑业的燃料姑以此计，则为 9.4 万两。窑业从业人员总数为 2,900 人，工资总额为 13.1 万两。使用工业增加值计算公式（$VA = GO - 1.03W - 0.03\,IC_m$），可以求得窑业增加值为 17.5 万两。

现将第三类行业总产值与增加值列为表 7－3

表 7—3　1820 年代华娄工业第三类行业总产值与增加值

行业	总产值(万两)	增加值(万两)
碾米	185.8	49.5
榨油	174.5	68.0
酿酒	70.1	37.6
染踹	78.4	18.7
造船	32.3	14.1
制盐	16.7	11.6
建筑	125	31.3
窑业	31.3	15.7
合计	714.1	246.5

最后，将本章讨论得出的结果总结如下（表 7－4）：

表 7—4　1820 年代华娄工业增加值(万两)

行业类别	增加值	比重(%)
第一类行业	54.6	13
第二类行业	127.0	30
第三类行业	246.5	58
总计	428.1	100

① 浙江省瑞安市大桥新村第 5 幢荣生制砖机厂“小型制砖机”广告（http://cn.bbs.yahoo.com/message/ read_－JUQ2JUM2JUQ3JUE5JUJCJUZB_7.html）。

第八章　服务产业增加值

服务产业由于包含部门多，各部门情况差别很大，因此增加值的计算颇为复杂。在本章中，我们依次讨论(1)商业与普通服务业(简称服务业)，(2)金融业，(3)外贸业(即跨地区贸易业)，(4)水运业，(5)教育以及(6)政府服务的增加值。

一、商业、服务业

在近代以前的江南，商业与服务业两个产业部门之间的关系密不可分。因此我们将二者合在一起讨论。

在本书第五和第九两章中，已得知 1820 年代华娄商业与服务业从业人数以及从业人员的人均年收入。由此即可得知该行业雇员收入总额(表 8－1)。

表 8—1　1820 年代华娄的商业与服务业雇员的收入

部门	从业人数	收入(两/人)	总收入(万两)
商业	18,400	42	77.3
服务业	6,600	42	27.7
总计	25,000	42	105.0

由于商业的情况与服务业在一些方面还是有不同[①]，因此下面把二者分开讨论。

1. 商业

在本书附录 10 中，我们推算出 1820 年代华娄的城乡贸易额为 502 万两，地方贸易额为 249 万两，二者合起来为 751 万两，这就是本地区内商品销售总额。但是城乡贸易和地方贸易（特别是农村集市贸易）中都有很大一部分并未通过商业机构[②]，不属于本书中所说的商业的营业。此部分贸易额有多大无法得知，在此姑以地方贸易计[③]。通过商业机构销售的商品总额，则姑以城乡贸易计。据此，1820 年代华娄商业的商品销售额为 502 万两，此即本地商业总收入。此外，在本书第五章和附录 14 中，我们又可知 1820 年代华娄商业的从业人员总数为 18,400 人，人均年收入为 42 两，因此工资总数为 77.3 万两。使用本书附录 1 中的商业增加值计算公式（W + 0.19 SI），即可求得商业的增加值为 172.7 万两。

2. 服务业

服务业的增加值大体等于雇员收入。已知服务业从业人数为 6,600 人，人均年收入为 42 两，总收入为 27.7 万两。此即服务业的增加值。

---

① 如同本书第五章中所指出的那样，商业店铺的平均规模比服务业店铺大，从业人员及资本也都更多。例如，从对 1951 年松江县（坐商）商业与服务业情况所进行的分析来看，每个商业店铺的从业人数为 3.1 人，而服务业则为 2.3 人，比例为 4∶3；每个商业店铺的资金，更为服务业店铺资金的近 5 倍。

② 这种贸易主要是生产者和消费者、生产者和生产者、消费者和消费者之间的直接交易。

③ 因为在本书附录 10 中计算地方贸易额时，就是以农村集市贸易为主的。

二、金融业、外贸(跨地区贸易)业

在本书第九章可知,1820 年代华娄金融业从业人数为 1,200 人,人均年收入 42 两。据此,则雇员报酬总额 5 万两。同时,从本书第十章又得知金融业的发放贷款总额为 215 万两,利息收入为 36.6 万两。因此我们即可用本书附录 1 中的金融业增加值计算公式(VA = W + 0.2 L),求得增加值为 48.6 万两①。

外贸业增加值的计算方法与商业相同。从本书第五章中,已推求得外贸业从业人数约为 5,000 人,人均年收入 42 两;因此雇员报酬总额为 21 万两。又,从本书附录 10 中,可得知外贸总额为 367 万两;因此可以使用商业增加值计算公式(VA = W + 0.19 SI),求得增加值为 90.7 万两。

三、水运业

水运业的增加值,我们使用收入法来计算。水运业的固定资产主要是从事营利性水运的专业货船,其折旧问题在第 7 章中讨论造船业时已谈过,货船与漕船的更新年限都为 10 年,因此年折旧费用相当于每年建造的新船的价格,分别为 1.3 万两和 1.9 万

---

① 在本书第十章中,我们计算出金融机构的运用自有资金获得的利息收入为 10.3 万两,使用他人资金获得的利息收入为 26.2 万两。使用本书附录中的两个金融业总产出计算公式 GO1 = IR + SC - IP = IR 和 GO2 = IR + SC = 1.5 IR,可以分别算出其产出为 10.3 万两和 39.3 万两,合计 49.6 万两。金融业的产出就是其收入,总收入略大于增加值是正常的。

两，合计 3.2 万两。

从第五章中我们得知 1820 年代华娄水运业的从业人员总数为 4,300 人，人均年收入 42 两，据此劳动者报酬共 18.1 万两；固定资本折旧费用 3.2 万两。这样，我们即可用本书附录 1 中的水运业增加值计算公式（VA = 1.21 W + Dv），求得 1820 年代华娄水运业的增加值为 25.1 万两。

四、教育

教育部门属于非营利单位，一般没有经营收入[①]，其总产出是核算期内为社会提供服务发生的费用。换言之，教育的增加值也等于对教育的投入。我们在本书附录 11 中会对此进行讨论。现将结果简述如下。

教育的投入主要由三个部分组成：(1)教师的薪金，(2)校舍的建设与维修费用，以及(3)书籍与文具的购置费用。下面我们对各类学校的开支问题进行讨论。

1. 官学：华娄地区的官学有松江府学和华、娄二县县学[②]。其开支主要包括以下内容：

(1)学官和杂役的收入：府学和县学共有学官 3 人（府学教授 1 人，县儒学教谕 2 人），以及杂役共计 11 名。19 世纪初期华娄学官各种收入总共为 5,100 两，杂役的各种收入为 460 两。

(2)学生津贴：在官学学习的学生（即官学生）中，廪膳生员可享受政府提供的津贴（廪饩银），每名每年 4 两。府学和二县县学有共廪膳生员 64 名，津贴总计 256 两。

---

① 或有少量的经营收入，但抵补不了支出。

② 二县县学合用同一校舍，但财政、师生员额则分开。

(3)日常开支:官学校舍每年平均维修费用达 780 两[①]。此外,官学还配备必需的教学设备(如桌椅板凳等),购置相当数量的藏书,为师生提供笔墨纸张和照明,举行各种礼仪和祭祀活动(例如春秋丁祭、朔望行香、新生入学释菜),为华娄二县参加考试的童生提供笔墨纸张[②],等等。这些开支数量不详,兹姑以 400 两计[③]。据此,所有的日常性开支合计为 1,200 两。

以上各项合计,官学每年的全部开支约为 7,000 两。不过,官学属于政府的部门,因此其开支也可以被归入政府开支项下。

2. 书院:1820 年代华娄有三所书院,即云间、景贤和求忠书院。其收入与支出大致相抵,为 4,700 两。

3. 私塾:私塾教育中的投入包括教师的薪金,以及学生学习时使用的书籍、文具和照明费用乃至教育的场所与设备等方面的费用。这些开支合计为 34.8 万两。

因此,私塾和书院的开支合计,共为 35.1 万两。加上官学的开支 7,000 两,总共约为 35.8 万两。

---

① 见本书第七章。

② 例如娄县的童生试卷田,系乾隆六十年原任直隶保定府通判周厚基捐娄田 30 亩而设立的(见嘉庆《松江府志》卷一六《建置志·公建》)。

③ 除了上述开支之外,还有"花红"等开支,数量也不少。据光绪《娄县续志》卷七《学校》,娄县于同治九年开始,"每年于冬漕公费项下捐钱三百千文为每月小课之用",这些钱,"除礼房备卷发给卷费钱一千文外,余二十九千文,第一名发给花红钱四千文,第二、第三名各给发钱二千五百文,第四、第五名各给钱一千五百文,第六至第十名各给钱一千文,十一至二十名各给钱七百文,二十一至三十名各给钱五百文。所取名数不论课卷多少,给发花红总以三十名为额"。每月 30 千,全年就 360 千,以同治六年(1867 年)的银—钱比较(1∶1,690)计(见本书附录 3),合银 213 两。因此,各种日常开支总起来以 400 两计,应当不会高估。

五、政府

政府服务的增加值大致等于政府支出。在19世纪初期的华娄，政府支出主要包括政府工作人员的收入、政府建筑物和军事装备的折旧与维修费用，以及公共事业的开支等。

1. 政府工作人员的收入

我在本书第五、十章中，对政府工作人员的人数及收入进行讨论，兹将有关讨论结果制成下表（表8－2）：

表8—2　19世纪华娄地区府县两级政府工作人员的收入

	人数	收入（万两）
文职系统		
官员	35	22.0
衙役	1,500	10.0
合计	1,535	32.0
武职系统		
军官	59	2.8
士兵	2,183	5.0
合计	2,242	7.8
总计	3,800	39.8

因此，政府各种工作人员的收入为39.8万两[①]。

2. 政府的日常性开支

松江府和华娄二县政府的日常开支（包括官方祭祀活动等），

① 这个数字包括前面已经谈到的官学教师、杂役的薪金和廪膳生员的津贴。

所费亦不小。嘉庆时期松江府征收赋税中，存留部分有“各衙门官役俸工并祭祀杂支等项”，其中华亭县为2,369两，娄县2,120两，合计4,489两[①]；此外还有多种专门开支[②]。由于资料缺乏，这些开支很难估计，兹姑将华娄地方政府（松江府衙门和华、娄二县衙门）的日常开支，参考上述数字，合计5,000两。

3. 政府建筑物的折旧与维修费用

政府建筑物（官署、监狱、驿站、兵营、学校、仓库、养济院等）的折旧问题，本书第七章在讨论公私公共建筑的建造时曾有涉及。这里，我们从军人住房（营房）的费用来对这类建筑的折旧费用作一个大概的估计。

华娄驻军住房由政府提供，费用不详。从附录12中我们得知雍正时苏州踹匠每人每年房租为4.3两。如果以这些踹匠的房租计，并考虑到雍正朝和道光初期的物价差别[③]，那么1820年代华娄驻军有士兵共2,183人，政府每年为他们支付的实际费用即达18,000两，而且这个数字肯定是偏低的[④]。此外还有军官住房以及仓库、伙房、店铺[⑤]等公共用房等。所有这些加起来，按照民间租

---

① 嘉庆《松江府志》卷二五《田赋志·解支》。又，此数占松江府总支出（14,890两）的30%。不过这里的花费，也包括了官役俸工在内，因此究竟有多少属于上面我们所说的政府其他开支，则不得而知。

② 例如华娄二县的“驿站实征银”为125两（见嘉庆《松江府志》卷二五《田赋志》）。

③ 用Yeh - chien Wang：“Secular Trends of Rice Prices in the Yangtze Delta, 1632—1935”, Table E 1.1中数字计算，雍正朝（1723—1735年）江南平均米价为1.2两；而据本书附录4，1823—1829年平均米价为2.3两；后者比前者几乎高出一倍。

④ 清代绿营兵家眷随营居住，因此一兵实际上就是一户，需要较大的住房；而踹匠通常是单身，可以几个人合住一个房间。因此华娄驻军士兵的住房应当比苏州踹匠大。由此而言，上面的估数肯定是偏低的。

⑤ 清政府特许松江驻军在郡城内外设店出售官盐，所得利润作补助“弁兵饭食、赏赉及办盐书识人等伙食、房租之用”（嘉庆《松江府志》卷二九《田赋志·盐法·场灶》）。

金计算，军队用房的年“租金”应大大超过 2 万两。华娄住房年折旧费大约为房租的 50%[①]，据此推算，兵营的年折旧费应在 1 万两以上，兹以 1 万两计。

如果其他政府建筑物的折旧费也以兵营年折旧费计，则所有政府建筑物（包括兵营）的折旧费总额应在 2 万两左右。

此外，政府建筑物的维修开支也不小。华娄住房年维修费大约为折旧费的 60%[②]，据此推算，所有政府建筑物的维修费总额应在 1.2 万两左右。

折旧与维修合计，共计 3.2 万两。

4. 军事装备的折旧与维修

军事装备（武器、马匹、船只、车辆等）的购置与维持也是政府的一大开支[③]。这些装备在军事装备中，用于马匹和船只的费用又是最大的开支项目。因此这里我们主要就马匹和船只的情况，作一简单的讨论。

嘉庆时期，华娄地区驻军拥有战马 396 匹，各类战船 43 艘[④]。道光时期松江府一带战马价格不详，我们仅知雍正（1723—1735

---

① 租金为造价的 3%，维修费为造价的 1%，折旧费为造价的 1/60（即 1.67%）（见本书附录 12）。因此折旧费为租金的 56%，兹以 50%计。

② 见注①。

③ 虽然如同官员薪俸一样，这些费用也出自上级财政，但是由于松江是江苏省乃至全国的主要赋税来源地之一，因此最终仍然来自本地上缴的赋税。

④ 具体数字为：(1)城守营：坐马 22 匹，战马 100 匹，船 6 只（内唬船 1 只，巡船 1 只，中号四橹哨船 2 只，桨橹快哨船 2 只）；(2)提标中营：坐马 22 匹（参八，守四，千把各二），战马 96 匹，船 20 只（内唬船 1 只，巡船 15 只，中号四橹哨船 2 只，桨橹快哨船 2 只）；(3)后营：坐马 20 匹，战马 100 匹，船 13 只（内唬船 1 只，巡船 8 只，中号四橹哨船 2 只，桨橹快哨船 2 只）；(4)柘林营：坐马 10 匹，战马 26 匹，船 4 只（皆巡船）。

年)后期江苏省的战马实际购买价格为 21—24 两不等[①]。这里我们从牛价推求之。在清代,马比牛贵得多[②],1820 年代华娄地区成年牛每头价 15.4 两[③],如马价以牛价之 2 倍计,即为 31 两。据此,396 匹战马值 1.2 万两。战马服役年限大约为 10 年,因此"折旧"费用也相当于马价的 1/10。换言之,这些战马的"折旧费"大约为 1,200 两/年。每匹战马每年饲料为豆 9 石,草 720 束[④],各种费用合计 13.2 两[⑤]。396 匹战马,每年的饲料等费用共计 5,200 两。加上马的"折旧"费用,合计每年为 6,400 余两。战船的折旧与维修费用,在本书第七章中作了估计,共计 1,900 两。

因此,用于战马与战船的开支,合计达每年 8,300 两。武器、车辆等方面的开支不详。在此我们把所有军事装备的开支,共以 1 万两计。

5. 公共事业

清代华娄地方政府进行不少公共事业(水利、救荒、仓储、交通、慈善等)的建设和维护。在这些公共事业中,开支最大的是水利。

由于华娄的地理特点,水利设施的维护是一项经常性的工作。

---

① 雍正十一年江南提督南天祥上《陈买马利弊疏》,说:"伏查江省非产马之地,向例照原定每匹十四两与十三两八钱之价,支领寺扣朋银,每年一次,核定数目,请部给单,委员赴口买补。……其余各协营,并无赴口买马之例,亦不附各标营带买,或就当地购觅,或从行贩转买,以致每匹价值多至二十一二两与二十三四两不等。"

② 毕恭:《辽东志》卷三《边略·抽分货物》:正统初年,骟马一匹银六钱,儿马一匹银五钱,骒马一匹银四钱,牛一只银二钱,缎一匹银一钱,锅一口银一分。清代情况亦如是。

③ 见本书附录 4。

④ 春冬月,每月豆给 9 斗,草 60 束,夏秋月,每月给豆 6 斗,草 60 束。

⑤ 饲料费合银 6.3+5.04=11.34 两,每月平均 0.95 两,实际支干银 1.1 两,应为每月饲料费加其他开支(如食盐费等)。

武林退守在为《浦泖农咨》作的跋中说："吾松居东南最下游，潮水挟淤泥而入，涂荡尽田，且夺水为田，故水亦反夺之。"乾隆《华亭县志》也说："松邑之水，自西北苏州、震泽来者，经青浦、娄县，会于金山县之横潦泾，以达于浦；自西南天目、秀州来者，经娄、金山二县，而分入于邑之瀣泾，以会于浦；其东北自海来者，朝潮夕汐，由浦灌盈，来则浑浊汹涌，其势莫御，去则迟缓，淀积泥沙，而上源之水日弱，不能迅决冲涤，致诸河港渐皆淤塞，故必度其高下浅深，设法疏浚，庶水旱于是乎有备。"[①]因此修建海塘和疏浚河道，都是农业生产和交通运输赖以进行的必要条件。

(1)海塘修筑

在道光元年至十五年期间，华亭县共修海塘 5 次[②]，平均三年一次。这与官方的规定相符[③]。每次工程规模及费用不详。道光三十年松江府修海塘，支出为 4.5 万两有余[④]，七县分摊，每县 6,400两，每年平均大约 2,100 两。但这只是官府拨款的数字，实际数字要大大超过此数。姜皋说："筑塘总在三伏，工夫为炎暑蒸灼，日晒夜露，骤中痧暑死于塘下不知凡几。且其时田事正忙，多

① 乾隆《华亭县志》卷四《水利》。

② 这五次为：道光元年，华亭知县汪淇请帑修筑石坝土塘；道光八年，华亭知县贺崇禧修筑金山嘴等处石坝土塘；道光十年，华亭知县张之杲借款修筑金山嘴等处石坝土塘；道光十一年，华亭知县张之杲请帑修筑金山嘴等处石坝土塘；道光十五年，华亭知县魏文瀛修筑塘外坦坡。

③ 康熙初年始行岁修之法。雍正十一年江苏巡抚乔世臣疏定岁修限期，每年十一月饬知县勘估塘坝损坏合修处，报布政司核定，于明年正月兴工，至三月报竣。但是后来依照户部规定，"建筑海塘，因土工不能经久，改建石塘以资护卫，原不得于土埽各工相比。所有一切坦水石坝、单路石坝以及坦坡玲珑石坝、石塘等工，离海一里内外，虽坐当迎溜顶冲者，仍令保固三年"（见光绪《华亭县志》卷三《海塘》）。换言之，自改为石塘后，大约是每三年修一次。

④ 道光三十年，松江知府顾兰征、知华亭县帅宗"详请借帑修筑海塘二千三百余丈，……始于咸丰元年正月，至四月竣。是年工费银四万五千两有奇，总督陆建瀛奏准借帑兴修，工竣，由松江府属七县按田摊征还款"。见光绪《华亭县志》卷三《海塘》。

不能分身到工者，地保塘差乘机讹诈，每亩办钱三四百文，谓之买闲；倘有硬不出钱，情愿挑土者，差保必寻隙，锁暴烈日中，多方苦难之，不得不营求解脱。于是工书差役有费，往往多于买闲钱一二十倍也。此筑不以时之害，不既行之四五十年？"[①]换言之，海塘维修的实际开支，往往是每亩摊派三四百文。华娄有额田 81 万亩，每亩摊派 300—400 文（以 350 文计），额田 81 万亩共 2,835 万文，合银 2.2 万两。据此，华娄地方政府在海塘维修方面的费用，平均一年约合 7,000 两[②]。

(2)河道疏浚

由于黄浦江和海潮携带的泥沙，华娄的河道颇易淤塞。"民流惟恃潮汐，前人谓一潮之淀，厚及一箬；一日两潮，厚及一钱；岁三百六十钱，二尺余矣。日积月累，吴淞故道不复可问矣，而沿吴淞南北沃壤更可想而知矣。"[③]因此，为了保证河道畅通，不致引起水患，疏浚河道成为一种经常性的工作。

华亭县在道光元年至十五年期间由知县组织浚河 5 次[④]。由此来看，华娄地区官方组织的疏浚工作是大约每三年一次。但据道光十六年华娄青绅士骆芬等《请留蒲汇塘坝禀略》和林则徐的疏略，成例是五年一浚[⑤]。我认为这种成例指的是日常性的疏浚工作，而上述疏浚活动则是非常规性的疏浚工作。在日常性的疏浚

① 姜皋《海塘刍议》，收于光绪《华亭县志》卷三《海塘》。

② 不过姜皋也说：这些费用实际上大部分进入了各级贪官污吏的腰包。

③ 光绪《娄县续志》卷五《民赋志》。

④ 道光二年，知县汪淇浚山阳塘；道光五年，知县王青莲浚北盐铁塘、南俞塘、府城东北通波塘；道光七年，知县贺崇禧浚祝家港；道光十年，知县张之杲委巡检舒春元督浚盐铁塘北段；道光十五年，知县张庆瑗浚运港（见光绪《华亭县志》卷三《水利・水道》，光绪《松江府续志》卷七，山川志・水利》）。此外，道光十六年，知县魏文瀛移咨金山县会浚高蒋泾及乡界泾南段，并浚后冈塘、前冈塘、潘泾、陈泾、黄坟泾、三里港、洮港、乌泥泾、褚石泾、祝家港、新河港、奉贤泾、下横泾、俞塘、沈漕泾、胡婆泾、西千步泾、盘龙塘。

⑤ 光绪《娄县续志》卷五《民赋志》。

工作中，需要疏浚的河道的长度，林则徐已说得很清楚，“华亭县之亭林镇鹤颈汇，大小运港共长三千余丈；又娄县之古浦塘、官绍塘等河共长三千六百六十六丈，又青浦县泖湖切滩与元和、娄县并界，共长二千九百六十五丈零”①。如果将华亭、元和、青浦县三县并界的二千九百六十五丈三分之，再加上华、娄二县各自负担者，则华娄所负责的部分共计 7,600 余丈（约 50 里）。每五年一浚，平均每年疏浚河道 1,500 余丈（约 10 里）。而非常规性的浚河，则是因具体对象而异。

疏浚河道所需费用大约多少？史无明记，但可以从陶澍等人的报告中得知大概。道光七年陶澍说：“查得道光四年原勘，系照南河挑工土方闲月则例，酌估计需土方夫工筑坝等项共银三十万五千一百余两。迄今数年，河道更形淤塞，见估自井亭渡起，至曹家渡止，计四十三段，工长一万八百八十九丈八尺，挑土一百一十四万三千七百八十三方一分七厘，分别深淤、浅淤两则，估银二十九万三千二两八分一厘四毫。”②道光九年三月十八日陶澍、蒋攸铦会奏挑浚吴淞江河道并估筑各坝需用银数时也说：“以上挑河工共四十三段，共长一万八百八十九丈八尺，共估土一百一十四万三千七百八十三方一分七厘。……以上挑河共估土方银二十九万三千二两零。……统计挑河筑坝，共估银二十九万九千一百八十七两零。”③据此，每丈挑土 105 方，用银 27 两④。兹以此为据，则华娄每

---

① 光绪《娄县续志》卷五《民赋志》。

② 光绪《娄县续志》卷五《民赋志》。

③ 上海博物馆图书资料室编：《上海碑刻资料选辑》，第 187 页。

④ 光绪《娄县续志》卷五《民赋志》。据此，每方 0.25 两，按道光初期的银—钱比价，合钱每方 334 文。此前嘉庆二十三年浚吴淞江时采用的标准，为（挑土）工价每方三百九十九文；而尔后同治时的工价则为每方 460、500、560 文不等。又，光绪六年金济在关于华亭塘工的禀略中说：“此项新河工长近四百丈，皆系一律生开河口，离塘均以十丈为准，每土一方，酌给工价钱二百五十文。”（光绪《松江府续志》卷七《山川志・水利》）因此相对而言，这个工价标准是一贯性的。

年平均每年疏浚河道 1,500 余丈,共用银 4.1 万两。

另一种办法是按照田亩摊派计算。同治九年(1870 年)华亭知县张泽仁浚河,采取此法:"尚有额田六千顷,每亩派捐钱六十六文,随漕收纳,可抵工支,估定工长五千二百二十八丈,面宽六丈,底宽二丈,除旧河形挑土十二万一千八百余方,每方给价一百七十文。"[①]据此,60 万亩额田每亩派捐钱 66 文,共 3,960 万文,按同治九年的银一钱比价[②],合银 2.22 万两[③]。华娄两县额田 81 万亩,每亩派捐钱 66 文,共 5,346 万文,合银 4.1 万两。这个结果与上面计算出来的结果基本一致,可见在 19 世纪的华娄,每年用于日常性疏浚河道的开支大约为 4 万两或者略多。

因此大致而言,华娄在疏浚河道上的开支,每年平均为 4.1 万两,加上海塘维修的开支 7,000 两,共计 4.8 万两。如果加上政府在其他公共事业上的日常性开支(如救荒、仓储、交通、慈善等设施的建设和维护)[④],其数更大。

6. 上交赋税

华亭、娄县必须向上级政府(省、朝廷)上交赋税。19 世纪初期华、娄两县上交的赋税,主要包括漕运和解支两个部分,其总数我们在本书附录 15 中作了统计,大约为 37 万两。这些赋税上交给上级政府后,有很大一部分用于维持国内秩序和安全。其所起的作用,类似一个欧洲小国的国防与外交的开支。因此从这个意义上来说,虽然这些赋税不由本地政府使用,但是也应可以归入本地政

---

① 光绪《娄县续志》卷五《民赋志》。

② 1 两:1,780 文,见本书附录 3。

③ 但这只是总费用的一部分,因为在同治以前,实际摊派往往是每亩 300—400 文。

④ 例如华娄二县征收的赋税的存留部分中,有"恤孤口粮实征米"共 388 石。

府支出的范围。

下面，我们把1820年代华娄政府的开支情况总结为表8－3：

表8—3　1820年代华娄府县政府的开支

内容	开支(万两)
政府工作人员收入	39.8
政府日常性开支	0.5
政府建筑物折旧与维修	3.2
军事装备折旧与维修	1.0
公共事业(水利)	4.8
上交赋税	37.0
总计	86.3

从上述数字中减去官学开支7,200两，余下的84.3万两即为政府开支。政府的增加值大致等于政府的支出，因此1820年代华娄地方政府的增加值为84.3万两。

现将本章讨论所得结果总结如下表(表8－3)：

表8—4　1820年代华娄服务产业的增加值

部门	增加值(万两)	比重(%)
商业	172.7	36
服务业	27.7	6
金融业	48.6	10
外贸业	90.7	19
水运	25.1	5
教育	35.8	7
政府	85.6	18
合计	486.2	100

第 四 编

就业、收入与支出

第九章　就业

本章所讨论的就业问题，包括就业人数、就业率、就业程度、就业结构等。在本书“中编”的各章中，我们已经得知 1820 年代华娄各产业部门中的从业人数，但是还不知道其他情况如何。下面将对这些问题进行专门的讨论。

一、就业率

依照一般的定义，就业率（亦称人口就业率或劳动力参与率）指就业者与劳动年龄人口的比率。这是衡量劳动力市场水平的一项综合指标，反映一个地区劳动年龄人口的经济活跃程度。

所谓劳动年龄人口，是指在一定年龄范围内具有劳动能力的人口。在今天的世界上，劳动年龄人口的年龄界限一般都由国家规定。由于各国社会经济条件不同，劳动年龄的范围也不同。在中国，至少自秦朝以来，国家就已建立了将编户人口按照年龄进行划分的制度，即“丁中”制度，作为授田、服役、交纳赋税的主要依据[①]，到了隋唐时期。这种丁中之制进一步完善。依照唐初定制，人口按照年龄划分为五个种类：“男女始生为黄，四岁为小，十六为中，二十一为丁，六十为老。”[②]由此可见，16岁（或者21岁）至59岁被视为具有成人劳动能力的年龄，相当于今天所说的劳动年龄。16年是一个人口——劳动力成长的周期，因此人们也把16岁作为劳动年龄的开始。

由于缺乏资料，1820年代华娄的人口年龄数据无法获悉。这里我们只能从一般的情况来进行推求。

满铁调查表明，松江一户平均有4.53人，而其中16—60岁的占49.7%[③]。这个比例与1952年全国劳动年龄人口比例差不多[④]，都大致在50%上下。换言之，一户大约平均有符合上述劳动年龄标准的人2.25个。在此，我们姑定1820年代华娄的情况也如此，即每户劳动年龄人口相当于2.25个成年劳动力。以此计算，则1820年代华娄的劳动年龄人口大约为28万，占全部人口的50%。劳动年龄人口所包括的具体内容如下（表9－1）：

---

① 孙晓林：《丁中》。该制度的主要对象是“丁”，又称正丁、丁男，一般指主要承担赋役的适龄男子（有时也包括女子，称丁女）；其次是“中”，又叫半丁、次丁、中男（或中女），一般指年龄低于“丁”的青年，经常部分地承担赋役。“丁”、“中”用来与“老、小”相区别，后者通常不负担赋役。

② 杜佑：《通典》卷七《食货七历代盛衰户口·丁中》。

③ 见南满洲铁道株式会社上海事务所：《江蘇省松江県農村実態调查報告書》，第34、35页。

④ 1952年全国劳动年龄人口比例为51.7%（Angus Maddison：*Chinese Economic Performance in the Long Run*，p.7，Tables 3 6）。

表 9—1　1820 年代华娄的劳动年龄人口

	种类	数量(万人)
农村	成年男子 成年女子 总数	8.5 8.5 17
城镇	成年男子 成年女子 总数	5.5 5.5 11
全部	成年男子 成年女子 总数	14 14 28

16 岁以前的少年也具有一定的劳动能力。在清代江南，少年人也普遍承担一些力所能及工作。把这些未成年的劳动力算进去，实际参加劳动的人口会多一些。徐新吾估计在 19 世纪前半期的松江地区，一个农户平均有 1.5 人参加事棉纺织劳动[①]。在这 1.5 人中，除去主要劳动力农妇 1 人，余下的 0.5 人即为老幼等辅助劳动力。而在这些辅助劳动力中，主要又是未成年的女孩[②]。1820 年代华娄地区城乡从事棉纺织工作的劳动者共 11.3 万人，按照上面的比例，未成年劳动者为 3.8 万人。

关于各行业从业人员的数量的情况，在本书上编各章已经进行了详细讨论，在本章第 3 节中还要进行进一步的分析。从该分析可知，1820 年代华娄的就业人口总数约为 26 万。从中除去从事棉纺织业的未成年劳动者 3.8 万个，成年劳动者为 22.2 万个。据

① 徐新吾主编:《江南土布史》，第 215—216 页。

② 在松江，“生女五六岁即教以纺棉花，十岁学织布”，“女子七八岁以上即能纺絮，十二三岁即能织布”(道光《金泽小志》卷一《风俗》)。即女孩普遍在 7—10 岁之间已能熟练纺纱。

此，就业人口为劳动年龄人口的 79%。这个就业率，从今天的角度来看是相当高的[1]。由此意义上来说，当时的华娄是一个充分就业的社会。

19 世纪初期华娄地区的就业情况与现代社会中的就业情况有很大不同，这些不同表现在以下方面：

首先，在 19 世纪初期的华娄，各种职业人群年工作日数往往差别很大。例如，城镇工人的年工作日数通常比农夫多；而在农村，长工的年工作日数往往也比自耕农多。因此从事不同行业或者同一行业不同工作的人在一年内的工作日数颇不相同。

其次，在 19 世纪初期的华娄地区，并非所有的就业者都只从事一种工作。在许多情况下，一个就业者往往在一年中从事几种不同的工作。例如，有的农夫也从事棉纺织业，而农妇则往往同时是农家棉纺织业和家庭养殖业的主要承担者。这些人一年的工作总量，包含了在不同工作中的劳动量。

下面，我们首先对年工作日数进行分析。

二、年工作日数

我曾经在其他著作中指出：计算近代工业中的劳动生产率以日或者小时为单位计算，而传统农业中的劳动生产率则应以年为单位[2]。这个特征也适用于 19 世纪初期的华娄地区。由于这个特征，这里我们也特别注意年工作日数的问题。

---

① 中国在 1990 年代中期的人口就业率为 78.7%（1995 年），在世界上是最高的，紧随其后的是冰岛（71.1%，1997 年），泰国（70.9%，1997 年）和挪威（69.8%，1997 年）。见杨宜勇：《中国劳动力市场状况及其国际比较》。

② 李伯重：《唐代江南农业的发展》，第 187—189 页。

在计算年工作日数之前，我们必需首先对“工作日”这一概念作一简单讨论，然后再分析各种行业中的年工作日数。

(一)工作日及其折算

工作日是一个颇为近代的概念，是否能够运用于19世纪初期的华娄地区，尚需讨论。

我在本书第二章中已指出：在19世纪初期的华娄已有一个颇为发达的劳动力市场，同时民间也有各种形式的劳动合作。这些情况一直延续到20世纪中期，鲜有变化[①]。由于劳动力的买卖和交换十分频繁，因此形成了约定俗成的工作量标准[②]。这种标准指农民在日常劳动中每人每天必须完成的工作量，既是雇主雇佣长工、忙工支付报酬的尺度，又是伴工互助交换劳动力的依据[③]。将

---

① 例如《浦泖农咨》(31)说：“穷农无田为人佣耕者曰长工，今曰长年；农月暂佣者曰忙工；田多而人少，倩人而报之者曰伴工。此外又有包车水者，率若干亩，以田之高低为等，夏秋田中缺水则为之踽车上水。设频遇阵雨，则彼可坐获其直。其为人舂米者，谓之舂伙。”而上海松江网：《松江农业经济文化简史》则说：“在实行农业合作化前，松江有单干、雇工、伴工互助三种劳动形式。”

② 除了雇工之外，自明代以来，华娄农民之间就盛行换工。在近代，这种换工也遵循一定的标准。有的农户紧急需要人工而又苦于无钱雇用短工，就请感情较好的农友相助，日后以相同的劳动天数回报。也有本家缺乏某项技能需要别人相助的，如某农妇只会织布，不会经纱上布机，就要请邻家妇女相助；再如某户不会泥水工，要请泥水匠修屋。大凡来相助一天半天的，均按一天回报；欠一天女工，还一天男工；欠一天泥工，还二天农工。此外，还有人工换牛工。在耕地、灌溉时借用他人耕牛一天，以两个人工相抵。归还耕牛时，要喂饱，另外附带一筐青草，以示感谢(以上均引自上海松江网：《松江农业经济文化简史》)。这些标准，也应当是清代习俗的延续。

③ 这个工作量也是当地农业生产劳动总量的分解与具体化。能否完成约定的劳动量，是衡量能否作为成年男子进入社会的标尺，是个人确立社会形象的基础(上海松江网：《松江农业经济文化简史》)。

近代松江地区主要农活的人工标准[①]与《浦泖农咨》中的1820年代华娄水稻种植主要农作上的人工标准[②]进行对比，可以看到二者在主要农活上颇为相似[③]。因此，我们可以将各种不同行业之间的工作日进行折算，并可用近代的标准去推算1820年代的情况。

当然，我们也要注意到：工作日的长短[④]，往往依行业而异，而且也因工作性质和季节而变化很大。杨联陞指出："农人每天的时间表，是从日出到日落都在田里工作。仅有在中午他的家人给他送饭时才停歇，这是自古以来的习惯。"[⑤]工商业中的工作日似乎比

---

① 据上海松江网：《松江农业经济文化简史》，近代松江地区主要农活每人每天约定的劳动量（即一个标准人工）如下：(1)筑小岸：80个"稻头"，约合80米长；(2)罱河泥：两人合作，一人撑篙，一人罱泥，以载重一吨左右的小船为准，须罱满12船；(2)人工翻田：1亩；(3)插秧：1.25—2亩，视栽插密度而定，最少不低于1.25亩；(4)耘稻：1.5—2亩，视田中杂草多少而论，最少不低于1.5亩；(5)耥稻：2亩；(6)施豆饼肥：先须刨碎500斤豆饼，再将其进一步捣碎，然后施到田中，一般每亩施25—50斤，即施豆饼肥10—20亩；(7)割稻：2亩；(8)捆稻：2亩，先要将稻捆好，再将稻搬到小岸上打好"稻厅"；(9)脱粒：称甩稻，分两次完成，第一次粗甩，两人合作完成6亩；第二次细甩，五人合作完成6亩。也有一次完成的，每人每天2亩，另有两个辅助劳力，用竹片削下未脱尽的稻谷；(10)砻谷：即将稻谷加工成糙米，三人合作完成1,000斤左右；(11)搓稻草绳：120托，约合200米长；(12)制绳索：制犁索或耙索6副；制粪桶索12副。这个工作量标准为农民普遍接受，因此农民在一起干活，谁先干完一天的工作量，即可先收工。

② 从《浦泖农咨》(32)可知，1820年代华娄水稻种植主要农作上的亩均人工为：(1)锄田（翻田）：1工；(2)塌跋头（倒田）：1工；(3)插秧（包括拔秧、挑秧）：1工；(4)三盪三耘：共2工，即每工0.5亩；(5)拔草、下壅：共1工；(6)收稻：1工；(7)掼稻：2工，即每工0.5亩。

③ 例如翻田都是每工1亩；插秧若是包括拔秧、挑秧，为每工1亩，不包括则较多；收稻在《浦泖农咨》中为每工1亩，而在近代，割稻与捆稻合计亦为每工1亩；掼稻（甩稻）在《浦泖农咨》中为每工0.5亩，在近代为每工2亩，但需另有两个辅助劳力。

④ 在今天，工作日指劳动者在一昼夜（24小时）内从事劳动或工作的那部分时间。目前各国对工作日的长度大多有明确的法律规定，通行的工作日是8小时。

⑤ 杨联陞：《帝制中国的作息时间表》。

农业中长[①]。在19世纪中期松江府地区棉纺织业中，农妇每年从事棉纺织劳动，每天平均工作12个小时[②]。在近代上海，手工业工人每日劳动时间大多在14—15小时之间，商店店员每日劳动时间一般在12小时左右，有的更长些[③]。因此工商业活动中的工作日通常比农业中的更长，乃是常情。这些情况并非近代独然，在清代已经如此[④]。19世纪初期的华娄也不例外。不过，由于劳动力买卖和交换的频繁，这些差异应当已被充分体现在人工标准中。

(二)年工作日数

劳动者的年工作日数往往依行业而异。这里我们首先从农业着手进行讨论。

1. 农业

松江府及其毗邻的苏州府、嘉兴府的农民，一向以勤劳著称。早在明代后期，何良俊就说松江"农夫终岁勤动"[⑤]。以后在清光绪初年，陶煦亦说在苏州，"余尝周历远近村落，窃观夫老幼勤动，男妇况瘁，三时无论矣，其在暇日，或捆屦，或绹索，或赁舂，或佣贩，或撷野蔬以市，或拾人畜之遗以粪壅，都计十室之邑，鲜一二

---

① 杨联陞说："依照地方习惯的不同，农人的妻子会或多或少地在田里共同工作。不过通常她是纺纱织布的人，如果有足够的灯油，她会一直工作到半夜。……在工商业里，学徒的工作时间表都一定是最重的。"见杨联陞：《帝制中国的作息时间表》。

② 徐新吾主编：《江南土布史》，第215—216页。

③ 《上海工运志》第3篇《劳动状况》第1章《劳动时间》第1节《每日劳动时间》。

④ 在近代上海的土布业中，普通职工每日工作时间平均长达11小时。而在早期的土布业中，工作时间还更长，勤杂工的工作时间更有时远远超过12小时(徐新吾主编：《江南土布史》，第349—350页)。

⑤ 何良俊：《四友斋丛说》，第115页。

游手也，亦极治生之事矣”[①]。但即使是这一带的农民也并非一年到头劳动不停。明末清初嘉兴农谚说“农夫半年闲”[②]。此语固然有夸大，但也形象地表现了农民劳动的一个特点是一年中有相当的日数不劳动。下面，我们就对农夫和农妇的工作日数进行分析。同时，由于具有比较明确的记载，我们还将讨论长工的工作日数。

(1)农夫

农民的年劳动总日数可以使用两种方法求得。第一种是直接计算，即先求得农民一年中从事各种劳动的日数，然后将其相加，求得总数；另一种是间接计算，亦即将农民一年中不从事劳动的日数相加，然后用 365 天减去这个数字，剩下的即是年工作日总数。这两种方法各有其优缺点，但是由于农民从事各种劳动的日数不易确定，相对而言，第二种方法更能够反映农民一年的劳动总日数，因此我们在这里也使用这种方法。

在 1950 年以前的松江县农村，一年中的节假日如下：

> 春节：乡间至正月半。
>
> 二三月：为“出会”(迎神赛会)盛期，各乡村借此组织“春台戏”。本县农民习惯于二月十九日“观音生日”前后赴杭州进香。
>
> 十二月下旬：乡间有“廿四圆团，廿五夜饭，廿六滚蛋”之说，意为廿四送灶吃圆团，廿五为小年夜，长工吃了夜饭，方可回家。
>
> 此外还有元宵、清明、立夏、端午、七夕、七月半、中秋、重阳等节，以及正月底放风筝，二月十二“百花生日”，三月初

---

① 陶煦：《租核》“重租论”之“推原”条。

② 陈恒力：《补农书校释》，第 154 页。

三“上巳”(妇女踏青、进香),清明上日“寒食节”,四月初八日“佛生日”(浴佛、进香),七月三十“地藏生日”(点地香、红烛,寺院设“盂兰盆会”超度游魂,夜放水灯),十月朝、冬至祭祖,十二月初八“佛成道日”(煮腊八粥),等等①。

上述这些节日都是原松江府地区的传统节日②,清代的情况也与此大体一致。这些节日加起来总计有两个月左右,农民在这些日子都不工作。扣除这些日子后,农民一年劳动的总日数大约为 300 日。据萧步才对近代江阴县茂龙四房庄村所作的调查,农民年平均工作日数为 305 天③,与此相符。因此我们可以认为 19 世纪初期松江农民年工作日总数,大约为 300 天。这个工作日数是从节日推算出来的,但问题是,农民在这 300 日中是否都在劳动?

如本书第二章所述,在 1820 年代的华娄,一个农户的家庭农场平均规模为 13 亩,根据当时的种植制度,每年种植水稻、蚕豆和花草所需人工如下(表 9－2):

表 9—2　1820 年代华娄家庭农场的人工投入

作物	播种面积(亩)	人工(个/亩)	人工总数(个)
水稻	13	15	195
蚕豆	6.5	2	13
花草	2.6	1	3
合计			211

除了农场工作外,华娄农民还需在水利活动方面付出相当数量的人工。除本书第八章中谈到的政府督修的大中型水利工程

① 1991 年《松江县志》,第 941—943 页。

② 类似的记载也见于近年来编纂的上海市各县区的地方志。

③ 徐新吾主编:《江南土布史》,第 469 页。

外,小型工程(如小河小港的挖浚疏通)则由受益农户联合起来进行,即如姜皋所言:"田旁皆有支河,自干河而分,俗呼为浜,相传为吴越王所开,为水田计也。千百年来,不尽淤浅,则吾侪于农隙水落时,各依其田埂以起土,浜永深通;而泥之在埂者,亦可当圩岸也。"[①]近代的情况依然大体相同[②]。这些活动总计,需要农民付出相当多的工作日。

农民完成农田工作后,还需从事其他一些生产活动或者与生产有关的活动,如农产品加工、购买肥料和出售产品、饲养耕牛、修理农具、种植蔬菜、管理果树、捕捞鱼虾,有时还要帮助家人做一些纺纱工作[③]。在这些工作中,仅只碾制自己家庭食用的稻米一项工作,就需要农民付出 17 个人工[④]。

此外,农夫还需建造和修理住房,参加宗族或者村子组织的公益性劳动(如修路补桥、兴建或者维护公共水利设施、建造和维修祠堂及社学,等等)。

总而言之,就大多数农民而言,一年大约工作 300 天应当是没有问题的。在这 300 日中,公益性劳动日姑且以 30 日计,则农民从事生产性劳动的工作日数约为 270 个,其中从事农作以及与农作相关的工作(水利、碾米等)的日数约为 240 个[⑤]。

(2)长工

长工终年受雇,除了农活,还要为雇主家做其他工作,故年工作日数比一般农民为多。在近代华娄地区,"长工习惯正月半上工,至

---

① 《浦泖农咨》(5)。

② 详见上海松江网:《松江农业经济文化简史》。

③ 李伯重:《纺、织分离:明清江南棉纺织业中的劳动分工与生产专业化》。

④ 在当时非专业化的碾米业中,砻谷与舂米合计,1 个人工可以出米 0.75 石(见本书第四章)。据此,碾制自己家庭食用的大米 13 石,需要 17 个人工。

⑤ 详下文。

腊月廿四日歇工"[①],即一年工作345天。但据陶煦《租核》,光绪初年苏州长工一年工作时间为360日。揆诸情理,前者所言似乎更为合理,兹以为345日左右。19世纪初期的情况,应亦与此相类。

(3)农妇

农家妇女因要承担家务劳动,所以一年中从事生产劳动的总日数通常比农夫少。不过在19世纪初期松江府地区的农村,妇女的主要工作是棉纺织,而如下所言,一个农妇一年中从事棉纺织的平均工作日数多达265日。此外她们还要承担一些与棉纺织相关的工作及其他的一些生产性劳动[②]。因此大致可以说,除了家务劳动外,她们从事各种生产性劳动的年工作日数应当达到或者接近300日。

2. 工业

在19世纪初期华娄工业的不同行业中,从业者的年工作日数有颇大差异。

(1)第一类行业

第一类行业中从业人数最多的部门是缝纫、竹木等,这些行业的从业人员多为个体经营的小手工业者,每日劳动所得基本上只能维持本人及家人的生活,因此除了节假日外,全年都要工作。城

---

① 1991年《松江县志》,第949页。上海松江网:《松江农业经济文化简史》亦说:在近代松江县农村,"长工分全年制和半年制两种,以全年制为主,半年制极少。长工俗称为'做长年'、'做全年'。做长工须有保人作保,并要与雇主订立契约,规定雇佣时间、报酬等。雇佣时间最少半年,长则三年,期满,如双方有意,则续订契约。长工每年农历正月十五上工,……至农历十二月廿四日回家。……长工平时没有假日,在端午、中秋及举办庙会时可休息。遇生病、家中有急事要自己请替工。长工一般离家较近,早出晚归"。

② 例如下面要说到的饲养畜禽等。同时,虽然她们已不再从事大田生产,但是在天旱时,也要参加车水劳动。

镇的节假日数通常比农村少[①]，因此他们的年工作日数应当多于农民。兹将他们不工作的日子合计以一月(30日)计，则年工作日数大致为330日。由于个体小手工业者在第一类行业中从业人员占绝对多数，因此在此将第一类行业中从业人员的年工作日数均以330日计。

(2)第二类行业(棉纺织业)

棉织业是松江最大的工业生产部门，主要位于农村地区。该行业向来被视为农家副业，但是这种看法是很成问题的，因为到了18和19世纪初期，松江在城乡都有大量的劳动者主要依靠棉纺织业为生，其生产已相当专业化和商业化[②]。

按照徐新吾估计，1860年松江府地区纺织农户中，农妇一年从事纺织的时间达265日，比全国平均日数高出1倍，比江苏、闽广则高出50%[③]。在1958—1959年的"人民公社化"和"大跃进"运动期间，中国农村妇女一年劳动天数平均大约为250日左右，而这是一个非常特殊的时期，农村妇女参加生产劳动的天数之多在中国历史上无有其匹[④]。因此19世纪前中期松江农妇从事棉纺织劳动的日数，已达到农村妇女能够从事生产劳动的劳动日数之极限。为保证纺织生产的进行，她们还要做许多与棉纺织有关的工作，其中

---

① 农村因为有农闲，因此通常节假日较多。例如，在农村，年假通常从腊月二十四日到正月十五日以后，长达20多天。对于一般小手工业者来说，由于要挣钱吃饭，年假就短得多了。

② 李伯重：《纺、织分离：明清江南棉纺织业中的劳动分工与生产专业化》。

③ 徐新吾主编：《江南土布史》，第211、215—216页。

④ 参阅李伯重：《纺、织分离：明清江南棉纺织业中的劳动分工与生产专业化》。

特别是从事棉、纱、布的日常交易，要花费相当的时间①。农妇一年工作日数为300日，除去纺织劳动265日外，尚余35日。这里我们姑且假定农妇将其半用于这些与纺织相关的工作，即为17.5日②。因此她们每年从事棉纺织的工作日总数约为283日，但直接从事棉纺织劳动的日数为265日。

从明清江南的记载来看，城镇纺织业者通常全年工作③。由于她们中的大多数贫困无本，生活完全依赖每日纺纱“数两”、“斤许”出卖以救眉急④。因此一年工作日数可以330日计。

(3)第三类行业

这类行业中的大多数部门工作中的劳动强度较大，劳动者连续劳动数日即需休息，因此劳动者的年工作日数，会相对少一些。同时一些部门的工作还有较强的季节性，因此劳动者往往农忙回家种田，田间主要工作做完后到城镇做工，类似今天的“打工仔”。光绪《海盐县志》卷八中对该县外出打工的织工的劳动情况作了概括性描述：“每年正月出，四月归；七月又出，岁暮归”⑤，即大约每年

---

① 在松江府，农家每日到市镇上进行棉、纱交易是常见的现象。例如在清代中期的金泽镇，农家妇女持纱或布到镇上的花布纱庄，“布成持以易花，或即以棉易纱，展转相乘”(道光《金泽小志》卷一《风俗》)；而在周庄，农家“妇女以木棉花去其核，弹作絮，卷为棉条而纺之，复束成饼，以易于市”(光绪《周庄镇志》卷一《物产》)。即使是一般自己种棉、纺纱、织布的农家，也需要经常(甚至每天)去市镇卖纱、布。如乾隆《续外冈志》卷一《风俗》说：农家“卖纱卖布者必以黎明”，谓之“早市早回”，为的是“既充一日之用，又不妨一日之功”。但在劳动日的计算方面，我们采用的是徐新吾之说，即每日劳动12个小时，因此不可能再去市场买卖棉、纱、布。在这样的情况下，去市场进行有关交易肯定要使用其他的时间。

② 如果农妇一年用17.5日到市场上进行棉、纱、布交易，则平均每10天去市场一次，每次用半天。

③ 例如“里媪晨抱纱入市，易木棉以归，明旦复抱纱以出，无顷刻间。织者率日成一匹，有通宵不寐者”的记载，广泛见于在明清松江地方志中。这里所说的“里媪”，就是城镇妇女中的专业纺纱者。

④ 嘉庆《黎里志》卷四《风俗》：“小家妇女，多以纺纱为生，衣食皆赖之。”

⑤ 光绪《海盐县志》卷八。

在外工作 10 个月。方行据此推断将回家过年、秋收,以及其他节假日、生病等休工除外,苏州纸坊工匠一年工作 10 个月,即 300 日[①]。但是,由于第三行业的工作通常劳动强度较大,并且有程度不等的季节性,因此一年工作 300 日可能太多。从对近代上海的传统染踹坊的调查材料来看,一个普通踹匠每月一般工作 20 天,最多可以工作 30 天[②],中数 25 天。在此,假定他们每年工作 11 个月[③],每月工作 25 天左右,则其年实际工作日数约为 270 天[④]。在这里,我们将第三类行业中的平均工作日数以 270 日计。

3. 服务产业

在 19 世纪初期的华娄地区,服务产业的从业人员可以大致分为两类:第一类是从事固定性工作者(如政府工作人员、军人、教师、大多数商铺店家的伙计等),第二类是从事临时性工作者(如脚夫、轿夫等)。大致而言,第一类人员的人数要大大超过第二类人员的人数。

(1)政府工作人员与教师:在清代,政府工作人员有国家规定

---

① 方行:《清代前期江南的劳动力市场》。

② 据对近代上海的调查,一个踹匠一天可以踹布 12 匹左右,收入 1 斗多米,平均每匹 1 升。全年通扯,一个普通工人每月收入约合 2 石米,最高不超过 3 石米(徐新吾主编:《江南土布史》,第 378 页)。由此计算,一个普通工人每月工作约 20 天到 30 天,中数 25 天。

③ 从明清江南的史料来看,踹匠大多是外地劳工,他们每年岁末通常要回家过年,到元宵节以后才回来,同时在一些节日里,也同雇主及其他城市居民一样不必工作。这些不工作的日子合计以一个月计,则他们一年实际工作月数为 11 个月。

④ 一年实际工作月数为 11 个月,每月实际工作 25 日,合计 275 日,与我们推算出来的工业第三类行业中其他行业的工作日数 270 日相近,兹以 270 日计。

的假期，为期大约一个月[①]。除了一个月的假期之外，官员以及其他政府工作人员至少在理论上都必须工作，因此每年工作总日数大约为330个。教师的情况与官员相近，也大约有一个月的假期[②]。因此华娄地区的官学（府学、县学）和私学（书院、私塾、社学、义学、族学等）的教师，每年也大约工作330日。

（2）商业和服务业：商业和服务业从业人员的主体是在各种商业和服务业机构里工作的店员、伙计。他们每年工作的日数，与教师、政府工作人员大体相似或更多[③]。从近代的情况来看，在华娄的邻县奉贤县，商铺店家都在正月初五开门营业，老板在冬至招聘人员，共饮"冬至酒"后，四出收帐，同时也于冬至这天解雇职工[④]。而在金山县，到了中秋，店主晚上备酒宴请职工，并决定职工去留[⑤]。可见，商业和服务业的从业人员，在传统节日里也很少能够

---

① 杨联陞指出："清代采用了长约一个月的新年假或寒假。钦天监的官员会选择十二月二十日左右的一天，作为全国官员'封印'的日子。大约一个月之后，又会宣布另外一天来'开印'。在这一段期间，官员仍要不时到他们的官署，但是司法案件完全停止处理。寒假可以看作是对例假日和节庆假日损失的补偿。"（杨联陞：《帝制中国的作息时间表》）

② 杨联陞："中央官学（太学或国子监）学生的待遇大致和官员相同，同样地有相当多的假日。……大部分学生在私学私塾读书，……只有主要的节庆才放假。明清时期，私学私塾也有大约一个月的新年假或寒假。"（杨联陞：《帝制中国的作息时间表》）

③ 杨联陞指出："商人通常在假日里照常营业，特别是在节庆假日，因为那是做生意的最好日子。对开业的商人或叫卖的小贩都是如此。新年是这个规矩的惟一主要例外，这时所有的行业都至少休假一两天，甚至包括旅店业和药房业。药房必须留下一个人在休业的店里，准备为急病者配药方。到清末民初，有若干商店开始有在年假里照常营业的习惯。这称为'连市'，最初多少为人不满，认为这种行为所表示的是对额外利润的过分热衷。"（杨联陞：《帝制中国的作息时间表》）

④ 1987年《奉贤县志》，第995页："正月初五开门营业。但有人身穿官服，头戴纱帽，手执镗锣，挨家挨户登门表演，口里念叨'招财进宝'，又说又唱，跳东跳西，俗称'跳春官'。……冬至，民间呼为'冬节'，又叫'小年'。老板自冬至日起，招聘收帐人员，共饮'冬至酒'后四出收帐，也于冬至这天解雇职工，所以冬至是穷人的一道难关。"

⑤ 1990年《金山县志》，第1076页："中秋节，俗称八月半。店主晚上备酒宴请职工，也是职工去留的关口。"

像农民一样不工作。而依照近代上海土布业的行业通例，家在外地的职工一般每年有 60 天的回乡假，但是在营业旺季很难获准，许多职工实际上要三年获准五年才能回家一次[①]。因此，商业职工的年工作日数不少于 300 日，而实际上往往会超过 300 日。这里，我们将商业与服务业从业人员的年工作日数也以 330 日计。

以上讨论的结果，可汇总为表 9－3[②]：

表 9—3　19 世纪初期华娄各行业的年工作日数

职业	年工作日数	
农夫	270（生产性劳动）	300（全部）
长工	345	
农妇	265（纺织）	300（全部）
城镇职业纺织妇女	330	
手工业第二类行业工人	330	
手工业第三类行业工人	270	
政府工作人员	330	
教师	330	
店伙	330	

三、就业结构

就业结构一般指劳动力在国民经济各部门、各行业、各地区、各领域的分布，或者指不同的就业人口之间及其在总就业人口之中的比例关系。就业结构表明劳动力资源的配置状况或变化

① 徐新吾主编：《江南土布史》，第 349—350 页。

② 关于此表结论的说明，见本书第十三章。

特征。

(一)农村从业情况

从表 9-1 可见,在 1820 年代华娄劳动年龄总人口中,农村劳动年龄人口占了 60%以上。但是如在本书第二章中所指出的那样,农村户中约有 10%是非农业户;余下的 90%的农村户从事农业,但因为农户通常从事多种生产活动,所以并非其中所有劳动者都从事农业。由于农户从事多种经营,因此大多数农户都会根据各种不同的生产活动和劳动力的特点,对户内劳动力进行安排。这种安排如果合理,将使得同样数量的劳动力能够发挥更大的作用,创造更高的产出。

1820 年代华娄的农户,平均每户有成年劳力 2 个(即农夫和农妇),其他老幼等辅助劳力可折合为半个成年劳动力,因此一个农户总计有 2.5 个成年劳动力。那么,他们是怎样使用这些劳动力呢?

前面说到农夫和农妇一年工作总日数都大约为 300 日。这里我们要探讨的是在这 300 日中从事生产性劳动的工作日有多少。

在 19 世纪初期的华娄地区,一个家庭农场上的种植业生产活动每年需要的人工共 211 个,这基本上是农夫的工作。农夫在水利活动①、碾米等活动投入的人工,兹姑以 30 个计②。这样,农夫从事上述几项工作一共需要 240 个工作日。农夫一年大约劳动 300 日,因此还有 60 日可从事其他工作。这些工作有一部分非生产性劳动③。从事这些工作需要多少时间并无定准,这里姑

① 包括个人、民间和政府组织的各种水利活动。

② 碾米需 17 个劳动日,而各种水利活动所需劳动日,姑以 13 日计。

③ 如建造和修理住房、参加宗族或者村子组织的公益性劳动等。

且以上述60日的一半30日计。这样,农夫一年尚有30日可用于其他工作。

如前所述,1820年代华娄农妇的主要工作是棉纺织业生产,每年从事棉纺织的工作日总数为282.5日。换言之,农妇除了棉纺织外,可有17.5个工作日可从事其他工作。

此外,还有老幼可折合半个成年劳力。他们年工作日总数相当于150个成年劳动力工作日,其中从事棉纺织的年工作日数为132.5个,还余下17.5个工作日可作他用。

上述所有可以用来从事其他生产活动的剩余工作日合计65个。在这些"其他生产活动"中,最主要是饲养猪、牛、家禽和鱼①,以及种植蔬菜和水果②,都属于农业生产活动,因此一个农户从事农业的总工作日数合计305个。

由此我们可以看到农户工作日数在不同工作中的分布(表9-4):

表9—4 19世纪初期华娄农户的年工作日数及部门分布*

工种	农业	纺织业	其他	总计
工作日数	305	415	30	750

*以成年劳动力工作日计

以成年劳动力一年工作300日计,农业需要1个"标准"劳动力,纺织业需要1.4个劳动力,而其他(即非生产性)工作需要0.1个劳动力。这里为计算方便,从事纺织活动的劳动力依然按照徐

① 例如仅养牛一项,就需要劳动力不少。《浦泖农咨》(24)说:耕牛"自四月至九月不须上料,但得一人斫青草饲之"。即使斫草人以半劳力计,这四个月的工作量也相当于90个成年劳力的工作日。两户养一牛,平均每户投入45个工作日。养猪、养鱼(包括鱼塘维修等),也需要投入相当的劳动。

② 据满铁松江县调查,平均每户有宅地0.2亩,种植蔬菜,自家食用。种菜是一种劳动密集型的工作,需要的劳动不少。见南满洲铁道株式会社上海事务所:《江蘇省松江県農村実態調査報告書》,第97页

新吾的估计以 1.5 个计，从事非生产性工作的劳动力则姑且忽略不计。

由此，我们可以得知 1820 年代华娄农业中的劳动力总数为 6.8 万个，农村棉纺织业中的劳动力总数为 10.2 万个。此外华娄还有一个专业的渔业，从业人数为 3,100 人。

(二)工业从业情况

依照我们在本书第 4 章中的计算，工业各部门的从业人数及部门分布如下(表 9－5)：

表 9—5　1820 年代华娄工业从业人数及部门分布[①]

行业	从业人数	分布(%)
第一类	13,300	9
第二类	113,000 *	76
第三类	22,200 *	15
合计	148,500	100

* 均以全职工作人员计

由此可见，工业的从业人数合计为 14.9 万人，其中 3/4 在第二类行业中。

(三)服务产业从业情况

依照我们在本书第五章中的计算结果，服务产业各部门的从业人数及部门分布如下(表 9－6)：

---

① 据表 4－1 制作。

表 9—6　1820 年代华娄服务产业各部门从业人数

产业部门	从业人数	比重(%)
商业	18,400	42
服务业	6,600	15
外贸业	5,000	12
金融业	1,200	3
水运业	4,300	10
教育	4,000	9
政府	3,800	9
总计	43,300	100

* 均以全职工作人员计

将以上情况汇总,即可知 1820 年代华娄的就业结构为(表 9－7):

表 9—7　1820 年代华娄的就业结构

产业部门		从业人数	分布(%)
农业	种植业与养殖业	68,000	26
	渔业	3,100	1
	小计	71,100	27
工业	第一类行业	13,300	5
	第二类行业	113,000	43
	第三类行业	22,200	8
	小计	148,500	56
服务产业	商业	18,400	7
	服务业	6,600	3
	外贸业	5,000	2
	金融业	1,200	2
	水运业	4,300	2

续表

	教育	4,000	2
	政府	3,800	1
	小计	43,300	16
总计		262,900	100

由此我们可以得知：

第一，1820年代华娄的就业人口总数为26万人，其中劳动年龄的就业人口为22万人，占劳动年龄人口（31万人）的79%[①]。从今天的眼光来看，可以说是一个充分就业的社会。

第二，农业从业人数为6.8万人，仅占就业人口总数的27%。由此可见，过去那种把19世纪初期的华娄经济视为农业经济的看法肯定是不符事实的。

第三，工业从业人数为14.9万人，占就业人口总数的56%，比农业从业人数多出1倍，因此从就业结构来说，工业是华娄经济的第一大部门。在工业就业人口中，农村工业从业人数（10.2万人）又占了工业从业人数的3/4。因此伊懋可（MarkElvin）说明清中国一些农村地区可能已"过分工业化"了的说法，对于1820年代的华娄来说是正确的。

第三，服务产业从业人数4.3万人，占就业人口总数的16%，为农业从业人数的60%，因此也是一个重要部门。过去的经济史研究中往往忽略这个方面，影响了我们对明清江南经济的全面了解。

① 这里我们要注意的是，在最大的单个就业部门——工业的第二类行业（即棉纺织业）——中，大约1/5的工作者（2.3万人）是老幼辅助劳动力，他们并非严格意义上的劳动年龄人口和就业人口。

第十章　收入

本章对 1820 年代华娄地区的收入进行分析，分析的对象是工资、地租、利息和利润。做这个分析的目的，是为后面用收入法来计算 GDP，以对前面用生产法进行的 GDP 进行验证。

一、工资

在明清中国的一些地区，已有相当多的人依靠工资生活。这种现象受到学者们的重视，并被视为“资本主义萌芽”的主要证据之一①。在 19 世纪初期的华娄地区，在农业、工业、商业、服务业、金融业、外贸业、水运业、教育部门中，都有人数众多的工资劳动者（雇工、店员、伙计等）。在本地区的各级政府机构中工作的各种人员（官员、吏役、军人等），也依靠国家发给的薪俸（以及薪饷、津贴等）生活，其收入在本书中也被视为工资。

关于 1820 年代华娄农业、工业、商业和服务业中的收入问题，我在本书附录 14 中会作专门的考证。这里将有关结果表列于下（表 10－1）：

① “资本主义”萌芽研究的主要对象，就是雇佣劳动，或者说是自由的工资劳动者。

表 10—1　1820 年代华娄各行业人均工资

<table>
<tr><th colspan="2">行业</th><th>年工资(两)</th></tr>
<tr><td rowspan="2">农业</td><td>长工</td><td>42</td></tr>
<tr><td>农夫</td><td>45</td></tr>
<tr><td rowspan="4">工业</td><td>第一类行业工人</td><td>42</td></tr>
<tr><td rowspan="2">第二类行业工人(妇女)</td><td>11(农村)</td></tr>
<tr><td>14(城镇)</td></tr>
<tr><td>第三类行业工人</td><td>45</td></tr>
<tr><td>商业与服务业</td><td>店员</td><td>42</td></tr>
</table>

使用表 9—8 中的从业人数和表 10—1 中的工资标准，即可得出各行业的工资总数。

教师、政府工作人员的工资情况比较复杂，需要做专门的讨论。

教师包括官学、书院和私塾教师，他们的收入颇为不同。我们在附录 11 中对这些问题作了讨论，结果如下(表 10－2)①：

表 10—2　1820 年代华娄教师人数及收入

教师种类	人数(人)	人均收入(两)	总收入(万两)
官学教师	3		0.5
书院教师	7		0.2
经馆教师	3,000	100	30.0
蒙馆教师	1,000	50	5.0
合计	4,000		35.7

此外，官学和书院中的杂役共 23 人，其收入共 1,000 两。因此各类学校教师和杂役的收入总计为 35.8 万两。

政府工作人员的收入情况更为复杂，兹表列如下(表 10－3、表

① 原为表附 11－2。

10－4）：

表 10－3　1820 年代华娄官员收入(两/人)

职位	法定收入＊	额外收入	共计
知府	3,227	52,500	55,727
董漕同知	1,174	30,000	31,174
府学教授	630	1,500	2,130
知县	1,558	30,000	31,558
县儒学教谕	147	1,500	1,647
参将	743	3,000	3,743
游击	631	2,250	2,881
都司	401	1,215	1,616
守备	290	1,215	1,505
千总	168	585	753
把总	126	585	711

＊包括薪俸、养廉银和俸米折银

表 10－4　1820 年代华娄吏役与士兵收入(两/人)

职位	收人
中等吏役	50
杂役	32
战兵＊	29
守兵	20

＊取马战兵薪饷(32 两)与步战兵薪饷(26 两)之中数

士兵薪饷外的津贴未计入。如果计入，实际收入会高一些。

按照上述收入标准和政府工作人员人数[①]，可以计算出政府工作人员的收入总额为(表 10－5)：

① 见本书第九章及附录 14。

表 10—5　1820 年代华娄府县两级政府工作人员收入总额①

	从业人数(1,000 人)	总收入(两)
文职系统		
官员	35	220,000
衙役	1,500	100,000
合计	1,535	320,000
武职系统		
军官	59	28,000
士兵	2,183	50,000
合计	2,242	78,000
小计	3,800	398,000

除去官学教师和官学杂役的收入 5,500 两，政府工作人员的收入为 39.3 万两。

按照上述收入标准与从业人数，1820 年代华娄各种职业人群的“工资”收入为(表 10－6)：

表 10—6　1820 年代华娄各行业工资收入

<table>
<tr><th colspan="3">产业部门</th><th>从业人数</th><th>人均年收入(两)</th><th>总收入(万两)</th></tr>
<tr><td rowspan="3">农业</td><td colspan="2">种植业与养殖业</td><td>68,000</td><td>42</td><td>285.6</td></tr>
<tr><td colspan="2">渔业</td><td>3,100</td><td>42</td><td>13.0</td></tr>
<tr><td colspan="2">小计</td><td>71,100</td><td></td><td>298.6</td></tr>
<tr><td rowspan="5">工业</td><td colspan="2">第一类行业</td><td>13,300</td><td>42</td><td>55.9</td></tr>
<tr><td rowspan="2">第二类行业</td><td>农村</td><td>102,000</td><td>11</td><td>112.0</td></tr>
<tr><td>城镇</td><td>11,000</td><td>14</td><td>15.4</td></tr>
<tr><td colspan="2">第三类行业</td><td>22,100</td><td>45</td><td>99.5</td></tr>
<tr><td colspan="2">小计</td><td>148,400</td><td></td><td>282.9</td></tr>
</table>

① 据本书第五章与附录 14 中有关数字计算而得。

续表

服务产业	商业	18,400	42	77.3
	服务业	6,600	42	27.7
	外贸业	5,000	42	21.0
	金融业	1,200	42	5.0
	水运业	4,300	42	18.1
	教育	4,000		35.8
	政府	3,800		39.3
	小计	44,300		224.2
总计		264,800		805.7

因此，1820 年代华娄的工资收入总数为 806 万两。

二、地租

根据本书附录 12 所作的考证，1820 年代华娄实际交纳的地租平均为每亩 0.7 石米，耕地总面积为 90 万亩，地租总量为 63 万石，按照当时的米价，合银 146.8 万两。

三、利息

利息是资金所有者因借出资金而取得的报酬。在 19 世纪的华娄，借贷资金主要来自典铺和钱庄等金融机构所掌握的金融资本。

从本书第五章我们已经估算出 1820 年代华娄典铺和钱庄共有资本 43 万两，但其实际运用资金数量（“揭本”或“架本”）远大于自有资金[①]。参照民国时期的情况,我们姑假定在19世纪初期华娄典铺的“揭本”为自有资金的5倍[②]。据此,则1820年代华娄典铺和钱庄的发放贷款总额为215万两。运用本书附录1的金融业营业盈余计算公式(OS=0.17 L),盈余为36.6万两,这也就是利息收入总额[③]。

四、利润

在本节中,我们对比1820年代华娄农业、工业和商业中的利润问题,依次进行讨论。

---

① 典当实际运用的资本称“揭本”,即典当外借款项(也称“客款”),来源于钱庄等的放款、股东垫款、商家借款以及公私存款等等(公私存款中,主要是政府官款。地方各库款项多存放于典当、商号生息,但仅限于公典典当)。典当贷放资本的总额亦称“架本”,指典当存架质物价值的总额,也就是典当的全部营业额,其数量往往超过其自有资本数倍以上。见2003年《上海金融志》第2篇《解放前金融机构》第1章《典当·钱庄·票号》第2节《钱庄》。

② 在民国时代的上海一带,典当铺自有资本4—5万元,而营业额常超过20—30万元。因此“揭本”(或者“架本”)为自有资本的5—7.5倍,中数为5.6倍(25 / 4.5)。兹以5倍计。

③ 这里要说明:由于金融机构所用的他人资金需要支付利息,因此上述利息收入并不都归金融机构。按照本书附录13,在1820年代华娄金融业的经营活动中,使用自有资金的年利息率为24%,而使用他人资金的年实际利息率为12%。依照前面的估计,自有资金为43万两,因此其利息收入为10.3万两;余下的26.2万两,则为使用他人资金获得的利息。扣除应付给资金所有者的利息外,金融机构实际得到的利息为13.2万两。二者合计,金融机构得到的实际利息收入共23.5万两。不过,本书所讨论的是全社会的利息收入,因此也将金融机构运用自身和他人资金所获得的利息收入作为一体,不作区分。

(一)农业

依照过去学界主流的看法，清代江南农业劳动生产率低下，农民所得仅能糊口，因此被称为“糊口农业”[①]，因此农业中也不存在利润。由于这种看法根深蒂固，在此有必要作一讨论。

从本书附录 13 可知，1820 年代华娄的农民家庭农场，每亩净产出仅有 100 文，90 万亩农田的净产出为 7.5 万两。因此就种植业自身而言，虽然在大灾之年，仍然有微利可图。但是由于绝大多数农田是出租的，因此农民需要缴纳地租。当时地租为每亩 0.7 石，合钱 1,960 文，因此扣除地租后，每亩亏空 1,860 文，90 万亩水田共亏空 59.8 万两。但是农家养殖业有 66 万两的“利润”。把养殖业加入一同计算，则农业尚有 6 万两的利润。

此外，华娄还有一个专业的渔业。从本书第六章可知，1820 年代华娄渔业的增加值为 16 万两，从业人员 3,100 人，每人年均“工资”45 两，共 14 万两。余下的 2.6 万两即为“利润”。

农业和渔业合计，“利润”为 8.6 万两，大约仅为其总产值 831 万两的 1%。因此大致而言，在 1820 年代的华娄，农业部门的利润可以忽略不计。

(二)工业

19 世纪初期华娄工业的第一、二类行业主要是个体小经营。这种经营主要是为糊口，基本上没有利润。因此在此仅只计算工业第三类行业中的利润。

---

① 参见李伯重:《“最低生活水准”与“人口压力”质疑》。

在本书第七章中，我们估计工业第三类行业的总产值为714万两，使用产出计算公式(GO=1.20 GI)，即可得到工业第三类行业的投资为595万两。又，据本书附录13，工业第三类行业的大多数部门的利润率(即利润与投资之比)为20%。据此，利润为119万两。

(三)商业与服务业

在本书第八章和附录10中，我们把1820年代华娄的商业，依照所进行的贸易是否通过商业机构分为两个部分，并大致把城乡贸易和跨地区贸易作为通过商业机构的贸易，而把地方贸易作为未通过商业机构的贸易。后一种贸易主要是农村集市贸易和城镇小型零售业，基本上是生产者和消费者、生产者和生产者、消费者和消费者之间的直接交易，每日经营得到的蝇头小利，实际上只是经营者的“工资”，并非真正的利润，因此在此姑且忽略不论。这里要讨论的，仅是从事前一种贸易的商业。

在本书附录10中，我们计算出通过商业机构进行的贸易额(即城乡贸易额+跨地区贸易额)为869万两，此即商品销售总收入。从本书附录13，我们又可知1820年代华娄商业的利润率为20%。使用本书附录1的商业营业盈余计算公式(OS=0.17 SI)，可以得知利润总额为148万两。

服务业中绝大部分是个体经营，情况与上述从事地方贸易的商业大致相仿，因此其利润亦可忽略不计。当然，服务业中也有不少较大经营单位(如茶楼、酒馆、戏院、旅舍等)，这些经营单位也是牟利的[1]，其获利情况不下于商业中的较大店铺[2]。不过，这种大型经营单位在整个服务业中不会很多，同时，更由于完全无法了解服务业的营业额等情况，因此服务业的利润问题也姑且从略。

产生利润的各产业部门(工业第三类行业、通过商业机构进行的商业)合计，利润总额为 267 万两。

以上结果可以汇为表 10－7：

表 10—7　1820 年代华娄的收入

	收入(万两)	比重(%)
工资	805.7	64
地租	146.8	12
利息	36.6	3
利润	267	21
合计	1256.1	100

① 清代松江府城的餐饮业颇为有名。松江"莼羹鲈脍"，已有千年美誉，招引了无数人争到松江品尝鲈脍。乾隆皇帝下江南，在松江吃了鲈鱼羹，赞不绝口，令松江知府年年进贡。这表明松江府城的餐饮业在全国都颇有名气。

② 值得注意的是，服务业的对象，很大一部分是外地客商，正如苏州府长洲县令李光祚所言："一切唱楼、酒馆与夫轻舟荡漾，游观宴饮之乐，皆行户商旅迭为宾主，而本地士民罕与焉。"(乾隆《长洲县志》卷一一《风俗》)但是冯尔康也指出李氏所言，"多少忽视了官僚士人的消费，其实士人往往有狭邪之游，同样是高消费者"(冯尔康：《清代游民》，收于冯氏《清人生活漫步》)。府城以及市镇是商人、地主、官僚、士人等高消费人群的集中地，因此为他们服务的服务业也规模不小，而且盈利也可观。

第十一章　消费

GDP 计算中的最终消费支出，包括私人消费支出和政府消费支出两大部分。私人消费是消费的主体。

一、政府消费

政府消费是由政府等部门为满足整个社会或社会某部分成员的公共需要而作出的支出。政府消费支出核算的主要部分是政府消费支出（即政府提供社会公共服务的支出），为政府机构的经常性支出与固定资产虚拟折旧之和。此外，政府消费还包括非政府组织和机构提供社会公共服务的支出。

如第八章所得结论，19 世纪初期的华娄政府消费为 86.3 万两（包括官学开支）。

二、私人消费

私人消费支出即常住居民个人为满足自身生活需要获得货物服务而花费的支出。居民个人获得消费用货物服务，可以是货币性购买支出，也可以是通过实物性分配获得或以自给生产方式获得的[①]。

在以往学界对清代私人消费的研究中，大多仅只注意衣食两方面的消费，而且大多从农民的“最低生存水准”出发来进行研究[②]。但除此之外，私人消费还包括居民在住房、教育、婚丧、社交乃至嗜好品等方面的开支[③]。在19世纪初期的华娄人民享有相当高的生活水平，他们在这些方面的开支也颇为可观。不仅如此，早在晚明，华娄一带民风就以奢侈著称[④]，清代则更有过之而无不及[⑤]。因此从农民的“最低生存水准”出发来判断整个华娄人民的消费，肯定是不妥的。

---

① 在后两种情况下，需要估算实现这些消费支出数额。

② “最低生存水准”系“Minimum substance level”之汉译，亦有译为“糊口水平”者。

③ 马克思在对资本主义制度下的工人生活进行分析时指出：在一个社会中，即使是处于底层的劳苦大众，除了纯粹的身体需要之外，他们也还有许多精神的和社会的需要，而这些需要的范围和数量通常由该社会的一般的文化状况所决定。马克思还指出：劳动力的价值可以归结为一定量的生活资料，而这些生活资料的总和应当足以使劳动者个体能够在正常生活状态下维持自己。劳动者对于必不可少的生活资料的需要，有一个范围，而这个范围是历史的产物，多半取决于一个国家的文化水平。因此，在一定的国家和在一定的时期，必要生活资料的平均范围是一定的。见马克思：《资本论》，第1卷，第194、260页；参阅李伯重：《“最低生活水准”与“人口压力”质疑》。

④ 范濂：《云间据目抄》说：“吾松素称奢侈，今黠傲之俗，已无还淳挽朴之机。”

⑤ 例如，随着消费主义的兴起，明清江南出现了“兰花热”。这与荷兰在17世纪曾出现的郁金香热（tulipomania）和英国在维多利亚时代（1837—1901）出现的“狂兰症”（orchidelirium）颇有相似之处。这种“兰花热”在清代中期达到高潮，富人不吝花钱购买名兰，成为时尚（邱仲麟：《明清社会的兰花狂热——以江南为中心的考察》）。在其中，华娄富人表现突出。例如道光时，枫泾富人陈九畦在兰花上所费高达万两（袁世俊：《兰言述略》卷四《附录》）。咸丰十年（1860）以前，江南各处盛行兰花会，“苏郡不时举会，无一定之期，浒关亦每年必聚。嘉兴、枫泾等处，名花比会，诚大观也”（袁世俊：《兰言述略》卷四《附录》）。

(一)住房、教育和衣食

19 世纪初期的华娄居民在食物、纺织品、住房和教育方面的开支,我们在本书第七、八章和附录 17、11 中作了讨论,现将有关结果引述如下:

1. 住房:包括建造和维修的开支,共计 77.2 万两。
2. 教育:不计官学,总开支为 35.1 万两。
3. 食物:见表 11－1。

表 11—1　1820 年代华娄的人均食物消费支出

种类	数量	单价	支出(文)
粮食			
米	2.7 石	2,800 文/石	7,560
蚕豆*	0.5 石	2,000 文/石	1,000
小计			8,560
副食品			
肉	33 斤	120 文/斤	3,960
蛋	9 斤	120 文/斤	1,080
鱼虾	10 斤	90 文/斤	900
食用油	10 斤	72 文/斤	720
小计			6,660
合计			15,220

*作为蔬菜和粮食食用者各占一半。

1820 年代华娄的食物消费人年均 15,220 文,全部人口年总消费量共 852,320 万文,合银 710 万两。

4. 纺织品:由于棉布是 19 世纪初期华娄人民消费最多的纺织品,因此在此也主要集中于对棉布的消费情况进行的分析。在本书附录17中，我们得知19世纪初期松江府地区的人年均棉布消费量在2.2匹以上，兹以低限2.2匹计。据此，1820年代华娄棉布消费总量为123.2万匹。依照加工过的布匹价格(765文/匹)计算①，123.2万匹布的总价格为94,248万文，合银78.5万两。

此外，松江人民还消费相当数量的丝织品。由于缺乏具体的记载，其人均消费量难以估计，故从略。

(二)食盐、酒、烟草与鸦片

上面仅计算了衣、食两项之大端。除此之外，食盐及被称为"嗜好品"或者"成瘾性食品"的酒、烟草与鸦片②，也是华娄私人消费的重要内容。下面，我们根据本书第四章和附录4中关于人均消费量和价格的估计，对盐和酒的消费进行讨论。烟草与鸦片的消费，则根据时人的说法作一粗略的估计。

1. 食盐

1820年代华娄人年均消费盐11斤，全部人口年总消费量616万斤；每斤20文，共12,320万文，合银9.5万两。

2. 酒

1820年代华娄人年均消费烧酒20斤，全部人口年总消费量

---

① 见本书附录4。

② 所谓"成瘾性食品"(addictive food或drug food)，指的是那些并非生存必需，而是在比较富裕的社会中才能够为普通民众消费的商品(参阅Kenneth Pomeranz: *The Great Divergence: China, Europe and the Making of the Modern World Economy*，第114—116页)。就19世纪中国的情况而言，这些"成瘾性食品"主要包括酒、茶、烟草、食糖以及鸦片。在满铁调查中，茶、烟草、鸦片被称为"嗜好品"(见南满洲铁道株式会社上海事务所:《江蘇省松江県農村実態调查報告書》，第210页)。

1,120 万斤，每斤 56 文，共 62,720 万文，合银 52.3 万两。

3. 烟草

松江府地区人民的吸烟历史相当悠久①，到了清代中叶吸烟已很普遍②。嘉庆二十五年（1820 年），包世臣对江南一带的吸烟普遍情况及吸烟费用做了如下描述："数十年前，吃烟者十人而二三，今则山陬海澨，男女大小，莫不吃烟。牵算每人每日所费不下七八文，拾口之家，终岁吃烟之费不下数十金。……做工之人莫不吃烟，耕芸耒几，坐田畔，开火闲谈。"③包氏所言也得到姜皋的证实。姜氏说在 1820 年代的华娄，农村雇工劳动，雇主必须支付雇工购买烟草的费用："忙工之时，一工日食米几二升，肉半斤，小菜、烟、酒三十文，工钱五十文，日须二百文。"④如果小菜、烟、酒的费用各以 1/3 计，即 10 文，与包世臣所言"每人每日所费不下七八文"相近。如以每日 7 文计，一年合 2,555 文，按照当时的银—钱比价，合银 2.1 两。即使烟草消费只限于 1/3 的成年男性居民⑤，华娄"烟

① 关于松江的吸烟历史，民初人雷颠有《清初松江之吸烟者》一文，（刊于《文艺杂志》（扫叶山房）11 期（1915 年 11 月），惜乎无法读到。

② 光绪《松江府续志》卷五《疆域志·风俗》："今俗通尚旱烟、水烟。旱烟亦始于明季，吴伟业《绥寇纪略》以为妖，陆氏《三鱼堂集》云：'今之人贤君子无吃此者，'盖皆知其非佳物也。吴仪洛《本草从新》云：'吕宋国有草名淡巴菰，漳州人自海外携来，则其种类亦得诸外国。'水烟自乾嘉间始行，亦其类也。今之吸者十人而九，虽与鸦片有间，要亦有损无益者耳。"

③ 包世臣：《齐民四术》，第 56—57 页。

④ 《浦泖农咨》(33)。

⑤ 1793 年英国派往中国的特使斯当东（George Staunton）和马戛尔尼（George McCartney，即 J. L. Cranmer - Byng）都对中国吸烟人数之多感到震惊；他们的说法被一封中国人的信件证实，信中说在浙江，"甚至两英尺高的儿童"都吸烟。转引自 Kenneth Pomeranz：*The Great Divergence*：*China*，*Europe and the Making of the Modern World Economy*，pp. 117 - 118。由此而言，我们在此做的估计（1/3 的成年男子吸烟），可能大大低于实际。

民”总数也达到 4.1 万人。这些烟民人均年消费如以 2 两计，则总消费量为 8.2 万两。

4. 鸦片

19 世纪初期，鸦片已在江南泛滥。包世臣指出：“即以苏州一城计之，吃鸦片者不下十数万人。鸦片之价，较银四倍。牵算每人每日至少需银一钱，则苏城每日即费银万两余，每岁即费银三四百万两。”[①]其时苏州府城内外人口大约 150 万人[②]，亦即有十分之一左右的人口吸食鸦片[③]。松江与苏州毗邻，道光中后期鸦片泛滥的程度，与苏州颇为相似[④]。1820 年代松江府城人口约为 15 万，为苏州府城人口的 1/10。如果按照苏州的吸食人数比例及吸食量，则

---

① 包世臣：《齐民四术》，第 58 页。

② 李伯重：《工业发展与城市变化：明中叶至清中叶的苏州》。这个数字包括城厢人口。

③ 包氏估计每人每日消费鸦片 1 钱，较之当时外国人的观察，还是比较保守的。1855 年 10 月 22 日，麦都思在关于鸦片问题的报告中说，他“近日向上海的中国人进行了调查，一致的答复都是，中等烟瘾的鸦片吸食者每天吸食 1 钱或 1 打兰；但补充说，只吸食这样数量的人为数不多；大多数的人是每日 2 钱、3 钱或 5 钱，这样才能维持最初由于 1 钱而引起的烟瘾。……商人和士大夫阶级更能买得多些，有人甚至要吸食 1 两才过瘾”(B. P. P.：*Papers Relating to the Opium Trade in China*，1842—1856，转引自姚贤镐编：《中国近代对外贸易史资料》第 2 册，第 860 页)。1 打兰(dram)约合 3.887 克，按每个瘾君子每日吸食 4 打兰计算，约合 15 克左右。此与郑观应估计“每人日食四钱七分零”大体接近。如果按照另一种估计，隐君子每年要消费 7 磅鸦片(史景迁：《中国纵横：一个汉学家的学术探索之旅》，第 290 页)，则合 3,175 克，每日 8.7 克左右。各种统计相差较大，但隐君子日消费 10 克左右是可以肯定的。以上参阅仲伟民：《茶叶、鸦片贸易与 19 世纪经济全球化中的中国》。

④ 据钦善《松问》，嘉庆时，松江府已有“自种莺粟作烟者”。但在道光以前，“吸食者无多”。道光朝吸食者日众，“(道光)季年以后其毒乃不可遏，通衢列肆，嗜者日众。城市而外，浸及乡镇，一日之费，倍蓰米粮”(光绪《松江府续志》卷五《疆域志·风俗》)。光绪《南汇县志》卷二十《风俗志·风俗》也说：“鸦片流毒无穷，三四十年来吸食者不特城市殆遍，即乡僻亦然。计邑城每日所进烟土其费倍于米粮，又有花烟馆，名为夫妻店，勾引良家子弟，尤为藏奸之所，虽经官吏访究，亦不能绝。”

松江府城每年用于鸦片消费的开支约为三四十万两银。此外还有许多鸦片吸食者住在市镇和农村。加上他们的消费，华娄居民用于鸦片消费的总数就更大了。兹姑仅以府城消费计，华娄人民每年在鸦片上的开支也已高达30—40万两。

在此为慎重起见，把烟草和鸦片的开支合计，从低估以40万两计。加上酒消费52.3万两，嗜好品消费为92万两。

（三）婚丧、社交等

除了上述开支外，私人消费还有其他诸多内容。在1820年代的华娄，这些消费项目包括婚丧、生子、做寿、祭祀、节庆、岁时（四时八节）、娱乐、社交应酬以及医药等，人民在这些方面的开支为数不少。下面，我们选择几个方面试作分析。

1. 婚丧

婚丧是清代江南人民生活中的大事，婚丧开支也是他们一生中的最大开支项目。过去学界对明清江南农民经济的研究往往忽视这一点，主要原因盖在于婚丧开支不像农家其他开支那样具有日常性。但是婚丧开支不仅数额大，而且需要一次性支出，常常是农家典地负债的主要原因①。

按照清初海宁寒士陈确在其“家约”中为后人规定的婚娶费用

---

① 曹幸穗：《旧中国苏南农家经济研究》，第217页。

标准，男子娶妻费用约合 40 两银[①]，女子陪嫁费用约合 30 两银[②]。这是江南贫素节俭的士人之家的标准，需要当时一位塾师教书 8—10 年所得的全部修金[③]。从小说中所谈到的情况来看，这是江南一般小户人家的标准[④]。这笔娶妻与陪嫁费用分别相当于陈确生活时代的一个富家仆人 2.7 年和 2.1 年的饮食开支[⑤]。清代中期江南婚俗更为奢侈，男计奁资，女索聘财，蔚为风气。就华娄而言，光绪《松江府续志》卷五《疆域志・风俗》引用 19 世纪初期华亭士人钦善的话并加注说："婚姻之家务极奢华（原注：行聘前，媒氏开采帖，衣服、环珥商之女家，往返龂龂。女家行嫁，自四厨八箱至一厨两箱不等。男家饮御亲邻，至有数日不已者。案此在有力者为之，尚无足怪。今则无论家业如何，务饰外观，往往逾量，于是计聘金、较奁赠，媒人又临期索酬，陋习日长矣）。种种冗费（原注：乐人、喜媪，又增名色以耗其财），援据俗礼牢不可破（原注：案自婚嫁

① 见王家范：《明清江南消费风气与消费结构描述》。王氏文中说陈确"家约"规定的男子娶妻费用合 70 两银，但从其所引用的陈确文字中的数字来看，应当是 40 两。

② 女儿出嫁的嫁奁标准为："衣橱一口，衣箱二口，火箱一只，梳卓一张，琴凳二条，大杌头二条，小杌头二条，衣架一座，面架一座，梳匣一个，镜箱一只，铜镜二面，面盆一个，灯台一个，嘱千一个，脚炉一个，布衣二袭，绸衣二袭，铺陈一副，床帐一条，床幔一条，门帘一条，面桶一只，脚桶一只。右费共约卅金。有力者视此，无力者任减之，更无限制。"见陈确：《陈确集》别集卷九《丛桂堂家约》"嫁"之"奁单附"（第 515—516 页）。

③ 陈确的父亲作塾师，"二十四岁，始馆谷于外，仅得修金四两"（《陈确集》，第 530 页）。

④ 在明末小说中，有一些关于婚嫁费用的描写。例如凌蒙初（梦觉道人、西湖浪子）：《型世言》（又名《三刻拍案惊奇》）第 25 回，说崇祯元年海宁农村聘礼为绸 2 匹、银 16 两；合计近于 20 两。谷口生等：《生绡剪》第 17 回，则说海宁小店主李玉吾娶妻用聘礼为 16 两。又，西湖渔隐主人：《贪欢报》第 9 回中说天启元年杭州府余杭县小杂货店主王小山娶妻，财礼 20 两，另有酒宴等费用 30 两。从这些小说家言亦可见，陈确所规定的"聘不过二十两"，确实是一般小户人家的标准。

⑤ 在这个时期，8 厘银子可以买米 1 升。而一个富家仆人一日消费为米 1 升，柴 8 斤，油 1 两，豆腐 1 斤，淡酒 1 升；共合银 4 分。陈确：《陈确集》文集卷 1《寄祝二陶兄弟书》（按照文章编排顺序，当为顺治六年）（第 67 页）。

竞尚华侈，而溺女之风遂盛）”①。由此可见，结婚开支对于19世纪华娄的每个家庭确实都是一笔巨大的负担。到了近代，情况犹然②。据满铁调查，1930年代末松江县普通农户的一次结婚开支，大约为全家一年生活总开支的2倍有余③。如以该户的食物开支计，则为4倍。

丧葬也是华娄人民生活中的大事。依照当时的风俗，丧事繁文缛节，务求隆重④，开支也很大。陈确在“家约”对棺椁之费有从俭的规定：“虽三四金以下，亦足为固。”并力主“族葬、深葬、实葬”。

---

① 光绪《松江府续志》卷五《疆域志·风俗》。

② 据上海市松江区泗泾镇人民政府：《千年古镇泗泾》，在松江县属下的泗泾镇，解放前男婚女嫁多繁文缛节，富裕之家都主张早婚，故10岁左右的男女儿童就要订婚。订婚步骤先是“合八字”，如“相合”就择日定亲，男方设酒席款待亲友，女方受茶。以后再定结婚期，赠女方聘金。其间往来频繁，一般要五六次或七八次不等，每次往来，均由媒人出面，周旋于男女两家之间，男家须置酒席“待媒”。

③ 满铁调查中的No. 21农户（户主张竹林，住松江县西里行浜），耕种水田14亩，有家庭成员4人（夫、妻、母、子），男劳力二人（父、子）。其子于1939年4月结婚（半年前“定请”即行聘），总开支为510元，扣除贺礼礼金收入90元和“定请”回礼金2元后，实际支出418元。此数量是农户结婚开支的一般水平。与此相对照，当时一个农户每年平均的生活费支出仅为187元。因此普通农户的一次结婚开支，大约为全家一年生活总开支的2.2倍。上述开支还未包括农户为新人建造新住房的开支在内，而No. 7农户（户主高全生）于1936年建房3间，请华阳桥专门工匠建造，花费700元（见南满洲铁道株式会社上海事务所：《江蘇省松江県農村実態调查報告書》，第208、213、214—217页）。因此，如果加上为新人建造新住房的开支，则结婚开支为全家一年生活总开支的6倍。

④ 据上引上海市松江区泗泾镇人民政府：《千年古镇泗泾》，旧时本镇中产以上人家办丧事的主要步骤如下：病人断气后，家属即去泗泾城隍庙烧“回堂香”，同时在门外烧“行衣”。当日派人向亲友报丧。设立灵堂，儿子守灵，亲友吊唁跪拜，孝子还拜。两三天后，备棺成殓。成殓后，灵柩沿街出丧。事后在家中设灵台（俗称“太平台”）。60日或100日后，除去灵台。自死亡之日起，逢“七”祭祀，以“三七”、“五七”为重。在所谓“亡魂还阳日”，也须举行祭祀仪式，称“接煞”。在六十日或百日期，做祭奠仪式，“周年”则更为隆重。有钱人家请道士、和尚做道场超荐。3周年后才脱掉孝服，考虑葬礼。决定安葬日期后，发出“告窆”，通知亲友，在安葬前夕，设宴招待亲友，举行“题神主”仪式，下一天正式安葬。

明清盛行厚葬，至少从明后期以来，富家棺椁必用楠木，而在晚明，“一棺之直，皆百金以上”[①]。在清代松江，其价更高。购买墓地也是一笔大开支。光绪《松江府续志》卷五《疆域志·风俗》说：“若夫造墓，或选地过苛，有数十年停棺于家者，亦有厝之荒野，年久坍毁而莫为之主者。虽经官吏催趱掩埋，而积习相沿骤难改革（原注：咸丰间寇扰，……然事定后仍蹈故习……。案：造墓之难，始则选地，选地既定，地主乃高索价值率倍于常或数倍不等；他如雇夫挑土等事，俗例皆用土人，索酬亦不等。故富家已为不易，而贫者益难。）”此外还有丧礼等，花费也很大。据满铁调查，1930年代末松江县普通农户一次丧葬开支，大约相当于全家一年生活总开支[②]，或者全家一年食物开支的1.9倍。

1820年代华娄人均食物年开支为15,550文，每户平均有4.5人，户均食物开支为70,000文，合银58.3两。如果婚庆、丧葬开支与食物开支之比与1930年代末相同，则分别为233两（婚庆）和111两（丧葬）。如果每个农户（核心家庭）在其存在的20年中[③]，平均经历丧葬和婚庆仅各一次[④]，则总开支合计为344两。这些开支

---

① 谢肇淛：《五杂俎》，第278页。

② 据满铁调查，华阳坊村民何氏之父家1939年死亡，丧葬开支共247元。同年村民何进才家死了三人，母亲丧葬开支237元，大女儿（15岁）201元，小女儿（10岁）96元。平均每次丧葬开支195元。见南满洲铁道株式会社上海事务所：《江蘇省松江県農村実態调查報告書》，第224页。

③ 根据郭松义的研究，清代全国各省女子初婚平均年龄，江、浙两省为18—19.5岁，在全国20个省中最高，比全国平均数高出1—2岁以上。而在江浙两省中，属于本书所说的江南的苏南女子初婚平均年龄大约在19岁左右，比苏北高出0.75岁。见郭松义：《伦理与生活——清代的婚姻关系》，第211—213页。又，华娄人民的平均预期寿命以40岁计（详后文）。据此，20岁结婚，则这个核心家庭存在期大约为20年。

④ 亦即有一老人去世，一子（或女）结婚。曹幸穗认为：在近代江南，“对于一个正常的农民家庭来说，户主一生至少要经历父母逝世、儿女婚嫁等红白大事4—5次之多。若以户主寿命60岁而论，则大致平均10—15年就会遇到一次”。见曹幸穗：《旧中国苏南农家经济研究》，第217页。

都依靠平时积蓄。换言之，要应付这些开支，在这 20 年中，该农户需要每年积蓄 17 两银[①]。这里以每户每年 17 两计[②]。

1820 年代华娄总户数为 12.4 万户，每户每年 17 两，总数达 213 万两。

2. 社交

除了婚丧两项最大开支外，华娄人民在日常生活中还有许多必须的社交开支。例如：

节庆：各种节日通常都有庆祝活动，有的花费很大[③]。四时八节也有不同的庆祝和社交活动，并有相应的支出。

祭拜死者：据满铁调查，在 1930 年代末的松江县农村，死者下葬之后，每逢元旦、春分、清明、端午、中秋、农历十一月一日、冬至等节日，都要祭拜死者。其中清明节祭拜开支最大，每户最少 20 元，最多 50—60 元[④]。依照当时的米价[⑤]，分别相当于 0.7 石米（最少）和 2 石（最多），取中数为 1.4 石。

祭神与祭祖：在近代松江县，除了每年阴历十一月一日祭祖外，在五月十三日、六月二十四日、七月二十七日、八月十八日、九

---

① 据满铁调查，一个在村中处于中等水平的农民，至少要节衣缩食 10 年之久，才能办一次在当地认为比较“体面”的婚事。见南满洲铁道株式会社上海事务所：《江蘇省松江県農村実態調査報告書》，第 216—217 页。

② 以上所言只是普通人家的情况。有些很穷的人肯定达不到这个标准，但是富户的开支则远大于此标准。参阅王家范：《明清江南消费风气与消费结构描述》。

③ 例如在枫泾镇，每年四月四日盛饰龙舟，“昼则笙旗耀日，夜则火炬通宵，斗巧争奇，胜于他处”。见光绪《枫泾小志》卷一〇《拾遗志》。

④ 南满洲铁道株式会社上海事务所：《江蘇省松江県農村実態調査報告書》，第 224 页。

⑤ 当时米价不详，按照满铁调查同页谈到葬仪费用时所提到的情况，应当是每石 27 元。见南满洲铁道株式会社上海事务所：《江蘇省松江県農村実態調査報告書》，第 224 页。

月十三日等特定日子，人们到关帝庙、李昌庙、猛将庙等祭神，都是集体性的活动，由民间社会组织进行①。这些组织以会、社形式出现，每户都必需参加，其费用由会统筹，按社分摊，再摊到户②。

送礼：依照近代松江县民俗，逢婚丧喜庆，亲友间例须送礼，称“送人情”。遇红白事，所备礼物的价值，略高于前番对方赠送给自己礼物的价值，称“抬一抬”。上门探望病人，或准备在主人家吃饭，一般都要送礼③。

以上各种费用合起来总数不小，但究竟多少，难以知晓。史料中有一些关于迎神赛会的记载，从中我们可以大体得知费用如何。

在清代江南各地，迎神赛会是人民生活中的重要活动。在这些活动中，奢侈之风，越演越烈。陈宏谋说：“一会之费，动以千计，一年之中常至数会，地棍藉此饱囊，平民因此揭债。”④由于这项开支浩大，常常导致“贫民少官粮粗籽升斗难偿，至于宕欠。若供给鬼神，虽典衣剥债不敢吝，尝见饥寒交迫之徒，问以积素奉事鬼神之费，则必曰夥，且曰不若是不至今日也”⑤。在华娄地区，明代后期此风已盛。晚明松江人范濂说：“倭乱后，每年乡镇二三月间迎神赛会，地方恶少、喜事之人，先期聚众，搬演杂剧故事，然初犹以

---

① 南满洲铁道株式会社上海事务所：《江蘇省松江県農村実態调查報告書》，第225页。

② 上海松江网：《松江农业经济文化简史》)。

③ 礼物分钱、物两类，平时作客送礼盛行“黄篮头”，粗竹篾编成，上覆红纸，内装水果；“包扎”，又称“牛头包”，黄粗纸包成长方梯形，上覆红纸，内装桂圆、蜜枣、胡桃、红、白糖等；“盒头”，厚纸盒装贮的糕饼类。贺寿送面条、寿糕，造屋上梁送馒头、糕，迁新居送面条、定胜糕，探望产妇送胡桃、云片糕、红糖，丧事送缃布、纸绽，年节有清明节送青绿饺，端午粽子，过年送鲜鱼、猪肉、鸡、鸭、年糕等(《百姓生活——礼尚往来重情谊》，发表于 http://www.sjfang.cn/Subject/SJ/sm_5.htm)。此外，在上引满铁关于婚庆费用的调查中，张竹林子娶妻，婚庆总开支为 510 元，其中贺礼礼金收入 90 元，占约 1/5。

④ 光绪《常昭合志稿》卷六《风俗》。

⑤ 郑光祖：《一斑录》卷五《鬼神》。

丰年举之，亦不甚害。至万历庚寅，各镇演剧华丽尤甚，街道桥梁皆用布幔，以防阴雨。郡中士庶，争挈家往观，所谓举国若狂也。每镇或四日，或五日乃止，日费千金。且当历年饥馑，而争举猛浪不经，殊不可解。”万历二十年官府曾下令严禁，但后来此风复帜。乾隆以后，“每年春间，乡村恶少，更招集无赖，演花鼓戏，观者云集，导淫敝俗，莫此为甚”[①]。华娄属下的枫泾镇在此方面最为有名，故史称“赛神之举莫盛于枫泾”。每当迎神赛会时，“衣皆奇丽，珠以万计，金玉以千计”，“互相夸耀，举国若狂，费几累万”[②]。在近代松江县农村，迎神赛会的费用由会统筹，按社分摊，再摊到户，举行一次迎神赛会，每户摊到费用约折大米五升至一斗。各乡大多每年春季举行一次出会，也有春秋二次或三年才举行一次的。各地时间固定，除非社会不太平，一般不更改[③]。1820 年代华娄人民在迎神赛会如果一年两次，每次开支平均每户 1 斗米，则一年共 2 斗[④]。

这里姑且将所有的社交开支，从低估以每户每年 1 石米计，依照当时的价格，合银 2.3 两，1820 年代华娄总户数 12.4 万户，在此方面的总开支达 29 万两。

(四)民间公共消费

在此方面，最大的开支为民间各种公共建筑物兴建和维修的

---

① 光绪《华亭县志》卷二三《杂志上・风俗》。

② 光绪《枫泾小志》卷一〇《拾遗志》。

③ 上海松江网：《松江农业经济文化简史》。

④ 每年 2 次，每次 1 斗。

支出，依照本书的计算，其总数大约为 2.1 万两[①]。

此外，到了嘉道时期，华娄民间兴办的各种社会福利事业也有颇大发展[②]。这些福利事业的开支总计也不小，但因缺乏记载，很难计算，兹姑从略。

将以上数字相加，即可得到 1820 年代华娄私人消费总数（表 11－2）：

表 11—2　1820 年代华娄私人消费

支出项目	支出（万两）
食物	710
纺织品（棉布）	78.5
食盐	9.5
嗜好品（酒、烟草、鸦片）	92
婚丧	213
社交	29
住房与工商业用房	77.2
教育	35.1
民间公共建筑	2.1
合计	1,246.4

最后，我们把以上各方面的情况汇为表 11－3：

① 据本书第七、八章的计算，各种公共建筑的折旧费与维修费合计为 4 万两，其中政府建筑物的折旧费与维修费 1.9 万两（已包括在政府支出中），余下的 2.1 万两即为民间支出。

② 例如普济堂，嘉庆时已“规制略备”，而全节堂则建于道光九年。地方志说：“善堂之设，所以佐吏治之不及，然见于前志者犹无多也。道光以来，郡邑村镇，递次兴建，几于靡善不备。”（见光绪《松江府续志》卷九《建置志·公建》）

表 11—3　1820 年代华娄的消费

支出项目	支出数量(万两)	比重(%)
私人消费	1,246.4	93
政府消费	86.3	7
合计	1,331.4	100

因此,1820 年代华娄的总消费约为 1,331 万两。

第五编

结　　论

第十二章　1820 年代华娄的 GDP 与 HDI

在本章中，我们将对前面各章研究的结果进行总结，将依次讨论以下问题：首先，1820 年代华娄地区的 GDP 到底有多大？其次，1820 年代华娄地区的经济成就如何体现在人民生活水平上？

一、1820 年代华娄的 GDP

GDP 可以使用生产法、收入法和支出法三种方法计算。在这三种方法中，生产法是主要方法，但是使用生产法得出的结果是否正确，还需用收入法和支出法来计算 GDP 验证。从理论上来说，这三种方法的计算结果应当是一致的，但是在实际计算时，因资料来源及其口径范围等原因，做到完全相等几乎是不可能的。因此，用不同的方法计算出来的结果有一些差异（称为统计误差）是正常的。

下面，我们顺次使用生产法、支出法和收入法来计算 1820 年代华娄地区的 GDP。

1. 生产法

将本书表 6－11、表 7－5 和表 8－4 合并，即可得知 1820 年代华娄经济各部门的增加值如下（表 12－1）：

表 12—1　1820 年代华娄各产业部门增加值

部门	增加值(万两)	比重(%)
农业与渔业		
农业	400.2	29.6
渔业	16.6	1.2
小计	416.8	30.8
工业		
第一类行业	54.6	4.0
第二类行业	127	9.4
第三类行业	266.6	19.7
小计	448.2	33.2
服务产业		
商业	172.7	12.8
服务业	27.7	2.1
金融业	48.6	3.6
外贸业	90.7	6.7
水运	25.1	1.9
教育*	35.8	2.7
政府**	85.6	6.3
小计	486.2	36.0
总计	1,351	100

*　官学开支计入。

**　官学开支未计入。

上表中得出的增加值总数就是用生产法计算出的 GDP。

2. 支出法

支出法是从最终使用的角度来计算 GDP 及其使用去向的方法。GDP 的最终使用包括货物和服务的最终消费、资本形成总额和净出口三部分。在本书第十一章中，我们已得知 1820 年代华娄的消费情况。因此这里我们还要了解资本形成和净输出的情况。

（1）资本形成

在 19 世纪初期的华娄地区，固定资本形成主要是私人在生产设备、运输工具及经营场所（厂房、店铺、仓库）方面的支出，主要就是在这些项目上的折旧费用。

1820 年代华娄各主要经济部门中的折旧问题，在以上各章以及附录 6 中已有讨论，现将有关结果总结如下。

（A）农业

依据本书附录 6 的计算，在 1820 年代的华娄，一个农户的农具年折旧费合钱 1,400 文。6.8 万个农户的农具年折旧费共合银 7.9 万两。此外，依照本书第七章中的计算，农船和渔船的年折旧费为 11.6 万两[①]。以上诸项合计，共 19.5 万两。

（B）工业

依照本书附录 1 所作的推算，工业第三类行业中的生产用房折旧费和设备折旧费用，大约各相自当于工业投入的 3%，合计为 6%（$D_2 = 0.06$ CS）。但是造船、制盐、建筑、窑业不需要多少生产用房，因此这里仅考虑其设备折旧费问题，即为 3%（$D_1 = 0.03$ CS）。

依照本书第七章的计算，工业第三类行业中的碾米、榨油、酿酒、染踹四个部门的总产值为 508.8 万两，运用本书附录 1 中的投入计算公式（GI = 0.83 GO）及上述折旧费在投入中所占的比例计算，生

① 每年新造农船和渔船 5,500 艘，价值 11 万两，此即年折旧费。

产用房和设备的折旧费用合计为 25.3 万两。造船、制盐、建筑、窑业四个部门的总产值为 205.3 万两，折旧费用合计为 5.1 万两。

据此，工业中生产用房和设备的折旧费用合计为 30.5 万两。

(C)商业、外贸业与金融业

商业、外贸业与金融业中的营业用房（店铺、仓库）的折旧费用，依照本书附录 1 所作的推算，相当于投入的 3%（D_1 = 0.03 GI），而投入相当于产出的 83%（GI = 0.83 GO）。商业总产出为 502 万两[①]，外贸业总产出 367 万两，金融业总产出为 43 万两[②]，合计 912 万两。用投入计算公式（GI = 0.83 GO）计算，这些折旧费用总数为 22.7 万两。

(D)水运业

依照本书第七章中的计算，每年新造货船只的总价值为 3.2 万两[③]。此即水运业所用船只的年折旧费用。

现将以上结果汇为表 12－2：

表 12—2　1820 年代华娄各部门的折旧费用

行业	折旧费用(万两)
农业	19.5
工业(第三类行业)	30.5
商业、外贸业与金融业	22.7
水运业、渔业以及农业(船只)	3.2
合计	75.9

① 仅包括通过商业机构的交易，不包括生产者和消费者（或者生产者和生产者、消费者和消费者）之间的直接交易。这里以城乡贸易代替，详参本书第八章。

② 金融业营业额为 215 万两，自有资本 43 万两，其利息收入 8.6 万两，手续费 4.3 万两，合计 12.9 万两；借入资本 172 万两，其利息收入 17.2 万两；手续费亦为 17.2 万两，合计 34.4 万两。二者总计为 47.3 万两。

③ 货船 1.3 万两，漕船 1.9 万两。

(2)净输入

从本书附录10,可知1820年代华娄地区年输出总额为154万两,输入总额为156万两,贸易逆差为2万两。如果加上鸦片、烟草和木材的输入,则逆差为59万两。如果把华娄上交赋税37万两也作为输出的话,则贸易逆差为22万两[①]。因此,净输入为-22万两。

因此,使用支出法计算[②],1820年代华娄地区的GDP为(表12-3):

表12—3　1820年代华娄的GDP(支出法)

项目	支出数量(万两)	比重(%)
私人消费	1,246.4	89.9
政府消费	86.3	6.2
固定资本形成	75.9	5.5
净输出	-22	-1.6
合计	1,386.6	100

3. 收入法

使用收入法来计算的GDP,即生产要素收入总和、折旧和间接税净额的总和。由于本书不考虑生产税净额的问题,因此只将生产要素收入总和和折旧费用相加即可。生产要素收入包括工资、利息、地租和利润,因此计算公式为GDP=W+IR+R+P+D[③]。

① 用支出法时所说的出口,指的是常住单位向非常住单位出售及无偿提供的货物和服务总值。华娄两县政府向上级政府缴纳的赋税,也属于这种无偿提供的货物与服务。同时,从某种意义上来说,这些赋税也可以视为这个地区向上级政府"购买"服务(防务、治安、市场准入等)的费用。

② 公式为GDP=C1+C2+D+NE。见本书附录1。

③ 公式为GDP=W+IR+R+P+D。见本书附录1。

在本书第十章中，我们已经得知 1820 年代华娄的收入情况，在本章中又已知道折旧费用，因此即用收入法可算出 1820 年代华娄的 GDP（表 12－4）：

表 12－4　1820 年代华娄的 GDP（收入法）

项目	收入（万两）	比重（%）
工资	805.7	60.5
地租	146.8	11.0
利息	36.6	2.7
利润	267.0	20.0
折旧	75.9	5.7
合计	1,332	100

用支出法和收入法计算出来的结果，与用生产法计算出来结果都十分接近，因此可以认为上述结果是基本正确的，亦即 1820 年代华娄的 GDP 大致为 1,350 万两。当时人口总数为 56 万，人均 GDP 为 24 两。

二、1820 年代华娄的 HDI

在研究经济发展水平时，GDP 是一个很有用的指标。但是 GDP 也存在着明显的缺陷，其中最主要的，是 GDP 不能显示社会创造的财富如何为社会全体成员分享。为了弥补这个缺陷，一些学者提出了人类发展指数（HDI），并已为联合国等机构广泛采纳。HDI 从三个方面衡量一个国家或者地区的经济发展成就：(1)寿命（以预期寿命来衡量），(2)知识（以成人识字率来衡量）和(3)生活水平（以人均 GDP 来衡量）。由于尚未见到关于 19 世纪初期华娄（乃至松江府）地区人口预期寿命问题的研究，我们姑且对此问题从略。教育(识字率)和生活水平(食物消费水平)问题,我在以往的研究以及本书附录12、16和17中已作了专门的讨论,兹据讨论的结果,对HDI问题进行分析。

(一)教育

我们在此主要关注1820年代华娄人民识字率、人均受教育年限以及教育投入在GDP中的比重。

1. 识字率与人均受教育年限

我曾依据罗友枝(Evelyn Rawski)关于清代中国识字率的估计并参考其他材料,认为19世纪江南成年人的识字率大约为30%[①]。华娄是江南教育最发达的地区之一,成年人口识字率应当不低于此。19世纪初期华娄一带人民平均寿命姑以40岁计[②]。据此,其时华娄人口总数为56万,其中16岁以上的成年人口总数应为33.6万人。若识字率为30%,即有10万成年人在儿童时代接受过识字教育。

又,依照本书附录11所作的计算,19世纪初期的华娄地区在各种学校学习的学生人数为2.2万人,占华娄总人口(56万人)的3.6%,占6—16岁学龄人口(14万人)的15.7%。与此相对照,

① 李伯重:《八股之外:明清江南的教育》。

② 据李中清与王丰的研究(见李中清与王丰:《人类的四分之一:马尔萨斯的神话与中国的实际,1700—2000年》,第75—76页),1792—1867年间中国东北辽宁农村人口10岁时的平均预期寿命为37.2岁(男子)和36.5岁(女子)。而据J.C. Yuan的研究(见张仲礼:《中国绅士——关于其在19世纪中国社会中作用的研究》,第105页),在1365—1849年间对广东中山李氏家族人口20岁时的平均预期寿命为37.7岁(男子)和39.7岁(女子)。因此,平均寿命约为38岁(上下约2岁)。华娄地区人民生活水平高于上述地区,平均预期寿命可能略高于此,因此姑且以40岁计。

1930 年代中国各级学校在校学生数量为 1,333 万人,仅占当时总人口(5 亿)的 2.7%[①]。

2. 教育投入在 GDP 中的比重

在现代社会中,教育在经济中的重要性表现在社会对教育的投入在 GDP 中所占的比重上。这个比重与经济的发展水平密切相关。经济越发达,这个比重也越高[②]。

据表 12—1,1820 年代华娄地区的教育投入占到该地区 GDP 的 2.7%。与此相对照,近年来,我国的国家财政性教育经费所占 GDP 比例一直徘徊在 3%上下[③],加上其他来源的教育支出[④],也

---

① 近代数字均引自 Angus Maddison: *Chinese Economic Performance in the Long Run*, Tables3-7,3-9,D-1。

② 梁伟真指出:发达国家公共教育支出占 GDP 比重高于发展中国家,经济发展水平越高,比重也越大。1995 年公共教育经费占 GDP 的比重,世界平均为 5.2%,发达国家为 5.5%,发展中国家为 4.6%,最不发达国家达到 3.6%。又,1993 年世界平均人均教育支出为 22.9 美元,发达国家为 108.9 美元,发展中国家为 43 美元,不发达国家为 8 美元。见梁伟真:《财政性教育支出的国际比较及对策研究》。

③ 2002 年以来,我国公共教育经费在 GDP 中的比重比例分别为 3.41%(2002)、3.28%(2003)、2.79%(2004)、2.82%(2005),2008 年更仅为 2.4%。见中国青少年研究中心:《"十五"期间中国青年发展状况与"十一五"期间中国青年发展趋势研究报告》(转发于 http://shiju.tax861.gov.cn/wenzi/wenzi.asp? more_id=1090050),蔡昉主编:《2009 年人口与劳动绿皮书》(转发于 http://xw.169ol.com/Article/guonei/200909/157979.html)。此数低于印度相应比例的 2.7%,只等于美国相应比例的一半。

④ 按照《中国教育经费统计年鉴》、《中国教育年鉴》中的统计口径,今天我国的教育投入,由国家财政性教育经费、社会团体和公民个人办学经费、社会捐集资办学经费、事业收入和其他收入五类组成。其中,以国家财政性教育经费为大宗,主要来源于政府拨款,用于公办教育支出。这种情况与 19 世纪初期华娄教育投入基本上来自私人投资有很大不同。同时,由于今天中国的教育投入除了国家财政性教育经费外还包括其他一些来源(特别是在最近一个时期,中国私人支出占教育支出的比重不仅高于世界平均水平,也高于发展中国家的平均水平。见前引蔡昉主编:《2009 年人口与劳动绿皮书》),因此投入的总量比国家财政性教育经费要大一些。

仅占 GDP 的 3%略多①。因此，教育在 1820 年代华娄经济中的比重，已接近于 20 世纪末的全国水平。这种情况表明：在 19 世纪初期的华娄，教育投入达到了相当高的水平；教育不只是为上层社会服务②，而且也为更多的普通民众所分享。

---

① 从麦迪森(Angus Maddison)使用中国官方数字对中国 1952—2005 年财政收入和支出的规模和构成进行统计得出的结果，这一点十分清楚：

表 12—5　中国 1952—2005 年财政收入和支出的规模和构成
(按当期价格计算的官方统计的 GDP 的百分比)

	总计	经济建设	文化与教育	国防	行政管理	其他
1952	25.9	10.8	3.1	8.5	2.3	1.2
1965	27.1	14.8	3.6	5.1	1.5	2.1
1978	31.1	19.7	4.0	4.6	1.5	1.0
1995	11.4	4.8	2.9	1.1	1.7	1.0
2005	18.5	5.1	4.9	1.4	3.6	3.6

来源：Angus Maddison：《Chinese Economic Performance in the Long Run，960－2030》，p.22，Table 3.28。

如果从"文化与教育"支出栏中除去"文化"支出，"教育"支出的比重大致来说在 3%以下。1993 年中共中央和国务院颁布的《中国教育改革和发展纲要》提出，到 2000 年年末，财政性教育经费占 GDP 的比例达到 4%。不过目前为止，这一目标从未实现。2008 年财政性教育经费占 GDP 的比重达到历史最高，但也只占 GDP 的 3.48%。依照岳昌君关于中国公共教育投资比例的国际平均水平与实际水平对照以及不同收入水平国家的公共教育支出占 GDP 比例等指标的比较，我国的公共教育投资在 GDP 中的比例不到 3%，不仅低于国际平均水平(4%以上)，而且也低于低收入国家的平均水平(3.3%)，比印度还低。见教育部：《力争今年实现教育经费占 GDP4%》，转引自岳昌君：《中国公共教育经费的供给与需求》。

② 据光绪《华亭县志》卷一三《人物志·选举上》，自顺治朝至道光朝，仅华亭一县就出了进士 66 人，举人 163 人(娄县的情况在地方志中阙如，但应当相差不大)。按照人口比例，远远高于全国平均数。因此华娄的精英教育成效也颇为可观。

(二)生活水平

为了判断 1820 年代华娄人民的生活水平，我们需要将其与本地区在 20 世纪的生活水平进行比较。由于资料的关系，这里仅只选择衣食两项作为比较的内容。

1. 纺织品(棉布)

本书附录 17 计算出 19 世纪初期松江地区的人年均棉布消费量在 2.2 匹以上。这个数字不仅明显高于 19 世纪中期的全国平均消费水平 1.5 匹[①]，而且也高于 20 世纪后期松江县的消费水平。

1991 年《松江县志》汇集了 1978—1985 年的统计资料，其情况如下(表 12－6)。

表 12－6　1978—1985 年松江县农民人均纺织品消费量[②](单位：平方米)

品种	单位	1978	1979	1980	1981	1982	1983	1984	1985
棉布	平方米	3.85	3.863	4.53	4.30	3.103	3.013	1.937	1.71
化纤布	平方米	2	2.40	1.44	1.723	3.20	4.153	3.687	5.07
呢绒	平方米	0.237	0.59	0.27	0.147	0.077	0.047	0.157	0.153
绸缎	平方米	0.73	0.793	0.537	0.153	0.027	0.18	0.323	0.227

---

① 1860 年的全国平均消费水平见徐新吾：《江南土布史》，第 229 页。这里我们把上述结果与华北农民的消费水平作一简单比较。据徐浩的研究，清代北方农民衣被的年消费量水平相当低。如直隶望都"居民率衣土布，自织自用，只取其蔽体御寒，不求华美。寻常衣服，棉改袷，袷改单，敝而后已，虽褴褛之衣，方作鞋履之用，不肯轻于一掷"；山西孝义"乡民则布絮缕缕，终岁不制衣者十室而九"；五台"农人夏一袷，冬一袄一裤，商贾隆冬走山谷，布袄之外，袭老羊皮马褂，士类一棉布袍，一棉马褂，无衣裘衣帛者"。华北农家平均棉布消费量，徐氏估计为土布 5 匹左右，亦即人均 1 匹(转引自张研：《清代农家收支研究》)。

② 1991 年《松江县志》，第 956 页。

据此，1978—1986 年松江县人均消费棉布 3.29 平方米，化纤布 2.96 平方米，合计 6.25 平方米，按照面积，相当于标准土布 2.1 匹[①]。因此，19 世纪初期松江人民的纺织品消费超过 20 世纪中后期同地区的消费水平[②]。此外，在上表中，松江县人民还消费一定数量的呢绒与绸缎。19 世纪初期松江人民不消费呢绒，但消费的丝绸数量肯定明显超过 1978—1986 年[③]。

2. 食物

为了对 19 世纪初期松江人均食物消费水平进行客观的判断，我们需要将其与 20 世纪的消费水平进行比较。

(1)与 20 世纪前半期华娄地区农民食物消费的比较

首先，我们看看 1820 年代华娄地区农业雇工农忙时期的伙食[④]，其标准为：

> 忙工之时，一工日食米几二升，肉半斤，小菜、烟酒三十文。

其次，我们再看看 1937 年松江县中等农户农忙时期的伙食[⑤]，其大致情况为：

---

① 1 匹标准土布 = 3.6337 平方码(徐新吾主编：《江南土布史》，第 209 页)，1 平方码 = 0.8306 平方米，因此标准土布 1 匹 = 3.0182 平方米。

② 我国在 1953 年开始实行纺织品限量配给制度，行用了将近 30 年的布票到 1983 年才废止。因此 1978—1982 年的松江人均纺织品消费量较低，是可以理解的。1983—1986 年间人均纺织品消费量没有增加，原因大概是当时化纤布比棉布更受欢迎(或者说更为“时兴”)，而化纤布的使用年限比棉布长，因此人均纺织品年消费量也没有出现增加。

③ 早在明季，范濂就已指出：在松江，“贫者必用绸绢色衣，(纱或熟罗)包头不问老幼皆用”(范濂：《云间据目钞》，第 3 辑，卷 2)。18、19 世纪之交曾到中国旅行的英国人巴娄(John Barrow)也看到江浙人民(特别是城市居民)普遍穿绸(John Barrow: *Travels in China*, *the second edition*，第 572 页)。在江南，松江属于比较富裕的地区，人民穿戴丝绸肯定也很普遍。

④ 《浦泖农咨》(33)。

⑤ 南满洲铁道株式会社上海事务所：《江蘇省松江県農村実態调查報告書》，第 213—214 页。调查对象为张竹林，种田 14 亩。

第一顿(上午6时半):煮蚕豆;

第二顿(上午10时—10时半):蚕豆,煮鱼、田螺,并饮烧酒;

第三顿(下午3时—3时半):炒蚕豆;

第四顿(下午6时—6时半),大约同第二顿。

将两者进行比较,可以看到1820年代雇工的食物消费水平显然更高。这里要注意的是,与20世纪前半期大部分时间内原松江府地区农民的食物消费水平相比,1937年中等农户的食物消费水平明显较高[①]。因此可见在华娄地区,1820年代的食物消费水平高于20世纪前半期。

(2)与20世纪后期本地区人均食物消费量的比较

1952年,松江县人均食物消费情况有改善,但仍然是全年有两个月混食麦粞、杂粮,其他月份主要吃米饭,每日"二稀一干"[②]。1959—1962年困难期间,因粮食不够,推广"粮菜混吃"、

① 据今日编纂的地方志,解放前松江县西南地区农民在青黄不接时吃稀饭,或南瓜饭、豆板饭、菜饭,东北地区农民在口粮不足时常吃麦粞饭、麦粞粥调剂(1991年《松江县志》,第956页)。又,在与华娄(松江县)比邻的上海县,据1929年的调查,上海县第二区五口之家的"中人之户",农副业年收入116.945元(银元,下同),年支出241.505元,不敷124.56元,以外出帮佣、典质、借贷相抵,青黄不接,以红花草干、杂粮熬粥为炊。1933年调查104户农家,每户年均收入322.70元,支出315元。1935年,马桥俞塘地区215户农家,收支盈余25户,收不抵支190户(其中负债50元以下38户、51—100元97户、101—150元55户)。1950年,土地改革前,北桥乡新农村260户,有贫农160户,其中收支勉强相抵的20户,负债的140户,全年缺粮的125户;86户中农,36户负债。新泾区、龙华区农家,收入较上海县稍高,一般一日三餐,二稀一干,故有"二粥一饭,譬如讨饭"的说法(详见1993年《上海县志》,第1074页)。

② 1952年塘湾区大树乡五村、八村158户农家,117户生活改善,39户维持原水平,2户下降;77户有余粮,持平77户,缺粮4户;16家典型户中,13户全年有两个月混食麦粞、杂粮,平时米饭,每日"二稀一干"。详见1993年《上海县志》,第1074页。

"炒米蒸饭",还搭吃麦片、山芋干等。1964 年食物消费情况有所好转,但随后又陷入困难。直到 1978 年以后,方有真正改善[①]。依照官方统计,1953、1956、1978 和 1985 年松江县农户人均口粮分别为稻谷 240.5 公斤(481 市斤)、266 公斤(532 市斤)、304 公斤(608 市斤)和 283 公斤(566 市斤)[②]。按照 260 市斤稻谷出 1 市石大米的比例[③],上述口粮数分别相当于 1.85、2.05、2.33 和 2.18 市石大米。

以上统计仅包括粮食的消费。1978 年以后的统计才有副食品消费数字,详见表 12-7:

表 12—7　1978—1985 年松江县农民人均食物消费量(单位:公斤)

年份品种	1978	1979	1980	1981	1982	1983	1984	1985
粮食	304	359	332.50	330	308	309.50	299	283
植物油	2.45	2.50	3.28	3.63	3.46	4.03	3.38	3.99
猪肉	15.80	18.40	10	11.55	14.40	13.90	12.40	19.08
牛、羊肉	0.23	0.45	-	0.015	0.02	0.095	0.115	0.31
家禽	0.82	1.125	0.76	0.925	1.155	1.63	1.705	3.73
蛋类	4.835	5.18	2.90	3.24	3.15	3.445	3.515	4.82
鱼虾	5.10	6.645	3.25	3.69	6.76	4.725	4.445	5.135
食糖	1.20	1.43	1.68	1.83	2.35	2.525	1.665	2.395
酒	3.235	4.43	2.195	2.41	5.775	4.90	6.20	16.13
茶叶	-	-	-	0.24	0.24	0.175	0.24	0.47

下面,我们分别就粮食、副食品两项进行分析比较。

兹将 1953 年以后有关时期的消费数字列为表,并与 1820 年情况作比较(表 12-8):

① 以上情况及下表均据 1991 年《松江县志》,第 956 页。

② 1991 年《松江县志》,第 956 页。

③ 见本书附录 2。

表 12—8　不同时期的华娄人均大米消费量

时间	数量(石)
1820 年代	2.7
1953 年	1.9
1956 年	2.1
1978 年	2.3
1985 年	2.2

松江县农村人均副食品消费量,到 1978 年才有统计。兹采用 1978 年和 1985 年的数字,与 1820 年代的数字进行比较(表 12－9)。

表 12—9　不同时期的华娄人均副食品消费量

时间	猪肉	牛羊肉	家禽	禽蛋	鱼虾	植物油
1820 年代	30 斤	1 斤	2 斤＊＊	7 斤	10 斤	10 斤
1978 年	31.6 斤	0.5 斤	1.6 斤	9.7 斤	10 斤	6 斤
1985 年	38.2 斤	0.6 斤	7.5 斤	9.2 斤	10.3 斤	8 斤

＊1978 与 1985 年数字原为公斤,兹折为市斤。

＊＊为禽肉而非活体家禽

由上可见,1820 年代华娄地区人均粮食消费水平高于 20 世纪绝大部分时期,副食品消费水平则与 1978 年相当。

(3)与今天全国和国际的消费水平进行比较

下面,我们通过对食物营养成分的摄入量的分析,把 1820 年代华娄的消费情况放在一个更大的范围内,来看这个消费到达了一个什么水平。

已知 1820 年代华娄各种食物的人均消费数量,用各种食物的单位营养含量,即可计算出人均每年摄入的营养总量(表 12－10

与表 12-11)①：

表 12—10　1820 年代华娄人均年摄入热量

食物种类	年消费量	折为公制（千克）	单位热量（千卡/千克）	年摄入总热量（千卡）
米	2.7 石	216	3,620	781,920
蚕豆 *	0.9 石	45 *	2,040	91,800
肉 * *	33 斤	16.5	2,500	41,250
蛋	9 斤	4.5	1,500	6,750
鱼虾 * * *	10 斤	5	1,300	6,500
食用油	10 斤	5.0	8,840	44,200
总计				972,420

* 麦、豆以蚕豆计。干蚕豆的比重为每石 125 斤，鲜蚕豆的比重不详，二者合计，姑以每石 100 斤计

* * 猪肉、牛肉、禽肉合计

* * * 以鲜鱼计

---

① 食物单位折算标准见本书附录 2。食物热量与蛋白质含量据 Susan E. Gebhardt & Robin G. Thomas：*Nutritive Value of Foods*。参考 Robert C. Allen：*The Great Divergence in European Wages and Prices from the Middle Ages to the First World War*。Allen 文章中蛋类的热量和蛋白质的含量分别为每公斤 79 千卡和 6.25 克，无疑太低。兹据 Gebhardt 与 Robin G. Thomas 文章中数字计算为 1,500 千卡和 113 克。又，蚕豆的热量，据国内数据，鲜豆为每千克 1,040 千卡，干豆为 3,040 千卡；蛋白质含量，鲜豆为 88 克，干豆为 246 克（见 http://blog.china-vm.com/u/sdsgvm/archives/2007/6118.html、http://www.boohee.com/shiwu/195 与 http://xmdww.com/thread-2897-1-1.html）。干豆的热量与蛋白质含量比 Robert Allen 的 Bean (Asia)的相应数字(3,383 千卡与 213 克)有一些差别，兹取国内数据。华娄人民食用蚕豆有明显的季节性，主要是夏季农忙时的食物(南满洲铁道株式会社上海事务所：《江蘇省松江県農村実態调查報告書》，第 213—214 页)。事实上，华娄人民把蚕豆既当菜吃，又当饭吃。因此这里我们姑假定食用的蚕豆中，鲜豆和干豆各占一半。这样，其单位热量即为 2,040 千卡，蛋白质含量则为 167 克。

表12—11　1820年代华娄人均年蛋白质摄入量

食物种类	年消费量	折为公制（千克）	单位蛋白质含量（克/千克）	年蛋白质摄入总量（克）
米	2.7石	216	75	16,200
蚕豆*	0.9石	45*	167	7,515
肉**	33斤	16.5	200	3,300
蛋	9斤	4.5	113	508.5
鱼虾**	10斤	5	192	960
食用油	10斤	4.5	1	4.5
总计				28,488

*见上表

**猪肉、牛肉、禽肉合计

***以鲜鱼计

据此，每日摄入的热量为2,664千卡，蛋白质量78克。

据1959年第一次全国营养调查以及1982、2002年营养调查，我国每人每天平均热能摄入量如下（表12－12）[①]：

表12—12　20世纪后半期中国全国人均日摄入营养量

年份 种类	1959	1982	1992	2002
热量（千卡）	2,060	2,485	2,328	2,250
蛋白质（克）	–	67	68	66

又，据联合国粮农组织的数字，1978—2000年世界平均水平如下（表12—13）[②]：

① 中华人民共和国卫生部：《建国四十年全国卫生统计资料1949—1988》，第13页；中华人民共和国卫生部：《居民人均每日营养摄取量》。

② 表中数据已包括了储备和进出口因素。资料来源：《FAO食物平衡表》，转引自何秀荣等：《中国国家层面的食物安全评估》。

表 12—13　20 世纪后期世界人均日摄入营养量

年份 种类	1978	1980	1985	1990	1995	2000
热量(千卡)	2527	2535	2644	2709	2748	2805
蛋白质(克)	66.8	66.9	69.9	71.6	73.7	75.6

由上比较可以看到,1820 年代华娄人民的营养摄入,已达到今天我国人均摄入水平和世界平均水平[①]。今日国际公认营养学推荐标准为人均每日热量 2,600 千卡,蛋白质 72 克[②]。因此 1820 年代华娄人民的营养摄入水平,已大体达到了这个标准。

19 世纪初期松江府一带人均食物消费达到了相当高的水平,这在当时西方人的记述中也可找到证据。1832 年 2 月,英国东印度公司职员胡夏米(H. H. Lindsay)乘坐"阿美士德号"帆船从澳门沿中国东南沿海地区进行考察。他于当年 6 月 20 日来到上海吴淞口,在上海停留了 18 天。在其日记中,他对上海一带人民的食物

---

① 我国 1990 年代的人均营养摄入量已达到世界平均水平,详见表 12－14:

表 12—14　中国与世界的人均每日食物平衡比较(世界平均水平＝100):

年份	热量	蛋白质
1978	88.92	78.08
1980	91.83	81.17
1985	99.01	88.65
1990	100.12	91.35
1995	104.57	102.45
2000	107.98	113.11
2000 年世界排名	46	52

本表数据已包括了储备和进出口因素。

资料来源:《FAO 食物平衡表》,转引自何秀荣等:《中国国家层面的食物安全评估》。

② 何秀荣等:《中国国家层面的食物安全评估》。

供应和消费情况做了如下描写[①]：

> 人口看来甚为稠密，乡民们身体健康，吃得也不错。小麦做成的面条、面饼是他们的主食[②]。我们在此期间，地里小麦刚收割完毕，土地耕耙、灌溉后紧接着又种上水稻。水稻要到九月份收割。此足见当地土壤之肥沃异常。当地的冬天据说十分寒冷，有些年份数尺深的积雪可经月不化，冰块大量地存放到夏季，主要用于保存鲜鱼。……
>
> （在上海县城）除了在中国任何地方都难以买到的牛肉之外，这里各类食物的供应既便宜又充沛。山羊很多，羊肉供应也同样充沛。这里的水果比南方的好得多，我们逗留之时，正值桃子、油桃、苹果和枇杷等上市，价格十分便宜，各种各样的蔬菜供应也十分丰富。

从这段实地观察来看，与华娄毗邻的上海，在当时英国人眼中，食物消费水平确实颇高。华娄二县是松江府城所在，消费水平不会比属县上海低。胡夏米的观察，一则因为这是亲眼所见，比较可靠；二则因为作为外国人，其目击往往会注意到中国人因为习以为常而忽视的许多东西。这条西方人的目击材料，从一个侧面有力地证实了当时松江府（包括华娄）地区人民的生活水准确实相当高[③]。

---

① 胡夏米：《“阿美士德号”1832年上海之行纪事》。

② 引者按：此时是夏季青黄不接之时，故乡民以麦面为主食，这与本文前面所引用姜皋所言一致。

③ 在19世纪初期的世界上，中国普通人民的食物消费水平是相当高的，即使较之西欧发达地区亦然。英国学者福钦（Robert Fortune）于1839—1860年受英国皇家园艺协会的派遣四次来华，收集中国植物资源。他考察了福建武夷山（产茶地）等地后，已经发现中国劳苦大众的饮食优于英国（苏格兰地区）的劳苦大众，但是他将此归功于中国的烹调技术（转引自王国斌：《转变的中国：历史变迁与欧洲经验的局限》，第26页）。华娄人民的饮食消费水平明显高于福钦所见的采茶工人，因此也肯定高于英国劳工大众。

第十三章　比较视野中的 1820 年代华娄经济

一个地区在一个时期的经济究竟达到何种水平，只能通过比较才能看出。这种比较有横向比较与纵向比较两种。横向比较是将此地区的经济与同时期其他地区的经济进行比较，而纵向比较则是将一个经济在此时期的表现与在其他时期的表现进行比较。在本章中，我们主要进行横向比较，纵向比较仅只作为参考。

一、横向比较：与 1810 年代的荷兰经济的比较

在进行横向比较时，我们选择的比较对象是 1810 年代的荷兰经济。

（一）为什么选择 1810 年代的荷兰？

我们之所以选择 1810 年代的荷兰，主要考虑因素有二：可比性和已有研究成果。

1. 可比性

就近代早期的比较经济史而言，19世纪初期的荷兰（the Netherlands，尼德兰）[①]和中国的江南[②]，显然是更为合适的比较对象[③]。这种可比性见于以下方面：

(1)在空间范围方面，荷兰与江南大体相当，尽管就人口数量而言，这两个地区的差别依然很大。

表13—1　19世纪初期荷兰与江南的面积与人口[④]

地区	面积（平方公里）	人口（万人）
江南	39,100	3,600(1820)
荷兰	33,883	229(1815)

(2)在地理位置方面，荷兰和江南也颇为相似。这两地都处于两个大陆的中部沿海地区，位于主要河流出海口，拥有近代早期世界上最重要的海港（阿姆斯特丹、鹿特丹、上海），成为西欧与东亚海运的中心。

(3)荷兰与江南两地境内地势低洼，河流纵横，富于舟楫之利。两地人民进行了长期的努力，开挖运河，建设码头、桥梁，建成了完整的内河运输系统，为经济成长提供了良好的运输基础设施。

---

① 荷兰的正式名称为 the Netherlands，因其12个省中，南北荷兰省（North Holland Province and South Holland Province）在各方面最有影响，因此也被称为荷兰（Holland）。

② 江南地区的地域范围，见李伯重：《简论“江南地区”的界定》。

③ 此项研究的初衷是与范·赞登（Jan Luiten van Zanden）教授合作，进行关于江南与荷兰GDP的比较研究。随着研究的进展，最后缩小到松江府的华亭和娄县两县，但最终目的仍然是进行江南与荷兰的比较。

④ 说明：荷兰面积系今日面积，见“Hierarchical administrative subdivision codes”(http://www.statoids.com/ihasc.html)，人口(1815)数见 Jan de Vries：“The Population and Economy of the Pre-industrial Netherlands”。江南面积与人口，见李伯重：《简论“江南地区”的界定》与《控制增长，以保富裕：清代前中期江南的人口行为》。

(4)至少自16世纪以来,荷兰和江南分别是欧洲和亚洲人口最为稠密的地区之一。同时,这两个地区的人民又都属于近代早期世界上工作最为勤奋的人民。

(5)荷兰和江南都是近代早期的世界经济最发达的地区。彭慕兰指出:"分布于整个旧大陆的各种各样的核心区——长江三角洲、关东平原、英国和尼德兰、古吉拉特——共同拥有某些重要的特征,而这些特征是它们周围其他大陆或次大陆地区不具备的。"因此之故,从经济史的角度来看,荷兰和长江三角洲之间的可比性,比起荷兰和乌克兰之间或者甘肃和长江三角洲之间的可比性更高①。

(6)无论对于荷兰还是江南来说,19世纪初期都是一个重要的转折时期。17世纪的荷兰在生产率和技术上都领先于西方世界,到18世纪仍然是一个先进的国家②,但是在19世纪已经落后于英国③。在欧洲历史上,1820年是以荷兰为代表的"商业资本主义时代"(Merchant Capitalist Epoch)和以英国为代表的"近代经济成长时代"(the Age of Modern Economic Growth)的分界线④。江南的情况也颇为相似。至少自南宋以来,江南一直是东亚经济最发达的地区,而到了16至18世纪,商业化的发展更使得这个地区的经济出现了被许多学者称为"资本主义萌芽"的新变化。但是到了19世纪,江南被日本超越,而这种超越的开端要早于日本的明治维新,因为如本书第二章所述,江南经济实际上自1820年代开

---

① Kenneth Pomeranz: *The Great Divergence: China, Europe and the Making of the Modern World Economy*, p.7。

② 详见下文。

③ Angus Maddison: *Dynamic Forces in Capitalist Cevelopment: A Long Run Comparative View* 以及 *Monitoring the World Economy*。

④ Angus Middison: *Measuring and Interpreting World Economic Performance: 1500 - 2001*。

始就已陷入长期的衰退。因此，1820年代对于荷兰和江南来说，都可视为一个经济变化的转折点。

(7)从更加广泛的学术角度来看，近代早期以来的经济发展中，我们通常所说的“西欧道路”(或者我们用以作为标准来评判明清中国经济表现的“西欧模式”)，实际上主要以英国经验为基础。因此这种以英国经验为基础的近代化模式，也被称为英国模式。这种模式表现了传统经济向近代经济的成功转变，而这个转化也就是通常所说的“工业革命”。然而，虽然以英国模式对于其他国家或地区的近代工业化研究具有上述的普遍意义，但是作为一个具体的历史现象，英国经验又有其特殊性。特别是由于只有英国是“自发地”发展到近代工业化的国家，因此其经验本身就十分独特，不可能为其他国家或地区所具有。近代早期世界上经济最发达的地区荷兰与江南，都未能自行发展出近代工业化。因此，在研究江南近代早期的经济发展时，如果以荷兰为比较对象，可能这种比较会更有意义①。

2. 已有研究成果

任何一项有意义的比较研究，都必须建立在尽可能充分的研究的基础之上。以往不少比较研究所犯的错误，就是用一个虚幻的(或抽象的)“中国”(或者“东方”)和一个虚幻的(或抽象的)“欧洲”(或者“西方”)进行比较。之所以说是虚幻的或抽象的，乃是因为在这些比较中的“中国”和“欧洲”，并未有学界的充分研究作为基础②，而只是依靠比较者个人对于“中国”或者“欧洲”的一些片面认识。因此之故，从严格的学术角度来看，这种比较并没有很大

---

① 李伯重:《英国模式、江南道路与资本主义萌芽理论》。

② 事实上，对于“中国”(或者“东方”)和“欧洲”(或者“西方”)这样巨大而且内部高度多样化的地区而言，真正意义上的充分和全面的研究，至少在经济史学界，还未出现。

意义。

在第二次世界大战以后的半个多世纪中，特别是在最近的一二十年中，欧洲经济史研究取得了重大成就。其中，在近代早期的荷兰经济的研究方面成就尤为突出，德·弗理斯（Jan de Vries）、范·德·伍德（Ad van der Woude）、范· 赞登（Jan Luiten van Zanden）、史密茨（Jan－Pieter Smits）、霍林斯（Edwin Holings）等学者都做出了重要的贡献。尤其是在近代早期的 GDP 研究方面，荷兰经济史学者更是处于领先地位。其中，范· 赞登等对近代早期和近代（特别是 1810—1913 年）荷兰 GNP 进行的深入研究，在国际学坛对于近代早期 GDP 的研究中具有开拓性的意义①。通过他们的研究，我们对于 1810 年代荷兰的 GDP 有了比较全面的了解。

在过去半个多世纪中，江南一直是海内外中国经济史研究的重点。经过几代中外学者的努力，今天我们对 18、19 世纪江南经济的了解，比同时期中国其他任何地区经济的了解都更加全面。我本人也对明清江南经济史进行了三十年不间断的研究。因此，虽然以往中外学界尚未有人对 19 世纪后期以前中国的 GDP 问题进行过研究，但是较之中国其他地区而言，就已有研究而言，江南还是更胜一筹。

因此，以学界在这两方面已有的研究为基础，进行荷兰和江南的比较，无疑拥有比较好的条件。

---

① 由于荷兰有广大殖民地，并向国外大量投资，因此荷兰的国民收入中，来自本土以外的收入占有相当份量。因此之故，研究其 GNP 比研究其 GDP 更能反映荷兰的经济状况。不过，GDP 仍然是其研究的中心。

(二)华娄与荷兰的GDP的比较

下面，我们就将19世纪初期华娄与荷兰的GDP进行比较。首先，我们看看1807年荷兰的GDP(表13－2)：

表13—2　1807年荷兰经济各部门的增加值

产业	增加值(百万盾)	在GDP中的比重(%)
第一产业		
农业	119.3	24.3
渔业	1.4	0.3
小计	120.7	24.6
第二产业		
采矿	3.1	0.6
造纸	1.0	0.2
食品	41.9	8.6
纺织	22.0	4.5
成衣	30.9	6.3
皮革	10.0	2.0
化学品	3.9	0.8
冶金与工程	4.3	0.9
造船	0.3	0.1
公用事业	0.1	0.0
建筑	16.9	3.5
其他	8.2	1.7
小计	142.7	29.1
第三产业		
外贸	57.0	11.6
内贸	25.1	5.1

续表

海运	0.8	0.2
国际河流航运	2.4	0.5
国内航运	30.8	6.3
其他运输	13.7	2.8
通讯	0.9	0.2
银行	2.8	0.6
保险	1.2	0.2
政府	32.0	6.5
家庭仆人	17.6	3.6
教育	1.9	0.4
其他服务	8.0	1.6
餐饮	12.9	2.6
租房	19.7	4.0
小计	226.9	46.3
GDP	490.3	100

来源：Jan - Pieter Smits，Edwin Holings & Jan van Zanden：*Dutch GNP and its Components*，1800— 1913，Table 4.5。

将表 12 - 1 和表 13 - 2 简化，可得到表 13 - 3：

表 13—3　19 世纪初期华娄与荷兰经济各部门的增加值在 GDP 中的比重(%)

产业	华娄(1823—1829)	荷兰(1807)
第一产业	30.8	24.6
第二产业	33.2	29.1
第三产业	36.0	46.3
总计	100	100

从表 13 - 3，我们可以看到二者有以下相似之处：

农业(连同渔业)在 GDP 中的份额都不到 1/3。在此意义上我们可以说，这两个经济都不再是农业为主的经济。这个结论也可从荷兰和华娄的就业结构和城市化水平方面得到证实（表13-4）。

表13—4　19世纪初期华娄与荷兰的就业结构（%）

产业	华娄（1823—1829）	荷兰（1807）
第一产业	27	43
第二产业	56	26
第三产业	16	31
总计	100	100

来源：华娄见本书表9-7；荷兰见Jan-Pieter Smits, Edwin Holings & Jan van Zanden: *Dutch GNP and its Components*, 1800—1913, Table 3.4。小数点后数字依据四舍五入原则处理。

由上表可见，在这两个地区，农业就业人口在总就业人口中的比重，都不到1/2。其次，从城市化水平来看，19世纪初期的华娄，如同时期的荷兰一样，也达到了很高的水平（表13-5）：

表13—5　19世纪初期华娄与荷兰人口的分布（%）

	华娄（1823—1829）	荷兰（1815）
农村	60	65
城镇	40	35
城市	27	17.5
市镇	13	17.5
总计	100	100

来源：华娄见本书表附5-1、表附5-2；荷兰见Jan de Vries:《The Population and Economy of the Pre-industrial Netherlands》, Table1 1。

换言之，在这两个地区，虽然农村人口都还占人口的大多数，但是城镇人口都已占到人口的1/3以上。

由上可见，过去那种把19世纪初期的华娄视为农业社会的看法，确实是不符合事实的。

但是，从表13—4我们也可以看到19世纪初期的华娄与荷兰的GDP结构有明显的差异。

第一，工业（第二产业）增加值在华娄地区 GDP 中所占的比重（33%）大大高于在荷兰 GDP 中的比重（29%），而服务产业（第三产业）增加值在荷兰 GDP 中所占比重（46%）则大大高于在华娄地区 GDP 中的比重（36%）。从就业结构来看，工业人口在就业人口中的比重，华娄地区（56%）也大大高于在荷兰的比重（26%），而服务产业人口在就业人口中的比重，荷兰（31%）则大大高于华娄地区（16%）。换言之，早在 19 世纪初期，工业在华娄地区经济中的地位，远远高于在荷兰经济中的地位，而服务产业在荷兰经济中的地位远远高于在华娄地区经济中的地位。

第二，农业人口在就业人口中的比重，华娄地区（33%）远远低于荷兰（43%）。而在城市化水平方面，两个地区却比较接近。这是因为华娄地区农村工业人口占了工业人口的 3/4。因此伊懋可说明清中国一些农村地区可能已“过分工业化”了的说法，对于 1820 年代的华娄地区是很正确的①。

以上差别在国民收入的组成方面也十分明显。

在 1807—1820 年间，荷兰国民收入的组成如下（表 13－6）：

---

① 如果比较表 13—4 和表 13—5，可以看到 19 世纪初期华娄工业（即第二产业）的增加值在 GDP 中的比重为 33%，而工业的从业人口却占总就业人口的 56%。这意味着工业的人均收入远远低于农业和服务产业。这种情况也反映在各行业从业人员的工资收入方面。在工业内部的三大类行业中，第三类行业的工资收入与农业中从业人员（农夫）的工资收入相当而高于服务产业大多数从业人员的工资收入，而第一类行业的工资收入与服务产业中大多数行业的工资收入相当。因此，导致工业人均收入低下的主要原因，在于工业第二类行业（纺织业）。该行业的从业人员占了工业从业人员总数的 3/4，而其人均工资收入则远远低于其他任何行业，从而把整个工业的工资收入水平拉低。而工业第二类行业工资收入水平之所以低，首先是因为这类行业的主要从业人员是妇女和老幼辅助劳动力，其工资收入水平低于以成年男子从事的其他行业中的工资收入，其次则是因为 1823—1829 年是华娄棉纺织业的危机时期，从纺织业获得的收入比 1823 年以前大约减少了一半。这两个因素合起来，使得整个工业的工资收入水平大为降低。详细讨论见本书附录 14。

表 13—6 1807—1820年荷兰国民收入的组成(单位:百万盾)

年份	工资	资本收入	利润	折旧	间接税	国民总收入
1807	180.1	165.8	81.6	31.6	35.9	495.0
1808	179.3	181.4	89.3	32.9	33.6	516.5
1809	179.1	197.9	97.4	35.3	35.6	545.3
1810	179.3	218.6	107.7	34.1	31.2	570.9
1811	180.2	241.9	119.1	31.9	26.3	599.3
1812	181.1	174.1	85.8	31.6	–	472.6
1813	182.5	116.9	57.6	30.5	–	387.5
1814	183.3	77.5	38.2	29.3	34.6	362.9
1815	186.5	141.2	69.6	26.9	32.4	456.5
1816	189.1	149.7	73.7	25.1	33.9	471.6
1817	190.5	137.3	67.6	26.4	32.2	454.1
1818	192.2	135.3	66.6	28.3	32.5	455.0
1819	194.9	140.9	69.4	28.8	32.1	466.0
1820	196.7	145.0	63.4	28.5	33.8	467.4
平均	185.3	158.8	77.6	30.1	32.8	480.0

来源:Jan - Pieter Smits, Edwin Holings & Jan van Zanden: *Dutch GNP and its Components*, 1800—1913, Table F.1。

根据上表中有关数字,在1807—1820年荷兰的国民收入中,各组成部分的比重为(表13-7):

表 13—7 1807—1820年荷兰国民收入各组成部分在国民收入中的比重 *

内容	数量(百万盾)	比重(%)
工资	185.3	39
资本收入	158.8	33
利润	77.6	16
折旧	30.1	6
间接税	32.8	7
合计	480.0	100

* 用表13-6中的1807—1820年平均数计算。

用表 12 - 4 与表 13 - 7 中的情况进行比较，结果为（表 13 - 8）：

表 13—8　19 世纪初期华娄与荷兰国民收入构成比较（%）

项目	华娄	荷兰
工资	61	39
资本收入（利息与地租）	14	33
利润	20	16
折旧	6	6
间接税	-	7
合计	100	100

荷兰的间接税在国民收入中占有一定分量，而华娄虽有一些间接税（如盐税和其他某些商品税），但是在经济中的份额很低，因此忽略不计。

由上比较可见，工资在国民收入中的比例，华娄远高于荷兰；而资本收入在国民收入中的比例，则荷兰远高于华娄。利润在国民收入中的比重，华娄也明显高于荷兰。这些差异源于两地经济的自身特点。

近代早期的荷兰是西方世界的金融中心之一，因此利息收入在 GDP 中占有较高的比重是必然的。但在工业方面，在 18 世纪和 19 世纪初期，由于受到英、法两国的排挤，荷兰的工业（尤其是纺织业和造船业）的生产和出口都下降了，资金只好转移到海外，导致海外投资大量增长，并由此获得巨量的海外投资回报①。同时，荷兰有庞大的海外殖民帝国，从殖民地的掠夺收入也构成荷兰

① 1790 年时，其国外投资总额可能达到 8 亿盾，而其国民收入在 4.4 亿盾左右。如果其国外投资的回报率为 4%左右，则其国外投资所获得的收入大约为 3,000 万盾，从而使其国民总收入比其 GDP 高出 8%左右。见 Angus Maddison：*The World Economy：A Millennial Perspective*，p. 84。

国民收入的重要部分[①]。因此荷兰的资本收入在国民生产总值(GNP)中占有很大比重,使得其国民收入大于国内生产总值(GDP)。与此相对照的是,在华娄所在的松江府地区,主要工业棉纺织业在18世纪出现了重要的技术进步[②],生产显著扩展,从而成为了中国乃至东亚的棉纺织业中心[③]。因此工业在松江府地区的GDP中占很大比重是必然的。但是在金融方面,直到19世纪初期,松江府地区的金融系统尚不很成熟,而且因为邻近江南的经济中心苏州,松江府地区的金融业在某种程度上也成为苏州金融业的附庸。至于在外贸(跨地区贸易)方面,华娄在规模上更是远逊于荷兰[④]。因此相对而言,荷兰经济更加商业化而华娄经济更加工业化。

上述差别还表现出:在19世纪初期,华娄经济可能比荷兰经济更健康。一般而言,工资收入在国民收入中的比重较高而资本收入的比重较低,不仅体现了国民财富分配的公平程度,而且也体

---

① 仅只是荷属东印度群岛殖民地,其1778—1780年的出口顺差就占了荷兰国内生产净值的1.7%。这个比例大大超过1868—1972年印度出口顺差占英国国内生产净值的比重(1.3%)。见 Angus Maddison: *The World Economy: A Millennial Perspective*, p. 89。

② 李伯重:《纺、织分离:明清江南棉纺织业中的劳动分工与生产专业化》、《明清江南棉纺织业的劳动生产率》。

③ 按照吴承明的估计,清代中期江南苏、松(包括太仓州)、常三州棉布年总产量为4,500万匹,其中松江为3,000万匹。同时全国长途贸易的棉布共约4,500万匹,其中苏、松、常三州所产者约4,000万匹(见吴承明:《论清代前期我国国内市场》)。

④ 依照本书表12-1和表13-2中的数字,1820年代华娄外贸在GDP中的份额为6.8%,而荷兰是11.6%。

现了经济的发达程度[①]。由此角度来看，华娄与荷兰在工资及资本收入在 GDP 中的比重方面存在的重大差别，不仅表现了华娄的国民财富的分配比荷兰更为公平，而且也从一个方面表现出华娄经济比严重依赖投机性的海外投资和海外掠夺的荷兰经济更为健康[②]。

二、纵向比较：与 1820 年以前和 20 世纪中期的华娄经济的比较

由于尚未有关于其他时期中的华娄 GDP 的研究，因此我们只能选取一些时期和方面进行这种比较。这里我们选择的比较时间对象是 1820 年以前和 20 世纪中期两个时期。

（一）与 1820 年以前的比较

如本书第二章所言，1820 年代是华娄长期经济衰退的开端。

---

① 李稻葵指出："国民收入的一次分配由三大部分组成：第一部分是劳动所得，其中包括工资收入、奖金收入以及个体经营的收入；第二部分是资本所得，可分解为因资本折旧所得到的回报（补偿）、由资本所获得的利润；第三部分是在生产过程中交给政府的税收，其中不包括利润所得税、个人收入所得税（这类税收应视为二次分配的范畴）。……一个劳动者收入比重较低的社会中，工薪阶层收入会低于资本收入者阶层，这样的社会往往是收入差距较大的社会。"而工资所占的比重，在较为发达的经济中，也比在落后的经济中明显高。因此，"过去 60 年间，大部分 OECD 国家的劳动收入占 GDP 比重在 65%到 80%之间；而经济较落后国家的劳动收入占 GDP 比重则差异很大，有些国家这一比重很高，但有些却很低，如泰国低达 35%"（李稻葵：《重视 GDP 中劳动收入比重的下降》）。

② 麦迪森指出：荷兰从海外投资得到大量收入，增加了收获不平等的程度，在食利阶层收入不断增长的同时，存在着老工业区的贫困及失业。见 Angus Maddison：*The World Economy：A Millennial Perspective*，p.84。

在此之前，华娄如同中国大部分地区一样享受了长期的经济繁荣，因此其经济状况肯定较1820年代的状况好。下面，我们从一些方面将华娄经济在1820年以前和在1820年代的情况进行比较。

第一，在道光三年大水以前，华娄的粮食亩产量明显高于1820年代的亩产量。姜皋说："昔时田有三百个稻者，获米三十斗，所谓三石田稻是也。"[①]他说的"昔时"，就是1823年以前，其时华娄稻田一般亩产米3石。与此相对照，在1820年代，平均亩产仅为1.7石[②]，亦即1823年以前的亩产比1820年代多出1.3石。在1823年之前的嘉庆朝（1796—1820年）与道光朝头两年（1821—1822年）27年间的江南平均米价为2.29两，略低于1820年代的2.33两[③]；而水稻生产的成本，1823年以前和1820年代却大体相同[④]。由此可计算出，与1820年代相比，1823年以前华娄每亩水稻的产值及增加值都要增加3/4以上。仅此一项，依照1820年代的物价，华娄农业的增加值就将增加大约270万两，相当于1820年代的增加值，从而使得农民从事种植业有利可图。

第二，在1820年以前，华娄输入的棉花价格大大低于1820年代。据本书附录4作的考证，嘉道前的棉价为75文/斤，仅为1820年代棉价（150文/斤）之半。而1820年以前的布价则比1820年代高得多，大约为650文/匹[⑤]。因此在1820年以前，一匹布的收益（亦即纺织工人的"工资"）约为570文，依照1815—1822年（嘉庆二

---

① 《浦泖农咨》(9)。

② 参阅本书附录7。

③ 见本书附录4。

④ 《浦泖农咨》(33、40)："（人工）一亩约略以十工算，已须工食二千文。再加膏壅必得二千文"；"盖食米之外，事事需钱。即条银一项，歉岁直米四五升，若丰年米贱，必须一斗也。其他图差、地保等等，皆有例规。上岁曾出若干，嗣后遂不能减少。即如佣钱一项，亦不能减。"

⑤ 参阅本书附录4。

十年至道光二年)的银—钱比较(1:1,231)[①],合银 0.47 两[②],华娄年产布 500 万匹,此项收益为 235 万两,比 1823—1829 年的 127 万两多出 108 万两。这与用另外一种方法推算出来的结果相近[③],因此可以确信这个差别大约为 110 万两。

仅此两项增加的部分合计,即达 380 万两。加上其他项目上增加的部分[④],总数还要高一些。换言之,1820 年以前华娄的 GDP 比 1820 年代华娄的 GDP 要高出近 30%。由此可见,对于华娄经济而言,1820 年代确实是一个大衰退的时期。

(二)与 20 世纪中期的比较

之所以选择 20 世纪中期作为比较时期,主要是因为按照传统的观点,中国的经济近代化始于 19 世纪中期的鸦片战争后,是对"西方冲击"作出的"回应"。而在中国各地中,华娄所在的大上海地区又是这种"回应"最成功的地区。因此许多有"现代化情结"的学者出于"今天对于过去的傲慢与偏见",相信经历了一个世纪的"欧风美雨"的沐浴,20 世纪中期的华娄地区的经济状况,肯定比 19 世纪初期要好得多。但是从一些重要方面来看,与 19 世纪初期相比,20 世纪中期的华娄经济处于相当不利的地位。例如:

---

① 见本书附录 3。

② 乾隆后期苏州棉布价为 0.5 两(见本书附录 4),因此嘉庆时松江棉布价格为 0.47 两应属合理。

③ 在 18 世纪后期纺织一匹布的净收入,可购 1.9 斗米,而 19 世纪初期则仅为 1 斗(参阅本书附录 4)。据此,1820 年代华娄每年产布 500 万匹,如果每匹布的净收入为 1.9 斗米,以 1820 年代的物价及银—钱比价计,则棉纺织业的增加值就要比 1820 年代的增加值多 90%,即多出 114 万两。

④ 其他项目包括:1、如同水稻一样,春花和花草由于气候恶劣变化导致产量明显减少;2、由于农产品减产,与此相关的碾米、酿酒等加工业以及运输业产值也随之减少;3、由于经济萧条,私人消费也减少了;等等。

第一，华娄农村经济在太平天国战争时期受到严重破坏[①]，尔后长期一直没有恢复到战前情况[②]。到了1930年代，华娄地区的复种指数只在120%左右，远低于19世纪初期的复种指数；作物亩产量也如此。农家饲养的牛、猪等数量，在20世纪中期也少于19世纪初期。其主要原因之一，是20世纪中期江南肥料和饲料的严重短缺，而这种短缺始于第二次鸦片战争后，由于外国人插手，原来一直是江南的主要肥料和饲料来源之一的东北豆货，大部被运往他处，使得江南肥源大为萎缩[③]。同时，由于农村信贷市场凋敝，20世纪江南农民为购买豆饼而借钱时，实际利息高达每月20%[④]，十倍于19世纪前期华娄农民在青黄不接时举债所付的利息[⑤]，使得农民更加难以购买肥料，从而给江南农业造成极大的困难[⑥]。总之，由于社会动荡等外部因素，20世纪前半期华娄农村经济处于一

---

① 光绪《华亭县志》卷二三《杂志上·风俗》说："国初顺治辛卯，米贵每石至四两。康熙丙午大熟，斛米二钱，己未米贵，每石二两四钱。乾隆戊辰米麦腾贵，石麦三两，斗米二百文；壬申大熟，斗米不足百钱；乙亥米贵，斗米二百文；丙午米贵，每斗至五百六十文。道光癸未水灾，斗米亦五百六十文。旋因川米接济，米价渐平。己酉水灾，斗米六百文。至同治壬戌秋，粤匪初退，田多荒弃，石米竟至十二千五百文云。"可见，太平天国战争引起的农业衰退，导致了华娄历史上的最高米价。

② 光绪《华亭县志》卷二三《杂志上·风俗》说："邑境向惟浦北朱家行、浦南沿海等处，田高土燥，多种木棉，其余各乡只于沟塍隙地种之。自遭兵燹，民生日蹙，无力买牛养猪及购备农具，于是改禾种花者比比焉。"由此可见，由于农民经济凋敝，无力买牛养猪及购备农具，只好改种棉花。

③ 参阅本书第三章，以及足立启二：《大豆粕流通と清代の商業的農業》。

④ 黄宗智：《长江三角洲小农家庭与乡村发展》，第112页。

⑤ 《浦泖农咨》(35)："吾侪之吃苦而无从说起者，莫如债米矣。当开耕急切之时，家无朝夕之储，告贷无门，质当无物，如有肯借以米者，不啻白骨之肉，价之多寡，不暇计也。是以稻一登场，先还债米，非因救急而报德也，为来岁地步也。如有不还，则明年有急，只好坐以待毙。故法不能禁亦以此然。其米价如今年者，每石以六千结算，二分起息，将来即遇有收，先须两石还一石矣。"这里的"二分起息"，依照我国民间的习惯，指的是月息，按年息计为24%（这一习惯沿用至今，参阅人民法院报社：《利率明确但应为月息还是年息如何认定》）。

⑥ 李伯重：《明清江南农业中的肥料问题》。

种衰败状况[①]。到了1949—1978年时期，情况虽然有所改善，但是由于各方面的原因，农业经济依然未能摆脱效率低下、农民收入微薄的状况[②]。

第二，近代工业的强大冲击[③]，以及19世纪中期以后的社会动荡[④]，使得华娄的传统工业到20世纪中期早已日薄西山。19世纪初期居华娄工业之首的棉纺织业，到了20世纪中期已几乎不复存在[⑤]，与之相关的染踹业也只能苟延残喘。华娄的榨油业也因为原

---

① 在与华娄毗邻的金山县，据民国二十五年《金山县鉴》载："全县田亩秋收总产量计八百二十八万元，以全县十六万人口分派每人仅得五十元有零，假定八口之家，仅得四百余元。丰年如此，欠年可知，况耕牛农具种子肥料（原注：还有地租田赋未计入）等费，均为必需之支出……"，"农村经济衰竭，可以思过半矣"。而盐、渔民的生活更苦："海滨之民……辛勤所入，无以糊口。"《金山县鉴》更是惊呼："谷贱伤农，古有明训。今夏青黄不接，米价大涨，每石至六万余元；秋收时，米价低至四万元以下……，米价低廉，其他衣料及日用所需之物，反继涨增高，漫无限止，农人安得不贫且病，农村安得不破产乎！""高利贷之风……债主放债三月，已对本利。农村困苦，亦其一因。"新农乡调查一个中等偏上的4口之家：耕作10亩田，丰年收稻谷5,000斤，扣除地租1,600斤，牛车水600斤，种子150斤，农具250斤和肥料140斤，计2,740斤，尚剩稻谷2,260斤，平均每人565斤，只够口粮之用，衣着靠自己纺织，其他日常生活需要方面的开支，就无力应付；逢到天灾人祸，更难以支撑（以上见1990年《金山县志》，第1066页）。华娄（松江县）的情况与此相似。

② 1950年代前半期，原松江府地区农民收入有所增加。但1958年在人民公社化和实行"大跃进"中，刮"共产风"、"浮夸风"，生产停滞，成本增加，收入大幅度下降，全县社员人均分配65元。60年代初，全县人均分配在90元左右。"文化大革命"期间，推行粮食作物一年三熟制，粮食生产连年增长，但农本增加，且片面强调"以粮为纲"，忽视多种经营，限制社员家庭副业。10年间，全县的人均分配在120—140元，出现了一批"高产穷队"（以上见1990年《金山县志》，第1067页）。

③ 光绪中叶以后，松江府出现了"有轮船而沙船淘汰，有洋布而土布淘汰，有洋针而本针淘汰，有火柴而火石淘汰，有纸烟、雪茄而水烟、旱烟淘汰"的局面（胡祥翰：《上海小志》卷一〇《杂记》）。

④ 20世纪前半期华娄地区遭受了长期的社会动荡，特别是在1937—1949年更一直处于毁灭性的战乱之中。到了1950年代中期，又出现国有化、集体化运动。这些社会变化，都对传统工业带来严重影响。

⑤ 依照徐新吾的估计，就全国而言，1936年的农村棉布产量比1860年减少了41.63%，纺织农户总数减少了30.65%（徐新吾主编：《江南土布史》，第228页）。而就松江地区而言，减少幅度远远超过全国平均数。

料(大豆)供应不足而极度萎缩。换言之,19世纪初期居华娄工业的几个领头部门,到了20世纪中期都已濒于灭亡。这对于华娄经济,具有极大的影响。

第三,在19世纪中期以后,华娄的城乡贸易随着城市的萎缩而大大衰落。跨地区贸易也由于主要商品(棉布、大豆等)贸易量的锐减而大大缩小。金融业、水运业也遭到相似的命运。因此到了20世纪中期,华娄服务产业的规模明显小于其在19世纪初期的规模。

作为经济衰退的一个结果,华娄地区的城市化水平自太平天国战争后一直在走下坡路。松江府城原先是松江府地区政治、经济、文化的中心,到上海崛起后,此中心地位逐渐被上海所取代①,以致松江府城从19世纪初期松江府的中心城市,变成20世纪中期上海的郊区小县城。华娄地区的市镇也出现了退化的趋向。依照范毅军的统计,华娄地区的市镇,虽然总数由清代中期(1723—1861年)的32个,增加到清代后期(1861—1911年)的50个和民国时期(1912—1949年)的57个,但是其中的较大的市镇(范氏的第三级市镇)却没有增加(在三个时期都是4个)。与此相较,第三级市镇在明代后期与清代前期(1551—1722年)仅为2个,而到清代中期增至4个②。不仅如此,这4个较大市镇,规模也显现出明显

① 1991年《松江县志》,第7、67页。

② 范毅军:《明中叶以来江南市镇的成长趋势与扩张性质》。

的收缩①，功能则从原来的以外向型工商业为主的市镇，变为以农副产品集散为主的市镇②。到了20世纪中期，华娄地区的城市化水平显然大大低于19世纪初期的水平。华娄地区市镇的衰落是松江府地区城市化进程倒退的一个组成部分。从宏观的角度来看，

---

① 例如，据1993年《上海县志》第十九篇商业所记："1942年日伪'清乡'，设封锁线，统制工农产品和日用品，沿封锁线一带和地处市区边缘集镇成为商贩偷贩大米和工业品的中转点，米业带动百业，市场畸形繁荣，漕河泾一镇有米店、米摊30余处，七宝镇坐商发展至236户，形成程家桥等新市镇。……解放前夕，上海县以闵行为首镇，新泾区、龙华区以北新泾、七宝、漕河泾、龙华为大镇，各镇商户171—300家。"商业是这些市镇的主要行业，此时大镇仅有商户171—300家。与19世纪初期相比，可以看到市镇规模的收缩。七宝镇在清代号称"郡东第一镇"，此时商户亦仅有236户。与19世纪初期相比，可以看到市镇规模的收缩。此外，华娄地区的许多市镇原先都与棉纺织业有密切关系，但是到了20世纪，随着传统棉纺织业的衰落，这些市镇如同松江府地区其他以棉业为主要行业的市镇一样，也经历了大衰落(例如在浦东上海县属下的三林塘镇，到了1931年东北沦陷后，"土布关外市场被夺，土布销路一落千丈。三林塘一带中小土布店大多关闭"。嘉定县南翔镇在1924至1932年间，"土布店关掉了半数以上"。见徐新吾主编:《江南土布史》，第278，279页)。

② 例如最大的枫泾镇，鸦片战争前一直是松江府的重要棉布业中心之一。当时枫泾商业主要集中在南镇钧桥(今嘉善县枫南乡)至界河桥一带约800米长街面，商铺与民宅鳞次栉比，有布庄上百家，染坊、踹坊等商贾应运而生。同时以棉纺织业为中心，带动了百业兴旺。当时有南北杂货、果品、银楼、典当、百货、茶馆、饭店等300多家。枫泾土布一度销往东南沿海各省及南洋诸地，素有"收不尽魏塘(嘉善县治)纱，买不完枫泾布"之誉。到清末民初，洋货充斥市场。枫泾历400余年盛销不衰的土布交易，受洋布冲击而衰落，而米麸业取代土布业成为最主要的行业。镇上有米麸行70余家，年收糙米40万石，年销麸皮70万担以上，成为枫泾商业的巨擘。尔后由于战争破坏，至解放前夕，全镇商号仅存329家，从业人员704人(见上海名镇志编辑委员会编:《上海西南门户:枫泾镇》之"沪浙交界的商业重镇"节)。华娄的另一名镇七宝镇，至明代中叶已是"居民繁庶、高贾骈集、文儒辈出"的"巨镇"。清道光年间，七宝棉纺业非惟以"七宝尖"为代表的标、扣、稀棉布闻名于海内，其纺织技术亦"以足运轮，一手捻三线，人不累而工自敏，较西乡独异"而居于松江府领先地位。"纺车街"所制作的纺织工具也畅销各地。凭借优越的水上交通，行商、坐庄齐集古镇，七宝棉布遍销北方，直至关外。酒肆、茶楼、客寓乃至牙行、典当都应运而生，七宝镇盛极一时。其后内忧外患、战乱不绝，七宝虽然在夹缝里依然求得一线生机，保持了相对的平稳和发展，但其旧日风光已不再(参阅上海名镇志编辑委员会编:《古老的新兴城镇:七宝镇》)。

城市化进程的倒退乃是经济衰退的结果①。

对于以上情况，1991年《松江县志》总结说："道咸两朝东南地区连年战乱，南北商路阻塞。松江府城镇残破，人口锐减。同时，大量廉价西方商品倾销，更使本府的经济难以恢复。元、明以来松江经济最重要的支柱棉纺织业，在道光中叶上海开埠以后，便日趋衰落。蓝靛、沙船等业也随之日见衰微。生产与经济的萎缩，又进一步导致府境市镇的荒废。……就连松江府城，也因在太平天国战争中遭到严重破坏，其重要地位大为下降。……元明以来繁华兴盛的市镇、乡村，到清末主要依靠为上海推销商品，或向上海提供粮棉蔬菜等农副产品为生。而上海却迅速崛起，成为一个对全国举足轻重的近代港口都市。"②

在导致松江经济衰退的原因中，太平天国战争和近代上海的兴起两大事件起了重要的作用。在太平天国战争中，松江府城遭到严重破坏，自此一蹶不振③。与此相反，上海因有租界之设，导致了江南地区人口与财富向上海集中④。战争结束后，上海取代了苏州成

---

① Robert Allen指出：14世纪以前，意大利的城市化水平在欧洲名列前茅，但是自14世纪起，英国、荷兰和法国的城市化迅速发展，而意大利的城市化却出现了长期的退化。与此相应的是，自大西洋新航线发现后，意大利经济一直走下坡路，而英、荷、法经济则日益繁荣（体现为实际工资的变化）（见Robert Allen：*The British Industrial Revolution in Global Perspective*，pp.121－123）。

② 1991年《松江县志》，第7、67、1172页。

③ 1991年《松江县志》，第1171页。

④ 马学强说："太平军1853年3月19日攻克南京。此后，太平军扫荡江南，相继攻占杭州、常州、无锡等城池，后又攻破苏州，……长达十年的战争，使人烟一向稠密的江南地区荒凉不堪，除上海因有租界的托庇，未受到战争的破坏外，其他江南城市几乎无一例外遭受到史无前例的摧残，很多城镇在战火中变为废墟，庐舍化为灰烬。"其中，"太平军摧毁了杭州城，城市人口从一百万骤减至二十万"，苏州人口也锐减。"战争引发了难民潮。'太平军之发难，其初外人亦严守中立，故租界因得圈出战线之外。于是远近避难者，遂以沪上为世外桃源'"，"太平军攻克南京后，江浙一带富户豪右就开始了向上海避难的历程。此后随着太平军向上海的逼近，苏锡常、杭嘉湖先后为起义军所克，

为中国最重要的商业中心，同时近代经济在上海兴起，使得上海变成了全国的工商业中心和最大都市。这种格局的改变，使其邻近地区的经济受到重大影响。民国《嘉定县续志》对此作了很好的说明：光绪初年至宣统年间，“凡以劳力糊口者，俗谓之手艺…。自交通便利，各工人受雇于上海日多，本地几供不应求”①。民国《川沙县志》说得更加清楚：“川沙、上海间，朝发夕至，自上川铁路通车，一小时即达，于是上海成为容纳川沙羡余人口之绝大尾闾。论其量，则数之大，以水、木工人为第一，他业亦颇有相当地位。论其质，则无论以知识、以劳力，凡能自食，或因以起家，百分之九十以上皆恃上海。夫以逼临上海之故，人口有余，则移之上海；职业无成，则求之上海。吾中华全国如上海者又有几？全国一千九百三十三县，其逼近大都市如我川沙者又有几？奇矣，百中一二，其余绝大多数何？即以川沙论，花边、毛巾销路之式微，则女子停工者多矣；建筑工程之锐减，则男子失业者多矣。川沙人民生计之艰难，将与上海市场之衰落为正比”②。

此外，从本书第 12 章中的比较，我们也可以看到 19 世纪初期华娄人民的衣食消费水平高于 20 世纪大部分时期。而在私人消费的另外一些重要项目方面，情况亦如此③。生活水平的下降，

江浙人相继掀起了一股向上海急速流动的大潮流。短时间内上海人口猛增，1860 年仅在英、美、法三租界内的华人就增至 30 万，到 1862 年更猛增达 50 万。流寓的人群之中，有不少是拥有大片田地房产、挟资万贯的富贵之族”（马学强：《近代上海成长中的“江南因素”》）。华娄的地理位置，使得府城和华娄属下市镇的人口（特别是富人）在逃往上海避难时，更是有“近水楼台先得月”之利。

① 民国《嘉定县续志》卷五《风土志 · 风俗》。

② 民国《川沙县志》卷首导言。

③ 例如，据 1991 年《松江县志》所述，解放前，一般农户居住于“三小一低”（建筑面积小，门小，窗小，屋低）的破旧房中，约有 50%为 19 世纪中期所造；住草棚的农户约占 30%（1991 年《松江县志》，第 958 页）。几乎有一半农户还住一个世纪以前建造的住房中，其居住条件显然比 19 世纪中期以前要差得多。

也正是经济衰退的直接结果。作为这个经济衰退的另外一个严重后果，在1930年代华娄经济繁荣时期，人口也仅为19世纪初期人口的74%[①]。

因此，从纵向比较而言，1820年代华娄的经济状况，劣于1820年以前而优于20世纪中期。

三、中国的早期近代经济

德·弗理斯（Jan de Vries）和范·德·伍德（Ad van der Woude）在其《第一个近代经济：荷兰经济的成功、失败和持续，1500—1815年》（*The First Modern Economy：Success，Failure，and Perseverance of the Dutch Economy*，1500—1815）一书中提出：早在1815年以前，荷兰经济就已是一个近代经济了。由本章所作的比较可见，19世纪初期的华娄经济与荷兰经济在许多重要方面有惊人的相似之处。因此如果说此时的荷兰经济是一个近代经济，那么同时的华娄经济也应当是一个近代经济。

对于什么是"近代经济"（modern economy），学界一向有不同的理解。德·弗理斯和范·德·伍德认为："近代经济"不必具有20世纪工业经济的外观，而是包含了那些使得上述外观成为可能的普遍特征。这些特征中最重要者如下：

市场：包括商品市场和生产要素（土地、劳动和资本）市场，都相当自由和普遍；

农业生产率：足以支持一个复杂的社会结构和职业结构，从而使得意义深远的劳动分工成为可能；

---

① 在1937年"七七事变"以前，该地区（松江县）人口为416,647人（南满洲铁道株式会社上海事务所：《江蘇省松江県農村実態调查報告書》，第7页）。

国家：其决策和执行都关注产权、自由流动和契约合同，但同时对大多数人民生活的物质条件则漠不关心；

技术与组织：一定水平的技术和组织，能够胜任持续的发展和提供丰富的物质文化以维持市场导向的消费行为。

他们接着指出：在用近代经济概念分析一个历史上的经济并将其与其他的近代经济进行富有成果的比较时，上述特征是很必要的。这些特征可能也存在于其他欧洲国家或者地区，但是荷兰经济由于其所具有的历史延续性和在建立经济近代性方面所处的领先地位，因此可以称为第一个近代经济。荷兰不仅是欧洲的商品集散地，而且也有17和18世纪欧洲最高的全要素生产率。因此之故，麦迪森（Angus Maddison）称荷兰为“领先国家”（lead country），最为接近当时欧洲的技术前缘，并为决定这个技术前缘做了最多的贡献。直到18世纪末，它的这种地位才被英国取代①。

按照一般的看法，近代化（modernization）就是工业化（industrialization），而近代经济就是工业化经济。依照《大英百科全书》（Encyclopedia Britannica）对于“工业化”的解释，工业化乃是“一个向一种工业占支配地位的社会经济秩序的转化过程”②。因此，从某种意义上可以说，经济近代化与经济结构的变化是一个硬币

① Jan de Vries & Ad van der Woude: *The First Modern Economy: Success, Failure, and Perseverance of the Dutch Economy*, 1500—1815, pp. 693—694。此外，德·弗理斯和范·德·伍德还对造就这个最早的近代经济的主要因素进行了分析，指出在提高生产率的投资、技术与组织的进步、能源供给、对“人力资本”的投资等方面，17和18世纪的荷兰都表现得比大多数欧洲国家出色。

② *Encyclopedia Britannica*（大英百科全书）对“Industrialization”所作的解释为：“The process of converting to a socioeconomic order in which industry is dominant”。

的两面[①]。根据"克拉克定理"，随着经济发展，各产业之间出现了收入的相对差异，这种差异使人们趋向于高收入的产业，因此劳动力首先由第一次产业向第二次产业移动。当人均国民收入水平进一步提高时，劳动力便向第三次产业移动；劳动力在产业间的分布状况为第一次产业将减少，第二次、第三次产业将增加。这一结论也从横断面分析比较中得到了印证，即对于处在不同发展水平的国家，人均国民收入水平越高，农业劳动力在全部劳动力中的比重相对越小，而第二次、第三次产业的劳动力所占比重相对越大；反之，人均国民收入水平越低，农业劳动力所占比重相对越大，而第二次、第三次产业的劳动力所占比重相对越小[②]。

虽然在大多数国家（或地区）工业取代农业成为经济最重要的部门是发生在工业革命之后，但是在某些国家（或地区），这个转化过程可以发生在工业革命之前。因此彼得·克里尔得特（Peter

① 这里说的经济结构，不同于我国经济史学界通常所说的"社会经济结构"。这种"社会经济结构"，依照马克思的定义，是："人们在自己生活的社会生产中发生一定的必然的、不以他们的意志为转移的关系，即同他们的物质生产力一定发展阶段相适合的生产关系。这些生产关系的总和构成社会的经济结构。"（《马克思恩格斯选集》，第2卷，第32页）同时，我们所说的经济结构也不同于以往我国经济学界说的"国民经济结构"或者"产业结构"。依照通常的解释，"国民经济结构"是"国民经济各部门和社会再生产各方面的组成和构造，是一定的经济实体内部各组成部分所占比重、发展速度，以及它们之间关系的综合反映"。而产业结构则是"指国民经济各个物质生产部门之间、各个物质生产部门内部各个组成部分之间或各产业之间的内在联系和比例关系"，或"物质资料生产部门和行业的构成及相互关系，包括生产资料生产和消费资料生产两大部类的关系，农业、轻工业、重工业的关系，各物质生产部门之间的关系，以及物质生产部门内部各行业之间的关系，等等"（见CNKI概念知识文库网 http://search.cnki.net/Default.aspx? aspxerrorpath=/searchmore.aspx）。很明显，上述"国民经济结构"或者"产业结构"这两个概念强调的是物质生产，而我们所说的的经济结构则包括服务产业在内。

② 尔后库兹涅茨（Simon Kuznets）和里昂惕夫（Wassily Leontief，亦有人据俄文发音译为列昂节夫）又把"克拉克定理"在广度和深度上推进了一步，从国民收入和劳动力在产业间的分布两个方面，对伴随经济发展的产业结构变化作了更深入的研究。

Kriedte)等将"原始工业化"定义为"农村人口中的很大一部分，生活完全或很大程度上依靠为区域间的市场或国际市场而进行的大众化工业生产(industrial mass production)"[①]。在这些国家(或地区)中，荷兰就是最好的例子。自1400年以来，荷兰经济成长在欧洲一直名列前茅。特别是自1579年从西班牙统治下独立出来之后，荷兰更进入了长达一个世纪的快速经济增长，创造出了经济史上的"荷兰奇迹"。史密茨(Jan - Pieter Smits)、德·荣(Herman de Jong)和范·阿克(Bart van Ark)认为17世纪的荷兰在生产率和技术上都是西方世界的领袖[②]，麦迪森则指出自1400—1700年间，荷兰的人均收入增长领先于欧洲各地，而自1600年至1820年，荷兰的人均收入水平一直是欧洲最高的[③]。这个经济发展，使得荷兰经济已转型为"一种近代的、城市的、商业的经济"。然而，与19世纪工业革命之后的近代经济不同，荷兰的近代早期的经济发展仍然是建立在传统技术基础之上的，正如德·弗理斯所说："从一种国际视野来看，荷兰的经历表明：一种近代的、城市的、商业的经济，依然继续依靠前近代的、农村/农业的技术，以根据其经济环境调节其人口"[④]。这种依靠前近代技术的近代经济，也就是我在拙著《江南的早期工业化(1550—1850年)》一书中所说的那种"早期工业化"的经济。从上述关于工业化的普遍定义来说，这种经济已

---

① Peter Kriedte, Hans Medick & Jurgen Schlumbohm: *Industrialization before Industrialization*, pp. 1 - 6。克氏等还提出了"原始工业化"的两大标志，即：(1)从微观经济的角度来看，农民从事商业性手工业生产的收入超过从事农业生产的收入，原来是农家副业的家庭手工业变成了主业；(2)从宏观经济的角度来看，在创造社会总产品与使用劳动力方面，首要生产部门与第二、第三位生产部门的关系发生了变化。

② Jan - Pieter Smits, Herman de Jong & Bart van Ark: *Three Phases of Dutch Economic Growth and Technological Change*, 1815—1997。

③ Angus Maddison: *The World Economy: A Millennial Perspective*, p. 77。

④ Jan de Vries: *The Population and Economy of the Pre - industrial Netherlands*。

经不再是以农业为主的传统经济，而是以工商业为主的近代经济了。

与荷兰相似，自16世纪后期开始，江南经济日益商业化，城市化水平也明显提高。到19世纪初期，江南经济也已发展成为“一种近代的、城市的、商业的经济”①。德·弗理斯和范·德·伍德所归纳出来的“近代经济”的主要特征，在16世纪以来的江南也表现得很明显②。由于近代早期江南与荷兰在经济发展方面有众多的相似，因此如果我们同意德·弗理斯和范·德·伍德的说法把1500—1815年的荷兰经济称为世界上“第一个近代经济”的话，那么我们也有充分的理由把同时期的江南(至少是本书所研究的华娄地区或者松江府地区)经济也同样称为世界上最早的近代经济之一。

---

① 城市在江南经济中所具有的重要地位，参阅李伯重：《工业发展与城市变化：明中叶至清中叶的苏州》。商业扮演的作用，则早已为众多学者的研究所证实。这种作用之大，以致“人们可以提出一个悖论性的命题：中国的农村是过度工业化和过度商业化了?”(Mark Elvin: *The Pattern of the Chinese Past*, p. 277)。Elvin在此引用的史料基本上是江南的，因此他的这个问题也主要是针对江南而言。

② 江南的市场发展情况，在本书第二章中已有总结。农业劳动生产率的情况，我在《(清代江南)农民劳动生产率的提高》和 *Agricultural Development in the Yangzi Delta*, 1620—1850 第8章中已做了研究，结论是在17世纪中期至19世纪初期，江南农业劳动生产率有明显的提高。关于国家在保护产权、自由流动和契约合同方面的作用，以往有关研究不多，但是近来一些学者在有关问题的研究上已取代重要的成果(例如范金民：《明清商事纠纷与商业诉讼》、邱澎生：《当法律遇上经济：明清中国的商业法律》等)。从这些成果来看，清代国家(特别是江南的地方政府)是颇关注保护产权、自由流动和契约合同，并在这些方面有所作为的。关于技术与组织问题，我在 *Agricultural Development in the Yangzi Delta*, 1620—1850 第3章、《江南的早期工业化(1550—1850年)》第十章、《“楚材晋用”? ——元代中国的水转大纺车与18世纪中期英国的阿克莱水力纺纱机》、《明清江南农业中的肥料问题》、《纺、织分离：明清江南棉纺织业中的劳动分工与生产专业化》中也进行了讨论，指出明清江南在技术和组织方面都有可观的进步。以往学界关于“资本主义萌芽”的大量研究成果，也指出明清江南在生产组织方面有非常值得重视的进步(即“资本主义萌芽”)。

早期近代经济不会自发地引起工业革命。这种近代经济与工业革命所导致的近代经济具有巨大的差别。这种差别主要源于推动这两种近代经济的动力的差异：前者为“斯密动力”（the Smithian dynamics），而后者则为“库兹涅兹动力”（the Kuznetzian dynamics）。它们所推动的经济成长都属于近代经济成长，但是前者为“斯密型成长”（the Smithian type of modern growth），而后者为“库兹涅兹型成长”（the Kuznetzian type of modern economic growth）[①]。这两种近代经济成长方式之间的关系颇为复杂。首先，虽然这两种经济成长都属于近代经济成长，但是二者之间存在一道巨大的鸿沟。斯密型成长依赖的是近代以前的和农村为主的机制和技术，而库兹涅兹型成长则建立在急剧的结构变化、制度创新和新技术的持续发展与使用的基础之上。这些差异如此之大，以至于许多学者不承认以斯密型成长为基础的经济也是近代经济。其次，这两种近代经济成长之间也无必然联系[②]。因为并非所有经历了斯密型成长的地区都会出现库兹涅兹型成长，因此一个地区没有出现库兹涅兹型成长，但却可能成功地经历了斯密型成长。

---

① 关于这两种成长方式的界定，见 Albert Feuerwerker：*Presidential Address：Questions about China's Early Modern Economic History that I Wish I Could Answer*。与这两种近代经济增长方式相对的是“广泛性成长”（extensive growth），后者是只有经济总量增加而无劳动生产率的提高，而前两者则在经济总量增加的同时还有劳动生产率的提高。

② 雷格莱（Edward Anthony Wrigley）认为以“有机经济”为基础的近代早期的经济发展和以矿物能源为基础的近代工业化，是以不同的内在逻辑而运作的。他指出：“古典经济学家生活的世界，是一个有限的世界。在那个世界中的经济成长道路，若用一种成功的经济来描画，充其量只是一条渐近线。它决不表现为幂的形式，因为幂的形式已成为那些经历了工业革命的经济的标志。”（E. A. Wrigley：*The Limits to Growth：Malthus and the Classical Economists*）因此古典经济学家所谈的那种经济增长与近代经济增长之间，并无必然的联系。

我们通常所说的"西欧道路"，实际上主要以英国经验为基础。这种以英国经验为基础的近代化模式也被称为英国模式。英国模式表现了传统经济向近代经济的成功转变，而这个转变也就是通常所说的"工业革命"或"产业革命"。因此英国模式的核心，也就是工业革命所体现的经济变革。英国工业革命究竟包括哪些内容？为什么能够发生？在过去的两百多年中，一直是世界经济史研究中最重要的课题。学者们作出了各种各样的解释，从而形成了许多不同版本的"工业革命"说。这些版本随着英国经济史研究的进展不断被修正，因此人们对"工业革命"的认识也总是处在不断的变化之中。近年来的研究表明，英国之所以出现工业革命，具有独特的条件①。最新的研究更表明，英国工业革命，应当放在"全球史"(Global History)的视野中，方能正确认识。而从"全球史"的角度来看，在近代早期世界上其他经济发展水平相近的地区，工业革命绝非普遍现象②。大多数出现了近代早期经济成长的地区，

① 英国模式的特殊性，已得到欧洲经济史研究较新成果的证实。例如雷格莱(Edward Anthony Wrigley)指出：近代工业化实际上是一个从"发达的有机经济"(advanced organic economy)向"以矿物能为能源基础的经济"(mineral - based energy economy)的转变，"要成功地摆脱有机经济所受的制约，一个国家不仅需要那种一般意义的资本主义化，以达到近代化；而且也需要下述意义上的资本主义化，即越来越多地从矿藏中、而非从农业产品中获取原料，尤其是能够开发大批能源储备，而非依赖各种过去提供生产所需热能与动力的可再生能源。英国经济正是在上述两种意义上资本主义化了的"(E. A. Wrigley：*Continuity, Chance and Change: the Character of the Industrial Revolution in England*, p. 115)。

② 关于英国与西欧其他地区之间的"小分流"和与欧亚其他发达地区之间的"大分流"，可参考2009年出版的两部从"全球史"角度来进行的经济史研究著作，即 Robert Allen 的 *The British Industrial Revolution in Global Perspective* 和 Jan Luiten van Zanden 的 *The Long Road to the Industrial Revolution: the European Economy in a Global Perspective*, 1000—1800。在这两部著作中，中国(特别是江南)是重要讨论对象之一。

其自身的发展方向，更加类似荷兰和江南的经历所体现的方向[①]。因此，以往我们使用的那种建立在“斯密—马克思模式”基础之上的发展理论，对于像英国之外的地区的经济史研究来说，并无很大意义，因为这些地区并没有自发出现工业革命[②]。

尽管斯密型成长、库兹涅兹型成长这两种近代经济成长方式之间没有必须的联系，但是它们之间仍然有某些关联，因为二者都属于近代经济成长。某些“经济近代性”(economic modernity)同样存在于这两种近代经济中。这些近代性因素，虽然并不能导致从斯密型成长向库兹涅兹型成长的转变，但是如果这种转变真的出现，它们却可以发挥很重要的作用。因此，虽然荷兰没有自发地产生工业革命，而且在 19 世纪的大多数时期内，在以工作小时计算 GDP 水平方面，荷兰已落后于英国，但是在此时期内荷兰仍然是当时世界上每工作小时 GDP 水平最高的国家之一。直到 1870 年，荷兰的生产率水平也只仅次于澳大利亚、英国和美国[③]。同样地，到了 19 世纪后期，虽然江南在劳动生产率方面已落后于日本，但是仍然是亚洲劳动生产率最高的地区之一。这种情况，使得这些地区有可能比其他许多地区更容易和更成功地出现工业化，如果由于外部因素的介入，这些地区原先受到的重大制约得以消除的话。

在 19 世纪后半叶，上海取代华娄而成为松江府乃至江南经济

---

① 查尔斯·蒂里(Charles Tilly)指出：从 18 世纪中期的立场来看，19 世纪式的工业化发展是全然无法明白的。他说：“假若我们设想身处于 1750 年，不要理会后来真正发生的事，而去想象当时的情况将来会变得如何，那么最可能预见到是城乡劳动分工。但这种分工是：城市里聚集了欧洲的食利者、官吏以及大资本家，他们专力于贸易、行政和服务，而不从事工业。还可以预见到农村有一个不断增长的无产阶级，从事农业与工业”(Charles Tilly：*Flows of Capital and Forms of Industry in Europe*，1500—1900)。

② 有关这个问题的讨论，见李伯重：《英国模式、江南道路与资本主义萌芽理论》。

③ Angus Maddison：*Dynamic forces in capitalist development. A long run comparative view* 以及 *Monitoring the world economy*。

中心，此时的江南已成为亚洲近代工业化最成功的地区之一。到了20世纪最后二十年，江南经济起飞，迅速地成为中国经济成长的火车头。江南的中心城市上海，也有望成为世界未来的经济中心之一；换言之，从某种意义上来说回复到江南在19世纪初期及以前在世界经济格局中的地位。正如我们在本书第一章开头部分就已指出的那样，这个“江南经济奇迹”的根源在于江南内部，乃是“过去的延续”（the persistence of the past）。只有从长期历史变化的角度，才能真正认识这奇迹。因此，19世纪初期江南经济已经是一个早期的近代经济的结论，是我们认识今天的“江南经济奇迹”的重要参考。

这个结论对于改进我们关于西方到来之前中国“传统”经济的看法也具有重要意义。近年来国际经济史研究中的一个热点，是如何用新的眼光来看工业化以前（pre－industrial）的经济[①]。在以往的研究中，由于那种以西方中心论为基础的“近（现）代人对过去的傲慢与偏见”盛行，“传统”一向被当作陈旧、过时和落伍的代名词。然而近年来，随着对西欧中心论的批判的深入，我们过去对“传统”的许多偏激看法也应当改变。当日，要做改变，就需要我们克服巴勒克拉夫所指出的史学家的“根深蒂固的心理障碍”，不能“只满足于依靠继承下来的资本，继续使用陈旧的机器。这些机器尽管低于现代最先进的标准，却仍然能够使企业在尽可能少地追加资本的前提下，提供一定数量的拥有现成市场的老牌传统产品”[②]。我们需要做的，是为社会提供关于中国过去的经济表现的尽可能正确的知识。在今天，随着中国经济的高速成长和社会科

---

①　在此方面，最具概况性的著作为 Jack Goldstone 的 *Efflorescences and Economic Growth in World History: Rethinking the "Rise of the West" and the Industrial Revolution*。

②　巴勒克拉夫：《当代史学主要趋势》，第327、330—332页。

学的发展，这个任务不仅变得更加重要，而且也更加可能。为了完成这个任务，经济史学家必须不断地尝试新方法，开辟新领域。本书就是这样一个尝试。

最后，我还想说几句超出本书讨论内容的话。

对于经济史学家来说，经济史是我们研究的专门领域。但是正如克里吉（Eric Kerridge）所言，经济史是从通史或总体史中抽取出来的，而农业史、工业史、商业史等又是从经济史中抽取出来的。这种专门化的目标只有一个，那就是集中思考总体史的某一具体方面，以揭示整体的发展。其他诸如政治史、宪政史、宗教史、法律史、药物史、海洋史、军事史、教育史等等，其目标都是这样。但现在各门专业壁垒高筑，互不理会，经济史也沾上了这种毛病。为了克服这一弊端，克里吉呼吁：经济史家与社会史家应该联合起来，开始新的综合。只有整合的历史才能使我们穿越现时，看到那已逝去的、我们不熟悉的世界，更重要的是运用这种对那个已逝世界的知识，与当今世界做出对比，从而加深我们对现实的认识，这才是历史学家最伟大、最崇高的目标①。本书是一部专门的经济史研究著作，所针对的仅只是一个小地区的经济在一个短时期内的表现，因此具有很大的局限性。虽然本书研究的结果对于我们认识西方到来之前的中国经济状况有重要意义，但要全面而深入地了解这种状况，则绝非一人之力可为。因此，我将本书作为一块引玉之砖抛出，衷心希望引起具有不同学术背景的学者的兴趣，一起对西方到来之前的中国社会经济状况展开全方位的研究，从而实现历史学家最伟大、最崇高的目标。

---

① 龙秀清编译：《西方学者眼中的经济—社会史》。

附　录

附录1　术语、方法与计算公式

先贤云:“必也正名乎。”[①]这句遗训也可以理解为:我们讨论一件事时,首先要做的是要对所涉及的各种概念做出一个明确的定义,否则“名不正则言不顺,言不顺则事不成”。概念的含混不清会导致自己思维的混乱,以及在与学界同行之间“鸡同鸭讲”的窘境。我们在1820年代华娄地区的GDP进行研究,需要涉及诸多术语。对于这些术语的理解,学界有时会有一些分歧,因此我们需要做出界定和说明。其次,本书所使用的分析方法,也有必要做一具体的简要的说明。再次,为了方便计算,我设计出一些计算公式,将其运用于具体的分析中。为了不影响正文中行文的简明流畅,因此特将这些说明集中到本附录中。本附录主要包括两个部分,分别对本项研究所使用的基本方法和计算公式进行说明。关于有关术语的说明,则分见于相关的地方。为了减少读者可能会出现的误

---

① 语出《论语・子路》中孔子与子路的对话。子路曰:“卫君待子为政,子将奚先?”子曰:“必也正名乎!”子路曰:“有是哉,子之迂也!奚其子?”子曰:“野哉由也!君子于其不知,盖阙如也。名不正则言不顺,言不顺则事不成,事不成则礼乐不兴,礼乐不兴则刑罚不中,刑罚不中,则民无所措手足。故君子名之必可言也,言之必可行也。君子于其言,无所苟而已矣。”

解，我们也将这些术语的英文附在各术语之后。

一、基本方法

本书中计算 GDP，即"最终产品价值"（Value of Final Goods），这种最终产品价值亦称增加值（Value Added，简写为 VA）。增加值的计算可以使用生产法、收入法和支出法，而通常以生产法为主。

如上所述，由于本书研究对象的特殊性，我们在运用这些方法时，根据需要作了一些简化和调整。现就本书所使用的方法以及相关概念作一简要介绍。

1. 生产法（production approach）

生产法是从生产过程中创造的产品和服务的价值中扣除生产过程中的中间投入后得到新增加的价值的方法。计算公式为：增加值 = 总产出—中间投入（VA = GO - IC）①。

相关概念的界定与说明如下：

（1）总产出（Gross Output，简写为 GO）：指常住单位在一定时期内生产的所有货物和服务的价值，既包括新增价值，也包括转移价值。不同行业的总产出计算方法往往有所不同，大致可分为以下几类：

按产品法计算，表现形式为产值（即 GO），例如农业产值，

---

① 因此，这里说的增加值指的是总增加值，而非净增加值（net value added，等于总增加值减去固定资本消耗）。从理论上看，净增加值更加符合增加值的定义，因为它扣除了总产出中包含的全部转移价值，不包含任何重复计算。但是实践中广泛应用的是总增加值。

工总产值等；

按提供的服务计算，表现形式为商业毛利（即商业进销差价）等；

按营业收入来计算；本书中的运输业、普通服务业的产出即如此计算；

按虚拟服务收入 + 实际服务费收入来计算；本书中的金融业的产出即如此计算；

按经常性业务支出 + 虚拟折旧来计算；本书中的教育和政府的产出即如此计算。

（2）总投入（Gross Input，简写为 GI））：指常住单位在一定时期内生产过程中消耗和使用的所有资产货物和服务的价值，包括产品的生产、运输与销售所消耗的各种原材料、燃料、动力、固定资产折旧和劳动力。由于上述这些投入可以归纳为固定资本投入、人力投入和中间投入，因此总投入的计算公式为：总投入 = 人工 + 中间投入 + 固定资产折旧（GI = W + IC + D）。

从企业管理的角度来说，总投入大体相当于企业的经营成本，即该企业在经营中发生的各种成本费用（亦称运营成本或营运成本，Operation Cost of Enterprises，简写为 OC）。在本书中，我们把总投入与经营成本视为相同（OC = GI）。

（3）中间投入（Intermediate Input，也称中间消耗 Intermediate Consumption，简写为 IC），指常住单位在一定时期内生产过程中消耗和使用的非固定资产货物和服务的价值。这里要注意的是：

作为中间投入的货物和服务都是非耐用性货物与服务，作为固定资产使用的耐用性货物消耗不能计入中间投入。因此设备和工具的维修费用属于中间投入，而折旧费用则否。这种日常性的维修（Ordinary，regular maintenance and repair of fixed assets used in production）的费用，在本书中简写为 IC_r。

> 工资(W,详下)不属于中间投入。生产单位向雇员提供的货物与服务,如为生产活动所必须者为中间投入;如果属于为雇员直接满足自身需要、由雇员自主使用的,则为实物性劳动报酬。

因此,在本书中的中间投入,为生产过程中所投入的原料(包括燃料、染料、辅料等)的费用(简写为 IC_m,详下)和固定资本(设备、工具、工作场所等)的维修费用(简写为简写为 IC_r,详下)。计算公式为 $IC = IC_m + IC_r$。

2. 收入法(income approach)

收入法也称分配法,是从生产过程形成收入的角度,对常住单位的生产活动成果进行核算。用收入法计算的增加值(即收入法增加值),由劳动者报酬、生产税净额、固定资产折旧和营业盈余四个部分组成。

相关概念的界定与说明如下:

劳动者报酬(Compensation of Employees):指劳动者从事生产活动所获得的全部报酬,包括货币形式和实物形式的报酬①。在本书中简化为人工(Wage,简写为 W)。

生产税净额(Net Product Tax):生产税是政府对生产单位从事生产、销售和经营活动以及因从事生产活动使用某些生产要素(如固定资产、土地、劳动力)所征收的各种税和附加费等,生产税净额则指生产税减去生产补贴后的差额。在清代,田赋和商税属于生产税,但是其他情况则罕有记载。就 1820 年代的华娄地区而言,即使是田赋和商税,也少有史料。由于生产税问题过于复杂,

① 对于个体经济来说,其所有者所获得的劳动报酬和经营利润不易区分,在本书中将二者统一作为劳动者报酬处理。

难以深究,因此在本书研究中暂予忽略。不过要说明的是,由于这个忽略,会导致用收入法计算出来的增加值可能高于用生产法计算出来的增加值。

固定资产折旧(Consumption of Fixed Capital 或 Depreciation of Fixed Asset,简写为 D):指一定时期内为弥补固定资产损耗,按照规定的折旧率提取的折旧费用。在本书中,固定资产包括生产场所(主要指工业用房和服务产业用房)与设备和工具设备,其折旧费用表示为 D,根据不同情况分为 D_1、D_2 和 D_3(详后文)。

营业盈余(Operating Surplus,简写为 OS):指常住单位创造的增加值扣除劳动者报酬、生产税净额和固定资产折旧后的余额,大致相当于企业的营业利润。本书中的营业盈余,按总投入(GI)的20%计(OS = 0.20 GI)[①]。

由于本书不考虑生产税的问题,因此有关计算公式可以简化为 GDP = W + D + OS。

使用收入法来计算增加值的另外一个公式为 GDP = 生产要素收入总和 + 折旧 + 间接税净额[②]。由于本书不考虑生产税净额的问题,因此上述公式也可简化为 GDP = 生产要素收入总和 + 折旧。因为生产要素收入包括工资(W)、利息(IR)、地租(R)和利润(P),所以上述公式也可表达为 GDP = W + IR + R + P + D。

3. **支出法**(expenditure approach)

支出法是从最终使用的角度来计算 GDP 及其使用去向的一种方法。GDP 的最终使用包括货物和服务的最终消费、资本形成总额和净出口三部分。使用支出法计算 GDP 的公式为:GDP = 最终消费 + 资本形成总额 + 净出口。

① 见本书附录 13。

② 间接税净额 = 间接税 - 政府补贴。

相关概念的界定与说明如下：

最终消费(Final Consumption)：指常住单位在核算期内用于货物和服务的最终消费支出，包括居民消费(亦称私人消费，Private Consumption，简写为 C_1)和政府消费(Government Consumption，亦称公共消费，简写为 C_2)。其中，居民消费是常住单位居民在核算期内满足个人最终消费需求而购买的全部物质产品和服务，包括商品性消费、文化生活服务消费、住房等消费；政府消费是社会公共服务部门为了满足公共的需要而向全社会提供的服务。

资本形成(Capital Formation)：指常住单位在核算期内投资支出的合计，分为固定资本形成和库存增加两项。固定资本形成是指常住单位在核算期内购置、建造的固定资产的价值，包括各种固定资产。库存增加是指常住单位在核算期末与期初存货变动的价值。在本书中，我们只考虑固定资产的价值。同时，由于本书所研究的时期内，华娄各经济部门中新增固定资产很少，因此所讨论的固定资产形成主要就是对此核算期内所消耗的固定资产进行的补充，即固定资产折旧(D)。

净出口(Net Export)：指货物和服务的出口总额减去进口总额的差额。出口是指常住单位向非常住单位出售及无偿提供的货物和服务总值；进口是指常住单位从非常住单位购买及无偿得到的货物和服务总值。在本书中，我们讨论的是华娄与其外地区的输出和输入，二者之间的差额称为净输出(NE)。

因此，上述用支出法计算 GDP 的公式可以改写为 $GDP = C_1 + C_2 + D + NE$。

二、计算公式

本书在进行研究时，由于许多重要资料无法获得，因此必须根据不同产业部门的具体情况，依据可以获得的资料并从近代情况出发，进行合理的推求，然后运用不同的方法对各产业部门 GDP（或增加值）进行分析，然后将这些结果简化为一些实用的计算公式。在可以获得的资料非常有限的情况下，只要知道上述计算公式中的部分内容，即可使用这些公式推导出其他项目的情况，因此这些公式对于本研究颇为重要。

在讨论各产业部门的计算公式之前，我们先讨论具有普遍性的计算公式。

产出计算公式：

$\because GO = GI + OS$

$\quad OS = 0.20\ GI$

$\therefore GO = 1.20\ GI$

投入计算公式：

$\because GO = 1.20\ GI$

$\therefore GI = 0.83\ GO$

下面，我们就依次讨论农业、工业、服务产业中的相关计算公式。

（一）农业

在本书中，农业增加值用生产法计算，所用的计算公式为 $VA = GO - IC$。

农业的总产出（包括生产者自产自用的农产品产量），可用农业各部门的产品产量乘以单位产品价格求得。中间投入包括外购的和自产自用的中间产品（肥料、种籽、饲料）的价值。该价值可用这些投入的数量乘以单位价格求得。此外，农具维修费用也属于中间投入。

(二)工业

本书第四章对1820年代华娄工业的不同行业的主要特点进行了分析。由于这些特点，在计算增加值时，也必须采用不同的方法。

1. 第一类行业

工业的增加值通常用生产法计算。但是1820年代华娄工业的第一类行业，属于我国经济史学界所说的“小手工业”。这些行业的从业人员过去被称为“斗升小民”。他们的生产活动所需原料不大，使用的工具也甚为简单，价格低廉，可用多年，每年维修费用微不足道。换言之，这种生产的中间投入很少，在本书中姑且从略，因此我们采用收入法计算公式(VA = W + D + OS)来计算。不过，由于这种忽略，以年均收入计算得到的结果，会比实际情况略高一些。

在使用收入法计算时应注意：由于该行业大多数人的工作所得大致上仅能挣得一家人的生活费，没有多少盈余[①]，同时固定资产折旧费用也微乎其微，因此该行业中的增加值与劳动者报酬相差不大，或者略高于该行业中的人均收入[②]。兹以该行业从业人员的年均收入计。

---

① 小业主、小商贩绝大部分以店为家，以营利为其收入，无固定工资(1993年《上海县志》，第608页)。

② 例如，据官方统计，1956年竹业人均产值461元。同年全县职工平均工资451元，城镇工商业者443元。换言之，竹业人均产值与城镇工商业者工资或者全县职工平均工资大体相当。但据同一调查，1954年松江县铁业人均产值843元，木业566元。如以1954年木业人均产值计，则为1956年城镇工商业者工资的125%或者1956年全县职工平均工资的128%。见1991年《松江县志》，第420、420、421、955页。

2. 第二类行业

第二类行业(棉纺织业)情况与第一类行业大体相似,不同之处在于:(1)棉纺织业需要大量的中间投入。这种中间投入基本上是原料(即棉花),其他投入(如工具维修费用等)数量微小,可以忽略不计;(2)在1820年代,华娄棉纺织业生产基本上没有营业盈余[①]。因此我们在讨论棉纺织业的中间投入时,只考虑原料。这样,该行业的增加值就等于产出减去原料开支,或者说等于劳动者报酬。

3. 第三类行业

研究第三类行业的增加值,关键是中间投入问题。由于史料缺乏,我们在讨论中间投入问题时,往往需要从投资、利润等方面入手进行分析,同时有时还会涉及固定资产折旧等问题。因为情况颇为复杂,需要进行详细讨论。

第三类行业生产中的中间投入,主要包括在原料以及燃料、染料、辅料等方面的开支(在本书中简写为 IC_m)以及在设备、工具和工作场所的维修方面的开支(在本书中简写为 IC_r),等等。与第一、二类行业相比,第三类行业的企业不仅需要更多的原料,而且所使用的设备和工具的数量和种类更多[②],购买费用更大,使用频

---

① 见本书第四章。

② 例如,据诸福坤对吴江陈氏油坊所作的描写,"一肆之间,其巨者舍百,锅釜、轮磨、杂作器物凡千"(诸福坤:《陈绮堂暨子玉泉、秋泉家传》,收于《砚江陈氏家谱》卷六《文录》,转引自范金民:《明清江南商业的发展》,第36页)。碾坊、踹坊、染坊、盐场也都使用多种设备。即使是酿酒业,一般认为使用的设备有限。但是据反映清代中期江浙情况的烹饪专著《调鼎集》中记录的酿酒用具,大至榨酒器、蒸馏器、灶,小至扫帚、石块,共106件之多。可见商业化的酿酒业,使用的设备也不少。

率更高，并需要经常维修[①]，维修开支也更大。但是由于史籍中没有记载，近代调查中也基本上看不到相关记录，因此我们只能从农具的折旧与维修费用出发进行推求。

从本书附录 6 可得知，一个农户每年农具折旧和维修方面的支出大约各为 1,400 文，而从本书附录 13 可得知，一个农场的种田总投入 80,160 文，亦即农具折旧和维修费用各自约占农业生产总投入的 2%。

由于工业企业的设备和工具使用频率比农具使用频率高，因此折旧速度也较快。在这里，我们参照农具折旧情况，将工业第三类行业的设备和工具的年折旧费用以生产总投入的 3%（$D_1 = 0.03$ CS）计。此外，与农户经营不同，工业第三类行业大部分企业都需要较大的工作场所（即厂房，以及配套的仓库、栈房、晒场等）[②]。从史料可知，在明清江南的工业固定资产中，工作场所通常是价值最大的项目[③]，但是在史料中却没有这方面的记载。在这里，我们推测工作场所的折旧费用应当不少于设备和工具的折旧费用。这里我们假定工作场所的折旧费用与设备和工具的折旧费用相同，即亦以总投入的 3%计（$D_1 = 0.03$ CS）。

---

① 例如在专业砻坊中，所用工具如木砻、风车、筛子、箩筐等都需要经常维修。其中的主要设备木砻，通常碾米 80 石即必须更换（南满洲铁道株式会社上海事务所：《江蘇省松江県農村実態調查報告書》，第 113—114 页）。

② 前引光绪时代无锡的记载，该县有米栈 30 家，仓廒 16,080 架，库容 150 万石，晒场 64 块。

③ 在明清江南工业中，厂房一直是最主要的投资对象。在《醒世恒言》卷一八《施润泽滩阙遇友》中，吴江县震泽镇上的织工施复（施润泽）捡到六两银子就可添一部绸机，以两部绸机经营数年又可“增上三四张绸机”。有了这五六部绸机后，“欲要添张机儿，怎奈家中窄隘，摆不下机床”，急欲扩大劳动场所，但仍买不起较大房舍，只能乘人之急，拾便宜买下邻家的两间小房作为厂房。直到又发了一笔千余金的横财，并省吃俭用，昼夜经营了近十年，“长了数千金家事”之后，方有财力购买一所大房舍，开办起一个有三四十部绸机的手工工场。此虽小说家之言，但也并非无稽之谈，它反映出在明代大型工业企业的投资中，厂房所占的重要地位。

第三类行业各部门生产中的设备和工具维修费用,参照上述农业的情况,以生产总投入的2%计[①]。工作场所的维修费用,以普通民居和工商业用房的情况计,相当于新房造价的1%[②]。这里姑且将设备、工具和工作场所的维修费用合计以总投入的3%计($IC_r=0.03\ GI$)。

因此,设备、工具和工作场所的折旧费用合计,为总投入的6%($D_2=0.06\ GI$)。造船、制盐、建筑、窑业不需要多少生产用房,这里仅考虑其设备折旧费,以总投入的3%计($D_1=0.03\ GI$)。

由于完全没有史料记载可资推求,因此以上这些估数都具有一定程度的随意性,而且可能存在低估的偏向。但是由于无法进行更好的估计,因此姑且按此计算。

根据上述估计,我们可以将生产法及收入法的有关公式转化为相关的计算公式。具体情况如下:

已知:维修=3%投入($IC_r=0.03\ GI$)

固定资产折旧=6%投入($D=0.06\ GI$)

营业盈余=20%投入($OS=0.20\ GI$)

投入=人工+中间投入+固定资产折旧($GI=W+IC+D$)

中间投入=原料+维修($IC=IC_m+IC_r$)

由以上已知条件,可以得到以下计算公式:

工业投入计算公式(适用于工业第三类行业):

$\because GI=W+IC+D$

$IC=IC_m+IC_r$

$D=0.06\ GI$

$\therefore GI=W+IC_m+IC_r+0.06\ GI$

---

① 如前所述的原因,比起农户的农具维修费用来,第三类行业中大多数企业所用的设备和工具维修费用显然更多。

② 见本书附录9。

$= W + IC_m + 0.03\ GI + 0.06\ GI$

$= W + IC_m + 0.09\ GI$

$= 1.10\ (W + IC_m)$

原料计算公式：

$\because GO = 1.27(W + IC_m)$

$= GO/1.27 - W$

$\therefore IC_m = 0.79\ GO - W$

人工计算公式：

$\because GO = 1.27(W + IC_m)$

$= GO/1.27 - W$

$\therefore W = 0.79\ GO - IC_m$

维修计算公式：

$\because IC_r = 0.03\ GI$

$GI = 1.06(W + IC_m)$

$\therefore IC_r = 0.03 \times 1.06(W + IC_m)$

$= 0.03(W + IC_m)$

中间投入计算公式：

$\because IC = IC_m + IC_r$

$IC_r = IC_m + 0.03(W + IC_m)$

$\therefore IC = 1.03\ IC_m + 0.03\ W$

工业增加值计算公式：

$\because VA = GO - IC$

$IC = 1.03W + 0.03\ IC_m$

$\therefore VA = GO - 1.03W - 0.03\ IC_m$

（三）服务产业

计算服务产业的增加值通常使用收入法，公式为增加值 = 雇

员报酬 + 固定资产折旧 + 营业盈余（VA = W + D + OS）。但是1820 年代华娄服务产业的情况颇为复杂，因此需要逐类进行推算。

1. 普通服务业

根据 1951 年对松江县的调查，每个服务业店铺平均从业人员仅有 2.3 人，相当于一个普通家庭拥有的劳动力（一对夫妇和一个孩童）[①]。在许多方面，普通服务业与上述工业第一行业情况颇为相似[②]，所以在本书中，我们采用前面计算工业第一行业增加值的方法，来计算普通服务业的增加值，即认为服务业的增加值与劳动者报酬大体相当（VA = W），并可以该行业从业人员的年均收入计。

2. 商业

根据 1951 年对松江县的调查，每个商业店铺的平均从业人数比普通服务业店铺多出 1/3，平均拥有的资金更多出 4 倍[③]。因此商业经营显然具有较强的营利性质。但是当时的商业从业者也包括人数众多的小商贩，其景况与一般的小手工业者或者小服务业者差别不大。相对而言，由于农村商业通常规模较小，因此小商贩以在农村为多。这里我们假定农村商业的情况与上述普通服务业的情况相同，即其增加值与劳动者报酬大体相当。由于规模较大的商业店铺大多集中于城镇，因此我们假定城镇商业以牟利企业为主，其投资的利润率与一般利润率相当，为 20%。对于这部分商

---

① 见本书第二、五章。

② 例如：第一，二者都以家庭经营为主（其中有颇大部分就是“个体户”或者“夫妻店”），资本微薄，进行小本经营；第二，二者的经营，其主要目的是维持本人及其家庭的生存，而非发财致富；第三，二者的基本服务对象都是当地居民（特别是城镇居民），供求关系比较稳定，较少受外地市场的影响；等等。

③ 见本书第五章。

业，其增加值可用我们前面已用过的收入法公式计算（VA = W + D + OS）。其中，1820 年代华娄商业中的雇员报酬，在本书附录 14 里进行了专门的讨论，因此这里主要讨论固定资产折旧和营业盈余的问题。

（1）商业产出

商业的产出等于商品销售收入（Sales Income，简写为 SI）。换言之，GO = SI。

（2）商业固定资产折旧（D_2）

商业企业的固定资产主要是商业用房（店铺及仓库、栈房等）和运输工具（特别是船只）。船只的折旧问题，在本书第五章的水运业部分里要讨论。因此这里主要讨论商业用房的折旧问题。前面我们对工业用房的折旧问题进行了讨论。这里我们用同样的方法来推求商业用房的折旧问题。

商业用房与工业用房（厂房等工作场所）在价格和使用年限方面都有一些不同，但是在这里，我们仍然假定商业用房折旧费用在商业投入（即商业运营成本或商品销售成本，即 Cost of Sales，简写为 CS，相当于 GI）中所占的比例与工业用房在工业投入中所占的比例相同，亦为 3%（D_2 = 0. 03 CS）。此外，商业固定资产还包括商业店铺中的办公设备（如桌椅、板凳、箱柜等）以及仓库、栈房中的商品保存设备（如米行中使用的席、囤、柜等）。不过这些物品的折旧费用有限，在这里姑不计。

（3）营业盈余（OS）

本书中的商业营业盈余（即通常所说的毛利），按商品销售成本的 20%计[①]，而税负姑且忽略，因此可以表达为 OS = 0. 2 CS。营业盈余和商品销售成本合起来，就是商品销售收入（SI = CS + OS）。

---

① 见本书附录 13。

由此可知：

$$\because OS = SI - CS$$

$$SI = CS + OS = CS + 0.20\ CS = 1.20\ CS$$

$$CS = SI/1.20 = 0.83\ SI$$

$$\therefore OS = 1.70\ SI$$

同时我们也已知道固定资本折旧 = 3% 商品销售成本（$D = 0.03\ CS$）

将上述结果代入收入法增加值计算公式（$VA = W + D + OS$），即可得到：

$$\begin{aligned} VA &= W + 0.03\ CS + 0.17\ SI \\ &= W + 0.03 * 0.83\ SI + 0.17\ SI \\ &= W + 0.19\ SI \end{aligned}$$

3. 金融业

金融业的增加值，指金融业全部基层单位一定时期内新创造出来的价值之和。本书使用收入法计算，方法大体同于商业增加值的计算方法。

(1)从本书第十章和附录 13 可知，金融业的资金回报率即营业盈余（OS）相当于所发放贷款数量（Loan，简写为 L）的 20%（$OS = 0.2\ L$）。

(2)金融业的固定资产主要是房屋。清代华娄典铺和钱庄的建筑都较一般房屋为佳[1]，价格也因而较昂，导致折旧费用也较高。但在这里我们仍然依照商业的固定资产折旧的比例计，即为经营成本的 3%（$D_1 = 0.03\ CS$）。

---

① 在松江县，"（抗）战前当房，建筑非常坚固，规模非常宏大。……店堂宽敞，关帝厅、会客间、包房、帐房、钱房、饰房、厨房、柴间、灰间，无一不备，方为合式"（陆桂亮：《松江典当业沿革考》）。清代情况当亦然。

(3)金融业的产出是是各种金融中介服务活动产出和其他服务收入之和，前者表现为金融机构贷款或利息收入与存款利息支出之差额。换言之，金融业产出即等于利息收入（Interest Revenue，简写为 IR）加上手续费（Service Charge，简写为 SC），再减去利息支出（Interest Payment，简写为 IP）（$GO = IR + SC - IP$，为了与下面公式相区别，兹表示为 $GO_1 = IR + SC - IP$）[①]，所得到的结果也就是利息净收入（Net Interest Revenue）。如果金融机构只使用自己的资金，不必支付利息，则上述公式可相应简化为 $GO = IR + SC$（兹表示为 $GO_2 = IR + SC$）。由于在 1820 年代的华娄金融业中，利息支出大致等于利息收入的一半（$IP = 0.5\ IR$），而手续费也大体相当于利息收入的一半（$SC = 0.5\ IR$）[②]。由此可推导出下面两个公式：

公式 1：$GO_1 = IR + SC - IP = IR$

公式 2：$GO_2 = IR + SC = 1.50\ IR$

公式 1 适用于使用他人资金的情况，而公式 2 则适用于仅使用自有资金的情况。由于金融业中的利润大致相当于利息收入（$OS = IR$），因此上述公式可以改写为：

公式 3：$GO_1 = IR = OS$

公式 4：$GO_2 = 1.50\ IR = 1.50\ OS$

这两个公式是计算金融业产出的公式，其中公式 3 适用于使用他人资金的情况，而公式 4 则适用于仅使用自有资金的情况。

金融业的增加值可从营业盈余出发来计算。从本书附录 13 中，我们已得知金融业的利润率为 $OS = 0.2\ L$，服务产业折旧费用

---

① 依照今天通用的统计方法，金融业产出 =（利息、手续费、信托、融资租赁等业务收入）—各项利息支出。但是在 19 世纪初期的江南，由于信托、融资租赁等业务收入情况不详，同时也不是重要收入，因此可以简化为上述公式。

② 见本书附录 13。

为 $D_1 = 0.03\ CS$，而在金融业中营运成本(CS)大体相当于手续费(SC)，因此 $CS = 0.5\ IR$；金融业中的利润也大致相当于利息收入($OS = IR$)。由此，可使用服务产业增加值计算公式($VA = W + D_1 + OS$)来计算金融业的增加值：

$$\begin{aligned} VA &= W + D_1 + OS \\ &= W + 0.03 * 0.50 * 0.20\ L + 0.20\ L \\ &= W + 0.003\ L + 0.2\ L = W + 0.20\ L \end{aligned}$$

4. 水运业

水运业的增加值也采用收入法计算。

水运业的固定资产主要是从事营利性水运的专业货船，其折旧费用(D_3)在第七章中讨论造船业时已求得；营业盈余(OS)依前以营运成本(CS)的 20%计($OS = 0.2\ GI$)，而营运成本则可用工业投入计算公式($GI = 1.10\langle W + IC_m\rangle$)来求得[①]。由于水运业没有原料问题，因此可以将水运业中的营运成本计算公式简化为 $GI = 1.1\ W$。

这样，我们即可依据上述公式求得水运业的增加值，即：

$$\begin{aligned} VA &= W + D_3 + OS \\ &= W + D_3 + 0.20\ GI \\ &= W + D_3 + 0.20 * 1.10\ W \\ &= 1.22\ W + D_3 \end{aligned}$$

5. 教育与政府

教育部门属于非营利单位，一般没有经营收入(或仅有少量的经营收入)，其总产出是核算期内为社会提供服务发生的费用。大

---

① 依照现代的产业分类，运输业属于服务产业。但是在旧的分类中，货运业属于物质资料生产部门。因此我们在计算其增加值的时候，可以参照工业的情况。

体而言,教育的增加值相当于对教育的投入。

政府部门的情况也与此大体相似,其增加值大致等于政府的支出。

最后,我们把主要使用的计算公式列出于下:

增加值计算公式1(生产法):$VA = GO - IC$

增加值计算公式2(收入法):$VA = W + D + OS$

投入计算公式:$GI = 0.83\ GO$

产出计算公式:$GO = 1.20\ GI$

工业投入计算公式:$GI = 1.10(W + IC_m)$

折旧计算公式1:$D_1 = 0.03\ CS$

折旧计算公式2:$D_2 = 0.06\ CS$

原料计算公式:$IC_m = 0.79\ GO - W$

人工计算公式:$W = 0.79\ GO - IC_m$

维修计算公式:$IC_r = 0.03(W + IC_m)$

中间投入计算公式:$IC = 1.03\ IC_m + 0.03\ W$

工业增加值计算公式:$VA = GO - 1.03W - 0.03\ IC_m$

商品销售收入计算公式:$SI = 1.2\ CS$

商品销售成本计算公式:$CS = 0.83\ SI$

商业营业盈余计算公式:$OS = 0.17\ SI$

商业增加值计算公式:$VA = W + 0.19\ SI$

金融业营业盈余计算公式:$OS = 0.17\ L$

金融业总产出计算公式1:$GO_1 = IR$

金融业总产出计算公式2:$GO_2 = 1.50\ IR$

金融业增加值计算计算公式:$VA = W + 0.20\ L$

水运业增加值计算计算公式:$VA = 1.22\ W + D_3$

当然，必须说明：这些公式是建立在相关的假设与估计之上的。而这些假设和估计虽然力求准确，但是不可避免具有不同程度的偏差。因此，在本书的研究中，倘若有直接数据可用，我们即采用相关数据。只有在无法获得相关数据的情况下，我们才不得不使用这些公式去推算有关结果。

附录2　度量衡及折算标准

在近代以前的世界上，度量衡和折算标准千差万别。即使是在一个比较小的地域中，情况亦然①。同一地区在不同时期之间，度量衡和折算标准也会有程度不等的差异。不弄清这些差别，就难以对许多经济数据进行正确处理。因此弄清度量衡和折算标准的问题，乃是进行此项研究的基本工作。

华娄所在的原松江府地区的度量衡及折算标准，在19世纪与20世纪有一些变化。在本附录中，我主要依据拙著《唐代江南农业的发展》与《明清江南农业中的肥料问题》、南满洲铁道株式会社上海事务所《江蘇省松江県農村実態调查報告書》、陈恒力《补农书研究》、曹幸穗《旧中国苏南农家经济研究》、徐新吾《江南土布史》等著作中的有关数字，进行分析及考证，以求得比较符合19世纪初期实际情况的度量衡及折算标准。

---

① 例如在1550年的德国，仅只巴登一带，就有112个不同的长度单位，92个不同的面积单位，65个重量单位，163个谷物的计量单位，123个液量单位，63个酒特有的单位和80种不同的磅重单位。见 Robert L. Heilbroner：*The Worldly Philosophers：the Lives，Times，and Ideas of the Great Economic Thinkers*，p.20。

一、度量衡

首先,我们来看看19世纪与20世纪中期原松江府地区所使用的几种度量衡制。

(一)市制

1尺=10寸=0.1丈≈0.33米

1斤=16两=0.5公斤

1担=100斤=50公斤

1石=10斗=100升=100公升

1亩=60平方丈=0.1顷≈0.67公顷

1匹(标准土布)=20×1.2平方海尺(1海尺≈1.06市尺)[①]

(二)清制[②]

1尺(营造尺)=0.96市尺≈1市尺

1斤=1.19市斤≈1.2市斤

1石=1.03市石≈1市石

1亩=0.92市亩≈0.9市亩

---

① 见徐新吾主编:《江南土布史》,第198,209页。

② 见李伯重:《唐代江南农业的发展》,第12—13页。

(三)1930 年代松江县地方通用的旧制[①]

1 旧尺 = 0.91 市尺≈0.9 市尺

1 旧升 = 1.22 市升≈1.2 市升,1 旧石 = 1.212 市石≈1.2 市石

1 旧斤 = 1.23 市斤≈1.2 市斤,1 旧担 = 80 旧斤 = 98.4 市斤≈100 市斤

1 旧亩 = 0.97 市亩≈1 市亩

总的来说,上述三种度量衡制度之间差别不很大,仅清制在重量(斤)和旧制在容量(石)方面与市制的差别相对较大。

19 世纪松江地方的度量衡也大体在上述三种制度的范围内。以量制而言,苏松一带使用的地方量器为苏斛,而官府征收税米的标准量器为漕斛,亦称官石,后来又变成市石。苏斛比漕斛大,道光初年齐彦槐即已指出[②]。同治时松江府南汇县义仓征收的有关规定明确说:"今定以漕斛大七升之市斛","较漕斛大七升之木斛"[③]。换言之,1 苏斛为 1.07 漕斛。因此近代松江 1 旧石≈1.2 市石,应当是清代松江的情况的延续和发展。不过在 19 世纪中期漕斛与苏斛之间的差异仅为 7%(20 世纪中期则为 20%),因此在本书中姑且忽略不计。漕斛是官府规定的量制单位,更具有权威性,因此采用之。又,以亩积而言,姜皋说:"俗以三百个稻为一亩,指田宽大者……其算个之法以六科为一把,两把为一铺,四铺为一

---

① 见南满洲铁道株式会社上海事务所:《江蘇省松江県農村実態调查報告書》,扉页及第 64、86 页。

② 齐彦槐:《张师诚中丞札询本年江广漕米海运各条(四月续奏廷寄后)》,收于齐学裘编:《见闻续笔》卷三。

③ 光绪《南汇县志》卷五《积储》,亦见于光绪《松江府续志》卷一五《田赋志·积储》。

个，合四十八科为一个。盖三百起亩者，每亩得种稻一万四千四百科也。”[①]据曹幸穗的看法，亩产 14,400 棵的田，合 0.96 市亩[②]。据满铁松江调查，1 市亩 = 1.0273 旧亩，或 1 旧亩 = 0.97 市亩[③]。因此松江府地区的亩积与市制亩积之间的差别仅为 4%。

由于上述三种度量衡制度之间差别不很大，在我关于 19 世纪初期松江经济的研究中，基本上采用市制，仅在必要的地方参考近代松江地方旧制。

此外，在 18、19 世纪松江府的一些交易中还使用关东斛（亦称关石），1 关石大约为 2.5 苏石。不过，关东石主要用于关东与江南之间的海上贸易，因此在一般的情况下，本书不涉及关东石。

二、农产品容量与重量的换算与折算标准

江南农村计算粮食等产品时，常常按照一定的标准进行容量和重量的换算。这些标准在不同的地方有所不同，兹将近代江南通用标准与近代松江地方标准胪列于下，然后再看 19 世纪的情况。

（一）近代江南的通用标准[④]

大米：1 市石 = 160 市斤

---

① 《浦泖农咨》(2)。

② 曹幸穗：《旧中国苏南农家经济研究》，第 115 页。

③ 南满洲铁道株式会社上海事务所：《江蘇省松江県農村実態调查報告書》，扉页。

④ 陈恒力：《补农书研究》，第 25、34 页；曹幸穗：《旧中国苏南农家经济研究》，第 117 页。大豆和蚕豆折算标准为曹氏数字，系将满铁在太仓县进行的调查数字转换为市制而得，与满铁在松江县进行的调查结果（见下注）有微小差别。由于太仓调查系以单位容量实物的称量结果，兹从之。

稻谷:1 市石 = 130 市斤
小麦:1 市石 = 140 市斤
豆类:1 市石 = 140 市斤
大豆:1 市石 = 140 市斤
蚕豆:1 市石 = 125 市斤

(二)近代松江县的地方标准[①]

大米:1 市石 = 150 市斤 = 121.89 旧斤
蚕豆:1 市石 = 130 市斤 = 105.63 旧斤
大豆:1 市石 = 140 市斤 = 113.75 旧斤

由于上述各种标准之间的差异不很大,因此如果在研究中对精确程度要求不特别严格,这些差异可以忽略不计。同时,这里所说的近代江南通用标准是陈恒力等对江南农村长期实地考察和深入研究得到的,比起满铁调查得到的近代松江县的地方标准更为可靠。因此在本书研究中,基本上采用近代江南的通用标准。

三、米—谷折算标准

依照清朝官方规定,“白粮,……以一百六十斤为一石”[②],与上述市制相同。一石谷重多少,一些地方的官府也作出了规定。其中最为明确的是同治时南汇知县陈其元制定的《义仓详定章程》,

① 南满洲铁道株式会社上海事务所:《江蘇省松江県農村実態调查報告書》,第194页。

② 光绪二十五年《钦定大清会典事例》,第7523页。

该章程说:“积谷宜验收过秤也。前奉宪行采谷应按斤论数,不得但以石计等。因查谷以石计,固多空瘪盈斛之弊;而以斤权重,亦有灰砂杂之虞。自应遵照通饬办理,慎选干洁粒绽之谷,不但数无短缺,抑且存放可以经久。今定以漕斛大七升之市斛,较秤曹砝十六两准秤斛,见干洁之谷一石,适符百斤之数。是以置备曹砝十六两准秤两架,又置造较漕斛大七升之木斛两张,均用烙印存。考义仓,凡粜谷运到,由官验明实系干洁,船中用斛兑起,仓中用秤覆准,两相符合者,即无混。倘斛足而称不足,即知有空瘪之弊;如秤足而斛不足,即知有灰砂夹杂,均须风筛干净,方准进廒。如此办理,较为核实。”[①]这个章程也收入了光绪《松江府续志》[②],可见是一个在松江府属下各县都采纳的标准。同时,义仓在松江府地区已有很久历史,管理也已颇为规范,因此上述规定应当不是同治时的新发明,而是以前旧有标准的延续。

据此规定可知,在19世纪的松江府地区,官府标准是1市石干洁之谷大约重100斤。由于1斤(清制)约等于1.2市斤,因此上述征收标准实际上也就是1石(清制)干洁之谷重120市斤,略低于近代江南每市石稻谷重130市斤的通用标准,不过这个差异不大,在可以容忍的范围之内。

19世纪初期松江府地区义仓征收官租使用的标准是“一米二谷”[③],即一石米折二石谷。这是清代全国大部分地区通用的标准,

① 光绪《南汇县志》卷五《积储》。

② 光绪《松江府续志》卷一五《田赋志・积储》。

③ 嘉庆《松江府志》卷一六《建置志》。

非松江所独有[①]。这个标准是否符合实际情况，下面进行分析。

在近代江南农村，米谷折算的通行标准为米 1 市石 = 稻谷 200 市斤[②]。依照上面的米谷比重（大米 1 市石重 160 市斤，稻谷 1 市石重 130 市斤），1.5 市石稻谷相当于 1 市石大米，或者 1 石稻谷出米 0.67 石。依照今天的国家标准，一般稻谷的精米率在 70%左右[③]。因此上述 67%的出米率是有根据的。但使用传统的方法碾米，出米率大约只是 1 石稻谷出大米 4—5 斗[④]，因此清初江南学者陆世仪说："计今谷一石大约得米四斗。"[⑤]据近代安徽芜湖碾米业的调查，中等稻谷 2 市石（260 市斤）可得糙米 1 市石（约 83 公斤）+ 粗糠 50 斤 + 碎米 7 市合，出米率（糙米出米率）为 64%。对糙米进行精白，则糙米 1 市石可得白米 8.5 市斗（约 73 公斤）+ 细糠

---

① 例如，乾隆九年奉上谕："嗣后垦辟田园，令地方官确勘肥瘠，酌量实在科则，照同安则例分别上、中、下定额征收，俾台民输纳宽舒。"具体规定是："上则田：照同安民米例，每亩征银八分五厘三毫四丝，另征秋米六合九抄五撮。以一米二谷折算。中则田：照同安盐米例，每亩征银六分五厘八毫八丝四忽，另征秋米三合八抄七撮。以一米二谷折算。下则田：照同安官米例，每亩征银五分七厘五毫五丝，不征秋米。上则园：照中田盐米例，每亩征银六分五厘八毫八丝四忽，另征秋米三合八抄七撮。以一米二谷折算"（续修《台湾府志》卷四《赋役一·租赋》）；乾隆十二年四月，四川"新繁等五县谷价，较省城每石贱二三分，加以运费，每仓斗谷一石，总共不过三钱七八分。以二谷一米计算，每米一石，亦不过七钱五六分"（《乾隆实录》卷二八九。转引自周邦君《清代四川粮食亩产与农业劳动生产率研究》）；等等。

② 陈恒力：《补农书研究》，第 25 页。

③ 稻谷除去谷壳后成为糙米，谷壳一般占稻谷的 20～22%（不同的品种所占比例有所不同）；通过碾磨后把糙米上的糠皮与米胚去掉，成为精米（此工艺亦称精白），糠皮与米胚一般占稻谷的 8～10%；因此精米率在 70%左右。精米还可以进一步通过过筛分成碎米和完整米，完整米的比例即通常所说的整精米率，整精米率的高低因品种不同而差异较大，一般在 25～65%（见中华粮油商务网（http://www.chinaccm.com/ Statics / 02/nycs.asp）。

④ 据《零陵地区志》第 24 编，清末湖南零陵地区"境内加工稻谷沿用石臼舂、堆坑踏、石碾磨、竹砻推等传统方式进行，一石稻谷加工大米四斗五升"。

⑤ 陆世仪：《论区田》。陆氏太仓人，太仓与松江毗邻，明清文献中常常松、太连称，两地在许多方面颇为类似，因此他所说情况应当也适用于松江。

1.2 市斗 + 碎米 3 市升[①]。因此中等稻谷 2 市石，可得米 0.9 斗（白米 8.5 斗 + 碎米 3.7 升，合计 8.87 斗，重 142 市斤），粗糠 50 斤，细糠 1.2 斗（合 6 市斤[②]），最终出米率（精米率）为 55%。因此根据不同的标准，稻谷的出米率按照重量计，应在 55～64%之间，中数为 60%，按照容量计，则 1 石稻谷大约可出米 0.5 石，与义仓征收官租使用的标准“一米二谷”相符。

四、其他折算标准

以下，我们还要讨论麦与米的折算和各种肥料之间的折算问题。

（一）麦—米折算

在松江府一带，麦是农民夏季的重要食物[③]，也是江南其他地方城乡居民的重要食物之一。19 世纪初期，包世臣在讨论南京、苏州的食物与农业问题时，一再提到麦与米的比较。按照他的说法，

---

① 天野元之助：《中国農業史研究》（增补版），第 407 页。天野元之助说中等稻谷 2 市石，又说重约 100 公斤。但所得的糙米和粗糠重量合计就已超过 100 公斤，显见有误。同书 408 页对该表作的注释说 1 市担 = 50 公斤，可见天野氏将市石与市担混淆了。事实上，1 市石稻谷约重 130 斤（本书附录 2）。据此，2 市石重 130 公斤，加工后得到糙米 83 公斤，粗糠 25 公斤，碎米约 1 公斤，合计共 109 公斤，余下的 21 公斤，即为谷壳。

② 米糠 1 石约重 52 斤。见南满洲铁道株式会社上海事务所：《江蘇省松江県農村実態调查報告書》，第 184 页。

③ 姜皋说道光时松江西部的农村：“青黄不接，无米可炊者，麦粥、麦饭，终胜草根树皮”（《浦泖农咨》(29)。松江东部地区的人民因食麦最多，因此被其他一些地区的人民戏称为“东乡麦子”。

当时通用的标准大约是 1 石麦折 0.7 石米[①]。

按照 65% 的出粉率[②]，麦 1 石可出面粉约 90 斤。依照重量，相当于 0.56 石米[③]。但是 19 世纪松江农民食用麦的主要方式是将麦粒稍微去麸后蒸煮食用[④]。由于蒸煮食用的麦包括了一部分细麸，因此比磨为面粉后的重量要大一些。无怪乎当时人在进行米麦折算时使用的标准是 1 石麦折米 0.7 石。

(二)各种肥料折算

在近代的调查资料中，各种肥料的折算比例出入很大，莫衷一是。此外，农家肥是有机肥，除了能补充土壤化学成分外，还可改善土壤物理性质。因此单以肥料的化学成分作为肥效标准也欠全面。为了便于讨论问题，我们姑排除后一方面的问题，仅对各种肥料的主要养分（特别是含氮量）作一个大体上的比较。根据今日用现代科学手段进行的测算，可以把各种肥料的折算标准定为 1 担粪肥 = 1 担绿肥 = 10 斤饼肥[⑤]。

---

① 包世臣说："大麦，……充口食，一石可抵米七斗。"（包世臣：《齐民四术》，第 76 页）他在计算亩产量时又说："麦七斗抵米五斗。"（《齐民四术》，第 58 页）

② 据统计，世界范围内小麦出粉率低的国家其出粉率在 60% 左右，发达国家一般在 75% 左右（万忠民：《粮食加工增值途径的研究》）。在我国，用传统工艺磨制特制粉，出粉率为 63%（曹志英：《小麦分层碾磨新技术》）。今天郑州市管城区九龙村石磨坊自称"用最传统的石磨，传统的工艺加工"，每 100 斤小麦出粉 65 斤（管城区九龙村石磨坊业务广告，发布于 http://www.iozh.com/company/biz_66216/index.asp）。因此一般而言，出粉率大约为 65%。

③ 1 石小麦重 140 斤，1 石大米重 160 斤。见前文。

④ 即姜皋所言的"麦粥、麦饭"。包世臣也说：将大麦舂出麦糠，得到麦米煮食，"计麦百斤，可得米七十斤"（《齐民四术》，第 76 页）。

⑤ 李伯重：《明清江南农业中的肥料问题》；《发展与制约：明清江南生产力研究》，第 361—362 页。

附录 3　银—钱比价

清代使用白银和铜钱(本书中简称银和钱)作为通用货币,这种货币制度可以称为"平行本位的复本位制"。银两和铜钱都有自己的本位,存在着不同的流通领域。白银主要用于批发交易和大量的薪俸支付,而铜钱则主要用于零售市场及日常工价的支付。由于有地方性和时间性的不同,铜和银的使用在一些领域内确实有重迭的情况。但是,因为铜钱是有自己本位的坚挺货币而不是银两的辅币,因此这两种货币之间的相互替代是颇为有限的①。二者之间的比价,随着各自的供求关系的变化而出现不断的变动。

在清代,银、钱的生产、输入和使用都存在各种问题,这使得它们之间的比价问题也颇为复杂。首先,清代铜钱由各省钱局鼓铸,按规定须参照"顺治五式"(即顺治时确定的五种范式),但是所铸之钱,只是在形状上保持共同的式样,其大小、轻重、币材和成色,则各省各自为政,随铜价和铸利而变。官局自坏成法,私铸因之更滥,因此币制也随之混乱②。同时,每贯铜钱的数量也往往因地而异③。其次,白银作为秤量货币而非铸币来使用,由于各地计量单位不一,不同地区有不同的平码④。同时,白银成色也不易控制。大致而言,19 世纪初期的中国,并没有统一的银和铜钱的计量标准。

---

① 傅汉思(Hans Ulrich Vogel):《清代前期的货币政策和物价波动》。

② 千家驹与郭彦刚:《中国货币演变史》,第 71 页。

③ Sui - Wai Cheung: *The Price of Rice: Market Integration in Eighteenth - Century China*, pp. 53, 61—67.

④ 叶世昌指出:据民国初年中国银行的调查,各地平码有 170 多种,尚不包括云南、甘肃、广西、新疆四省(叶世昌:《中国古代金融通史》,第 158 页)。在鸦片战争前,由于中央权威尚在,各地平码可能会少一些。

但是我们也要看到：在清代，主要的货币是白银，而白银作为秤量货币来使用，虽有其缺陷，但也避免了铸币会招致的各种问题[①]。在秤量白银时，虽然不同地区有不同的平码，但是也通行全国性的标准计算单位——“漕平”和“库平”[②]。此外，在实际商业活动中，还通用“公码平”和“钱平”，彼此依照规定的比例进行折算[③]。

在本书中，我们不拟对银、钱问题进行深入讨论，而假定所研究时期和地区使用的银和钱都是标准的。

清代银、钱并用，二者之间的比价在不同时期和地区颇有差异。在本书中，我首先依据林满红《嘉道钱贱现象产生原因——“钱多钱少”论之商榷》一文所搜集整理的数字，将相关时期和年份的银与钱的比价（简称银—钱比价）作一汇总。

下面，我们将相关时期和年份的银—钱比价分为三个部分：

1. 1823—1829 年银—钱比价（表附 3－1）：

---

① 铸币不仅会导致更大的地方差异，而且会导致劣币、盗铸等问题，从而引起通货膨胀。在使用铸币的国家，这些问题是很难避免的。例如在唐宋等朝代，铜钱因政府铸造大钱以及盗铸引起的恶性通货膨胀反复发生。在西欧，使用铸币的国家更是多种铸币共存并行，例如在 16 世纪中期的德国，每个地区都有自己的货币（Robert L. Heilbroner：*The Worldly Philosophers：the Lives，Times，and Ideas of the Great Economic Thinkers*，p. 80）。

② 清朝政府在各地指定银匠充当“官炉”，专管银锭熔铸和鉴定宝银，并有私人自设的炉房进行这种工作。见千家驹与郭彦刚：《中国货币演变史》，第 171 页。尔后到了道光三十年（1850 年），安徽汪氏在上海租界创设公估局，专司银炉熔铸银两的鉴定。公估局估银分秤量和看色。秤量定宝银的重量，看色判断质量和成色。成色好的“申水”（即升水，增加），差的“耗水”（即“减水”，减少）。升耗数量，用墨笔记于宝银中央凹部。质量和成色低于规定限度退回不批或改铸再批。

③ 千家驹与郭彦刚：《中国货币演变史》，第 176 页。虽然公码平和钱平主要是在晚清普遍运用，但在清代中期肯定已经出现并得到相当广泛的运用。

表附 3—1　1823—1829 年的银—钱比价

年份	比价(两银:文钱)
1823(道光三年)	1∶1,249
1824(道光四年)	1∶1,269
1825(道光五年)	1∶1,253
1826(道光六年)	1∶1,271
1827(道光七年)	1∶1,341
1828(道光八年)	1∶1,399
1829(道光九年)	1∶1,380
1823—1829 年平均	1∶1,309

2. 1830—1834 年银—钱比价(表附 3－2):

表附 3—2　1830—1834 年的银—钱比价

年份	比价(两银:文钱)
1830(道光十年)	1∶1,365
1831(道光十一年)	1∶1,388
1832(道光十二年)	1∶1,387
1833(道光十三年)	1∶1,363
1834(道光十四年)	1∶1,356
1830—1834 平年均	1∶1,372

1823—1834 年平均,为 1 两∶1,335 文。

3. 1823 年以前银—钱比价(表附 3－3):

表附 3—3　1823 年以前的银—钱比价

年份	比价(两银:文钱)
1799—1809(嘉庆四年至十四年)	1∶1,006
1810—1814(嘉庆十五年至十九年)	1∶1,101
1815—1822(嘉庆二十年至道光二年)	1∶1,231

4. 1834 年以后(部分年份)银—钱比价(表附 3－4)：

表附 3—4　1834 年以后部分年份的银—钱比价

年份	比价(两银:文钱)
1849(道光二十九年)	1∶2,355
1875(光绪元年)	1∶1,660
1876(光绪二年)	1∶1,630
1877(光绪三年)	1∶1,510
1878(光绪四年)	1∶1,420
1880(光绪六年)	1∶1,440
1884(光绪十年)	1∶1,720
1890(光绪十六年)	1∶1,530

总而言之，在本书研究的 1820 年代时期，银、钱平均比价大约为 1∶1,300；1830—1834 年的比价稍高，为 1∶1,350，而《浦泖农咨》所涉及的 1823—1834 年时期则为 1∶1,300。

这里我们要说明：林氏得出的清代中后期银、钱折算比价，是基于严中平编《中国近代经济史统计资料选辑》中的数字[①]，并非特别针对江南地区的(更非针对松江府地区或者华娄地区的)，因此和松江府及华娄地区的情况会有一定差异。例如，林氏在后来的研究中，将陈昭南 1982 年刊出的论文集中收集的浙江宁波的银—钱比价胪列如下[②]：

① 该书由科学出版社(北京)于 1955 年刊出。

② Man－houng Lin：*China Upside Down*：*Currency*，*Society*，*and Ideologies*，1808—1856. p123，table 3.2。陈昭南(Chao－nan Chen)论文集为 *Essays on Currency*，*Subsittution*，*Flexible Exchange Rates and the Balance of Payments*，由 Economic Research Office，Bank of Taipei (Taipei)于 1982 年刊出。

表附 3—5　19 世纪前半期宁波与全国的银钱比价

年份	宁波比价（文/两）	宁波比价平均值（文/两）	全国比价（文/两）	宁波比价平均值/全国比价（%）
1820（嘉庆二十五年）	1,233—1,300	1,263	1,226	103
1821（道光元年）	1,211—1,267	1,239	1,267	98
1822（道光二年）	973—1,192	1,083	1,252	86
1823（道光三年）	1,159—1,187	1,173	1,249	94
1824（道光四年）	1,093—1,183	1,138	1,269	90
1825（道光五年）	1,080—1,107	1,094	1,253	87
1826（道光六年）	1,117—1,184	1,151	1,271	91
1827（道光七年）	1,131—1,212	1,172	1,341	87
1828（道光八年）	1,205—1,267	1,236	1,339	92
1829（道光九年）	1,247—1,281	1,264	1,380	92
1830（道光十年）	1,267—1,287	1,277	1,365	94
1831（道光十一年）	1,267—1,301	1,284	1,388	93
1832（道光十二年）	1,333	1,333	1,387	96
1834（道光十四年）	1,353—1,355	1,354	1,363	99
1836（道光十六年）	1,403	1,403	1,487	94
1838（道光十八年）	1,413—1,500	1,457	1,859	78
1842（道光二十二年）	1,786—1,788	1,787	1,863	96
合计		1,278	1,386	92

由上表可见，宁波的银—钱比价，通常比全国的比价低。以1823—1829 年计，仅为后者的 90%，1820—1822 年为 96%，1830—1834 年为 96%，而《浦泖农咨》所涉及的 1823—1834 年时期则为 92%。据上表，银—钱比价的平均值为：1820—1822 年 1,196 文/两，1823—1829 年 1，175 文/两，1830—1834 年 1，312 文/两，1823—1834 年 1，225 文/两。为了方便计算起见，我们一律以 1,200 文/两计。

林氏引用的陈昭南所搜集的宁波银—钱比价数字，始于1819年而止于1842年，而且在1819—1842年之间，还缺少1833、1835、1837、1839、1840、1841年的数字。但是在本书表附4—5(1867—1895年上海出口土布价格)，有1867—1895年上海的银价，兹据此得出该时期的银—钱比价：

表附3-6 1867—1895年上海的银—钱比价

年份	银价(文/两)
1867年(同治六年)	1,690
1870年(同治九年)	1,780
1875年(光绪元年)	1,660
1880年(光绪六年)	1,440
1885年(光绪十一年)	1,720
1890年(光绪十六年)	1,530
1895年(光绪二十一年)	1,250

因为宁波、上海的情况与华娄更为接近，因此在本书中，我们以宁波和上海的数字为准。1819年前的比价，因为仅有全国的数字，我们只好用之。

5. 洋钱折算标准

早在18世纪后期，洋钱(西方银铸币)就已在江南使用，但尚不很多。到了19世纪初期，已经颇为普遍，因此在《浦泖农咨》中，也可见到使用洋钱购买肥料的记载①。光绪《松江府续志》卷五《疆域志》说："乾隆以前市肆间皆用银，二十年后偶有洋钱，即俗所谓本洋者(原注：每圆重七钱三分，有小洁、广板、建板、闽板、浙板、锡板、苏板等名，然皆出于吕宋国)，尚不为交易用也，嗣后浸以盛行

① 在该书第22段中，说"猪践于夏月尤贵，十担须洋钱一元"。

(原注:参见诸联《明斋小识》)。道光季年当事恶其夺利,制为银饼(原注:每圆重一两),迄未行。……至同治初复有鹰洋者出(亦以七钱三分为一圆,银色殊不及本洋,出米利坚国,今俗称英洋谓出英吉利国,非是)。"据此,洋钱的价值主要是依照其重量而非面值。洋钱每个重七钱三分,在1823—1834年期间合钱880文。

最后,我们还要说明:上述银—钱比价是一个普遍的标准,但在实际运用中,还有各种不同的惯用标准。这些惯用标准包括:

1. 七折钱

本书附录4和附录14都提到七折钱。依照岸本美绪的解释,七折钱就是在进行田产买卖时,1两银以700文钱计[①]。从本书附录14所引嘉庆《松江府志》卷一六《建置志·公建·义仓》条的规定来看,在19世纪初期的华娄地区,这种标准也用于支付义仓工作人员的薪酬。

2. 六八折

在道光初年关于海运南漕的讨论中,许多人都提到当时在海运中盛行的银—钱比价是1两兑630—700文,例如:

谢占壬《水脚汇筹》:"江浙两省商船,……大小统计,每船可装仓斛南粮一千余石。至于水脚价目,原有贵廉不齐,大抵随货利之厚薄,定水脚之重轻。数十年来雇船大概情形:极贵之时,每关石计水脚规银三两,每两折实钱六百七十六文,每关担计仓斛二石五斗有零,合计每仓斛水脚实钱八百十文。"

施彦士《海运议》:"若就现在民价,每石一两四钱,每两折钱六百三十文,合足钱八百八十二文。"

---

① 岸本美绪:《清代前期江南の物價動向》。

英和《再筹海运折漕章程疏》(道光五年):“其应给商船脚价银两,每漕粮一石需银七钱。向闻该处行用,以制钱七十文为一钱,按折核计每石只须银四钱一二分。”

魏源《复魏制府询海运书》:“惟海关系总雇沙船之地,首宜核实。即如二月间委员查勘,据税牙朦混之词,以关石大于漕石一倍有半者,变为仅倍;以一两四钱之为六三串折实漕石银三钱六厘者,变为每石实银七钱,较民间时价不止加倍。”[①]

由于通行的是 680 文上下,而且大概是起源于大豆贸易中的惯用标准,因此也被称为“六八豆规”标准[②]。

但是,在 19 世纪初期的华娄地区,这些惯用标准究竟在多大程度上被采用,在史料中没有记载,难以了解。因此之故,在本书中我们依然主要采用宁波的比价,而在没有宁波比价的场合,则采用全国比价。

附录 4　物价

1820 年代华娄地区的物价资料远非理想,但是所幸的是有《浦泖农咨》这样一部重要的农书。该书翔实地记录了大量的物价,使得我们能够以这些记载为基础,重建 1820 年代华娄主要商品的价格。但是在进行有关的讨论之前,需作以下说明。

首先,《浦泖农咨》记录的物价中,有一部分是 1830—1834 年的,而 1830—1834 年华娄的经济状况比 1823—1829 年的经济状况差[③],因此这两个时期的物价水平也有颇大差别。为此,我们必须对该书中的价格进行梳理,把 1823—1829 年和 1830—1834 年两个

---

① 均收于《皇朝经世文编》卷四八《漕运下》。

② 倪玉平:《齐彦槐与道光初年漕粮海运》。

③ 见本书第二、十二章。

时期的价格分开。

其次，虽然《浦泖农咨》记录了许多重要的物价，但记载并不完全。对于《浦泖农咨》所缺的价格，我们将使用其他文献的记载，进行辨析和推定，得出与1820年代华娄地区实际情况相符或相近的价格。在进行这种推求时，必须注意相关的时空范围。

在空间范围方面，由于江南各地（特别是松江府内各县）经济联系的紧密，导致了各地价格水平及其变化的相似，即如光绪《金山县志》卷一七《志余・风俗》所言："（金山县之米）其价与上海遥应。"因此之故，当没有关于1820年代华娄物价的直接记载可用时，我们依靠松江府乃至邻近地区的价格资料来进行推求。

在时间范围方面，正如光绪《松江府续志》卷五《疆域志・风俗》所总结的那样，"咸丰庚申（1860年）以后，乱离甫定，凡服用之物及一切工作，其价值莫不视从前加长。比年以来，惟粟及棉价较平，其他不能称是，故历年农田虽尚称丰稔，而农日以病"。在从太平天国战争结束的咸丰十年到《松江府续志》成书的光绪十年（1884年）的二十多年中，华娄地区和江南其他地方一样，由于遭到战争重创，商品价格总的来说呈现明显的上升，虽然其中米价和棉价上涨幅度稍小。因此我们把光绪初期的物价，作为推定1820年代华娄物价的上限。另外，在1930年代和1940年代初期，一些学者（例如费孝通）和团体（例如南满洲铁道株式会社上海事务所）在华娄地区以及江南其他地区进行了颇为认真的调查，其调查结果也包含了相当丰富的物价资料。这些物价虽然不能直接用来推定我们所研究时期华娄地区的物价，但是却可以作为推定的参考，特别是许多不同物价之间的相对比例，在1820年代和1930/1940年代两个时期，变化并不很大。

下面，我们即对1820年代华娄地区的物价进行讨论。

一、田地

与清代江南其他地方一样，华娄的田价也包括田底与田面两个部分。在一般情况下，田价多指田底价。

关于华娄的田底价，姜皋说："田之价值，下乡之膏腴者最贵，以粮较轻而租易得也。然三十年前亩值七折钱五十两者，甲戌（嘉庆十九年，1814 年）歉收后，已减十之二三。自癸未（道光三年，1823 年）至今，则岁岁减价矣。癸巳（道光十三年，1833 年）冬间，此等田欲以易钱十千，无受之者。等而下之，有亩愿易一千钱者，则尤难去之耳。此业户买田之价，俗云田底是也。"[①]据此，1833 年上等田的田底价为 10,000 文/亩，下等田为 1,000 文/亩。依照当时的米价，分别相当于 2.5 石和 0.25 石米。对比其他史料，这个价格低得不可思议。因此我们需要对华娄地区在此前后时期的田底价作一了解，才能断定上述价格是否符合事实。

乾隆《娄县志》卷八《学校志·经费》说："乾隆三十四年，知府钟光豫率属捐银一千八百两，以一千五百两买入书院田，华邑一百十六亩三分九厘九毫，娄邑六十一亩五分八厘二毫一丝，金邑五亩六分四厘三毫五丝，青邑十四亩一分六厘一毫。"此次松江知府共购买土地 197 亩，其中绝大部分在华娄二县，共用银 1,500 两。据此，每亩价格为 7.6 两。按照当时的银—钱比价（1∶950）[②]，合钱 7,220 文。依照前一年（1768 年）的米价（1.73 两/石）[③]，合米 4.4

① 《浦泖农咨》(3)。

② 见本书附录 3。

③ 本附录中所用米价，凡未特别注明者，均采自 Yeh - chien Wang: *Secular Trends of Rice Prices in the Yangtze Delta*, 1632—1935, Table E 1.1。

石。又,据光绪《华亭县志》卷三《海塘》,“同治十一年知县张泽仁勘丈旧挖废灶田二百五十五亩五分九厘九毫,民田八十八亩五分一厘,新挖废灶田一百七十八亩五毫,民田三十亩八分七厘五毫。详准将新挖废民灶田,给价每亩十千文,共给价二千八十八千八百文”。由此可见即使是废灶田这样的荒地或劣地,亦亩价 10 千,依照同治十年(1871 年)的银—钱比价(1∶1,850)和米价(1.90 两/石),合米 2.8 石[①]。光绪《华亭县志》卷二三《杂志上·风俗》在谈田底价时,引姜皋《浦泖农咨》有关文字之后说:“案:漕田价至道咸年为最贱,自同治初赋减米贵,价渐增焉,惟地方蹂躏较深、村落凋敝之处,田价仍贱。若濒海折田价,每亩向值钱三四十千者,今仅止十余千”。换言之,在太平天国战争后华娄田价极低之时,濒海折田价仍然为每亩十余千文。因此说在承平之时的 1820 年代,华娄上等田地的田底价“欲以易钱十千”而“无受之者”,显然是不符合实际的。因此上述姜皋所说的 1833 年的情况,应系特殊情况,不能用之于 1833 年大水灾以前的华娄田地市场。

上面引文中提到的七折钱,岸本美绪解释为系买卖田产时以 1 两银作 700 文钱计[②]。据此,“七折钱”50 两应合 35,000 文[③]。1814 年以前华娄田价为 35,000 文/亩,1814 年歉收后为以前价格的 70~80%,即为 24,500—28,000 文/亩(兹以 75%计,为 26,250 文),1823 年后年年减价,但到 1833 年冬方降至 10,000 文/亩。所以 1820 年代的田价应明显高于 1833 年价。

那么,1820 年代华娄的田价应当是多少呢?我们先看看毗邻的苏州地区的田价在 19 世纪初期的变化情况。

---

① 这里我们还要注意同治时田价较前低廉,且系官府行为。
② 岸本美绪:《清代前期江南の物價動向》。
③ 1800 年银—钱比价为 1∶1,070。

表附 4—1　苏州沈氏家族购置田地记录①

年份	购入田地(亩)	田价 (千文)	平均亩价 (文/亩)	平均田价 (两/亩)
1814 年(嘉庆十九年)	28.789	482.8(六折钱)	16,770	15.2
1823 年(道光三年)	4.736	100(足钱)	21,115	17.6

表附 4—2　苏州彭氏家族购置田地记录②

年份	购入田地(亩)	田价	平均田价 (千文/亩)	平均田价(两/亩)
1797 年(嘉庆二年)	2.5	34.8 千文 *	13.9	12.8
1800 年(嘉庆五年)	2.813	35.9 千文 *	12.8	11.9
1813 年嘉庆十八年)	2.146	42 千文 *	19.6	18.0
1830 年道光十年)	4.525	79.709 千文 * *	17.6 千文	14.7
1835 年道光十五年)	20.842	152.2 两银 * * * +104.7 千文	7.3 两 +5 千文	11.5

* 绝价足钱

* * 兑足钱 30 千文,嘉庆二十一年加绝价足钱 12 千文。

* * * 绝价足银

从上两表中可见,苏州田价并非一直下跌。据沈氏买田价格,1823 年价为 1814 年价的 116%,而据彭氏买田价格,1830 年价为 1813 年价之 82%。华娄田价与苏州田价有异,但在此时期变化趋势与幅度应当是比较相近的。如将 1820 年代华娄的田价以 1814 年歉收后之价(26,250 文/亩)的 60%计,肯定不会高估。据此,1820 年代华娄的田价当为 15,750 文/亩,合银 13 两/亩。下面,我们再用其他的材料,验证这个结果是否符合事实。

① 洪焕春编:《明清苏州农村经济资料》,第 120、144 页。

② 洪焕春编:《明清苏州农村经济资料》,第 168—172 页。

在与华娄毗邻的金山县，“南乡柴荡地高，间种花豆，则畏旱；北乡草荡地洼，戽水较易，则畏水；水旱偏灾，邑两受之。其田价恒随米价为低昂，明崇祯间，腴田亩值十余两，瘠田三四五两。国初米贵，加赎之讼滋兴，石五六起租者值十五六两，六七斗起租者三四两，当时骇为极贵。康熙初米贱而役重，相率以有田为戒，中产则空券送人犹拒不纳，精产不过三钱五钱而已，自均田均役之法行，遂有置产数万者。至乾隆以后，北路三乡田每亩值二十余千，南乡盐司田每亩值三四十千，后亦渐减至六七折不等”①。据此可知，乾隆以后，金山县北路田每亩二十余千，南路田三四十千。兹将北路田价格以 23 千/亩计。以后何时减至六七折不等不详，应当是在道光三年以后②。华娄田地的自然条件与金山县北部相若。若将 1820 年代华娄田价以乾隆以后金山北路田价（23 千文/亩）的 65%（六七折之中数）计，合 15 千文/亩，依照当时银—钱比价（1∶1,200），合银 12.5 两/亩，与前面推求得到的 13 两/亩相近。

因此，1820 年代华娄的中等田价大体上为每亩 12—13 两。

二、米、谷（附米糠、稻草）

水稻产出稻谷和稻草，稻谷经过加工得到大米和米糠、谷壳。其中大米是最重要的产品，但是稻草和米糠对于农民的生产与生活也十分重要。

---

① 光绪《金山县志》卷一七《志余》。

② 道光三年的大水灾是江南近代史上的重大事件，也是江南农业经济由盛转衰的转折点。详参本书第一、二章。

1. 米

关于1820年代华娄米价的直接记载不多，而且大多是灾年价格，不是正常米价，不能作为我们讨论的根据。这里，我们主要根据王业键提供的数据进行讨论，因为王氏收集和整理的江南米价数字，是我们了解18和19世纪的江南米价的最重要的依据。兹将其中有关年份的价格数字选出(表附4－3)，以此为据，讨论1820年代华娄的米价。当然，在这样做的时候，我们也要提醒读者，王氏数据主要依靠是清代苏州府的米价数字。虽然这些数字的可靠程度很高，但是与附近各地的数字仍然有一定程度的差异，而且由于各地不同的货币使用习惯，使得这种差异更为明显[①]。同时，即使是在同一地区、同一年份，米价在不同月份也有程度不等的波动。虽然我们在这里暂且忽略这些差异，但是并不等于说这些差异不重要。

表附4—3　1823—1834年江南米价[②]

年份	银(两/石)	钱(文/石)
1823(道光三年)	2.50	3,000
1824(道光四年)	2.50	3,000
1825(道光五年)	2.50	3,000
1826(道光六年)	2.28	2,736
1827(道光七年)	2.17	2,604
1828(道光八年)	2.18	2,616
1829(道光九年)	2.22	2,664

① Sui－Wai Cheung：*The Price of Rice：Market Integration in Eighteenth－Century China*，pp.61－67。

② Yeh－chien Wang：*Secular Trends of Rice Prices in the Yangtze Delta*，1632—1935，Table E 1.1。1834年数字来自《浦泖农咨》。以钱计之米价，按照本书附录3的银—钱比价(1：1,200)上述米价折算而得。

续表

1830(道光十年)	2.28	2,736
1831(道光十一年)	2.51	3,012
1832(道光十二年)	2.60	3,120
1833(道光十三年)	2.77	3,324
1834(道光十四年)	2.95	3,540

据上表,1823—1829 年平均米价为 2.33 两/石,或 2,803 文/石;1830—1834 年的平均米价为 2.62 两/石,或 3,146 文/石;而 1823—1834 年的平均米价为 2.45 两/石,或 2,948 文/石。为方便计算起见,在本书中,1823—1829 年的平均米价(2.33 两/石或 2,800 文/石)计。

在《浦泖农咨》中提到两个具体的米价,即:

(1)"其米价如今年者,每石以六千结算"[①]。

(2)"一亩约略以十工算,已须工食二千文。再加膏壅必得二千文。……上丰之岁,富农之田,近来每亩不过二石有零,则一石还租,一石去工本,所余无几。"[②]据此,工本合计 4,000 文,相当于 1 石米,因此 1 石米价格应为 4,000 文。

这两个米价与上表中的江南平均米价有很大出入。那么,江南的平均米价适用于华娄吗?

为了弄清上述矛盾之处,我们首先应将道光三年至十四年的米价的变化情况作一考察。从地方志中的记载可见,在娄县,道光三年夏,"大水成灾,……现市米价每石计银二两二钱八分,请照市价八折平粜以苏民困"[③];而由于水灾引起歉收,华亭县"斗米至五

① 《浦泖农咨》(35)。

② 《浦泖农咨》(33)。

③ 娄县绅耆道光三年的《请赈募捐公呈条款》,收于光绪《松江府续志》卷一四《田赋志赈恤》。每石 2.28 两,按照当年的银—钱比价,约合 2,850 文。

百六十文,旋因川米接济,米价渐平”。道光五年米价又上涨到“斗米六百文”[①]。在毗邻的南汇县,道光三、十三、二十九年因水灾,米价都曾一度达到每石 6,000 文[②]。在上海县,道光十三年因“夏秋间霪雨,……禾稻不登,民饥”,米价攀升到“每斗七百五十文”,但到了道光十五和十六年,却又因“岁稔”,米价大幅下落到“每斗二百八十文”[③]。换言之,在道光三至十四年之间,华娄一带的米价确实曾数次达到每石 6,000 文的高价,与姜皋所说相符。但这是因为当年遭灾的缘故,一旦外米运到,或者水灾过去,米价即下落。因此每石 6,000 文的价格并非正常的价格。

其次,据表 3 米价数字,道光十四年江南米价为 2.96 两,而当年银—钱比价为 1:1,350。据此,当年米价为 4,000 文,与姜皋所言相符。由此可见表 3 米价数字与华娄地方米价颇为吻合。

因此,上面据表 3 米价数字得到的 1820 年代米价(每石 2,800 文),应当是符合实际的。

此外,本书还涉及到 1823 年以前的米价。据王业键收集和整理的江南米价数字计算,嘉庆元年至道光二年(1796—1822 年)的米价为(表附 4－4):

表附 4—4　1796—1822 年江南米价[④]

年份	价格(两/石)
1796(嘉庆元年)	1.23
1797(嘉庆二年)	1.18

① 光绪《华亭县志》卷二三《杂志上·风俗》。

② 光绪《南汇县志》卷二〇《风俗志·风俗》。

③ 同治《上海县志》卷三〇祥异。

④ Yeh－chien Wang: *Secular Trends of Rice Prices in the Yangtze Delta*, 1632—1935, Table E 1.1。1834 年数字来自《浦泖农咨》。以钱计之价,据林满红《嘉道钱贱现象产生原因——“钱多钱少”论之商榷》中的银—钱比价折算而得。

续表

1798(嘉庆三年)	1.16
1799(嘉庆四年)	1.20
1800(嘉庆五年)	1.26
1801(嘉庆六年)	1.57
1802(嘉庆七年)	2.00
1803(嘉庆八年)	2.48
1804(嘉庆九年)	2.69
1805(嘉庆十年)	2.79
1806(嘉庆十一年)	2.82
1807(嘉庆十二年)	2.35
1808(嘉庆十三年)	2.98
1809(嘉庆十四年)	2.95
1810(嘉庆十五年)	2.63
1811(嘉庆十六年)	2.41
1812(嘉庆十七年)	2.64
1813(嘉庆十八年)	2.61
1814(嘉庆十九年)	2.90
1815(嘉庆二十年)	3.09
1816(嘉庆二十一年)	2.78
1817(嘉庆二十二年)	2.27
1818(嘉庆二十三年)	2.37
1819(嘉庆二十四年)	2.11
1820(嘉庆二十五年)	2.33
1821(道光元年)	2.48
1822(道光二年)	2.49
平均	2.29

2. 谷

19 世纪初期华娄义仓征收官租使用的标准为“一米二谷”（依容量计）。但是这个一米二谷的标准，是官府依照出米率制定的赋税征收折算标准，而非实际的谷价与米价之比。如果谷价与米价之比也是 2∶1 的话，那么碾坊经营所得就只有米糠和谷壳了，其价值连碾米的人工费用都不够。从专业化的碾坊生产的角度来说，米价应当包括碾米所用原料（稻谷）和人工的价值在内；同时，碾坊是牟利性的企业，因此还应包括碾坊主得到的利润。

依照本书第七章中的计算，在清代江南专业化的碾坊中，砻米与舂米合计，1 个人工 1 日可以加工得米 0.75 石，依照 1820 年代的价格合 2,100 文。得米 0.75 石需稻谷 1.5 石，从中可得米糠与谷壳各 25 斤，依照当时的价格[①]，共合 200 文；与米合计共 2,300 文，此即一个工人一日的产值。专业砻米和舂米都是重体力劳动[②]，工人的工资以短工日工资 200 文计，依照本书附录 1 的原料计算公式（$IC_m = 0.79\ GO - W$），则购买稻谷的开支为 1,617 文。得米 0.75 石，需稻谷 1.5 石。据此，则每石稻谷价应为 1,078 文，兹以 1,100 文计，相当于米价的 38.5%（兹以 40%计）。换言之，1

① 米糠每斤 6 文，谷壳 2 文，详见下文。

② 《义乌县粮食志》第 9 章粮油工业：传统的踏碓常以六、七担重的大石臼埋于土中，口略高出地面五寸至近尺。碓齿长约二尺，重亦近担，装在鹅颈形盈丈的碓尾头中。立四碓柱，为各约六尺高、盈尺粗的巨木上设二扶手横档以供托双手，下设宽扁盈尺二踏脚板。前二柱设横轴以支碓尾之颈，每舂，四五壮汉以脚踏碓尾，须一人在臼旁拌捣。因踏舂体力强度大，碎米多而出白率差，往往踏近百捣即气喘背汗，因此民家食米宁粗劣，其标准多低于现行的“九二米”；若欲精白须二百捣，则碎米就更多了。木砻或称树砻，以盈尺巨木箍制而成，片高约一尺有余，随磨损而逐渐减厚。径约一公尺，以其木制，重量甚轻。砻工常自挑两片木砻为用粮坊家加工。一个人操作，右手磨砻，左手以构添谷。以其径大而质轻，往往米粒完整而出货较多。

石稻谷可碾得 0.5 石米，价格为 1,400 文，加上米糠和谷壳共 200 文[①]，合计 1,600 文。除去稻谷自身的价格 1,100 文，尚有 500 文为碾米费用与碾坊利润。

《浦泖农咨》说“今年稻种每斗须三百文”[②]，又说“其米价如今年者，每石以六千结算”[③]。由此来看，似乎谷价与米价之比与上述“一米二谷”的比例相符。但是我们要注意到：首先，如前所述，这里说的“今年”(1834 年)是物价非常不正常的一年，因此这个比例不能代表其他年份的情况；其次，农民购买稻种是在农历三四月，是谷价最高之时，而卖米则在秋收以后，是米价较低之时，因此二者的价格比也不能代表当年其他时期的情况。

3. 米糠与谷壳

碾米的副产品有米糠和谷壳，前者可以作为饲料，而后者不仅可以做燃料[④]，亦可掺入其他饲料一同喂牛。对于农家而言，二者都是不可缺少的。

姜皋说：“米糠近年每斗六七十文”。[⑤] 据满铁在松江县的调查，米糠 1 石约重 50—60 斤(兹以中数 55 斤计)，1.8 石重 1 担[⑥]。1 石米糠的价格，在抗战前为 0.8—1.2 元(兹以中数 1 元计)，而粳米价为 9 元/石[⑦]；亦即 1 石米糠的价格为 1 石大米价格之 1/9，或 1

---

① 见本书第七章和附录 13。

② 《浦泖农咨》(10)。

③ 《浦泖农咨》(35)。

④ 见南满洲铁道株式会社上海事务所：《江蘇省松江県農村実態调查報告書》，第 30 页。

⑤ 《浦泖农咨》(22)。

⑥ 南满洲铁道株式会社上海事务所：《江蘇省松江県農村実態调查報告書》，第 90,184 页。米糠 1 石约 52 斤，又，米糠 12 市斤约合 2 斗。

⑦ 南满洲铁道株式会社上海事务所：《江蘇省松江県農村実態调查報告書》，第 187—194 页。

担(100 斤)米糠的价格(兹以 1.8 元计)为 1 石大米价格的 20%。依此比例计,则 1820 年代华娄米糠价格(常价)应为 310 文/石,或 560 文/担[①]。

谷壳价格不详,兹以米糠价格之 1/3 计,即每担 190 文。

4. 稻草

光绪初,上海法华乡稻柴(即稻草)每担价 120 文,而常白米每石 1,600 文[②];亦即 1 担稻草的价格相当于 7.5 升米的价格。民国二十四年、二十五年和二十六年,金山县的稻柴价格分别为 0.28—0.30 元/担、0.25—0.30 元/担和 0.5 元/担,而米价则为 7.3—9.7 元/石、7.2—9.3 元/石和 10 元/石[③];亦即 1 担稻草的价格分别相当于 3.4 升、3.3 升和 5 升大米的价格。1820 年代华娄的稻草价不详,兹以 1935—1936 年金山的情况计[④],即 1 担稻草的价格相当于 1/3 升米的价格。按照 1820 年代华娄的米价来计算,每担稻草的价格应为 90 文。

三、麦与豆(大豆、蚕豆)

华娄地区的春花作物,主要是麦[⑤]、豆[⑥]和油菜。由于油菜籽价

---

① 《浦泖农咨》(22)说:"米糠近年每斗六七十文。"这应是 1830—1834 年的情况。

② 上海《法华乡志》卷八《遗事》。原作每石银洋 1.9 元,或每斤 14 文钱。兹依钱计,每石 160 斤,每石 1,600 余文。如依照光绪一到十年银—钱比价(1∶1420—1720)和银洋重量(每枚 0.73 两)计,结果亦大体相同。

③ 民国《金山县鉴》第六章《实业》第一节《农业》。民国二十四年价格原为 0.28—0.23 元,误,兹改为 0.30 元。

④ 1937 年日本侵华战争已迫在眉睫,物价可能比过去几年上涨。

⑤ 包括大麦、小麦、元麦。本书中一律以小麦计。

⑥ 包括大豆和蚕豆。

格阙如，同时油菜种植也不多，因此这里仅只考虑麦与豆。

1. 麦

《浦泖农咨》(33)说："收成至好之年，不过一石有余，其价千文而已。"由此可知，在华娄，收成较好的年份 1 石麦价格大约为 1,000 文。1830—1834 年是灾年，因此上述价格应当是 1830 年以前的价格。

据李宗颖《禀赈务大略》，道光三年上海一带"雨水为灾，田庐被淹……。现在散放赈银，并将前报明封储之，囤积米麦一万二千九百余石，除将大小麦五千余石先行拨粜，大麦粜价每升二十文，小麦每斤十八文，俾农民及时布种"①。亦即此时官府为帮助农民抗灾而提供的麦种，价格为每斤 18 文。小麦 1 市石重 140 市斤，因此每石小麦价格应为 2,520 文。不过这是灾年麦种价格，肯定大大高于正常年份的价格。因此这里我们采用《浦泖农咨》中所说的麦价，即 1,000 文/石。依照 1820 年代的银—钱比价，合银 0.83 两/石。

2. 豆

道光初年齐彦槐奉命到上海调查海运，报告说："查上海沙船底册，除小船不计外，其中大中两号沙船，自千石以上至二千石者，不下一千三四百号。"又说："今上海沙船自千石以上至三千石者，约不下一千二三百只。"亦即当时沙船载量，最大约三千石，大号二千石，中号一千石。他又说：大中两号沙船，"载豆一次，豆价总值银五六千两"②。以大号沙船计，每石豆价合银 2.5—3 两；以中号沙船计，合 5—6 两；即使以最大号沙船计，也达 1.7—2 两。如果是

① 同治《上海县志》卷七《田赋下·积储》。

② 齐学裘：《见闻续笔》卷三。

官石,显然不符实情[①]。若是关东石,折算为官石后,平均每官石豆价分别为1—1.2两(大号沙船)、2—2.4两(中号沙船)和0.7—0.8两(最大号沙船)[②]。兹以大号沙船运载的豆价计,即1两/石。但是这是豆货在上海的到岸价格,从上海运送到华娄,再转运到农村市场,零售价格还要增加。

在抗战前的松江县华阳镇,大豆价格为3元/担,糙米价为9元/石[③];亦即1担大豆与1石糙米的价格比为3∶1。而该调查在另外一个地方说大豆价为10元/担,白米为9—10元/石[④];亦即1担大豆与1石白米的比价大致为1∶1。这两个比例相差很大。在毗邻的金山县,1935年和1936年大豆价格分别为4.2—6.4元/担和7.3—9.0元/担,而糙米价格则分别为7.3—9.7元/石和7.2—9.3元/石[⑤];1担大豆与1石糙米的价格比大致为1.6∶1和1∶1[⑥]。

---

① 光绪时关东豆饼至上海,海关价均在银1两上下(参阅足立启二:《大豆粕流通と清代の商業的農業》),而据乾隆时《山海关榷政便览》,150斤豆饼相当于大豆1仓石,因此大豆每仓石价格应在1.5两银左右。据当时人谢占壬说浙江海船"商货价值五六千金,船亦值五六千金"(谢占壬《海运提要》"河海总论"),而在当时造价五六千金的只是中号沙船(见李伯重:《江南的早期工业化(1550—1850年)》,第254页),因此齐氏所说的"大中两号沙船"实际不包括最大号沙船在内,这样,每石豆值即在2.5—6两银之间。

② 齐彦槐说:"关斛一石,合苏斛二石四斗二升。"(齐学裘《见闻续笔》卷三)自己拥有沙船、熟悉海运的崇明举人施彦士则说:"关东一石,当江苏二石五斗。"(施彦士《海运议》)魏源揭露海关税牙作弊,说他们"变为仅倍",企图食污运费(魏源:《复魏制府询海运书》)。他们都是道光五年讨论雇上海沙船运送漕粮时谈到这个问题的,可见众人调查都说明当时沙船使用关东石。当时"上海船商以北行为放空,南行为正载"(包世臣:《海运南漕议》,英和:《筹漕运变通全局疏》),即以运关东货物(即大豆等)为主,因而使用关东量制是不足为怪的。

③ 南满洲铁道株式会社上海事务所:《江蘇省松江県農村実態调查報告書》,第187—194页。

④ 南满洲铁道株式会社上海事务所:《江蘇省松江県農村実態调查報告書》,第29页。

⑤ 民国《金山县鉴》第七章《实业》第1节《农业》。

⑥ 均用中数计算。

1937 年金山县大豆价格为 4 元/石，而糙粳为 10 元/石[①]；换算为担与石，1 担大豆与 1 石糙米的价格比为 3.5∶1[②]。在无锡县，1937 年大豆价格为 5.50 元/石(乡镇)—5.00 元/石(县城)，而二级粳米价格则为 6.00 元/石(乡镇)—6.50 元/石(县城)[③]；二者价格比为 1∶1.2；换算为担与石，1 担大豆与 1 石糙米的价格比为 1.7∶1。简言之，在抗战以前的松江县及其邻近地区，1 担大豆与 1 石大米的价格比约为 1.97∶1[④]，亦即 1 担大豆的价格大致相当于 0.5 石米的价格。兹以此计，则 1823—1829 年华娄的大豆价格应为 1,400 文/担或 1.17 两/担)。1 石大豆重 140 斤(即 1.4 担)，因此价格应为 1,960 文/石(或 1.63 两/石。但是以上述无锡情况(1∶1.2)计，则每石大豆价格为 2,330 文(或 1.94 两)，兹以 2,000 文/石(1.67 两/石)计。

据满铁调查，抗战前松江县华阳镇蚕豆价格为 3 元/担，与大豆相同[⑤]。在本书中，我们将蚕豆视同大豆，合称为豆，价格均为 1,400 文/担，或 1.17 两/担。

四、棉布

关于 1820 年代华娄棉布价格的记载，我们尚未发现。在文献

---

① 民国《金山县鉴》第七章《实业》第 1 节《农业》。

② 大豆 1 担重 100 斤，1 石 140 斤。见陈恒力《补农书研究》，第 25、34 页，曹幸穗：《旧中国苏南农家经济研究》，第 117 页。

③ 南满洲铁道株式会社上海事务所：《江蘇省無锡県農村実態调查報告書》，第 148—150 页，参见曹幸穗：《旧中国苏南农家经济研究》，第 180 页。

④ 用 3∶1、1∶1、1.6∶1、1∶1、3.5∶1、1.7∶1 作平均，得 1.97∶1。

⑤ 南满洲铁道株式会社上海事务所：《江蘇省松江県農村実態调查報告書》，第 187—194 页。

中，有一些关于在1820年代前后华娄及其邻近地区布价的记载，其中主要者有：

1. 据《宫中档乾隆朝奏折》的记载，乾隆三十九年(1774)和四十三年(1778)苏州棉布价格(时价)为每匹0.46两，五十一年(1786)和五十三年(1788)为0.5两[①]。

2. 褚华《木棉谱》：在乾嘉之际，"(上海)木棉布之佳者，每尺未尝过钱五十"[②]，亦即每匹价格近于1,000文。

3. 嘉庆《钦定工部军器则例》卷四四"江苏省物料匠工价值"，收录了官府军器制造所需各种布匹的核定采购价。其中"各色梭布幅宽一尺二寸，每丈今核定银一钱六分；白梭布幅宽一尺二寸，每丈今核定银一钱四分"。松江一匹布长2丈，据此规定，各色梭布的平均价格合每匹0.32两，白梭布的价格合每匹0.28两。但是这是政府采购价，而政府采购价通常低于市价。因此坯布(白梭布)的价格应当比0.28两高一些。

4. 嘉庆间纂、道光间增补的《寒圩小志》："其女勤纺织，匹布可售六七百文，不特贫者借以糊口，即稍有家者，亦资以利用焉"；亦即在嘉道时(道光三年以前)的华亭县寒圩镇(今金山县干巷镇)一带，布价为600—700文/匹[③]，中数650文，合银0.6两[④]。

5. 同治《上海县志》卷三〇《杂记一》："道光二十年庚子，……连日讹传有割小儿肾者，一时皆裹大红肚兜，红布价贵(原注：每尺至六十文)。"亦即每匹价1,200文，据当时的银—钱比价(1∶1,457)，合银0.83两。但是这是人心惶惶之时人们争购作避邪之用的红布价格，肯定大大高于正常布价。

---

① 转引自邓亦兵：《清代前期关税制度研究》第221页。

② 褚华：《木棉谱》，第12页。

③ 杨学渊纂：《寒圩小志》风俗，此志记至道光三年。

④ 银—钱比价以1∶1,100计。

6. 据郑光祖《一斑录》，道光二十九年常熟布价为 250 文/匹，换算为标准土布，每匹 425 文，合 0.18 两[①]。但这也是特殊例子，不足代表正常情况[②]。

此外，张忠民估计今大上海地区（原松江府地区）嘉道时的棉布市价，上等布每匹 0.3—0.4 两，中等布 0.2—0.25 两，下等粗布 0.1—0.15/两[③]。但他未说明史料出处，因此我们不知其所据为何。

迄今为止我所见的唯一一条与 1820 年代最接近的松江府棉布价格的记载，系英国东印度公司职员胡夏米（H. H. Lindsay）所记。1832 年 2 月，胡夏米乘坐“阿美士德号”帆船从澳门沿中国东南沿海地区进行考察。他于当年 6 月 20 日来到上海吴淞口，在上海停留了 18 天。在其日记中，他对上海一带人民的生活做了如下描写：“每户农家都自行整棉、纺纱、织布，所产棉布足供自用，余则入市求售。……上海所产的南京布据说是帝国中质量最为上乘的，每匹价银 3—4 钱不等。”[④]这是一位从事商业的外国专业人员的实地观察，而且其时间与我们所研究的时间相距不远，因此可以作为第一手的证据。据此，每匹棉布的价格大约为 0.3—0.4 两之间。

吴承明搜集了一些五口通商后外国人所记载的布价，其中与华娄关系较为紧密者有以下两条：(1)长 21.5 尺的“南京布”，每匹

---

① 常熟一匹布的面积为 0.83 尺×17 尺，需花絮 12—13 两。而据标准土布每匹重 1.1 斤（关秤），幅阔 1.2 海尺，长 20 海尺（2 丈），重 1 斤（16 两）（见徐新吾主编：《江南土布史》，第 209 页）。因将常熟布换算为标准土布，每匹价为 425 文，其时银—钱比价为 1:2,355，合银 0.18 两。

② 其时米价为 2.20 两/石（Yeh - chien Wang: *Secular Trends of Rice Prices in the Yangtze Delta*, 1632—1935, Table E 1.1）。每匹价 0.18 两，仅相当于 8 升米的价格。除去棉价 280 文，余 145 文为工钱，合银 0.06 两，合米 2.7 升。这样的低价显然不符道光时一般情况。

③ 张忠民：《上海：从开发走向开放，1368—1842》，第 208 页。

④ 胡夏米：《“阿美士德号”1832 年上海之行纪事》。

售 0.4 元[①]。"南京布"实即松江布，0.4 元合银 0.29 两[②]；(2)外销布，系由上海运广州出口，每匹 0.9 元，合 0.49 两[③]。但这些价格资料仍然嫌不足。

比较可靠的价格资料是 19 世纪中后期上海土布出口的价格记录。

表附 4—5　1867—1895 年上海出口土布价格[④]

年份	布价（两/匹）	银价（文/两）	布价（文/匹）	米价（两/斗）	布价（斗米/匹）	花布差价（两）	花布差价（斗米）	花价/布价(%)
1867	0.385	1690	650	0.226	1.70	0.249		65
1870	0.331	1780	589	0.208	1.59	0.207		63
1875	0.387	1660	642	0.207	1.89	0.293	1.415	76
1880	0.322	1440	464	0.228	1.41	0.230	1.009	71
1885	0.368	1720	633	0.208	1.77	0.261	1.255	71
1890	0.368	1530	563	0.242	1.52	0.276	1.141	75
1895	0.368	1250	460	0.247	1.49	0.253	1.024	69

由上表可见，1867—1895 年出口土布价格大致在 0.32—0.42 两/斤之间，平均数 0.36 两。一匹标准土布重量为 1 斤略多，因此上述价格也可视为 1 匹布的价格。如果折算为铜钱，则布价在 460—650 文/匹之间，平均数 572 文。以当时的米价计，则 1 匹布相当于 1.41—1.89 斗米，平均数 1.62 斗。1820 年代华娄 1 匹布

① R.M. Marlin, *China, Political, Commercial and Social*, Vol. 11，转引自姚贤镐：《中国近代对外贸易史料》第 1 卷，第 557、616 页。

② 洋钱每个重七钱三分。

③ 1817—1833 年广州出口南京布 1,923.3 万匹，价值 1,325.4 万元（据 H. B, Morse: *The Chronicles of The East India Company Trading to China*, Vol. III, p. 308－384; Vol. IV, p. 4－370，各表综合）。

④ 出处：徐新吾主编：《江南土布史》，第 94、176，209 页。其中 1867、1870 年米价据 Yeh－chien Wang: "*Secular Trends of Rice Prices in the Yangtze Delta*, 1632—1935", Table E 1.1 中数字补。

之值如以 1.6 斗米计,依照当时米价,应为 450 文。

在清代中期的江南,在一般情况下,一匹重 1 斤的土布,其收购价格相当于 3 斤籽棉(俗称籽花)另加"工资"。3 斤籽棉可榨皮棉(絮花)1 斤许,皮棉 1 斤许又可纺纱 1 斤许,正合 1 匹土布的重量[①]。从上表的统计中也可看到,1867、1870、1875 和 1880 年的 1 斤皮棉的价格,分别为 1 匹布的价格之 35%、37%、25%、29%,以后则愈低[②]。大体而言,在 19 世纪前期与中期,由于纺织无利可图,因此大体上布价的 1/3 是购买原料的开支,余下的 2/3 则是工钱[③]。又,纺织 1 匹布的净收入(即工钱),在 17 世纪后期大约相当于 2.3 斗米,在 18 世纪早期为 1.4 斗,在 18 世纪中后期为 1.9 斗;在 19 世纪前期和中期布价低落时为 1 斗,而在 19 世纪后期为 1.1 斗[④]。1820 年代华娄的净收入以 1 斗计,按照当时的米价,合 280 文,加上花(皮棉)价 150 文,则布价应为 430 文/匹,与上述我们所计算得到的布价(450 文)颇为接近,因此应当是比较符合当时实际情况的。兹即将 1820 年代华娄的布价以每匹 450 文计,依照当时的银—钱比价,合银 0.38 两,与胡米夏的观察颇为一致,因此这里我们采用之。

加工过的棉布(色布)的价格,依照本书第七章中所作的推算,为 765 文/匹,合银 0.64 两。

① 徐新吾主编:《江南土布史》,第 88 页。

② 徐新吾主编:《江南土布史》,第 88、176 页。

③ 此外还有一些其他开支,但数量很小,兹忽略不计。

④ 方行:《论清代前期棉纺织的社会分工》,王廷元:《论明清时期江南棉纺织业的劳动收益及其经营形态》。但是王氏认为 1 匹布要用 3 斤皮棉(净花),不符事实,应依徐新吾的结论,改为 3 斤籽棉(见徐新吾主编:《江南土布史》,第 88、92、176 页)。

五、棉花

光绪初年上海皮棉与籽棉的价差为1∶3.3—3.8[①]，亦即1斤皮棉的价格大约等于3斤多籽棉的价格。在本书中，以1斤皮棉＝3斤籽棉计[②]。

华娄棉纺织业所使用的棉花，来自邻近的上海、奉贤、南汇等县。乾隆十九年（1754），崇明县棉价为每百斤3.3两，三十年（1765）为3.2两[③]。依照当年的银钱比价，大约为每百斤2，800文[④]。

乾隆中后期，上海清风泾一带“棉花最贱，百钱三斤”[⑤]，亦即每担3，000余文。尔后，“我郡东乡以棉花为恒产。嘉道前，每亩得收一二百斤，每斤售钱七八十文”[⑥]。亦即嘉道以前，松江府东部产棉区的棉价已从每担3，000余文上涨到每担7，000—8，000文。光绪四年五月，护理江苏巡抚布政使司勒方锜说：“物产、民风，有不能无今昔之殊者，奉贤地多产棉，道光间棉值昂贵，每担率十数缗，今且不及十之三四也。”[⑦]据此可知，道光时奉贤棉价每担十余千

---

① 徐新吾主编：《江南土布史》，第94页。用3.5/11.45与3.5/13.30求得。

② 参阅徐新吾主编：《江南土布史》，第88页。

③ 转引自邓亦兵：《清代前期关税制度研究》第221页。

④ 乾隆十九年比价为1两∶850文，乾隆三十年为1两∶890文。见林满红：《嘉道钱贱现象产生原因——“钱多钱少”论之商榷》。

⑤ 陈祁：《清风泾竹枝词》，收于顾炳权编：《上海历代竹枝词》，第93—94页。

⑥ 《申报》光绪六年六月二十二日，转引自李文治、章有义编：《中国近代农业史资料》第1辑，第754页

⑦ 光绪《奉贤县志》勒方锜序。

文，而光绪四年下落到大约 4,000—5,000 文/担[①]。因此道光时棉价最为昂贵，达到每斤一百数十文的高位。这一结论，在同治《上海县志》卷三〇《祥异》中也可得到证实。据该志，道光四年春上海"棉花价贵(原注:每斤百四十文)，子尤贵(原注:每斤五十文，有种客花子者，青梗尚有收，紫梗全不结铃)"。道光四年上海棉价为 140 文/斤，与上面从勒方锜所言推求得到的奉贤棉价相近，可见当时松江府棉产区棉价大约为 140 文/斤[②]。

由上面的记载也可见，在整个 19 世纪，松江府的棉价以道光时期为最昂。道光时棉贵，首先是因为道光三年的大灾，但更严重的是道光九年以后阴雨不断，特别是道光十三年夏秋间霪雨。该年上海县木棉歉收，"每亩约一二十斤，乡民忽起捉落花，结队至田，主不能禁，有采铃子用火烘者"[③]。姜皋在道光十四年也说得很清楚:"棉花地荒歉者及今四年矣。棉本既贵，纺织无赢，只好坐食，故今岁之荒，竟无生路也。"[④]方行则指出道光时棉价上涨致使纺织无利可图，应是道光九年以后情况[⑤]。因此，1820 年代华娄虽然棉贵，但远未达到 1829 年以后的水平。

那么，1820 年代华娄的棉价是多少呢？如前所言，此时纺织一匹布所需的皮棉价为 150 文/斤，而道光四年的上海棉价为 140 文/斤，二者相差不大。上海棉花运到华娄，价格会比在上海本地高一些。因此这里以 150 文/斤计。籽棉价格，依照上面所谈到的光绪前期的情况，应为 50 文/斤。

---

① 前述每担十数缗以 13,000 文计;"今且不及十之三四"，如以 35% 计，则为 4,550 文。

② 以上所说的棉价都是皮棉价。

③ 同治《上海县志》卷三〇《祥异》。

④ 《浦泖农咨》(38)。

⑤ 方行:《论清代前期棉纺织的社会分工》。

六、盐

在清代，盐是政府专卖商品，盐价处于国家的控制之下。但是由于私盐盛行，因此盐价也就有官私两种价格。

史籍中关于19世纪初期江南的盐价的记载很少，比较明确的是嘉庆十一年正月初十日闽浙总督玉德、浙江巡抚清安泰奏："乾隆五十九年户部行令开报盐价，经前任盐臣全德查核成本，每盐一斤卖银自一分六厘至二分二厘不等；……(乾隆)六十年前运司秦震钧因银贵钱贱，每银一两换钱一千四五百文；……定盐价，以银易钱时价，每斤卖钱二十四文至三十五文不等。"据此，嘉庆中期江南官盐价每斤24—35文，中数为30文。

关于私盐价，嘉庆九年五月十一日两浙盐政延丰奏："(浙江)其行盐地方(有)正引、票引及帑地之分。票引中有肩贩挑销者为肩票，有商人设店住卖者为住票，又有肩住兼销者，均系附近场灶，成本较轻，卖价亦贱，如仁和等一十九县，每斤卖钱五六文至十八文不等"，"至帑盐地方，向因私盐充斥，官引不销，历经官为开辟整顿，准其减输课额，商人领帑运盐，成本卖价亦比正地轻减，如靖江等二十五县，每斤卖钱七八文至十八文不等"①。据此，长江南北产地盐价在每斤五六文至十八文、七八文至十八文之间，中数大约12文。又，嘉庆二十一年正月二十九日刑部尚书崇禄奏："江苏苏州府昭文县，周发大等五人知通州盐贱，起意合伙贩私，收买二千余斤，共出洋钱三十五元，雇船一千文，雇人二百文。"②当年银—钱比价为1∶1,177,1银元重0.73两，故35元合30,072文。据此，每

① 《朱批奏折》财政类盐务项。

② 《刑科题本》违禁类。

斤盐合 11.6 文。此系江南盐贱时南通私盐之价,运到苏州后会高一些。

从以上两条可见,嘉庆时期江南盐价大约为每斤 12 文或者略多。在华娄附近的嘉定县,光绪初年盐价也为每斤十数文[①],与嘉庆时盐价相差不多。这些都是私盐价。

道光时代松江府地区的盐价,张忠民据《淞南乐府》和《盘龙镇志》中的记载,估计即使盐场贩出,每担在铜钱千文上下,而店铺售价每担高达 2,600—3,000 文,就是私盐也要卖到 2,000 文一担[②]。据此,若以私盐计,每斤约为 20 文;以店铺售价(官盐价)计,则每斤约为 28 文(中数)。松江盐主要是本地消费,由于私盐易得,故本书中以私盐价计,即每斤 20 文。

七、酒

据满铁调查,抗战前松江县华阳镇民和近乡乡民所消费的酒主要为烧酒[③]。因此我们在讨论华娄的酒消费时,均以烧酒计。

我们尚未发现关于 1820 年代华娄的酒价的记载。这里只能从此前与此后华娄与江南其他地方的酒价来进行推算。

1. 乾隆初年苏州一带,"每粳米一石得酒八十余斤,约卖银二两四五钱"[④]。据此,烧酒价约为每百斤 3 两。按照乾隆五年的

---

① 民国《嘉定县续志》卷五《风土志·风俗》。

② 张忠民:《上海:从开发走向开放,1368—1842》,第 209 页。

③ 烧酒占酒消费总量的 80%,黄酒不到酒消费总量的 20%。见南满洲铁道株式会社上海事务所:《江蘇省松江県農村実態调查報告書》,第 29 页。

④ 乾隆五年闰六月十一日,江苏巡抚张渠:《奏请严米烧之禁以裕民食事》。

银—钱比价(1∶830)[①],烧酒价合2,500文/石,即每斤25文[②]。按照当时的米价[③],每担烧酒的价格相当于2.5石米的价格。

2. 在嘉定县,"光绪中叶以后,……酒价最廉时,……烧酒每斤四十余文。光绪二十年后,……烧酒一斤由百文增至二百文弱。宣统时,又稍昂贵,而酒愈劣矣"[④]。亦即光绪中叶以后(应即光绪十七至十九年)酒价最廉时,1担烧酒的价格大约相当于1.4石米的价格[⑤]。光绪二十年以后,烧酒价由10,000文/担增至20,000文/担,依照光绪二十一年的银—钱比价和米价[⑥],分别合米4.0石和7.9石。其中,光绪中叶以前的数字(1担烧酒价格相当于1.4石米的价格)与乾隆和民国时代的酒价颇为接近,而光绪二十年以后和宣统时的酒价(1担酒的价格相当于3.6石和7.2石)则高得过分,与其他记载中的酒价差别过大。因此光绪中叶以前的数字较为可靠。

3. 民国二十四年金山县烧酒价为11.0—12.8元/市担,米价为7.3—9.7元/市石;民国二十五年烧酒价11.0—13.5元/市担,米价7.2—9.3元/市石[⑦];亦即1担烧酒的价格分别相当于1.3石及1.5石米的价格。

---

① 林满红:《嘉道钱贱现象产生原因——"钱多钱少"论之商榷》。

② 酒1石重100斤,也就是1担。

③ 乾隆五年米价为1.2两/石。见Yeh-chien Wang:"Secular Trends of Rice Prices in the Yangtze Delta, 1632—1935",Table E 1.1。

④ 民国《嘉定县续志》卷五《风俗》。

⑤ 文中所说"光绪中叶以后,以光绪十六至二十年(1890—1894)计。这个时期上海的银—钱比价,以1890年比价(1∶1,530)和1895年比价(1∶1,250)之中数(1∶1,390)计(见本书附录3之表附3-6)。米价为2两/石(见Yeh-chien Wang:"Secular Trends of Rice Prices in the Yangtze Delta, 1632—1935",Table E 1.1)。

⑥ 光绪二十一年(1895年)上海的银—钱比价为1:1250,见本书附录3之表附3—6。米价为2.02两/石,见Yeh-chien Wang:"Secular Trends of Rice Prices in the Yangtze Delta, 1632—1935",Table E 1.1。

⑦ 民国《金山县鉴》第六章《实业》第一节《农业》。

4. 据满铁调查，抗战前松江县华阳镇的烧酒价格为 0.20 元/斤，大米价为 9 元/石[①]，亦即 1 担烧酒的价格相当于 2.2 石的价格。

简言之，每担烧酒的价格，在乾隆初年的苏州相当于 2.5 石米的价格，在光绪中叶（光绪十六至二十年）的嘉定县相当于 1.4 石米的价格，在光绪后期和宣统时的嘉定县分别相当于米 4.0 石和 7.9 石米的价格，在 1936—1937 年的金山县和松江县则分别相当于 1.4 和 2.2 石米的价格。大体而言，在比较正常的时期，1 担烧酒的价格，大约相当于 2 石米的价格。因此在本书中，1820 年代华娄酒价以 1 石（担）酒相当于 2 石米计。依照当时米价，酒价应为每石（担）5,600 文，亦即每斤 56 文。

八、油与油饼

油与油饼是榨油业的主要产品。1820 年代华娄油与饼的价格的记载甚少，仅有豆饼价见于《浦泖农咨》。因此我们只能依据近代调查的材料进行推求。

姜皋说："（豆）饼总以二千钱一担为率，甲午年（道光十四年，1834 年）二千四百文一担"[②]；"（近来）豆饼每斤二十余文，豆渣每斤四五文"[③]。据此，在一般年份，豆饼价格为 2,000 文/担；1834 年的价格则高于此数。兹以 2,000 文/担计。

据满铁调查，在抗战前的松江县华阳镇的油坊经营中，大豆每担 10 元，棉籽 3 元，比价为 1 ∶ 0.3（1939、1940 年亦然）；豆油每斤

---

① 南满洲铁道株式会社上海事务所：《江蘇省松江県農村実態调查報告書》，第 31 页。又，米价为 9 元/石（华阳镇），7—8 元/石（县城）（上引《江蘇省松江県農村実態调查報告書》，第 187—194 页），兹以 9 元计。

② 《浦泖农咨》（21）。

③ 《浦泖农咨》（22）。

0.5 元，棉籽油 0.3 元，比价为 1∶0.6；豆饼每斤 0.15 元，棉籽饼 0.05 元，比价为 1∶0.3(1939 年亦然)[①]。在 1820 年代的华娄，大豆每担价为 1,400 文，豆饼每担 2,000 文[②]，则棉籽价应为 420 文/担，棉籽饼 600 文/担。在满铁调查中，豆油、棉籽油斤价分别为豆饼斤价的 3.6 倍和 2.1 倍。据此 1820 年代华娄的豆油价应为 72 文/斤(每担 7,200 文)，棉籽油价为 42 文/斤(每担 4,200 文)。

九、肥料

华娄地区所使用的肥料主要是饼肥、绿肥和粪肥三大类。饼肥(豆饼、棉籽饼)的价格已见前述，兹仅讨论绿肥与粪肥。我曾根据肥料的含氮量，将绿肥与粪肥进行折算，所采用的标准为 1 担粪肥 = 1 担绿肥[③]。由于绿肥与粪肥的单位肥力大致相当，又都是农家自产，因此这里将二者视为同价。下面，我们看看 1 担粪肥的价格是多少。

在华娄农村使用的各种粪肥中，使用量最大的是猪粪，据《浦泖农咨》记，“猪践于夏月尤贵，十担须洋钱一元”[④]。银洋 1 元重

---

① 南满洲铁道株式会社上海事务所:《江蘇省松江県農村実態调查報告書》，第 29 页。

② 据此，每担豆饼的价格相当于 2/3 石大米的价格或者 1.3 石大豆的价格，似乎过高。据满铁调查，抗战前华阳镇大豆价为 3 元/石，粳米价为 9 元/石。换言之，豆饼每担 15 元，相当于 5 石大豆或者 2 石米的价格。但是在该调查也说在华阳镇，豆饼每担 15 元，大豆价格 10 元/担，米价为 9—10 元/石(见上引《江蘇省松江県農村実態调查報告書》，第 29、187—188 页)，亦即 1 担豆饼的价格相当于 1.5 石米或大豆的价格。虽然这些比价之间以及它们与 1820 年代的比价之间差异很大，但可以肯定的是，豆饼价格比米或者大豆的价格要高。

③ 见本书附录 2。

④ 《浦泖农咨》(21)。

0.73 两，依照 1820 年代华娄的银—钱比价（1∶1,200），合钱 880 文。在此将 1 担猪践价格以 90 文计。其他种类的粪肥以及绿肥的价格，也都以此计，即每担 90 文。

对于绿肥，我们还要谈谈草籽的价格问题。

在华娄，绿肥基本上是紫云英（花草）。农民种植花草，其种子（草子，草籽）需要购买。在 1823—1834 年的华娄，“草子价每斗六七百文至三四百文不等，每亩撒子四五升”[①]。兹以“六七百文至三四百文”的中数 500 文/斗计，按照当时米价，1 石草籽的价格相当于 1.8 石米的价格。在与华娄毗邻的金山县，1935 年的草籽价格为约 10—20 元/担，而糙米为 7.3—9.7 元/石；1936 年的草籽价格为约 12—25 元/担，而糙米为 7.2—9.3 元/石[②]。亦即 1935 年和 1936 年 1 石草籽价格分别相当于 1.8 石和 2.2 石米。可见，从 19 世纪初期到 20 世纪中期，松江府东部地区 1 石草籽与 1 石米的比价大体在 1∶2 上下而以 1∶2 居多。在此，依《浦泖农咨》的记载，将草籽价格以 500 文/斗计，肯定不会高估。

十、肉、蛋、鱼虾

华娄人民的动物性食物来源主要是猪肉、禽肉与鱼虾，同时禽蛋也具有重要地位。

1. 猪肉

姜皋说：“忙工之时，一工日食米几二升，肉半斤，小菜、烟酒三

① 《浦泖农咨》(20)。

② 民国《金山县鉴》第七章《实业》第 1 节《农业》。

十文，工钱五十文，日须二百文。”[①]据此，忙工每日总工资为 200 文，除去工钱(50 文)及小菜、烟酒(30 文)共 80 文外，余下的 120 文为米与肉的价值。米价以 3,000 文/石计(常价)，米 2 升合 60 文，余下的 60 文即为半斤肉的价钱，故 1 斤肉的价格应为 120 文。

康熙时江阴米价为 700 文/石，肉价 30 文/斤[②]；1 斤肉的价格相当于 4.3 升米的价格。光绪初年苏州米价 1,800 文/石，肉价 90 文/斤[③]；1 斤肉合 5 升米。光绪十六年(1890 年)前后上海米价 1,200文/石，肉价 56 文/斤[④]；1 斤肉合 4.7 升米。1937 年金山县糙粳价约 10 元/石，猪肉约 0.27—0.28 元/斤[⑤]；1 斤肉合 2.8 升米。抗战前松江县华阳镇，猪肉价 0.15 元/斤，粳米 9 元/石[⑥]；亦即 1 斤肉合 1.7 升米。1820 年代华娄肉价如以 120 文计，而米价以2,800 文计，则 1 斤肉合 4 升米，略低于康熙时江阴或光绪十六年上海的比价，而高于 1937 年金山县与华阳镇的比价，应当是符合实际的。因此在本书中，即以每斤 120 文计。

2. 禽肉与鱼虾

在满铁调查中，各种肉类的价格为：

---

① 《浦泖农咨》(33)。

② 道光《江阴县志》卷八《祥异》。

③ 陶煦：《租核》“量出入”条：肉价为“斤纳钱九十(贵或百余，贱八十)。米石一千八百(准今岁米价)”。

④ 胡祥翰编：《上海小志》卷六《生活》。

⑤ 民国《金山县鉴》第七章《实业》。

⑥ 南满洲铁道株式会社上海事务所：《江蘇省松江県農村実態调查報告書》，第 193,187—194 页。

表附 4—6 满铁调查中的肉类价格[①]

种类	县份	县内地点	时间	价格(元/斤)
猪肉	松江	华阳镇	七七事变前	0.15
	常熟,无锡	乡镇		0.20
	常熟,无锡	县城		0.25－0.50
鸡肉	无锡	乡镇		0.20
	无锡	县城		0.30
鱼肉	常熟	乡镇		0.10
	常熟	县城		0.25

由此可见,鸡肉与猪肉价格大致相等,而鱼肉价格大约为鸡肉与猪肉价格的50～75%。但是在1937年金山县,鱼虾的相对价格要高一些:

表附 4—7 1937 年金山县肉、鱼虾价格[②]

品名	单位	价格	价格比(以猪肉为基准)
猪肉	斤	约0.27－0.28元	100
鱼	斤	约0.2元	73
河虾	斤	约0.25元	91

在本书中,各种肉类(猪肉、禽肉、牛肉)均以猪肉计,而鱼虾价以猪肉价之75%计。据此,1820年代华娄肉价为120文/斤,则鱼虾价应为90文/斤。

① 南满洲铁道株式会社上海事务所:《江蘇省松江県農村実態调查報告書》,第192—194页;《江蘇省無锡県農村実態调查報告書》,第148—150页;《江蘇省常熟県農村実態调查報告書》,第106—109页。

② 出处:民国《金山县鉴》第七章《实业》第1节《农业》。

3. 蛋

在清初嘉兴农村,"雌鸡生蛋十余枚,可当一斤(鸡肉)之值"[①]。在光绪十六年的上海,鸡蛋价格为4文/个,鸭蛋为6文/个,肉为56文/斤[②]。即1斤肉的价格等于14个鸡蛋或9个鸭蛋的价格;鸡鸭蛋合计,1斤肉的价格大约等于11个蛋的价格[③]。据满铁调查,在抗战前的松江县华阳镇,猪肉价为0.15元/斤,而鸡鸭蛋价均为0.02元/个[④];即1斤猪肉的价格相当于7.5个鸡鸭蛋的价格。又,现在的鸡蛋一般每个重约60—70克,而以前的土鸡蛋的个头较小,每个重约40—50克。19世纪初期华娄养的鸡都是土鸡,所产之蛋重量以40—50克计,则1市斤大约有10—12.5个蛋。这里以中数11个计。据此,1斤鸡蛋的价钱与1斤肉的价钱相近。因此在本书中,1823—1829年的华娄蛋价同于肉价,为120文/斤。

十一、家畜与家禽(活体)

华娄的家畜主要是牛和猪,家禽则主要是鸡和鸭。

---

① 陈恒力:《补农书校释》,第91页。

② 胡祥翰编:《上海小志》卷六《生活》。

③ 56文/(4+6文)/2=11个。

④ 南满洲铁道株式会社上海事务所:《江蘇省松江県農村実態调查報告書》,第193页。又,满铁调查人员对一个存在的调查还表明:成年母鸡一年产卵平均38个,最多者50个,40个者最多。农民卖鸡蛋以获得现金购置其他副食品。本村年产鸡蛋5,250个,价400元。据此,鸡蛋价格为平均7.6分/个。见上引《江蘇省松江県農村実態调查報告書》,第150—151页。

1. 牛

耕牛的价格,《浦泖农咨》有记载:"耕牛用水牛、黄牛二种,价亦不甚悬殊。其最上者须四十余千,递减至七八千而止。现在通用者,大率二十千左右而已。"[①]据此,当时的普通耕牛一头价值20,000文,按照1820年代的平均米价(2,800文/石),约合7.1石米。而据满铁调查,抗战前松江县的牛价为:

表附4—8 1937年松江县牛价(元/头)[②]

	上等成牛	普通成牛	老牛	幼牛
水牛	120-130	60	40	40
黄牛	100	50	30	10-20

抗战前松江一头普通耕牛价60元,按照当时米价(9元/石)[③],约合6.7石米,与《浦泖农咨》的牛米比价相近。同时,表7中上等成牛与普通成牛的价格差别均为2∶1,与《浦泖农咨》中的相应价格差别相比,相差也不大。因此可见,各种牛的相对价格,在19世纪初期和20世纪中期的华娄基本一致。在此处的讨论中,1820年代华娄的普通耕牛价格,以20,000文/头计。幼牛及老牛价格,则以成牛价格的2/3计,即13,300文/头。

2. 猪

由于《浦泖农咨》及其他19世纪初期华娄文献中没有猪价,因此我们只能从猪价与牛价之比来推算。

---

① 《浦泖农咨》(24)。

② 出处:南满洲铁道株式会社上海事务所:《江蘇省松江県農村実態调查報告書》,第141—142页。

③ 南满洲铁道株式会社上海事务所:《江蘇省松江県農村実態调查報告書》,第187—194页。

据《海宁州志稿》，宣统元年海宁猪价为牛价之40%①。而据满铁调查，抗战前猪价以及与牛价之比为（表附4－9）：

表附4—9　抗战前松江县猪价与与牛价之比（元/头）②

水牛	上等成牛	普通成牛	幼牛
	120－130	60	40
猪	大猪（重200斤）	中猪（重100斤）	小猪（重20－30斤）
	30	15	3
猪/牛	0.24	0.25	0.075

从上表可见，若以上等成牛对大猪、普通成牛对中猪计，猪价均为牛价的1/4。兹以此计，华娄普通牛价为20,000文，则猪价为5,000文。

又，据上表，幼牛、普通成牛和上等成牛的价格比为1∶1.5∶3.1；而小猪和中猪、大猪的价格比为1∶5∶10。据此，幼牛与成牛的价格比为1∶1.5，猪仔和肉猪的价格比以1∶7.5（中猪、大猪价格之中数）。使用这个比例，即可得到1820年代华娄牛、猪价格（表附4－10）：

表附4—10　1820年代华娄牛、猪价格

种类		已知价格（文/头）	大小畜价格比	推求价格（文/头）
牛	大牛	20,000	100	20,000
	小牛		67	13,000
猪	肉猪	8,000	100	8,000
	猪崽		13	1,000

①　光绪《海宁州志稿》卷一一《物产》。

②　南满洲铁道株式会社上海事务所：《江蘇省松江県農村実態调查報告書》，第141—142页。

3. 家禽

文献中没有1820年代华娄家禽价格的记载，因此也只能根据后来的记载推求。

在清末的海宁州，家畜和家禽价格及其比价如下：

表附4—11 宣统元年海宁州家畜、家禽价格[①]

种类	平均价格(元/头或只)	价格比(以猪价为基准)
牛	30	250
猪	12	100
鸡	0.2－0.3	2

据满铁调查，抗战前无锡、太仓县平均价格为猪每头45元，鸡鸭每只1元[②]。据此，猪与鸡鸭的价格比为：

表附4—12 抗战前无锡、太仓县家畜、家禽价格

种类	价格(元/头或只)	价格比(%)
猪	45	100
鸡鸭	1	2

把上述两表相对照，可知一只鸡的价格大约为一头猪的价格的1～2%，兹依抗战前无锡、太仓县的比价，以1%计。

依照上述有关比价，使用1820年代华娄的牛价，即可得出有关的猪、鸡价：

① 出处：光绪《海宁州志稿》卷一一《物产》。

② 南满洲铁道株式会社上海事务所：《江蘇省無锡県農村実態调查報告書》，第86页；《江蘇省太倉県農村実態调查報告書》，第81页。参阅曹幸穗：《旧中国苏南农家经济研究》，第149页。

表附 4—13　1820 年代华娄家畜、家禽价格

种类	已知价格(文/只)	不同畜禽价格比(以猪价为基准)	推求的价格(文/只)
牛	20,000	250	20,000
猪		100	8,000
鸡		2	160

最后,我们可以把上面所得的 1820 年代华娄地区的物价,汇编为下表:

表附 4—14　1820 年代华娄物价

商品种类	单位	钱(文)	银(两)
田地(田底)	亩	15,600	13
粮食作物			
米	石	2,800	2.33
稻谷	石	1,100	0.92
麦	石	1,000	0.83
豆	石	2,000	1.67
豆	担	1,400	1.17
水稻副产品			
米糠	石	310	0.26
米糠	担	560	0.47
稻草	担	90	0.08
谷壳	担	190	0.16
棉布、棉花及副产品			

续表

皮棉	担	15,000	12.50
籽棉	担	5,000	4.17
棉籽	担	420	0.35
棉籽油	担	4,200	3.50
棉布(坯布)	匹	450	0.38
加工棉布(色布)	匹	765	0.64
食品			
肉类	担	12,000	10.00
鱼虾	担	9,000	7.50
蛋类	担	12,000	10.00
盐	担	2,000	1.67
酒	担(石)	5,600	4.67
豆油	担	7,200	6.00
肥料			
花草	担	90	0.08
草籽	斗	500	0.42
豆饼	担	2,000	1.67
棉籽饼	担	600	0.50
厩肥	担	90	0.08
家畜			
牛(大牛)	头	20,000	16.67
牛(小牛)	头	13,000	10.83
猪(肉猪)	头	8,000	6.67
猪(猪崽)	头	1,000	0.83
鸡鸭	只	160	0.13

此外,《浦泖农咨》里还有农具的价格。不过,为了方便讨论,我们把农具价格的问题放到本书附录 6 中,与农具的其他问题一

并进行分析。

附录5　城市化

华娄所在的江南地区是中国城市化水平最高的地区之一。但是在以往的研究中,却被严重低估[①]。这种看法受到越来越多的质疑[②],但是能够使人信服的研究仍然不多。因此在此有必要作一专门的探讨。

本书中所说的城市,包括两个部分,一是"城",即松江府城(简称府城),另一则是"镇",即华、娄二县管辖范围内的大小市镇。因此之故,这些城与镇也合称"城镇"。府城是松江府和华亭、娄县三个行政单位的治所共同所在的城市,在19世纪中期上海兴起以前,一直是松江府地区政治、经济和文化的中心。华娄二县管辖范围内的市镇,在19世纪初期总数为32个[③]。这里依照我过去为江

① 以往学界对江南所在地区的城市化水平做过一些讨论,例如饶济凡(Gilbert Rozman)估计清初江苏省城市人口在总人口中的比重约为7%(Gilbert Rozman:*Urban Networks in Ch'ing China and Togukawa Japan*, pp. 218, 273);施坚雅(G. William Skinner)估计1843年在"长江下游巨区"(Lower Yangzi macroregion)的330个"中心地点"(central places),城市人口约占7.4%(G. William Skinner:Regional Urbanization in Nineteenth Century China)。

② 例如刘石吉和刘翠溶都认为饶氏和施氏的估计可能过低。见刘石吉:《明清时代江南地区市镇之数量分析》;刘翠溶:《明清长江下游地区都市化之发展与人口特征》。

③ 据樊树志的统计,华亭县有18镇,娄县有14镇,合计32镇,系乾隆时情况(见樊树志:《明清江南市镇探微》,第94—95页)。范毅军统计了1723—1861年间华娄地区的市镇,数目也一样,为32个(不计府城)(见范毅军:《明中叶以来江南市镇的成长趋势与扩张性质》)。

南城市所下的定义[①]，将市镇人口均归入城市人口。据此，华娄的城市人口包括两个部分，即府城人口和市镇人口。居住在府城与市镇的居民，不论从事何种职业，均视为城市（或城镇）人口[②]。

徐新吾对1860年松江府地区“城镇及非农业人口”在总人口中所占的比例进行了估计，大约为15%[③]，但是他并未说明做此估计的依据。又，1860年江南处于太平天国战争后期，城镇人口损失惨重，华娄地区尤甚[④]，因此这个比例肯定低于1820年代的相应比例。虽然未有人对19世纪前期华娄地区乃至松江府地区城市化水平进行过研究，但是也有几位学者对松江府城和市镇的人口进行过一些估计。下面，先看看前人的估计。

---

① 我曾就明清江南的城市问题做过专门的讨论，指出凡是被称为“市”或“镇”的居民点以及各级城市，都应视为城市。基本理由是：首先，就一般情况而言，在明清江南，被称为“市”或“镇”的居民点的居民人数，比起被称为“村”的居民点的居民人数要多；其次，在“市”或“镇”的居民，从事工商业人口的比重通常超过从事农业人口的比重；第三，虽然有相当数量的“市”或“镇”的居民部分地或完全地从事农业，但是同时也有不少家住附近农村的居民在这些“市”或“镇”里进行日常性的工商业活动。虽然二者的数量不详，但至少可以部分相互抵消。见李伯重：《工业发展与城市变化：明中叶至清中叶的苏州》。

② 有的学者可能会质疑这种做法，因为在一些市镇（特别是小市镇）上，有相当一部分居民从事农业劳动。但是这里要强调的是：在人口密集、交通便利，同时农村工商业发达的地方，毗邻的几个大村子往往把许多工商业活动集中到一个位置适中的小市镇上，因此有相当数量的从事工商业的人口，尽管家住农村，但其活动却主要在市镇上进行。在此情况下，这个市镇中工商业的实际就业人口可能超过其居民的数量。同时，明清（特别是清）江南城镇里有很大数量的外来工匠、商人。他们是侨居江南城镇的“常住人口”，但却并未计入当地户籍。因此如果把上述情况考虑在内，清代华娄地区真正的城市居民，肯定比户籍统计中显示的要多得多。

③ 徐新吾主编：《江南土布史》，第211—212页。江苏省的相应比例为的10%。

④ 详见本书第十三章。

1. 府城人口

曹树基估计苏南府城及大市镇人口约 5 万，中心城市 15—85 万[①]。松江府城属于他所说的"苏南府城"，因此人口当在 5 万左右。张忠民认为鸦片战争前夕松江府内的一级城市为上海县城和松江府城，有户 2—3 万，口 10—15 万，二者合计 25 万人；其中上海县城人口至少在 12 万以上，为松江府地区最大的工商业城市和经济中心[②]。据此，松江府城人口应在 12 万左右。但是这两位学者都未提出证据以支持其估计，而且这些估计差别甚大，难知孰是。

迄今我们可以见到的唯一一条关于 19 世纪中期松江府城人口的记载，是英国人福钦（Robert Fortune）在 1840 年代所作的估计，即上海人口为 27 万，松江、嘉定、常熟、嘉兴、湖州、无锡的人口都与上海相等[③]。白吉尔（Marie Claire Bergere）也估计上海城市人口为 20—30 万[④]。福钦的估计虽然无其他证据支持，但这是时人目击的印象。熊月之、马学强也估计鸦片战争前上海县城为 20 多万[⑤]。松江府城人口与上海相若，应当也在 20 万以上。由此而言，即使福钦所说的 27 万有所夸大，但是此时松江府城人口众多，大大超过曹氏与张氏的估计，是可以肯定的。

2. 市镇人口

清代华娄属下各市镇的人口稠密。枫泾镇在康熙时，"商贾骈

---

① 曹树基：《中国移民史》，第 6 卷，第 755—756 页。

② 张忠民：《上海：从开发走向开放，1368—1842》，第 347，374，483 页。

③ 墨菲：《上海——现代中国的钥匙》，第 82 页。

④ 白吉尔：《上海史：走向现代之路》，第 13 页。

⑤ 熊月之：《上海人一百年》，马学强：《近代上海成长中的"江南因素"》。

集，增厦数千间”[①]；“本镇物阜民殷，巨贾辐辏，称邑都会”[②]。乾隆时“镇人科第相继，商贩旅集，至今称蕃庶焉”[③]。后来虽然经历了太平天国战争的破坏，当到了光绪时，依然是“地为水陆所凑，商贾骈集”，“市廛辐辏，烟户繁盛”[④]。值得注意的是，由于工商业发达，本地劳力供不应求，因此在清代前中期有大量外地劳工在此工作[⑤]。同样地，在另一大镇七宝镇，因商业繁忙，清初出现了大量脚夫，形成一股社会势力，危害地方[⑥]。这些市镇上人口之众，自不待言。

一些学者对华娄地区个别市镇的人口做过讨论，但总体的情况，仅有张忠民与范毅军在其对松江府市镇的分析中做过估计。

范毅军将明中叶以来所有见诸于苏、松、太地区的市镇，按规模大小划分成四个等级：

第一级：凡史料中曾明白记载一个镇有二三百户人家或人口数在 1500 以下者；

第二级：凡是有户四五百或人口在 2500 以下者；

第三级：无论是户数或人口数都在第二类之上者；

第四级：县治（一些也属府、州治）所在，不论其人口或家户数多少，一律归为第四级[⑦]。

---

① 康熙《松江府志》卷一七《市镇》。

② 康熙《嘉善县志》卷二《乡镇》。

③ 乾隆《娄县志》卷三《疆域·村镇》。

④ 光绪《枫泾小志》卷首，沈祥龙：《重辑枫泾小志序》，江峰：《枫泾小志序》。

⑤ 本书第三章中已谈到，枫泾镇在康熙初年，“里中多布局，局中多雇染匠、砑匠，皆江宁人，往来成群”。这些工人人数多，成为一股强大的势力。史称他们“扰害闾里，民受其累，积愤不可遏，纠众敛巨资，闭里门小栅，设计愤杀，死者数百人”。仅在冲突中被杀者就达数百人，可见外来劳工数量之多。

⑥ 康熙二十二年二月《奉宪严禁脚夫霸模扰民碑》，收于道光《蒲西小志》卷四《碑记》。

⑦ 范毅军：《明中叶以来江南市镇的成长趋势与扩张性质》。

依照范氏的统计，在1723—1861年间华娄地区有32个市镇(不计府城)，4个第三级市镇(泗泾、莘庄、枫泾、叶谢)，4个第二级市镇和24个第一级市镇[①]。

张忠民把松江府地区的市镇作了如下分类，并提出了各类市镇的居民数量标准[②]：

一级中心镇：可达万户(兹以10,000户计)

二级中心镇：1,000—2,000户，大部分为千户上下(兹以中数1,500户计)

三级中心镇：300—500户(兹以中数400户计)

四级中等镇：100—200户(兹以中数150户计)

五级小镇：30—50户(兹以中数40户计)

六级小市：形同村落，兹不以市镇计

华娄地区的32个市镇，其中七宝[③]、枫泾[④]、张泽[⑤]、叶谢[⑥]、泗泾[⑦]等镇，都是江南巨镇[⑧]。此外尚有张堰(张泾堰)镇[⑨]、亭林镇[⑩]、莘庄镇[⑪]，也都是大镇。依照张氏的分类，华娄的32个镇中，计有二级镇3个，三级镇5个，四级镇6个，五级镇18个。再依照张氏

---

① 范毅军：《明中叶以来江南市镇的成长趋势与扩张性质》。

② 以下见张忠民：《上海：从开发走向开放，1368—1842》，第376页，表7-11。兹均以中数计。

③ 张氏列为二级镇，见张忠民：《上海：从开发走向开放，1368—1842》(下同)，附表六，编号26。

④ 张氏列为二级镇，编号29。

⑤ 张氏列为三级镇，编号285。

⑥ 张氏列为三级镇，编号66。

⑦ 张氏列为三级镇，编号68。

⑧ 张忠民：《上海：从开发走向开放，1368—1842》，第349页。其中的七宝镇，号称"郡东第一镇"，娄县的县丞署也设于此。

⑨ 张氏列为二级镇，编号20。

⑩ 张氏列为三级镇，编号23。

⑪ 张氏列为三级镇，编号95。

关于松江府各类市镇人口的标准计算，华娄 32 镇共有 8,120 户，每户人口以 4.5 人计，共有 36,540 人，即大约有 3.7 万人。

与张氏的标准相比，可知范氏的第一级市镇相当于张氏的第四级市镇，范氏的第三级市镇相当于张氏的第三级市镇，而范氏的第四级市镇相当于张氏的第一和第二级市镇。

由于张氏的划分更为细致，因此本书在进行讨论时，主要参考张氏标准。但是张氏关于四级和五级镇户口数的估计可能过低。樊树志指出：一般而言，市的居民大多在一百户至三百户之间；镇的居民明显的多于市，一般在一千户以上，大的镇可达万户左右①。事实上，江南大村也可以达到百户以上，只有居民数十户的其实只是“村市”而已②。华娄的市镇全部是镇，因此可排除此类村市。因此张氏的估数可能低估了中小镇的人口。

那么，1820 年代华娄地区的城市人口应当有多少呢？下面是我的估计。

1. 府城人口

如前所述，在 19 世纪中期上海兴起之前，府城一直是松江府的政治和经济中心。早在明代后期，松江府城就已是全国 33 个大城市之一③。张忠民估计明代中叶松江府城为中心的一二十里内的人口有二十万之多，几占当时华亭县（后来的华亭、娄县、金山、奉贤等县）人口的一半④。到了清代中期，松江府城的繁华更有过之⑤，因此府城的人口数量也大大超过往昔⑥。由此而言，从福钦的

① 樊树志：《明清江南市镇探微》，第 99、103 页。

② 村市见樊树志：《明清江南市镇探微》，第 101 页。

③ 1991 年《松江县志》，总述、第 67 页。

④ 张忠民：《上海：从开发走向开放，1368—1842》，第 347、374、483 页。

⑤ 1991 年《松江县志》，第 67 页。

⑥ 1991 年《松江县志》，第 67 页。

估计推测 1820 年代府城人口为 27 万，亦未必是天方夜谭[①]，尽管这个数字我认为过大。

相对而言，目前我们能够得到的唯一较为可靠的府城人口数字，是从府城食盐消费量推求出来的数字。据官方记载，“松江提标五营，在于松江郡城内外设店，销卖帑盐，起自雍正六年，每年额销袁浦、青村、下砂三场帑盐，每场各九百引共二千七百引；又拨销华亭、娄县商盐一千六百引，共销盐四千三百引”[②]。据此，松江府城内外每年盐消费量为 4,200—4,300 引，每引重 400 斤[③]，总重 1,680,000—1,720,000 斤，兹以中数 170 万斤计。华娄人均年盐消费量约为 11 斤[④]。以此计算，则府城人口约为 15 万。这个数字大大低于福钦的估数而略高于张忠民的估数，应当更接近实际。考虑到有相当数量的府城居民食用私盐，因此松江府城的实际人口可能比此更多一些，但是由于这是唯一有根据的数字，因此本书采用之。

2. 市镇人口

这里，我根据对市镇人口的一般理解，将上引张忠民对市镇的

---

① 清代松江城有一府两县行政机构，官绅第宅众多，商店作坊栉比，居民稠密，形成繁荣的市面。后来上海都市崛起，松江城政治、经济、文化地位，逐渐被上海所取代。近百年来，战乱不断，特别是在日本侵华战争中遭日机大轰炸，沦陷后又遭日军蹂躏，城中几成废墟，许多街巷也就此消失，因此城市人口规模也大大缩小。见 1991 年《松江县志》，第 7、67 页。

② 嘉庆《松江府志》卷二九《田赋志·盐法·场灶》。具体而言，设店的地点为“五营守备分设官店销卖帑盐：左、前、后三营开设东西北三门、近城处所各一店，中营开设城中广明桥一店，城守营开设南门外大张泾一店，雍正十二年因大张泾店离城二里，近城之家未能远涉，酌议在于近城地方增设一店，以便民食”。由此可见这些店都在府城内外。

③ 光绪《华亭县志》卷九《盐法》引乾隆四年户部议：“松所……今每引给盐四百斤。”

④ 见本书附录 16。

分类标准调整如下：

二级镇 1,000 户，三级镇 500 户，四级镇 300 户，五级镇 100 户。

依此平均数计，则华娄共有市镇户 9,100 户，每户人口以 4.5 人计，市镇人口共有 40,950 人，兹以 4 万人计。

除了一般的市镇居民之外，还有府城之外的驻军（提标中营、提标后营与柘林营）共 1,584 人①。制盐业从业人员约 1,000 人②。这些人虽然不住在市镇，但是其从事的是非农业职业，居住亦颇为集中，因此也可视为城镇人口。此外，华娄地区有官私专业运输业者约 4,600 人③，其中官营水运业从业者（1,100 人）主要住在府城，民营水运业从业者可能有一些住在农村，但大多数也应住在市镇④，兹均以市镇居民计。以上几种人合计共约 7,000 人，连上其家属（每户人口以 4.5 人计），约 3.15 万人，兹以 3 万人计。

因此，市镇人口合计约 7 万人。

城镇合计，有居民约 22 万人，4.9 万户。

表附 5—1　1820 年代华娄城镇人口

		人口（万人）	户数（万户）
府城		15	3.3
市镇	市镇 1	4	0.9
	市镇 2	3	0.6
	合计	7	1.6
城镇合计		22	4.9

市镇 1：一般市镇居民

市镇 2：制盐工人、运输业者、驻军及其家属

华娄人口的城乡分布情况，可见表附 5-2：

---

① 本书第五章。

② 本书第四章。

③ 本书第五章。

④ 由于在市镇比较有利于其业务，因此他们会比较多地住在市镇。

表附 5—2　1820 年代华娄人的城乡分布

<table>
<tr><th colspan="2"></th><th>人口数(万人)</th><th>户数(万户)</th></tr>
<tr><td colspan="2">总数</td><td>56</td><td>12.4</td></tr>
<tr><td colspan="2">农村</td><td>34</td><td>7.6</td></tr>
<tr><td rowspan="3">城镇</td><td>府城</td><td>15</td><td>3.3</td></tr>
<tr><td>市镇</td><td>7</td><td>1.6</td></tr>
<tr><td>合计</td><td>22</td><td>4.9</td></tr>
</table>

据此，1820 年代华娄地区的总体城市化水平近于 40%。

这里，我们还要注意以下问题：松江府城位于此，这对本地区的城市化水平有多大影响？对此，我们的回答是：在松江府地区，松江府城是一个大城市，因此府城所在的县份的城市化，肯定受到影响，亦即因为府城在此，提高了本地区的城市化水平。但是这一因素的影响很有限。首先，松江府最大的城市是相邻的上海县城，而非府城。换言之，和在其他许多地方(特别是在北方)不同，在此地区，决定一个城市规模的主要因素是经济因素而非政治因素。华亭县和娄县是松江府内的大县，人口总数合计超过上海县[①]。而在富裕程度方面，华娄二县在松江府内也名列前茅。因此其城市人口数量肯定不会比上海县少很多。其次，从本书附录 14 来看，府级政府机构规模不大，从业人员及其家属数量也很少，不足以对

① 据嘉庆《松江府志》卷二八《田赋志・户口》，嘉庆二十一年，华亭县编查实在人丁男妇 302,529 丁口(男丁 167,780 丁，妇女 134,749 口)，娄县编查实在人丁男妇大小 260,523 丁口(男丁 146,005 丁，妇女 114,518 口)，上海县编查实在人丁 529,249 丁口(男丁 281,244 丁，妇女 247,503 口)。换言之，华娄二县的人口总数比上海县多出 6%。

这里的城市人口构成重大影响[①]。即使府城不在这里，两个县城（合为一城）的城市人口也不会比现有数少很多。因此在这里，我们不认为府城在此对于本地区城市化有明显影响。

附录6 农具与农船（附渔船）

我们在本书附录1中分析农业和工业中的设备和工具折旧与维修问题时，将农具的情况作为探讨的基础。在本附录中，我们对农具问题作一专门的讨论。

这里所说的农具，包括农家用于农业和养殖业活动的各种器具和设备，包括犁、耙、锄、铁搭、桶、扁担、箬笠、水车以及风车、砻、臼乃至农船等。华娄农户拥有的农具种类和户均数量，可以认为在19世纪初期与在20世纪中期基本一致，没有太大变化[②]。在这些农具中，农船的情况比较特殊[③]，因此我们也将农船以及与农船情况类似的渔船从其他农具中提出来另作讨论。

一、农具价格

《浦泖农咨》列出了在19世纪初期华娄地区使用的许多种农

① 事实上，在清代江南，城市居民的主体是经济人口，而不像在北方（例如北京）那样主要是政治人口。例如清代的苏州是府城，不仅是苏州巡抚的驻节之地和苏州府府治之所在，而且吴、长、元三个附郭县的县治也都设在其内。换言之，是省、府、县三级行政中心共同所在的城市。但是在清代中期，苏州府城内官员及其眷属、属员以及驻军的人数，据王卫平估计总共为6,700人，仅占府城人口的0.67%（见王卫平：《明清江南地区城市史研究》，第63页）。

② 近代情况见曹幸穗：《旧中国苏南农民经济研究》，第97—101页。

③ 农船是农产品和肥料的运输工具，从严格的意义上来说，也可以不包括在“农具”的范围之内。

具的价格，虽非全部，但包括了最主要者。对于其他农具价格，我们使用以下方法进行推求：首先把《浦泖农咨》中列出的各种农具价格相互之间的比例，与满铁调查中的相应比例作比较，然后用此比例和满铁调查中的价格，经过折算，求出《浦泖农咨》中所缺少的那些农具的价格。

首先，我们看看《浦泖农咨》中的价格。

1. 水车

"水车有牛打、人踏两种，然惟上车异而下车同也。上车用车盘，用车棚，用眠轴，其价至少十余千；小者曰荷叶车，不过四五千而已。下车亦各不同。近水者车幅不过八十余，练头如之；若岸高者百四五十练不止。车筒须价三四千文，练每十六文，幅每六七文。练与幅随用随坏，随坏随修，所费亦莫计也。"①

据此可知上车价格为：牛力驱动者为 13,000 文/部（"至少十余千"，兹以 13,000 文计），人力驱动者为 4,000—5,000 文/部（兹取中数 4,500 文）；下车价格为：车筒 3,000—4,000 文/部（兹取中数 3,500 文），车幅与练头 90 × (6.5 + 16) = 2,000 文（以近水地计）；上下车合计：牛力水车 18,500 文/部，人力水车 10,000 文/部。

2. 犁、耙、铁搭

耙："农具于水车之外，耙最贵，其价须三四千文。……犁价一千文，以木为之，头镶以铁，正而带偏，用以起土。铁搭三四百文。"②

据此，犁价为 1,000 文/部，耙 3,000—4,000 文/部（兹取中数 3,500 文），铁搭 300—400 文/把（兹取中数 350 文）。

其次，我们再来看看其他史料中的农具价格。

---

① 《浦泖农咨》(25)。

② 《浦泖农咨》(26)。

嘉庆《钦定工部军器则例》中记录江苏省铁鋤与铁锹的价格为：头号铁鋤与铁锹（均连柄），“每把今核定银一钱八分”，二号铁鋤与铁锹（均连柄），“每把今核定银一钱四分”，三号铁鋤与铁锹（均连柄），“每把今核定银一钱”。此外，铁斧（连柄）“每把今核定银一钱”[①]。

如果依照该书成书前十年（1799—1809 年）的银—钱比价（1∶1,000），上述农具价格可折为：头号铁鋤与铁锹每把 180 文，二号铁鋤与铁锹每把 140 文，三号铁鋤与铁锹以及铁斧每把 100 文。如果用 1823—1829 年的银—钱比价（1∶1,200），则为：头号铁鋤与铁锹每把 216 文，二号铁鋤与铁锹每把 168 文，三号铁鋤与铁锹以及铁斧每把 120 文。

用嘉庆《钦定工部军器则例》中铁鋤与铁锹的价格与《浦泖农咨》中铁搭的价格相比，可以看到有一些差别。其主要原因盖在于：1、《钦定工部军器则例》中的价格是政府采购价格，通常低于市价；2、《钦定工部军器则例》中的价格是江苏省全省的采购价，而在江苏省内各地，价格也有差异；3、自嘉庆十三年到道光三年之间，价格也发生了变化（特别是由于通货膨胀导致的物价上涨）。如果考虑到上述原因，我们可以认为道光初期的农具价格应当高于嘉庆价格。因此可以确信《浦泖农咨》中华娄地区农具的市场价格应当明显高于嘉庆时期江苏省当局采购价格。

更加重要的比较，是将《浦泖农咨》与满铁调查中各种农具价格比例进行对比，结果见表附 6－1[②]：

---

① 刘权之等编：《钦定工部军器则例》卷四四《江苏省物料匠工价值》。

② 满铁松江县调查中的各种农具价格，系 1937 年”七七”事变前的价格。见南满洲铁道株式会社上海事务所：《江蘇省松江県農村実態调查報告書》，第 109—124 页。

表附 6—1　《浦泖农咨》与满铁调查中各种农具价格之比

农具种类	农具价格 单位:部(把)		各种农具的价格比例 (以铁搭价格为基准)	
	《浦泖农咨》(文)	满铁调查(元)	《浦泖农咨》	满铁调查
牛拉水车	18,500	30	52.9	25
脚踏水车	10,000	20	28.6	16.7
耙	3,500	12	10	10
犁	1,000	3	2.9	2.5
铁搭	350	1.2	1	1

由上表可见,除了水车外,犁、耙、铁搭等华娄农家普遍使用的农具之间的价格比例颇为接近。这表明大多数农具之间的价格比例,在这一个多世纪中相对稳定。依照这个比例,可用满铁调查中的价格,经过折算求出《浦泖农咨》中所缺的那些农具的价格,从而得出 19 世纪初期华娄农户必备的全部农具的价格。

在《浦泖农咨》和满铁调查中,1820 年代和 1937 年"七七"事变前本地区的米价分别为 2,800 文和 9 元①,即 1820 年代的 311 文相当于 1937 年的 1 元。因此,我们可以使用 310 文 = 1 元的比例,按照各种农具之间的价格差,求出 1820 年代华娄各种农具价格。结果如下:

表附 6—2　1820 年代华娄农具价格

种类	单价(文)	单价(两)
犁	1,000	0.83
耙	3,500	2.92
铁搭	350	0.29

① 1937 年米价系华阳镇价格,见南满洲铁道株式会社上海事务所:《江蘇省松江県農村実態調査報告書》,第 187—194 页。

续表

锄头	190	0.16
镰刀	130	0.11
牛力水车	18,500	15.42
挡(荡)	264	0.22
稻床	990	0.83
砻	3,300	2.75
磨	990	0.83

依照满铁调查,1940 年松江县华阳桥一个农户所使用的全套农具价格为 185.14 元,相当于当时 3.1 亩中等水田或者 20 石糙米的价格①。按照上述 310 文 = 1 元的比价,在 1820 年代的华娄,这套农具的价格应为 57,400 文(或 48 两银),相当于 20.5 石米②。

二、农具使用年限、户均拥有数量与年折旧费用

《浦泖农咨》中没有各种农具的使用年限和一个农户拥有农具的数量。这里我们根据满铁松江县调查的结果③,使用 1820 年代的价格,求得 1820 年代华娄农户的农具拥有量、农具价值、使用年限及折旧费用(表附 6-3):

① 南满洲铁道株式会社上海事务所:《江蘇省松江県農村実態调查報告書》,第 121—124 页。参阅曹幸穗:《旧中国苏南农家经济研究》,第 97—101 页。

② 1820 年代的华娄米价为每石 2,800 文,见本书附录 4。

③ 满铁松江县调查中的各种农具价格,系 1937 年"七七"事变前的价格。见南满洲铁道株式会社上海事务所:《江蘇省松江県農村実態调查報告書》,第 109—124 页。

表附 6—3　1820 年代华娄农户拥有的部分农具数量、价值、使用年限及折旧费用

农具种类	单价（文）	户均拥有量	户均农具价值（文）	使用年限（年）	户均年折旧费（文）
犁	1,000	0.57 部	570	3.5 *	163
耙	3,500	0.17 部	595	15	40
铁搭	350	1.25 把	438	7.5 *	58
锄头	190	1.05 把	200	7.5 *	27
镰刀	130	1.03 把	134	5	27
牛力水车	18,500	0.59 部	10,915	15	728
挡（荡）	264	0.89 个	235	3	78
稻床	990	0.11 部	109	6	18
砻	3,300	0.44 部	1,452	10	145
磨	990	0.19 部	188	-	-
总计			14,836		1,284

* 原为 3—4 与 7—8，以中数计

总价格 14,836 文，年折旧费总计 1,284 文，约为总价格的 8.7%①。依照 1820 年代的价格，总价格和年折旧费分别合米 5.3 石和 0.5 石。但是上表中所列出的农具主要是大型农具，而之外还有诸多农具。上表中的农具种类尚不到全部农具种类的 1/4②。其他的农具不仅种类很多，而且每个农户所拥有的数量也大多在 1 件（把、个、只、副、对）以上。因此以上表中的结果为主要依据而略

---

① 曹幸穗计算出 1940 年松江华阳桥农户使用的农具（全套农具）平均年损耗率为 8.6%（曹幸穗：《旧中国苏南农民经济研究》，第 99 页）。二者相差不多，表明推求结果是近乎实际情况的。

② 依照满铁调查，松江县全部农具的种类多达 50 种（南满洲铁道株式会社上海事务所：《江蘇省松江県農村実態调查報告書》，第 109—124 页），而曹幸穗所确定的为 44 种（曹幸穗：《旧中国苏南农民经济研究》，第 99—101 页），农船等尚不在内。

有增加，总价格以米 6 石计，年折旧费以米 0.5 石计，依照 1820 年代华娄的价格，分别合钱 16,800 文和 1,400 文，亦即折旧费为总价格的 8.3%，兹以 8%计。

又，农具在使用中会损耗。陶煦说在光绪初年的苏州一带，一个农户在农具上每年用钱情况为“铁搭岁修钱百，车修钱四五百，箬笠之属二百”。换言之，仅铁搭、水车、箬笠的维修费用，即合 700—800 文。其时米价为 1,700—1,800 文/石[①]，因此 700—800 文合米大约 0.43 石。依照 1820 年代的价格，合 1,200 文。加上其他农具，总的维修费用会高一些，以米 0.5 石计，合钱 1,400 文，与折旧费相同。

三、农船(渔船)

农船，又称农装，“农家大小不等，通曰农装，换粪出壅，皆用船载。而南路之罱泥船，东路之扒泥船，皆农船也”[②]。农船是江南农民生产所不可缺少的运输工具，几乎家家都有。这种农船很小，通常载重 1—3 吨[③]。满铁在对松江县农家所拥有的农具所作的调查中，船并未列入“共用农具”[④]，因此应当是每户都有。1937 年黄炎培在谈论与华娄临近的川沙县农家经济时，说“大概夫妇二人，两三个幼童帮助，可种十亩地。……牛车、船只及一切器具，约百三

① 陶煦：《租核》“减租琐议”。

② 同治《湖州府志》卷三三《物产下》引郑元庆《湖录》。

③ 上海松江网：《松江农业经济文化简史》。

④ 南满洲铁道株式会社上海事务所：《江蘇省松江県農村実態调查報告書》，第 120,123 页。该报告书所说的“共用农具”，包括犁、耙、牛力水车、打谷机、风扇车(脱粒时用以扬净)和砻六种。

十元，常年修理抹油，约又三十元"[①]。由此亦可见农船是每个农户必有的。此外，费孝通在吴江县震泽镇开弦弓村的调查，也明确指出每户农民有此类船 1—2 艘[②]。但从民俗记载中也可见，松江县有一些农户是两三户合有一艘船的[③]。这里酌取其中，兹以 80%的农户有船、有船农户每户平均有船 1 艘计。又，华娄渔业发达，渔船数量不小。渔船是渔民的主要生产工具，而渔业在华娄经济中也占有一定地位，因此渔船虽然"于诸船中最小，材至简，工至约"，但"其用为至重"[④]。

据满铁调查，松江县农家运输用木船每艘价 40 元，而嘉定县渔船每艘价 30 元[⑤]。但是一般而言，渔船价格应不低于农船价格。兹将农船和渔船等同视之，均以农船价格计。依照满铁调查中农船与牛力水车的比价（40∶30）[⑥]，并用《浦泖农咨》中水车价（18,500 文/部）为底数，可求得 1820 年代华娄的农船与渔船价格大约为 25,000 文/艘，依照当时的银—钱比价，合银 21 两/艘。此外，农船和渔船还有一些附属设备（如桨、橹、篙、篷、缆、绳、锚等，以及为

① 民国《川沙县志》卷五《实业志·农业》。

② 见 Fei Hsiao-tung: *Peasant Life in China - A Field Study of Country Life in the Yangtze Valley*, p. 123。

③ 据上海松江网：《松江农业经济文化简史》，在近代松江县农村，合用船的农户不限二户，但最多不超过五户，以二三户多见。船的使用平时没有规定，谁家有事就可使用；农忙时每家轮流使用一天或半天。

④ 胡宗宪：《筹海图编》卷一三《经略三》。

⑤ 南满洲铁道株式会社上海事务所：《江蘇省松江県農村実態调查報告書》，第 121—124 页；《江蘇省嘉定県農村実態调查報告書》，第 97 页。

⑥ 南满洲铁道株式会社上海事务所：《江蘇省松江県農村実態调查報告書》，第 121—124 页。

船只搭盖的船棚)[①]。这些附属设备合计以4两计[②],连上船自身的价格,共计25两。

据满铁调查,松江县农船使用年限为6年[③],但这个年限似乎过短。据满铁对常熟县严家上村的调查,渔船使用年限为10年[④]。今天对山东省微山湖、昭阳湖、独山湖、南阳湖地区正在使用的木制小型渔船的调查,也表明渔船的使用年限为10年[⑤]。因此我们将农船和渔船的使用年限均以10年计,年折旧费均以造价的1/10计。据此,1820年代华娄农船与渔船的年折旧费为2.5两/艘。

据满铁嘉定调查,渔船年维修费8元[⑥],相当于船价的27%。但清代江南漕船的年平均维修费用仅为造价的6%[⑦],彼此相差甚大。出现这个差别的主要原因,盖在于农船和渔船以普通木材制作,材质较差,且大多不上油漆,船体易被腐蚀,需要更多维修,因此每年维修费用也较高。但是年维修费达到造价的27%,则显然过高。据今天对山东省南阳镇新建村正在使用的二网渔船的调

---

① 据上海松江网:《松江农业经济文化简史》,农家船只,多为一至三吨的木船。在港湾搭船棚,避免日晒夜露。

② 根据表附6-3,每户所拥有的农具,仅只是犁、耙、铁搭、锄头、镰刀、水车和挡几种基本农具的价格就已达到11两。船只的附属设备的价格若以农具价格之半计算,也达到6两。因此这里估计为4两,应当不为过高。

③ 南满洲铁道株式会社上海事务所:《江蘇省松江県農村実態调查報告書》,第121—124页。

④ 南满洲铁道株式会社上海事务所:《江蘇省常熟県農村実態调查報告書》,第102页。

⑤ 新华社山东分社:《微山湖渔具渔法编例》。

⑥ 南满洲铁道株式会社上海事务所:《江蘇省嘉定県農村実態调查報告書》,第97页。

⑦ 李伯重:《江南的早期工业化(1550—1850年)》,第261页。

查,渔船的维修费为新船造价的 17%[①]。在此,我们姑将维修费以造价之 15%计,仅为满铁调查比例的 1/2 强,应当不会高估。据此,1820 年代华娄农船与渔船的年维修费为 3.8 两/艘。

附录 7　水稻亩产量

在明清时期的江南,由于提高粮食亩产量已成为发展农业的主要途径,因此粮食亩产量问题在江南经济史研究中一向占有特殊的地位。但是在以往研究的方法上存在不少的问题,从而影响了研究结果的可靠性。

以往关于亩产量的研究中通常使用的方法是:(1)在从史料中可以获得的亩产量数字非常有限的情况下,往往以所得到的一两个数字,作为一个较长时期、较大地区的一般亩产量,而不问这些数字是何种情况下的亩产量[②];(2)在有较多亩产量数字可选择的时候,往往挑选出某个或者某几个数字,作为一般亩产量,但是在进行这种挑选时,并未提出一个合理的原则[③];(3)把所获得的全部数字进行简单的算数平均,然后将所得结果作为一般亩产量;或者把这些数字中的中间数,用作平均亩产量。采用这些做法虽然往

---

① 据新华社山东分社:《微山湖渔具渔法编例》,二网渔船作业需要 2—3 吨的木船 2 只,其中 1 只主船负责起、放网,4 人操作。两条渔船价值 1600 元,可以使用 10 年,加上平时维修船多和其他开支,每年生产成本为 607 元。其中每盘网造价 1,640 元,可以使用 5 年左右,折旧费每年 328 元外,尚余 279 元,主要即船只维修费。

② 事实上,在史籍中,往往是那些特别年份(例如大丰或者大歉之年)的亩产量,因其"反常"而被记录下来;而正常年成的亩产量,却因人们对其习以为常而没有被记录下来。

③ 因此这种挑选的随意性很大,例如为了说明经济发达,往往采用最高的数字;反之,为了说明农民生活的贫困化或者生产的"内卷化",则往往采用最低的数字。

往是出于不得已，但这些方法本身确实存在很大的弊端[①]。此外，在以往的研究中，学者们也常常用地租来推算亩产量，即亩产量以地租之倍计[②]。这种方法有其合理性，但由于往往未察觉名义地租和实际地租的差别，因此这种方法在运用中也存在一些问题[③]。总而言之，由于这些问题，以往许多亩产量研究所得出的结果经不起推敲。

针对过去研究中存在的问题，这里采用一种新的方法进行研究，即从多方面来对亩产量问题进行研究。依照中国传统农学的归纳，农业生产取决于"天"（或"天时"、"天道"）、"地"（或"地利"、"地道"）与"人"（或"人和"、"人事"、"人道"）三大要素[④]；这些要素共同作用，导致农作物亩产量的形成[⑤]；而它们的变化，也导致了亩产量的不同[⑥]。本附录的讨论即由此出发，首先注意不同的气候条件对一个地区水稻亩产量的影响，其次了解不同品质的耕地及其在该地区全部耕地中所占的比重，然后依据当时农学家对插秧密度与亩产量之间关系的总结，得出不同气候条件下不同品质耕地的亩产量；最后，在上述探讨的基础上，求得该地区全部耕地在特定时期的平均亩产量。

---

① 关于这些做法的弊端，我已有专文讨论，见李伯重：《"选精"、"集粹"与"宋代江南农业革命"——对传统经济史研究方法的检讨》。

② 例如许涤新、吴承明主编：《中国资本主义的萌芽——中国资本主义发展史》第一卷，第 64 页；方行：《清代前期农村的高利贷资本》；刘永成：《从租册、刑档看清代江苏地区的粮食亩产量》；郭松义：《清前期南方稻作地区的粮食生产》；以及赵冈等：《清代粮食亩产量研究》，第 12 页；等等。

③ 见本书附录 12。

④ 清初江南农学家陆世仪对这三大要素做了明确的解释："水旱，天时也；肥瘠，地利也；修治垦辟，人和也。"见陆世仪：《思辨录辑要》卷一一。

⑤ 先秦时学者就已认识到"夫稼，为之者人也，生之者地也，养之者天也"。见《吕氏春秋》"审时"篇。

⑥ 参阅李伯重：《"天"、"地"、"人"的变化及其对清代前中期江南水稻生产的影响》。

一、《浦泖农咨》中的亩产量记录及其问题

明清文献中有不少关于松江地区水稻亩产量的记载，但是就华娄地区而言，这类记载却不很多。据我所见而言，最早出现的明确记载，是姜皋在《浦泖农咨》中的两条：

上丰之岁，富农之田，近来每亩不过二石有零，则一石还租，一石去工本，所余无几，实不足以支持一切。况自癸未（道光三年，1823 年）大水以后，即两石亦稀见哉！①

昔时田有三百个稻者，获米三十斗，所谓三石田稻是也。自癸未大水后，田脚遂薄。有力膏壅者所收亦仅二石，下者苟且插种，其所收往往获不偿费矣②。

这两段文字有比较具体的时间（1823 年以前和 1823—1833 年两个时期）和地点（华娄地区），又出自《浦泖农咨》这样一部建立在对本地农业进行深入调查研究的基础之上的农书，因此在关于清代松江府地区亩产量的记载中，属最可靠者。这两段文字所说情况大体一致，即华娄地区的水田亩产量，“昔时”曾达到 3 石，而“近来”在最好的情况下（“上丰之岁，富农之田”）为 2 石略多；道光三年大水以后，为 2 石或者 2 石不到③。一些学者即以此为依据，断定清代前中期松江府地区水稻平均亩产量在 2 石或者 2 石以下。但是此说是否符合实际，尚需检讨。

---

① 《浦泖农咨》(33)。

② 《浦泖农咨》(9)。

③ 本书中所说的水稻亩产量，均为米而非谷。稻谷与大米之间的折算，有不同的方式。19 世纪初期华娄义仓征收官租使用的标准为“一米二谷”（嘉庆《松江府志》卷一六《建置志》），兹依此计。

首先，我们应当注意到，在第一段文字中的“昔时”和“近来”具体是何时，姜皋并未明说。文中说得比较明确的时间，是自道光三年到道光十三年的十年[①]。从两段文字以及其他史料来看[②]，上述“近来”指的应当是这十年中相对而言比较正常的年份，而“昔时”则为道光三年以前的时期。而在1823—1833年这十年又包括相对较为正常的年份和遭灾严重的年份。因此，姜皋所言实际上包括了三种不同的年份，华娄地区的水稻亩产量在这三种年份有颇大差异，因此不能混为一谈。

其次，我在本书附录12已经指出：自明末以来，苏松一带的田租，有名义地租（“虚额”）和实际地租（“实租”）之分。在正常的情况下，交租“例以八折算之”，亦即实际地租为名义地租的80%。至于在灾年，则实际交租通常更少。姜皋在上引文字中说“一石还租”，如果是实际地租，则名义地租应为1.25石，而亩产量则应为2.5石；如果是名义地租，则实际地租为0.8石，亩产量为2石；两者相差达25%之多。这个差别颇大，不能忽视。但姜皋在上述文字中却未就此做出说明，以致我们难以据地租推求亩产量。

再次，姜皋说“上丰之岁，富农之田，近来每亩不过二石有零，则一石还租，一石去工本，所余无几，实不足以支持一切”。据此，如果不是“上丰之岁，富农之田”，就没有什么剩余了。然而，除了非常特殊的时期外，佃农交租之后，通常不至于“所余无几”。早在明末，顾炎武在讨论苏、松二府赋重时说：“岁仅秋禾一熟，一亩之收不能至三石，少者不过一石有余。而私租之重者至一石二三斗，少亦八九斗。佃人竭一岁之力，粪壅工作，一亩之费可一缗。而收成之日，所得不过数斗。”[③]到了清代后期光绪时，松江府川沙厅的

① 《浦泖农咨》成书于道光十四年（1834年）春月，因此所言情况应至前一年为止。
② 见本书第二章中所引关于道光三年和十年水灾的记载。
③ 顾炎武：《日知录》卷一〇“苏松二府田赋之重”条。

地方志说:“民间终岁勤劳,每亩所收除完纳钱漕外,丰年亦不过仅余数斗。”[①]这两条材料都说得很清楚:佃农在完租并除去工本之后,每亩水稻总有几斗米的剩余。即使在太平天国战争期间受破坏最严重的苏州地区,战争结束后,生产尚未恢复到战争之前的水平,但佃农在完租并除去工本之后,每亩水稻也还有2斗余的剩余[②]。可见在明清时期的苏松一带,除非是在非常特殊情况下,每亩水稻在扣除了地租和生产开支外,总有几斗米的剩余,否则社会再生产就无法进行了[③]。也正是因为如此,在1820年代,尽管遭受水灾及其后遗症严重影响,赋税及各种费用也都未减少,但佃农仍不至于“相率而竭蹷不遑也”[④],亦即农民生产与生活尚能够维持下去。因此,姜皋在上面文字中所说的情况与实际情况有所出入。

由于存在着上述问题,我们对姜皋在上面引文中所说的亩产量不能不加分析就采用。那么,1820年代华娄地区的水稻亩产量应当是多少呢?

二、不同气候条件下的亩产量

水稻亩产量的形成取决“天”、“地”、“人”三大要素。而在这三大要素中,“天”(即气候)是人类完全无法控制的,因此也成为水稻

① 光绪《川沙厅志》卷四《民赋志·蠲缓》。

② Bozhong Li: *Agricultural Development in the Yangzi Delta*, 1620—1850, pp. 126—127。

③ 过去许多学者相信在明清江南,地租侵吞了农民全部的剩余劳动。但是这种看法显然是有问题的,我已有专文批评,见李伯重:《“最低生活水准”与“人口压力”质疑》。

④ 《浦泖农咨》(40)。

亩产量形成中最不确定的因素[①]。由于气候变化对于水稻亩产量的波动影响甚大,因此我们在研究亩产量问题时,要特别注意有关的亩产量是在何种气候条件下形成的。

华娄在1823年和1833年两次遭遇严重水灾[②]。这两次大水灾不仅严重影响了当年的收成,而且使得农田被水长期浸泡,从而导致土地肥力严重受损。姜皋在《浦泖农咨》中屡屡说道:"壬癸(1822、1823年)以来,……人工贵,地力薄,天时不均,万农则如出一口";"自癸未大水后,田脚遂薄……地气薄而农民困,农民困而收成益寡,故近今十岁,无岁不称暗荒"[③]。换言之,这十年是一个受到水灾严重影响而且地力一直未能恢复的时期。

了解了这个背景,我们可以得出结论:姜皋所说的华娄地区水稻好田的亩产量大约在2石或者2石以下,系灾年的亩产量。如果把灾年亩产量当作常年亩产量,当然不妥。那么,在1823—1833年这十年中,华娄的水稻亩产量到底是多少呢?

首先,由于这十年中气候变异很大,因此应当对这个时期进行区分,分为直接遭灾的年份(例如道光三年和道光十年)和未直接遭灾的年份,即"明灾"年份和"暗荒"年份。而在"暗荒"年份中,又可分为较为一般的年份和相对较好的年份。即使是同一块田地,在这三种年份中的亩产量差别也很大。其中"明灾"年份的亩产量很难进行估计[④],但是"暗荒"年份的亩产量却相对稳定一些。从前引姜皋所言,我们可以认为:在"暗荒"年份中的最好的情况下("上

① 徐光启说:"水旱二灾,有轻有重,欲求恒丰,虽唐尧之世犹不可得,此殆由天之所设"。见徐光启:《农政全书》,第1299页。

② 详见本书第二章。

③ 《浦泖农咨》(自序,9)。

④ 例如在道光三年大水后,即使是在较好的田地("富农之田")上,亩产"两石亦稀见"。从本书第二章第2节第1小节中所引王青莲、娄县绅耆和林则徐的话来看,道光三年和十年两次大水中,许多田地可能完全绝收。

丰之岁，富农之田”)，亩产量大约为 2 石有余(“每亩不过二石有零”)；而在一般情况下，较好经营(“有力膏壅”)的稻田的亩产量约为 2 石，较差经营的稻田的亩产量则“所收往往获不偿费”。

这个结论与按照前面关于地租讨论所得的结果相一致。姜皋说“上丰之岁，富农之田”亩产“二石有零”，又说地租为 1 石。从上下文来看，应当是实际地租①。按照一般惯例，实际地租为名义地租的 80%。据此，在最好的情况下的稻田，如果实际地租为 1 石，则亩产量应为 2.5 石。另一方面，如果亩产“二石有零”，则地租应接近 1 石；二者相去不远②，因此可以认为是如实反映了真实的亩产量。在一般情况下经营较好的稻田的亩产量，依姜皋所述(“所收亦仅二石”)，约为 2 石。而较差经营的稻田的亩产量，虽然姜皋说“所收往往获不偿费”，但就一般情况而言，应在 1.2 石左右③。

在 1823 年以前的气候良好时期，亩产量大大高于上述数字。姜皋说：“昔时田有三百个稻者，获米三十斗，所谓三石田稻是也。”④他说的“昔时”，就是 1823 年以前的时期。在此时期中，华娄稻田一般亩产 3 石。与此相对照，在 1823—1833 年间，在最好的情况下的稻田的产量也“每亩不过二石有零”。因此，如果不对不同

---

① 姜皋是在讨论农业经营实际状况时谈地租的，在这种情况下，谈的应当是实际地租。

② 灾年实际交纳的地租常常有减免，因此正常年份的名义地租与灾年的实际地租的差距不止 20%。考虑到这个差异，如果实际地租低于 1 石的话，那么亩产量也应当低于 2.5 石。

③ 据《浦泖农咨》(33)，当时华娄地区富人雇工种田，每亩水稻生产的成本为 4,000 文，相当于 1 石米，“在农人自种或伴工，牵算或可少减，然亦总须三千余文种熟一亩”，相当于 0.75 石米。此外还要交纳地租。如果实际地租仅以 0.4—0.5 石(这种情况在江南是罕见的)计，则两者合计为 1.2 石。据此，农民交租和扣除工本之后，确实就“所收往往获不偿费”。

④ 《浦泖农咨》(9)。

气候条件下的亩产量记录进行细致的区分，仅只依据某个亩产量记录就断言这是一个地区在一个长时期中的一般亩产量，那么即使这个数字本身无误，据此得出的结论也不一定正确。

三、不同品质的耕地及其亩产量

水稻亩产量也取决于耕地品质。陆世仪把江南的耕地分为两类，即“湖荡膏腴处，地辟工修”之田和“地力薄，种艺不得法”之田，亦即地力肥沃、耕作得当的较好之田和地力贫瘠、耕作较差之田。这两类田地的亩产量之所以有很大差别，关键之一在于灌溉条件[①]。明代后期何良俊在对松江府东西两乡的田地做比较之后也清楚地指出：“西乡之地，地低而水广，易于车戽。……东乡之岸甚高，去水几一丈，田塍稍阔，则车水不行”；“各处之田，虽有肥瘠不同，然未有如松江之高下悬绝者。夫东西两乡，不但土有肥瘠，西乡田低水平，易于车戽，夫妻二人可种二十五亩，稍勤者可至三十亩，且土肥获多，每亩收三石者不论，只说收二石五斗，每岁可得米七八十石矣，故取租有一石六七斗者。东乡田高岸陡，……夫妻二人极力耕种，止可五亩。若年岁丰熟，每亩收一石五六斗，故取租多者八斗，少者只黄豆四五斗”[②]。

华娄地区是松江府“西乡”的中心地带，其水田是典型的“湖荡膏腴处，地辟工修者”，即较好的耕地。但是即使在华娄地区，各处耕地在品质方面仍有差异，因此亩产量也会有出入。即使知道上等、中等、下等田地的亩产量各自是多少，但是如果不了解它们在田地总数中所占的比重有多大，仍然很难知道这个地区全部田地

---

① 陆世仪：《区田法》。

② 何良俊：《四友斋丛说》，第 114—115 页。

的平均亩产量到底是多少。

在清代，主要依据地势高低，华娄地区被划分为上乡、中乡和下乡。三乡的田地纳税标准各不相同，上乡高而下乡低，中乡则居中①。这个不同主要是因为其耕地的品质的差异。《浦泖农咨》的武林退守跋说："吾松居东南最下游，潮水挟淤泥而入，涂荡尽田，且夺水为田，故水亦反夺之。"地势低下的田地，最容易受灾②。因此在华娄地区，上乡田地生产力高而下乡田地的生产力低。由于这种关系，我们大体上可以把上乡之田视为上等田地，中乡之田视为中等田地，而下乡之田视为下等田地。这三种田地在全部田地中所占的比例分别为 41.7%，43.6%和 14.7%③。为了简明起见，并考虑到通常中等田地多于上等田地，故将上面三种田地的比例调整为 40%、45%和 15%。

表附 7－1 就是对上述情况的一个总结。

表附 7—1　19 世纪初期华娄的耕地品质

	比例(%)
上等田地	40
中等田地	45
下等田地	15
全部田地、	100

① 姜皋说："吾郡田有上中下三乡之别……上乡者亩完米一斗六升二合有奇，银一钱二分二厘四毫有奇，摊征人丁杂办尚在外，中下乡者约递减米二升，银二分而已。"见《浦泖农咨》(1)。

② 因此姜皋说："吾乡地势低洼，稻熟后水无所放，冬遇淫霖，一望白矣。春时多犁于污泥中，下种稍或先时，谷每易烂。"见《浦泖农咨》(8)。

③ 我用嘉庆《松江府志》卷二二中华亭、娄两县的有关数字计算，得到这些比例。见本书第三章第 2 节。

四、从插秧密度来计算亩产量

人类的努力(即“人和”、“人事”)也是决定水稻亩产量的主要因素之一。在江南,自明代后期以来,新的水稻生产方式逐渐形成并定型[①]。这种定型的一个表现是主要生产环节上的规范化。其中,水稻插秧密度的规范化就是一个主要方面。

我在读明清江南文献时,注意到陆世仪的一段话:“今江南种田法,每人莳秧六稞,相去八寸,则一步之地,当得稞六十余。刈获之日,每人刈稻一行为六稞,又一行为十二稞,为一铺。收束之日,或二铺、三铺、四铺、五铺为一束不等。二铺为上,三铺为中,四五铺为下。今以三铺言,每地一步可得禾二束,每一束得米五合,二束共得米一升。一亩二百四十步,当得合四百八十束,米二石四斗。其二铺者,每步约得禾两束半,米一升五合,一亩该得三石六斗之数。今江南湖荡膏腴处,地辟工修者大约如此。其余常田,大致三铺为束者得一石五六,二铺为束者得二石五六。此地力薄,亦种艺不得法也。”[②]

这段话很有意思,从中可以看到:

第一,每亩水稻的插秧密度,大约为 60 株/步 × 240 步/亩 = 14,400 株/亩[③]。这个插秧密度与 19 世纪初期华娄地区的插秧密度相同,因为据姜皋所言,华娄“俗以三百个稻为一亩,指田宽大者

① Bozhong Li: *Agricultural Development in the Yangzi Delta*, 1620—1850, ch 3, 4, 5。

② 陆世仪:《区田法》。

③ 陆氏说“一步之地,当得稞六十余”,兹以 60 稞(株)计。又,在明清江南,“田以二百四十步为一亩”,见《浦泖农咨》(2)。

……其算个之法以六科为一把，两把为一铺，四铺为一个，合四十八科为一个。盖三百起亩者，每亩得种稻一万四千四百科也”①。

为什么农民要采取这个插秧密度？姜皋做了解释：“种秧……以六科为一，其法：农人两足踏泥退行而种，两足之中，插秧两科，两足左右各插二科……纵为圩，横为肋，肋不宜阔，阔则少种，又不宜窄，窄则挡板不能转侧，且秧长不通风，易致虫伤奥死之患。”②可见这个密度最有利于水稻生长和田间管理。

第二，亩产量与插秧密度有密切的关系。从上引陆氏之言可见，较好的水田的亩产量通常可以分为两等，上等（“二铺”）为 3.6 石；次等（“三铺”）为 2.4 石；较差的水田的亩产量也可分为两等，上等（“二铺”）为 2.5—2.6 石，次等（“三铺”）则为 1.5—1.6 石。由此而言，在气候正常的时期，江南的水稻亩产量大体可以分为三等，头等（较好水田的“二铺”）为 3.6 石，次等（较好水田的“三铺”和较差水田的“二铺”）为 2.5 石，末等（较差水田的“三铺”）为 1.5 石。

这种根据耕地品质和插秧密度计算出来的亩产量，无疑比那些仅只依据一些笼统的记载计算出来的亩产量更为可靠。陆世仪是清初太仓人，太仓与松江、苏州两府毗邻，三地在许多方面颇为类似，明清文献中常常苏、松、太连称，因此他所说者江南主要指江南东部的苏、松、太一带，上述插秧密度也主要适用于这一带③。但是他生活在

① 《浦泖农咨》(2)。

② 《浦泖农咨》(13)。

③ 在江南的一些地方，插秧密度明显高于此。例如天启《海盐县图经》方域篇所言“凡田一亩，……稞六为肋，肋八为个，每亩获稻为个者三百六十”；又如明末湖州经营地主沈氏的稻田上的插秧密度为：行(行距)7 寸，段(株距)则“容荡足矣”，即远小于 8 寸(见陈恒力：《沈氏农书校释》，第 30—31 页)。再如在清初湖州南浔，“下秧必界以绳，……每一界为一埭，埭约广三尺，种秧六窠，层层相次，每层前后穴八寸，为之段”(民国《南浔志》卷三〇)，亦即埭广 3 尺，插 6 穴，株距 5 寸，行距 8 寸。因此，陆氏所说的插秧密度低于明末海盐县的密度和明清湖州的插秧密度，主要是苏、松、太一带的插秧密度。

清初，与本附录所讨论的19世纪初期之间已有颇长的时间间隔，因此我们还要针对华娄的具体情况，来看看陆氏所言的亩产量计算方法及其所得标准，是否适用于19世纪初期的华娄地区。

根据耕地品质和插秧密度计算亩产量，最早出现于明末与松江府毗邻、水稻生产情况颇为类似的嘉兴府[①]。在华娄地区，到了19世纪初期，这种方法的使用也有了明确记载，即前引姜皋所言“俗以三百个稻为一亩，……每亩得种稻一万四千四百科”，“昔时田有三百个稻者，获米三十斗”。换言之，每亩插秧14,400株的稻田，产3石米。这个比例与前引陆世仪所说的江南不同等级水田的亩产量，彼此之间有何关系？

如前所言，华娄地区的耕地基本上都是较好的水田（即上等和中等的田地），因此这些水田在正常年成的水稻亩产量，应属于陆世仪说的较好水田的收获量，即上述的头等（3.6石）和次等（2.5石）的亩产量。换言之，大约在3石上下。因此，姜皋说华娄1823年以前亩产大约为3石，正与此相符。当然，华娄地区也有一些相对较差的水田，其亩产量可以按照从陆世仪所说江南普遍情况推求出来的最低亩产量计，即大约为1.5石[②]。

至于华娄地区的耕地在1823—1833年间的“暗荒”时期的情况，依照前面计算的结果，较好经营的稻田亩产量约为2石，较差经营的稻田的亩产量约为1.2石；兹分别作为上等田地和下等田地的亩产量。中等田地亩产量处于其间，兹以1.6石计。

---

① 这种方法最早见于天启《海盐县图经》方域篇，其文曰：“凡田一亩，……颗六为肋，肋八为个，每亩获稻为个者三百六十。上农遇岁，个可得米七合，亩可得米二石五斗”。

② 以常田的“三铺”收获量计。这里要说明的一点是，在华娄地区，“三铺”收获量（1.5—1.6石）是非常低的。《浦泖农咨》(8)说：“本地籼收成最早，……然籼之大有秋，亩不过一石五六斗，不足供租赋也。”这个亩产量连供租赋都做不到，应当是正常年份的最差田地亩产量的下限。

下面，我们把这些结果列为表附 7－2。

表附 7—2 19 世纪初期华娄各类田地水稻亩产量

时期	上等田地	中等田地	下等田地
1823 年以前	3.6 石	2.5 石	2.0 石
1823—1833 年	2.0 石	1.6 石	1.2 石

五、华娄地区的平均亩产量

一个地区在某一特定时期内全部耕地的平均亩产量，可用各类田地的亩产量和各类田地在全部田地中所占的比重来求得。把表 1 和表 2 综合，就可以得到 1820 年代华娄地区水稻的平均亩产量（表附 7－3）。

表附 7—3 19 世纪初期华娄水稻平均亩产量

	1823 年以前		1823—1833 年	
	比例（%）	亩产量（石/亩）	比例（%）	亩产量（石/亩）
上等田地	40	3.6	40	2.0
中等田地	45	2.5	45	1.6
下等田地	15	2.0	15	1.2
全部田地	100	2.9	100	1.7

上表中 1823 年以前的平均亩产量 2.9 石，与姜皋所言“昔时田有三百个稻者，获米三十斗”基本一致；而表中 1823—1833 年的平均亩产量 1.7 石，也与姜皋所言“癸未大水以后，即两石亦稀见哉”的情况相符；因此可以说是符合实际的。这里，我们还要从其他史料中找到证据来支持上述结论。

（一）嘉庆时华亭人钦善说：“滨水耕田，稻花并植，潭污不捞土宜为逆，多棉百觔，少米二石”；“今夫平口计，人食米不及四石耳，松田四百万，松民二百万，即土孽不发，多粃厚糠，补短截长，犹不至困淫夷而死旱叹”[①]。从他的第一段话可见，在 18 世纪末和 19 世纪初，华娄地区水稻亩产量通常在 2 石以上；而从他的第二段话则可计算出亩产量在 4 石以下。换言之，亩产量在 2—4 石之间，取其中数，为 3 石左右。

（二）19 世纪中期的江南学者强汝询说：“今以南方之田耕作精密，人不过耕十亩。上腴之地，丰岁亩收麦一石、稻三石，其入四十石耳。”[②]这段话很清楚地说明水稻亩产为 3 石。他所说的“南方”，其实指的仅是江南[③]。华娄是江南的主要水稻产区，因此亩产 3 石是不足为奇的。

（三）光绪《南汇县志》卷二〇《风俗志》说：“浦东宜棉不宜稻，稻田遇大熟年，可收二石，中年只一石五六斗，歉则一石左右。……浦东种稻较迟于浦南，而获则反先，七月中新谷已登，八九月间几无遗秉矣，盖地气使然”。浦东水稻亩产量一向低于华娄，大约只有后者的一半[④]。

---

① 钦善：《松问》。

② 强汝询：《求益斋文集》卷四《农家类序》。

③ 强汝询（1824—1894），字荛叔，江苏溧阳人，咸丰举人，其生活与活动主要在江南一带。

④ 前面已节引何良俊之语，全引如下：“盖各处之田，虽有肥瘠不同，然未有如松江之高下悬绝者。夫东西两乡，不但土有肥瘠，西乡田低水平，易于车戽，夫妻二人可种二十五亩，稍勤者可致三十亩。且土肥获多，每亩收三石者不论，只说收二石五斗，每岁可得米七八十石矣；故取租有一石六七斗者。东乡田高岸陡，车皆直竖，无异于汲水，水稍不到，苗尽槁死，每遇旱岁，车声彻夜不休，夫妻二人竭力耕种，止可五亩；若年岁丰熟，每亩收一石五斗；故取租多者八斗，少者只黄豆四五斗耳。农夫终岁勤动，还租之后，不够二三月饭米。”（何良俊：《四友斋丛说》，第 115 页）清初叶梦珠也说：“就吾郡一府（松江府）之田论之，华（亭）、娄（县）、青（浦）邑，亩收三四钟，皆石外起租，甚至一石五六斗者比比。独上海上田不过石一二斗，次则八九斗，下至六斗起租。”（叶梦珠：《阅世编》，第 25 页）

在 19 世纪，浦东平年亩产一石五六斗，歉年一石左右[①]。据此，华娄的亩产量在平年应为 3 石上下，歉年则为 2 石左右。

（四）在 1920 年代、1930 年代和 1940 年代，华娄地区的稻米平均亩产量在 135—181 公斤之间，即 1.9—2.5 市石[②]。民国十三年是丰年，有亩产达米 3 石者[③]。满铁调查也表明：1940 年松江县水稻亩产糙米 1.5—2.0 旧石（常年）[④]，折为市制为 1.8—2.4 石，中数为 2.1 石[⑤]。1956 年松江县的亩产量为 198 公斤，即 2.5 石[⑥]。这些产量均在上述 1823 年以前和 1820 年代的两个产量数字（2.9 石与 1.7 石）之间。应当注意到的是，1940 年华娄地区处于战乱之中，经济受到严重破坏，而 1956 年是华娄地区农业遭受长期战乱之苦后刚刚恢复之时。因此在这些时期，水稻亩产量不会比 19 世纪初期高。

这些材料从不同的方面印证了上面所得的结论。因此我们可以说，在现有的资料范围内而言，本附录所得到的结论，应当是最接近历史真实的。

最后，我们总结一下上面分析所得结果。

在华娄地区，道光三年大水以前，水稻平均亩产量大约为 3

① 该段文字全文如下："浦东宜棉不宜稻，稻田遇大熟年，可收二石，中年只一石五六斗，歉则一石左右。土民不敷所食，必俟苏常贩来。乾隆五十九年岁祲，米每石腾贵至六千文，道光三年、十三年、二十九年水灾，米每石至六千余文。出米之乡，奸民结党阻籴，各镇米铺俱以二百文为限。同治元年发逆退后，外来米每石十二千文，后以次递减，至六七年始平至三四千文。"因此所说情况涉及的时间范围，从乾隆朝到光绪朝，涵盖了 19 世纪的大部分。

② 1991 年《松江县志》，第 324 页。

③ 雷君曜、杜诗庭节钞：《松江志科》。

④ 南满洲铁道株式会社上海事务所：《江蘇省松江県農村実態调查報告書》，第 90 页。

⑤ 1 旧石 = 1.212 市石，见本书附录 2。

⑥ 1991 年《松江县志》，第 324 页。

石；而在1823—1833年期间的相对正常年份则仅为1.7石左右。同时我们也看到在这两个时期中，上等田地的亩产量都大约为下等田地的亩产量的2倍弱（3.6∶2.0与2.0∶1.2），而中等田地的亩产量与全部田地的平均亩产量也有程度不等的差别（2.5∶2.9与1.6∶1.7）。倘若不注意这些差别，仅只依靠一些从史料中搜罗来的亩产量数字，不加处理或者仅作简单处理，就得出一个地区在一个长时期中平均亩产量是多少的结论，那么这种结论就未必经得起推敲，而建立在这种结论之上的各种理论[①]，其可靠性当然也很值得怀疑。

附录8　农家养殖业

在原松江府地区，各地的农家养殖业情况都差不多，即如民国《宝山县续志》所总结者："农家副产以牛、羊、豕、鸡、鸭为多。大抵养牛以耕田戽水为目的，养羊、豕以肥料为目的，而养鸡、鸭则以产卵佐餐为目的。但得谓之家畜，非真从事于畜牧也。"[②]直到20世纪中后期，情况依然大体如此[③]。这些家畜、家禽种类，在嘉庆《松江府志》中都有[④]，可见19世纪初期的情况也相近。不过，民国《宝山县续志》的总结也有一大遗漏，即未提及家鱼养殖，而家鱼的饲养也是松江府地区农家养殖业的重要组成部分。

---

① 例如明清农业"过密化"理论，乃至宋代中国"经济革命"等理论。见李伯重：《"选精"、"集粹"与"宋代江南农业革命"——对传统经济史研究方法的检讨》、《"过密型增长"理论与中国经济史研究——黄宗智〈长江三角洲小农家庭与乡村发展，1368—1988年〉评介》及《"过密型增长"理论不适用于明清江南农村经济史研究》。

② 民国《宝山县续志》卷六《实业志》。

③ 1993年《上海县志》（第1078页）记："养猪、鸡、鸭、羊、兔，向为农村重要副业，家家养鸡养鸭自食，少量上市"。

④ 嘉庆《松江府志》卷六。

华娄地区农家养殖业的情况，亦与上述大体相符。但《浦泖农咨》中只谈到牛和猪两种家畜的饲养，而完全未谈及家禽和家鱼[①]。这并非出于疏忽，而是因为《浦泖农咨》一书主要讨论农作，而牛和猪与农作的关系最为密切[②]，因此受到特别的注意。但是这并不意味着家禽和家鱼的饲养在农业经济中无足轻重。

下面，我们就依次讨论牛、猪、家禽和家鱼的饲养情况。

1. 牛

原松江府属下各地农村养牛的情况，也基本上如民国《嘉定县志》所描绘者："牛，……有水陆二种。水者力大，陆者力小，牝者性驯，牡者性劣。西乡种稻者多畜水牛，东南北乡稻不常种，多畜陆居之牛。邑无旷土，无专事畜牧者。农家畜牛，求牡则牵而合之，孳生牝犊，适于耕戽之用，价常数倍于牡，牡则唯水牛之犊，可胜油坊、面坊等负重之任，所用已少，陆居者尤乏销路……。邑中屠宰则皆耕牛老病及盗窃所得者，私宰有禁，良民不为，皮革骨角皆为工业之原料，溲溺充肥壅。"[③]

在以前的研究中，大多数学者认为江南因为牛及饲料贵，饲养成本高，而农民经营规模狭小，使用牛力不合算，因此盛行人耕，养牛不多[④]。但从近代的调查来看，情况并不如此。据满铁调查，松江农户平均每户养牛 0.51 头[⑤]。而据 1956 年的统计，松江县平均

① 这一带有的农家还有饲养羊和鹅的，但数量似乎不很多，姑略去。

② 牛是主要挽畜，而猪是主要的厩肥生产者。

③ 民国《嘉定县续志》卷五《风土・物产》。

④ 这种看法的主要是根据宋应星之言："(在苏州一带)会计牛值与水草之资，窃盗死病之变，不若人力亦便。"(见宋应星:《天工开物》卷上《乃粒第一・稻工》)我本人过去也持此看法(参阅李伯重:《明清江南工农业生产中的动力问题》)。

⑤ 曹幸穗:《旧中国苏南农家经济研究》，第 104 页。

每家农户饲养耕牛 1/2 头，每头负担耕田 20 亩[①]。19 世纪初期华娄农民家庭农场规模比 20 世纪中期略大[②]，因此耕作对牛力的需要不会比 20 世纪中期少。同时，在 19 世纪初期的华娄，饲料供给比 20 世纪中期更为充分[③]，使得多养牛成为可能。也正因为农民普遍养牛用牛，《浦泖农咨》方颇多言及养牛及用牛情况，这在清代江南地方文献中很少见[④]。此外，1820 年代华娄的牛价与满铁调查的牛价基本一致[⑤]，而前一时期农民收入可能比后一时期更高[⑥]，因此在前一时期农民不会因为穷而买不起牛。有鉴于以上情况，兹将 1820 年代华娄农户每户平均养牛数以满铁调查的 0.5 头计，亦即平均两户养一牛。

2. 猪

养猪在华娄农家经济中具有非常重要的地位。猪不仅是人民主要的肉食来源之一，而且也是农业主要的肥料来源之一。《浦泖农咨》引用华娄农谚说："种田不养猪，秀才不读书"；"棚中猪多，囷中米多"，姜皋自己则说："养猪乃种田之要务，岂不以猪践壅田肥美，获利无穷？"[⑦]这种情况一直延续到近代而不变[⑧]。

---

① 1991 年《松江县志》，第 387 页。但是如果使用 1953 年全县农业户数（81,759 户）和 1956 年的牛数（36,500 头）计算，则平均每户有牛 0.45 头。

② 19 世纪初期华娄户均耕地为 13.2 亩。而 1950 年代初土地改革前夕，全县农业户合计，平均每户占有耕地 11.4 亩。

③ 这是由于 19 世纪初期华娄有大量豆饼输入的缘故。详见李伯重：《明清江南农业中的肥料问题》。

④ 李伯重：《明清江南工农业生产中的动力问题》。

⑤ 见本书附录 4。

⑥ 见本书第十三章。

⑦ 《浦泖农咨》(22)。

⑧ 1991 年《松江县志》，第 387 页："本县（松江县）农村素有养猪积肥习惯"。上海松江网：《松江农业经济文化简史》引用本地农谚："种田吃花巧，猪榭红花草。"

在清代苏、松一带，“乡间豢养母猪，每产有二三十子。屠肆所宰，不过六七十斤，肉嫩皮薄，远胜他处”[①]。据此可知，这一带养猪有如下特点：第一，只有少数农户饲养母猪，下仔出售，而大多数农户购买猪仔饲养；第二，农户养猪，养到重60—70斤即出售给屠肆。据近代调查，近代松江县农民饲养的主要猪种是枫泾猪，通常饲养期近一年，肉猪上市一般体重60公斤[②]。满铁调查则指出农民每年2—3月购入仔猪，到6—7月卖出，饲养期为3—5个月。从该调查所举的实例来看，农民通常购入的仔猪重20—30斤，卖出的肉猪重100—200斤[③]。从其他史料可见，明末的湖州农村养肉猪，一般养六个月，每头猪重约90斤，即出售或屠宰[④]。清代江浙养猪，一年可养三茬[⑤]。而民国时期的嘉定县，则是“豕：农家多畜之，……邑产皮厚而宽，有重至二百余斤者”[⑥]。因此可知，华娄（以及江南）农户养猪，通常是购入仔猪，养大出售或者屠宰，饲养期为半年，肉猪重量在100—200斤之间。这里我们依据满铁的调查，认为19世纪初期华娄农村养猪，饲养时间约为半年。

1820年代华娄农户的养猪数量未有记载。据满铁调查，这一地区大约平均每户仅养猪1头[⑦]。但此时为战乱时期，情况有异于

① 光绪《周庄镇志》卷一《物产》。

② 1991年《松江县志》，第387页。

③ 南满洲铁道株式会社上海事务所：《江蘇省松江県農村実態调查報告書》，第144页

④ 《沈氏农书》“蚕务（六畜附）”。参阅陈恒力：《补农书校释》，第88—89页。

⑤ 《调鼎集》卷八《茶酒部》说：“养猪，一年三次出圈，清明、中秋、年底是也。”

⑥ 民国《嘉定县续志》卷五《风土物产》。

⑦ 南满洲铁道株式会社上海事务所：《江蘇省松江県農村実態调查報告書》，第125—126页。

正常时期[①]。到了1956年,松江县平均每户养猪2.6头[②]。19世纪初期华娄饲料比1950年代中期充分,因此农户养猪数量应不少于1956年的数量,兹从低估以2.5头计。又,如前所述,农家通常是购入小猪,饲养半年左右出售,然后再养。因此一年虽养2.5头猪,但平时通常仅可见1—2头猪。

3. 家禽

家禽饲养本是最为普遍的农家副业,但在以往关于农民经济的研究中却无人提及。事实上,早在清初,张履祥就已清楚地说明了家禽饲养对于农民家庭经济的重要性:"鸡鸭利极微,但鸡以供祭祀、待宾客;鸭以取蛋,田家不可无。"[③]

松江府一向盛产家禽,到了清代初期培育出了著名的三黄鸡[④]。该鸡种以在与华娄隔水相望的黄浦江东岸所产者为代表,故又名浦东鸡。这种著名的肉用鸡种的育成和普及,标志着松江府一带的家禽养殖业,在清代有很大进步。在养鸭方面,华娄和江南

① 曹幸穗指出农家养畜禽数量少原因是饲料不足。见曹幸穗:《旧中国苏南农家经济研究》,第148页。

② 生猪饲养数量为210,720头,农户数量为81,759户。见1991年《松江县志》,第153、388页。

③ 陈恒力:《补农书校释》,第91页。

④ 这种鸡喙、足、皮俱黄,可以长到九斤,故又名九斤黄。谢成侠认为该鸡种原产于黄浦江东上海市郊三县(见谢成侠:《中国养禽史》,第137—138页)。但从文献上来看,关于该鸡种的记载,最早出现在崇祯《太仓州志》卷5《风俗志》:"鸡:出嘉定者曰黄脚鸡,味极肥嫩。"随后出现在多种松江府属县以及相邻的苏州府的地方志中,如康熙《苏州府志》卷22《物产》:"鸡:嘉定出三黄鸡,喙、足、皮俱黄,有重八九斤者";乾隆《宝山县志》卷4《物产志》:"鸡:出大场者名三黄,鸡喙、距、皮皆一色,大至九斤";乾隆《嘉定县志》卷12《物产》:"三黄鸡:…重至九斤,故俗称呼九斤黄";乾隆《镇洋县志》卷1《封域类》:"鸡:邑南乡与嘉定交界处,种特异,曰三黄鸡,大可至六七斤";嘉庆《松江府志》卷6《疆域志》六《物产》:"鸭、鸡(出浦东者大)";道光《川沙县志》卷11《杂志·物产》:"鸡:邑产最大,有九斤黄、黑十二之称";等等。

其他地方一样，主要饲养的鸭种为绍鸭。绍鸭有很高的产卵性能，是一种优良的卵用鸭种。

1820年代华娄农户饲养鸡鸭的数量，文献中没有记载。乾隆时上海人李行南撰《申江竹枝词》中写道："哺谷家家鸡一笼，冬来风腊馈盘充（原注：风鸡，俗名鸡腊，最肥美，足以馈远）。"嘉庆道光时华亭人陈金浩在《松江衢歌》中描写三四月份乡间风俗时说："姊妹同登放鸭船"，"瓶酒随波没鸭头"[①]。曾于同治朝任南汇、青浦、上海几个松江府大县代理县令的海宁人陈其元，记述了一个关于在松江府内不同地方蓄鸭利弊的事例："南汇海滨广斥，乡民围圩作田，收获频丰。以近海故，蟛蜞极多，时出啮稼，《国语》所谓'稻蟹不遗'也。其居民每畜鸭以食蟛蜞，鸭既肥，而稻不害，诚两得其术也。此事余在南汇稔知之。比宰青浦，则去海较远，湖中虽有蟛蜞，渔人捕以入市，恒虑其少。而鸭畜于湖，千百成群，阑入稻田，往往肆食一空。于是各乡农民来县具呈，请禁畜鸭。时摄南汇令某君方以畜鸭食蟛蜞为保稼善策，禀请通行各处，巡抚丁公抄禀行知下县。余阅之，不禁失笑，因以青浦请禁之件申覆。公见之，亦一笑而止。"[②]由此可见，在松江府不同的地方，养鸭都十分普遍，以至于在青浦居然鸭多成灾。华娄与南汇、青浦接壤，情况相去不远。因此19世纪初期华娄一带农家养鸡鸭，数量当亦不少。

据满铁调查，华娄农户大约每户平均养鸡6只余；母鸡总数为公鸡总数的23倍，小鸡数量则为大鸡总数的1.8倍[③]。农户养公鸡，通常是一俟长大就宰杀，因此公鸡数量较母鸡数量少是正常的。但是就孵出概率而言，公鸡与母鸡数量大体相等。如果考虑

---

① 收于顾炳权编：《上海历代竹枝词》，第11、31页。

② 陈其元：《庸闲斋笔记》卷二。

③ 南满洲铁道株式会社上海事务所：《江蘇省松江県農村実態调查報告書》，第125—126、129、130页。农户养鸡最多者20只，各户养鸡数量与农场规模无关。

到这一点，那么我们可以认为农家每年实际饲养的鸡，由于包括了已被宰杀的公鸡，因此数量要多于满铁调查员所见到的鸡数。据另外的材料，在民国大多数时期，松江县农家每户通常养鸡 10—15 只[①]。兹取其下限，将 1820 年代华娄农户户均养鸡数量从低估以 10 只计。考虑到农家养母鸡较多，兹以其中母鸡 6 只、公鸡 4 只计。

据统计，1955 年松江县养蛋鸭 5 万余只，以 1953 年农户数（81,759 户）计，平均每户养 0.6 只；而 1960 年代初松江县养鸭 100 万只以上，平均每户养鸭 10 余只[②]。这些鸭主要为蛋鸭，与张履祥所说 17 世纪末嘉兴一带的情况一致[③]。考虑到有些不住在水边的农户不一定养鸭，这里将 1820 年代华娄农户每户平均养鸭之数仅以 3 只（母鸭 2 只，公鸭 1 只）计，应不致高估。

据此，1820 年代华娄一个农户一年中饲养的鸡鸭共 13 只，其中包括鸡 10 只（母鸡 6 只，公鸡 4 只），鸭 3 只（母鸭 2 只，公鸭 1 只）。这是农户一年内饲养鸡鸭的总数，由于鸡鸭（特别是雄性鸡鸭）的饲养期较短，因此这些鸡鸭并非都同时存在。

4. 养鱼

康熙《松江府志》卷四《土产》说："吾松泽国多水，给于鱼鲜"，因此鱼成为本地人民食物的重要来源[④]。位于松江府西部的华娄地区，更是向来号称鱼米之乡，养鱼在农民生产与生活中占有非常

---

① 1991 年《松江县志》，第 388 页。

② 1991 年《松江县志》，第 153、390 页。

③ 张履祥说："人家若养（鸭）六只，一年得蛋千枚，日逐取给殊便。"（陈恒力：《补农书校释》，第 91 页）

④ 乾隆《金泽小志》卷一《风俗》说："金泽饶渔利，其专以捕鱼为业者，斜河田、潘家湾、塘岸人居多，农之勤者，耕作稍闲，辄击鲜自便，或易钱沽酒，酣嬉淋漓，颇得渔家乐也。"这种情况，在松江府大多数地区皆然。

重要的地位。早在16世纪后期，何良俊就说："鱼池则积水河之稍大者，以其稍宽可以养鱼，遂用工本银买鱼苗畜之。若数年多雨，鱼或生息，亦有微利"；"西乡（即华娄地区）之田，甚得水利，每鱼断之节，常年包银有多至五六十两者。"[①]明末黄省曾说："鲻鱼，松之人于潮泥地凿池，仲春，潮水中捕盈寸者养之，秋而盈尺，腹背皆腴，为池鱼之最。"[②]尔后鱼苗生产也逐渐专业化[③]，而且人工饲料的使用也大为增加[④]。这些都标志着松江府地区的人工养鱼，在明代后期就已相当发达了。到了清代，这些人工养鱼的技术都在使用[⑤]。

1820年代华娄家鱼养殖业规模，只能从近代的情况推求之。1957年松江全县放养水面5,394亩，淡水鱼产量1,558吨[⑥]。按照1957年的农户数（86,055户）[⑦]，平均每户产量为36斤。1820年代华娄的家鱼产量应当比20世纪中期高，原因是在20世纪中期，由于工业污染的加剧导致环境破坏，引起淡水鱼产量急遽下降[⑧]。这里我们将1820年代华娄的农家养鱼的产量，仍然以1957年的户均标准计，即36斤/户。

下面，将1820年代华娄农家养殖业情况总结为表3－7：

---

① 何良俊：《四友斋丛说》，第115页。

② 黄省曾：《养鱼经》。

③ 乾隆《宝山县志》卷四《物产志》："鱼苗：北乡人多畜以鬻以为利。"

④ 乾隆《金山县志》卷一七《风俗・物产》："菜饼：压菜籽为油，名曰香油，最能解毒。屑其饼以壅田、饲鱼俱良"。

⑤ 例如，上述人工凿池养鲻鱼的方法，在康熙《松江府志》卷四《土产》中亦有表现："郡人于潮泥地凿池，仲春取（鲻鱼）盈寸者种之，秋而盈尺，池鱼之最。海中亦有之。"

⑥ 1991年《松江县志》，第395页。这些水面包括河沟3,010亩，内塘2,384亩。

⑦ 1991年《松江县志》，第154页。

⑧ 1960年代末以后渔业资源急剧衰退，内河野生捕捞量逐年下降。1984年的产量，只有1957年产量的13%。1980年的产量为940吨，其中588吨为家鱼饲养的产量（1991年《松江县志》，第392、394页）。

表附 8—1　1820 年代华娄农家养殖业

种类		数量(/户)
家畜	牛	0.5 头
	猪	2 口
家禽	鸡	10 只
	鸭	3 只
家鱼(斤)		36 斤

附录 9　房屋建筑

房屋建筑是近代以前工业的主要部门之一，但是在以往的江南经济史研究中，房屋建置的研究一向是个薄弱环节。近年来有一些研究成果①，但是尚不多。有关于华娄乃至松江府的研究则尚未见到。因此之故，我们需要对此作一较为专门的讨论。

一、城乡各类建筑

建筑业不仅建造民居，而且也建造民居之外的多种公私建筑物。这里首先对华娄城乡的建筑情况作一简单讨论。

早在明代，松江府城就已以建筑业兴盛著称。晚明华亭人范濂说："土木之事，在在有之，而吾松独盛。予年十五，避倭入城，城多荆榛草莽。迄今四十年来，士宦富民，竞为兴作。朱门华屋，峻

① 主要是吴建华：《清代江南人口与住房的关系探略》。此外，与此有关的建材生产的研究成果，则主要是李伯重：《明清江南建筑材料生产的发展》，《江南的早期工业化(1550—1850 年)》，第 211—225 页。

宇雕墙,下逮桥梁禅观牌坊,悉甲他郡。”[①]到了明末清初,即使在全国范围内而言,松江府城也被视为“东南一大都会”,“郡邑之盛,甲第入云,名园错综,交衢比屋”[②];“池郭虽小,名宦甚多,旗杆稠密,牌坊满路”[③]。全城有街巷90条,牌坊140座。到了清代,街巷增至158条,牌坊增至169座,桥梁则增至88座[④]。从这些记载可见,府城内有密集的民居。除了民居外,府城还有大量工商业、服务业用房。华娄属下的各市镇的情况也相类。例如康熙时的枫泾镇,“商贾骈集,增厦数千间”[⑤]。七宝镇有大小街道数十条,其中南镇的南大街长二百步有零,“商贾贸易,悉开店肆”,北镇的北大街也“悉开店铺,生意茂盛之处约长三百步”,东街又名纺车街,“以此街中人多制纺车售卖也,其长约三百余步”,其他的大街长达数百步乃至七百步者也比比皆是[⑥]。可见市镇也有大量的民居和工商业、服务业用房。

此外,华娄还有各种政府或非政府组织拥有和使用的建筑物(本书称为公共建筑),如官署[⑦]、兵营、监牢、馆驿、铺递、马号、学

---

① 范濂:《云间据目钞》,第3辑,卷二。

② 叶梦珠:《阅世编》,第235页。

③ 姚廷璘:《历年记》,第59页。

④ 光绪《华亭县志》城河图中,有名称的桥梁计77座,无名桥梁9座,多为有级石桥。

⑤ 康熙《松江府志》卷一七《市镇》。

⑥ 《七宝镇小志》。参阅樊树志:《明清江南市镇探微》,第243、366—368页。

⑦ 府城内有一府两县的衙门、水利通判署以及府县两级衙门的各种廨署。

校[①]、寺庙、祠堂、仓库(官仓、漕仓[②]、长平仓[③]、义仓[④]、义役仓[⑤]等)、慈善机构(善堂等)[⑥]。此外还有大量的交通设施以及防御设施,如桥梁[⑦]、道路、码头、城池、水门,等等。这些建筑的规模通常都不小[⑧],其建造和维护费用数量也十分可观。

在民居方面,用近代的标准来看,19世纪初期江浙一带人民住房条件甚佳,给嘉庆二十三年(1818年)到过江浙的朝鲜人崔斗灿

---

① 包括府学、县学、书院、义学、社学、私塾等各种公私学校。

② 华亭县漕仓,有廒102间,外为大门,中为大堂,后为内宅(17间),又有白粮廒22间,堂1间,舂米屋3间(光绪《华亭县志》卷二《建置志仓库》)。

③ 华亭县有常平仓三,一在县大堂西,一在娄署东,一在云峰寺。娄县有二,一在娄县署东,一在艾家桥(光绪《华亭县志》卷二《建置志仓库》)。

④ 松江府义仓藏谷达7,000石之多,因此建筑规模也不小,"在府署西南隅,即旧照磨署址也。嘉庆二十三年四月起建,第一进五楹中为头门,第二进为廒间,东西面各五楹,第三进凡五楹,中为仓厅,仓西空地一方,四周围墙,以为日后添建之所"(嘉庆《松江府志》卷一六《建置志·公建》)。道光时又增建廒11间(光绪《华亭县志》卷二《建置志·仓库》)。

⑤ 华亭县的义役仓在济农仓垣内,"为廒十间,凡织造军需马役等费于此支给"(光绪《华亭县志》卷二《建置志仓库》)。

⑥ 例如普济堂,"在郡城外白龙潭侧,凡门房、厅房、厢房、仓房、老人房,房共四十二楹;又草房四间"(嘉庆《松江府志》卷一六《建置志·公建》)。在华亭县的慈善机构,有养济院,在西门外,华亭县分管院屋25间;全节堂,在普照寺西,道光九年娄贡生潘镛偕邑人叶臧胡钰等集资创设;辅德堂,在广明桥巷文昌宫内,道光二十四年邑人汤信闵绍芬等建。此外在华亭县市镇上,也有许多慈善机构,如亭林同善堂、张泽作善堂、张泽同仁堂、后冈同善堂、崇节堂(在十三保三十图运通桥右)、莘庄乐善堂、新桥积善堂、存仁堂(在三十六保三十二图)等(光绪《华亭县志》卷二《建置志·仓库》)。这些善堂大多建于道光朝,或者在道光朝改建、扩建。故光绪《松江府续志》卷五《疆域志》说:"善堂之设,所以佐吏治之不及,然见于前志者犹无多也。道光以来,郡邑村镇递次兴建,几于靡善不备"。

⑦ 例如在泗泾镇,有明代后期建的3座大型3孔石拱桥,跨泗泾塘,把镇的南北两半部连成一体。

⑧ 康熙二年(1662年)大修府城城墙、城楼,疏浚城河,松江府城焕然一新。其后,雍正中修筑了城河石岸;乾隆间三次分别修筑了西门城河石岸、城东北角城河石岸、娄县地段城河石岸及城上窝铺。道光年间松江府杨承湛督修了雉堞一千九百十一座、窝铺二十五座、炮台二十八座(上海名镇志编辑委员会编:《旧府新城:松江镇》"华亭古城沧桑变迁")。

以极为深刻的印象[①]。据他目击:"定海乃中国之一下邑,……高楼杰阁在在相望,无一茆竹之舍","(学官金士奎家)高门有闶,粉墙四围,……场砌皆布以熟石,无一点土,……屋宇周墙复壁";慈溪县,"沿河村落率皆粉墙石门,极其宏丽,或士大夫游观之所,或商贾贩鬻之场也";曹娥江,"江之两岸皆富商大贾家也,瓦屋粉墙,横亘十余里,高楼杰阁,压临江头。……行十余里,又有一大店,第宅之宏丽,如曹娥江,而户数倍之"。他并总结说:"江南诸郡虽有大小,而其繁华一也。"[②]虽然崔氏没有到过松江府,但松江府是江浙最富裕的地区之一,因此人民的居住条件不会逊于浙东一带。

从近代的记载来看,华娄城乡居民居住条件颇为不错。满铁调查刊登了松江县农村住房的照片,并加说明:"农家住房令人惊异地漂亮。"[③]1991年《松江县志》说在民国时代,"本县旧式住房大多为砖木结构,泥屋、草棚不多";"农村住房多为'三开间、四六撑'式,即四面出檐,分前后进,后进略高于前进。前后进中间有天井,两侧有厢房"[④]。据另外的记载,在20世纪前半期的松江县城,"达官富户宅院,门面有三开间、五开间,甚至更宽的;进深有三进、五进、七进,以至十进。围墙高筑,进与进之间有天井,两侧为厢房。前进大多作客堂、起居用,后进住家眷。厢房供下人住宿及杂作用"。"中、小商人多住'街面房子',临街傍河而筑,临街的多为二

① 崔斗灿在海上遭遇风浪漂流到宁波府定海县,随后被送到北京,从北京回朝鲜。他将在华的见闻写为《乘槎录》一书。

② 转引自范金民:《朝鲜人眼中的清中期中国风情——以崔斗灿〈乘槎录〉为中心》。

③ 南满洲铁道株式会社上海事务所:《江蘇省松江県農村実態调查報告書》,第213页。

④ 1991年《松江县志》,第947页。这种情况并非松江县所独。在毗邻的奉贤县,"居住方面,除滨海一带草屋普遍,其他均为砖瓦,以三开间、五开间较多,中为客堂,东侧为宿舍,西侧为厨房,小屋为牲畜所居,前为堆置农作物之场地,后有竹园掩映,几皆千篇一律"(见民国《奉贤县志稿》卷二八《农民生活之演进》)。

层，底层开店，楼上作卧室；傍水的多为单层，依石驳岸而筑，作厨房、杂作用。……一般市民的住房，结构与样式各异，有一楼一底式、五架梁三开间式、三开间二厢房式等，大多比较低矮。抗战前，大多单家独院，自为门户”[①]。

19世纪初期华娄经济状况较民国时代为佳，因此城乡人民的居住条件当不低于民国时代的标准。这里将一个农户的住房以一院三间（砖房）计。19世纪初期松江府城居民居住条件，则以农村住房情况计[②]。

城乡居民在住房方面的贫富差别甚大。据吴建华对常熟邹氏住房情况的研究，在太平天国之前的和平时期，苏、松一带富人的人均住房面积为普通民众的3—8倍[③]。同时，富人住房的单位造价也比普通民居高。19世纪初期华娄地区的情况，应当与此相差

① 1991年《松江县志》，第947页。要指出的是，在一般人印象中，松江城镇人民住房十分拥挤，但正如1991年《松江县志》（第947页）所言：“抗战后，屋少人多，往往数家或十数家杂居于一院宅中。”因此住房拥挤是抗战以后的情况。

② 吴建华关于清代江南人民居住情况的研究表明：清代江南盛行砖瓦平房或带木板的阁楼。通常的苏式建筑，一套三间民居，正间1丈4尺，两次间1丈2尺，共开间3丈8尺；内四界1丈6尺，前后双步共1丈6尺，共进深3丈2尺；总面积共合12方丈1尺6寸。这是普通人家的住宅情况，达官贵人、富商、豪绅等人家的住房面积更大，建筑亦颇为精致考究（见吴建华：《清代江南人口与住房的关系探略》）。

③ 该家族邹耀卿在康熙时迁至洞泾桥立家，因境况还不很好，故尚未有能力建房。到了其子邹公玠时，才首次兴建住房，尔后分授三子，平均每子分得41.28方丈。第三代邹辅侯扩建住房，因不知有几子，无法估算每个儿子平均分得多少住房面积。第五代邹华西“殚精竭虑，减膳节衣，历数十年”，发家致富，到道光时，“以赀雄于其乡”。他再次大规模扩建房屋，共有房屋24间（其中新造10间，扩建7间各1进），分授4子，平均每子得94.72方丈。但第六代邹珏兄弟4人主要从事义庄义田等宗族公益事业上，似乎没有扩建住宅。道光时邹珏分给2子住房仅各47.36方丈。而下一代邹文灏在同治时分家，各子更仅有31.57方丈。与当时普通民居相比较，邹公玠的三个儿子每人平均居住面积为普通民居之3.4倍，邹华西的四个儿子每人平均居住面积为普通民居的7.8倍，邹珏的两个儿子每人平均居住面积为普通民居的3.9倍。即使到了太平天国以后邹氏已走向衰落的时期，邹文瀚之子的平均居住面积也为普通民居之2.6倍（见吴建华：《清代江南人口与住房的关系探略》）。

不大[①]。

二、房屋价格

城乡房价差异很大，因此必须分而论之。

1. 农村

由于1820年代华娄农村房价的记载阙如，我们不得不用近代的情况进行推考。

据满铁调查，民国二十五年松江县一农户（No.7农户）建房3间，花费700元（支付瓦费200元）[②]。又，依据费孝通的调查，在1930年代前中期的吴江县开弦弓村，"修建一所普通的房屋，总开支至少500元"[③]。下面，我们对这两条材料进行分析。

依据当时的物价，在华阳桥建一所新房（3间）的费用，可折合米77石，而在开弦弓则为71石。又，依据田价，在华阳桥建造一所新房的费用相当于11.6亩水田的价格[④]，而在开弦弓则相当于

---

① 例如府城内顾氏醉白池园，庭院相接，亭台错落，长廊回环，清泓秀矗。堂、轩、亭、舫、榭、池组成了主体建筑群，有池上草堂、玉兰院、雕花厅、四面厅、束鹿苑、卧树轩等十景，与上海豫园、青浦曲水园、南翔古漪园、嘉定秋霞圃，合为今日大上海地区上海市五大古典园林。

② 南满洲铁道株式会社上海事务所：《江蘇省松江県農村実態调查報告書》，第213页。又，华阳桥又名华阳镇，这里所说的镇是行政单位，包括镇（准确的称呼为华阳坊）以及附近农村，农村人口占大多（见上述《江蘇省松江県農村実態调查報告書》，第11—13页）。

③ 费孝通：《江村农民生活及其变迁》，第93—95页。

④ 据满铁调查，民国二十五年中等水田的田底价为60元/亩（南满洲铁道株式会社上海事务所：《江蘇省松江県農村実態调查報告書》，第62页），因此700元建房费等于11.6亩水田。

16.7 亩水田的价格[①]。因此 1930 年代江南的建房费大约相当于 71—77 石米(兹以中数 74 石计),或者为 1 亩中等水田田底价的 12—17 倍(兹以中数 15 倍计)。

1820 年代华娄农民的住房的建造情况以近代水平计,依照两个时期的田价和米价,我们可以计算出 1820 年代华娄一户农民的住房,造价大约在 180—195 两之谱[②],兹以低数 180 两计。

当然,购买旧房的价格会便宜得多。例如顺治十五年(1658 年),苏州昆山归庄为守墓人出"钱十二缗"赎"瓦居三楹",即按当时银价,赎一套 3 间瓦房民居的支出约合银 10.8 两。乾隆十八年(1753 年)苏州"圩田上瓦屋两间",卖价为银 6 两[③]。这两间瓦屋在"圩田上",显系农民住房。在前一例中,房屋 3 间之赎价,依照当年米价(1.58 两/石),合米 6.8 石。在后一例中,买田间房屋 2 间,依照当年米价(1.73 两/石),仅合米 3.5 石。

2. 城镇

由于没有 1820 年代华娄的房价记载,这里我们从清代中期苏州城市房价的记载出发进行讨论。这些记载主要是以下诸条:

a、乾隆二十八年,苏州的潮州会馆购买楼房 15 间(有门面 1 间),价 1,010 两[④],平均每间 67 两。

b、乾隆三十年,苏州的潮州会馆购买平房 3 间(无门面,由其

---

① 费氏言田底价为每亩 30 元(见费孝通:《江村农民生活及其变迁》,第 205 页),因此 500 元建房费相当于 16.7 亩水田。

② 一所房屋的价格相当于 74 石米的价格,依照 1820 年代的米价,合钱 21.6 万文,合银 180 两。又,一所房屋的价格相当于 1 亩中等水田田底价的 15 倍,1823—1834 年华娄田底价为 13 两,依照上述比例,为 195 两。

③ 方行:《清代江南农民的消费》。

④ 乾隆四十六年《潮州会馆碑记》(收于苏州历史博物馆编:《明清苏州工商业碑刻集》,第 340—345 页)。

他店铺出入），价 160 两[①]；平均每间 53 两。

c、乾隆三十七年，杭州旅苏人士在苏州关东北桃花坞，购得房屋一所作钱江会馆，“凡为楹者计一百三十有奇”，“以白金七千二百两易之”[②]；平均每间（即每楹）55 两。这样的大房舍，通常拥有可观的附属建筑和空间（如门厅、亭子乃至备弄、院落、围墙等）。

d、道光二年，东越会馆在苏州十一都三十四图三腊湾买下房屋一所，计 34 间，又披厢 6 间，备弄 2 条，亭子 1 座，价银 1,500 两[③]；平均每间 37.5 两，备弄、亭子尚未计在内。

从这些实例可以看到，苏州城内（a、b 例）的房价，显然高于城郊（c、d 例）的房价。在 a、b 两例中，购买的房产仅只包括房屋，没有附属建筑，同时这些房屋看来不大，所占空间也比较狭小[④]。而在 c、d 两例中，购买的房产不仅包括房屋，而且还包括各种附属建筑和空间。如把这些也计入，则 c、d 两例中每间房屋的平均价格要降低不少。换言之，就每间房屋而言，a、b 两例中房屋价格比 c、d 两例中的房屋价格高。导致这个差别的主要原因在于地价：由于城郊地价比城内低，因此房价也较低。

1820 年代松江府城的房价不详，这里我们从此前和此后的记载来看。

乾隆五十年，在知府杨寿楠的倡导下，地方绅士公呈请建云间书院，“适旧坊图有官房一百八楹，据娄县（知县）谢庭薰准绅商孙

---

① 乾隆四十六年《潮州会馆碑记》（收于苏州历史博物馆编：《明清苏州工商业碑刻集》，第 340—345 页）。

② 乾隆三十七年《吴阊钱江会馆碑记》（收于苏州历史博物馆编：《明清苏州工商业碑刻集》，第 19—20 页）。

③ 道光二十五年《吴县为东越会馆房契失慎烧毁给示勒石碑》（收于苏州历史博物馆编：《明清苏州工商业碑刻集》，第 272—273 页）。

④ 在 a 例中，仅有 1 间门面，而在 b 例中，连门面也没有。

顺元等捐库纹银一千三百两,请买为书院"[①]。因此云间书院校舍的购置大约用了 1,300 两银,平均每楹 12 两。但是这些房屋位于华亭县西门外的旧坊图,不在城内,而且显然是旧房,因此房屋价格比城内房屋或者新房价格低。同时,这次购买是官府出面购买官房,因此买价可能低于正常交易中的价格。

咸丰十年重建松江府署,同治十一年重建提督署,每楹屋的造价为府署 30 两,提督署 164 两[②]。因此城内官府的建筑,每间造价在 30—164 两之间。在相邻的上海县,嘉庆十二年旅居上海的浙绍商人购买楼房一所作为会馆。"浙绍各店,捐出本资足钱五百六十千文,绝买小东门外二十五保七图十铺、海关南首郑姓市楼房一所,随屋基地,东至大街,西至顾屋,南至汪屋,北至顾屋。在于郑同懋名下,收册过户。浙绍公捐,将房招租,除完粮白之外,余为中秋酧愿之用,源源承理。"[③]按当年的银—钱比价(1:1,065),合银 525 两。此处所言市楼房,应即商业用房,且不带附属建筑。该所楼房有房间多少不详,如以 10 间计,则每间房价当为 50 两多一些,与上面的 a、b 两例的情况相似。

因此我们可以得出如下结论:在 1820 年代的华娄地区,农村一套新建住宅(3 间住房以及附属建筑)的价格大约为 180 两。农家最大的经济支出为造房,合家省吃俭用,积多年之财,用于一旦[④]。这种情况古今皆然。在府城,每间房屋(旧房)价格也大约为 50—60 两。这里将城镇一般居民的住房以农村居民情况计。

---

① 乾隆《娄县志》卷八《学校志·书院》。

② 光绪《松江府续志》卷八《建置志》:咸丰十年重建松江府署,"计共屋一百六十八楹,用银五千一百余两";同治十一年重建提督署(原注:在府治西南)"共屋二百二十余楹,计用银三万六千两"。

③ 《上海县为浙绍各店公捐中秋会告示碑》,收于上海博物馆图书资料室编:《上海碑刻资料选辑》,第 207 页。

④ 1993 年《上海县志》,第 1075 页。

这里还要注意的是富户的住房。如上所述，一户富户住房的面积为一户普通居民住房面积的3—8倍；同时，富人住房的单位造价也比普通民居高得多，这里将富户住房的造价以普通居民住房的5倍计[①]，即合900两。

三、房屋的建造与维修

19世纪初期华娄的房屋大多数是砖木建筑。由于木材和砖瓦价格昂贵[②]，因此建造房屋费用不菲。建造新房是人民生活中的重大事件，一家人需要进行多年努力，才能积蓄起建房所需的资金。同时，建造房屋的主要材料之一的木材，难以经受长时间的风雨和水火的考验，经不住白蚁、老鼠的啃食，而且容易遭受火灾的破坏[③]。康有为在游历了欧洲后说：中国的建筑"以木为主，而砖瓦为从"，"架木既难久，架一毁坏，而砖壁随之"，"一星之火，数百年之古殿巍构，付之虚无"[④]。因此房屋寿命不长，不仅需要不断重建，而且还需要经常性的日常维修。

1. 民居

这里，我们首先要看看房屋寿命，因为它们与民居建造有密切关系。

19世纪中叶到中国旅行的西方人指出：一般情况下，中国人的

① 此数尚不及上述3—8倍之中数（5.5倍），因此当不致高估。

② 参阅李伯重：《江南的早期工业化（1550—1850年）》，第219—224页。

③ 火灾是木构建筑致命的缺点之一，"竹木皆为酿火之具，而周回无墙垣之隔，宜乎此屋延烧，势不可止，此事理之必然"（毛奇龄：《杭州治火议》），"设一不慎，则数十百家同时煨烬，从无一二家即止者"（徐珂：《清稗类钞》，第191页）。

④ 康有为：《欧洲十一国游记二种》，第115—121页。

住宅“在使用时间的设计上不超过主人自己的寿命”①。但据长年从事江南民居研究的建筑学家陈志华的观察，江浙农村一般住房可维持3代人（大约60年）时间②。兹从陈氏之说，假定更新期限为60年。为了保持原有的房屋数量，每年必需建造为现有住房总数1/60的新房。

此外，由于人口增加，必须为新增加的人口建造住房③。为子女建造新房，是江南人民生活中的重大事件，一家人需要进行多年努力，才能积蓄起建房所需的资金④。但是如本书第二章所言，由于本书只涉及一个很短的时期，人口增长的问题姑且忽略，因此因为人口增加而引起的房屋建造，也不在这里讨论的范围之内。

房屋建造好交付使用后还需维修⑤。在1930年代前中期的吴江县开弦弓村的农民住房，每年维修费为新房造价之2%⑥。但是

---

① 马森：《西方的中国帝国观》，第339页

② 此系陈志华对本书作者言。陈系清华大学建筑学院教授。

③ 陈志华对本书作者言：按照江南农村习俗，通常是长子继承祖业，并为次子建造新房，使之得以结婚后搬出别居，因此每代人都需建造新房。

④ 这一点，在清初海宁寒士陈确之母的一段话里表现得非常清楚。她在晚年对陈确说：“尔家故无四壁，尔父先拮据营内川二进，又并得三四房破屋四间，以昏尔兄弟，以三四房并自立局故也。尔父至四十九岁，始出海买木，构中厅、前厅及墙门侧屋共二十间，约费二百余金，计今日为之，且不下五六百金矣。”（见陈确：《陈确集》别集卷一一《先世遗事纪略》“父觉庵公”（第531—532页）。

⑤ 满铁调查引用松江县农民的话说，新房造好后，可能30年不需修理（南满洲铁道株式会社上海事务所：《江蘇省松江県農村実態調査報告書》，第213页）。但事实上，小修理还是经常要的，如果农户自己“不会泥水工，要请泥水匠修屋，大凡来相助一天半天的，均按一天回报；……欠一天泥工，还二天农工”（见上海松江网：《松江农业经济文化简史》）。不过由于花费一般不多，而且所用材料往往在建房时已经备好以后遇到损坏时随时更换（陈志华言），因此往往被忽略。

⑥ 费氏说：“房屋是由城镇的专门工匠来修建的。……修建一所普通的房屋，总开支至少500元。房屋的使用寿命根据维修情况而异，难以做出肯定的估计。每隔两三年必须把房屋的木结构部分重新油漆一遍，部分瓦片要重新铺盖，诸如此类的维修费用每年平均为10元。”（费孝通：《江村农民生活及其变迁》，第93—95页）每年维修费为新房造价之2%。

光绪十五年上海县重修万寿宫,年维修费为造价的 1%[①]。这里我们姑定所有房屋每年维修费均为房价之 1%。

2. 工商业用房

华娄城乡拥有大量的工商业以及服务业用房(如厂房、店铺、仓库等)。因资料匮乏,这些用房的建造与维修费用均无法计算。

3. 公共建筑

华娄的各类公私所有的公共建筑物,不仅数量众多,而且单个规模较大,造价较高,因此建造费用也相当可观。在府城,咸丰十年重建松江府署,“计共屋一百六十八楹,用银五千一百余两”;同治十一年重建提督署(原注:在府治西南)“共屋二百二十余楹,计用银三万六千两”;光绪二年至八年重建水利通判署(原注:在柘林城),“先后糜钱一千七百缗有奇(原注:始于光绪二年七月,讫于八年三月,先后费银千两有奇)”[②]。仅这几次兴建就耗银达 42,200 两之多。市镇上公共建筑不少,建造开支也不小。例如在华娄,由于是水乡,需要建造数量众多的桥梁,而据邻近的朱家角镇上幸存的《重建放生桥记》[③],嘉庆十六年夏竣工于该镇的放生桥,建造费用高达 11,200 两。各种公共建筑的建造费用平摊到每年,即相当于折旧费。

---

① 据《巡道龚照瑗碑记》(收于民国《上海县续志》卷二),“价银二万五千八百九十五元三角六分,由苏松太兵备道分年捐廉;岁修费由北天后宫地租划拨,计钱每年四十千文正”。光绪十五年银—钱比价为 1 两∶1460 文,十六年为 1 两∶1,530 文,兹以 1 两∶1,500 文计。银元以 0.73 两计。因此除去地价 3,544 银元,造价为 22,351 银元,值钱 33,527 千文。年维修费为 40 千文,为造价的 1%。

② 光绪《松江府续志》卷八《建置志》。

③ 朱家角镇为青浦县和昆山县合辖。此碑立于嘉庆十七年十一月,现仍在该镇,保持基本完好。本书作者于 2008 年 9 月 5 日拍摄。

公共建筑的维修费也很可观。华娄二县的县学在道光十一、二十四年和光绪三年维修过。其中道光二十四年维修,“工度材合士民之资,凡用万余千缗”;而光绪三年维修,则用钱 2,966 千文[①];依照当时的银—钱比价[②],分别合银 5,880 两和 1,854 两。如果以维修年限为 15 年计[③],则道光时每年县学的维修费应为 390 两。府学的维修费如亦以此计,则官学的年维修费合计 780 两。

附录 10 贸易量

清代中国的贸易主要有农村集市贸易、长途贸易和城乡间贸易三种[④]。本附录所讨论的 19 世纪初期华娄的贸易,包括城乡间贸易、跨地区贸易和地方贸易。城乡间贸易不仅包括由乡到城的贸易,而且也包括由城到乡的贸易;跨地区贸易包括所有发生于华娄与华娄之外地区的贸易,相当于上述的长途贸易[⑤];地方贸易则包括发生于农村地区内部的贸易和城镇地区内部的贸易,而以农村集市贸易为主。

一、城乡间贸易

在城乡间贸易中,尽管货品只是被运输很短的距离,但其性质

---

① 光绪《松江续府志》卷一七《学校志》,光绪《华亭县志》卷五《学校》附《知府练廷璜记略》。

② 道光二十四年银—钱比价为 1∶1,727,光绪三年为 1∶1,510。见本书附录 3。

③ 华娄二县县学在道光十一年和二十四年都维修过,因此维修年限应在 15 年以内。

④ Dwigh Perkins: *Agricultural Development in China, 1368—1968*, p. 112。对外贸易与国内长途贸易在性质上相同,可以说都属于区外贸易。

⑤ 尽管华娄的跨地区贸易主要是与周围地区(特别是苏州和上海)之间的贸易,但依然不同于本地贸易。

与下面要讨论的地方贸易不同,而与长途贸易有相似之处①。

1820 年代华娄的城乡间贸易量,可以用当时城乡人口和他们对主要产品的消费量来计算。我们已知当时的城乡人口数(城镇人口 22 万,农村人口 34 万)和当时主要产品的人均消费量②,由此即可算出当时城乡人民对这些产品的消费量(表附 10-1)。

表附 10—1 1820 年代华娄城乡消费(部分产品,实物)

		农村		城镇		城乡合计
产品	人均消费量	人口(万人)	消费量	人口(万人)	消费量	总消费量
米	2.7 石	34	91.8 万石	22	59.4 万石	151.2 万石
肉	33 斤	34	11.2 万担	22	7.3 万担	18.5 万担
蛋	7 斤	34	2.4 万担	22	1.5 万担	3.9 万担
鱼	10 斤	34	3.4 万担	22	2.2 万担	5.6 万担
油	9 斤	34	3.1 万担	22	2.0 万担	5.0 万担
盐	11 斤	34	3.7 万担	22	2.4 万担	6.1 万担
酒	20 斤	34	6.8 万石	22	4.4 万石	11.2 万石
棉布	2.2 匹	34	74.8 万匹	22	48.4 万匹	123.2 万匹

根据当时的物价③,我们可以计算出这些产品的价值(表附 10-2)。

① Dwigh Perkins:*Agricultural Development in China*, *1368—1968* ,p.112。
② 本书附录 17、附录 16。
③ 本书附录 4。

表附 10—2 1820 年代华娄城乡消费(部分产品,价值)

		农村		城镇		城乡合计	
产品	单价	消费量(实物)	消费量(价值)	消费量(实物)	消费量(价值)	总消费量(实物)	总消费量(价值)
米	2.33 两/石	91.8 万石	214.0 万两	59.4 万石	138.4 万两	151.2 万石	352.3 万两
肉	10 两/担	11.2 万担	112.0 万两	7.3 万担	73.0 万两	18.5 万担	185 万两
蛋	10 两/担	2.4 万担	24.0 万两	1.5 万担	15.0 万两	3.9 万担	39.0 万两
鱼	7.5 两/担	3.4 万担	25.5 万两	2.2 万担	16.5 万两	5.6 万担	42.0 万两
油	6 两/担	3.1 万担	18.6 万两	2.0 万担	12.0 万两	5.1 万担	30.6 万两
盐	1.67 两/担	3.7 万担	5.7 万两	2.4 万担	3.7 万两	6.1 万担	9.4 万两
酒	4.67 两/担	6.7 万石	31.2 万两	4.3 万石	20.2 万两	11.0 万石	51.3 万两
棉布	0.38 两/匹	74.8 万匹	28.4 万两	48.4 万匹	18.4 万两	123.2 万匹	46.8 万两
合计			459.4 万两		297.2 万两		756.4 万两

这些产品大部分产自农村,有一些(如油、酒、盐、豆饼等)产自城镇,因此城乡之间必须进行贸易。这些产品各自的产量与消费量,在本书第三、四、六、七各章和附录 16 已进行讨论。上述各种产品产量与消费量的城乡分布,均依据附录 5 所得的城乡人口比例(22∶34)计算。其这些都毋庸再讨论,故兹不赘。但是大米和棉布的产量与消费量,有关章节和附录所言情况较为分散,因此这里还需作一小结:

大米:据本书第六章和附录 7,华娄的大米总产量为 153 万石(90 万亩×1.7 石/亩),单价为 2.33 两/石,因此总价值 356.5 万两。消费量为 151.2 万石(56 万人×2.7 石/人)。其中城镇消费量为 59.4 万石,价值 138.4 万两;农村消费量为 91.8 万石,价值 213.9 万两。

棉布:据本书第七章和附录 17,棉布(坯布)总产量为 500 万匹,单价为 0.38 两/匹,价值 190 万两。其中城镇产量为 50 万匹,价值

19万两;农村产量为450万匹,价值171万两。本地消费量为123万匹,价值46.7万两。其中城镇消费量为48.3万匹,价值18.4万两;农村消费量为74.7万匹,价值28.4万两。加工棉布(色布)总产量为123万匹,单价为765文/匹(0.64两/匹),价值78.4万两,全部在城镇生产。由于华娄加工的棉布主要供本地消费,因此消费量与产量相等,为123万匹,价值78.4万两。其中城镇消费量48.3万匹,价值30.8万两;农村消费量74.7万匹,价值41.6万两。

豆饼与豆油:据本书第七章和附录4,华娄豆饼年产量80万担,价格1.67两/担,总值133.6万两;年产豆油6.4万担,价格6两/担,总值38.4万两。豆饼和豆油都产自城镇油坊,原料来自外地。

据此,我们可以推知城乡之间的贸易情况(表附10-3、10-4)。

表附10—3　1820年代华娄城乡生产与消费(部分产品)

单位:万两

品名	产量			消费量		
	农村	城镇	城乡	农村	城镇	城乡
米	356.5	0	356.5	214.0	138.4	352.3
肉	185.0	0	185.0	112.0	73.0	185.0
蛋	39.0	0	39.0	24.0	15.0	39.0
鱼	42.0	0	42.0	25.5	16.5	42.0
盐	0	9.4	9.4	5.7	3.7	9.4
酒	0	51.3	51.3	31.2	20.2	51.3
棉布(坯布)	171.0	19.0	190.0	28.4	18.4	46.8
加工棉布(色布)	0	78.4	78.4	41.6	30.8	78.4
豆饼	0	133.6	133.6	133.6	0	133.6
豆油	0	38.4	38.4	23.3	15.1	38.4
合计	793.5	291.7	1123.6	639.3	331.1	976.2

表附 10－4　1820 年代华娄城乡之间主要商品贸易

品名	流向及数量(单位:万两)	
	农村→城镇	城镇→农村
米	138.4	
肉	73.0	
蛋	15.0	
鱼	16.5	
盐		5.7
酒		31.2
豆饼		133.6
豆油		23.3
棉布(坯布)	28.4	
加工棉布(色布)		41.6
合计	271.3	235.4

城乡合计,贸易额为 506.7 万两,其中城镇入超 35.9 万两。但是应当注意到:第一,上表中仅列出主要商品的一部分,并非全部。还有一些重要商品(如砖瓦等),因无法对其产量与流动量作出较为准确的估计,因此只好从略;第二,在上表所列出的商品中,有一些不完全是农村或者城镇产品①;第三,华娄地主大多数住在城镇,他们佃户交纳的地租被运往城镇供其消费,部分剩余则返销农村;第四,还有一些外来商品(如鸦片、烟草、木材等),是通过城镇流入农村的,从某种意义上来说也可视为城镇商品向农村的流动。如果考虑到这些因素的话,则华娄的城乡贸易情况会与表附 10－4 所表现者有一些出入。

① 例如城镇(主要是市镇)居民也生产其所消费的部分肉蛋。

二、跨地区贸易

华娄生产出来的棉布大部分输往外地，同时华娄榨油业所需的大豆和棉纺织业所需的棉花也需从外地输入。此外，华娄所产之盐还有一些剩余可输出。

从表附 10－4，可得知 1820 年代华娄在主要产品方面的自给程度如下（表附 10－5）。

表附 10—5　1820 年代华娄主要产品自给程度

	总产量	总消费量	剩余	自给率(%)
大米(万石)	153	151.2	1.8	101
棉布(万匹)	500	123.0	377.0	407
大豆(万担)	0	80.0	－80.0	－100
皮棉(万担)	0	5.0	－5.0	－100
盐(万担)	10	6.2	3.8	163

由表附 10－5，我们又可求得 1820 年代华娄跨地区贸易额（表附 10－6）：

表附 10—6　1820 年代华娄跨地区贸易

	输出	输入	单价	输出总值(万两)	输入总值(万两)
米	1.8 万石		2.33 两/石	4.2	
棉布	376.8 万匹		0.38 两/匹	143.2	
大豆		80 万担	1.17 两/担		93.6
皮棉		5 万担	12.50 两/担		62.5
盐	3.8 万担		1.67 两/担	6.3	
总计				153.7	156.1

由此表可见，华娄的输入与输出大致平衡。但是此表未包括一些本书前面章节已经谈到的贸易项目。例如 1820 年代华娄消费的全部鸦片和大部分烟草都靠输入，其消费量据本书第十一章的估计为 35 万两。此外，华娄工业各部门所用的金属以及染料、颜料、桐油、油漆等原料基本上都依靠输入，但无法得知其具体数量。建筑业和造船业所用木材，华娄本地仅可自给一部分，需要大量输入。从本书第七章可知，建筑业购买木材的支出为 31.3 万两，造船业购买木材的支出不详。依照本书第七章的计算，造船业在原料方面的开支约为 17.4 万两。如果木材开支以原料开支的 70%计①，则为 12.2 万两。据此，建筑业和造船业所用木材合计为 43 万两。如果本地所产以 50%计，则输入部分价值 22 万两。兹将鸦片、烟草与木材的输入值作为上表之外所有其他输入值的代表，共以 57 万两计。

据此，输出总额为 156 万两，输入总额为 211 万两，贸易总额为 367 万两，贸易逆差为 55 万两。但是，如果把华娄两县上交给上级政府的赋税 37 万两也作为输出的话，则贸易逆差将降到 18 万两。

三、地方贸易

除了城乡间贸易和跨地区贸易之外，还有农村地区内以及城

---

① 除了木材外，造船所需的物料（即原材料）还有油漆、桐油、铁器（铁钉、铁锚、铁浮动、煤炭、石灰、黄麻、船缆、篷、帆布等（见李昭德：《龙江船厂志》卷七）。这些物料的价值也颇为可观，但是木材仍然是物料中最主要的内容。例如，仅就船壳和桅杆用材而言，建造一艘金水河渔船需要楠木单板 11 丈，杉木单板 7 丈，以及铁钉 50 斤，煤炭 15 斤；而建造一艘一百料战船需要楠木单板 194 丈，杉木单板 21 丈，松木单板 7 丈，桅用杉木 1 根，橹用杉木 2 根，以及桐油 120 斤，黄麻 120 斤，石灰 240 斤，铁钉 217 斤，铁浮动 10 斤，镗打旧料用煤炭 100 斤。无论在哪一种情况中，购买木料的开支都在原料总开支中占有主要地位。

镇地区内的贸易,此处称为地方贸易。1820 年代华娄的地方贸易额,我们以柏金斯的一项估计为基础进行推测。柏氏估计在清朝灭亡以前,在一个市镇内或者两个相邻的市镇之间的小地域内进行的农产品交易,大约占农业产量的 20～30%[①]。由于这个估计包含了市镇之间和以市镇为中心的农村地区的贸易,因此大体上相当于我们所说的地方贸易。19 世纪初期华娄地区的商业化水平大大高于全国平均水平,因此这里取柏氏估计的上限 30%。1820 年代华娄农业总产值约为 831 万两[②],以 30%的比例计,则地方贸易额为 249 万两。

由此我们可以得知 1820 年代华娄的贸易情况为(表表附 10－7);

表附 10—7　1820 年代华娄各类贸易

贸易量(万两)	比重(%)	
城乡贸易	507	45
跨地区贸易	367	33
地方贸易	249	22
总计	1,123	100

简言之,在 1820 年代华娄,贸易总额约为 1,100 万两。尽管这个数字可能低于实际贸易额[③],但是仍然是目前唯一可以得出的估

① Dwigh Perkins:*Agricultural Development in China*, *1368—1968* ,p.136。·

② 见本书第六章。

③ 由于农村内以及城镇内的贸易额无法计算,因此贸易的规模究竟有多大也无从得知。这里我们只能参考 1956 年的情况进行猜测。据松江县政府的统计,1956 年,全县生活资料销售额为 5,114 万元(1991 年《松江县志》,第 499 页)。当年全县人口为 456,286 人,人均销售额为 112 元。自 1953 年秋开始,国家对粮油实行统购统销,并开始对生猪等农副产品实行国家收购(1991 年《松江县志》,第 511、545 页)。如果收购额与销售额相同,则全县人均贸易额应为 224 元,相当于 1956 年城镇工商业者人均工资(443 元/年)的 1/2。1820 年代华娄人口为 56 万,而城乡一般体力劳动者年收入大约为 40 两。如果依照 1956 年的比例,那么贸易总额应为 1,120 万两。

计。柏金斯指出在1910年以前的中国，农村商业的贸易额大大超过长途贸易额①。但是在1820年代的华娄，跨地区贸易额却超过了地方贸易额，占到其时华娄的GDP（1,350万两）的27%。这样的情况，显示出华娄经济对外部市场的高度依赖。

附录11　学校教育

在本附录中，我们将对19世纪初期华娄的学校教育问题作一详细讨论，以此作为正文中有关部分的基础。

一、学校的主要类型及其功能

《明史·选举志》为"学校"下的定义为："学校者，储才以应科目"，即专指为科举考试作准备的教育机构。但是在本文中，对"学校"一词的界定要广得多，把各种传授书本知识的教育机构都称为学校。学校虽然是接受教育的机构，但其形式和功能却往往因时因地而异。因此在19世纪初期华娄的教育进行讨论之前，应当先看看当时当地学校的主要类型。

（一）学校类型

19世纪初期松江府的学校两大类，一类是各类公办学校，包括

① 柏金斯认为：在1910年以前的中国，在一个市镇内或者两个相邻的市镇之间的贸易统治着中国的农村商业。中国农业产量的大约20～30%是在这种有限的地区内被买卖的。只有5～7%的产量被运到100英里之外，另有1～2%的产品出口到国外。见Dwigh Perkins：*Agricultural Development in China，1368—1968*，p.136。

官学(府学与县学)、书院、义学、社学、族学等,另一类是私塾,包括经馆与蒙馆。

1. 公办学校

这里所说的"公办学校",指的是具有"公"性质的各类学校,系由地方政府或者社区、家族等机构或团体出资兴办,招收学生面向一定范围内的所有合格人员[①]。公办学校一般规模较大,财力较为雄厚,有专门校舍,教学设备较为完备,教师薪金较高,学生无须交纳或者仅须交纳少量学费,其中一些人还往往获得程度不等的津贴。

(1)官学

华娄地区的官学,有松江府学和华娄二县县学[②]。这些学校是政府兴建的,教师(学官)是朝廷命官,学生也是具有生员身份的官学生。

(2)书院

19世纪初期华娄有三所书院,即云间、景贤和求忠书院。其中云间书院历史最悠久。嘉庆五年,摄松江府事康基田"以云间书院旧建谷阳门外,城市嚣尘,迁于学宫北,抡材运甓,官无费财,民不知役,未数月蒇事"。康氏又于嘉庆七年"别建景贤书院分课童生"[③]。求忠书院在普照寺西,"道光六年知府陈銮就方正学祠设,分云间书院肄业生员之半,别聘掌教课之"[④]。

---

① 府学、县学、书院在理论上是对全县乃至全府范围内的合格学生开放,而义学、社学、族学则对某一特定范围内的学生开放。

② 二县的县学合用同一校舍,但财政、师生员额则分开。

③ 嘉庆《松江府志》卷四三《名宦传》。

④ 光绪《松江府续志》卷一七《学校志》。

书院旨在"广学校所不及","辅学校所不及"[①],虽是官助民办的学校,但实际上可以是官学的支派[②],从某种意义上可视为"准官学"。其教师是礼聘来的知名学者[③],学生则有生、童二等。生为生员或贡生、监生,童则为童生[④]。

(3)义学、社学、族学

义学、社学与族学,有的是官助民办,但更多的为民办,即一个家族或者一个村子合请一个教师来教育本族或者本村孩童。因此虽然是民办,但也具有"公"的性质。这些学校的宗旨主要是"延师授徒,以广文教"[⑤],并非专为科举。

从梁其姿所作的统计来看,清代前中期华娄二县都有民办和官办的社学和义学[⑥],太平天国战争以后也有关于社学和义学的比较明确的记载。但是在 19 世纪初期,在文献中可以见到的只有"官捐"(即地方官捐助)的云间义学一所,在古亭桥东,建于乾隆二年,学舍前后三进 13 间,规模不小,但是其他情况则不得而知。此外,兴办族学在江南有长久的传统。在华娄的地方志中,明清两代都有兴建义学的记载。到了光绪九年(1883 年),府城有崇文、普照寺、崇真、辅元、辅德堂、全节堂、甘棠、尊亲、龙潭、崇德、同志、乡二图等 12 所义塾[⑦],不过这些义学基本上建于道光中期以后(特别是太平天国战争以后)。1823—1829 年间华娄的义学,在文献中很少

---

① 光绪二十五年《钦定大清会典事例》卷三七五《礼部·学校·各省书院》,乾隆元年谕;柯劭忞等:《清史稿》卷一〇六《选举志一学校上》。

② 王德昭:《清代科举制度》,第 104 页。

③ 例如著名学者姚椿"道光元年举孝廉方正不就,先后主彝山、荆南及郡城景贤书院讲席,皆以实学教弟子"。见光绪《松江府续志》卷二四《古今人传》。

④ 王德昭:《清代科举制度》,第 105 页。

⑤ 《清通考》卷六九《学校考士直省乡党之学一》,顺治十年下。

⑥ Angela Leung:"Elementary Education in the Lower Yangtze Region in the Seventeenth and Eighteenth Centuries"。

⑦ 上海名镇志编辑委员会编:《旧府新城:松江镇》"尊师重教诗礼之乡"。

记载。

由于关于社学、义学和族学的记载太少，因此在本附录中姑将这些学校忽略不计[①]。

2. 私塾

私塾与“公办”学校的差别，首先在于私塾是完全是“私”的性质的学校。这种学校由私人兴办，招收学生基本上是以能否交纳学费为标准。其次，在学校的规模方面，每个私塾的学生人数远少于公办学校。再次，大多数私塾没有专门的校舍，教学活动是在学生或者塾师家里，或者是借用庙宇、祠堂等场所进行。

私塾大致可以分为经馆与蒙馆两种。清初江南学者张履祥说：“世之读书而贫者，为人教子弟，资其直以给衣食，约有二种：一曰经学，则治科举之业者也；一曰训蒙，则教蒙童记诵者也。”[②]根据这个区分，大致而言，从事“经学”教育的私塾为经馆，其塾师为经师；而从事“训蒙”教育的私塾为蒙馆，其塾师为蒙师。

(二)学校功能定位

由于教育目的差异，各类学校在定位上也有本质的不同。

1. 官学、书院

官学和书院主要从事精英教育(即张履祥所说的“经学”教

---

① 刘祥光在对宋代至清代徽州初级教育的研究中指出：(1)族学与社学有很密切的关系，(2)自16世纪以后，社学系统不断萎缩，学生转向私塾或者族学，而到了清代社学、义学最终被私塾全面取代(见刘祥光：《中国近世地方教育的发展——徽州文人、塾师与初级教育》)。这与华娄社学、义学和族学在明代中期繁荣而清代寂无所闻的情况颇为相似。

② 张履祥：《处馆说》，收于张氏《杨园先生全集》卷一八，第545页。

育），以科举考试为目的，培养未来的官员。这种教育需要较长的学习时间和较好的学习条件。其教师必须是拥有进士或者举人功名的人士才能担任，因此张仲礼称之为拥有绅士身份的教师。同时，官学和书院的学生必须经过国家考试、取得生员等资格[①]，并享有颇高的社会地位[②]。

2. 经馆

经馆教育也是精英教育的一部分，或者说是精英教育的初级阶段[③]。因此其教师（经师）基本上必须至少有生员功名[④]，而其学生也必须具有童生资格。

在清代江南，由于科举考试的成功率极低，因此大多数童生最终不能考上生员。考上生员的人，也只有很少的一部分人还会为以后参加科举考试而继续学习，大多数人则不再继续经学学习。

3. 蒙馆

蒙馆主要从事识字教育（即张履祥所说的"训蒙"教育）[⑤]。教育的目的是使受教育者获得起码的阅读能力，以便日后从事工商

---

① 官学学生必须有生员功名，书院的学生则包括生员、贡生、监生和童生，而以生员为主。

② 生员享有不服劳役、与官员分庭抗礼等特权。

③ 即邓云乡说的读书教育与开讲、开笔作文教育等。见邓云乡：《清代八股文》，第55页。

④ 在一些情况下，一些童生也可以教经馆，但这些童生必须是被当地社会认为特别优秀者。

⑤ 这样的区分只是粗线条的。在许多情况下，蒙馆往往也是精英教育的初始阶段的教学机构。

等活动[①]，并在工商等活动中接受职业培训[②]。

从事蒙学教育的学校为蒙馆，教师为蒙师（也称句读师、童子师）。他们与教写八股文的经师颇为不同[③]，这一差别在明清江南人心目中是很清楚的[④]。由于蒙学教育主要以识字为主要内容，因此对蒙师的要求也远比对从事精英教育的学官、山长与经师为低[⑤]，也无须具有功名[⑥]。这些教师与从事精英教育的教师之间，在社会地位方面有天壤之别。接受大众教育的学生也来自社会各阶层，其中有很大部分来自社会下层[⑦]。

由于功能的不同，各类学校中的学生学习时间也有很大差异。

---

① 在《儒林外史》颇有这方面的例子。如第15回中，出身于温州乐清县乡下贫穷之家的匡超人，"自小也上过几年学，因是家寒无力，读不成了"，因此"跟着一个卖柴的客人来省城，在柴行里记账"。在第21回中，芜湖郊外浮桥口开小香蜡店的牛浦郎虽然喜好读书，但也明白"我们经纪人家，那里还想什么应考上进"。在第25回中，南京戏班头鲍文卿送其螟蛉子鲍廷玺"读了两年书，帮着当家管班"，说"他念了两年书，而今跟在班里记帐"。

② 邱澎生：《商业训练与职业教育：十六至十八世纪中国的经济与道德论述》。

③ 这两种教师的差别在宋代已出现，但到了明清分工更为清楚。参阅前引刘祥光：《中国近世地方教育的发展——徽州文人、塾师与初级教育》。

④ 李渔在小说《连城玦》中就很明确地说道："如今世上的父母不知教子之法，只说蒙馆先生是可以将就得的，往往造次相延，不加选择，直到开笔行文之后，用着经馆先生，方才求签问卜，访问众人，然后开筵下榻。"（《李渔全集》第8卷《连城玦》第八回"妒妇设计赘新郎，众美齐心夺才子"）故事中的主人公吕旭，幼时幸得一好蒙师，"那位蒙师把他教到十三岁上，见他聪明日进，文理日深，就对（其父）吕春阳道：'你这位令郎，如今大有进益，可谓青出于蓝了。我这样先生，只好替他训蒙，不敢替他开笔。须要另寻一位经师，替他讲书作文，后来放有出息"。此故事虽然托发生于福建，但李渔在该书中所讲的故事，通常都是江南情事。

⑤ 咸同之际，刘蓉明白指出："乡村中实难得良师。能教时文、不落恒蹊者已是好手；能教人敦品行、务正学者已觉难得。至于学问有渊源、有家数，于义理、考据、词章三家之学皆能穷其源而竟其委，使后生学子听其绪论，有门户可入，有阶级可循，不至迷于所向，而不致汩没于俗学之陋，以锢其灵明、堕其志趣者，则固未可以望诸吾乡之人。"（见刘蓉：《与培基、培后书》）

⑥ 《儒林外史》里那些乡下塾师如周进、范进等都是童生。

⑦ 详见李伯重：《八股之外：明清江南的教育》。

无论精英教育还是大众教育,识字都是第一步[①]。基本上完成识字教育的标准是识得1,000—2,000字[②]。使用"三、百、千"一类启蒙教材[③],出身于上中层家庭的学生,学会一两千字可能需要1—2年左右的时间[④],而出身下层家庭的学生,因学习条件较差[⑤],学会一两千字的过程可能要长一些[⑥]。这里我们以3年为接受识字教育的一般期限。在接受蒙学教育后,学生就要分流。多数人可能再识一些日用杂字,并学习简单书信的写作就结束学业,因此他们的学习时间,总以3年计。另一部分则还要继续接受精英教育,成为"习举业"的"读书人"。这些学生从开始识字("破蒙"或"开读")到

---

① 章学诚说:"童蒙子弟,欲正小学之功,不当先授句读,但当先令识字,……夫积画而后字,积字而后句,积句而后章,一成之理也。"见章学诚:《清漳书院留别条训》。

② 王筠说:"识字为先,不必急着读书。如弟子迟钝,则识千余字后乃能为之讲解,能识二千字,乃可使之读书。"(见王筠:《教童子法》)又,据现代调查,只要识1,000个左右的汉字,就可以大致对付日常生活的需要(参阅李伯重:《八股之外:明清江南的教育》)。

③ 清代最常使用的蒙学教材为《三字经》,全文字数通常在1,140—1,170字之间(见梁其姿:《〈三字经〉里历史时间的问题》)。

④ 王尔敏认为开蒙的期限三个月即可识得数千字,但刘祥光已对此表示怀疑。刘氏认为从常理判断,儿童从句读师读书,时间大约不出一年(参阅刘祥光:《中国近世地方教育的发展——徽州文人、塾师与初级教育》。罗友枝(Evelyn Rawski)认为使用"三、百、千"等蒙书,学童可在一年内认识两千字左右(见 Evelyn Rawski: *Education and Popular Literacy in Ch' ing China*, p. 23)。熊秉真认为在明清中国上中社会家庭,一般是子弟七八岁开始教识字,一两年后识得二千字左右,乃可读书(见熊秉真:《童年忆往——中国孩子的历史》,第92页)。邓云乡也认为在清代中国识字教育的时间大约为1—2年(邓云乡:《清代八股文》,第55页)。不过熊秉真已清楚指出这是中上层社会的人家的情况。

⑤ 下层社会人家的儿童不仅学习条件较差,而且其中有许多人还需程度不等地参加劳动。

⑥ 施国祁诗说嘉道时湖州府南浔镇一带农民子弟入村塾,"三载省仿帖,约略得笔说",然后回家种田(咸丰《南浔镇志》卷二—《农桑》收施国祁诗)。

学写八股文（“开笔”），大约需要十年时间[①]。换言之，基本的识字教育完成后继续学习的时间大约为 7 年，此后还需要学习 6—7 年（兹以 6 年计），才有可能通过考试，获得生员的功名[②]。考上廪膳和增广生员后，照国子监坐监例，应在官学肄业，至下届取进新生入学为满期[③]。换言之，要在官学里学习 1.5 年。此后如果要参加举人和进士考试，还要继续学习多年，不过除少数人在书院学习外，大部分人是自学。在书院学习的学习期限没有严格限制，可能会比在官学中学习的时间长一些。

现将以上情况归纳如下：

表附 11—1　19 世纪初期华娄学校教育基本情况

学校	教育内容	教师	学生	学习时间
蒙馆	训蒙教育	蒙师		2－3 年
经馆	训蒙教育	经师		2－3 年
	经学教育（初级）	经师		7 年

① 齐如山说：“从前小儿读书分三个阶段，六七岁小孩初上学，名曰‘开读’，……十几岁读过一两部经书之后，先生才开始与之讲解，此名曰‘开讲’，十四五岁以上，便开始学作文章，此名曰‘开笔’”（《中国的科名》，收于《中国选举史料》“清代编”，第 1089 页）。王筠说：才高者十六岁可以学文，钝者二十岁不晚。唐彪也说：人生平学问，得力全在从蒙师学、即打基础的十年间，与王筠说 6 岁破蒙至 16 岁学文时间大致相同。在这十年中，四书与本经宜熟，余经与后场宜带读，书法与执笔宜讲明，切言与平仄宜调习，经书之注删读宜有法，然后才可以正式跟经师学作文（唐彪：《读书作文谱》，第 172 页）。邓云乡也指出：清代以科举为目的的精英教育中，“大抵六七岁儿童，进房识字读书，不间断地十年左右，到十六七岁时，就可以读熟五经、四书、神童诗、唐诗合解之类，再读一定数量八股名文，就可以学会写八股文、试帖诗”（邓云乡：《清代八股文》，第 55 页）。换言之，开蒙后，还需要十年才能基本上完成精英教育，故民间称为“十年寒窗”。

② 何怀宏根据张仲礼的统计，认为一般一个童生要得到最高科名，自六岁入学到十五、六岁开笔，约需十年；自此用力约需六、七年得生员，又需六、七年才中举，然后需三、四年成进士。他同时也指出：“这只是平均数，有不少英才可能青年即得科第，这一统计虽主要是依据晚清科举衰落，人满为患时的情况，但它还是有一定普遍意义。”（何怀宏：《选举社会及其终结》，第 317 页）

③、光绪二十五年《钦定大清会典事例》卷三八二《礼部学校诸生考课》，雍正元年下。

续表

	经学教育(中级)	经师	童生	6－7年
书院	经学教育(高级)	山长	生员、贡生、童生	数年
官学	经学教育(高级)	学官	生员	1.5年

二、学校教育的规模

至少从明代起，华娄二县所在的松江府就已是中国教育最普及的地区之一。史称明代中后期的松江地区"人皆知教子读书"，"田野小民，生理裁足，皆知以教子读书为事"，"虽乡愚村僻，莫不置句读师以训童蒙"[①]。到了19世纪初期，教育愈加普及到了下层社会，"男子生五岁至十岁，上学识字，贫者多出就外傅，……或别有生理，亦不费幼学焉"[②]。甚至在农村妇女中，教育也得到一定的普及，因此才产生了诸如朱素仙那样出身乡农之家并为乡村大众写作的弹词女作家[③]。拥有如此众多的教育人口，教育自然在松江府经济中占有重要地位。华娄二县是松江府政治、经济、文化中心之所在，因此较之松江府其他地方而言，华娄地区教育也更为发达。

学校教育的规模主要表现为学校和师生的数量，特别是后者。下面以师生的数量为重点进行讨论。

(一)官学

童生需经县试、府试，送学政院试，方可取录入学为生员。院试

① 嘉靖《上海县志》卷一《风俗》第三，嘉庆《松江府志》卷五《风俗》引正德志，光绪《青浦县志》卷三《风俗》引万历志，乾隆《金山县志》卷一七《风俗》，等等。

② 《金泽小志》卷一《风俗》。

③ 朱系乡农女子，在其作品《玉连环》之末，她题诗曰："词人本是农家子，鄙语芜辞□□□(原缺)。后来倘有希奇事，耕作余暇再及些。"

通常是三年二次，每次考试后录取的学生都有一定的数额(即学额)①。在19世纪初期，松江府学的学额为廪膳生员(简称廪生)和增广员(简称增生)各40名②；华娄二县县学学额为廪生和增生各24名③。府县学合计，共有廪生和增生128名④。廪、增生之外的官学

---

① 张仲礼:《中国绅士——关于其在19世纪中国社会中作用的研究》，第82—84页。关于学额，梁志平认为清代学额指的是府、州、县各级官学录取学生的定额，包括生员与童生(梁志平:《也谈19世纪初期华娄地区的教育产业——与李伯重教授商榷》)，而张仲礼则认为只包括生员)，而且似乎仅限于生员中的廪生和增生。从下引嘉庆与光绪《松江府志》之文来看，确实包括了入学文童与武童(府学学额包括文童与武童各25名，华娄二县有文童共32名，武童共22名，府县合计文童和武童共104名)。但是，我对清代教育史素无专门研究，姑从张氏之说，仅记廪生和增生。

② 光绪《松江府续志》卷一七《学校·师生员额》:“定制:廪膳生四十名，增广生如之，附生、武生无额；岁科试文童二十五名，武童如之。”

③ 嘉庆《松江府志》卷三一《学校志·师生员额》(亦见乾隆《娄县志》卷八《学校志·师生员额》):“大清会典载额设教谕一员，雍正五年江苏巡抚陈时夏奏准分拨奉贤学生童额数后，华亭学廪生十名、增生十名，附生、武生无定额。入学文童十三名，武童八名。乾隆三十九年江苏学政彭元瑞奏裁金山卫学，拨增华亭学廪增生各四名，文武进额各三名”；“(娄县)县初建，分华亭训导领其事，廪、增各分十名。寻设教谕，廪、增各二十名。后析金山县，设教谕如故，廪、增复各分十名，附学生员不限额。入学旧额，岁科两试，各取文童二十五名，岁试并取武童十五名。析金山县学后，文童岁科试各取十三名，武童岁试取八名。乾隆三十八年裁金山卫学，以其额拨各县，娄县增取文武童各三名。”据此，嘉道时华亭县学应有廪生14名，增生14名，附生、武生无定额；入学文童16名，武童11名；娄县县学有廪生10名，增生10名，入学文童16名，武童11名；两县廪生和增生合计各24名。

④ 梁志平指出拙文《19世纪初期华娄地区的教育产业》中，“不明府学学额的分拨，把松江府学学额仅归入华娄两县。……松江府学文武学额应由其所属7县分拨，理论上两县应各占据2/7，考虑到华娄两县人文较盛，即华娄两县分拨府学文武额各8名。如此，华娄两县文额为40名，武额为30名，这应该更接近历史”(梁志平:《也谈19世纪初期华娄地区的教育产业——与李伯重教授商榷》)。这里要指出的是，本附录讨论教育问题，着眼点是为计算GDP，而GDP研究必须遵循属地原则，即所研究地区内的所有单位与人员的经济活动都要计入。虽然松江府学文武学额由其所属7县分拨，但是从本研究的着眼点出发，这些学生都属于华娄地区。正如今日北大、清华这样的学校，学生来自全国(这是由于这些学校招生，实际上也实行某种“学额分配”制度)，但是在今天对北京市教育产业的研究中，所有学生都计入。

生为附学生员[①],其数远比廪、增生大。据乾隆时传教士钱若瑟(Joseph Marrie Amiot)估计,生员总数通常约为廪、增生学额的 20 倍[②]。因此松江府学和华娄二县县学的生员总数,当在 2,500 人左右。由于附学生员通常不需在学校学习,而且其中许多人实际上已就业(如做塾师等),因此本文中姑将其从学生中略去。

清代地方学校各有正副教官 1 人。正者府学称教授,正七品;县学称教谕,正八品;副者统称训导。但教谕、训导只在部分县设置。从地方志来看,清代中期的华娄官学没有设训导。

此外,官学的杂役,府学有门子 3 名,县学有斋夫 2 名,膳夫 2 名,门子 4 名(华娄二县各半);杂役共计 11 名,均由政府给薪[③]。

(二)书院

在 19 世纪初期华娄的三家书院中,云间书院有学生约 70 名,景贤书院 50 人[④],求忠书院的情况大约与景贤书院一样。因此书院学生合计大约 170 人。

清代书院主持者为山长,每院 1 人,总理其事。较大的书院还有副山长、助教、讲书、监院、首事、斋长、堂长、管干等教学行政管理人员,并有相当数量的厨子、门夫、堂夫、斋夫、更夫、藏书楼看守、碑亭看守等勤杂工役。华娄的三家书院的情况不详,考虑到其规模以及官学的情况,姑假定云间书院有助教(或讲书)2 名,门子、斋夫、膳夫各 2 名,景贤、求忠书院则各自有助教(或讲书)1 名,门

---

① 王德昭:《清代科举制度》,第 89 页。

② 张仲礼:《中国绅士——关于其在 19 世纪中国社会中作用的研究》,第 108 页。

③ 乾隆《娄县志》卷六《田赋志》。

④ 光绪《华亭县志》卷五《学校》:"云间书院向额超等三十名,特等四十名,至是(光绪四年)加广各五名;景贤书院向额上取二十名,中取三十名,至是亦各加广五名。"

子、斋夫、膳夫各 1 名。三所书院合计，共有教师（山长、助教或讲书）7 名，杂役 12 名（门子、斋夫、膳夫各 4 名）。

（三）经馆

经馆的学生为童生。19 世纪中期传教士丁韪良（William A. P. Martin）主要依据沿海（特别是广东）若干县份的资料，估计当时中国平均每县有生员 2,000 人，并估计考中生员者仅为童生总数的 1～2%[①]。何怀宏也指出：在清代童生试（即为取得生员资格的入学考试）中，与考者与取中者的比例非常悬殊，平均大约超过 100∶1，而且这种情况在全国各地因文风的差异很不平衡，文风昌盛之邑往往数百人争一学额[②]。江南文教普及、经济繁荣和人口密度均为全国之冠，因此这个比例应当更高[③]。这里姑依全国平均数 100∶1 的比例，华娄二县官学学额 128 名，则应有童生12,800 人[④]。

童生由经师指导。每位经师指导的学生人数，平均只有 3—4 个[⑤]。如以 4 人计，则 1820 年代华娄经师的数量应当在 3,200 人左右。

---

① 张仲礼：《中国绅士——关于其在 19 世纪中国社会中作用的研究》，第 101 页。

② 何怀宏：《选举社会及其终结》，第 259 页。

③ 史载康熙时常熟县“子弟皆游泮而读书，每有司较童子试，辄及千人。”（康熙五十一年《常熟县志》卷一《风俗》）而同时的仁和县唐栖镇，虽然只是一个镇，但是“解句读、服青衿者已百人”（见光绪《唐栖志》卷一俞璈伯：《唐栖行诗序》）。道光时，苏州吴县的生员入学考试，考生近千人。但这一考生数已少于 19 世纪初期。参阅张仲礼：《中国绅士——关于其在 19 世纪中国社会中作用的研究》，第 99 页。

④ 此外还有武童生，其人数依照梁志平的估计，通常约为文童的 1/10（梁志平：《也谈 19 世纪初期华娄地区的教育产业——与李伯重教授商榷》）。这里我采纳梁氏的意见，仅记文童生，原因是武童生应试人数不多。

⑤ 张仲礼：《中国绅士的收入》，第 108 页。

(四)蒙馆

我在本书第十二章中估计 1820 年代华娄成年人口识字率为 30%,即有 10 万成年人在其儿童时代接受过识字教育。要达到这个识字率,每年必须有 4,200 人在 6—16 岁之间曾经接受过识字教育。当时接受识字教育的时间大约为 3 年,因此在校学习的学生人数应为 12,600 人。

进行识字教育的主要机构是蒙馆,但有一些学生也在经馆中接受识字教育[①]。从现有记载来看,一个塾师所教学生的人数,因时因地因人差别很大,少则三数人,多则十来人[②]。一般而言,普通蒙馆每个塾师教的学生较多,而经馆塾师教的学生较少。在经馆中接受蒙学教育的学童亦可归入童生,其人数姑以 3,800 人计[③],其师生比为 1∶4,则经馆中实际教授识字的蒙师数目应为 950 人,他们亦可算入经师。除去这部分学生,在普通蒙馆中接受蒙学教育的学生总数应为 8,800 人。这些蒙馆只为教识字,兹以每个蒙师教 10 个学生计,需要 880 位蒙师。

---

① 精英教育的起始阶段也是识字教育,故识字教育的塾师也包括了一部分精英教育的塾师。但由于这些教师地位特殊,与一般蒙师颇有不同(参阅下引《吴门袁氏家谱》卷八《世范二》所言),因此在此未将他们归入普通蒙师。

② 例如苏州王晋阶在 1802—1841 年的 40 年间,是一个有 100 多名学生的塾师。而常州李氏族学的塾师,学生通常为 3—4 人(见张仲礼:《中国绅士的收入》,第 89、100 页)。在王氏的例子中,如果一个学生从王氏学习的时间为 2 年,平均每年有学生 5 人;如果为 3 年,则有学生 7.5 人;如果为 5 年,则有学生 12.5 人。

③ 童生总数为 12,800 人,平均学习时间为 10 年,头三年为识字教育,因此在经馆中接受识字教育的人数应为 3,840 人。但是由于有一部分学生在接受完识字教育后不能继续学业,因此接受识字教育的学生的总数应当大于上述数字。

表附 11—2 19 世纪初期华娄各类学校数量与师生人数

学校种类	学校数量	教师人数	学生人数
官学	3	3	232
书院	3	7	170
经馆	3,200	3,200	12,800
蒙馆	880	880	8,800
合计	4,086	4,090	22,002

＊仅计廪膳、增广生员及文童、武童。附学生员(2,500 人)未计入。

因此经师与蒙师合计，总数当在 4,000 人左右①，其中经师以 3,000 计，蒙师则以 1,000 人计②；在校学生总数则在 2.2 万人左右。

依照表附 11－1 的分类和表附 11－2 中的学生人数，可以计算出华娄地区在学学生总受教育的年数(表附 11－3)：

表附 11—3 19 世纪初期华娄在学学生学习年数

学校种类	学生人数	平均在学年数	在学总年数
官学	232	1.5	348
书院	170	2	340
经馆	12,800	10	128,000
蒙馆	8,800	3	26,400
合计	22,002		155,088

平均下来，每个学生受教育的年数为 7 年。

---

① 据 19 世纪人管同说，在一个州县中通常有几千个塾师职位(管同:《说士》卷二八。参阅张仲礼:《中国绅士的收入》，第 89 页)。因此对于华娄这样的地区来说，两县合计共 4,000 人并不会高估。

② 这个比例与张仲礼对全国塾师中绅士与非绅士的比例所得出的结论颇不一致(见张仲礼:《中国绅士的收入》，第 106 页)，我认为是华娄地区的特点所致。

三、教育的投入

教育的投入主要由三个部分组成:(1)校舍的建造与维修费用,(2)书籍与文具的购置费用,(3)教师的薪金。此外还有官学生的津贴等。下面我们对华娄地区的各类学校的开支问题进行讨论。

(一)官学

关于府学与县学的收支情况,地方志中有较为详细的记载。兹据此进行分析。

1. 支出

官学的日常支出,主要包括在校舍与设备方面的开支、教师与杂役的薪金、学生津贴三个主要部分。

(1)校舍与设备:松江府学和华娄二县县学,校舍都颇为宽敞宏大。府学占地49亩,县学则占地35亩。府学与县学内的建筑大体差不多,有大成殿、崇圣祠、文昌祠、魁星楼、尊经楼、名宦祠、乡贤祠等。这些建筑的修建和维护费用数量十分可观。例如华娄二县县学在道光十一、二十四年和光绪三年进行过维修。其中道光二十四年维修,"工度材合士民之资,凡用万余千缗"(兹以11,000缗计);而光绪三年维修,则用钱2,966千文[①];依照当时的银—钱

① 光绪《松江续府志》卷一七《学校志》,光绪《华亭县志》卷五《学校》附《知府练廷璜记略》。

比价[①],分别合银 6,765 两和 1,824 两。如果以维修年限为 15 年计[②],则道光时每年的维修费应为 390 两。如果府学的维修费亦以此计,则官学的维修费合计 780 两。

校舍内需要起码的教学设备(如桌椅板凳)和相当数量的藏书。购置这些也需要相当的经费。

(2)教师薪金:国家制定的官学教师薪金标准为:府学教授俸银 45 两,养廉银 200 两,俸米 45 斛。县儒学教谕俸银 39 两,养廉银 60 两,俸米 40 斛[③]。华娄地区府学教授 1 人,县儒学教谕 2 人,合计银 443 两,米 125 斛。按照清代的规定,一斛为五斗。因此米 125 斛合 62.5 石;依照 1820 年代的米价计,合银 144 两。银米合计为 587 两。

(3)杂役薪金:府学有门子 3 名,每名工食银 7 两;县学有斋夫 2 名,膳夫 2 名,每名工食银 12 两,门子 4 名,每名工食银 7.2 两;共计 97.8 两[④]。

(4)学生津贴:官学生中,廪膳生员可享受政府提供的津贴,每名 4 两[⑤]。华娄地区府学和县学有廪膳生员 64 名,津贴供 256 两。

以上各种薪金与津贴合计为 940 两。加上校舍维修费用 780 两,共约 1,720 两。这里我们要强调的是,这个数字未包括学校的其他许多开支(如桌椅、书籍、膏火及笔墨纸张费等的购置费)。如果加上这些,总开支要比 1,720 两更多。

---

① 道光二十四年银—钱比价为 1∶1,727,光绪三至六年平均值为 1∶1,627。见本书附录 3。

② 华娄二县县学在道光十一年和二十四年都维修过,因此维修年限应在 15 年以内。

③ 嘉庆《松江府志》卷二五《田赋志》。参阅黄惠贤、陈锋主编:《中国俸禄制度史》,第 541 页。

④ 乾隆《娄县志》卷六《田赋志》。

⑤ 乾隆《娄县志》卷六《田赋志》。

2. 收入

府学和县学教师、杂役的薪金及学生津贴都由政府支付。此外，官学还有一些收入，主要来自学田。乾隆六年清查学田，结果是"府学原有田一千二百十七亩，除拨奉、金两邑学田共八百三十一亩四分七厘零归入府学外，尚计不敷田三百八十五亩五分零，应于华娄二县学田之内均匀拨给。第查华邑现存学田仅止六百四十四亩有零，似难再请分拨，惟娄县学田现有一千五十余亩，较之华邑为数尚多，应请于县邑学田之内拨田三百八十五亩五分零，造册移交府学经管。如此则府学原有田亩既可足数，而华娄二邑田各相等亦不致有偏枯矣"[①]。乾隆二十八年确定府学学田为 717 亩，华亭县学学田 502 亩，娄县 514 亩[②]；三者合计 1,733 亩。按照下述嘉庆十六年云间书院的田地收租数量(0.5 石米/亩)计算，1,733 亩学田每年应收租 867 石，按照嘉庆十四至十六年三年米价平均值[③]，合银 2,306 两。当时的田地税率大约为每亩 0.44 两[④]。1,733 亩学田应纳税 763 两。因此，官学学田的年收入大约为 1,560 两，而日常性支出则为 1,700 两。

这里有两点要指出：

第一，除了学田的收入外，府学和县学还有一些非日常性的收

① 嘉庆《松江府志》卷三〇《学校志·学田》。

② 嘉庆《松江府志》卷三一《学校志》。这里说的学田，指除散佚及拨分外实存田。

③ 嘉庆十四、十五、十六年的米价分别为 2.95 两、2.63 两和 2.41 两，平均 2.66 两。

④ 嘉庆《松江府志》卷二一《田赋》。嘉庆十五年华娄二县田地准熟田 970,739 亩，共科平米 314,610 石；但实征米 114,576 石，银 118,903 两(包括折色银 113,321 两，随征羡耗 5,582 两)，平均亩征米 0.12 石，银 0.12 两。按照嘉庆十四至十六年三年米价平均值，米 0.12 石合银 0.32 两。米、银合计，亩征税 0.44 两。

入，主要是官私捐赠及政府拨款[1]，多用于对特定项目（如校舍的大修、书籍的购置等）。因这些收入和支出都非日常性，因此姑不计。但我们可以认为，连同学田收入一同计算，官学的收支大致相抵，兹以 1,700 两计。

第二，除了正式的薪金外，官学教师和杂役还有其他各种额外收入。张仲礼估计清代学官的额外收入平均大约为每人每年1,500两银[2]，为上述府学教授和县儒学教谕薪金平均数的 8.7 倍[3]。兹依照张氏的估计，则学官的收入应为 5,087 两。上述官学中门子、斋夫、膳夫三种杂役的工食银平均为 8.7 两/人[4]，但事实上他们的主要收入是得到社会认可和政府默许的各种"陋规"以及其他的各种非法收入。从各种来源所获得的总收入无从得知，但可以肯定的是高于普通农民，否则吏役就不会被视为一种有利可图的职业了[5]。考虑到官学中的杂役是在"清水衙门"中工作，实际收入比那些在"肥水衙门"中的衙役少得多，在此姑将其平均收入以当时的长工的收入计，亦即 42 两[6]，这应当不会高估。据此，11 名杂役的收入为 462 两。因此，学官与杂役的实际收入合计5,549 两。

维持官学正常运转的日常开支为 1,700 两，而教师和杂役的实际收入为 5,500 两，合计 7,200 两。兹即官学每年实际开支之数。

---

① 例如娄县的童生试卷田，就是乾隆六十年原任直隶保定府通判周厚基捐娄田 30 亩而设立的。见嘉庆《松江府志》卷一六《建置志・公建》。

② 张仲礼：《中国绅士的收入》，第 39 页。

③ 府学教授俸银 45 两，养廉银 200 两，县儒学教谕俸银 39 两，养廉银 60 两。二者平均 172 两。

④ 府学门子每名工食银 7 两；县学斋夫与膳夫每名工食银 12 两，门子每名工食银 7.2 两；三者平均 8.7 两。

⑤ 见本书附录 14。

⑥ 见本书附录 14。

(二)书院

19世纪初期华娄三所书院中，景贤书院和求忠书院都是由云间书院分出来的[①]，可以视为云间书院的分院。

1. 支出

云间书院位于华亭县西门外旧坊图，乾隆五十年在知府杨寿楠的倡导下，地方绅士公呈请建。“适旧坊图有官房一百八楹，据娄县(知县)谢庭薰准绅商孙顺元等捐库纹银一千三百两，请买为书院。遂相度形势裁定规模，饬绅士张隆孙、何浦、王璋等，写捐钱一千二百二十一千文，买近东民房，改造大门，修葺斋厨预备用物。”[②]1,221,000文，依照乾隆五十年(1785年)的银—钱比价(1∶985)[③]，合银1,240两。因此仅只是校舍的购置和修葺费用就约为2,500两。

书院有相当数量的藏书。其中云间书院于乾隆五十二年建成后，娄县知县谢庭薰捐钦定五经、十三经注疏、通志堂九经解及廿三史诸书共五千余卷[④]。因此购买书籍亦所费不赀。

云间书院山长的修金，光绪初年为每年120千文，此外按季致送每节节敬8千文，三节合共钱24千文[⑤]，修金与节敬合计144千

① 光绪《娄县续志》卷七《学校志》：“求忠书院：……道光六年知府陈銮分云间书院肄业生员之半于其中，别聘掌教课之。景贤书院：……嘉庆七年知府康基田……别聘掌教，以课云间书院肄业童生于此。”

② 乾隆《娄县志》卷八《学校志·书院》。

③ 见林满红：《嘉道钱贱现象产生原因——“钱多钱少”论之商榷》。

④ 乾隆《娄县志》卷八《学校志·书院》。

⑤ 光绪《娄县续志》卷七《学校志》。

文。这 144 千文,按光绪元年至五年的银—钱比价(1∶1,550)[①],合银 93 两。但这是太平天国战争后严重萧条时期的情况。在太平天国战争以前,山长的修金要高得多。张仲礼依据广东的情况估计,清代书院山长平均收入为 350 两银,而南京、苏州等的一些大书院的山长的收入更在 1,000 两上下[②]。苏、松在清代一向并称天下最为富庶的两府,云间书院是松江府最重要的书院,因此其山长的收入也不会比江浙地区的其他大书院山长的收入少,景贤、求忠书院山长的收入则可能会少一些。书院教师(包括助教或讲书)以及杂役的收入都没有记载,难知其详。这里,我们粗略地估计云间书院山长的修金为 1,000 两,景贤、求忠书院山长的收入均为 500 两,助教(或讲书)的收入以经师计,为 100 两,而杂役的收入按照官学杂役的情况计,为 42 两。这样,3 名山长,4 名助教(或讲书)和 12 名杂役的总收入为 2,900 两。

此外,书院的日常开支及学生津贴(称为"膏火费"),为数也不少。在道光时期的华娄邻近地区,有一些这方面的记载。道光十一年嘉定县令保先烈为该县当湖书院筹集经费[③],募捐"得钱七千余千文,分存典商盐商钱铺三处,按一年十个月一分生息。拨典中三千千息,为诸生乡试、举子会试路费。其四千余千息,作月课膏火之费"[④]。亦即其"月课膏火之费"为每年 400 余千文,依照 1820

---

① 光绪元年上海银—钱比价为 1∶1,660,光绪六年为 1∶1,440,中数为 1∶1,550。见本书附录 3。

② 张仲礼:《中国绅士的收入》,第 93—94 页。

③ 当湖书院坐落在嘉定孔庙青云桥堍,初名兴文书院,清雍正初年创建,乾隆二十年更名应奎书院。乾隆三十年嘉定知县杜念曾因钦慕清康熙二十四年任嘉定知县的陆陇其善政善教的卓著治迹,修葺应奎书院,增建讲堂,并取陆的出生地浙江平湖县的别称"当湖"为院名。

④ 保先烈:《当湖书院经费碑文》(撰于道光十一年),收于上海博物馆图书资料室编:《上海碑刻资料选辑》,第 491 页。

年代银—钱比价(1∶1,200),合银330余两。又,嘉定县的震川书院[①],道光八年动工,至道光十一年竣工,占地11.7亩,拥有所捐学田826.8亩。该书院建成后,"嗣因膏火等费不敷,又续劝捐钱五千二百八十余串"[②]。膏火等费为5,280余千文,合银4,400两。按照当湖书院的情况,膏火费存典生息,一年十个月一分生息,则每年有利息440两。换言之,一个书院一年的日常开支和学生津贴,大约在300—400两之间。这两个书院是"县级"和"县级"以下的书院,其规模肯定远不及"府级"的云间书院,但可能与景贤、求忠书院相当。

太平天国战争后,华娄地区的书院面临严重财政困难。"寇乱后当铺闭歇,无从究核。同治八年知府杨永杰详拨华亭鼎丰当、娄恒升典月捐钱每月各二十千文,青浦三典月捐钱每月各四千文,光绪三年增设三书院小课,以旧准拨归,各典月捐一半充小课经费"。又,"光绪四年知县杨开第,详准每岁于钱粮漕米公费内,提钱三百千为云间、景贤两书院肄业生童加广名额膏火(原注:云间书院向额超等三十名、特等四十名,至是加广各五名;景贤书院向额上取二十名、中取三十名,至是亦各加广五名)。五年学政夏同善捐发库平银五百两,由县发交典商领运生息,充云间等三书院经费"[③]。换言之,光绪初年三所书院的每年日常经费,合计约为钱360千文和银60两[④],另有钱30千文,为云间、景贤两书院肄业生童加广名额20名的膏火费。以上各项共计钱396千文和银60两。按照光

① 该书院位于安亭镇,"介居昆山、嘉定之间,又与青浦接壤,其地不过视汉一乡聚,而名特著者,则以明太仆归震川先生所居故也"(梁章巨:《安亭镇新建震川书院记碑》,收于上海博物馆图书资料室编:《上海碑刻资料选辑》,第489—490页)。

② 陶澍:《嘉定县捐建书院折子》,收于《陶澍集》,第350—351页。

③ 光绪《松江府续志》卷一七《学校志》。

④ 按照年利率12%计,500两银年息为60两。

绪三至四年的银—钱比价[①]，钱 390 千文合 260 两银。因此各项合计 320 两银(或 480 千文钱)。但是从下述讨论可见，19 世纪初期云间书院每年利钱收入为 1,208,982 文，为光绪初年三所书院的经费的 2.5 倍，因此三所书院在 19 世纪初期每年的经费，应当大大高于光绪初年的经费。

2. 收入

云间书院拥有大量的田地，嘉庆十六年达到田 2,130 亩，荡 1,054 亩，收租米 1,048 石，豆 35 石，每年应征折租钱 141,482 文[②]。以嘉庆十四年至十六年三年的平均价格计，租米 1,048 石，合银2,788 两，每年应征折租钱 141,482 文，合银 129 两[③]，合计2,917两[④]。嘉庆二十三年和道光元年，又分别得到捐赠田 504 亩和 19 亩[⑤]。按照上述比例，可收租合银 685 两，与前项收入合计，共3,602 两。云间书院还常常收到大量捐赠，到嘉庆十六年时，捐赠总数达到银 10,627 两，钱 10,020,325 文，洋钱 12 元[⑥]。这些钱，依照当时的银—钱比价，合银 9,110 两[⑦]。捐款交典生息，一分起息，按月支给膏火[⑧]。月利一分，年利 1,093 两。可见，就云间书院而言，嘉庆十六年的田租和捐款利息两项收入，每年就达到

---

① 光绪三年为 1∶1,510，光绪四年为 1∶1,420(见林满红：《嘉道钱贱现象产生原因——“钱多钱少”论之商榷》)。兹以 1∶1,500 计。

② 嘉庆《松江府志》卷三〇《学校志・学田》。

③ 嘉庆十四、十五、十六年的银—钱比价分别为 1∶1,065、1∶1,133、1∶1,083 见林满红：《嘉道钱贱现象产生原因——“钱多钱少”论之商榷》)。兹以 1∶1,100 计。

④ 豆的数量不大，兹从略。

⑤ 光绪《重修华亭县志》卷五《学校》。

⑥ 嘉庆《松江府志》卷三一《学校志》。

⑦ 嘉庆十三、十四、十五年的银—钱比价为 1∶1,040、1∶1,065、1∶1,133。兹以 1∶1,100 计。洋钱数量不大，兹不计。

⑧ 乾隆《娄县志》卷八《学校志》。

4,695两(兹以4,700两计)。我们可以把这笔收入视为维持该书院正常运转所需要的总费用(包括薪金)。

景贤、求忠二书院的收入情况,光绪《娄县续志》说"求、景两院师生修脯、膏火一切经费,皆统于云间书院"[①]。这里虽然说的是太平天国战争以后的情况,但鉴于嘉道时地方文献中未有任何关于此二书院的田产、捐赠等记载,因此我认为这两所书院的经费亦来自云间书院。

华娄三所书院的收入为4,700两。由于书院不是赢利性机构,因此我们可以认为其收入与支出总的来说是相抵的。

(三)私塾

由于地方志中有关记载很少,19世纪初期私塾的投入情况也只能根据其他材料进行推求。私塾教育中的投入基本上是教师的薪金,此外也包括学生学习时使用的书籍、文具和照明费用等,以及教育的场所与设备等。

1. 塾师收入

塾师收入包括正式的薪金(在清代华娄文献中称馆金、束修、修金或修脯钱)和贽见(亦称贽敬)、节礼(亦称节敬)等。但是一般而言,节敬和贽见没有定数。此外,一些外出就聘的塾师,往往住在雇主家,不需支付房租。因此塾师的实际收入比正式薪金要多一些。

张仲礼指出清代塾师的薪金,在名塾师与普通塾师、有绅士身份的塾师与没有绅士身份的塾师之间差别颇大[②]。又,张氏引用19

① 光绪《娄县续志》卷七《学校志》。

② 张仲礼:《中国绅士的收入》,第101页。

世纪末传教士米勒(Martin Miller)的报道,说中国教师的日收入约为一般劳动者的2.5—12.5倍[①]。1820年代华娄一个农业长工的年收入为42两,如果按照米勒氏所言的比例,那么一个教师收入最低为105两,最高则达到525两。经君健认为清代教师的束修,地方书院高于义学,义学高于私塾,私塾先生一般束修很低,甚至"菲薄到难以糊口的程度"[②]。可见,在各种教师的收入差别颇大这一点上,张氏和经氏的看法一致,但在私塾教师的收入有多高的问题上,他们的看法则全然不同。

因为记载匮乏,很难确知19世纪初期华娄私塾教师的收入到底有多少。我们在文献中仅看到几条关于18世纪和19世纪中后期本地义学塾师薪金的记载。如乾隆九年知府杨缵绪详定"每年修脯钱六十两";同治七年至八年和光绪二年娄县设立的所有"官捐"的义学的教师,都是"修脯每月六千,由县捐给",而"民捐"的崇德义学的教师,则是"每年修脯四十千文"[③]。据此比例,乾隆时"民捐"义学塾师每年修脯钱应为40两。由于通货膨胀等原因,19世纪初期的物价比18世纪高。因此以银计算的薪金也相应更高。换言之,一般塾师的薪金肯定高于40两。再加上节敬和其他收入,还会更高一些。在19世纪初期,长工收入为42两。塾师的收入肯定高于长工,应当不少于50两[④]。

---

① 张仲礼:《中国绅士的收入》,第101页。

② 经君健:《束修与俸禄》。

③ 光绪《娄县续志》卷七《学校志》。

④ 经君健说清代私塾先生收入菲薄到难以糊口的程度,在某些时期和某些地区,情况应当是这样。但是就19世纪初期华娄地区而言,显然情况并非如此(经氏文章中,也未使用证明清代江南私塾先生收入菲薄难以糊口的材料)。无论如何,私塾先生的收入还是高于农业长工,这应当是没有问题的。从张仲礼引用的一份常州李氏宗谱中所反映出来的情况来看,一个塾师的束修大约为60,000—80,000文,合银50—67两,以及学生家长自愿奉送的"孝敬费"。除了束修,该家族还为塾师提供伙食、书籍和文具(张仲礼:《中国绅士的收入》,第100页)。因此我估计普通熟师收入高于50两,决非高估。

张仲礼估计清代中国有绅士身份的塾师的人均年收入为 100 两银，而没有绅士身份的塾师的人均年收入则不足 50 两银[①]。从一些关于清代江南塾师收入的记载来看，张氏所说没有绅士身份的塾师的人均年收入不足 50 两银是有道理的[②]。但是如果加上节敬和其他收入，应当在 50 两上下[③]。在 19 世纪初期，50 两银为长工收入的 1.2 倍。就塾师与长工在当时社会中的社会地位和生活水平而言，这个比例应当是比较合乎情理的[④]。这里我们姑且采用张氏的估计，即有功名的塾师的人均年收入为 100 两银，而没有功名的塾师的人均年收入以 50 两银计[⑤]。华娄的 3,000 位经师的人均年收入以 100 两计，而 1,000 位蒙师的人均年收入以 50 两计。据此，4,000 位塾师的年总收入为 30.5 万两。

---

① 张仲礼：《中国绅士的收入》，第 101 页。

② 据《儒林外史》第 36 回和第 46 回，常熟县一位乡下塾师虞育德，进学后被一家人包去教书，每年馆金 30 两银，伙食费看来也在内，因此每年节余有十余两。虞育德后来做了官，聘秀才余达到家教儿子，每年修金 40 两，节礼在外。节礼若以修金的 1/5 计（见下注），合 8 两。据此，雍正时常熟塾师的收入在 30—50 两之间。又，据汪辉祖所言，乾隆年间为童子师者"数月之修止数金，多亦不过十数金"（汪辉祖：《佐治药言》范家条）。乾隆十二年汪氏自己 18 岁时应王氏聘，课徒 7 人，"馆修十二缗"（汪辉祖：《病榻梦痕录》乾隆十二年条），依照当时的银—钱比价和米价，12 千钱可折银 15 两，可买米 8 石（参阅经君健：《束修与俸禄》）。但是汪氏自己在王家的伙食大约由主人家提供，同时按照习俗，在这 12 千钱的修金之外还有节礼（如以修金的 1/5 计，应为 2.4 千）。因此他实际上在食宿之外还得到 14.4 千钱，按照当时银—钱比价和米价，折银 18.3 两，可买米 9.6 石。这与虞育德在乡下教书的馆金大致相似。不过这些都是较早时期的例子。

③ 依照前引云间书院山长的例子，修金与节敬的比例约为 5∶1。

④ 按照道光初年华娄的米价，50 两银可买米 22 石。而从光绪初年华娄养济院的生活标准来看，一个 4.5 口之家，如果仅计吃穿两项，最低开支折合米 11 石（详见本书附录 16、17）。当然这只是最低生活水准，乡村塾师家庭的实际生活水准肯定要比这个水准高。除了衣食外，还有住、烧、饮（茶、酒）以及书本、文具等开支。因此 50 两的收入也只能使这个家庭过一种大致温饱的生活。

⑤ 刘祥光指出：尽管张仲礼认为在 19 世纪蒙师的收入较经师的收入少得多，但从许多例子可见，授徒的生涯可以让这些塾师过着还不错的生活。见刘祥光：《中国近世地方教育的发展——徽州文人、塾师与初级教育》。

2. 其他

除了支付教师的薪金外，学生家长还须为学生支付文具、书籍、纸张、照明等费用(此处都归入“膏火费”中)。同治后期兴办的义学，每个学生每年交纳膏火费1,800文，合银1.2两。如果19世纪初期华娄的情况以1.5两计[①]，则2.2万学生每年支付的膏火费，总额达到3.3万两。

教育的场所与设备也是投入的一个重要部分。即使是在学生或者教师家里进行教学，也需要有一间合适的房间和供教学之用的桌椅等。19世纪初期华娄的房租大约为每间每年1.7两银[②]，连上桌椅等设备的折旧费等，总共以2两计。私塾(经馆和蒙馆合计)总数为4,000家，社会在此方面的实际投入即为8,000两。

私塾的各种开支合计，总数为34.6万两。加上书院的开支4,700两，官学的开支7,200两，总共约为35.8万两，此即华娄在教育上的投入。

附录12　地租与房租

在清代苏松一带，土地租佃在农业经营中占有支配地位[③]，而

① 19世纪初期华娄的经济状况，比同治时期好得多。前面也已谈到，华娄的三所书院在19世纪初期每年的经费大大高于光绪初年的经费。因此学生的膏火费，在19世纪初期应当也高于同治时期。

② 见本书附录12。

③ 早在明末，顾炎武就说：“吴中之民，有田者十一，为人佃作者十九”(顾炎武：《日知录》卷一〇“苏松二府田赋之重”条)。到了清代后期，王炳燮仍然说：“苏属自耕者十不及一，佃耕者十不止九”(王炳燮：《毋自欺室文集》，转引自赵靖、易梦虹编：《中国近代经济思想史资料选编》，第404页)。因此在清代的苏松一带，出租的土地大约占全部耕地的十分之九。

房屋出租也相当普遍[①],因此地租和房租在经济中地位之重要也不言而明。但是学界对于房租问题的研究非常有限[②];对于地租的研究虽然不少,但也存在着一些问题,仍有待继续深入[③]。有鉴于此,本附录就地租、房租问题进行一专门讨论。由于1820年代华娄的材料十分有限,因此我们把讨论的时空范围放大到清代中期苏、松两府地区。

一、地租

清代江南佃农主要交纳定额租,在通常的情况下,地租数量为其所租种土地上种植的主茬作物(在大多数情况下为水稻)产量的一半,春花作物则不必交租。这一点,姜皋说得很清楚:"近来每亩不过二石有零,则一石还租,一石去工本,所余无几","此间春熟,无论二麦菜籽,例不还租"[④]。稍后林则徐也说:"吴俗以麦予农,而稻归于业田之家。故佃农乐种麦,不乐早稻。"[⑤]因此一般而言,清代中期苏松佃农交纳的地租,占所佃种土地总产量的40%左右[⑥]。

---

① 清代苏、松城镇中有大量的流寓人口,包括外来劳工、商人和学子,他们大部分都租房居住。同时,也有一些会馆等机构租用别人的房屋。参阅本书第十章及李伯重:《江南的早期工业化(1550—1850年)》,第423—427页。

② 就清代中期而言,我所见到的,仅有方行:《清代江南农民的消费》、张研:《18世纪前后清代农家生活消费的研究》二文涉及房租问题,但是也尚未作深入考证。

③ 例如,本附录重点讨论的问题之一是清代苏、松地租实际征收量的问题。关于这个问题,一些学者在其研究中都已注意到了,但是尚欠深入。我在拙著 *Agricultural Development in the Yangzi Delta*, 1620—1850 第7章中曾进行了讨论,高王凌的新著《租佃关系新论——地主、农民和地租》第2章也对此问题做了集中的讨论。

④ 《浦泖农咨》(29,33)。

⑤ 林则徐:《江南催耕课稻编序》。

⑥ 方行:《中国封建地租率》。

但是我们要注意的是，上面所说的地租只是名义地租（或者契约所规定的地租）而非实际地租。在明代后期以来的苏松一带，虽然名义地租通常为主茬作物产量之半，但实际地租则往往明显低于此。顾炎武在《官田始末考》中说明末苏松两府水稻平均亩产量为2石米[①]，而在《日知录》中说地租为每亩0.8—1.3石米，平均1石，为亩产量之半。但他指出这个数量过高，应大幅度降低，上田不得过0.8石[②]，否则农民无法完租。由此可知，当时苏松地区，农民能够支付的地租量的上限，仅为公认的平均租额的80%。从明末其他江南人士的记述来看，顾氏所言确是事实[③]。

到了清代，这种租分虚实的做法更有发展，成为了政府和人民都承认的惯行方法，因此江南地方志说："照田根立券者曰虚租，有予议折实米数，不论水旱者，曰实租。"[④]不仅如此，在苏松一带，地租折实率比明末又有所下降[⑤]。因此咸丰元年曾国藩在《备陈民间疾苦疏》中说：东南产米之区"每田一亩，产米自一石五六斗，至二石不等。除去佃户平分之数，与抗欠之数，计业主所收，牵算不过

---

① 顾炎武《官田始末考》附《减科议》。顾氏指的是1580年以后的情况。参阅森正夫：《〈官田始末考〉から〈蘇松二府田賦之重〉へ》。

② 见顾炎武：《官田始末考》附《减科议》。该文实际上是顾氏为写作《日知录》卷一〇"苏松二府田赋之重"条所作的准备，因此后书写作时对前书中的若干内容作了不同程度的修正（参阅森正夫：《〈官田始末考〉から〈蘇松二府田賦之重〉へ》）。在前一书中，顾氏提出限制私租，上田不得过1石，但在后一书中，却改为上田不得过0.8石。

③ 例如明末人耿橘大说：常熟田租之入，"最上每亩不过一石二斗，而实入之数，不过一石"。据此，实额约为虚额的83%；又，据陈继儒所说计算地租折实率，约为76%。这些都是上等好田的情况。参阅郑志章：《明清时期江南的地租率和地息率》。

④ 乾隆《乌青镇志》卷二《农桑》。

⑤ 例如据华亭县《张泽作善堂征信录》，道光年间华亭一带，中则田地上的折实率，高者为80%，低者为50%，平均为62%，较上则田地低一些（参阅郑志章：《明清时期江南的地租率和地息率》）。事实上，这个现象不仅限于苏松地区，而是相当普遍的现象。关于清代实际地租征收量下降的问题，参阅高王凌：《租佃关系新论——地主、农民和地租》第2章。

八斗”。

太平天国战争后，李鸿章等人在苏松一带整顿田租，虚实租的问题更加浮出水面。李氏幕僚、苏州人王炳燮说：“（苏州）实收租米，多者不过五六成，少者才及三四成。是所谓租额，不过纸上虚名。”稍后苏州本地学者陶煦就地租问题写出了著名的《重租论》，说：“顾亭林《日知录》言吴中私租之重，窃尝读而叹焉，不谓今之私租有更甚于亭林所言者，请案实而详论之：……（佃农）一岁仅恃秋禾一熟耳。秋禾亩不过收三石，少者止一石有余，而私租竟有一石五斗之额。然此犹虚额，则以八折算之，小歉则再减。迨同治二年，朝廷从合肥李伯相之请，下诏减赋，苏松减三之一。于是田主声言减租以虚额之数，亩减三斗。故向止一石二斗而无增者。”[①]换言之，在 1853 年太平军到江南以前，名义地租为每亩 1.5 石，但这只是“虚额”，实际交租时“例以八折算之”[②]，亦即实际地租仅为 1.2 石，为名义地租的 80%。

由上可见，在清代的苏松两府，实际地租通常只是名义地租的 80%或者 80%以下。至于在灾年，则实际交租量比一般情况下交付的实际地租更少[③]。因此姜皋说“一石还租，一石去工本，所余无几，实不足以支持一切”，是有所夸大的[④]。事实上，《浦泖农咨》所涉及的 1823—1833 年是一个被称为“暗荒”的时期[⑤]，实际交纳的地租肯定比名义地租低得多。即使“例以八折算之”，原为 1 石的地租实际上也只是 0.8 石。1820 年代华娄的水稻平均亩产量为 1.7 石[⑥]。名义地租以其半计，再“例以八折算之”，为 0.68 石，兹以

① 陶煦：《租核》“重租论”。

② 陶煦：《租核》“重租论”。

③ 参见下文所述的近代情况。

④ 如果实际地租确为 1 石，则亩产量应为 2.5 石。见本书附录 7。

⑤ 《浦泖农咨》(10)。

⑥ 见本书附录 7。

0.7石计。这个估计也可从现存的零星记载中得到证实①。

又,据费孝通1930年代在吴江县开弦弓村所作的调查,田底价为每亩30元,而地租为每亩4.2元(或米2.4蒲式耳,约0.84石)②,即地租为田底价之14%。按照本书附录4的计算,1820年代华娄地区的田底价为13两,地租每亩0.7石,按照当时米价,合银1.6两,即地租为田底价之13%。这两个比例相差不很大,可见上述推算结果是合理的。

上述情况一直延续到近代。据满铁调查,在近代的松江盛行"减租惯例",1938年该县西里行浜等村普遍减产,租米全部以实租的七折纳③。另外的民俗调查也表明:在20世纪上半叶的松江县农村,若逢灾年歉收,地主经佃农请求,踏看地头,经同意,可在当年酌减租额④。这些做法都是清代习俗的延续。

二、房租

在清代苏松地区的地方志和会馆资料中,可以看到有官府、学

---

① 例如,按照嘉庆十六年云间书院的田地收租数计算,华娄学田地租的实际征收量仅为每亩0.5石。见本书附录11。

② 费孝通:《江村农民生活及其变迁》,第205页。

③ 南满洲铁道株式会社上海事务所:《江蘇省松江県農村実態调查報告書》,第64页。

④ 上海松江网:《松江农业经济文化简史》:"租额在佃农向业主或拥有使用权的农户承租时议定,议定时,除租佃双方外,另有中人、保人、保正、写纸人(即书写契约者)参加。租额议定后,各人在契约上画押盖手印,然后由承租人备酒菜请在场各位用餐。若逢灾年歉收,地主经佃农请求,踏看地头,经同意,可在当年酌减租额。但有种称为'铁板租'的,不论丰歉,租米一粒不能少。佃农与地主平时并无往来,有的佃农甚至未见过地主的面,彼此间的联系由保正承担,逢荒年,由保正向地主报荒,讲情,请求减免租米,但佃农得向保正送礼。"

校、会馆、善堂等出租房屋的记载，而房租也成为学校、会馆和善堂的一项重要收入[①]。然而，关于房租的记载极少，使得我们对于这项重要收入的具体情况的了解几乎是空白。

方行在其对清代江南农民生活水平的研究中，引用了两条乾隆时代苏州农村房租的材料[②]。兹将方氏所引材料胪列于下，进行分析。

> 乾隆十六年(1751 年)，苏州翁凤揆，租"在田瓦屋一所，共计七间"，"每年租金四两七钱"，"内扣除修理一两一钱，实还租银三两六钱"。
>
> 乾隆十八年(1753 年)，苏州顾雅亭租"瓦房三间半，该每年屋租银一两六钱正"，"内免屋租银四钱，作每年修理之费"。
>
> 此两项房租，均系"随租米一并交清"，可知系佃农居屋。

首先，从上述材料可以得知，乾隆十六年翁凤揆所租 7 间房，扣除维修费用后，纯租金为 3.6 两；乾隆十八年顾雅亭所租三间半房，扣除维修费用后，纯租金为 1.2 两。换言之，在乾隆前期的苏州农村，一间住房的年租金大约为 0.4—0.5 两银。那么，这个结果是否过高或者过低呢？下面我们用其他地方的租金记载来做一比较。

谈迁于康熙十一年(1672 年)北上路过淮河时，得知该地农村房租一般价格为："壬子，西渡走田间。……淮人检约，故云淮贫。滨河多苫舍，或瓦其内，盖瓦屋一楹，岁征一两五钱，苫舍只一钱五分。凡兵船、炮、船贡船，其至络绎，负米肩货，咸瓦舍之是任。一

---

① 例如苏州的潮州会馆将自己所有的十六所"市房"出租赚取"租银"，单以乾隆四十九年的房租收入来算，该年"租银"收入即达 1,435 两(苏州历史博物馆编：《明清苏州工商业碑刻集》，第 341—343 页)。又如到了民国时代，原松江府辖下的川沙县的善堂至元堂，房租仍然是重要收入来源之一(见王大学：《清末民初江南地方慈善组织的经营实态——以川沙至元堂为中心(1895—1927)》)。

② 方行：《清代江南农民的消费》。

瓦舍岁且费数金，故苫舍之以避徭也。近秦御史世祯痛裁之，稍苏。"[①]淮河沿河一带，人民一向比较贫苦，加上清初战乱之后，商旅稀少，因此房价肯定低于乾隆时代苏州农村的租金。但即使在此时的淮河沿岸，瓦屋一楹，每年租金尚且达到 1.5 两。因此上述乾隆十八年苏州顾雅亭所租三间半房，每年房租支出约为银 1.6 两，除去维修费 0.4 两，净租金为 1.2 两，应当只是乡下很低的房租。

其次，从上述材料我们还可以看到：在乾隆时代的苏州农村，维修费大约为纯租金的 30%。按照我的计算，在 1820 年代的松江府首县华亭与娄县地区，房屋的年维修费大约为造价的 1%[②]。如果依照上述乾隆时代苏州农村的惯例，房租以维修费的 3 倍计，则年租金为造价的 3%[③]。

在 1820 年代的华娄地区，农村一套新建住宅（3 间住房以及附属建筑）的价格大约为 180 两[④]。如果依此计，则 1820 年代的华娄地区农村一套新建住宅的年租金为 5.4 两，大大高于乾隆十八年苏州农村的 1.2 两。之所以如此，一则由于 1820 年代的华娄农村的租金是按照新建房屋来计算的，而乾隆十八年的苏州农村的租金则是按照旧房来计算的；二则因为这两个时期的物价差别很大。例如乾隆元年至十八年江南平均米价为 1.89 两[⑤]，而 1820 年代江南米价平均 2.33 两[⑥]，亦即后者比前者高出大约 1/4。因此在乾隆

---

① 谈迁：《北游录》，第 16—17 页。

② 详见本书第七章及附录 9。

③ 按照这个比例，出租房屋大约 33 年可收回投资成本（维修费不计）。而房屋的寿命大约为在 60 年左右（本书第七章及附录 9），因此出租房屋是有利可图的。

④ 本书附录 9。

⑤ 据 Yeh－chien Wang："Secular Trends of Rice Prices in the Yangtze Delta，1632—1935"表 1.1 中数字计算。

⑥ 见本书附录 4。

十八年的苏州农村，租金 1.2 两可买米 0.63 石；而 1820 年代的华娄农村，租金 5.4 两可买米 2.31 石。换言之，以米计，1820 年代华娄农村房租为乾隆十八年苏州农村房租的 3.7 倍。考虑到上述这些因素，这两个时期和地区不同的农村住房的租金有颇大不同，是可以理解的。

上面所说的是房屋造价与房租之间关系，房价与房租之间的关系是否也是这样？由于缺少记载，尚难得知。在没有其他方法可用之前，这可能是了解清代江南房租与房价之间关系的唯一方法。依照上述房屋的年租金为房价的 3%的比例，可以逆推出乾隆十八年苏州佃农顾雅亭所租三间半房的房价应为 40 两。揆诸王家范所谈及的清初昆山“最低标准”的农村贫民居宅房价为 12 千文（据当时银—钱比价约合 10.8 两银）的情况[①]，我们可以说这样的推算还是有道理的[②]。

在 19 世纪初期的华娄城镇有大量的外来人口，他们大多数租房居住。城镇地价较高，因此房租明显高于农村[③]。

关于华娄城镇的房租，我发现的唯一一条史料是关于乾隆时期华亭县学出租房屋的租金的记载：“房屋五间一披，租银三两七

---

① 王家范：《明清江南消费风气与消费结构描述》。

② 大致而言，从顺治三年（1646 年）到十八年（1661 年）间，松江米价上下波动很大，有贵至四两一石，也有每石米价银止八钱，甚至六七钱的。大体而言，相对正常年成的米价应当在 1 两左右（参阅岸本美绪：《清代前期江南の米價動向》）。因此清初昆山的 3 间破旧房屋价格相当于 11 石米，而乾隆十八年苏州农村三间半旧房的房价相当于 21 石米，应当说是合理的。

③ 如乾隆十一年徽州“史佑孙租三间屋地基竖造住屋一堂，每年交租九五银三钱五分”，亦即租三间屋地基，每年还房地基租银 0.35 两（转引自张研：《18 世纪前后清代农家生活消费的研究》。以下徽州房租的情况，亦转引自张文）。此外，由于地段位置不同产生的级差地租的差异，经济繁荣的苏松地区的房租，也高于较为偏僻的皖南徽州的房租。例如，乾隆四十八年徽州租楼房 1 进计 2 间，“每年交租钱一千文”，合银 1 两。据此，每间每年租金 0.5 两，与苏州农村的每间每年 0.5 两的租金相似。

钱”。[①] 这笔租金是年租还是月租不详。雍正时苏州踹匠每人每月需给包头三钱六分银的房租和家伙费[②]。一个踹匠住房的月租金为3.6钱，年租金即为4.3两，依照乾隆《华亭县志》修成时间（乾隆五十七年，1791年）前10年（1781—1790年）米价的平均值（1.89两/石）[③]，月租金合米1.9斗。这些踹匠都是单身的外地劳工，居住条件较差，很可能是两三个人合租住一间房屋。由此推测，上述华亭县学出租房屋的租金也应为月租金，年租金44.4两。依照上述乾隆初年的米价（1.89两/石），44.4两可购23.5石米；而按照1820年代的物价，23.5石米值银54.8两。县学出租房屋为5间一披，因此平均每间房屋的年租金大约为10两，合米4.3石。如果是两三个人合租一个房间的话，则每人每月支付的租金为2.8—4.2钱（中数3.5钱），依照当时的价格，合米1.2—1.8斗（中数1.5斗）。由此可见，如果以米计，1820年代松江府城内房屋的租金与一个世纪前苏州城内房屋的租金颇为一致，因此我们这里所作的估计是比较符合实际的。

在1820年的华娄，大多数单身商人和学子即使只租住一个房间，年租金也达10两。不少商人有家眷或者仆人一起居住，其租住的房屋就不止一个房间了。在同治时的上海县城内，一个三四口之家租房的月租金大约相当于1石米[④]。依照1820年代华娄的价格，相当于年租金28两，按照上述1820年代的房租标准（每间

---

① 乾隆《华亭县志》卷七《学校·学田》。

② 引自《宫中档·雍正朝奏折》第16辑，第747页，雍正八年七月二十五日浙江总督李卫奏。参阅本书附录12。

③ 用Yeh－chien Wang:“Secular Trends of Rice Prices in the Yangtze Delta, 1632—1935”, Table E 1.1中数字计算而得。

④ 胡祥翰编:《上海小志》卷六《生活》:“海上忘机客云:三十年前，余家在（上海）城内，赁屋二幢，月租仅二元。其时……米价最高每石二元余。故三四口之家，月入二十元，尽可敷衍。”海上忘机客是同光时人，1870年代初在《申报》上发表文章（如《后竹枝词》，刊于1872年6月12日《申报》）。因此他所说的“三十年前”，应为同治时。

10 两），可以租两三个房间。由此也从另外一个方面表明上述的估计是符合实际的。

附录 13　利息与利润

利息是资金所有者因借出资金而取得的报酬，利润则是企业从销售收入中扣除成本和税金以后的余额。一般而言，利息是借贷者使用所借资金进行营运而获得的利润的一部分，但是当金融机构的贷款主要是发放给非生产性的活动时，利息也就是利润。

一、利息

在清代江南，经营性贷款活动颇为普遍，许多商铺以及个人都在进行这种活动，但是占有主导地位的是专门的金融机构（包括典当、钱铺、放帐铺等）。同时，不少商人也依靠贷款来从事经营活动①，而这些金融机构是他们获得贷款的主要来源之一。这些金融机构的主要业务是发放贷款和吸收存款，此外也从事货币兑换等工作。

1. 贷款

清代江南的贷款有多种。从是否需要抵押品来看，主要有抵押贷款和无抵押贷款；从贷款的用途而言，有为救生活中燃眉之急

---

① 方行指出：在清代，许多商人是依靠贷款经营的。清人梁章钜已明确指出："大凡贸易，不能悉属现资，时有所称贷于人。"特别是贩运商向大地主、大官僚、大商人"领本"经营者，更不乏人。贷款利息或"领本"行利，一般视商业利润大小、商人信誉、资金紧迫程度等因素而定，高低不等。见方行：《清代商人对农民产品的预买》。

的"生活贷款"和为进行经营活动的商业性贷款;从利率来看,有高利贷和普通贷款;从贷款期限来看,则有短期贷款和长期贷款;等等。这些贷款都存在于19世纪以前的江南。在其中,以抵押贷款、"生活贷款"、高利贷和短期贷款为主。但是到了18世纪,无抵押贷款、商业性贷款、普通贷款和长期贷款逐渐发展起来。到了19世纪前半期,情况更发生很大变化。但是总体而言,在1820年代的松江府地区,这两大类贷款还没有明显的差别,而且前者似乎仍占主要的地位。因此本书在讨论时,也未对贷款的性质进行区分。

典当是清代人民取得贷款的最常见的方式,在人民生产与生活中占有重要的地位。明人方采山说:"质铺未可议逐也。小民旦夕有缓急,上既不能赉之,其邻里乡党能助一臂之力者几乎人哉?当窘迫之中,随其家之所有,抱而趣焉,可以立办,可以亡求人。则质铺者,穷民之管库也,可无议逐也。"[①]到了清代中期,江南农民生活与生产已严重依赖于典业[②]。在1820年代的华娄,这种依赖非常明显,一如姜皋所言:"吾侪之吃苦而无从说起者,莫如债米矣。当开耕急切之时,家无朝夕之储,告贷无门,质当无物,如有肯借以米者,不啻白骨之肉,价之多寡,不暇计也。是以稻一登场,先还债米,非因救急而报德也,为来岁地步也。如有不还,则明年有急,只好坐以待毙。故法不能禁亦以此然。"[③]

除了生活中急需现款时需要求助于金融资本外,商业活动也

① 顾起元:《客座赘语》卷五。

② 黄卬:《锡金识小录》卷一中有一段文字,很好地说明了这一点:在乾隆时的无锡,"乡民食于田者,惟冬三月。及还租已毕,则以所余米舂白而置于囷。归典库,以易质衣。春月则阖户纺织,以布易米而食,家无余粒也。及五月,田事迫,则又取冬衣易所质米归,俗谓'种田饭米'。及秋,稍有雨泽,则机杼声又遍村落,抱布贸米以食矣。故吾邑虽遇凶年,苟他处棉花成熟,则乡民不致大困"。由此可见,农民在秋收后把多余的米送到典铺,取回上年夏天所典的冬衣。到了五月,又把冬衣送典铺,换回所当的米。华娄与无锡在这个方面情况颇为相似。

③ 《浦泖农咨》(35)。

与金融资本发生越来越密切的关系。在长途大宗贸易的资金调拨中，江南与外地之间的私人汇兑业务早已存在。到嘉庆时，这种业务发展到了地区间商业调拨的盛行[①]。道光八年，江苏巡抚陶澍说："苏城为百货聚集之区，银钱交易全借商贾流通。向来山东、山西、河南、陕西等处，每年来苏置货，约可到银数百万两。……自上年秋冬至今，各省商贾俱系汇票往来，并无现银运到。"[②]松江府地区是江南棉布的主要产地，而棉布是江南对山东、山西、河南、陕西等处输出的主要商品之一，因此这种融资活动肯定涉及松江。在晚清，钱庄和票号是从事融资活动的主要金融机构。但是在1820年代的松江府地区，尚未发现票号活动的记载[③]，因此当时进行融资活动的主要金融机构应是钱庄。

2. 存款

清代江南人士已普遍认识到将钱财"空置一处，与生息于人大相悬矣。半年者，六个月也，存款百千，三分得利一十八千，二分得利十二千，一分利亦得六千。有钱人心计之工如此"[④]。因此官私都常将闲置资金存入金融机构生息。

在19世纪初期的华娄，如同在清代江南其他地方一样，官府

① 张国辉：《中国金融通史》，第2卷，第38页。

② 陶澍：《江苏巡抚陶澍为请暂借铜本易换制钱以平市价折》（道光八年四月初八日），收于《陶澍集》。

③ 张国辉指出："大体上认为票号产生于19世纪20年代初，相当于清道光初年"（见张国辉：《晚清钱庄和票号研究》，第15页）。此时票号刚刚出现，其业务尚未扩展到松江。

④ 王有光：《吴下谚联》卷三《有钱弗买半年闲》条。

常常把一些公家钱款存入典铺生息，用利息作为公共事业的开支[①]。地方团体也常将这种存款所获得的利息，作为支持其所兴办的学校、书院、慈善机构等的重要手段。

下面，我们就讨论典当和钱庄的贷款和存款利率。

(一)利率

姜皋说：农民春天开耕时借债米，到了秋天，“稻一登场，先还债米……。其米价如今年者，每石以六千结算，二分起息，将来即遇有收，先须两石还一石矣”[②]。从这段文字可见三点内容：首先，典铺贷款的利率是每月 2 分；再次，农民春耕时节借贷，秋收时还贷，时间大约为 6 个月（农历四月至十月）；最后，由于米价的季节差异，农民常常不得不在秋天用两石还一石[③]。那么，姜皋所言到底是一般情况还是特殊情况呢？下面我们进行讨论。

1. 贷款利率

依照清代法律，放债及典当利率不过 3 分，但在实际生活中，

---

① 例如在华亭县，知县王青莲于道光三年“募义赈钱三万余千，事竣余钱三千千，存典月取利钱十八千文，详定如遇荒歉，止提息钱助赈”。同治七年知县张泽仁“奉文筹办积谷。……至光绪元年，……计七年共收钱五万千有奇。除交董建仓买谷外，余由典商领存生息。…(光绪)四年至七年十二月止，通共收捐钱六万五千有奇，典息二万七千有奇”(见光绪《松江府续志》卷一五《田赋・积储》)。关于这种“交商生息”的“生息银两”，叶世昌认为基本上是低利贷款，但也可视为存款(叶世昌:《中国金融史》第 1 卷，第 567—568 页)。

② 《浦泖农咨》(35)。

③ 在上面的例子中，由于灾荒，加上春天缺粮，因此米价高达每石 6000 文。而到秋收时，米价会下跌，如果收成较好(“即遇有收”)，米价下跌就更多。1823—1834 年华娄米价平均为 3,146 文/石(见本书附录 4)。如果以此作为 1834 年秋收时的米价，那么春天所借的 6,000 文钱，当时只能买 1 石米，而到秋天就能买近 2 石米。可见姜皋所言是很有根据的。

低于三分和高于三分的都有①。叶世昌和黄鉴晖对清代刑部借贷案件进行分析后指出：大多数案件中，利率3分以上者占多数。但是如叶世昌所言，月息3分或者以上应是偏高的，因为利率高容易发生债务纠纷，因此有较多的案件记录②。同时，我们要注意到在清代利率有下降的趋势，到了19世纪前半期，典当月息以2分为常③。此外，民间借贷利率主要依市场需求而定，资金充裕地区借贷利率较低，反之则较高。江南是资金充裕地区，因此借贷利息一向比他处低。

康熙年间江苏常熟的典息为“概行二分”，而嘉庆年间在苏州放私债者，“一两以内，三分取息；五两以内，二分八厘取息；五两以外，二分五厘取息；十两以外，二分取息”④。典业为月利二分，比私放债的利率低，因此刘秋根认为“在鸦片战争前，江苏省典当利息月利2分是最普遍的”⑤。太平天国时期江南典业受冲击很大，战后因典当数量少，供不应求，曾有过月利3分。但到清末时，随着典当数量的恢复，典当利率因市场竞争重新降至2分，甚至有低至1分6厘者，这一利率水平一直保持到1920年代和1930年代⑥。

---

① 封越健：《论清代商人资本的来源》。

② 黄鉴晖：《山西票号史》，第157、158—159页；叶世昌：《中国金融通史》第1卷，第576页。

③ 郝延平指出：“在清代，利息比前代低，典当业的月息在18世纪约为3%，19世纪时2%多一点。低利率主要是由于18世纪山西票号的兴起。它们的良好信用既吸引了大量的私人存款，也吸引了大量官款，两者常为其资本的8—20倍。结果在19世纪上半叶，大城市的利率就大为降低。沿海地区，特别是条约口岸，利率更低。在1825—1844年广州通行利率，‘有最好的担保品，流水帐户月息1%，临时贷款月息一般为2—3%’”。见郝延平：《中国近代商业革命》，第119页。

④ 苏州历史博物馆：《明清苏州工商业碑刻集》，第188—191页。

⑤ 刘秋根：《明清高利贷资本》，第211页。

⑥ 杨勇：《近代江南典当业的社会转型》。曹幸穗也指出：在1930年代的江南，农村高利贷年息一般为15%（曹幸穗：《旧中国苏南农家经济研究》，第184页）。换言之，月息1.25%。

因此，大致而言，1820年代华娄典铺贷款利率为月息2分左右，即《浦泖农咨》所说“月息二分”。当然，在许多情况下实际利率高于2分。特别是如果以复利计的话[①]，按年计的实际利率更高[②]。此外，不同的当铺贷款的利率也不同[③]。不过总的来说，在19世纪初期的华娄地区，典铺贷款利率在月息2分上下。

1820年代华娄钱庄的贷款利率，史籍中没有记载。从稍后关于票号的记载可以得知，在1845年5月至1846年1月和1851年8月至1852年5月两个时期，苏州票号对工商业贷款的月息在4—8厘之间，即年息4.8～9.6%之间[④]。在19世纪中期，票号贷款利率明显低于典铺贷款利率[⑤]。由此推知，在1820年代的华娄钱庄的贷款利率可能低于月利2分[⑥]。但是由于没有1820年代华娄钱

---

① 复利贷款又称“转子”，即将利息转为本金。俗称“驴打滚”。此外还有“印子钱”、“印子银”等名称，在19世纪初期的江浙皖南一带很流行，见叶世昌：《中国金融通史》第1卷，第569页。

② 例如清初松江府一带八旗驻军放的营债，是“每月利息加二加三，稍迟一日，则利上又复起利，有雷钱、月钱诸名，大都借银十两，加除折利，到手实止九两“（叶梦珠：《阅世编》卷六《赋税》），康熙时，则是“每借银十金，一月之利即应二两五钱，且十金止八折”（曾羽王：《乙酉笔记》）。

③ 从近代的情况来看，江南当铺主要由典当与质押两类构成，二者差异甚大。一般说来，典当者资本较大，利息较低、满当期限长，质押则资本较小，利息较高，满当期限短。上海市规定资本额高于三万元方可称典当，低于三万元者为押店，江苏和浙江典当与质押的资本额界限是一万元。上海典当之利率，自一分六厘至二分。押店利息则随当本而高下，凡当本五元以上者，月息一分八厘；五元以下三元以上，月息二分；三元以下一元以上，按期一分；一元以下者，则按期一分五厘，即月息四分五厘也。满当期限上，典当限期18个月，押店限期为6个月。见杨勇：《近代江南典当业的社会转型》。

④ 见黄鉴晖：《山西票号史》，第157、158—159页。

⑤ 黄鉴晖指出：“典当铺月息最高3分，即年利36%，票号最高年息9.6%，比典当铺年息低2.75倍，比民间高利贷利息就更低。在1796—1820年间的刑部286件借贷案件中的利率，月息3分至10分以上者占63.28%，平均月息5分计算，等于年息60%，比工商利率最高高出5.25倍。”（见黄鉴晖：《山西票号史》，第157、158—159页）。

⑥ 如前所言，票号兴起之前，向从事长途贸易的商业机构发放贷款的主要金融机构是钱庄。

庄贷款利率的记载，同时也由于典铺和钱庄之间的密切关系，兹将钱庄的利率以典铺的利率计①。

2. 存款利率

在19世纪初期的华娄，官府常常把一些公家钱款存入典铺生息。这种“交商生息”的“生息银两”，叶世昌指出基本上是低利贷款，但也可视为存款②。因此其利率也可视为存款利率。在19世纪初期的松江府地区，官府“存典生息，按月一分起息”③。后来虽然有波动，但这个规定仍然能够大体维持④。

我们要注意的是，在清代江南，一些工商业发达的城镇，同城的金融机构、商铺与工商业者之间结成了比较稳定的资金供求关系；在一些农村，典当业与农民之间也形成了类似的关系；从而产生了一般贷款利率⑤。同时，由于吸收存款的活动很普遍，从而也形成了一般存款利率。在贷款和存款利率的决定方面，政府起到了重要作用。贷款利率的上限通常有法令限制，而在存款方面，由于地方政府常常是主要存款者，因此存款利率也受到政府干预。从某种程度上来说，这种存贷利率可以视为基准利率。但是与此同时，贷款利率和存款利率又是由市场供求关系决定。贷款利率

① 钱庄与典铺之间的关系非常密切。钱庄对典当放款以当铺实有存架质品作担保，期限一般较长，因此风险较小，可分享比较稳定的利润。在当铺方面，与钱庄建立这种借贷、转押关系，获得可靠的金融后盾。这种关系对双方均有利(2003年《上海金融志》第2篇《解放前金融机构》第1章《典当钱庄票号》第2节《钱庄》)。换言之，典铺通过钱庄获得资本，而钱庄通过典铺获得利润。因此从某种意义上来说可以把二者的活动视为一体。

② 叶世昌：《中国金融史》第1卷，第567—568页。

③ 嘉庆《松江府志》卷三〇《学校志》。

④ 例如南汇县知县陈其元“倡捐钱二千千文，同治七年五月起存典生息，常年一分五厘，光绪元年起减为按月一分”(光绪《南汇县志》卷五《积储》)。

⑤ 参见刘秋根：《明清高利贷资本》，第4、5章。

过低，贷款者就不愿贷款；利息率过高，则借贷者就不愿借贷。同样地，存款利率过低，存款者就不愿存款；而存款利率过高，金融机构就不愿接受存款。受到政府和市场的双重制约，因此出现了一般利率。

（二）利息收入

20 世纪前半期上海典当业的当息，包括利息和手续费，前者通常为月息 2 分，而后者为 1 分[①]。此外，典当和钱庄经营者在进行投资时，除了使用自己拥有的资金外，还使用所吸收的存款，并向他人融资，因此需要支付借款利息。典铺的贷款利率为月息 2 分，存款利率为月息 1 分，则月实际利息率为 1 分，年利息率为 12%。如果使用自己的资金，不需要支付利息，则月实际利息率为 2 分，年利息率为 24%。

二、利润

利润是企业从销售收入中扣除成本和税金以后的余额，分为

---

① 典押两业的当期与当息，在 1937 年 8 月"八一三"事变以前，尚属平稳。"八一三"事变以后，日寇侵占上海，时局不稳，当期一年比一年短，当息则一年比一年高。如 1937 年 8 月典当的当期为十八个月，月息二分，外加手续费一分，押店八个月，月息二分五厘，手续费一分；1940 年，典当当期改为十二个月，月息二分五厘，手续费三分；押店六个月，月息三分，手续费四分；1942 年，典、押两业限期同为六个月，月息三分，手续费五分；1944 年，典押两业期限四个月，月息六分，栈租二分，手续费一角。到了 1948 年，当期期限已缩短到了二个月，月息则上升到了二角五分，栈租四分，另加收手续费一角五分。（见新华网上海频道：《旧上海的典当与押店》）。

毛利润和净利润[①]。简单地说，毛利润为销售收入减去销售成本后的所得，而净利润则为毛利润扣除税金后的部分[②]。由于在本书中我们有意忽略了税负问题，因此所说的利润就是毛利润。

金融业实际收入即利润，上面已经谈过，这里我们讨论农业、工业和商业的利润问题。

在19世纪初期华娄的农业、工业和服务产业中，个体小经营是主体[③]。由于卷入了市场经济，个体经营者也追求利益最大化，因此其生产和经营活动也涉及利润问题。但是总的来说，这种经营主要是为糊口而非发财，同时由于经营规模小，这种个体经营所获利润也很少。但是，由于农业包括了养殖业，总体来看是有一定"利润"的。而在工业第一、二类行业和商业、服务业的个体经营中，由于没有养殖业这样的补充，因此其利润即使有，也十分微小，兹予忽略不计，我们只讨论那些规模较大、以牟利为目的的经营单位的利润问题。

(一)农业

我在过去的论著中，对清代江南水稻生产的投入与产出做过讨论[④]。下面，我在以前的工作的基础上，根据现在新的研究结果，对1820年代华娄农民家庭农场的经营状况作一简述。

---

① 这里所说的是会计利润，不同于经济利润。经济利润等于总收入减去总成本的差额，而总成本包括显成本与隐成本。换言之，会计利润减去隐成本，所余才是经济利润。

② 公式分别为毛利润 = 销售收入—销售成本和净利润 = 利润总额—所得税。

③ 这种个体小经营即遍布城乡的家庭农场、小作坊、小商店、小服务业店铺等。

④ 参见李伯重:《明清江南水稻生产集约程度的提高——明清江南农业经济发展特点探讨之一》、《"桑争稻田"与明清江南农业生产集约程度的提高——明清江南农业经济发展特点探讨之二》、*Agricultural Development in the Yangzi Delta*, 1620—1850，第5章。

1. 农场总投入

在1820年代华娄种植业中，不同作物的亩投入如下：

(1)人工投入

水稻：水稻自耕田至收获，每亩用人工十余个，加上田水排灌(车水)、运送肥料等，共以15个计。人工价格以短工工资计，即200文/日[①]。

蚕豆：种豆不必翻地，只需点播，所需人工很少，收豆所需人工稍多，兹合计以2个计。又，据《浦泖农咨》中的工食费用计算，每亩麦的人工大约为3个。种豆的人工一般不会多于种麦的人工，故以2个计应属合理。

花草：撒子所需人工可忽略不计。收获有两种方式：一是在耕地时将花草翻入土中，因此不需收获人工；一是将花草割下，作为饲料或者用以沤肥。考虑到这些情况，兹将收获人工以1个计。

种豆、收豆和收割花草，劳动强度不大，往往妇女老人都可以做，因此其工价可以长工工资计，即150文/日。

(2)肥料投入

从本书第六章可知，19世纪初期华娄一亩水稻施用的肥料，价格大约为1,890文。蚕豆和花草则通常不施肥，因此肥料开支可不计。

由此我们得到表附13－1：

表附13—1　1820年代华娄种植业的亩投入(文)

作物	肥料	种籽	人工	合计
水稻	1,890	130	3,000	4,900
蚕豆	0	200	300	500
花草	0	230	150	380

① 见本书第十章。

(3)牛力投入

依照本书第六章中的计算，每亩水稻牛力投入的费用为720文，其他作物则通常不需牛力。

(4)农具投入

依照本书附录6中的计算，一个农户每年的农具折旧费和维修费各合钱1,400文，其农场平均规模为13亩，则每亩农田的农具折旧费和维修费各为110文。这些农具使用于所有作物的种植。

将表3-3和表附13-1结合，即可得到表附13-2：

表附13—2　1820年代华娄农场的总投入

作物	播种面积(亩)	亩投入(文)	总投入(文)
水稻	13	4,900	63,700
蚕豆	6.5	500	3,250
花草	2.6	380	990
牛力	13	720	9,360
农具	13	220	2,860
合计			80,160

据此，亩均投入为6,170文①。

2. 农场总产出

从本书第六章可知在1820年代华娄不同作物的亩产出，现将其情况表列如下：

---

① 此外，农户为自己以及其他农村居民使用的大米进行加工(碾米)。依照本书第四章中所述的碾米业工作效率，加工13石米大约需要17.3个专业人工。农家碾米效率较低，所用人工会更多一些。不过这些工作不一定都是由农夫来做(例如碓米常常由农妇承担)，因此人工费用也应当较低。由于此项工作不是农场工作的直接内容，姑且忽略不计。

表附 13—3　1820 年代华娄农场产出

作物	播种面积(亩)	亩产值(文)	总产值(文)
水稻	13	5,170	67,210
蚕豆	6.5	1,800	11,700
花草	2.6	1,800	4,680
合计			83,590

据此,亩均产出为 6,430 文。

比较农场的投入与产出,可以看到每亩净产出仅有 260 文。无怪乎姜皋说:"自癸未大水后,田脚遂薄。有力膏壅者所收亦仅二石,下者苟且插种,其所收往往获不偿费矣。"①农民还需交纳地租,数量为每亩 0.7 石②,合钱 1,960 文。因此每亩实际亏空 1,700 文,整个家庭农场(有田 13 亩)总亏空为 22,100 文。

但是,华娄农业除了种植业外还包括养殖业。在上面的计算中,我们未将养殖业的投入与产出计入农业。依照本书第九章的计算,一个农户平均每年用于养殖业的劳动合计不到 60 个,而且其中有颇大一部分是妇女劳动。兹姑从宽以 50 个长工工作日计,每个工作日的工价为 150 文③,则人工投入为每户每年 7,500 文。一个农户的养殖业的增加值为 23,680 文④,减去人工,余下的 16,180 文即为"利润"。因此,如果把养殖业加入一同计算,则农户的亏空降至 5,920 文。在这个灾荒严重的时期,农业无利可图是可以理解的。当然,如果把地租(共 25,480 文)作为"利润"的话,

① 《浦泖农咨》(9,33)。光绪《松江府续志》卷五《疆域志 · 风俗》在引用《浦泖农咨》的"凡田,须人工自开耕至上场亩须十余工"之语后加按语说:"案:此指高田言。若低田,止二耘二挡,车水亦便工力较省,丰岁获米不逾二石,其所偿亦啬也。"

② 按照本书附录 12 的计算,1820 年代的华娄地租平均为每亩 0.7 石大米。

③ 见本书附录 4。

④ 见本书第六章。

则农户从事农业的总“利润”为 19,560 文,相当于 16.3 两银,或 7 石米。

(三)工业

根据范金民与金文的研究,道光时江南民营丝织业利润率为 22.5%[①]。这是迄今为止我所见到的关于道光时代江南工业资本利润率的唯一估计。这个估计是用丝绸和生丝的价格之差以及工价占丝绸价的 6.67%计算出来的。但是除了工价和丝价外,还有许多其他生产成本及经营开支[②]。如果把这些计入,那么利润率肯定低于 22.5%。

工业的利润率到底是多少,由于史料阙如,无从得知。这里我们只能说应当大体相当于商业的利润率,因为当时江南许多的工业纺织品加工业是由商人经营或者控制在商人手中的[③]。对于工业利润,商人有清楚的比较。如果他们的资本在工业中的收益率明显低于在商业中的收益率,商人可能就不愿投资工业了。

(四)商业

方行在其关于清代商业资本的利润率的开拓性研究中指出:“在不同层次的商业资本中,微观上,个别商人的利润率可以千差

---

① 范金民、金文:《江南丝绸史研究》,第 235 页。

② 如工具、辅料、工作场所等方面的开支。

③ 例如纺织品加工业,就基本上控制在商人(布号、帐房)手中。这是 1950 年代和 1980 年代“资本主义萌芽”研究中的一个重要问题(参阅许涤新、吴承明主编:《中国资本主义的萌芽——中国资本主义发展史》第一卷)。对此问题研究的较新成果,参阅邱澎生:《明清时代苏州城工商业组织的变革》、《由放料到工厂——清代前期苏州棉布字号的经济与法律分析》。

万别，而在宏观上，相同层次的商业资本中，却会形成大体相同的一般利润率。……众多的中小商贩，大致是'逐什一之利'，即年利润率在10%左右。……从事长途贩运或批发、零售的大商人，大致是'逐什二之利'，……年利润率是为20%。特别是长途贩运商人，最为人所称羡。……以粮食贩运商为例，乾隆七年，从江西贩米到江南，'江广米熟，米价每石不过九钱一两不等，则贩米一石，可获利三四钱'。其毛利是30—40%。……在扣除流通费用之后，就可能是20%上下的利润。"①

方氏认为在小零售商业中利润率大约为10%，而在批发或者大零售商业中利润率约为20%。但是这个估计太过笼统，并且他也未说明作此估计的根据。同时，"逐什一之利"是汉代以来关于商业利润率的传统说法，并非清代所独有。又，方氏认为在乾隆初年米谷长途贸易中，扣除流通费用之后利润率可能在20%上下，但未说明这是一次活动的利润率还是年利润率。而这个差别十分重要。邓亦兵已注意到这个差别，指出：通常说"商家为什一之营，锱铢计及"，这可能泛指贩运一般商品的利润率为10%；但贩运不同的商品，利润不同。在乾隆初年米谷长途贸易中，扣除运费、关税后的利润率为25%②。在近代松江县的土布贸易中，扣除搬运费等营运成本后，利润率约为5～8%③。上海、江阴等地的情况也与此

① 以上见方行：《清代商人对农民产品的预买》。

② 邓亦兵：《清代前期的商业资本》。邓氏并举例说：从湖广贩运米粮到江浙，如果每年能运二次以上，商人可得到50%以上的利润。

③ 一般毛利润率大约在7～10%左右，其中装运费大约为2%。扣除搬运费等营运成本后，利润率约为5～8%。详见下注。

相近[①]。

清代中期商业资本的周转率问题，尚未见有人研究。但资本的周转次数对于利润率具有重大影响。邓亦兵指出：贩运一次木材的利润率比贩运一次米粮的利润率高，但是木商每年贩运一次，米商每年贩运二次或三次，其他商品可贩运数次，因此商人最终所获利润差不多[②]。这里我们要指出的是：湖广贩到江浙的米谷长途贸易，一年通常只能进行一次。在余下的时间里，虽然商人仍然可以用手中的资金进行其他的贸易活动，但是利润率可能就比较低了。因此大体而言，从事长途贸易的年利润率应当在20%以上。封越健据徽商万隆号的帐簿，计算出在乾隆十八年至二十一年的三年间，该号经营中商业资本的利润率为57.92%[③]，三年平均，则年利润率大约为20%。与此相反，本地贸易中的利润率通常较低，但是资金周转速度却较快。

从19世纪初期华娄的情况来看，长途贸易中资本周转较慢，

① 在近代松江县，较大的土布号毛利率大约为白坯布7%左右，色布10%左右，放帐13%左右。这些布号的布主要销售给邻县，大都经由航船、脚划船带办，有时脚划船亦须垫付货款，故连同装运费共需扣2%的佣金。在近代上海土布业中，大乡镇的中型布庄，毛利率一般为4～5%（包括约2%的搬运费用），大乡镇中资力较足的布庄，由于减少了上海土布号这一道中间环节，因此利润较厚，毛利率一般达6～7%之间。上海的土布批发字号，毛利率一般为10～12%，信誉特别好者可达15%或者更高。（见徐新吾主编：《江南土布史》，第337—338页）又，20世纪初江阴县的土布商业的毛利率，“一般年岁为10%或者接近此数，虽然还要扣除利息和一切开支，但以销货量大，获利仍丰。同时商人的主要目的还在于从纱价上落中谋取暴利，那就不仅仅是10%了”。徐新吾主编：《江南土布史》，第501页。

② 邓亦兵：《清代前期的商业资本》。

③ 封越健：《论清代商人资本的来源》。

可能是一年一二次[1]。而在本地贸易中[2]，资本周转次数颇不一致[3]。近代松江县所产土布主要由航船运往邻县（青浦、奉贤、南汇等）销售，情况与19世纪初期华娄布匹主要通过水运输往苏州和上海销售相似[4]。由于距离不远，资金容易周转，因此一笔资金一年可以周转多次。如果一年仅周转3次，那么年利润率约为20%[5]。

（五）金融业

典铺和钱庄经营需要付出一定的经营成本[6]，因此其放贷时要收手续费。20世纪前半期上海典当业的当息，包括利息和手续费，前者通常为月息2分，而后者为1分。金融资本的利润是金融业收

---

① 19世纪初期华娄的主要贸易为输出棉布和输入稻米、棉花、大豆和木材（见本书第五章）。这些贸易有季节性，通常一年进行一次。稻米、棉花和大豆通常在秋季，木材在冬春季，而棉布也主要在秋季。（钦善：《松问》："吾闻之苏贾矣，松之为郡，售布于秋，日十五万焉，利矣！呜呼，秋农渴竭，黑且羸，而秋稻熟矣，青不可炊，托命剡缕，三日两饥，抱布入市，其贱如泥，名曰杀庄。"）由于这些贸易在季节上比较集中在秋季，因此从事这些贸易的资本，一年大约仅周转一次。

② 这里说的通过商业机构进行的贸易，主要是城乡贸易。

③ 例如，在米、肉、蛋、水产品、豆饼、盐、酒和砖瓦等产品中，有些（如米、豆饼、砖瓦）贸易有较为明显的季节性，因此就从生产地（或者输入地）到消费地（即从城到乡或者从乡到城）而言，一年贸易一次（米通常在秋收后，豆饼通常在春季，砖瓦通常在冬季）。另外一些产品（如盐、酒、肉、蛋、水产品）贸易的季节性较弱（虽然盐和酒的生产也有季节性，但生产季节较长），从生产地（或者输入地）到消费地的贸易一年中可发生多次。因此，在前面一类产品的贸易中，资本周转率较低，而在后一类产品的贸易中，周转率则较高。

④ 松江县的布匹运到苏州和上海后，再由那里的布商销售到中国其他地方。

⑤ 扣除搬运费等营运成本后的利润率约为5～8%，兹以中数6.5%计；一年周转3次，年利润率为19.5%。

⑥ 特别是典当业，需要大量的房屋贮藏当物，保管、打包等亦须费较多人力，因此所需开支不少。

入减去手续费后的剩余。

据潘敏德估计,清末典当业的投资者每年大约可以获取20%的利润,到了民国大约只有10%[①]。1820年代华娄地区典业贷款利率基本上为月息2分,与清末的水平相似,因此我们可以用清末的情况去逆推19世纪初期的资本回报率。这里姑且以潘氏的估计为据,将1820年代华娄地区典铺、钱庄等金融机构的放贷资金回报率,总体以20%计。当然,如果只使用自己的资金,回报率会高一些,而如果使用借来的资金,则会低一些。在此姑将此差别忽略,一律以20%计。这种资金回报也就是金融资本产生的利润。

这里我们要指出:在19世纪初期的松江府地区,金融市场发育程度还比较低。一方面,像票号那样的大型金融机构尚未出现,钱庄的活动也少见于记载。另一方面,金融资本渗入工业的记载极为罕见,而渗入商业的记载也不很多。由此可知,当时工商业中的营运资本主要是经营者自有的资金或者经营者自行筹措来的资金,而非从金融机构获得的贷款。金融机构的贷款,也主要是发放给非生产性的活动[②]。这种贷款虽然不能称为高利贷[③],但是其回

---

① 潘敏德:《中国近代典当业之研究(1644—1937)》。这是全国的总体情况。杨勇认为:就江南而言,由于典业月利一向比他省低,投资的回报率可能更低。清末以来到抗战前,江南地区典当月利最高仅为2分,合年利24%,扣除各项开支,年回报率不太可能达到20%(杨勇:《近代江南典当业的社会转型》)。但是,如果月息2分加上手续费1分,合年息36%,扣除各项开支和借款利息后,年回报率达到20%左右应当是可能的。

② 如农民在青黄不接时,富人在有急需或者周转不开时,都要求贷于典铺。《红楼梦》中就有不少这方面的描写,例如第53回贾蓉向贾珍道:"前儿我听见二婶娘和鸳鸯悄悄商议,要偷老太太的东西去当银子呢。"第57回写邢岫烟告诉宝钗:"前日我悄悄的把棉衣服叫人当了几吊钱盘缠。"宝钗要替她去赎,问她:"当在哪里了?"她道:"叫做什么'恒舒',是鼓楼西大街的。"第72回写贾琏托鸳鸯偷运一箱金银家伙出来去押银子,等半月光景钱来了,再赎来归还。后面他又对凤姐道:"你们太狠了!你们这会子别说一千两的当头……"

③ 月息2分并非高利率,因此这种贷款也不能称为高利贷。见杨勇:《近代江南典当业的社会转型》。

报率也可以到达工商业的资本回报率,而在资本市场发达的经济中,利率通常低于利润率。因此大体而言,金融业和工商业一样,年利润率都大约为20%。

三、关于资本收益率趋同的问题

从上面的分析可以看到,在19世纪初期的华娄地区,工商业、金融业中的资本收益率相对接近,都大约在20%左右。换言之,这些行业中的资本收益率有趋同的趋向。这个现象,与19世纪初期江南各行业中可能出现平均利润率有密切关系。

关于中国历史上是否有平均利润率出现的问题,学界迄今尚未有定论[①]。就清代而言,邓亦兵认为"存在商业平均利润,等量资本的利润是相等的,每个商人所得到的利润与其投入的资本有关,与贩运什么商品无关,所以市场上各种商品都会有商人贩运"[②]。但是杜恂诚认为清代中国还远未发育成一个统一市场,市场分割表现在信息流动的阻碍和要素流动的阻碍上。信息流动的不畅通,加上缺乏资本的公共社会平台,使得平均利润率很难生成。单就金融业来说,各地利率差异很大,发达地区利率低,但资金偏往利率低的地方走。对于19世纪早期中国是否已出现平均利润率,

① 例如,一些学者(如秦晖)认为早在汉代,就已出现平均利润率;而另外一些学者(如崔晓黎)则认为直到民国时期,江南农村经济中尚未出现平均利润率制衡机制。见叶茂、兰鸥、柯文武:《封建地主制下的小农经济(二)——传统农业与小农经济研究述评》(下)。

② 邓亦兵:《清代前期的商业资本》。

还应进行深入讨论[1]。不过，就华娄这样一个市场经济比较发达而地域范围又很小的地区来说，在19世纪初期出现不同行业中利润率逐渐接近的趋势，我觉得是可能的。

在清代江南，资本在不同产业之间的流动基本上没有重大的制度性障碍，因此资本可以相对自由地流动，以求获利的最大化。一个例子是在与华娄毗邻的金山县，"其田价恒随米价为低昂，明崇祯间，腴田亩值十余两，瘠田三四五两，国初米贵，加赎之讼滋兴，石五六起租者值十五六两，六七斗起租者三四两，当时骇为极贵。康熙初米贱而役重，相率以有田为戒，中产则空券送人犹拒不纳，精产不过三钱五钱而已，自均田均役之法行，遂有置产数万者。至乾隆以后，北路三乡田每亩值二十余千，南乡盐司田每亩值三四十千，后亦渐减至六七折不等"[2]。田价随米价的变化而涨落，而米价的变化则意味着投资土地获利的增减。如果投资土地获利较低，那么资本就会从土地流向获利更多的活动。这个道理，张英说得很明白："尝见人家子弟，厌田产之生息微而缓，羡贸易之生息速而饶，至鬻产以从事。"[3]反之，则资本流向土地。

资本也在工业、商业、金融业中不断流动。这在清代商人的"囤当"活动中表现最为明显。为了扩大业务，商人常常以所购商品向典铺质当，取得当价，更番购买，从而增加流动资金。通过这样的办法，商人可以以较少的自有资本，进行较大规模的贸易。用乾隆九年(1744年)安徽巡抚范璨奏文中的话来说，就是："射利之徒，避囤户之名，为典质之举，先与富户、当户讲定微息，当出之银，

---

① 见杜氏2008年1月17日致本书作者的信。杜氏在信中还指出：金德尔伯格在其《西欧金融史》一书中证明：英国也要到1920年代，才出现金融一体化，表现为全国各地区的利率大致相近。

② 光绪《金山县志》卷一七《志余》。

③ 张英：《恒产琐言》。

复行买当，资本无多，营运甚巨。”[①]乾隆十二年（1747 年）监察御史汤聘在奏文中更加具体地指出：“近闻民间典当，竟有收当米谷之事，子息取轻，招来甚众，囤积甚多。……奸商刁贩遂恃有典铺通融，无不乘贱收买，即如一人仅有本银四千两，买收米谷若干石，随向典铺质银七八百两，飞即又买米谷，又质银五六百两不等，随收随典，辗转翻腾，约计一分本银，非买至四五分银数米谷不止。”次年米价昂贵，“收明子母”，陆续取赎出粜，“盖囤当之弊，江浙尤甚，而囤当之物，并不独米谷也”，蚕丝、棉花均有囤当[②]。在 19 世纪初期的华娄地区，囤当活动也发展到了相当的规模[③]。

此外，我们还要注意到，在江南（包括松江），典当业和一些较大规模的商业（如棉布、木材等商品的贸易），在相当大的程度上操于徽商之手。他们不仅常常亦商亦典，而且也卷入若干产品的生产[④]。其投资方向视何领域最有利而定。由于资本可以在不同经济活动中自由流动，因此有可能出现了各行业之间利润率趋同的趋势[⑤]。

---

① 《清高宗实录》卷二一五，乾隆九年四月丁丑。

② 汤聘：《请禁囤当米谷疏》。这种囤当活动在清代江南很活跃，以致在反映江南生活的小说里也可见之。例如在《儒林外史》第 27 回中，陈虾子劝陈来公“拣头水好丝买了，就当在典铺里，当出银子，又赶着买丝，买了又当，当铺的利钱微薄，象这样套了去，一千两本钱，可以做得二千两的生意”。依靠这种方法，可以较少的资本进行较大的贸易。

③ 例如在道光时，娄县的“泗泾、枫泾各当，囤积约有二万余石之多”，俱“系各铺户寄存之米”（光绪《松江府续志》卷一四）。

④ 例如许多布号由徽商所有，他们常常通过发放原料（棉花），对棉布生产的纺、织两大基本过程进行控制；而通过他们所设立的踹坊和染坊，直接控制了棉布的加工过程。换言之，他们在棉布生产的全过程中，也必须投入相当的资本。

⑤ 也正是因为如此，方行说在清代，地产、商业资本和高利贷资本互相转化，地主、商人和高利贷者成为“通家”（见方行：《中国封建经济结构与资本主义萌芽》）。这种情况在 19 世纪初期的松江极为普遍。

附录 14　工资

本附录对 1820 年代华娄地区的主要职业人群的工资进行专门的讨论。在进入正式的讨论之前，我们对与此有关的各种情况作一说明。

一、若干说明

虽然在 19 世纪初期的华娄有诸多人口依靠“工资”生活，但是这种工资并不一定等同于现代意义上的工资，因此我们必须对当时“工资”的内涵和外延作出说明。同时，由于资料的欠缺，我们在对 1820 年代华娄的“工资”进行推求时，常常不得不使用其他地区或者其他时期的工资记载来进行推考。为什么可以这样做，也必须加以说明。

1. 19 世纪初期的华娄的“工资”

在 19 世纪初期的华娄，农业、工业、商业和服务业中都有人数众多的劳动者（雇工、工匠、店员、伙计等），依靠工钱养家糊口。此外，府、县两级政府以及上级政府在本地区的派驻机构，也有各种领取薪俸或者津贴的人员（官员、吏役等）；驻扎在华娄两县地域范围内的军队官兵，也依靠国家发给的薪饷生活。在本书中，我们将这些人的收入都称为工资。但是在对 1820 年代华娄地区的主要职业人群的工资进行讨论时，我们要注意以下情况：

第一，如同明清江南其他地方一样，1820 年代华娄大部分行业的工资，都有名义工资和实际工资之分。这一点，在官员方面最为明显，因为其实际工资往往是名义工资的许多倍，而这种实际工资并不一定都是非法收入。

第二，19 世纪初期华娄大部分行业的工资，还有货币工资与实物工资之别。换言之，工资通常包括货币与实物（清代江南地方文献中称为“工食”或“饭食”、“俸禄”与“俸米”等）两大部分[①]。这两者的数量及其整个工资中的比重也因时因地而异。如果只看到货币部分，就会大大低估实际工资。此外，工资的货币部分往往因物价和银—钱比价的波动而经常出现变化，而工资的实物部分则相对比较稳定。

第三，工资不仅随着宏观经济状况的变化而改变，而且也因为具体行业的经济状况的变化而改变。因此在某些时期，在一些行业的工资上升的同时，另外一些行业的工资却在下降。在 1820 年代的华娄，棉纺织业的实际工资就因为布价下落和棉价上涨而大幅减少。

2. 工资推算的相关问题

由于第一手资料欠缺，我们在对 1820 年代华娄的工资进行推求时，常常不得不使用邻近地区的工资记载来进行推考。华娄的邻县上海、奉贤、宝山、金山、南汇和川沙县，以及与松江府毗邻的苏州府，在经济发展水平方面与华娄相近，彼此之间经济联系紧密，劳动力可以自由流动，因此其工资水平也十分相似。因此之故，在没有关于 1820 年代年华娄工资的直接记载可用时，我们将依靠上述地方的资料，来推求 1820 年代年华娄工资，或者对 1820

---

① 就官员的情况而言，货币工资包括薪俸、养廉银等，而实物工资包括俸米等。就农业和工业中的雇工（以及吏役与士兵等）而言，在清代江南地方文献中，货币工资被称为工价、工银或工钱，而实物工资则被称为工食或者饭食（通常为雇主提供给雇工的伙食，但有时也包括伙食之外的一些其他开支）。在少数场合中，也有称工资（包括工价与工食）为工食银的。

年代华娄工资的记载进行印证。当然，在这样做的时候，我们也要注意这些地方与华娄之间的异同，并尽量多找例证作为旁证。

同样地，我们在对 1820 年代华娄的工资进行推求时，也常常不得不依靠 1820 年代以前或者以后的记载（特别是 19 世纪中后期和 20 世纪中期的记载）作为推求的基础。在这样做的时候，必须注意到 19 世纪中后期和 20 世纪中期的华娄经济状况与 19 世纪初期的华娄经济状况之间的差别。正如我们在本书第二章中所述，华娄经济自 1823 年开始出现衰退，这必然对工资发生重大影响。但是工资与经济状况的关系颇复杂。姜皋已明确地指出了这一点：道光三年以来，“民生日蹙，……勉强糊口，年复一年，以至于卖妻鬻子，失业之农，填沟壑、为饿殍者，不知凡几”，但是“图差、地保等等，皆有例规。上岁曾出若干，嗣后遂不能减少。即如佣钱一项，亦不能减”[①]。尔后，由于太平天国战争期间人口锐减而导致的劳动力供给减少，在光绪初年以货币计算的雇工工资呈现上升，尽管普通农民的实际收入由于通货膨胀而下降[②]。在 20 世纪前半期，虽然华娄经济处于萧条之中，但 1930 年代（1937 年以前）是比较和平的时代，经济状况相对较好，雇工工资也较高。因此，光绪初期和 1930 年代是 19 世纪后半期和 20 世纪前半期雇工工资最高的两个时期。1820 年代华娄经济虽然处于长期衰退的开始阶段，但总体而言，比处于长期战乱之中的 19 世纪后半期和 20 世纪前半期为佳，因此我们把光绪初期的工资和 1930 年代的工资作为推定 1820 年代华娄工资的主要参照，是比较合适的。

---

① 《浦泖农咨》（自序及 38、39、40）。

② 这一点，光绪《松江府续志》卷五《疆域志・风俗》说得很清楚：“咸丰庚申（1860 年）以后，乱离甫定，凡服用之物及一切工作，其价值莫不视从前加长。比年以来，惟粟及棉价较平，其他不能称是，故历年农田虽尚称丰稔，而农日以病。”

3. 工资计算的方法

19世纪初期华娄为数众多的依靠工资生活的职业人群，大体可分为“官”与“私”两类。前者包括领取国家薪金的政府工作人员，而后者则囊括了农业、工业、商业、服务业（包括教育）中的工资劳动者[①]。对于前者的工资，虽然记载较多，但不完备；而对于后者的工资，则记载极少。有鉴于此，我们对于不同职业人群的工资，必须采用不同的方法来推求。第一，对于官员的工资，应当注意到官员的实际工资包括法定薪俸和其他收入两大部分。在史籍中，虽然关于官员薪俸的记载颇为完备，但其他收入却未有记载，因此需要根据学界关于清代官员收入的研究进行补充[②]。第二，对于从事“私”职业的人群，我们采取的办法是：从1820年代华娄的第一手记载中，确定一个重要职业人群的工资水平，以此作为基准；然后从20世纪中期的记载中，求得各种职业人群工资的相对比例；最后，使用这个基准和比例，推求其他职业人群的工资[③]。

下面，我们依次讨论1820年代华娄农业、工业、商业和服务业

① 当然，二者之间的界限并非截然分明的。例如教师，绝大多数属于“私”职业人群，即普通工资劳动者，但官学中的教师（府学教授、县学教谕）则系朝廷命官（故称学官），属于“官”职业人群。又如吏役的下层（如更夫、饭夫、轿伞夫等），虽然官府付给一些饭食银或工食银，但数量太少，因此他们可能还必须兼做一些其他工作，从中获得收入，因此可以说是跨越“官”与“私”两类职业的人群。

② 士兵的情况，处理方法也与此相近，但因前人在这方面未有研究，因此难以对其实际收入得出比较全面的估数。

③ 在20世纪中期，政府和一些团体、个人在华娄及其邻近地区进行了不少调查，其调查结果中有相当丰富的工资资料。虽然这个时期的工资与1820年代华娄地区的工资有颇大差别，但是大部分不同行业之间的工资的相对比例变化却不很大。其原因是这些行业大多主要为当地居民服务，供求关系相对固定，受外部变化的影响较小，同时在生产技术、经营方式等方面也与过去没有多大变化。只有棉纺织业等少数行业，情况有所不同，从业人员的工资出现了巨变。对于这些行业的情况，我们在本附录有关部分将特别予以说明。

部门中的工资问题。教育与政府这两种服务业的情况比较特殊，而且有比较多的资料可资使用，因此特将它们从服务业中拿出来，进行专门的分析。

二、农业

在过去关于“资本主义萌芽”的研究中，众多学者达成了以下共识：在清代前期的江南，农业雇工在人数上有很大增加，其法律、社会、经济地位也有颇大改善[①]。华娄是江南经济最发达的地区之一，农业雇工十分普遍。

如同在明清江南其他地区一样，19 世纪初期华娄农业中的雇工有多种，用于农作的各主要环节；按照雇佣时间长短，这些雇工可分为短工和长工[②]，二者在工资方面有颇大差别。

---

① 详见方行：《清代前期江南的劳动力市场》。

② 《浦泖农咨》(31)：“穷农无田为人佣耕者曰长工，今曰长年；农月暂佣者曰忙工；田多而人少，倩人而报之者曰伴工。此外又有包车水者，率若干亩，以田之高低为等，夏秋田中缺水则为之踢车上水。设频遇阵雨，则彼可坐获其直。其为人砻米者，谓之砻伙。”到了近代，情况依然，“雇工形式有两种，长工和忙工(亦称月工、短工)”。其中“长工分全年制和半年制两种”，“忙工是农忙时大户或缺少劳力的农家招雇来的临时工，雇佣时间约一个月，故称月工。按工种分，忙工有插秧工、踏水工、耘耥工、割稻工、砻米工等。……在所有的忙工中，只有踏水工不按日取值，而按田亩收费，可算个例外”；“换工有两种形式。一种是以人工换人工，这种形式大多出于应急需要，又苦于无钱雇用短工，就请感情较好的农友相助，日后以相同的劳动天数回报”(上海松江网：《松江农业经济文化简史》)。有意思的是，《浦泖农咨》(31)说：“又有包车水者，率若干亩，以田之高低为等，夏秋田中缺水则为之踢车上水。设频遇阵雨，则彼可坐获其直。”可见此习俗自 19 世纪初以来一直没有改变。此外，还有伴工、换工等互助协作方式。

(一)短工

在 1820 年代的华娄,短工亦称忙工、日工。关于他们的工资,姜皋在《浦泖农咨》中做出了明确记录:"忙工之时,一工日食米几二升,肉半斤,小菜、烟、酒三十文,工钱五十文,日须二百文。一亩约略以十工算,已须工食二千文。"[①]这段记载是松江府地区在太平天国以前关于雇工工资的最直接和最翔实、同时也是最详细的记载,具有极高的价值。

由此段记载可知,在 1820 年代的华娄,农业短工的货币工资(即工钱)为 50 文钱,加上小菜、烟、酒折钱 30 文,共 80 文;实物工资则为米 2 升和肉半斤,价值相当于 120 文钱。从其他文献中可以看到在毗邻的上海县,嘉庆末期的日工工钱也是 80 文[②]。可见在 19 世纪初期的松江府地区,农忙短工的日工钱为 80 文是一个习惯的标准。此外的米和肉,多系雇主以自家所有付给,一般而言,在一个相当的时期内不会随物价而有很大变化。因此可以得出结论:1820 年代华娄的短工日工资,大约为 200 文。依照当时米价,合米 6.7 升。

在近代松江县农村,农业中普遍使用忙工[③],雇佣时间约一个月,故称月工。民国初年,忙工工钱每天银洋 3 角。抗日战争起,按米价折实。东家待忙工礼遇较厚,供伙食、烟酒,多以鱼肉相待,两餐之间加送点心[④]。据满铁调查,1937 年松江县农业日工工资为 0.2—0.5 元,平均 0.3 元[⑤];饮食费为 0.4—0.5 元;合计大约为

---

① 《浦泖农咨》(33)。

② 魏金玉:《明清时代农业中等级性雇用劳动向非等级性雇用劳动的过渡》,表 8。

③ 即农忙时大户或缺少劳力的农家招雇来的临时工。

④ 上海松江网:《松江农业经济文化简史》。

⑤ 依照工作的不同,不包括车水、脱粒和碾米。

0.75元[①]。按照当时的米价[②]，可购白米8.3升[③]；而依照1934—1935年正常米价计，则为6.5升[④]。1820年代华娄忙工的日工资合米6.7升，在此两个数字之间，应当不会有高估之嫌。又，1937年短工收入大约为0.75元，其中工钱约占1/3，饭食占2/3；而在1820年代的华娄工资中，工钱约占2/5，工食占3/5；二者比例也颇为接近。因此1820年代的华娄短工日工资200文，可以说是符合实际的。

由于农村短工人数多，分布广，因此他们的日工资，往往也成为当时各行业给付短工工资的标准，甚至连官府临时招募人手时

① 南满洲铁道株式会社上海事务所：《江蘇省松江県農村実態调查報告書》，第160—161页。

② 在华阳镇，民国二十一、二十二、二十三年，白米价格分别为10、9—10和9—10元/石，"七七事变"前粳米9元/石（见南满洲铁道株式会社上海事务所：《江蘇省松江県農村実態调查報告書》，第187—194页）。兹以后者计。

③ 据对松江县昆岗乡的调查，解放前农村雇工的收入，散工做3工得1斗米。据此，散工每日工资合米3.3升，每月（30天）应得1石米。但是同一调查又说当时农忙雇工1个月得50公斤稻谷（1991年《松江县志》，第952页）。依照近代江南农村通行的米谷折算标准（米1市石＝稻谷200市斤。见陈恒力：《补农书研究》，第25页），50公斤稻谷合米0.5石，仅为前面散工30天工资的一半。这个记载彼此冲突，兹不取。

④ 1937年的农业短工日工资折合米8.3升，重要原因是此时米价由于洋米倾销而剧降。1998年《上海价格志》（第49页）说：民国二十年以后，资本主义国家为摆脱经济危机，实行倾销政策，上海粮食市场上洋米大量涌到，米价回落。民国二十一年"一二八"事变爆发，日军侵犯淞沪，米市场一度停顿，但复市后米价又转为下跌，到年底米价跌至每石9元以下，到民国二十三年夏，最低价已不到8元。民国二十三年7月，苏浙遭大旱，内河干涸，航道不畅，粮食货源减少，每石粳米价回升到10元以上。民国二十四年上半年有4个月米价高达13元。11月，受灾的苏浙产区来沪采办粮食，粮价再度趋高。但不久洋米又涌到，价位下降。民国二十五年一度低于10元，民国二十六年恢复到11—12元。因此，如果洋米涌入减少（如民国二十三年下半年和民国二十四年上半年），米价就要上涨，从而短工日工资折米数也要随之减少（例如，如果米价涨至民国二十三年下半年的10元和民国二十四年上半年的13元之中数11.5元，则短工日工资折米数就降至6.5升）。

也往往使用这个标准[①]。

(二)长工

19 世纪初期华娄农业中的长工的工资,史籍中未有记载,兹据以后时期本地及邻近地区的有关情况进行推求。在有关史料中,最为重要的是陶煦在《租核》中光绪初年苏州的长工的工资情况作的记载。此记载是迄今所见关于 19 世纪江南长工工资最早、最翔实的记录。如前所言,苏、松二府地理相接,经济情况相近,长工工资应当也相差不大,因此 1820 年代华娄长工的实际工资亦可依据苏州长工实际工资推求。

据陶氏所言,光绪初年苏州长工工银以米计,为"岁六石(原注:多或七八石,少或五石,再少者不能耕十亩者也)"[②]。在近代的松江县,长工之间报酬区别不大,抗日战争前,每年工钱 30—40 元银元。以后米价暴涨,以米代钱,折成糙米 7 石[③]。又,据对松江县昆岗乡的调查,1949 年以前长工一年的工钿(即工钱)为 6—8 石米,东家供饭[④]。因此工价在 7 石米上下应当是江南一带的常情,1820 年代华娄情况也不应例外。

但是工钱之外,东家还供长工饭食。一般而言,雇主为自身利

---

① 典型的例子是嘉庆十九年(1814 年)江南遭旱灾,包世臣建议南京官府救济贫民,派遣"三学实举庠生之重耻好义不避嫌疑者"经营其事,"该生……每人每日给薪水钱二百文"(包世臣:《齐民四术》,第 74 页)。之所以日给薪水钱二百文,乃是因为这是 19 世纪初期江南最常见的工资支付标准。

② 陶煦:《租核》"减租琐议"。

③ 上海松江网:《松江农业经济文化简史》。该《简史》还说:未成年长工(俗称小全年)不给工钱,"吃饭呒工钱",东家每年供衣服两套,每月酌给理发钱。

④ 1991 年《松江县志》,第 952 页。每石 78 公斤。又,该调查中所说"解放前"未有明确年代,一般而言应指 1940 年代。

益起见，对长工提供的伙食通常较为优厚[①]。但是长工伙食在不同时期，依照当时的生活水平会有颇大差别。据陶煦所言，光绪初年苏州长工每年食米 5.5 石（农忙时点心不计），此外菜肴（荤素）7,500 文，酒 2,000 文，油盐柴酱之属 3,000 文，共 12,500 文，合米 6.9 石[②]。各项相加，共合米 12.4 石。与此相对照，近代华娄农民的伙食水平就低得多了[③]。

参照上述情况，兹将 1820 年代华娄长工的实际工资以折合 18 石米计[④]。依照 1820 年代华娄米价和银—钱比价，18 石米值钱 50,400 文，合银 42 两。长工一年工作以 350 日计[⑤]，则日均工资为 146 文（兹以 150 文计），相当于 5.4 升米[⑥]。

由于当时华娄大部分人口生活在农村，农业雇工是大多数人最常见的工资劳动者，因此上述短工和长工的工资也就可以说是当时雇工的“标准工资”，从而也成为我们对 1820 年代华娄其他行

---

① 例如明清之际江南的民谚说：“做工之人要三好：银色好，吃口好，相与好”；由于“食在厨头，力在皮里”，倘若不给长工好伙食，结果就是“灶边荒了田地”，因此《沈氏农书》说“今人骄惰，非酒食不能劝”，故“供给之法，亦宜优厚。炎天日长，午后必饥；冬月严寒，空腹难早出。夏必加下点心，冬必与早粥。若冬月雨天，罱泥必早与热酒，饱其饮食，然后责其工程”。见陈恒力：《补农书校释》，第 69、142、152 页。

② 陶煦：《租核》“减租琐议”。

③ 例如据满铁调查，1937 年松江县农户张竹林（种田 14 亩）的“农忙伙食为：第一顿（上午 6 时半）：煮蚕豆；第二顿（上午 10 时—10 时半）：蚕豆，煮鱼、田螺，并饮烧酒；第三顿（下午 3 时—3 时半）：炒蚕豆；第四顿（下午 6 时—6 时半），大约同第二顿”（南满洲铁道株式会社上海事务所：《江蘇省松江県農村実態调查報告書》，第 213—214 页）。这明显不如前引《浦泖农咨》中的短工伙食（“忙工之时，一工日食米几二升，肉半斤，小菜、烟酒三十文”），也不如《租核》“减租琐议”中的长工伙食）。参阅本书附录 16。

④ 工钱按照长期的习惯，合米 7 石。考虑到光绪初期苏州长工的待遇可能较好，因此 19 世纪初期华娄长工的饭食总计合米以 11 石计，仅为光绪初苏州长工饭食（12.4 石）的 90%弱，应不会高估。

⑤ 见本书第九章。

⑥ 与此相对照，据陶煦所言，光绪初年苏州长工工资共为 33,200 文，长工一年工作 360 日，平均每日 92 文。依照当时当地的米价，合 5.1 升米。

业的工资进行推算的基准[①]。

(三)农夫

农夫从事大田农作、碾米、家畜饲养、果菜种植以及水利等多种生产活动,而其中许多活动(如碾米、家畜饲养、果菜种植等)往往有家庭其他成员参加,因此其劳动收入情况亦颇难计算。在其大田农作中,水稻种植是重劳动,而蚕豆与花草种植则相对而言是较轻的劳动,有时妇女和儿童也可以参加。因此,农夫从事大田农作的 211 个劳动日中,可以大致认为重劳动的日数为 200 个,余下 11 个则为轻劳动。其水稻种植工作日的工资,以农业短工日工资(200 文/日)计,余下的则以长工日工资(150 文/日)计。农夫从事各种生产性活动的年工作日总数(270 日)[②]。据此,其年劳动收入应为 5,050 文,合银 42 两[③]。

渔民的收入不详,兹以农夫收入计。

---

① 方行指出:"与农村长工工价比较,雇主都供应饭食,城乡基本工资大约接近"。(见方行:《清代前期江南的劳动力市场》)。同时,在华娄,由于劳动力的买卖和交换十分频繁,因此形成了约定俗成的工作量标准。这种约定俗成的工作量是指农民在日常劳动中每人每天必须完成的那部分工作量,既是雇主雇佣长工、忙工支付报酬的尺度,又是伴工互助交换劳动力的标准。因此农民从事农业生产活动的工作日报酬,可使用与忙工工作日相同的标准。至于长工的工作日,由于长工有很大一部分时间是为雇主做非生产性服务,同时在雇主家工作期间也有一部分不劳作的日子,因此全年平均,每天的收入低于农民从事生产性劳动的工作日报酬。

② 见本书第九章。

③ 虽然农夫的年"工资"收入与长工相同,但是我们要注意到:农夫年工作日数不到长工年工作日数的 80%,因此农夫可以享受更多的闲暇。如果按照实际工作日数计,则农夫的日工资比长工要高出 1/4。

三、工业

在19世纪初期华娄工业的三类行业中，工资有颇大差异。

(一)第二类行业(棉纺织业)

在华娄地区，到了18和19世纪初期，无论在城乡都有大量的劳动者主要依靠棉纺织业为生，他们的生产日益专业化和商业化，越来越依赖市场，受制于布号等商业机构[①]。换言之，大多数从事棉纺织业生产的劳动者，虽然表面上是独立的小生产者，但是实际上已经丧失了生产的独立性，成为为市场及其人格化的代表——布号——工作的劳动者，他们虽然在自己家里工作，但主要不是为自家消费，而只是从布号那里赚取一份“辛苦钱”而已。在此意义上而言，他们亦可视为工资劳动者。

在19世纪中期的松江府地区，农村纺织户每户平均有1.5个劳动力从事纺织，每年产布66匹[②]。1820年代华娄的情况以此计，而此时的棉布每匹价格为450文[③]。据此，66匹值钱29,700文。除去原料(皮棉)购买费用(占1/3)，劳动收入为19,800文，依照当时的银—钱比价，合银16.5两，平均每个劳动力的年收入为11两。又，一个农户实际用于棉纺织以及与纺织相关的工作的总日数为283日[④]。据此，每个工作日的收入为47文，与我根据其他材料计

① 李伯重:《纺、织分离:明清江南棉纺织业中的劳动分工与生产专业化》。

② 徐新吾主编:《江南土布史》,第215—216页。按照徐氏书中数字计算为66.25匹,兹以66匹计。

③ 本书附录4。

④ 本书第九章。

算出来的结果(48 文)相近[1]，兹以 50 文计。在华娄地区(特别是在城镇地区)还有一些更加职业化的纺织者，通常全年工作。他们的年工作日 330 日，依照每日工资 50 文计算，其年劳动收入为 16，500 文，合银 13.7 两，兹以 14 两计。

与农夫以及从事工业其他行业以及商业、服务业等行业中的劳动者的收入相比，从事棉纺织业的劳动者收入显得非常之低。依照本附录的计算，从事棉纺织业的劳动者的年收入，仅为农夫等的年收入的 1/4 左右。这一点，黄宗智作了合理的解释，即妇女和儿童未能进入劳动力市场，因此他们从事棉纺织业的收入，与主要为成年男子的劳动力市场上的工资率几乎毫无关联。同时，由于妇女和儿童是农户家庭成员，任何时候都必须供养，因此棉纺织业只要毛收入超过生产成本，不管收益多低，迫于生存压力的小农也会将其成员的劳动力投进去[2]。不过，这里要指出的是，第一，由于华娄(以及华娄所在的松江府地区)农村棉纺织业工作已经高达

---

① 清代江南农家从事棉纺织生产的收入，各个时期有很大不同，其中以在嘉庆、道光时期为最低，生产 1 匹布的净收益大约仅相当于 1 斗米(见李伯重:《清代前中期江南农民的劳动生产率》)。这里，我们将 1820 年代华娄生产 1 匹布的净收益以米 1 斗计。此时生产一匹布大约需要 6 个劳动日，因此一个劳动日的净收益相当于 1.7 升米，按照 1820 年代的米价，约 48 文。又，聂曾纪芬撰、瞿宣颖辑《崇德老人自订年谱》附录中谈到的一个上海寡妇王氏，“每日纺纱十二两，……除一姑两孩四人外，尚能积蓄以还清所负之债”;“每日夜兼工，故能[日]得五十文”(但此条记载未说系何时事，无法判别其时间)。

② 黄氏指出:“即使到 20 世纪，长江三角洲的劳动力市场很大程度上仍局限于短工(日工)。那儿几乎没有长工市场，也没有女工和童工市场，尽管妇女和儿童早已大量地参加到乡村生产中。”“农户利用辅助和闲暇劳动力来从事家庭手工业，与劳动力市场上的工资率几乎毫无关联;那些工资主要适宜成年男子，而且是季节性的。农户不会以粮食消费来计算劳动力成本，因为不管怎样，这些家庭成员都是必须供养的。小农考虑的只是扣除原料、工具的生产成本后的毛收入。只要毛收入超过生产成本，即使附加的活十分艰辛，收益又低，迫于生存压力的小农也会将其成员的劳动力投进去”(黄宗智:《长江三角洲小农家庭与乡村发展》，第 8、85 页)。当然，黄氏这个论断也有可商榷之处。该论断的基础是黄氏提出的“过密型增长”理论。我对这种理论的批评，见李伯重:

专业化[①]，即使从事这些工作的工人（主要是妇女）能够进入劳动力市场，他们先前所受的长期专业训练也使得他们很难找到其他工作。第二，比较而言，黄氏所说的"只要毛收入超过生产成本，即使附加的活十分艰辛，收益又低，迫于生存压力的小农也会将其成员的劳动力投进去"的情况主要出现在经济萧条时期[②]。

1820 年代是松江棉纺织业萧条的时期。姜皋说："田家妇女最苦，馌饷外，耘获车灌，率与夫男共事，暇复纺木棉为纱以做布，皆足以自食，敏者且能佐家用。往年农之不匮乏者多赖之。自近今十数年来，标布不消，布价遂贱，加以棉花地荒歉者及今四年矣，棉本既贵，纺织无赢，只好坐食，故今岁之荒，竟无生路也。"[③]姜皋这段话是 1834 年说的，从这段话可以看到，"往年"（大约 1820 年之前）的华娄，由于布价较高，故"农之不匮乏者多赖之"；而自 1820 年以来，因为"标布不消，布价遂贱"。但在道光九年（1829 年）以前，由于棉价正常，因此纺织尚有利可图，而道光九年以后，由于棉价大涨，导致"棉本既贵"[④]，加上布价依旧低迷，两个原因加在一起，纺织自然无赢。因此上述棉纺织业中的工资水平的低下，是棉纺织业萧条时期的情况。在 1820 年之前，棉纺织业中的劳动日收

从"夫妇并作"到"男耕女织"——明清江南农家妇女劳动问题探讨之一》、*Agricultura Development in the Yangzi Delta*，1620—1850 第八章、《（清代江南）农民劳动生产率的提高》、《明清江南棉纺织业的劳动生产率》等。

① 参阅李伯重：《纺、织分离：明清江南棉纺织业中的劳动分工与生产专业化》、《明清江南棉纺织业的劳动生产率》

② 在长期经济繁荣的 18 世纪，华娄农户中妇女从事棉纺织业的收入，实际上高于她们从事农作的收入。见李伯重：《从"夫妇并作"到"男耕女织"——明清江南农家妇女劳动问题探讨之一》、*Agricultural Development in the Yangzi Delta*，1620-1850 第八章、《（清代江南）农民劳动生产率的提高》。

③ 《浦泖农咨》(38)。

④ 华娄本地不产棉，须从上海等地购入棉花作为原料。

入应当大大高于此数[①]。

(二)第一、第三行业

纺织业之外的工业行业中的工资,由于记载太少,因此只能从近代的情况进行推考。现将 20 世纪前半期松江县以及金山县和上海县的一些相关工资记录汇集如下。

1. 松江县

民国二十年,工人工资按天计分类如下(表附 14－1)[②]:

表附 14—1　民国二十年松江县工人工资

门类	日工资(角)(供伙食)	日工资(角)(不供伙食)	伙食费＊(角)	伙食费/日工资(供伙食)
制造类	2－4(3)	5－7(6)	(3)	(1∶1)
制造食品类	2－4(3)	－	－	－
建筑业	3－5(4)	4－6(5)	(1)	(1∶4)
制造器具类	1.5－4(2.75)	4－6(5)	(2.25)	(1∶1.2)

括弧中数字为中数及用中数所作的比较。此外尚有机器电业类,兹从略。

＊由日工资(供伙食)减去由日工资(供伙食)而得。

---

① 在乾隆、嘉庆时期,由于布价较高而棉价较低,江南农妇棉纺织的劳动日收入大约相当于长工平均劳动日收入的 70%。因此农妇从事棉纺织生产,除了养活自己外,还可以再养活 1—2 人,诚如乾隆时尹会一所说:在江南,“[纺织]一人之经营,尽足以供一人之用度而有余”;庄有恭则说:“江南苏、松、常、太四府州,户口殷繁,甲于通省。人稠地窄,耕者所获无多。唯赖家勤纺织,一人一日之力,其能者可食三人,次亦可食二人”。纺织技能较高的农妇,通过辛勤的劳动,不仅可以养活她的家人,而且还能支持子孙读书求学,在某些情况下甚至还可以发家致富。正是因为纺织的收入不低,所以上海“民间男子多好游闲,不事生业,其女子独勤苦织紝,篝灯火,至达旦不休,终虽生资,率仰于织作”;“农暇之时,所出布匹,日以万计,游手之徒,有资妇女养生者”,“俗多游手,藉妇工苟活”。详参李伯重:《明清江南棉纺织业的劳动生产率》。

② 1991 年《松江县志》,第 706 页。

由上表可见，各类工人的总工资中，伙食与工钱的比例在 1∶1 和 1∶4 之间；四例合计，中数为 1∶2.2[①]。因此大体而言，工钱约占总工资的2/3，伙食占1/3。这与上述1937 年松江县农业短工工钱约占1/3，饭食占2/3 的情况颇为不同。

又，根据当时的米价（9 元/石）[②]，并且每年劳动日以 300 日计[③]，则可将表 1 中的工资折算为以米计算的日工资和年工资（表附 14－2）：

表附 14—2　民国二十年松江县工人工资（折米）

门类	日工资（角）（供伙食）	折合米（升）	日工资（角）（不供伙食）	折合米（升）	年工资（不供伙食）折合米（石）
制造类	2－4(3)	(3.3)	5－7(6)	(6.7)	(20.1)
制造食品类	2－4(3)	(3.3)	–	–	–
建筑业	3－5(4)	(4.4)	4－6(5)	(5.6)	(16.8)
制造器具类	1.5－4(2.75)	(3.1)	4－6(5)	(5.6)	(16.8)

括弧中数字为中数。

由此可见，1931 年松江县工人年工资折米，大约在 17—20 石之间，三例合计之中数为 18 石。

① 又，“抗战胜利后，店员、职工工资一度以米折算。一般从业人员的月工资，……工人约 10—30 元；……袜厂女工有的还不到 10 元”。1948 年大米 1 石（78 公斤）价新法币 17.7 元，因此工人月工资合米 0.6—1.7 石（中数 1.1 石）。需要注意的是，“从民国二十六年本县沦陷至解放的近 12 年中，币制屡改，通货几度恶性膨胀，物价飞涨，职工收入已不能从工资金额上正确反映”（以上见 1991 年《松江县志》，第 95、706、953 页）。

② 民国二十一年年底米价跌至每石 9 元以下。见 1998 年《上海价格志》，第 49 页。

③ 每月工作以 25 日计，全年工作 300 日。

2. 金山县

民国《金山县鉴》列出了民国元年以来各种工价[①]，其中民国元年和民国二十五年人工（以平时雇用供给饭食者为标准）价格为（表附 14-3）：

表附 14—3　民国元年和民国二十五年金山县工价

工种	民国元年	民国 25 年
木工	2 角（200 文）	4 角（1,200 文）
泥工	2 角（200 文）	4 角（1,200 文）
竹工	1.5 角（150 文）	3 角（900 文）
石工	3 角（300 文）	5 角（1,500 文）
漆工	1.5 角（150 文）	4 角（1,200 文）
缝工	1 角（100 文）	3 角（900 文）
什工	1 角（100 文）	2 角（600 文）

括弧中数字系以钱计算的工价。折算标准见民国《金山县鉴》[②]

由上表可见，各种工人的工资比较，石工较高，木工与泥工居中，竹工与漆工较低，而缝工与什工最低。

3. 上海县

光绪十六年（1890 年）前后，成衣匠工资为 60 文/工，泥水匠为 70 文/工（自膳）[③]。而近代上海县的传统工业中的月工资如下（表附 14-4）[④]：

---

① 民国《金山县鉴》第六章《实业》第 2 节《工业》。下面仅列民国元年与民国二十五年数字，尚有民国十年、民国二十年两年数字，为避免冗复，兹从略。

② 民国元年为 1 元银洋＝1,000 文，民国二十五年为 1 元银洋＝3,000 文。

③ 胡祥翰编：《上海小志》卷六《生活》（所言是光绪十六年即 1890 年前后情况）。

④ 1993 年《上海县志》，第 1075—1076 页。

表附 14—4　近代上海县传统工业中的月工资(均取中数)

时间	工种	工资(货币)	工资(米)
1929 年	工人	5 元(银元)	
	女工	4 元(银元)	
抗战前	砖瓦厂工人 *	6.63 元(法币)	
	女工 *	5.63 元(法币)	
	铁匠 *	5 元(法币)	
	竹匠 *	3.75 元(法币)	
	裁缝 *	6.25 元(法币)	
解放前夕	铁匠 *		2 石
	木匠 *		2.5 石
	竹匠 *		1.5 石
1955 年	私营手工业行业		78.5 元(人民币)

* 每月工作以 25 日计

从上述松江、金山、上海等县情况，可以看到传统工业中各种行业之间的工资，有相当的差别，低者通常为高者的 80%(亦即 4/5，抗战前)或 67%(亦即 2/3，解放前夕)。之所以有这个差别，主要在于劳动强度不同。从民国元年和民国二十五年金山县的情况来看，有关行业工人的日工资，石工最高，木工与泥工次之，竹工与漆工再次之，缝工与什工最低。竹工、漆工、缝工与什工属于本书所说的第一类行业，而石工、木工与泥工都为建筑业工人，属于我们所说的第三类行业。在上述抗战前上海的例子中，砖瓦厂工人的工资也比铁匠、竹匠高。因此在 20 世纪初期的金山县和 20 世纪中期的上海县，第一类行业工人工资低于第三类行业工人工资是可以肯定的。

第一类行业中从业人数最多的部门是缝纫、竹木等，这些行业劳动强度相对较低，因此工资也比第三类行业低。同时，竹工、漆工、缝工与什工等多为个体经营的小手工业者或者小作坊主，其收入通常并不比普通农民高。在此将所有从业者的工资均以农业长工计，亦即每年 42 两[①]。

第三类行业的情况有所不同。据满铁调查，1937 年“七七事变”前，松江县华阳桥何复兴油车厂的工人一年工作 4 个半月，每月工作 30 天，每天 10 小时，每人每日工资 0.7 元[②]。而如前所述，当时农业短工日工资大约为 0.75 元，二者大致相当。又，该地协昌酒坊酿造工人的月工资，战前为 6—10 元[③]。据此，工人的日均工资为 0.27 元，另有伙食[④]。而战前松江县农业日工每工工资平均为 0.3 元，饮食费则为 0.4—0.5 元[⑤]，合计 0.7—0.8 元。换言之，榨油、酿酒等需要较强劳力的行业的工人工资，与农业短工大致相当。因此，我们姑且将 1820 年代华娄第三类工业行业中的工人工资，均以当时短工日工资（即 200 文）计。工人一年工作时间随行业不同而异，兹均以 270 日计[⑥]，因此年工资为 54，000 文，合银 45 两，依照时价合米 19 石，与前述 1931 年松江县工人平均工资（大约合米 18 石）相似。又，从近代上海的调查来看，一个踹匠一天可以踹布 12 匹左右，收入 1 斗多米，平均每匹 1 升。但是踹坊业

---

① 这类行业中的作坊，规模都很小，平均只有 3 人和 2.2 人（亦即一个师傅带一二学徒，或者就是一家人），学徒收入很低。通常是仅供伙食和衣服，不给工钱。因此尽管师傅收入可能比长工高，但是如果加上学徒，平均工资就很可能低于长工了。这里均以长工计。

② 南满洲铁道株式会社上海事务所：《江蘇省松江県農村実態调查報告書》，第 24 页。

③ 南满洲铁道株式会社上海事务所：《江蘇省松江県農村実態调查報告書》，第 30 页。

④ 满铁调查未提到伙食，但提供伙食是当时的一般情况。据同一调查，1940 年该酒坊工人月工资为 12、15、18 元不等，并提供伙食。

⑤ 依照工作的不同，日均工资为 0.2—0.5 元（不包括车水、脱粒和碾米），平均为 0.3 元。见南满洲铁道株式会社上海事务所：《江蘇省松江県農村実態调查報告書》，第 160—161 页。

⑥ 见本书第九章。

务有淡旺季之分，工人的收入很不稳定；全年通扯，一个普通工人每月收入约合 2 石米[①]；据此可知年工资合米 24 石，比前面推算第三行业工人年工资（合米 19 石）多得多。但是前述第三行业工人年工资是按照工作 270 天（即 9 个月）来算的，如果按照 12 个月来算的话，应为 25 石，与上海踹匠的工资相似。因此我们所作的估算与近代情况是颇为相符的。

和清代苏州纸坊工匠的工资比较，情况亦然。苏州纸坊原先实行计日工资。乾隆二十一年（1756 年），纸坊刷色洒金等有 24 个工种，工银分为 5 等，每工自 2 分至 4 分不等[②]。到了乾隆五十八年（1793 年），官府规定把纸坊的刷纸工的工资改为计件工资，规定“纸匠每日以刷纸六百张为一工，系计刷数为工，并不计日”，“月给工银一两二钱。如有勤力多刷者，亦即按工给价外，再给茶点银半分，以示鼓励”。亦即每年工价为银 12 两。如果“勤力多刷”，每日多刷二三刀，一年大致可多得半年工资。此外，无论实行计日工资还是计件工资，雇主都提供伙食[③]。1793 年江南米价 1.36 两/石[④]，12 两工钱可购米 8.8 石[⑤]；而按照上面说到的近代松江县工业雇工工食在总工资中所占的比例（1∶2.2），则纸匠的总工资合米 19.4 石，与我在上面所作的估算结果 19 石相似。

因此，在 1820 年代华娄的工业部门中，第一类行业工人工资约为 42 两，大约相当于农业长工工资；第二类行业（棉纺织业）工

---

① 徐新吾主编：《江南土布史》，第 378 页。又，一个技术熟练的师傅在忙月可得工资连酒资共 30 元左右，合 4 石多米，一般的二十几元，差的只有十多元，业务清淡时还拿不到这些（徐新吾主编：《江南土布史》，第 379 页）。

② 每工工银二分的有二种，二分一厘的有五种，二分四厘的有十四种，二分六厘的有一种，四分的有二种。

③ 方行：《清代前期江南的劳动力市场》。

④ Yeh-chien Wang: *Secular Trends of Rice Prices in the Yangtze Delta*, 1632—1935, Table E 1.1。

⑤ “勤力多刷”者的工钱则合米 13.2 石。

人的工资约为 11 两，为农业长工工资的 24%（城镇纺织工人为 14 两）；而第三类行业工人工资约为 45 两。

四、商业与服务业

1820 年代华娄商业与服务业中的工资，史料阙如。我所见的直接记载，仅有以下一条，虽然时间稍早，但仍为最接近的记载。

嘉庆《松江府志》卷一六《建置志·公建·义仓》在谈到义仓的管理时说：

> 一、董事应用经账协同收租，照管一切，每年辛工，准支销七折钱二十四两；应用仓夫，准支销七折钱十二两。
>
> 一、董事、经账及仓工人等，自九月起至三月止，约计半年，正收租完赋之时，准开销饭食米十二石，薪水钱七折钱三十两；其余半年，由董事慎选诚实妥当人二名，专司看管，酌给食米四石，薪水七折钱一十两。

据此，董事和经赈每年的薪水为七折钱 24 两，仓夫（即仓工人）的薪水则为七折钱 12 两。又，董事、经账及仓工人在自九月起至三月止的半年中，可以得到饭食米 12 石，薪水钱七折钱 30 两。从引文上下文的文义来看，这是董事、经账和仓夫的薪酬标准①。

---

① 因为只有董事和经账的年薪各为 24 两银，仓夫（仓工人）的年薪酬 12 两，才会半年支给总数为 30 两银。至于食米，看管义仓是轻活，因此每人每半年给食米 2 石，相当于全年 4 石，与 19 世纪初期钦善在说华娄一带“今夫平口计，人食米不及四石耳”的平均数相近，而比华娄平均食米消费量（3.6 石/人）多出 1/10，应属合理。但是与看管义仓相比，仓夫工作可以说是重活，需要支给更多的米。董事、经账是管理人员，收入高于仓夫，给他们的米，作为其工资的一部分，也应比给仓夫的米多。这里，我们依照董事、经账和仓工人的薪金的差距，认为他们给食米的标准为 9.6 石和 4.8 石，按照嘉庆时期的平均米价（2.27 两/石），分别合银 21.8 两和 10.9 两。

在余下的工作比较清闲的半年里，看管之人二人的工钱为 10 两银，4 石米。银米合计，董事、经账的年工资总收入为 45.8 两，仓工人为 22.9 两，看管义仓之人为 19.1 两。但义仓是官办的慈善机构，其薪酬不一定能够具有代表性[①]。

由于史料缺乏，1820 年代华娄商业与服务业的工资，基本上只能从其他材料推求。

据 1991 年《松江县志》中工商业职工工资的记载，民国二十年，供伙食的商业男职工月俸 10—120 元，女职工 5—40 元（不供伙食 10—45 元），学徒 1—4 元（不供伙食 6—10 元）[②]。民国三十六年，“一般商业职工月俸大米 0.5—1.5 石”[③]；又，“抗战胜利后，店员、职工工资一度以米折算。一般从业人员的月工资，……工人约 10—30 元；店员约米 1 石—2 石”[④]。依照时价，工人月工资合米 0.6—1.7 石，而商业职工月工资合米 1—1.5 石[⑤]；亦即一般商业职工工资略高于工人工资。但是据 1955 年统计，上海私营手工业行业月工资 78.5 元，私营商业职工一般 45 元[⑥]；亦即商业职工的工资为工业职工工资的 57%。一般而言，由于劳动强度的差异，商业、服务业中一般从业人员的工资，应当比上述的第三类工业行业

① 从下面关于衙役和士兵的薪饷的分析来看，官府给予雇员的正式工资都明显低于民间工资（因此他们也以此为理由去获取各种灰色收入）。另外，慈善机构是非盈利机构，因此雇员工资也会较商业机构低。

② 1991 年《松江县志》，第 705—706 页。

③ 1991 年《松江县志》，第 706 页。

④ 1991 年《松江县志》，第 953 页。

⑤ 商业职工的月工资，依照前面头一条引文，为 0.5—1.5 石，中数 1 石；而依照第二条引文，为 1—2 石，中数 1.5 石。

⑥ 1993 年《上海县志》，第 1075—1076 页。

中工人的工资低一些[①]。下面我们以脚夫的工资为例进行分析。脚夫工作属于服务业，在商业与服务业各行业中，他们的工资应当属于较低水平。

早在康熙二十二年二月，松江府就发布告示，严禁脚夫霸横扰民，规定“其脚价工钱，本府计程远近定价。□□（原缺）物十里以内短雇者，每里给钱五文；五十里至百里外长雇扛挑者，钱二百文；交卸后空回，每百里另给酒钱十文，不得再勒。□（原缺）婚□□（原缺）给工钱百文，迎娶花轿赁钱，华者不得过四百文，朴者不得过□（原缺）百文”[②]。但这是计程付酬，而非计日付酬。而后到了乾隆二十年十月，华亭县发布告示严禁脚夫霸占婚丧扛抬，“议定每人日给工价五分。惟婚葬大事，非民间每家每月常有之事，议于工价之外，每名另给酒饭银四分，以作犒赏。如敢分界垄断，额外多索，立拿重究。再，脚夫工匠，通属皆然。……其客商贩运货物，亦不许强索勒要。……平时扛抬雇募，仍照旧例”[③]。对比前引乾隆二十一年苏州府关于纸坊工匠工资的规定，可知华娄脚夫的工价大约为苏州纸坊工匠中等工价（2.4 分/工）的一倍。但是从上引《为禁脚夫霸占婚丧扛抬告示碑》可知，在通常情况下雇主不必为脚夫提供饭食[④]。如前所述，在 19 世纪初期的华娄工业中，工食约占短工工资的 2/3。因此，虽然脚夫工价比纸匠工价高一倍，但是实际工资却只是后者的 67%。而据前引 1955 年统计，上

---

① 1956 年初，开始私营商业社会主义改造。其时上海县私营商业中领取固定工资的人员约占 30%，月平均工资 39 元（最高 115 元，最低 12 元），小业主、小商贩绝大部分以店为家，以营利为其收入，无固定工资（1993 年《上海县志》，第 680 页）。

② 《松江府规定脚价工钱告示碑》（收于上海博物馆图书资料室编：《上海碑刻资料选辑》，第 433 页）。

③ 《华亭县为禁脚夫霸占婚丧扛抬告示碑》（收于上海博物馆图书资料室编：《上海碑刻资料选辑》，第 435—436 页）。

④ 只有在婚葬大事等“非民间每家每月常有之事”的场合，才可“议于工价之外，每名另给酒饭银四分，以作犒赏”。

海私营商业职工的工资为私营手工业行业职工工资的60%，与此情况颇为接近。

一般而言，商业、服务业中一般从业人员的工资应与工业第一类行业中的工资相近[①]。因此，姑将1820年代华娄商业和服务业的一般工资以工业第一类行业的工资计，即每年42两。这个估计是否近乎历史事实呢？

在与华娄邻近的嘉定县，道光二十一年颁发告示规定："凡民间丧葬需用扛抬人夫，悉听本家自雇，其雇值应计道路之远近，定钱数之多寡，在十里以内者，每县用人不得过六名，每名工食钱不得过一百二十文。十里以外者，每里各加钱十二文，若仅止扛抬下船或(下缺)，每名工钱不出六十文。其埋葬土工，每名每日给工食钱一百四十文。不准脚夫及看坟人等私分地界。"[②]依照张忠民的看法，每日120文是道光中叶松江府地区一般脚夫的日工价[③]。这个数字，相当于农业短工日工资(200文)的60%，与上述1955年松江县私营商业职工与私营手工业行业职工工资的相应比例一致，可见合乎事实。"埋葬土工"的工资性质是掘地，与农业雇工的工作性质有相近之处，因此其日工资(140文)也与前面我们计算所得的长工日工资(150文)相近。因此可见，商业、服务业普通从业人员的工资，与农业长工的工资相差不多。

---

① 工业第一类行业的工人大多数是个体经营或者是家庭作坊经营，情况与占商业服务业主体的个体经营、家庭店铺经营颇为相近。

② 《嘉定县为禁止丧葬扛抬人夫勒索告示碑》(收于上海博物馆图书资料室编:《上海碑刻资料选辑》,第439页)。

③ 工价70文，外加50文酒食钱，共120文。引自张忠民:《上海:从开发走向开放,1368—1842》,第286页(但张氏未注本条史料的原出处)。

五、教育

19世纪初期华娄地区教师的工资，在本书附录11已有专门讨论，兹将结果表列如下（表附14－5）：

表附14—5　19世纪初华娄教师薪金（两/人）

教师种类	薪金
官学教师	（见官员收入）
书院教师	
云间书院山长	1,000
景贤、求忠书院山长	500
私塾教师	
经师	100
蒙师	50

六、政府

19世纪初期华娄地区的政府工作人员，就工作性质来说，分为文与武两个系统；就等级而言，分为“官”（朝廷命官）和“吏”（各种吏役）两个部分，在武职系统中则相应为“官”（朝廷命官）与“兵”（基层军官和普通士兵）两个部分。

清代官吏的收入包括两个部分，一为国家支付的法定收入，另一为国家默认的额外收入。这种额外收入虽然并非法定收入，但在实际上人人都获取之，以致成为一种正常收入。这里将二者合起来作为实际工资。

(一)文职人员

清代华娄政府中的文职人员,包括官员与吏役两部分。

1. 官员

下面,我们首先看看 1820 年代华娄地区文官的法定收入。在这个地区,除了华娄二县的官员外,还有松江府及省派驻机构的官员。现将这些官员的法定收入整理为表附 14-6:

表附 14—6　19 世纪初期华娄官吏法定收入

职位	品秩	薪俸(两)	养廉银(两)	俸米⑥(斛)	俸米折银⑦(两)	总计(两)
知府	从四品	104	3,000①	105	123	3,227
董漕同知	正五品	80①	1,000①	80	94	1,174
水利通判	正六品	60	500④	60	70	630
管粮通判	正六品	58	500④	60	70	630
府学教授	正七品	45	200④	45	53	298
经历	正八品	40	100③	40	47	187
知事	正九品	33	60④	33	39	132
知县	正七品	45	1,500①	45	53	1,558
县丞	正八品	40	60	40	47	147
儒学教谕	正八品	40	60①	40	47	147
主簿	正九品	33	60	33	39	139
巡检	从九品	31	60	31	37	128
司狱	从九品	31	60	31	37	128
批验所大使		31	60④			91
袁浦场大使		31	60④			91
典史		31	60			91
阴阳		31②	30⑤			61
医学		31②	30⑤			61
僧会道会司		31②	30⑤			61

主要资料来源:嘉庆《松江府志》卷二五《田赋志》。数字计算至个位(小数点后数字

以四舍五入处理)。

华亭、娄县二县的知县、县丞、教谕、主簿、巡检、典史等的薪俸有微小差别,兹均以中数计。

①为清代定例。见黄惠贤、陈锋主编:《中国俸禄制度史》,第541、552页。

②无品级的吏员按未入流者给予俸禄,即岁支31.5两。见黄惠贤、陈锋主编:《中国俸禄制度史》,第575页。

③以湖北情况计。见黄惠贤、陈锋主编:《中国俸禄制度史》,第553页。

④推定。

⑤吏员养廉银,大体而言,等同或者多于正俸。见黄惠贤、陈锋主编:《中国俸禄制度史》,第57页。兹以等同计。

⑥俸米发放标准见黄惠贤、陈锋主编:《中国俸禄制度史》,第541页。

⑦2斛为1石,按照1820年代华娄米价(2.33两/石)折算。

官员的额外收入常常大大超过法定收入。19世纪中期旅居中国40年的传教士兼外交官卫三畏(S. Wells Williams)说:"人们的共同看法是,平均而言,他们(清朝官员)的收入,相当于薪俸的十倍。"[①]清代中期江苏的知县,俸禄不过44两,俸米45石,养廉银1,500两上下[②]。但据谢振定估计,一个州县官的每年费用(包括付给幕友的薪金、伙食费、日费、招待费)约为五六千两到一万两以上[③],这些费用都是从其收入中支付,而其收入大部分又来自各种额外收入。据张仲礼估计,清代一个知县每年的额外收入可以3万两为基数,同知亦然,知府则高达52,500两。府学教授俸银45两,养廉银200两,县儒学教谕俸银39两,养廉银60两,但他们每年的额外收入平均大约为1,500两银[④]。在19世纪初期的华娄,部分官员的法定收入和额外收入如下(表附14-7):

---

① 卫三畏:《中国总论》,第350页。

② 清代江苏知县的养廉银,黄惠贤、陈锋认为是1,000—1,500两,张仲礼认为是1,000—1,800两,而瞿同祖认为超过1,400两。见黄惠贤、陈锋主编:《中国俸禄制度史》,第552页;张仲礼:《中国绅士的收入》,第11页;瞿同祖:《清代地方政府》,第41页。

③ 瞿同祖:《清代地方政府》,第46—47页。

④ 张仲礼:《中国绅士的收入》,第39页。

表附 14—7　19 世纪初期华娄文官收入(两/人)

职位	薪俸 *	养廉银 *	俸米折银 *	额外收入 * *	合计
知府	104	3,000	121	52,500	55,725
董漕同知	80	1,000	92	30,000	31,172
府学教授	45	200	52	1,500	1,797
知县	45	1,500	52	30,000	31,597

* 见嘉庆《松江府志》卷二十五《田赋志》。

* * 见张仲礼:《中国绅士的收入》,第 39 页。

其他官员的额外收入数不详,但肯定都大大多于法定收入。

2. 吏役

清代府县衙门的吏役包括吏员及杂役。吏员分为有品级者和无品级者两种,前者按其品级支给俸禄,后者则一般按未入流者给予俸禄,即岁支 31.5 两。吏员亦支发养廉银,其养廉银标准各不相等。

吏员正俸甚微,即使加上养廉银,依然很低,更何况支发俸禄和养廉的吏员大多属于吏员的小头目(即典史和吏目),一般吏员则仅支工食银,与一般"役"没有区别,所以清代又往往吏、役并称①。

19 世纪初期华娄地区府县两级政府中一些有品级的吏员的俸禄和养廉银,表附 14－6 中已经列出。其他吏役的工资,在地方志中也有一些记载,主要在嘉庆《松江府志》卷二八《田赋志》中,兹表列如下(表附 14－8):

① 黄惠贤、陈锋主编:《中国俸禄制度史》,第 575 页。

表附 14－8　19 世纪初期华娄吏役薪金(人/两)

种类	月饭食银	月工食银	合计	年薪金
役食书吏、经制书吏	1.8	8	9.8	117.6
稿房	1.8	4	5.8	69.6
贴写、算手、写单手	1.8	1.5	3.3	39.6
家人	0.8－1.8	0	0.8－1.8	15.6
门子、皂隶、快手、库丁、更夫、轿伞夫、铺兵	0.6	0	0.6	7.2
大关及十八口岸巡舍	1.8	2	3.8	45.6
提舱手、走差、巡船舵工、更夫、饭夫	0.9	0.6	1.5	18

从此来看，吏役的薪俸确实很低①。但事实上，薪金并非他们的主要收入。其主要收入为得到社会认可和政府默许的各种“陋规”②，以及其他的各种非法收入③。从这些来源所获得的平均收入无从得知，但可以肯定的是高于普通农民，否则吏役就不会被视为

① 瞿同祖指出：“许多衙役的薪额很低……。我们可以得出结论：衙役的平均年薪是六两银子。”见瞿同祖：《清代地方政府》，第 108 页。

② 同治八年江苏巡抚丁日昌下札，严禁地方相验命案例时勒索地方，规定“凡遇一应命案下乡相验，务须轻舆减从，一切费用照例自行捐给”。并下令各县“全抄札文并后开各条，出示晓谕，立碑城隍庙前，以期永杜弊端”，申明所有费用“均由该厅州县自行捐廉给发，不准向民闲分派丝毫”。松江府南汇县奉命立碑，颁布差役的报酬如下：“承行一名，每日饭食钱二百四十文；招房一名，每日饭食钱二百四十文；仵作一名，每日饭食钱四百文；皂快二名，每名日饭食钱一百八十文；行杖二名，每名日饭食钱一百四十文。……跟班二名，每名日饭食钱一百四十文；厨役一名，每日饭食钱一百四十文；轿夫四名，每名日饭食钱一百二十文；伞夫一名，每日饭食钱一百二十文。”(光绪《南汇县志》卷三《建置志义举》)。由以上规定可见，差役出差的“饭食钱”(也属于这种“陋规”之一)，其数颇为不少。

③ 即瞿同祖所说的贪贼。他并且指出：“我们可以和田文镜一样断言：没有一种衙役不从事某种贪污。”(见瞿同祖：《清代地方政府》，第 118 页。)

一种有利可图的职业了①。姑将收入中等的吏役(贴写、算手、写单手等)的平均实际收入以50两计(亦即相当于蒙馆教师的收入)②;而将收入较低的杂役(更夫、饭夫、轿伞夫等)的平均实际收入以32两(亦即相当于脚夫的收入),应当不会高估。

(二)武职人员

1. 武官

在清代,有两千多人的军队驻扎于华娄地区。现将驻防军队中武官的薪俸与养廉银情况整理为表附14－9:

表附14—9　19世纪初期绿营武官法定收入(两/人)

职位	俸银	薪银	蔬菜烛炭银	心红纸张银	养廉银	合计
参将	3934	120	48	36	500	743
游击	39.34	120	36	36	400	631
都司	27.394	72	18	24	260	401
守备	18.76	48	12	12	200	291
千总	14.965	33.035	无	无	120	168
把总	12.471	23.529	无	无	90	126
外委把总	12.471①	23.529①	无	无	18	54
外委千总	14.965②	33.035②	无	无	36④	84
额外外委	12.471③	23.529③	无	无	18③	54

资料来源:黄惠贤、陈锋主编:《中国俸禄制度史》,第588、601页;光绪《松江府续志》卷一九《武备志》。

① 瞿同祖指出:"尽管具有贱民地位且薪金极低,但衙役们还是喜欢充当衙役,主要就是因为有利可图。"他并且举例说:为了谋求书吏的职位,常常要贿赂州县官本人,额度从几十两到几百两银子不等。(见瞿同祖:《清代地方政府》,第90、113页)

② 据刘鹗:《老残游记》(第61页),老残向山东城武县知县申东造建议招募"小队"(警队)10人,每人每月饷6两。据此,则一年72两。

①以把总薪俸计
②以千总薪俸计
③以把总薪俸计
④以把总之倍计

武官也有额外收入，但远比文官少。加上额外收入，华娄地区武官的实际收入（亦即实际工资）大致如下（表附 14－10）：

表附 14—10　19 世纪初期华娄武官收入（两/人）

职位	法定收入＊	额外收入＊＊	合计
参将	743	3,000	3,743
游击	631	2,250	2,881
都司	401	1,215	1,616
守备	290	1,215	1,505
千总	168	585	753
把总	126	585	711

＊见表附 14－9。
＊＊见张仲礼：《中国绅士的收入》，第 41 页。

2. 士兵

19 世纪初期华娄驻军士兵的月薪饷标准为：马战兵银 2 两，米 3 斗；步战兵银 1.5 两，米 3 斗；守兵银 1 两，米 3 斗[①]。按照 1820 年代华娄米价将米折为银，则每个士兵的年军饷如下（表附 14－11）。

表附 14—11　19 世纪初期华娄士兵年薪饷

兵种	支银（两）	支米（石）	支米折银（两）	合计（两）
马战兵	24	3.6	8.4	32.4
步战兵	18	3.6	8.4	26.4
守　兵	12	3.6	8.4	20.4

① 嘉庆《松江府志》卷三四《兵制》。

由此可见,士兵的薪饷很低①,难以维持一家人的生活②。为了保证士兵的生活,政府不得不采用别的方法予以补助,其中之一是特许松江驻军在郡城内外设店出售官盐,所得利润作补助"弁兵饭食、赏赍及办盐书识人等伙食、房租之用"③。如果加上各种津贴,士兵的工资应当接近于长工的收入水平。

---

① 清代绿营兵待遇太低,已是学界共识。李志茗指出:绿营兵平时每月薪饷只有1两,出征作战时也仅1.5两。同绿营相比,湘军的薪饷很丰厚:陆军营官每月50两,另加办公银150两,而哨官每月9两,哨长6两,什长4.8两,亲兵护勇4.5两,正勇4.2两,伙勇3.3两,长夫3两。因此绿营兵薪饷比湘军的长夫还少,分别只及湘军正勇的四分之一和三分之一。(见李志茗:《勇营制度:清代军制的中间形态》。)

② 清代绿营士兵饷薄,罗尔纲认为是绿营制度的最大缺陷,并对此作了详细的讨论:"绿营饷章定制马兵月饷二两,战兵一两五钱,守兵一两,米则一律月支三斗。这个月饷数目,假如仅是维持兵士个人的生活,既有米以养口腹,饷银虽然少些,就是到了嘉庆、道光时代,也勉强可以够用的。但是兵士都还有他的家庭。……兵士一人所领的月饷,便要赡养全家的用度。"亦即"兵士一份月饷,便要赡养全家五六口人的用度"。而"这个饷章,本定于清初顺治四年(1647年),那时候大乱初定,重见升平,地广人稀,生活容易,这一份月饷维持一家五六口的生活是够的",但"顺治至道光为时已经二百年,这二百年中,生活一天高过一天,而饷章却还一成不变"。罗尔纲"按照雍正乾隆间的社会生活程度,从一个家庭的最低生活标准"进行了计算,结论是"绿营兵士便已无法维持他们的生活",因此"他们只好自谋出路,有的做小贩营生,有的做手艺糊口","故自雍正以后,兵士兼以小贩营生,手艺糊口的情形,便成为绿营中一种公开的现象"。因此到了太平天国兴起,绿营已完全不可用,曾国藩建立湘军,将士兵月饷大幅提高,增至每月四两二钱(陆军正勇),较绿营马兵口粮多一倍,战兵口粮多三倍,守兵口粮多四倍。除个人自给外,足以养赡家室。(见罗尔纲:《湘军新志》,第3—8页,第116页)。

③ 嘉庆《松江府志》卷二九《田赋志·盐法·场灶》:"松江提标五营,在于松江郡城内外设店,销卖帑盐,起自雍正六年,每年额销袁浦、青村、下砂三场帑盐,每场各九百引共二千七百引;又拨销华亭、娄县商盐一千六百引,共销盐四千三百引。乾隆三十六年开辟定海之舟山,经总督崔应阶、巡抚兼管盐政熊学鹏以袁浦、青村下砂三场供奉贤、金山、上海、南汇、青浦等县商人买配,奏明更定每岁额,拨定海帑盐四千三百引,运交松营分卖,豫缴帑课,承办运销。松江提标中营参将经理收发,提督督销,率同松江府盘查结报。谨按松营销卖帑盐款下有营中卖出盐价,每引扣除营员兵目养廉伙作等银计九钱四分,内有官弁分得规例二钱七分,乾隆四十七年停给。盐规案内钧奉谕旨停其支给,按年提贮运库报部,听拨余银六钱七分,系为弁兵饭食赏赍及办盐书识人等伙食房租之用,按年汇入帑盐外输册内报部。"

七、结论

通过上面的考证，我们对于1820年代华娄地区不同职业人群的工资情况有了一个比较全面的了解。现将这些情况汇总为下表(表附14－12)：

表附14—12　1820年代华娄各行业工资

工种	日工资(文)	年工作日数	年工资(两)
农业			
短工	200		
长工	(150)	345	42
农夫	(200)	270(农作)	42
工业			
第一类行业工人	(150)	330	42
第二类行业工人(妇女)	(50)	283(农村)	11
		330(城镇)	14
第三类行业工人	(200)	270	45
商业与服务业			
店员	(160)	330	42
脚夫	140		
教育			
经师	(390)	330	100
蒙师	(200)	330	50
政府与军队			
中等吏役	(200)	330	50
杂役	(130)	330	32
战兵*	(110)	330	29
守兵	(80)	330	20

括号中数字是从年收入逆推出来的日工资数字，并对个位数字采取四舍五入。

*取马战兵薪饷(32.4两)与步战兵薪饷(26.4两)之中数。

对于上表，需要作以下说明：

首先，短工、脚夫等由于工作不稳定，因此难以计算其一年工资总数。

其次，在工业第二类行业（棉纺织业）中，农家妇女一般每年工作283日。但是一些职业化的纺织者往往也全年工作。因此表中收入也有两种。

第三，士兵薪饷外的津贴未计入。如果计入，实际工资会高一些。

第四，以上各种职业人群的实际工资，不仅与物价和银—钱比价的波动，而且与宏观经济状况的变化，都有密切关系①。

从上表中，我们可以看到1820年代华娄地区各行业的工资具有以下特点：

第一，在以上各种职业人群中，受教育程度较高者（如教师、中等吏役）的工资，明显高于受教育程度较低者或者未受教育者的工资。

第二，不同的职业对体力或者技能的要求不同。从事对体力或者技能要求较高的职业的人员（如工匠、店员、战兵）的工资，高于从事对体力或者技能要求较低的职业的人员（如脚夫、杂役、守兵）的工资。

第三，官员的工资远远高于从事其他各种职业的人员的工资，而导致这一现象的主要原因是他们有巨量的额外收入。同时，为政府工作的下层雇员（杂役、士兵），正式薪俸都很低，如果没有各种形式的津贴或者额外收入，其收入甚至明显低于普通农民。这种“薄饷”政策，是导致政府机构腐败盛行和工作低效率的根源之一。

---

① 典型的例子如棉纺织业中工作者的工资，详见前文。

附录 15　上交赋税数量统计

赋税是清代经济史研究中最困难的问题之一。地方政府在赋税征收方面，即使在雍正朝赋税制度改革之后，仍然有很多陋规和违规做法①，因此使得实际税收数量几乎成为一个无法真正得知的黑洞。州县政府依照国家规定征收的赋税，分为起运和存留两个部分。存留部分供地方政府的开支，而起运部分则上交省和朝廷。起运部分的数量，通常有明确的规定，因此我们可以作出大致的统计。

华娄所在的松江府一向是明清中国赋税负担最重的地区之一②。由于是朝廷重要的赋税来源地，因此朝廷对此地区赋税起运部分的内容和数量也作了非常详细的规定。这里，我们依据嘉庆《松江府志》卷二四和卷二五《田赋志》中关于嘉庆十五年额征起运各项的规定，将华娄两县赋税上交部分(漕运和解支)的数量作一统计。这些规定十分细致，这里我们仅只统计税额在 100 两银以上的项目。其结果如下：

表附 15—1　19 世纪初期华娄漕运相关赋税数量

项目	华亭县	娄县	华娄合计
米(单位:石)			
漕粮正兑并白粮局粮省仓等项	24,568	25,874	
加四耗米	9,827	10,349	
改兑耗米	3,168	3,427	
加三耗米	950	1,028	

---

① 参阅曾小萍:《州县官的银两——18 世纪中国的合理化财政改革》，第 188—190、247—288 页。

② 参阅顾炎武:《日知录》卷一〇“苏松二府田赋之重”条。

续表

漕赠米并白粮局粮改漕等项五米	1,925	2,032	
白粮正米供用府	1,609	1,638	
给军盘剥耗米	402	409	
白粮正米光禄寺	1,262	1,285	
给军盘剥耗米	340	346	
白粮正米王禄	186	192	
给军盘用并经费白糙耗米	611	623	
舂办米	917	934	
运粮水手食米	220	234	
松江所月粮	303	5	
金松卫运军行月粮	0	241	
改编江淮兴武二卫各帮改本月粮	1,522	1,670	
扬州仓本色米	1,070	958	
合计	48,880	51,245	100,125
银(单位:两)			
随漕轻赍席木板等项正損费, 并二升耗米折改漕案内增编各款银	4114	4617	
过江六升米折银	865	983	
漕赠十银	4436	4952	
改折石灰银	704	855	
金松卫所行月粮折银	340	334	
解通由插银	244	249	
裁存经费粮	975	952	
节存充饷银	4,758	4,760	
额拨漕项粮	223	766	
凤阳仓麦折正損费并徐州永福仓折正損费	1,060	1,010	
合计	17,719	19,478	37,197

表附 15-2　解支数量

项目	华亭县	娄县	华娄合计
本色起运项下(单位:石)			
各标营兵粮	5,925	7,518	13,443
折色起运项下(单位:两)			
布政使司衙门			
起存、地丁、杂办、新旧奉裁,并今订归并驿站、俸工、节年、升科、充饷等项除额,并拨抵俸工外实征	33,598	30,971	
随征五分羡银,内除在县坐支、正佐各官养廉外实征	1,679	1,548	
起存解司損脚银	1,386	1,353	
两浙盐运司衙门			
盐课正银	1,219	1,060	
合计	37,882	34,932	72,814

以上总计银 110,011 两,米 113,568 石。依照 1820 年代米价(2.33 两/石),113,568 石米合 264,613 两银。二者合计为 374,624 两银。加上我们在统计中忽略的那些数量较小的项目,华娄上交赋税的总量还会更高。这里姑以 37.5 万两计。

附录 16　食物消费

按照中国的习惯,食物可分为主食和副食两大类,亦称粮食与副食品,此外还有嗜好品(即所谓"成瘾性食品")。在 19 世纪的松江,它们分别包括:

(1)粮食:米、麦、豆

(2)副食品:肉、蛋、鱼虾以及食用油

(3)嗜好品:酒、茶、糖

在本附录中,我们对这些食物的消费情况进行讨论。此外,盐虽然不是上述意义上的食物,但也是最重要的食物成份之一,因此亦应加以讨论。

一、粮食

华娄地区人民以大米为主食,麦、豆也是夏季的重要口粮。

关于19世纪初期华娄的人均粮食消费量,我所发现的唯一一条直接的记载是钦善在《松问》中所说的"今夫平口计,人食米不及四石耳"。因为这条记载是孤证,因此我们必须从其他的材料推求。下面,我们看看其他材料中反映出来的消费水平。

(一)19世纪初期以前和以后华娄人均粮食消费水平

从今天可见到的史料中,可以得知以下两种消费水平:

1. 19世纪后期华娄地区慈善机构的消费标准

光绪初期华娄地区的普济堂、全节堂所制定的孤寡老幼的伙食标准,是我所见到的最直接、最具体的食物消费标准记载。其相关内容如下[①]:

(1)普济堂

"入堂老民,必须年在五十以外,实系鳏独无依,方准收养。若

① 光绪《松江府续志》卷九《建置志·公建》。

年未五十，可以力食佣工，概不准营谋入堂，以符养老之义。”

“老民：每名每日给白米八合，向定二粥一饭，现因煮粥每多狼籍，未免暴殄，改为朝暮二饭，每日给饭筹二根，照筹发饭，给盐菜钱四文，朔望加腐皮钱一文，每十六日每名加折荤钱十六文，每月终每名给剃头钱五文，六月二次，老民如抱病，饭有余多，准其向账房禀明，扣除一筹，另给折饭钱八文，不准将余饭私出堂门变卖。”

(2)全节堂(始建于道光九年)

“本堂专为青年节妇而设，其不合旌例之寡妇，向例入济贫两号者，系推广周全之余意，故此次留养择现年二十岁以内者为正号，其守节在三十岁以内而现在四十岁以内者为闰号，如有未嫁夫不愿改适者亦入闰号一体留养，此外一概不准。”

“节妇一日三餐，每逢初二、十六日大荤，初五、初十、二十、二十五日小荤，两人一碗，余俱随常素菜，端午、中秋两节俱用四肴，年节六餙，六人一桌。”

此外，毗邻的上海县的清节堂的情况也可作参考：

“总门以内设立小厨房，以内堂汤药茶水之用。其粥饭菜蔬仍由外厨从转桶送进，每日辰初送粥，午酉二。”

“节妇每日三餐两饭一粥，皆用白米，每大口约用米七合，小口三合，粥菜两碟，每月初二、十六、初八、二十三，计四日，饭菜两荤两素，其余日期一荤一素，端午、中秋两节，四荤两素，年节六荤两素。六人一桌，每桌一荤一素者，菜钱一百二十文，菜多者按数递加；本堂司事、塾师亦如之。”

据上述标准，一个男性老人每人食米 0.8 升，成年妇人 0.7 升，幼童 0.3 升。按照这个标准计算，一个家庭有 5 口，其中成年人 3 人(成年夫妇一对，老人 1 人)，未成年人 2 人。成年人中，成年男子 1 人，每日食米 1 升；成年妇人 1 人，每日食米 0.7 升；老人 1 人，以男性老人计，每日食米 0.8 升；未成年人中，较大者以成年妇人计，每日食米 0.7 升,较小者食米 0.3 升。据此,则全家每天食米 3.5 升,人均 0.7 升,每年 2.6 石。

2. 近代松江县农户的人均粮食消费水平

据满铁 1939 年对松江县(即华娄地区)华阳桥村的抽查,人均年消费大米 2.67 石[①]。此外,松江县农民食用蚕豆也不少[②]。

(二)17 世纪后期松江府地区的人均粮食消费水平

17 世纪后期,靳辅说:"苏、松、嘉、湖之民,知壮夫一丁种稻十二三亩,其岁收粒米,肥地不过三十余石,瘠地可得二十石,以每人每日食米一升计之,则三十余石者可食九人,而二十石者可食五六人。准古证今,原无异也。至农夫五等产,上中下而合算之,每夫可食九人,内除本夫与本夫之母妻女以及本夫之耄父幼子,共约食其半,计可余一半,以食他人。"[③]据此,成年男子每人每日食米 1 升,每年 3.6 石;一家六口("本夫与本夫之母、妻、女以及本夫之耄父、幼子")合计,每人每年食米 2.7 石[④]。

---

① 南满洲铁道株式会社上海事务所:《江蘇省松江県農村実態调查報告書》,附表 1、10、11、12。参阅曹幸穗:《旧中国苏南农家经济研究》,第 215 页

② 南满洲铁道株式会社上海事务所:《江蘇省松江県農村実態调查報告書》,第 213—214 页。

③ 靳辅:《生财裕饷第一疏》。

④ 据上引文,江南的农夫一人年食米 3.6 石,他生产的稻米可供 9 个农夫食用,即为 32.4 石。他和他的母、妻、女、耄父和幼子所食米的总数,合其生产总量的一半,即 16.2 石,平均每人每年食米 2.7 石。又,除去他本人所食的 3.6 石外,其母、妻、女、耄父和幼子共食米 12.6 石,平均每人食米 2.52 石。

(三)江南其他地方的人均粮食消费水平

这些地方包括苏州、南京、湖州以及江北的扬州，时代则包括19世纪前中期和20世纪前半期。

1.19世纪前中期

(1)嘉庆十一年(1806年)，扬州遭水灾，包世臣建议赈灾标准为："人日给以米半升，钱十文……。人数多则三万，日需米百五十石，钱三百千，日数多则一月，当用米四千五百石，钱九千贯，加以医药、棺木、船价、路费，醵白金二万两，必可蒇事。"[①]

(2)嘉庆十九年(1814年)，江南遭旱灾，包世臣建议南京救济贫民，"凡居民无论在街在巷，其仅住屋一两间、无生理者即为贫户。其男丁较少而女口幼口较多者，为极贫；其孤儿寡妇在门摆摊不成店面，及有兄弟数人，只一人有生理，而家口众多者，皆分别为次极贫户。……约城厢居民，次、极两户不下十万人，每人日食米半升，则一日须米五百石"[②]。

以上两条是大灾之年赈灾口粮的发放标准，大小口合计，人均0.5升米/日，以年计，为一年1.8石米。

(3)嘉庆二十五年(1820年)，包世臣说苏州府，男女老幼合计，"每人岁食米三石"[③]。

(4)19世纪中期，强汝询说："今以南方之田耕作精密，人不过耕十亩。上腴之地，丰岁亩收麦一石、稻三石，其入四十石耳。八口之家，大口廪米八合，老稚居其半，人日廪米四合，率日食米四升

---

① 包世臣:《齐民四术》,第71页。

② 包世臣:《齐民四术》,第74页。

③ 包世臣:《齐民四术》,第58页。

八合，一岁食米十七石二斗八升。麦当其三之一，尚食米十一石有奇。率稻一石为粝米五斗，则留稻二十三石、麦六石，然后足一岁之食。余麦四石，稻七石。"[①]据此，农家成年人平均每人每日食米0.8升，每年食米2.88石；老幼减半，每人每日0.4升，每年1.44石[②]。一个八口之家的农户，一年食米17.28石(包括麦折为米)[③]，平均每人年食米2.16石。上引文字中说的"南方"，其实仅指江南[④]。在明清的华娄地区，八口之家很罕见，一般家庭规模很小，大多数情况下不到4.5人[⑤]。这里姑以4.5人(夫妇2人，老幼3人)计，则一户年消费量为10.08石，人均2.24石。不过这里我们要注意的是，强氏所言系太平天国战争之后的情况，因此无论是产量还是消费量，都应当低于19世纪初期。

2.20世纪前半期

20世纪前半期，中外个人和机构在江南作了一些食物消费的调查，其中最为可靠的是以下两种。

(1)据天野元之助1934年对湖州吴兴县(清代归安、乌程二县)的调查，成年男子平均每年仅食米3.05石(即每日0.8升)，但这主要是因为有7.9%的农户因为贫困而不得不以米糠和麦麸熬粥充饥的缘故。如果均以米计，则成年男子平均每年食米3.29石(即每日0.9升)。一般的消费，则如当地民谚所言："大口小口，一

---

① 强汝询:《求益斋文集》卷四《农家类序》。

② 依照强文中一年360日计。

③ 麦折米标准为1石麦折0.7石米。

④ 强汝询(1824—1894)，字荛叔，江苏溧阳人。他一生的活动基本上是在江南。

⑤ 华娄地区的户均人口，1391年为4.6人(梁方仲:《中国历代人口、田地、田赋统计》，第438页；1991年《松江县志》，第153页)；1937年4.53人，其中佃农家庭人口为4.4口，其他则多少不一(南满洲铁道株式会社上海事务所:《江蘇省松江県農村実態調查報告書》，第34、第37页)。而1953年为4.3人(所有户)和4.1人(农户)(用1991年《松江县志》第253页中数字计算)。

月三斗。"[1]换言之,每人每年 3.6 石。但是这里并未说明是谷还是米。如果是米,似乎太多[2];而如果是谷,则又似乎太少[3]。我对此说的理解,见于下文。

(2)据费孝通 1936 年在吴江县开弦弓村的调查,一个有一名老年妇女、两个成人和一个儿童的普通家庭来说,所需米的总量为 33 蒲式耳(11.6 石)[4]。如有 1.5 个儿童,则为 35.25 蒲式耳,即 12.3 石,人均 2.7 石。因此人均大米消费量,大约为 2.7 石。

由于上述数字彼此出入颇大,因此我们必须对这些数字进行具体分析。

首先,依照 19 世纪初期江南赈灾口粮标准(每人每日 0.5 升)得出的每年 1.8 石米,是维持肉体生存的最低限。如果低于此数,就难以存活了。

其次,依照 19 世纪后期华娄慈善机构的标准(每人每日 0.7 升)得出的结果是每年 2.6 石米。一般而言,慈善机构制定的消费标准,相对于平均消费水平而言,通常为中间偏下。同时,被这些慈善机构收容的人员,基本上是老弱妇孺,食物消费量较低。他们中即使有人从事一些工作,体力支出也不大[5]。因此,每年 2.6 石米代表了不从事重体力劳动人家的人均消费水平。

第三,在战乱或者紧接战乱之后的时期(如 1939 年的松江县、太平天国之后的江南),农民人均年消费量大约在 2—2.7 石米之

---

① 见斯波义信:《宋代の消費・生産水準試探》。

② 如上所言,一个成年男子食米不到 3.3 石。

③ 如果是谷,按照 19 世纪初期华娄义仓征收官租使用的标准"一米二谷"(详见李伯重:《19 世纪初期松江地区的度量衡及折算标准》),3.6 石仅合 1.8 石米,仅符 19 世纪初期江南赈灾口粮。

④ 费孝通:《江村农民生活及其变迁》,第 97 页。

⑤ 例如据上面提到的上海清节堂的规定,"节妇在堂,自宜勤习女工针黹,所出可支零用,无须月费,或患病时医药外更有所需,或带子女在堂,不无零用,随时酌给"。

间。而在经济相对比较繁荣的时期(如嘉庆时期的松江府与苏州府、1934 年以前的原湖州府地区),则在 3—4 石米之间。

经过对各方面的情况进行综合分析后,我们认为 1820 年代华娄人均粮食消费量大约为米 2.7 石。

这里要注意的是:在以上绝大多数关于食物消费的记载中,仅只提到大米。但是除大米之外,江南的食物消费还包括有相当数量的麦和豆类。依照前引强汝询所言,江南农民口粮中,“麦当其三之一”。麦、豆(特别是蚕豆)也是 19 世纪初期华娄人民的重要食物①,但其消费量均无记载。麦、豆在食物消费中的比重不详,但应当低于强氏所言的 1/3②。兹姑以占粮食消费总量的 1/4 计。据此,则华娄人均年消费米 2.7 石,麦、豆合计 0.9 石,合计 3.6 石。我认为这就是后代“大口小口,一月三斗”之说的来源③。如本书第三章中所述,在 1820 年代的华娄,由于气候的缘故,蚕豆种植多于麦,因而本书中把蚕豆作为春花的代表。这里我们也用蚕豆来代表麦、豆。

根据斯波义信的研究,自明清至民国初年,中国人均年食物消费量,在生活水平中等的地区约为 3.6 石脱粒谷物;在生产落后而

---

① 姜皋说:清代中期松江西部,农家在夏天“青黄不接,无米可炊者,麦粥、麦饭,终胜草根树皮”;“吾乡春熟者,除红花草外,蚕豆、油菜为多。盖豆自湿至干,皆可为粮,以补无米者之饱”(《浦泖农咨》(28)。地方志则说:“农民当春夏之交,藉此麦饭,以种大熟”,夏初农民“磨麦穗以为面,杂以蚕豆”而食(道光《蒲溪小志》物产)。

② 强氏所言是太平天国之后的情况,而此时江南生活水准较前有明显下降,故食麦、豆较多。

③ 方行对“大口小口,一月三斗”的解释是:“《补农书》中所记农民口粮标准是,‘凡人计腹而食,日米一升,能者倍之’。此书所记雇用长工的口粮,是每人每年‘吃米五石五斗’,合每日吃米 1.52 升。江南农户多为核心家庭,由夫妇及其子女组成。至少有一个或二个成年劳动力,此一、二人,应属于所谓‘能者倍之’之列。农户五口之家,如大小口牵算,可以人日食一升计,全年食粮为 3.6 石,这与江南地区后来的民谚:‘大口小口,一月三斗’,也是相符的”(详见方行:《清代江南农民的消费》)。不过方氏所谈的是米,而如前所言,江南(特别是松江)农民的食物消费中,麦和豆占了相当的比重,因此应当把麦、豆计入,而非仅只看到米。此外,一个长工全年平均每日食米 1.5 升,重 2.4 市斤,似乎也太多。

且人口压力又高的地方为 1.44—2.52 石;灾荒时的救济标准则为 1.8 石[①]。而据柏金斯(Dwight Perkins)的数字,1957 年中国人均粮食消费 572 斤脱粒谷物,以大米计约合 3.8 石[②]。在过去的几百年中,江南(包括华娄)的生活水准在全国最高,因此人均年消费粮食水平也不会低于全国平均数或者低于中等地区的水平。也正是因为如此,所以钦善在 19 世纪初期说华娄一带"今夫平口计,人食米不及四石耳"。有鉴于此,我们用斯波义信对中等地区的估数(3.6 石)作为 19 世纪初期华娄地区一般人民在普通年成的消费水平,应当不会高估[③]。

二、副食品

松江素称鱼米之乡,但是饲养猪、牛也很多。至于鸡鸭,则更是几乎城乡家家饲养。因此松江人民的动物性食物,并不仅限于鱼虾。关于华娄居民饲养的家畜和家禽的数量,本书附录 8 已有专门讨论。本附录即依据该讨论所得出的结论进行分析。此外,关于食用油的消费,我们也将进行推算。

(一)猪肉

按照《沈氏农书》,江南一带养猪,"每养六个月,约肉九十斤"[④]。

---

① 斯波义信:《宋代の消費・生産水準試探》。

② Dwigh Perkins:*Agricultural Development in China*, 1368—1968,第 299—307 页。1 石大米约重 150 斤。

③ 20 世纪中期全国平均消费量为 3.8 石。19 世纪早期松江人民的生活水准,肯定高于 20 世纪中期的全国平均数(见本书第十二章)。因此说 19 世纪中期松江人均年消费粮食 3.6 石,只会是低估而绝不会是高估。

④ 《沈氏农书》"蚕务(六畜附)"。

在本书附录8中，我们得知华娄农户养猪，肉猪重量在100—200斤之间。生猪出肉率通常为70%[①]，因此一头猪可产肉105斤(每猪重量以中数150斤计)。又，1950年代的全国平均数为每猪出肉100市斤[②]。因此一猪产肉100斤上下是可以肯定的。1820年代华娄每年平均养猪17万头，每头猪产肉1担，共产肉17万担。按1820年代华娄人口计算，人均30.4斤。兹以30斤计。下面我们用其他材料进行检验。

关于在一个大范围内的清代人均猪肉消费量，最早的记载出现在光绪后期的四川。在中日甲午战争前后，依照当地政府征收的“肉厘”数额计算，“以猪只计之，川省每年约共宰猪三百万只之谱”，“全省每年屠猪至三百万余只之多”。1880年时四川人口大约为3,600万[③]。据此，四川全省的猪肉年消费量大约相当于每十人食用一头猪之肉。但是我们要注意：上述猪数只是依照“肉厘”数额计算出来的数字，而肉厘仅针对出售的猪肉，并未将居民自养自食的猪肉计算在内[④]。这些不纳税的猪肉数量比起纳税猪肉大得多。因此四川每年实际屠宰的猪数量远大于三百余万头，亦即平均每数人食用一头猪之肉。1820年代华娄的生活水准明显高于

---

① 据湖北省物价局的《对生猪生产成本和猪肉价格等情况的调查》，生猪出肉率通常以70%计算。又，一位不知名的屠宰场业者所言，生猪出肉率是根据饲料和饲养时间来看的。饲料好，时间长，猪大，出肉率就高。如果24小时不喂食，150公斤的猪出肉率一般可达90%甚至更多，如果饲料是低能量的，猪吃的多，饱腹，猪小，自然出肉率就低，大概75%左右(http://www.liaozhu.com/thread-6197-1-6.html)。过去农户用传统方法的养猪，出肉率不高，因此以70%计是合理的。

② 邓子恢：《关于农业合作社扩大再生产及其他几个问题》。

③ 曹树基：《中国人口史》第5卷(清前期)，第703页。

④ 周询说：“肉厘开收之初，只限于售肉者始照纳厘，以其可将厘钱转嫁于食肉之人也。此外如冠、婚、丧、祭，与夫庆祝生辰，或得科第及伏腊度岁等事，将自饲之猪杀以享客，或自食者，概免纳厘。”周氏接着说：“后因行之既久，厘率又逐次加重，较初开办时，增至十余倍之多。于是影射规避之弊，日甚一日。”(见周询：《蜀海丛谈》，第12—14页)

19世纪后期四川全省的平均生活水准,因此1820年代华娄人年均猪肉消费量约为30斤,应当不会高估。

(二)牛肉

华娄地区的牛主要是水牛。依照满铁调查,牛出生后2年可役使,水牛的役使年限为9—10年,以后即不能役使,卖以杀之[①]。据此,水牛寿命大约为12年(服役期为10年)。换言之,为了更新耕牛,每年须淘汰超越服役年龄的老牛,其数量大约为养牛总数的1/12。1820年代华娄养牛户养牛3.4万头,每年平均屠宰1/12,大约为2,800头。据现代调查,肥育的肉用水牛的出肉率达36.9%[②]。但华娄农村屠宰之牛大多是老牛,出肉率应低于此。兹以每头牛产肉170斤计[③],2,800头水牛可产肉4,760担。按1820年代华娄人口平均,人均0.85斤。兹以1斤计。

(三)鸡鸭

1820年代华娄地区一个农户一年中饲养的鸡鸭,平均共约13只,其中包括鸡10只(母鸡6只,公鸡4只),鸭3只(公鸭1只,母鸭2只),依照时价(170文/只),共值2,210文,按照当时猪肉价(120文/斤),可折合猪肉18.4斤[④]。一个农户饲养上述数量的鸡

---

① 南满洲铁道株式会社上海事务所:《江蘇省松江県農村実態调查報告書》,第150页。

② 谢成侠:《中国养牛羊史》,第121页。

③ 水牛公牛一般重500—650公斤,母牛重400—550公斤(谢成侠:《中国养牛羊史》,第120页)。老牛体重较轻,兹以上述体重之下限计,平均为450公斤计。如果出肉率以肥育肉牛出肉率的一半(18.5%)计,则可产肉167斤。

④ 见本书附录4。

鸭，每年可得蛋共 800 枚，以 11 个蛋重 1 斤计[①]，合 72 斤。

因此，每个农户所养的鸡鸭产肉可折合猪肉 18 斤，另有蛋 72 斤。6.8 万个农户所养鸡鸭共产肉 122.4 万斤，蛋 490 万斤。按照 1820 年代华娄人口计算，人均消费禽肉 2.2 斤，禽蛋 8.7 斤。兹分别以 2 斤和 9 斤计。

猪肉、牛肉和禽肉合计，人均消费 33 斤；另外消费禽蛋 9 个。

(四)鱼虾

1820 年代间华娄农户饲养家鱼，户均产鱼 36 斤。6.8 万农户，共产鱼 2.4 万担。专业渔民 3,100 人，产鱼 3.4 万担[②]。二者合计 5.8 万担。按照 1820 年代华娄人口计算，人均消费 10 斤。

(五)食用油

一般而言，在江南，植物油在人民食用油中所占的比重比动物油更大，因此这里只讨论植物油的消费量。

因缺乏记载，1820 年代华娄地区人民所消费的食用油数量已无法确知。据官方统计数字，1978 年松江县农民人均消费植物油 2.45 公斤，1985 年 4 公斤[③]。如果考虑到城镇居民的消费量一般比农村居民可能会高些，因此人均食用油消费量应当比上述数字更高一些。

1820 年代华娄地区由于有大量的东北大豆输入，榨油业发达，

---

① 见本书附录 4。

② 见本书第三章。

③ 1991 年《松江县志》，第 956 页。

每年加工大豆约 80 万担，产豆油 640 万斤[①]。按照当时总人口平均，人均 11 斤。这里假定人均植物油消费量为 10 斤，应当不会距离实际情况太远[②]。因此，1820 年代华娄城乡居民的人均食用油年消费量为 10 斤[③]。

现将以上结果归纳为表附 16－1：

表附 16－1　1820 年代华娄人均副食品消费量(单位:市斤)

种类	猪肉	牛肉	禽肉	禽蛋	鱼虾	食用油
数量	30	1	2	9	10	10

三、盐

嘉庆时华娄的盐产量大约为 1,000 万斤[④]，依照当时的人口计算，人均 18 斤。但是这些盐不仅要供应本地，而且还要供应其他一些地方。同时华娄所消费的盐也有一部分来自浙江等地[⑤]，因此本地消费量有多大不详。

用官方统计数字计算，1953—1956 年间松江县人均年消费盐

① 每担大豆可产豆油 8 市斤，见本书第七章。

② 除了豆油外，华娄还出产相当数量的菜油。但是在本书第四章中，我们已假定豆的加工代表了榨油业的全部作业。考虑到并非所有的油都作为食物消费(例如还有一部分用在照明、润滑、油漆等)，故兹以 10 斤计。

③ 除了植物油外，城乡居民都还消费一定数量的猪油，兹不计。

④ 见本书第三章。

⑤ 乾隆三十五年浙闽总督崔应阶等人奏："松江城内系食浙省之盐，由提标中营于府城销卖。其松江所属之袁浦、青村、下沙三场所产盐斤止供松江郡城以外并奉贤、金山、上海、南汇、青浦等县民食，每至不敷接济。查定海至松江，海运甚便，请将定海所有收买余盐，先尽拨运松江提标销售，每年定以四千二百引为额，其余再听浙省各所盐商领运。"(嘉庆《松江府志》卷二九《盐法》)

在 4.6—5.6 公斤之间[①]，中数 10 市斤略多。明末徐光启曾对全国丁口的食盐消费量做过估计，说："第以户口论，则人无有不食盐者也。计每一丁口岁食盐十五斤，必不可少。"[②]丁口人均年消费量为 15 斤，加上未成年人，人均年消费量会低一些。佐伯富估计清代中国人均盐消费量为 7—12 斤[③]，而陈锋估计为 10.8 斤[④]。此外，依照盐引数量计算，嘉庆时四川全省"应共合（售）盐三万二千三百五十一万一千一百斤"[⑤]。四川的人口在 1820 年时大约为 2,400 万[⑥]，因此人年均消费量为 13 斤，比上述估数略高一些。由于各方面的原因，各地人民的盐消费水平有所不同，因此存在上述差别是可以理解的。就大多数材料来看，明清时期中国人均食盐年消费量大约在 7—15 斤之间，中数 11 斤，与 1953—1956 年间松江县的人均消费量相似。因此将华娄地区人均盐消费量以 11 斤计，应当不会高估[⑦]。

三、嗜好品

所谓"嗜好品"，属于晚近欧洲经济史研究中所讨论"成瘾性食品"（addictive food 或 drug food），都是并非生存必需，而是在比较

---

① 用 1991 年《松江县志》第 153、500 页中的人口、消费量数字计算。

② 徐光启：《屯田疏稿》"禁私盐第四"，第一条（收于《徐光启集》卷 5，第 253 页）。

③ 佐伯富：《清代盐政の研究》，第 205 页。

④ 陈锋：《清代盐政与盐税》，第 14 页。

⑤ 周询：《蜀海丛谈》，第 19 页。

⑥ 曹树基：《中国移民史》第 5 卷，第 703 页。

⑦ 佐伯富和陈锋的估计主要依据是嘉庆《两浙盐法志》卷一二、嘉庆《两淮盐法志》卷二六、胡传《辽海榷盐私议》等文献所记载的材料，其中前两种文献在时间和地域上与 19 世纪初期的华娄地区比较接近，而 1953—1956 年间松江县的人均消费量亦在他们估计的此范围之内，因此应当比较可信。

富裕的社会中才能够为普通民众消费的商品[①]。就19世纪初期的华娄而言，嗜好品主要包括酒、茶、食糖以及烟草、鸦片。不过烟草、鸦片的情况比较特殊，在正文（本书第十一章）中已进行了讨论，故从略。

（一）酒

华娄地区人均酒消费量，最早的比较可靠记录是满铁调查的数字。满铁对松江县12户农民的调查显示，每户每年用于嗜好品的费用为19.35元，为总支出的10.3%，其中第一位是酒，占嗜好品开支的58%。据此，一户农民每年酒的开支为11.22元。依照当时的价格，可以购买烧酒56斤[②]。以每户4.5口计，人均12.4斤。不过这时处于日本侵华战争时期，农民消费水平低于正常时期的消费水平。

据官方统计数字计算，1953—1956年间松江县商品酒的人均销售量为2公斤上下[③]，不过自酿自用者未包括在内[④]，因此实际消费量肯定大得多。1978年松江县农民人均消费酒3.24公斤，1985年16.13公斤[⑤]。1978年是一个酒消费非常低下的时期，酒的生产和消费受到国家的严格控制，实行限额定量供应，农民很难得到酒；而1985年农民生活水准已较前有很大提高，同时酒的生产与

---

① 参阅 Kenneth Pomeranz: *The Great Divergence*: *China*, *Europe and the Making of the Modern World Economy*, pp. 114—116。

② 南满洲铁道株式会社上海事务所:《江蘇省松江県農村実態调查報告書》，第29、31页。烧酒价格在1937年为0.20元/斤，因此农户每年酒的开支11.22元，合烧酒56斤。

③ 用1991年《松江县志》第153、500页中的人口、消费量数字计算。

④ 1991年《松江县志》，第947页："解放前，县内自酿酒者颇多。解放后渐少。"

⑤ 1991年《松江县志》，第956页。

消费基本上已经放开,农民可以在市场上购买所需要的酒。因此我们可以把这两个年份的酒消费量,视为20世纪大部分时期内华娄农民人均酒消费量的最低和最高限。

19世纪初期华娄地区人民的酒消费量不详。在邻近的地区,有一些在此前后的酒消费量的记载,表明一般成人(应为男子)每人每日可饮烧酒1斤余或黄酒5—6斤[①],妇女也可日饮“村酒”2斤[②]。这些地方与松江府接壤,且向来并称江南最富之地,因此一般饮酒情况也应当相似。陶煦说光绪初年苏州长工一年饮酒费用约为2,000文钱[③]。按照当时米价(1,800文),合1.1石。从这些旁证来看,19世纪初期华娄地区人民的酒消费量,应当高于1937年和1978年的数字。这里我们姑且把1978年和1985年的数字之中数(人均19斤,兹以20斤计)作为1820年代华娄城乡居民的人均消费量[④]。

(二)茶

早在唐代后期,华亭县城已出现茗茶小摊,是茶馆的雏形[⑤]。到了南宋,茶摊发展成为茶坊、茶肆、茶铺。明代起始称茶馆。到了清代,茶馆已遍及华娄城乡。民国时期,“全县城乡茶馆不下数百家”,松江镇(即县城)上有50多家,均兼供熟水。茶馆中,有“盛

---

① 包世臣说在19世纪初期的江南(特别是苏州一带):“一人(一日)饮黄酒五六斤者,不为大量;……常人饮烧酒亦可(一日)斤余。”(包世臣:《齐民四术》,第58页)

② 例如17世纪后期陈确说“老母八十三岁,视听不减,能日进村酒二升”(陈确:《陈确集》文集卷一《与韩子有书》〔顺治六年〕,第65页)。

③ 陶煦:《租核》,第17—18页。

④ 据此,一个农户有4.5人,每年平均消费酒87市斤,比满铁调查的每户56斤高出55%。

⑤ 清代松江府城在唐代为华亭县县城。

以壶者，有盛以碗者，有坐而饮者，有卧而啜者"，有"日夕流连，乐而忘返，不以废时失业为可惜者"。饮茶已成为人民日常生活的重要部分，无论城乡，人民都喜好上茶馆品茶聊天或听书消遣，"孵茶馆"（即上茶馆喝茶）成为人民主要的休闲和消遣方式[①]，茶馆也成为华娄人民社交以及做生意的重要场所[②]。至于在家自饮茶，更是普遍。因此华娄地区的茶叶消费量当然十分可观。

依照吴承明对国内茶叶贸易量的估计来计算，1840 年中国人均消费量为 11 盎司弱，即大约 0.6 市斤强[③]。但是这个估计大大低于 1930 年代中期的调查结果，因此显然偏低。1930 年中期的调查表明：就全国的情况而言，城镇地区人均消费量为 2.4 市斤以上，而农

---

① 1991 年《松江县志》，第 948 页。该书还说："茶馆也是农民上镇歇脚的场所。老年人喜欢早起，久之，养成喝早茶习惯。有的每天四五点钟就到茶馆沏茶解闷，故茶馆开门营业极早，一般清晨三点钟左右就要升火烧水。上午是茶馆的营业高峰时段，各家茶馆几乎天天爆满。午饭后，老茶客泡了半天的茶馆，也该回家做事；农民起身回乡，茶客渐稀，茶馆一般在下午三四点钟关门打烊。"上海名镇志编辑委员会编《旧府新城：松江镇》"社会缩影茶馆业"还说："元末明初，民间'词牌杂曲'流行，茶坊中出现流动卖唱艺人，为茶馆书场的先导。此后，苏州评弹兴起，吴侬软语，说表细腻，为大众所喜爱，专业书场随之兴起。艺人假茶馆而售艺，茶馆以艺人而增加茶资，民国时期，松江镇上茶馆十有其五设有书场。"

② 上海名镇志编辑委员会编《旧府新城：松江镇》"社会缩影茶馆业"说：各行业职工、各阶层人士在松江都有他们固定的茶馆作为聚会之所。建国前，比较明显的有以建筑工人为主要茶客的茶馆，有以搬运工人为主的茶馆，有生意人聚集的茶馆，有职员、文人聚集的茶馆，彼此不轻易去其他茶馆喝茶。在茶馆里，品茶聊天，谈山海经，议论时局，交流新闻等是基本内容。有些商人常借茶馆洽谈生意，称商业茶座；码头工人、建筑工人借茶馆拆账分成；冤家争斗，帮会矛盾，团体龃龉，请中间人在茶馆调解讲和，平息事态，称"吃讲茶"、"讲开"；民间的经济债务、儿女婚姻、邻里纠纷诸事，不愿惊动官府，在茶馆里评理调解，所以茶馆又有"百口衙门"之称。过去的茶馆确实是社会的一个缩影。本注和上注中所言，虽然是民国时情况，但是清代情况亦与此相近，大同而小异。

③ 许涤新、吴承明主编：《中国资本主义的萌芽》，第 284 页。1 盎司 = 28.35 克。

村地区则为 1.2 市斤[①]。我们无法确知 1820 年代华娄地区的人均消费量，但是可以肯定的是，它不仅高于 1930 年代全国农村地区的人均消费量，而且甚至高于全国城镇地区的人均消费量[②]。即使以 1930 年代全国城镇地区人均消费量计，即达 2.4 市斤[③]。

（三）糖

彭慕兰估计 1750 年中国人均糖年消费量为 4.2—5.5 磅，但是各地在人均糖消费量方面有很大差异。这个差异不仅与食糖生产地点，而且与其运输路线和地方饮食偏好有密切关系，因此华南和华东的人均消费量比华北要大得多[④]。明清江南是中国主要食糖输入地，特别是康熙统一台湾后，闽广糖业迅速发展，使得蔗糖输入江南的数量空前增加[⑤]。蔗糖的大量输入改变了江南的饮食习惯，导致这里的菜肴变得以甜著称。乾隆时人李行南《申江竹枝词》描写说："闽商粤贾税江关，海物盈盈积似山。上得糖霜评价买，邑人

① 吴觉农等人在 1934 年曾经代表农村复兴委员会进行了一次全国性的茶叶消费调查，样本取自全国 14 个省市，计 625 个家庭，4,338 人。调查结果是每人每年平均消费为 2.4 市斤。鉴于此次调查偏于城市市民阶层，于是"本年又请实业部中央农业实验所农业经济科，重行调查农村情形"，调查结果是每人每年消费平均为 1.2 市斤，其中江苏全省人均消费 1.18 市斤，而浙江 1.59 市斤。见吴觉农、胡浩川：《中国茶业复兴计划》，第 24—26 页。

② 例如，根据陈椽的统计，同治七年（1868 年）天津合计销售茶叶 1,023,356 斤，当时天津人口为 40 万，平均每人每年消费 2.5 斤；而陈氏估计中国"东南产茶区茶叶消费量当然要比天津多得多"。（见陈椽：《茶叶通史》，第 449 页）

③ 乌克斯估计 20 世纪初期中国人均年消费大约 2 磅（约合 1.8 市斤）茶叶，而同一时期日本人均消费量为 0.61 磅，1930 年代的印度为 1.8 磅。（见乌克斯：《茶叶全书》下册，第 130 页。转引自仲伟民：《茶叶、鸦片贸易与 19 世纪经济全球化中的中国》）

④ Kenneth Pomeranz: *The Great Divergence: China, Europe and the Making of the Modern World Economy*, pp. 122。

⑤ 许涤新、吴承明：《中国资本主义的萌芽》，第 354 页。

也学鸟绵蛮(原注:小东门贸易人,亦能鸟语)。"王鸣盛《练川杂咏》则描写松江的乡间习俗:"糖霜沁齿冷于冰。"[①]华娄民俗,在腊月二十四日暮祭灶神,"祀灶,谓之送灶,妇女不得参祀,用粉团糖饼,谓灶神朝天言人过失,用糖取胶牙之意"[②],可见糖已成为普遍消费的食品。因此,虽然我们不能确知1820年代华娄人均食糖消费量有多大,但是可以确信的是,虽然华娄不一定能够达到台湾的人均消费量(10磅)[③],但也肯定比1750年全国人均糖年消费量(5磅弱)多得多。如果取其中数,那么就应当大约为7—8磅,即约6—7斤。

最后,我们将1820年代华娄人民食物消费及相应开支汇为下表(表附16-2):

表附16—2　1820年代华娄人均各类食物消费支出

种类	数量	单价	支出(文)
粮食			
米	2.7石	2,800文/石	7,560
蚕豆	0.5石[④]	2,000文/石	1,000
小计			8,560
副食品			
肉*	33斤	120文/斤	3,960
蛋**	9斤	120文/斤**	1,080
鱼***	10斤	90文/斤	900
油****	10斤	72文/斤	720
小计			6,660

---

① 收于顾炳权编:《上海历代竹枝词》,第32、40页。

② 光绪《华亭县志》卷二三《杂志上·风俗》。

③ Kenneth Pomeranz: *The Great Divergence: China, Europe and the Making of the Modern World Economy*, pp. 122。

④ 华娄人民把蚕豆既当菜吃,又当饭吃。由于我们不计算蔬菜的价格,因此这里我们姑且假定食用的蚕豆中,作为粮食食用的占一半,即约0.5石。

续表

种类	数量	单价	支出(文)
嗜好品			
酒	20 斤	56 文/斤	1,120
茶	2.4 斤	350 文/斤①	840
糖	7.5 斤	54 文/斤②	400
小计			2,360
合计			17,580

说明:表中价格除特别提到者外,均见本书附录 4。

* 猪肉、牛肉、禽肉合计。

* * 以 1 斤蛋 = 1 斤肉计。

* * * 包括虾,以鲜鱼计。

* * * * 仅计植物油,以豆油计。

据上表,人均年食物消费为 17,580 文,合银 14.7 两,合米 6.3 石。如果仅计粮食与副食品的话,则为 15,220 文,合银 12.7 两,或者合米 5.4 石③。

---

① 1862 年上海出口绿茶平均价格为每担 29 两(姚贤镐编:《中国近代对外贸易史资料》第 3 册,第 1654 页),按照 1820 年代的银—钱比价,合 34,800 文钱。兹以 350 文/斤计。

② 道光中期上海糖价为 4—5 两银/担(1993 年《上海县志》,第 1220 页)。兹以 4.5 两计,依照当时银—钱比价,合 5,400 文钱,兹以 60 文/斤计。

③ 依照清初海宁寒士陈确所言,当时一个富家仆人一日消费为米 1 升,柴 8 斤,油 1 两,豆腐 1 斤,淡酒 1 升;共合银 4 分。当时本地米价为每升 8 厘银(陈确:《陈确集》文集卷 1《寄祝二陶兄弟书》),亦即每日食物消费约合 5 升米的价钱。以 1823—1829 年的华娄物价计,5 升米合 140 文,一年 365 日,食物总消费为 51,100 文,合米 18.3 石,合银 42.6 两,除去柴费,食物消费本身也很可观。当然,富家仆人的生活水平较高,而且又是成年男子,因此他们的食物消费水平也要高于普通百姓。不过由此也可知,上面我们对 1823—1829 年华娄的人均年食物消费作出的计算结果,并不会过高。

附录 17　棉布消费

19 世纪初期华娄地区人民的纺织品消费，包括以下内容：

1. 棉布：普通人民日常穿戴的衣服、鞋帽、被褥等，以棉布制成，故以下简称棉布。

2. 丝绸：在明清江南，除了少数特别精工制作的高级丝织品之外，大多数丝织品已成为大众消费品[①]。19 世纪初期华娄地区，情况亦然。

由于棉布是 19 世纪初期华娄人民消费最多的纺织品，因此本文也主要集中于对棉布的消费情况进行的分析。

一、前人的估计

关于 19 世纪初期松江地区的纺织品消费，前人未有专门的研究。但是方行和徐新吾分别对清代江南以及 19 世纪中国的纺织品消费量作了一些估计。因此，我们首先来看看这些估计。

1. 方行的估计

方行对清代江南农民的衣被消费量进行了探讨[②]。他根据崇祯间浙江德清县知县谭元礼所说"至人生所需，……岁不过布二匹"和乾隆时洪亮吉所说"一人之身，岁得布五丈，即可无寒"(江南棉布一匹一般长二丈，五丈即为布二匹半)，认为农家用布，按男女大小口平均，包括衣服、被帐在内，每年用布二匹计，全家五口，每

---

① 李伯重：《江南的早期工业化(1550—1850 年)》，第 28—29 页。

② 见于方行：《清代江南农民的消费》。

年约用布十匹①。但是徐新吾指出“一人之身，岁得布五丈，即可无寒”，是指富裕之家一个成年人的用布量，决非全国大小人口通扯的平均数。当时全国总人口平均计算，每人每年消费土布当不足3丈，折合标准土布1.5匹②。

2. 徐新吾的估计

徐新吾对1840年和1860年时中国棉布人均消费量作了估计，结论如下③：

表附17—1　19世纪中期中国棉布人均消费量(单位:匹)

年份	全国平均	城镇及非农业户	农村纺织户	农村非纺织户
1840	1.50	1.80	1.65	1.35
1860	1.53	1.84	1.68	1.37

松江是当时中国最重要的棉纺织业地区，人民获得棉布十分容易，同时松江的生活水平也明显高于全国平均生活水平，纺织品的人均消费量比全国平均数高④。上述人均消费量，不论是城镇户、非农业户还是农村纺织户、非纺织户，肯定都低于松江的人均消费量。

二、19世纪松江府地区节妇的棉布消费

从19世纪的松江府地区地方志中，我发现了一些关于慈善机构收容的节妇的衣物消费的记载。这些记载颇为可信，可以作为

---

① 方氏还指出：这10匹布中，大约为棉布6匹，麻布4匹。

② 徐新吾主编：《江南土布史》，第193—194页。

③ 徐新吾主编：《江南土布史》，第229页。详细计算见同书第196—199页。

④ 徐新吾主编：《江南土布史》，第198页。

第一手的证据来使用。

1. 道光时期松江府城全节堂[①]

"节妇入堂，无衣被床帐者，各给棕榻一只，被褥一副，单被一条，枕一个，帐一顶，冬给棉袄裤一副，单布裙一条，五年一换，春秋时给单布衫裤一身，二年一换，夏日给夏衫裙裤一身，五年一换，子女同。"

"节妇入堂，每人给帐一顶，六年一换，新棉花被褥一副，枕一个，有子女者被褥加阔，三年一换，冬给厚棉袄裤一副，春秋给薄棉袄裤一副，仍冬给冬布大衫裙一副，小衫裤两副，夏给夏布衫裙裤两副，均定二年一换……，母、姑、子、女皆同，子则添给帽袜。"

此标准是道光二十一年制定的，因此可以表现19世纪初期的消费水平。

2. 光绪初期南汇县清节堂[②]

"节妇中有家伙衣服带入，听其自便。如无衣被者，由堂各给棉被褥一套，单被一条，枕一个，帐二顶；冬给棉袄裤一副，单布裙一条，夏给夏衫裙裤一副，草席一条，俱四年一换；春秋给单布衫裤一副，二年一换。子女同。"

"极贫嫠妇御寒无具，本堂制备棉衣，查实给发。"

3. 光绪初期川沙厅全节堂[③]

"每年十月，按名给蓝色厚絮小袖布袄一件，有孀姑稚子者，亦准带给；次年五月收回存堂，袄里印如意为记，禀明饬典不准当钱。"

---

① 光绪《松江府续志》卷九《建置志》"公建"条。

② 光绪《南汇县志》卷三《建置志》"义举"条。

③ 光绪《川沙厅志》卷二《建置志》"善堂"条。

三、20 世纪中期上海农民衣着用品的消费

依照徐新吾等 1962 年采访上海郊区农妇、土布业职工和原工商业者所得到的结果，一个农户的土布消费情况如下[①]：

短衫裤：农夫每年需布 30 尺，农妇 24—25 尺（兹以 24.5 尺计）

棉袄裤：农夫每年需布 10 尺，农妇 10 尺弱[②]

棉背心：农夫与农妇每人每年需布各 6 尺左右[③]

夹鞋：农夫每年需布 2 尺，农妇 1.6 尺

棉鞋：农夫与农妇每人每年需布各 1 尺

老布被面：农夫与农妇合计，每年需布 1 尺[④]

被里：农夫与农妇合计，每年需布 5 尺[⑤]

褥单：农夫与农妇合计，每年需布 2.5 尺[⑥]

枕头：农夫与农妇合计，每年需布 1 尺[⑦]

袜子：农夫每年需布 2 尺，农妇 1.5 尺

面巾：农夫与农妇合计，每年需布 1 尺[⑧]

帐顶布：农夫与农妇合计，每年需布 1 尺

作裙：农夫每人每年需布 5 尺

围身裙：农妇每人每年需布 2 尺

---

① 徐新吾主编：《江南土布史》，第 194—196 页，单位为海尺。

② 以不用罩衫裤的情况计。如用罩衫裤，其数更多。

③ 每件用布 16—20 尺，使用时间以棉袄裤时间计，即 5—6 年。

④ 每条用布 24 尺，一般可用二三十年甚至更长。

⑤ 每条用布 2—3 匹（40—50 尺），没有小孩的可用 10 年，有小孩的要经常洗晒，只能用 5—6 年。兹以前一情况计。

⑥ 每条用布 24 尺，一般可用 10 年，有小孩的只能用 5—6 年。兹以前一情况计。

⑦ 以两个计，用布 8 尺，一般可用 6—7 年。

⑧ 一条可用一年，无用布量，兹以 1 尺计。

饭单：农夫与农妇合计，每年需布 1 尺[①]

缠脚带：农妇 3—4 尺(兹以 3.5 尺计)

以上共计 127 尺，合标准土布 6.3 匹。

徐新吾等的采访没有谈到农家老幼用布情况。从一些方面来看，小孩和老人衣物可以用农夫和农妇的旧衣物改制，因此用布量较少；但是从另外一方面来看，小孩衣物消耗通常比成人更快。因此这里以成人的消费量之半计，即每人每年大约用布 1.5 匹。清代松江一个农户大约有 4.5 口人。因此大概而言，一户每年共用布 10 匹，即平均每人每年用布 2.2 匹。

此外，徐新吾等的采访还指出：除了上述衣物外，农户用布还包括罩衫裤、夹袄裤、棉膝裤、门帘、窗帘、包袱、包头巾、包脚布、风帽、腰兜、褡裢袋等。因此各种用布合计，一户每年用布应当在 10 匹以上，亦即人均 2.2 匹以上。

四、19 世纪初期松江地区的人年均棉布消费水平

对以上情况进行分析，我们可以看到以下几点：

第一，将道光时期松江府城全节堂节妇的衣物更新年限与 20 世纪中期上海农民衣物更新年限进行比较，可以看到前者更快。慈善机构赡养的节妇(及其母、姑、子、女)的消费水平，通常比一般人家低一些。因此可以推知道光时期松江一般人民的消费水平，可能比 20 世纪中期上海地区农民消费水平高一些。其原因如下：首先，上述 20 世纪中期的松江人均棉布消费量，来自徐新吾等对

① 一条用布 2—3 尺，可用 3—4 年。

“年老职工特别是土布的从业人员”进行的关于“早年每人必需的衣着品种”进行采访的结果，实际上是1949年以前上海郊区农民的消费量。但是1937—1949年是一个战乱时期，这时农民的棉布消费肯定不如和平繁荣时期。其次，在1930年代和1940年代的上海郊区，土布业已经日薄西山，只是在苟延残喘，许多农家已不织布，其消费的棉布必须从市场购买，而此时在战乱中，农民购买力大大降低，因此棉布消费量也随之降低。与此对照，在19世纪初期的华娄，家家户户都织布，棉布比较容易获得。

第二，光绪初年松江府正处于太平天国战争时期之后，经济受到严重破坏，因此棉布消费水平应当低于经历了长期和平繁荣的19世纪初期的水平。这一点，从府城全节堂收容节妇人数的变化和看得很清楚。府城全节堂(亦称全师堂)，始建于道光九年，扩建于道光二十一年，道光三十年规定接收节妇名额为700人。但是太平天国战争后，民生凋敝，孀妇人数猛增，全节堂接收的节妇人数，同治四年增至800名，光绪初年更达到1,200人，而且还有许多因全节堂经费不足而不能接收，须“俟经费稍充，再议曾(引者按:应为“增”字)额”①。同时，我们也可以看到:该堂衣物配给标准是道光二十一年制定的，明显高于光绪初年南汇、川沙的标准。

考虑到以上情况，我们认为19世纪初期松江地区的人年均棉布消费量，应当在2.2匹以上，依照1820年代的坯布(白布)价格计，合银0.8两以上，而依照加工棉布(色布)价格计，则合银1.4两以上。

---

① 光绪《松江府续志》卷九《建置志·公建》。

引用书目

一、地方志

地方志是中文文献中的一种，不过其情况与其他文献有些差别，因此将其从中文文献中取出，作为一类。

1980年以前所修之志，仅标明修志时代，其他情况俱见中华书局1985年出版的《中国地方志联合目录》。1980年以后所修之志则注明出版信息。

所引用之地方志按照以下地区顺序排列：(1)松江府，(2)华亭、娄县，(3)松江府属下其他地区，(4)松江府周围地区，以及(5)其他地区。就一个地区而言，排列顺序为府志—县志—乡镇志。

(一)松江府(以及今日的上海直辖市)

康熙《松江府志》

嘉庆《松江府志》

光绪《松江府续志》

1998年《上海价格志》，汪杰等主编，上海社会科学出版社

(上海),1998 年。本书引用上海地方志办公室发布于上海通网站(http://www. shtong. gov. cn/node2/node2245/index. html)上的电子版

1995 年《上海粮食志》,应飞主编,上海社会科学出版社(上海),1995 年。本书引用上海地方志办公室发布于上海通网站(http://www. shtong. gov. cn/node2/node2245/index. html)上的电子版

1997 年《上海建筑施工志》,吴文达主编,上海社会科学出版社(上海),1997 年。本书引用上海地方志办公室发布于上海通网站(http://www. shtong. gov. cn/node2/node2245/index. html)上的电子版

1999 年《上海内河航运志》,任兹杰主编,上海社会科学出版社(上海),1999 年。本书引用上海地方志办公室发布于上海通网站(http://www. shtong. gov. cn/node2/node2245/index. html)上的电子版

2003 年《上海金融志》,洪葭管主编,上海社会科学出版社(上海),2003 年。本书引用上海地方志办公室发布于上海通网站(http://www. shtong. gov. cn/node2/node2245/index. html)上的电子版

《上海工运志》,《上海工运志》编纂委员会编(内部发行),本书引用上海地方志办公室发布于上海通网站(http://www. shtong. gov. cn/node2/node2245/index. html)上的电子版

(二)华亭、娄县(以及近代的松江县)

乾隆《华亭县志》

光绪《华亭县志》

乾隆《娄县志》

光绪《娄县续志》

1991年《松江县志》,何惠民主编,上海人民出版社(上海),1991年

道光《蒲溪小志》

道光《寒圩小志》

光绪《枫泾小志》

(三)松江府属下地区

1. 上海县

嘉靖《上海县志》

同治《上海县志》

民国二十五年《上海县志》

1993年《上海县志》,王孝俭主编,上海人民出版社(上海),1993年

民国《法华乡志》

2. 南汇县

光绪《南汇县志》

民国《南汇县志》

3. 金山县

乾隆《金山县志》

光绪《金山县志》

1990年《金山县志》,朱炎初总纂,上海人民出版社(上海),

1990 年

民国《金山县鉴》

4. 奉贤县

光绪《奉贤县志》

民国《奉贤县志稿》

1987 年《奉贤县志》，姚金祥主编，上海人民出版社（上海），1987 年。本书引用上海地方志办公室发布于上海通网站（http://www.shtong.gov.cn/node2/node2245/index.html）上的电子版

5. 青浦县

民国《青浦县续志》

乾隆《金泽小志》

嘉庆《珠里小志》

6. 川沙县

道光《川沙县志》

光绪《川沙厅志》

民国《川沙县志》

7. 宝山县

乾隆《宝山县志》

民国《宝山县续志》

(四)松江府周围地区

1. 太仓州

崇祯《太仓州志》

2. 苏州府

康熙《苏州府志》
乾隆《长洲县志》
民国《嘉定县续志》
乾隆《续外冈志》
乾隆《镇洋县志》
嘉庆《黎里志》
嘉庆《同里志》
嘉庆《珠里小志》
道光《光福志》
道光《平望续志》
光绪《周庄镇志》

3. 嘉兴府

天启《海盐县图经》
光绪《海盐县志》

4. 常州府

道光《江阴县志》
光绪《常昭合志稿》

5. 湖州府

同治《湖州府志》
乾隆《乌青镇志》
咸丰《南浔镇志》
民国《南浔志》

6. 杭州府

光绪《海宁州志稿》

(五)其他地区

乾隆《正定府志》
民国《江苏六十一县志》
《义乌县粮食志》,发布于义乌市政府网站(http://www.yw.gov.cn:82/gate/big5/www.yw.gov.cn/ljyw/dfzj/bmz/lsz/9lygy/200710/t20071022_83609.html)
《零陵地区志》,发布于永州市政府网站(http://www.yzcity.gov.cn/col3212/col3352/col3 380/article.html? Id=53890)

二、中文(按作者姓名或其译音的汉语拼音字母顺序排列。少数按照名称排列)

巴勒克拉夫,杰弗里:《当代史学主要趋势》,中译本,上海译文出版社(上海),1987 年

白钢:《中国封建社会长期延续问题论战的由来与发展》,中国社会科学出版社(北京),1984 年

白吉尔:《上海史:走向现代之路》,中译本,上海社会科学院出版社(上海),2005 年

包世臣:《安吴四种》,光绪十四年刻本

包世臣:《齐民四术》,中华书局(北京),2001 年排印本

包伟民主编:《江南市镇及其近代命运,1840—1949》,知识出版社(北京),1998 年

北京市农林局编:《农业常用数据手册》,北京出版社(北京),1980 年

毕　恭:《辽东志》,辽沈书社(沈阳),1984 年影印本

卜　凯:《中国的农家经济》,金陵大学与太平洋关系研究所中国理事会,1930 年

曹幸穗:《旧中国苏南农家经济研究》,中央编译出版社(北京),1996 年

曹志英:《小麦分层碾磨新技术》,刊于《科技日报》1995 年 7 月 24 日

陈　锋:《清代盐政与盐税》,中州古籍出版社(郑州),1988 年

陈恒力:《补农书研究》,中华书局(北京),1958 年

陈恒力:《补农书校释》(增订本),农业出版社(北京),1983 年

陈高佣等编:《中国历代天灾人祸表》,上海书店(上海),1986 年重印

陈金浩:《松江衢歌》,收于顾炳权编:《上海历代竹枝词》,上海书店出版社(上海),2001 年

陈　确:《陈确集》,中华书局(北京),1979 年排印本

陈　椽:《茶叶通史》,农业出版社(北京),1984 年

陈振汉:《明末清初(1620—1720 年)中国的农业劳动生产率、

地租和土地集中》,刊于《经济研究》(北京)1955 年第 3 期

褚　华:《木棉谱》,收于《上海掌故丛书》第 1 集,上海通社(上海),1935 年

戴鞍钢、黄苇主编:《中国地方志经济资料汇编》,汉语大词典出版社(上海),1999 年

邓亦兵:《清代前期的商业资本》,刊于《首都师范大学学报》(北京)1999 年 5 期

邓亦兵:《清代前期关税制度研究》,燕山出版社(北京),2008 年

邓云乡:《清代八股文》,河北教育出版社(石家庄),2004 年

邓子恢:《关于农业合作社扩大再生产及其他几个问题》(邓氏在中共中央扩大的八届三中全会上发言的一部分),发表于 http://edu.madeinlyg.com/dang/08/08-3.htm

董爱云:《果园养鸡配套技术及效益分析》,刊于《农业科技与信息》杂志,发布于 http://www.gsny.gov.cn/zazhi/News/Show.asp?id=1514

杜　黎:《关于鸦片战争前苏松地区棉布染踹业的生产关系》,《学术月刊》(上海)1962 年第 12 期

杜　佑:《通典》,中华书局(北京),2007 年

杜子端等:《中国酿酒业大全》,中国科学技术出版社(北京),1988 年

萼轩主人:《山海关榷政便览》,乾隆五十九年抄本

范金民:《明清江南商业的发展》,南京大学出版社(南京),1998 年

范金民:《明清商事纠纷与商业诉讼》,南京大学出版社(南京),2007 年

范金民:《朝鲜人眼中的清中期中国风情——以崔斗灿〈乘槎

录〉为中心》，提交复旦大学历史系主办的“江南与中外交流国际学术讨论会”（上海，2008 年 9 月）论文

范金民、金文：《江南丝绸史研究》，农业出版社（北京），1995 年

范金民、夏维中：《苏州地区社会经济史》明清卷，南京大学出版社（南京），1993 年

范　濂：《云间据目钞》，收于《笔记小说大观》，江苏广陵古籍刻印（扬州），1984 年影印本

范毅军：《明中叶以来江南市镇的成长趋势与扩张性质》，载《中研院历史语言研究所集刊》，第七十三本，第三分

樊树志：《明清江南市镇探微》，复旦大学出版社（上海），1990 年

方　行：《论清代前期棉纺织的社会分工》，刊于《中国经济史研究》（北京）1981 年第 1 期

方　行：《中国封建经济结构与资本主义萌芽》，原刊于《历史研究》（北京）1981 年第 4 期，后有修改，收入方氏《中国封建经济论稿》

方　行：《中国封建地租率》，刊于《中国经济史研究》（北京）1992 年第 2 期，2002 年修改后收入方氏《中国封建经济论稿》

方　行：《清代前期农村的高利贷资本》，刊于《清史研究》（北京）1994 年第 3 期

方　行：《中国封建社会农民的经营独立性》，刊于《中国经济史研究》1995 年第 1 期

方　行：《清代江南农民的消费》，刊于《中国经济史研究》（北京）1996 年第 3 期

方　行：《清代商人对农民产品的预买》，刊于《中国农史》（北京）1998 年第 4 期

方　行：《清代佃农的中农化》，刊于《中国学术》（北京）2000 年

第2辑

方　行:《服务业小议——“传统经济再评价”笔谈之二》,刊于《中国经济史研究》(北京)2003年第1期

方　行:《清代前期江南的劳动力市场》,刊于《中国经济史研究》(北京)2004年第2期

方　行:《中国封建经济论稿》,商务印书馆(北京),2004年

方行、经君健、魏金玉主编:《中国经济史》(清代经济卷),经济日报出版社(北京),1999年

费孝通:《江村农民生活及其变迁》,中译本,敦煌文艺出版社(兰州),1997年

封越健:《论清代商人资本的来源》,刊于《中国经济史研究》(北京)1997年第2期

冯尔康:《道光朝的民困与民变》,收于冯氏:《清人生活漫步》

冯尔康:《游民与社会结构的演变》,收于冯氏:《清人生活漫步》

冯尔康:《清人生活漫步》,中国社会出版社(北京),1999年

冯梦龙编:《醒世恒言》,人民文学出版社(北京),1956年排印本

弗兰克,安德鲁·贡德:《白银资本——重视经济全球化中的东方》,中译本,中央编译出版社(北京),2000年

傅汉思:《清代前期的货币政策和物价波动》,刊于《中国钱币》(北京)1995年第3期

高王凌:《租佃关系新论——地主、农民和地租》,上海书店出版社(上海),2005年

戈尔,阿尔:《频临失衡的地球—生态与人类精神》,中译本,中央编译出版社(北京),1997年

葛剑雄主编:《中国移民史》第5卷(清前期)(曹树基执笔),福

建人民出版社(福州),1997 年

葛士濬编:《皇朝经世文续编》,文海出版社(台北)影印光绪二十七年本

龚自珍:《定庵文集》,四部备要本

谷口生等:《生绡剪》,花幔楼活字刊本

顾炳权编:《上海历代竹枝词》,上海书店出版社(上海),2001 年

顾起元:《客座赘语》,中华书局(北京),1987 年排印本

顾为东:《经济结构调整与资本支持战略》,中国财政经济出版社(北京),2002 年

顾炎武:《日知录》,世界书局(上海),1936 年排印本

顾炎武:《官田始末考》,广文书局(台北),1977 年影印本

顾炎武:《天下郡国利病书》(原编),道光十一年仿刊聚珍版

顾炎武:《肇域志》,云南省图书馆藏抄本

管　同:《说士》,收入邵之棠编《皇朝经世文统编》,文海出版社有限公司(台北),1980 年刊行本

郭松义:《清前期南方稻作地区的粮食生产》,刊于《中国经济史研究》(北京)1994 年第 1 期

郭松义:《伦理与生活——清代的婚姻关系》,商务印书馆(北京),2000 年

郝延平:《中国近代商业革命》,中译本,上海人民出版社(上海),1991 年

何炳棣:《中国人口研究:1368—1953》,中译本,上海古籍出版社(上海),1989 年

何怀宏:《选举社会及其终结——秦汉至晚清历史的一种社会学阐释》,三联书店(北京),1998 年

何良俊:《四友斋丛说》,中华书局(北京),1959 年排印本

何秀荣、肖海峰、朱启荣、李鹏:《中国国家层面的食物安全评估》,刊于《中国农村观察》(北京)2004年第6期

贺长龄等编:《皇朝经世文编》,道光六年思补楼重校印善化贺氏原本,参阅《魏源全集》排印本

洪焕春编:《明清苏州农村经济资料》,江苏古籍出版社(南京),1988年

胡祥翰编:《上海小志》(民国十九年铅印本),收于戴鞍钢、黄苇主编:《中国地方志经济资料汇编》(第1165页)

胡焕庸:《论中国人口之分布》,华东师范大学出版社(上海),1983年

胡夏米:《"阿美士德号"1832年上海之行纪事》,中译本,刊于《上海史研究论丛》第2辑,上海社会科学院出版社(上海),1989年

胡宗宪:《筹海图编》,《四库全书》本

华阳散人:《鸳鸯针》,春风文艺出版社(大连),1985年排印本

湖北省物价局:《对生猪生产成本和猪肉价格等情况的调查》,发布于 http://www.zhushan.gov.cn/zswj/jgxx/scdc/200707/14363.html

怀化职业技术学院/湖南省养殖业协会:《绿色生态养鸡效益分析》,发布于中国养殖网(http://www.chinabreed.com/poultry/develop/2006/05/2006052459462.shtml)

黄　卬:《锡金识小录》,成文出版社有限公司(台北),1983年印行(收于该公司之《中国方志丛书》华中地方426江苏省)

黄惠贤、陈锋主编:《中国俸禄制度史》,武汉大学出版社(武汉),1996年

黄鉴晖:《山西票号史》,山西经济出版社(太原),1992年

黄省曾:《养鱼经》,收于王云五主编:《丛书集成初编》,第1360册

黄宗智:《华北的小农经济与社会变迁》,中译本,中华书局(北京),1986年

黄宗智:《长江三角洲的农民家庭与乡村发展,1350—1988年》,中译本,中华书局(北京),1992年

姜　皋:《浦泖农咨》,上海图书馆(上海)1964年影印本

江苏省博物馆编:《江苏省明清以来碑刻资料选集》,三联书店(北京),1959年

江小涓:《建国以来产业结构与产业组织理论研究的回顾》,发布于中国社会科学院财政与贸易经济研究所网站(http://cms.cass.cn/show_News.asp? id=5078)

靳　辅:《生财裕饷第一疏》,收于贺长龄等编《皇朝经世文编》卷二六

经君健:《束修与俸禄》,刊于《上海社会科学院学术季刊》(上海),1989年第4期

康有为:《欧洲十一国游记二种》,岳麓书社(长沙),1985年

柯劭忞等:《清史稿》,中华书局(北京),1977年重印本

肯尼迪,保罗:《大国的兴衰:1500—2000年的经济变迁与军事冲突》,中译本,国际文化出版公司(北京),2006年

雷君曜、杜诗庭节钞:《松江志科》,收于戴鞍钢、黄苇主编的《中国地方志经济资料汇编》(第819页)

李必樟译编:《上海近代贸易经济发展概况:1854—1898年英国驻上海领事贸易报告汇编》,上海社会科学院出版社(上海),1993年

李伯重:《明清江南水稻生产集约程度的提高——明清江南农业经济发展特点探讨之一》,刊于《中国农史》(南京)1984年第1期

李伯重:《"桑争稻田"与明清江南农业生产集约程度的提高——明清江南农业经济发展特点探讨之二》,刊于《中国农史》

（南京）1985 年第 3 期

李伯重：《明清江南种稻农户生产能力初探——明清江南农业经济发展特点探讨之四》，刊于《中国农史》（南京）1986 年第 2 期

李伯重：《明清江南工农业生产中的动力问题》，刊于《浙江学刊》（杭州）1986 年第 3 期

李伯重：《明清江南建筑材料生产的发展》，刊于《东南文化》（南京）第 3 辑（1987 年）

李伯重：《唐代江南农业的发展》，农业出版社（北京），1990 年

李伯重：《简论“江南地区”的界定》，刊于《中国社会经济史研究》（厦门）1990 年第 4 期

李伯重：《“天”、“地”、“人”的变化与明清江南的水稻生产》，刊于《中国经济史研究》（北京）1994 年第 4 期

李伯重：《控制增长，以保富裕：清代前中期江南的人口行为》，刊于《新史学》（台北）第 5 卷第 3 期（1994 年）

李伯重：《“最低生活水准”与“人口压力”质疑》，刊于《中国社会经济所研究》（厦门）1996 年第 1 期

李伯重：《“人耕十亩”与明清江南农民的经营规模——明清江南农业经济发展特点探讨之五》，刊于《中国农史》（南京）1996 年第 1 期

李伯重：《从“夫妇并作”到“男耕女织”：明清江南农家妇女劳动问题探讨之一》，刊于《中国经济史研究》（北京）1996 年第 3 期

李伯重：《“资本主义萌芽情结”》，刊于《读书》杂志（北京）1996 年第 8 期

李伯重：《“男耕女织”与“半边天”角色的形成：明清江南农家妇女劳动问题探讨之二》，刊于《中国经济史研究》（北京）1997 年第 3 期

李伯重：《中国全国市场的形成，1550—1850 年》，刊于《清华大

学学报》(社科版)(北京)1999 年第 6 期

李伯重《(清代江南)农民劳动生产率的提高》,收于方行、经君健、魏金玉主编:《中国经济通史》(清代经济卷),经济日报出版社(北京),1999 年

李伯重:《"选精"、"集粹"与"宋代江南农业革命"——对传统经济史研究方法的检讨》,《中国社会科学》(北京)2000 年第 1 期

李伯重:《资本主义萌芽与现代中国史学》,刊于《历史研究》(北京)2000 年第 2 期

李伯重:《江南的早期工业化(1550—1850 年)》,社会科学文献出版社(北京),2000 年

李伯重:《英国模式、江南道路与资本主义萌芽》,刊于《历史研究》(北京)2001 年第 1 期

李伯重:《历史上的经济革命与经济史的研究方法》,刊于《中国社会科学》(北京)2001 年第 4 期

李伯重:《纺、织分离:明清江南棉纺织业中的劳动分工与生产专业化》,收于王业键、陈慈玉主编:《薪火集:传统与近代变迁中的中国经济——全汉升教授九秩荣庆祝寿论文集》,稻禾出版社(台北),2001 年

李伯重:《工业发展与城市变化:明中叶至清中叶的苏州》,刊于《清史研究》(北京)2001 年第 3、4 期与 2002 年第 1 期

李伯重:《"楚材晋用"?——元代中国的水转大纺车与 18 世纪中期英国的阿克莱水力纺纱机》,刊于《历史研究》(北京)2002 年第 1 期

李伯重:《"相看两不厌":王国斌〈转变的中国——历史变迁及欧洲经验的局限〉评介》,刊于《史学理论》(北京)2000 年第 2 期

李伯重;《明清江南棉纺织业的劳动生产率》,收于刘翠溶、石守谦主编:《经济史、都市文化与物质文化——第三届国际汉学会

议论文集(历史组)》,中研院历史语言研究所(台北),2002 年

李伯重:《"过密型增长"理论与中国经济史研究——黄宗智〈长江三角洲小农家庭与乡村发展,1368—1988 年〉评介》,收于李伯重:《理论、方法与发展趋势:中国经济史研究新探》

李伯重:《"过密型增长"理论不适用于明清江南农村经济史研究》,收于李伯重:《理论、方法与发展趋势:中国经济史研究新探》

李伯重:《理论、方法与发展趋势:中国经济史研究新探》,清华大学出版社(北京),2002 年

李伯重:《发展与制约:明清江南生产力研究》,联经出版事业公司(台北),2002 年

李伯重:《多视角看历史:南宋后期至清代中期的江南经济》,三联书店(北京),2002 年

李伯重:《八股之外:明清江南的教育》,刊于《清史研究》(北京)2003 年第 4 期

李伯重:《明清江南农业中的肥料问题》,收于李伯重:《千里史学文存》,杭州出版社(杭州),2004 年

李伯重:《中国经济史应当怎么研究》,刊于《中国经济史研究》(北京)2006 年第 2 期

李稻葵:《重视 GDP 中劳动收入比重的下降》,刊于《新财富》2007 年 9 月 21 日,转载于 http://news.tsinghua.edu.cn

李绍强、徐建青:《中国手工业经济通史》(明清卷),福建人民出版社(福州),2004 年

李文治、江太新:《清代漕运》,中华书局(北京),1995 年

李文治、章有义编:《中国近代农业史资料》第 1 辑,三联书店(北京),1957 年

李小江等主编:《性别与中国》,三联书店(北京),1994 年

李学昌主编:《20 世纪南汇农村社会变迁》,华东师范大学出版

社(上海),2001年

李渔:《李渔全集》,浙江古籍出版社(杭州),1989年排印本

李昭德:《龙江船厂志》,江苏古籍出版社(南京),1999年排印本

李中清与王丰:《人类的四分之一:马尔萨斯的神话与中国的实际,1700—2000年》,中译本,三联书店(北京),2000年

李志茗:《勇营制度:清代军制的中间形态》,刊于《史林》(上海)2006年第4期

梁方仲:《中国历代人口、田地、田赋统计》,上海人民出版社(上海),1980年

梁其姿:《(三字经)里历史时间的问题》,收于黄应贵主编:《时间、历史与记忆》,"中研院"民族学研究所(台北),1999年

梁伟真:《财政性教育支出的国际比较及对策研究》,刊于《经济经纬》(北京)2004年第6期

梁志平:《也谈19世纪初期华娄地区的教育产业——与李伯重教授商榷》,刊于《中国社会经济史研究》(厦门)2009年第2期

林满红:《嘉道钱贱现象产生原因——"钱多钱少"论之商榷》,收于张彬村与刘石吉主编:《中国海洋发展史论文集》第5辑,"中研院"中山人文社会科学研究所(台北),1991年

林则徐:《江南催耕课稻编序》,见于李彦章编《江南催耕课稻编序》,道光十四年刊本

林则徐:《林文忠公政书》,中国书店(北京),1991年影印本

凌蒙初(梦觉道人、西湖浪子):《型世言》,又名《三刻拍案惊奇》,北京大学出版社(北京),1987年排印本

刘翠溶:《明清长江下游地区都市化之发展与人口特征》,刊于《经济论文期刊》(台北)第14卷第2期(1987年)

刘　鹗:《老残游记》,人民文学出版社(北京),1979年排印本

刘权之等纂:《钦定工部军器则例》,嘉庆十七年(1812 年)刻本

刘　蓉:《与培基、培后书》,收于葛士濬编《皇朝经世文续编》卷五六

刘秋根:《明清高利贷资本》,社会科学文献出版社(北京),2000 年

刘秋根:《关于中国早期银行业的几个问题——兼与黄鉴晖先生商榷》,刊于《河北大学学报》(哲社版)(保定)1995 年第 4 期

刘秋根:《15—18 世纪中国资金市场发育水平蠡测》,提交长江商学院中国管理研究院组织的"中国金融与市场史专题学术研讨会"论文,发布于 http://www.cenet.org.cn/download/25047-1.doc

刘石吉:《明清时代江南地区市镇之数量分析》,刊于《思与言》(台北)第 16 卷第 2 期(1978 年)

刘祥光:《中国近世地方教育的发展——徽州文人、塾师与初级教育》,刊于《中研院近代史研究所集刊》(台北)第 28 辑,1997 年

刘永成:《从租册、刑档看清代江苏地区的粮食亩产量》,刊于《中国史研究》(北京)1994 年第 4 期

刘昭民:《中国历史上气候之变迁》,商务印书馆(台北),1982 年

吕不韦:《吕氏春秋》,中华书局(北京),1959 年重印本

陆桂亮:《松江典当业沿革考》,收戴鞍钢、黄苇主编:《中国地方志经济资料汇编》(第 1085—1086 页)

陆　楫:《蒹葭堂杂著摘抄》,王云五主编:《丛书集成初编》,第 2920 册

陆　容:《菽园杂记》,中华书局(北京),1985 年排印本

陆世仪:《论区田》,收于王毓瑚编《区种十种》,财经出版社(北京),1955 年

陆世仪:《思辨录辑要》,四库全书本

罗尔纲:《湘军新志》,刊于《中研院社会科学研究所丛刊》第十二种,商务印书馆(上海)民国二十八年初版,成文书局(台北)重印(无年代)

马克思:《中国革命和欧洲革命》,收于《马克思恩格斯选集》,第1卷,人民出版社(北京),1995年

马克思:《资本论》第1卷,收于马克思与恩格斯:《马克思恩格斯全集》,中译本,第23卷,人民出版社(北京),1972年

马　森:《西方的中国帝国观》,中译本,时事出版社(北京),1999年

马学强:《近代上海成长中的"江南因素"》,刊于《史林》(上海)2003年第3期

毛奇龄:《杭州治火议》,收于《武林掌故丛编》,嘉惠堂丁丙丁申辑,广陵书社(扬州广陵古籍刻印社),2008年重印

墨菲,罗兹:《上海——现代中国的钥匙》,中译本,上海人民出版社(上海),1986年

南天祥:《陈买马利弊疏》,收于贺长龄等编《皇朝经世文编》卷七三《兵政四马政》

农业部编:《农业生产技术基本知识》,农业出版社(北京),1963年

倪玉平:《齐彦槐与道光初年漕粮海运》,收于《中国社会科学院近代史研究所青年学术论坛2005年卷》,社科文献出版社(北京),2006年

潘敏德:《中国近代典当业之研究(1644—1937)》,刊于《台湾师范大学历史研究所专刊》(13),台北,1985年

佩雷菲特,阿兰:《停滞的帝国——两个世界的撞击》,中译本,三联书店(北京),2007年

齐学裘编:《见闻续笔》,光绪二年天空海阔之屋刻本

千家驹与郭彦刚:《中国货币演变史》,上海人民出版社(上海),2005 年

钱　泳:《履园丛话》,中华书局(北京),1979 年排印本

强汝询:《求益斋文集》,光绪二十四年江苏书局刊本

钦　善:《松问》,收于光绪《松江府续志》卷五《疆域志・风俗》

琴川居士辑:《皇清奏议》,光绪刻本

倾　城:《酒的中国地理》,发布于 http://blog.enshify.gov.cn/? action - viewthread - tid - 141

邱澎生:《明清时代苏州城工商业组织的变革》,刊于《台湾大学建筑与城乡研究学报》第 5 卷第 1 期(1990 年)

邱澎生:《由放料到工厂:清代前期苏州棉布字号的经济与法律分析》,《历史研究》(北京)2002 年第 1 期

邱澎生:《商业训练与职业教育:16 至 18 世纪中国的经济与道德论述》,提交 2005 年 8 月 1—2 日台湾大学东亚文明研究中心举办的"中国近世教育与地方发展"国际研讨会论文

邱澎生:《当法律遇上经济:明清中国的商业法律》,五南图书出版公司(台北),2008 年

邱仲麟:《明清社会的兰花狂热——以江南为中心的考察》(未刊稿)

瞿同祖:《清代地方政府》,中译本,法律出版社(北京),2003 年

人民法院报社:《利率明确但应为月息还是年息如何认定》,转发于 http://oldfyb.china court.org/public/detail.php? id = 43261

上海博物馆图书资料室编:《上海碑刻资料选辑》,上海人民出版社(上海),1980 年

上海名镇志编辑委员会编:《旧府新城:松江镇》,发布于 http://www.shtong.gov.cn/node2/ node71994/node72081/node72083/node72086/

userobject1ai77570. html

上海博物馆图书资料室编:《古老的新兴城镇:七宝镇》,发布于 http://www. shtong. gov. cn /node2/node71994/node72081/node72098/index. html

上海博物馆图书资料室编:《上海西南门户:枫泾镇》,发布于 http://www. shtong. gov. cn/ node2 /node71994/node72081/index. html

上海市松江区泗泾镇人民政府编:《千年古镇泗泾》,发布于 http://sjz. songjiang gov. cn/ Detail. aspx? SystemID = 260

上海松江网:《松江农业经济文化简史》:上海市松江区人民政府版权所有,2004 年版,发布于 http://fzb. songjiang. gov. cn:88/www/content. jsp? id = 601&categoryId = 1901&name = %E5%A8%93% E7%A8%BF??%E7%82%AC?%3E?%E7%82%AC?%E6%A4%8B?? &contentId = 2402101)

沈　氏(佚名):《沈氏农书》,陈恒力校释、王达参校,即《补农书校释》,农业出版社(北京),1983 年

盛慕杰:《旧上海金融业综述》,收于《上海文史资料选辑》(上海)第 60 辑《旧上海的金融界》(1988 年 8 月)

施彦士:《海运议》,收于贺长龄等编《皇朝经世文编》卷四八《户政》

史景迁:《中国纵横:一个汉学家的学术探索之旅》,中译本,上海远东出版社(上海),2005 年

水利电力部水文局:《水文测验仪器设备的配置和管理暂行规定》(初稿),发布于湖南省政府门户网站(www. hunan. gov. cn)

宋应星:《天工开物》,江苏广陵古籍刻印社(扬州),1997 年影印本

苏生文、赵爽:《石头与木头——对中西建筑文化的比较认识

(一)》,刊于《文史知识》(北京)2008年第8期

苏州历史博物馆编:《明清苏州工商业碑刻集》,江苏人民出版社(南京),1981年

孙晓林:《丁中》,《第七百科全书网》词条

汤　聘:《请禁囤当米谷疏》,收于琴川居士辑:《皇清奏议》,光绪刻本,卷四五

谈　迁:《北游录》,中华书局(北京),1960年排印本

唐　彪:《读书作文谱》,岳麓书社(长沙),1989年

唐仁粤主编:《中国盐业史》地方编,人民出版社(北京),1997年

陶　澍:《陶澍集》,岳麓书社(长沙),1998年

陶　煦:《租核》,民国十六年刊本

陶　煦:《贞丰里庚申见闻录》,光绪八年元和陶氏仪一堂刊本

天花主人:《云仙笑》,春风文艺出版社(大连),1983年排印本

童岳荐:《调鼎集》,中国纺织出版社(北京),2006年

完颜绍元:《天下衙门——公门里的日常世界与隐秘生活》,中国档案出版社(北京),2006年

万忠民:《粮食加工增值途径的研究》,刊于《粮食科技与经济》(北京)2004年第4期

汪辉祖:《佐治药言》,收于《丛书集成初编》,商务印书馆(上海),1936年,第895册

汪辉祖:《病榻梦痕录》,广文书局(台北),1971年

汪善锋、陈安国:《白酒糟资源的开发利用途径》,发布于http://www.feedtrade.com.cn/tech/feed/200307/35394.html

王大学:《清末民初江南地方慈善组织的经营实态——以川沙至元堂为中心(1895—1927)》,发表于复旦大学历史地理研究中心网站《禹贡》网(http://yugong.fudan.edu.cn/Article/Info_

View. asp? ArticleID = 110)

王家范:《明清江南消费风气与消费结构描述》,刊于《华东师范大学学报》(上海)1982 年第 2 期

王国斌:《转变的中国:历史变迁与欧洲经验的局限》,中译本,江苏人民出版社(南京),1998 年

王德发、朱建中主编:《国民经济核算概论》,上海财经大学出版社(上海),2005 年

王德昭:《清代科举制度》,中华书局(北京),1984 年(据香港中文大学出版社 1982 年版影印)

王廷元:《论明清时期江南棉纺织业的劳动收益及其经营形态》,刊于《中国经济史研究》(北京)1993 年第 3 期

王卫平:《明清时期江南城市史研究:以苏州为中心》,人民出版社(北京),1999 年

王卫平、黄鸿山:《清代江南地区的乡村社会救济——以市镇为中心的考察》,刊于《中国农史》(南京)2003 年第 4 期

王　筠:《教童子法》,收于王云五主编:《丛书集成初编》,第 986 册

王云五主编:《丛书集成初编》,商务印书馆(上海),1936 年

王有光:《吴下谚联》,中华书局(北京),1982 年排印本

魏金玉:《明清时代农业中等级性雇用劳动向非等级性雇用劳动的过渡》,收于李文治、魏金玉、经君健合著《明清时代的农业资本主义萌芽问题》,中国社会科学出版社(北京),1988 年

魏　源:《复魏制府询海运书》,收于贺长龄等编《皇朝经世文编》卷四八《户政》

魏　源:《魏源全集》,岳麓书社(长沙),2004 年排印本

卫三畏:《中国总论》,中译本,上海古籍出版社(上海),2005 年

乌克斯:《茶叶全书》,中译本,开明书店(上海),1949 年

吴承明:《论清代前期我国国内市场》,收于吴氏《中国资本主义与国内市场》,中国社会科学出版社(北京),1985 年

吴承明:《经济学理论与经济史研究》,刊于《经济研究》(北京)1995 年第 4 期

吴承明:《中国的现代化:市场与社会》,三联书店(北京),2001 年

吴晗辑:《朝鲜李朝实录中的中国史料》,中华书局(北京),1980 年

吴 慧:《中国历代粮食亩产量研究》,农业出版社(北京),1985 年

吴建华:《清代江南人口与住房的关系探略》,刊于《中国人口科学》(北京)2002 年 2 期

吴敬梓:《儒林外史》,人民文学出版社(北京),1995 年排印本

吴觉农、胡浩川:《中国茶业复兴计划》,商务印书馆(上海),1935 年

吴 滔:《明清江南市镇与农村关系史研究概说》,刊于《中国农史》2005 年第 2 期

吴遇坤:《天咫录》,收于光绪《枫泾小志》卷一〇《拾遗》

西湖渔隐主人:《贪欢报》,人民中国出版社(北京)《明清佳作丛刊》,1993 年排印本

夏瑞春:《德国思想家论中国》,中译本,江苏人民出版社(南京),1995 年

谢成侠:《中国养牛羊史》,中国农业出版社(北京),1995 年

谢国祯:《明代社会经济史料选编》,福建人民出版社(福州),1980 年

谢占壬:《海运提要》“古今海运异宜”、“水脚汇筹”、“河海总论”,收于贺长龄等编《皇朝经世文编》卷四八《户政》

谢肇淛:《五杂俎》,中华书局(北京)排印本,1959 年

新华社山东分社:《微山湖渔具渔法编例》,发表于新华社山东分社主办新华网山东频道(http://www. sd. xinhuanet. com/dzwq/jin/wsx/html/yfyj. htm)

新华网上海频道:《旧上海的典当与押店》,发布于 http://www. sh. xinhuanet. c0m/2006 - 03/ 14/c0ntent_6469380. htm

熊秉真:《童年忆往——中国孩子的历史》,麦田出版股份有限公司(台北),2000 年

熊月之:《上海人一百年》,刊于《档案与史学》(上海),2000 年第 2 期

徐光启:《徐光启集》,王重民辑校,上海古籍出版社,1984 年

徐光启:《农政全书》,石声汉校释(即《农政全书校释》),上海古籍出版社(上海),1979 年

徐　珂:《清稗类钞》,中华书局(北京),1984 年

徐建青:《清代前期的榨油业》,刊于《中国农史》(南京)1994 年第 2 期

徐新吾:《鸦片战争前中国棉纺织手工业的商品生产与资本主义萌芽》,江苏人民出版社(南京),1981 年

徐新吾:《关于丝麻棉大纺车及三锭棉纺车的历史过程与议论》,收于徐氏《中国经济史料考证与研究》

徐新吾:《中国经济史料考证与研究》,上海社会科学院出版社(上海),1999 年

徐新吾主编:《江南土布史》,上海社会科学院出版社(上海),1992 年

许涤新、吴承明主编:《中国资本主义的萌芽》(中国资本主义发展史第 1 卷),人民出版社(北京),1985 年

许洪新:《上海旧方志述评》,发布于 http://www. shtong.

gov.cn/node2/node70393/node70403/ node72542/node72638/userobject1ai82450.html

杨家骆主编:《中国选举史料》“清代编”,鼎文书局(台北),1979 年

杨矩:《重开顾会浦记》,收于姚文灏编:《浙西水利书》,汪家伦校注本,即《浙西水利书校注》,农业出版社(北京),1984 年

杨联陞:《帝制中国的作息时间表》,收于杨氏:《国史探微》,新星出版社(北京),2005 年

杨宜勇:《中国劳动力市场状况及其国际比较》,刊于《上海行政学院学报》2001 年第 2 期,转引自中国论文下载中心(http://www.studa.net/china/060209/12005695.htm)

杨 勇:《近代江南典当业的社会转型》,刊于《史学月刊》(上海)2005 年第 5 期

姚承祖:《营造法原》,中国建筑工业出版社(北京),1959 年

姚廷遴:《历年记》,收于《清代日记汇抄》,上海人民出版社(上海),1982 年

姚贤镐编:《中国近代对外贸易史资料》第 2 册,第 3 册,中华书局(北京),1962 年

叶茂、兰鸥、柯文武:《封建地主制下的小农经济(二)——传统农业与小农经济研究述评(下)》,刊于《中国经济史研究》(北京)1993 年第 3 期

叶梦珠:《阅世编》,上海古籍出版社(上海),1981 年排印本

叶世昌:《中国古代金融通史》,复旦大学出版社(上海),2001 年

叶世昌:《中国金融通史》第 1 卷(先秦至清鸦片战争时期),中国金融出版社(北京),2002 年

英 和:《筹漕运变通全局疏》,收于贺长龄等编《皇朝经世文

编》卷四八《户政》

余　怀:《板桥杂记》,上海古籍出版社(上海),2000 年

余英时:《关于韦伯、马克思与中国史研究的几点反省》,收于余英时:《文化评论与中国情怀》

袁　枚:《新齐谐—子不语》,齐鲁书社(济南),1986 年

袁世俊:《兰言述略》,广文书局(台北)据光绪二十三年重刊本影印,1976 年

岳昌君:《中国公共教育经费的供给与需求预测》,刊于《北京大学教育评论》(北京),2008 年第 2 期

曾国藩:《备陈民间疾苦疏》,收于《曾国藩全集》奏稿卷一,岳麓书社(长沙),1987 年

曾纪芬:《崇德老人自订年谱》,收于曾宝荪:《曾宝荪回忆录》,岳麓书社(长沙),1986 年

曾羽王:《乙酉笔记》,收于《清代日记汇抄》,上海人民出版社(上海),1982 年

曾小萍:《州县官的银两——18 世纪中国的合理化财政改革》,中译本,中国人民大学出版社(北京),2005 年

章学诚:《清漳书院留别条训》,收于章氏《章学诚遗书》,文物出版社(北京)1985 年,第 668 页

章有义:《明清及近代农业史论集》,中国农业出版社(北京),1997 年

张国辉:《晚清钱庄和票号研究》,中华书局(北京),1989 年

张国辉:《中国金融通史》第 2 卷(清鸦片战争时期至清末时期),中国金融出版社(北京),2003 年

张德二、朱德兰:《近五百年来我国南部冬季温度状况的初步分析》,刊于中央气象局气象科学研究院天气气候研究所编:《全国气候变化学术讨论会文集》,科学出版社(北京),1981 年

张乃清编纂:《典当街》,发布于七宝杂志网(http://www.mh-cnt.sh.cn/qbgz/QibaoTour/tour show.asp? fid=144)

张丕远编:《中国历史气候变化》,山东科学技术出版社(济南),1996 年

张履祥:《处馆说》,收于张氏《杨园先生全集》卷一八,中华书局(北京),2002 年

张　渠:《奏请严米烧之禁以裕民食事》(乾隆五年闰六月十一日),刊于《历史档案》(北京)1987 年第 1 期

张　研:《18 世纪前后清代农家生活消费的研究》,刊于《古今农业》(北京)2005 年第 4 期

张　研:《清代农家收支研究》,刊于《古今农业》(北京)2006 年第 1 期

张　英:《恒产琐言》,收于王云五主编:《丛书集成初编》,第 977 册

张忠民:《上海:从开发走向开放 1368—1842》,云南人民出版社(昆明),1990 年

张仲礼:《中国绅士——关于其在 19 世纪中国社会中作用的研究》,中译本,上海社会科学院出版社(上海),1991 年

张仲礼:《中国绅士的收入》,中译本,上海社会科学院(上海),2002 年

赵冈、刘永成、吴慧、朱金甫、陈慈玉、陈秋坤:《清代粮食亩产量研究》,中国农业出版社(北京),1995 年

赵靖、易梦虹编:《中国近代经济思想史资料选辑》,中华书局(北京),1982 年

浙江省社会科学院历史研究所、经济研究所与嘉兴市图书馆合编:《嘉兴府城镇经济史料类纂》,1993 年印行(杭州)

郑春平:《猪市大“牛”,养猪户心里还是没底》,原刊于《现代快

报》,转载于 http://news. sohu. com/ 20070529/n250272861. shtml)。

郑光祖:《一斑录》,道光二十三年青玉山房刊本

郑亦芳:《上海钱庄(1843—1937):中国传统金融业的蜕变》,中研院三民主义研究所(台北),1981 年

郑肇经:《太湖水利技术史》,农业出版社(北京),1987 年

郑志章:《明清时期江南的地租率和地息率》,刊于《中国社会经济史研究》(北京)1986 年第 3 期

中国人民大学清史研究所、中国人民大学档案系中国政治制度史教研室编:《康雍乾时期城乡人民反抗斗争资料》,中华书局(北京),1979 年

中华人民共和国国家统计局:《国民经济行业分类》,发布于国国家统计局网站(http:// www. stats. gov. cn/tjbz/hyflbz/)

中华人民共和国卫生部:《建国四十年全国卫生统计资料,1949—1988》(内部资料)

中华人民共和国卫生部:《居民人均每日营养摄取量》,发布于国家卫生部网站(http:// www. moh. gov. cn/open/statistics/digest06/y72. htm)

仲伟民:《茶叶、鸦片贸易与 19 世纪经济全球化中的中国》(待刊)

周邦君:《清代四川粮食亩产与农业劳动生产率研究》,刊于《中国农史》(南京)2005 年第 3 期

周　宁:《停滞或进步:中国现代性的他者困境》,发布于学术中国网(http://www. xschina. org/show. php? id=2548)

周　询:《蜀海丛谈》,巴蜀书社(成都),1986 年排印本

朱孔甫:《安徽米业调查》,刊于《社会经济月报》(上海)第 4 卷第 3、4 期(1937 年)

《宫中档》,故宫博物馆(台北)影印本,1978 年

《清高宗实录》,中华书局(北京)影印本,1986 年

乾隆二十九年《钦定大清会典》,吉林出版集团(长春)影印本,2005 年

光绪二十五年《钦定大清会典事例》,昆冈、李鸿章等重修,中文书局(台北)影印本,1963 年

咸丰元年《户部则例》,北京大学图书馆藏抄本

《皇朝文献通考》(《清通考》),商务印书馆(上海)万有文库影印本,1936 年

三、日文(按作者姓氏的日文五十音图顺序排列)

足立启二:《大豆粕流通と清代の商業的農業》,刊于《東洋史研究》第 37 卷第 3 号(1978 年)

天野元之助:《中国農業史研究》(增补版),御茶の水書店(东京),1979 年

岸本(中山)美绪:《清代前期江南の米價動向》,刊于《史学雜志》(东京)第 87 编第 9 号(1978 年)

岸本(中山)美绪:《清代前期江南の物價動向》,刊于《東洋史研究》(京都),第 37 卷第 4 号(1979 年)

北田英人:《中国江南三角州における感潮地域の変遷》,《東洋学報》(东京),第 63 卷,第 3、4 号(1982 年)

北田英人:《宋元明清期中国江南三角州農業の進化と農村手工業の发展に関する研究》(1986—1987 年度科学研究费补助金研究成果報告書)(东京),1988 年

佐伯富:《清代盐政の研究》,京都大学东洋史研究会,《東洋史研究丛刊》II(1956 年)

斯波义信:《宋代の消費・生産水準試探》,刊于《中国史學》(东京)第 1 卷第 1 号(1991 年)

森正夫:《〈官田始末考〉から〈蘇松二府田赋之重〉へ》,刊于名古屋大学《東洋史研究報告》(六)(名古屋),1980 年

南满洲铁道株式会社上海事务所:《江蘇省常熟県農村実態调查報告書》,1939 年

南满洲铁道株式会社上海事务所:《江蘇省太倉県農村実態调查報告書》,1939 年

南满洲铁道株式会社上海事务所:《江蘇省松江県農村実態调查報告書》,1940 年

南满洲铁道株式会社上海事务所:《江蘇省無锡県農村実態调查報告書》,1941 年

南满洲铁道株式会社上海事务所:《江蘇省嘉定県農村実態调查報告書》,1939 年

吉田寅:《元代制鹽技術資料〈熬波圖〉の研究》,汲古书院 1983 年

四、英文(按作者姓氏的字母顺序排列)

Allen, Robert C.: "The Great Divergence in European Wages and Prices from the Middle Ages to the First World War", in *Explorations in Economic History* (Academic Press), 38, 2001

——: *The British Industrial Revolution in Global Perspective*, Cambridge University Press, 2009

Barrow John: *Travels in China*, the second edition, London, 1806, printed for T. Cadell and W. Davies. in the Strard

Buck, John Lossing: *Chinese Farm Economy*, The University of Nanking and the China Council of the Institute of Pacific Relations, Nanking (Nanjing, China), 1930

Cheung, Sui - Wai: *The Price of Rice: Market Integration in Eighteenth - Century China*, in *Studies on East Asia*, Vol. 29, by Center for East Asian Studies, Western Washington University (Bellingham, WA, USA), 2008

Elvin, Mark: *The Pattern of the Chinese Past—A Social and Economic Interpretaion*, Stanford University Press (Stanford), 1973

Feuerwerker, Albert: "Presidential Address: Questions about China's Early Modern Economic History that I Wish I Could Answer", in *Journal of Asian Studies* (Ann Arbor), vol. 5, no. 4

Frank, Andrew Gunder: *ReOrient—Global Economy in the Asian Age*, Vistaar Publications (New Delhi), 1998

Fei, Hsiao - tung: *Peasant Life in China—A Field Study of Country Life in the Yangtze Valley*, William Clowes and Sons (London), 1937

Food and Agriculture Organization of the United Nations (FAO): "Food and Agriculture Statistics Global Outlook", published in http://faostat. fao. org/ Portals/_Faostat/documents/pdf/world. pdf

Gebhardt, Susan E. & Robin G. Thomas: *Nutritive Value of Foods*, in United States Department of Agriculture, Agricultural Research Service: *Home and Garden Bulletin* (Washington

DC), Number 72, 2002. Also published in USDA: *National Nutrient Database for Standard Reference*

Goldstone, Jack: "Efflorescences and Economic Growth in World History: Rethinking the 'Rise of the West' and the Industrial Revolution", in *Journal of World History*, Fall 2002

Heilbroner, Robert L.: *The Worldly Philosophers: the Lives, Times, and Ideas of the Great Economic Thinkers*, the fifth edition, Simon & Schuster (New York), 1980

Ho, Ping-ti: *Studies on the Population of China, 1368—1953*, Harvard University Press (Cambridge), 1959

Kriedte, Peter, Hans Medick & Jurgen Schlumbohm: *Industrialization before Industrialization*, Cambridge University Press (Cambridge), 1981

Lee, James and Cameron Campbell: *Fate and Fortune in Rural China: Social Organization and Population Behavior in Liaoning 1774—1873*, Cambridge Studies in Population, Economy, and Society in Past Time, Cambridge University Press (Cambridge), 1997

Lee, James and Wang Feng: *Malthusian Mythology and Chinese Reality: The Population History of One Quarter of Humanity*, 1700—2000, Harvard University Press (Cambridge), 2000

Leung, Angela: "Elementary Education in the Lower Yangtze Region in the Seventeenth and Eighteenth Centuries", in *Papers in Social Sciences* (Taipei), No. 94-5

Li, Bozhong: *Agricultural Development in the Yangzi Delta, 1620—1850*, The Macmillan Press Ltd. (Houndmills, England) & St. Martin's Press, Inc. (New York, USA), 1998

——："The Formation of China's National Market, 1500—1850", Paper presented to The Eighth Annual World History Association International Congress, Victoria, Canada, June 27, 1999

Lin, Man－houng：*China Upside Down：Currency, Society, and Ideologies, 1808—1856*, the Harvard University Asia Center(Cambridge, MA, USA), 2006

Little, Daniel："Epistemological Issues in Economic History" (forthcoming)

Maddison, Angus：*Dynamic Forces in Capitalist Development：A Long Run Comparative View*, Oxford University Press (Oxford/New York), 1991

——：*Monitoring the World Economy*, Paris, Development Centre of the Ogranisation for Economic Co－Operation and Development (Paris), 1995

——："Measuring and Interpreting World Economic Performance：1500－2001", in *Review of Income and Wealth*, Series 51, Number 1, March 2005

——：*The World Economy：A Millennial Perspective*, Development Centre of the Ogranisation for Economic Co－Operation and Development (Paris), 2006

——：*Chinese Economic Performance in the Long Run (Second edition, revised and updated：*960－2030 *AD*), Development Centre of the Ogranisation for Economic Co－Operation and Development (Paris), 2007

Morse, H. B.：*The Chronicles of the East India Company Trading to China 1635—1834*, Clarendon Press (Oxford), 1926

-29

Perkins, Dwight: *Agricultural Development in China, 1368 —1968* , Aldine Publishing Company (Chicago), 1968

——: *China's Modern Economy in Historical Perspective*, Stanford University Press (Stanford), 1975

——: *China: Asia's Next Economic Giant*, University of Washington Press (Seattle), 1986

Pomeranz, Kenneth: *The Great Divergence: China, Europe and the Making of the Modern World Economy*, Princeton University Press (Princeton), 2000

Rawski, Evelyn: *Education and Popular Literacy in Ch'ing China*, University of Michigan Press (Ann Arbor), 1979

Rawski, Thomas & Lillian Li eds. *Chinese History in Economic Perspective*, University of California Press (Berkeley), 1992

Rozman, Gilbert : *Urban Networks in Ch'ing China and Togukawa Japan*, Princeton University Press(Pninceton), 1973

Skinner, G. William: "Regional Urbanization in Nineteenth Centery China", in G. William Skinner ed: *The City in Late Imperial China*, Stanford University Press (Stanford), 1977

——: "Marketing Systems and Regional Economies: Their Structure and Development", paper presented for the Symposium on Social and Economic History in China from the Song Dynasty to 1900, Beijing, Oct 26 - Nov 1, 1980

——: "Presidential Address: The Structure of Chinese History", in *The Journal of Asian Studies (Ann Arbor)*, Vol. 44, No. 2 (Feb., 1985)

Smits, Jan - Pieter, Edwin Holings & Jan Luiten van

Zanden: *Dutch GNP and its Components, 1800—1913*, Groningen Growth and Development Centre, 2000

Smits, Jan-Pieter, Herman de Jong & Bart van Ark: *Three Phases of Dutch Economic Growth and Technological Change, 1815—1997*, Research Memorandum GD-42, N. W. Posthumus Instituut/Groningen Growth and Development Centre

Tilly, Charles: "Flows of Capital and Forms of Industry in Europe: 1500—1900", in *Theory and Society*, vo. 12, no. 1 (January 1983)

United Nations Statistics Division, Department for Economic and Social Information and Policy Analysis: *Use of the System of National Accounts in Economies in Transition*, Studies in Methods Series F, No. 66, Handbook of National Accounting, United Nations, New York, 1996

United Nations Statistics Division, Department of Economics and Social Affairs: *Handbook of National Accounting— National Accounts: A Practical Introduction*, Studies in Methods, series F, No. 86, New York, 2003

Vries, Jan de: "The Population and Economy of the Pre-industrial Netherlands", in *Journal of Interdisciplinary History* (MIT Press), Vol. 15, No. 4, pp. 661-682

Vries, Jan de & Ad van der Woude: *The First Modern Economy: Success, Failure, and Perseverance of the Dutch Economy, 1500—1815*, Cambridge University Press (Cambridge, UK), 1997

Wang, Yeh-chien: "Secular Trends of Rice Prices in the Yangtze Delta, 1632—1935", in Thomas Rawski & Lillian Li eds.: *Chinese History in Economic Perspective*

Wong, R. Bin: *China Transformed – Historical Change and the Limits of European Experience*, Cornel University Press (Ithaca), 1998

Wrigley, Edward Anthony: *Continuity, Chance and Change: the Character of the Industrial Revolution in England*, Cambridge University Press (Cambridge), 1987

——: "The Limits to Growth: Malthus and the Classical Economists". in Michael S. Teitelbaum and Jay M. Winter, eds. *Population and Resources in Western Intellectual Traditions*, Cambridge University Press (Cambridge), 1989

Zanden, Jan Luiten van: *Transformation of European Agriculture in the 19th century: The Case of the Netherlands*, VU Uitgeverij Press (Amsterdam) ,1994

——: "Taking the measure of the early modern economy—Historical national accounts for Holland in 1510/14", in *European Review of Economic History* (Cambridge University Press) Vol 6, No. 2 (2002)

——: *The Long Road to the Industrial Revolution: the European Economy in a Global Perspective, 1000—1800* , Brill, 2009

Zanden, Jan Luiten van, E. Buyst & J. P. H. Smits, "National Accounts for the Low Countries, 1800—1990", in *Scandinavian Economic History Review*, 43 (1995), 53 – 76.

后　记

当本书书稿终于交出之时，心里的感觉如同古话所说的那样，一则以喜，一则以惧。喜，是因为这项进行了五年之久的研究终于结束了，一直压在心头的一副重担也卸下了。惧，则是因为现在交出的稿子仍然远未达到自己真正满意的标准，有违“良工不示人以璞”的古训，因此心里感到忐忑不安。

本研究起源于 2004 年与荷兰经济史学家范·赞登(Jan Luiten van Zanden)教授的一个口头约定。当时我们决定合写一篇关于江南与荷兰 GDP 的比较研究的文章。范·赞登教授是当今西方学界最有成就的经济史学家之一，他及其领导的研究团队使用国民帐户核算系统(system of national account，简称 SNA)方法对近代早期和近代荷兰经济进行了深入研究，并取得了重大成果。这是国际经济史学界在近代早期经济史研究方面的开创性工作，他也因此而获得有“文科诺贝尔奖”之称的斯宾诺莎奖(the Spinoza Premium)。我自己对江南经济的研究亦有多年。因此这个合作是有较充分的基础的。

然而，随着研究的展开，此项工作的难度远远超出原来的想象。正如我去年 5 月在洛杉矶加州大学(UCLA)经济系所作的关于此项研究的专题讲演中借用时下美国动作大片“Impossible Mission”的片名所说的那样，这项工作对我来说几乎就是一项“不可能的使命”。之所以如此，主要原因在于20世纪之前中国GDP的研究是一项难度极大的工作，迄今为止尚未有人做过深入的研究；同时，我的经济学素养不足，难以承担此项研究。

如果从我读博士研究生算起，我从事明清经济史研究已有27年。在这27年中，我有幸得到傅衣凌、吴承明两位名师的精心指导。这两位恩师都是中国经济史学界最有见解、最有成就的大家。他们的共同特点，是非常强调在经济史研究中使用社会科学方法，使经济史研究“社会科学化”。在他们的熏陶下，我自己努力学习社会科学方法，并力求将其运用到自己的研究中。巴勒克拉夫说：“在所有社会科学中，对历史学影响最大的是经济学。”他并引用戴维斯的话，说：“迄今为止，经济学是对历史学唯一作出最大贡献的社会科学。”其主要原因不仅是因为“自从亚当·斯密、李嘉图和马克思时代以来，历史学家已经充分认识到了经济因素在历史变革的形成中的重要性”，而且也是因为“经济学在形成一套完整的理论方面远远走在其他社会科学前面”[①]。对于一个经济史学者来说，如果不学习经济学的方法并将其运用到经济史研究中，我们可能就会自我放弃了社会科学所提供给历史学的最好礼物，这当然是一个严重的损失。

然而，对于一个历史学出身的经济史学者来说，要真正学好经济学方法谈何容易。这不仅需要投入大量的时间，从头学习一门与自己原有学科知识完全不同的新学科知识[②]，而且更要克服巴勒克拉夫所说的历史学者的那种“根深蒂固的心理障碍”[③]。特别是

---

① 巴勒克拉夫：《当代史学主要趋势》，第75、114页。

② 在西方，历史学属于人文学(广义上的“艺术”)，而经济学属于社会科学(广义上的“科学”)，二者在学科的基本方法上有根本的不同。直至在第二次世界大战以后(尤其是1955年以后)，由于突破了历史主义的束缚，应用社会科学的理论和方法，史学才从艺术转变为科学。见巴勒克拉夫：《当代史学主要趋势》，第3章。

③ 巴勒克拉夫：《当代史学主要趋势》，第327、330—332页。

对于已在历史领域中做了多年工作的学者来说，学习新的方法，然后将其运用到研究中，不仅要投入大量的时间，而且具有很大的风险，因为这是一种用自己尚不很熟悉的方法进行的新尝试，而任何新尝试都必定存在失败的风险。因此，把大量的时间和精力投入这样的尝试，比起使用熟悉的方法，在熟悉的领域中，进行没有风险的研究，从对成功的预期来说，肯定是很不"合算"的。不过问题是，如果大家都不进行这种尝试，那么我们的研究将不可避免地走向巴勒克拉夫所描绘的那种境况："依靠继承下来的资本，继续使用陈旧的机器。这些机器尽管低于现代最先进的标准，却仍然能够使企业在尽可能少地追加资本的前提下，提供一定数量的拥有现成市场的老牌传统产品。"[①]如果经济史学成了这样一个仅生产"老牌传统产品"的部门，那么这个学科的前途也就堪忧了。对于一个学者来说，本来应当是其味无穷的研究生涯，也就未免变得索然无味了。友人麦克法兰(Alan MacFarline)教授是一位著名的历史学家和人类学家，其著作 *Watchcraft in Tudor and Stuart England*、*The Origins of English Individualism*、*The Riddle of the Modern World* 都已成为国际学界中的经典名著，但近年来却转向与以往非常不同的新研究领域，写出了 *Green Gold：The Empire of Tea*、*Glass：A World History* 等与过去研究非常不同的新著。今年 5 月在剑桥大学相见时，我问他何以做出如此巨大的改变。他回答说：在原来的研究领域中工作了多年，思维方法已经定型，要有新的想法，实在很困难。但是如果没有新想法，那么研究就成了一种习惯性工作。日复一日地作习惯性工作，没有挑战，难免丧失研究带来的乐趣。转向新领域，必然面对新挑战，从而激发思维，获得乐趣。对于他来说，做学问是为了获得真正的乐趣，至于

---

① 巴勒克拉夫：《当代史学主要趋势》，第 327、330—332 页。

成败利钝，并非主要考虑的内容。我非常佩服他的这种精神，也十分赞同他的看法。虽然我没有他那样的才气，但是至少在自己多年从事的领域中，尝试一种全新的方法，也不失为使自己面临新挑战的机会。

本书进行的研究，对我就是一个大挑战。不仅在研究方法上，而且在资料处理上，都与我过去的研究方法非常不同。我在以往的研究中，基本上是使用历史学的方法，对历史上的经济现象进行分析性的描述。本书研究则主要使用经济学（特别是 SNA）的方法，而这些方法我过去基本上没有接触过，因此必须从头学习。同时，虽然在研究的基本构架方面，范·赞登教授已经发表的成果为此项研究提供了一个可资参考的范本，但是由于在史料（特别是各种经济统计）方面，近代早期的江南远不及同时期的荷兰理想，因此如何搜集和处理史料仍然是一个非常棘手的问题。与我在以往的研究中所使用的史料处理方法不同，在本研究中，由于与 1820 年代华娄 GDP 研究有关的第一手史料非常有限，因此需要使用不同时期和地区的史料，依据其与 1820 年代华娄经济的内部一致性和时空差异，进行鉴别、旁证，然后使用[①]。在第一手史料极度缺乏的时候，还不得不采用假设、推理及验证的手段，从片段和零散的史料中，重建研究 1820 年代华娄的 GDP 所需要的数据。以上这些，都与我所受的历史学的基本训练有很大不同，必须从头学起。

在过去的五年中，我努力应对这些挑战。这五年是不断学习新知识、新方法的五年，也是劳力劳心的五年。我在大部分时间中所作的工作，可归纳为“4C”，即计算（Calculation）、折算（Conversion）、核查（Crosscheck）和更正（Correction）。这些工作是费时费力、枯燥乏味的劳作，不仅需要大量的时间，而且在工作中需要十

---

① 柏金斯（Dwight Perkins）在其 *Agricultural Development in China*, 1368—1968 中对这种做法进行了尝试和说明，兹不赘。

分小心,否则一个计算错误就会导致一连串错误。我在研究中,经常遇到这种情况,因此不得不从头再来。由于这种劳作耗时甚多,而自己精力有限,因此在本研究进行的过程中,我采取的策略也发生了很大变化,即将研究的空间范围从最初计划的整个江南地区收缩到了松江府,再收缩到华亭和娄县两县,希图在通过对这两个县的研究而取得经验后,再把范围扩大到松江府和江南。

经过五年的努力,此项研究终于告一段落了。如前所述,本研究是一个使用新方法的尝试。既然是尝试,当然不免有出错之处。同时,由于大量的数据要处理,而我本人并未受过系统的数据处理训练,因此在此方面也必定存在诸多错讹。此外,尽管我绝无刻意"标新立异"之心,但是本研究在方法上的特点,可能会使得一些历史学同行感到很不习惯。倘若再假以时日,我肯定还能在方法上和表述上继续不断改进,上述问题也因此当得到进一步的改进。但是,书稿一旦交出,就不再属于作者自己了。喜也罢,惧也罢,作者所能做的,只是静候读者的批评。因此我衷心地期待得到读者的批评和指正,从中得到启发,以帮助自己改进认识,对本书进行进一步的修改,使之更加完善。退一步说,即使学界对本书的研究作出否定,批评者也会对我所提出的方法进行全面的检讨,因此也将促使学界对我国近代早期的 GDP 进行更好、更深入的研究。近代早期的中国土广民众,经济规模冠于全球,其 GDP 研究需要众多学者进行长期的努力。如果本书能够推动这个研究,主要目的也就达到了。

在本书的写作过程中,我曾得到不少友人和学者的帮助。其中,与范・赞登(Jan Luiten van Zanden)教授的交流,是我进行此项研究的出发点;我在编制本书附录 1 中的诸公式时,也曾征求过他的意见。这些公式编出来后,又蒙香港科技大学龚启圣(James Kung)教授以及剑桥大学楼一飞(Jeffrey Lau)和清华大学常旭二君对这些公式进行了审校。在本书使用的资料方面，多蒙好友北京大学刘俊文教授惠赠清代松江府府志和属下各县县志的电子版，中国农业博物馆曹幸穗教授惠赠满铁松江、无锡、常熟、太仓、南通调查的复印件，使我获得本书最主要的资料来源。台湾中研院范毅军研究员也惠赠了民国松江地区地图电子版。又，在本书写作过程中，我曾应邀在哈佛大学、哥伦比亚大学、乌德勒支大学（University of Utrecht）、加利福尼亚大学洛杉矶分校（UCLA）、伦敦政治经济学院（London School of Economics and Political Science）等学校为我举行的专题讲演会上，以及在清华大学、台湾中研院等机构举行的学术会议上，对本书的主要内容做了介绍，会上和会后都得到许多学者的批评指教。本书的附录，大多都已以单篇文章发表，以征求学界意见，发表前后都得到一些学者的批评指教。这些批评指教，对我后来对本书所作的改进都有很大帮助。此外，本书稿于今年年初交付出版社，责任编辑李静女士进行了细致的编辑加工工作。刊出之前，我又对书稿作了一次修改。李静女士不辞辛劳，对书稿从头进行编辑加工。在此，谨对以上学者、同行和友人的帮助，一并深表谢忱。

在此书即将完成时，家父李埏先生不幸于去年 5 月 12 日仙逝。他生前一直关怀着本书的写作，但如今天人永隔，无法再看到本书的出版了，令我不禁泫然。现谨以此书敬献给他老人家的在天之灵，略表我对他的无限感谢和深切怀念。正如我在拙著 *Agricultural Development in the Yangzi Delta, 1620—1850* 的"鸣谢"中已说过的那样，他不仅是我在"文化大革命"的苦难岁月中指导我学习中国经济史的第一位老师，而且也是我一生中最好的老师。

李伯重

2009 年 10 月于清华大学荷清苑寓所

英文目录

An Early Modern Economy in China

——A study of the GDP of the Huating - Lou area, 1823—1829

Content

Part Two Industries

Chapter III Agriculture

1. Property and tenure systems
2. Cultivated land
3. Cropping systems
4. Farm management
5. Animal raising and professional fishery

Chapter IV Industry

1. Classification of industrial sections
2. Sections of Category I ("ordinary" handicrafts)
3. Sections of Category II (cotton spinning and weaving)
4. Sections of Category III ("manufacture")

Chapter V Services

1. Commerce and service
2. External trade business
3. Finance
4. Water transportation
5. Education
6. Government

Part Three Added Values

Chapter XI Agriculture

1. Crop farming
2. Animal raising and fishery

Chapter XII Industry

1. Sections of Category I

Maps

Tables

Bibliography

英文提要

An Early Modern Economy in China
—A study of the GDP of Huating—Lou area, 1823—29

Summary

One of the central themes in the studies of Chinese economic history is what China's economic situations really had been before the arrival of the modern West in the mid-nineteenth century. The opinions on this theme are highly polarized. In one extreme, some scholars assert that the Chinese economy had fallen into unending and ever-deepening "involution" well before the mid-nineteenth century. In another extreme; other scholars believe that the Chinese economy had performed so well that an indigenous capitalism, or "Chinese Capitalist Sprouts," had been well under way in the late imperial period. This argument has lasted for nearly a century, but it is far from over; just the contrary, it is intensified by the recent debate on the "Great Divergence" and will surely continue.

To achieve a better knowledge of the Chinese economic situations in the eve of the arrival of the West, it the GDP approach is very helpful. This book aims at the reconstruction of the GDP of the the Huating-Lou area in 1823—29 and then a comparison with the Netherlands in 1810s.

I. The issue

The Huating-Lou area is part of the Yangzi delta. As the most economically advanced area of China in the past millennium, the delta has held a special position in Chinese economic history and has been under the most intensive study in the past century. Great efforts have been made, from which we have had better knowledge of the economy of this area than of any other parts of China. Many influential explanations of the Chinese story have been drawn from the experience of this area.

Yet obvious shortcomings exist in the previous scholarship. The most serious one, it seems to me, is that the knowledge of the economy of the delta in the pre-twentieth century period is quite fragmented. We do know much about many individual aspects of the economy, say, agriculture, rural industry, commerce, trade, land tenancy, taxation and others; but we do not know much about how all these aspects were linked and what the economy as the whole really looked like.

Moreover, almost everybody agrees that comparative studies are crucial to economic history. It is not easy to make truly meaningful comparisons, however, because of comparability and incomparability co-exist between economies. To make the comparisons reasonable, a set of complete, impartial and meticulous standards and indicators is indispensable, which is equally applicable to both economies under study. Otherwise we may fall into the trap of some kind of "-centrism" (for instance, Euro-centrism, Sino-centrism and so on), all of which are equally harmful. Unfortunately in many previous comparative studies of Chinese and Western economic history, the standards and indicators are not carefully established. Consequently subjectivism and arbitrariness are unavoidable.

This study aims to provide a relatively complete picture of the economy of the Yangzi Delta in the early nineteenth century from a comparative perspective. In this book, I choose the Huating-Lou area of 1823—29 and experiment the methodology on it and then I will apply it in the study of a larger region of a longer period.

II. The area and period

Geographically the Huating-Lou area roughly corresponds with modern Songjiang County. In the Qing times, this area was divided into two counties of Huating and Lou under the jurisdiction of Songjiang Prefecture. Three administrative units (Songjiang Prefecture, Huating County and Lou County) shared the same city as their seats. The area of Huating-Lou, which was about 870 square kilometers in 1930s, had not changed much during the two centuries between 1655 and 1949.

The registered population of the Huating-Lou area was 563,

052 in 1816. Since there is no statistics available for the 1823—29 population, the 1816 figure is used in this book as the proxy. Accordingly, the density of the population of the area in 1823—29 was about 650 people per square kilometer, which made this area rank among the most populous areas in China as well as the world of the day.

As the heartland of Songjiang Prefecture, the Huating-Lou area had a very important position in early modern and modern Chinese economic history, since the prefecture had been the center of Chinese textile industry for centuries.

The period under study is 1823—29, which was the beginning of a great climatic change which raged East China for half century. It is part of a global climatic change followed an unusually large series of eruptions of the Tambora volcano, on the island of Sumbawa, Indonesia, in the spring of 1815. In the Huating-Lou area, the chief landmark of the change is the 1823 and 1829 floods.

The period is also the beginning of a century-long decline of the Chinese economy as a whole. Before then, China had enjoyed a long-time economic prosperity, but after then, in stark contrast, its economy performed extremely poorly. The turning point is the 1820s which are seen the beginning of the "Great Depression."

III. Methods

To achieve a more complete and comparable picture of the economy of the Huating-Lou area in 1820s, the GDP approach is very helpful, which has some advantages over other approaches. First, though the GDP analysis is only a method to measure the size of an economy, it will surely provide us with a more complete picture of the economy. Second, because the methods of the GDP study are quite elaborate and standardized, they can provide a coherent macroeconomic framework covering the whole economy. Third, since the GDP methods are "universal" in some sense, they can be used widely and consistently; and there can be confidence that the same thing is being measured in each area and period.

This study is the first attempt to apply the methods of the GDP study to Chinese economic history prior to the twentieth century. The major methods used in this study are roughly what are used in measuring GDP today, which include the three major approaches—the production, expenditure and income approaches. These approaches are used in this study, though the production approach is the major one.

There are some problems, however, when we apply these methods in a pre-modern economy.

First, GDP is the market value of all final goods and services produced within a region in a given year. In a pre-industrial economy, however, many activities are non-market, but they are still considered as part of national income. Therefore, a value must be calculated even when the good or service has no actual market price.

Second and more significantly, no constant and reliable economic statistics are available for the area and period under study. There are many key gaps in the surviving materials, both quantitative and qualitative, and much of the information is not particularly reliable.

But the two problems can be solved.

First, though the economy under study was still a pre-industrial one, we cannot ignore the fact that by the early nineteenth century, a quite developed market had been the hub of the economic activities in the area. Almost everything, including major productive factors could be (or had to be, in many cases) acquired from the market. For this reason, many crucial items of goods and services had their market prices which were recorded in Pumao nongzi and other literatures.

Second, the GDP methods have been used for years in the re-construction of the GDP of the pre-industrial Netherlands. The methods are comparatively mature in the construction of historical estimates. The experience of the Dutch colleagues is very helpful to this study.

More specifically, the System of National Accounts (abbreviated as "SNA") is used in this study. SNA is an international standard system of national accounts, aiming to provide an integrated, complete system of accounts enabling international comparisons of all significant economic activity. The system is also used in the study of the pre-twentieth century economies by Jan

Luiten van Zanden and others. The methodology, called the System of Historical National Accounts, is adopted in this book.

It must be made clear here, however, that all conclusions and statements in this study, as in any works on economic history, are first approximation only. No statement about economic situations of an area of two centuries ago can be made with absolute certainty, and conclusions in this study are anything but certain. This study is an attempt to open discussions on several important issues, not to conclude it.

IV. Sources

The major reason of why Huating-Lou and 1823—29 is chosen as the area and period of this study is that better data are available. As one of the economically and culturally richest areas of China, the Huating-Lou area has boasted its abundant local literatures which contain valuable information on the local economy.

An important feature of this study is that it makes use of a wide range of materials from many different kinds of sources. I have relied principally on three types of materials: local histories or gazetteers, agricultural handbooks and modern field investigations.

(1) Gazetteers

It is a long-time Chinese tradition that each province, prefecture and county, even township or village in many cases, has kept its record of events and data that were considered significant. Compared with gazetteers compiled in most of other parts of China, the quality of the gazetteers of Songjiang Prefecture and of Huating and Lou Counties are obviously higher, which contain abundant information on the local economy during the late eighteenth and most of the nineteenth century. In addition, information on the Huating-Lou area is also kept in gazetteers of the neighboring areas.

(2) Agricultural handbooks

In the pre-modern Huating-Lou society, many scholars had strong interests in local affairs, including economic situations. They recorded their observations in their writings, which are very useful to our study. Of these writings, the most important are those "agricultural handbooks," which dealt directly with agriculture, not only farming practice, but also other aspects of rural economy.

The most valuable source of the materials crucial to this study is an agricultural handbook entitled *Pumao nongzi* (A Report on agriculture in the Huangpu River and Mao Lake area), which carries rich and first-hand information of rural economy of the Huating-Lou area in 1823—34, with a considerable amount of quantitative data.

(3) Modern field investigations

In the twentieth century, several modern field investigations were made in this area and neighboring areas, both by Chinese and by foreigners. The major results of the Chinese investigations which relate to this study are available in the 1991 edition of the Gazetteer of Songjiang County and other twentieth-century gazetteers of the neighboring areas. Among the investigations carried out by the foreigners, the surveys made by the Japanese South Manchurian Railway Company in 1937—41 stand as the most precise and detailed body of information available on the society and the economy of the Huating-Lou area in the first half of the twentieth century.

The data in these sources, however, are far from ideal for the purposes of this study. There are many key gaps in the materials, both quantitative and qualitative, and much of the information is not particularly reliable. I have frequently judged the validity of data for the period of 1820s on whether the data is consistent with those from the materials of the earlier and later periods or from the materials of the neighboring areas, with historical development in the intervening periods and areas. I have also evaluated the 1820s' and modern data on the basis of their internal consistency, totally apart from the twentieth-century figures. For many issues, the comparisons with the data of 1930s, 1940s and early 1950s are crucial.

V. Major findings

Some findings are achieved in this study, which are important to our knowledge of the Chinese economy before the mid-nineteenth century.

Using the production approach, I have worked out at the values added in major sectors of the Huating-Lou economy in 1823—29.

Table 1：Value Added，the Huating-Lou area，1823—29

Value Added (1,000 taels of silver)	%	
Primary Sector		
agriculture	4,002	30
fisheries	166	1
total primary	4,168	31
Secondary Sector		
"ordinary" *	546	4
textile	1,270	9
"manufacture" * *	2,666	20
total secondary	4,482	33
Tertiary Sector		
commerce	1,727	13
service	277	2
finance	486	4
external trade	907	7
water transportation	251	2
education	358	3
government	856	6
total tertiary	4,862	36
GDP	13,501	100

Source：Table 12-1 of the book

1 tael (liang) (of silver) ≈37.3 grams

* The "ordinary" sectors included tailoring，hardware making，carpentry，plastering，etc.

* * The "manufacture" sectors included rice husking，wine brewing，oil pressing，construction，salt making，boat building，brisk and tile kilning，etc.

From the Table 1, we can see that the GDP was around13.5 million taels of silver a year.

Meanwhile, the results I arrived at with the approaches of income and expenditure are in Table 2 and 3:

Table 2: GDP (income approach) of the Huating-Lou area, 1823—29

	Income (1,000 taels of silver)	%
Wage	8,057	61
Rent	1,468	11
Interest	366	3
Profit	2,670	20
Depreciation	759	6
GDP	13,320	100

Source: Table 12-4 of the book

Table 3: GDP (expenditure approach) of the Huating-Lou area, 1823—29

	Expenditure (1,000 taels of silver)	%
Private consumption	12,464	90
Government consumption	863	6
Fixed Capital formation	759	6
Net export	-229	-2
GDP	13,866	100

Source: Table 12-3 of the book

Since all the three results are very close each other, it can be concluded that the GDP of the Huating-Lou area a year in 1823—29 was around 13.5 million teals of silver. Because the population of the area was around 560,000, the GDP per capita was about 24 taels of silver.

I have also worked out at the employment, its distribution by sector in the Huating-Lou area in 1823—29 (Table 4):

Table 4 The Structure of Employment, the Huating-Lou area, 1823—29

	Employment (1,000 "full-time" adult workers)	%
Primary Sector		
agriculture	68,000	26
fisheries	3,100	1
total primary	71,100	27
Secondary Sector		
"ordinary"	13,300	5
textile	113,000	43
"manufacture"	22,200	8
total secondary	148,500	56
Tertiary Sector		
commerce	18,400	7
service	6,600	3
banking	5,000	2
external trade	1,200	2
water transportation	4,300	2
education	4,000	2
government	3,800	1
total tertiary	43,300	16
Total	262,900	100

Source: Table 9-7 of the book

The volumes of the internal and external trade, the major exports, and the balance of payment in external trade, are summarized in Table 5-7.

Table 5: Trade, the Huating-Lou area, 1823—29

	Volume (1,000 taels of silver)	%
Urban-rural	5,020	45
External	3,670	33
Within rural areas and within urban areas	2,490	22
Total	11,180	100

Source: Appt 10-7 of the book

The volume of external trade accounts for 27% of GDP.

Table 6: Major Imports and Exports, the Huating-Lou area, 1823—29

	Export volume (1,000 taels of silver)	Import volume (1,000 taels of silver)
Rice (husked)	42	0
Cotton cloth (blank)	1,432	0
Soybean	0	936
Raw cotton (ginned)	0	625
Salt	63	0
Others (opium, tobacco, timber)	570	
Total	2,130	1,561

Source: Table App. 10—6 of the book

Table 7：Balance of Payment，the Huating-Lou area，1823—29

	Volume(1,000 taels of silver)
Import	2,110
Export	1,560
Total	3,670
Balance	-550

Source：Appt 10-5 of the book

From these above tables，we can see：

First，agriculture accounted only for around 30% of the economy of the Huating-Lou area of 1823—29，both in the terms of GDP and of labor force，while the shares of industry and services were considerably higher. It is sharply contrary to the received view that agriculture was the bulk of the Chinese pre-modern economy.

Second，land rent accounted only for 1/8 of national income，though it has been seen the most important component of national income.

Third，the volume of external trade accounts for 27% of the GDP. The share is much higher than what it was thought by scholars in the past.

In addition，the urbanization of this area was also surprisingly high reaching a level of 40 percent in the Huating-Lou area of 1823—29，much higher than it was thought.

All these are challenging the conventional wisdom that the economy of this area prior to the mid-nineteenth century was still "agricultural."

It is needed to note, moreover, that this period of 1823—29 was not "normal" climatically and economically and the GDP was obviously lower than what had been in the decades prior to 1823. The added values of rice and cotton cloth, the two top staple goods produced in this area, were much lower in the 1820s than in the proceeding periods. Therefore, the GDP should have been considerably higher in the decades prior to 1823 than in 1823—29.

VI. Comparisons with the Dutch economy

Many of us agree that the comparative studies are crucial to our understanding of economic history of both of China and the West. A more integrated view can illuminate both exceptionalism and normality, and produce a better knowledge of the reasons for the rise and decline of different economies.

Most Chinese scholars have seen the English pattern as the standard or even only model of early modern economic growth. Yet English pattern was not universal even within West Europe. The fact is that the early modern economic growth of the Yangzi Delta seems to have more similarities with that of a few other West European regions, in particular the Netherlands. Moreover, the two areas shared some other common features, in the terms of the location, density of population, topography, and so on

The study of the Dutch GDP made by Jan-Pieter Smith, Edwin Holings and Jan van Zanden has provided us with a clear picture of the Dutch GDP in 1810s and the major results are summarized in Table 8.

Table 8: Value Added by Economic Branch, the Netherlands, 1807

	Value Added (millions of guilders)	%
Primary Sector		
agriculture	119. 3	24. 3
fisheries	1. 4	0. 3
total primary	120. 7	24. 6
Secondary Sector		
mining	3. 1	0. 6
paper	1. 0	0. 2
foodstuffs	41. 9	8. 6
textiles	22. 0	4. 5
clothing	30. 9	6. 3
leather	10. 0	2. 0
chemicals	3. 9	0. 8
metal and engineering	4. 3	0. 9
shipbuilding	0. 3	0. 1
utilities	0. 1	0. 0
construction	16. 9	3. 5
other industries	8. 2	1. 7
total secondary	142. 7	29. 1
Tertiary Sector		
foreign trade	57. 0	11. 6
domestic trade	25. 1	5. 1
maritime shipping	0. 8	0. 2
internat. river shipping	2. 4	0. 5

续表

inland navigation	30. 8	6. 3
other transport	13. 7	2. 8
communication	0. 9	0. 2
banking	2. 8	0. 6
insurance	1. 2	0. 2
government	32. 0	6. 5
domestic servants	17. 6	3. 6
education	1. 9	0. 4
remaining services	8. 0	1. 6
catering	12. 9	2. 6
housing	19. 7	4. 0
total tertiary	226. 9	46. 3
GDP	490. 3	100

Source: Jan-Pieter Smith, Edwin Holings & Jan van Zanden: Dutch GNP and its Components, 1800—1913, Table 4. 5.

If we compare the economies of the Huating-Lou area of 1820s and of the Netherlands of 1810s, a few significant similarities and differences can be found between the two economies.

Table 9: Comparison of the structure of GDP (%)

Huating-Lou 1823—29	The Netherlands 1807	
Primary sector	30. 8	24. 6
Secondary sector	33. 2	29. 1
Tertiary Sector	36. 0	46. 3
Total	100	100

Source: Table 13-3 of the book

Table 10: Comparison of the Structure of Employment (%)

Huating-Lou 1823—29	The Netherlands 1807	
Primary sector	27	43
Secondary sector	56	26
Tertiary Sector	16	31
Total	100	100

Source: Table 13—4 of the book

Table 11: Comparison of Urbanization (%)

	Huating-Lou 1823—29	The Netherlands 1815
Rural	60	65
Urban	39	35
city	27	17.5
township	13	17.5
Total	100	100

Source: Table 13—5 of the book

Table 12: Comparison of National Income (%)

	Huating-Lou 1823—29	The Netherlands 1807
Wage	61	39
Capital income (interest and rent)	14	33
Profit	20	16

续表

Depreciation	6	6
Indirect taxes	-	7
Total	100	100

Source：Table 13—8 of the book

It is easily found that the two economies in the early nineteenth century were quite similar each other in the following aspects：

First，agriculture accounted only for less than half of both GDP and labor force. In this sense，the two economies can hardly be regarded as a “traditional economy” which was dominated by agriculture.

Second，the urban population accounted for more than one third of the whole population. By any pre-modern standard，the two societies were quite urban.

But obvious differences can also be seen in the comparison. The most important is that the share of industry (the secondary sector) was higher in the Huating-Lou area than in the Netherlands，while the share of services (Tertiary Sector) was much lower in the Huating-Lou than in the Netherlands. These differences reflect the realities of the two economies：the Huating-Lou and its neighboring counties were the center of the flourishing cotton textile industry of China，which produced 60% of the cloth in China's domestic long-distance trade and foreign trade，while the Netherlands was the largest center of entrepot trade of the European Continent by 1800. This position led to that finance and trade took a big part of the Dutch economy.

VI. A Modern Economy?

It is so difficult to define the term of "modern economy" that there has so far not been a generally accepted definition yet. Here I take a definition from a macroeconomic view which may be the simplest: a "modern economy" is an economy in which industry and services are dominant, in contrast to the pre-modern economy in which agriculture was the bulk of the economy.

As is shown in the title of their co-authored book of The First Modern Economy: Success, Failure, and Perseverance of the Dutch Economy, 1500—1815, De Vries and van der Woude argue that the Dutch economy had been a "modern economy" before 1815. If the economy of the Netherlands of the beginning of the nineteenth century can be seen "the first modern economy" in the world, we can say that such a "modern economy" also existed in the Yangzi Delta in general and the Huating-Lou area in particular.

Though this "modern economy" is certainly different from the "modern economy" that it is usually thought, it is certainly that some kind of "modernity" exists in the two types of "modern" economies." The simultaneous co-existence of two "modern" economies at both of the ends of Eurasia reveals that economic "modernity" is not uniquely West European.

Moreover, the economic modernity shared by the Netherlands and the Yangzi Delta is significant for their later modern economic growth. Though lagged behind England, the levels of GDP per man-hour in the Netherlands remained among the highest in the world in most of the nineteenth century, while the levels of GDP per capita in the delta also remained the highest in China and was among the highest ones in East Asia in the most of the nineteenth century. This fact confirms that economic modernity did not only exist in the two areas, but played a very important role in the actual process of economic modernization in the two areas.

中华学术文库

服周之冕——《周礼》六冕礼制的兴衰变异

阎步克著　2009 年 11 月出版

中国的早期近代经济——1820 年代华亭—娄县地区 GDP 研究

李伯重著　2010 年 8 月出版

终极之典——中古丧葬制度研究

吴丽娱著　即出